MAX NETTLAU

Geschichte der Anarchie

Der Anarchismus
von Proudhon zu Kropotkin

Seine historische Entwicklung
in den Jahren 1859 - 1880

Band II

Impuls Verlag

Max Nettlau, Geschichte der Anarchie II

c Verlag Impuls
A.d.Häfen 105
28 Bremen 1

Gesamtherstellung:

ajz Druck&Verlag GmbH
Heeperstrasse 132
4800 Bielefeld

MAX NETTLAU

I.

Proudhons letzte Jahre (1859—1864);
Föderalismus und Mutualismus.

Die im *Vorfrühling der Anarchie* geschilderten menschlichen Befreiungsversuche bis zum Anfang der 60er Jahre des neunzehnten Jahrhunderts sind im folgenden weiter beschrieben, wobei in diesem Band nur das Jahr 1880 erreicht werden konnte. In diesen zwei Jahrzehnten wurde der im Laufe der Jahrhunderte so oft betätigte oder ausgesprochene Wille zur Freiheit einzelner zum Willen kleinerer Gesamtheiten, der Teilnehmer an dem, was man anarchistische Bewegungen nennt, und von da ab schreitet diese Entwicklung ununterbrochen vorwärts, allen Hindernissen trotzend, an keine Persönlichkeiten gebunden, der gemeinsame Wunsch und Wille einer sehr verschiedenartigen, aber doch geistig einheitlichen Minderheit in allen Ländern.

Während es den ganz vereinzelten Freiheitsuchern früherer Zeiten leicht möglich war, sich in ideale Welten völlig verwirklichter Anarchie im Geist zu versetzen, tritt bei wirklicher Begründung und Ausbreitung der Freiheitsidee in einem weiteren Milieu die Frage der unmittelbaren Tätigkeit, die Stellungnahme zu den Problemen der Gegenwart in den Vordergrund; das Ideal und die Theorie werden vor allem in Zeiten geringerer Aktionsmöglichkeiten gepflegt. Perioden beider Art wechseln stets ab, eine reiche Entwicklung fand auf beiden Gebieten statt, freilich fehlten nicht Mißverständnisse, je nachdem das noch ferne Ideal oder die unmittelbare Tätigkeit der Eigenart des einzelnen am nächsten liegen und sie ihnen allzu exklusive Bedeutung zuschreiben. Das Zweckmäßige ist gewiß die Vereinigung beider Aspirationen, die Durchdringung der praktischen Tätigkeit mit dem Ideal, und hierfür scheint mir *Proudhon* (15. Januar 1809 — 19. Januar 1865) ein glänzendes Beispiel zu sein.

Proudhon definierte das Ideal in einem seiner spätesten Briefe (20. August 1864; *Corr.*, XIV, S. 32) so: „. . . . Die *Anarchie* ist, wenn ich mich so ausdrücken kann, eine Regierungsform oder Verfassung, in welcher das öffentliche und private Gewissen, gebildet durch die Entwicklung von Wissenschaft und Recht, allein zur Erhaltung der Ordnung und Sicherung aller Freiheiten genügt, in welcher also das Autoritätsprinzip, die polizeilichen Einrichtungen, die Vorbeugungs- und Repressionsmittel, der Funktionarismus, die Steuern usw. auf das einfachste beschränkt sind, in welcher noch viel mehr die monarchistischen Formen, die hohe Zentralisation — durch föderative Einrichtungen und kommunale Gebräuche ersetzt — verschwinden. Wenn das politische Leben und die private Existenz identisch sein werden, wenn durch die Lösung der ökonomischen Probleme zwischen den sozialen und den individuellen Interessen Gleichgewicht bestehen wird, dann werden wir uns augenscheinlich nach dem Verschwinden jedes

Zwangs in voller Freiheit oder Anarchie befinden. Das soziale Gesetz wird aus sich selbst heraus zur Durchführung gelangen, ohne Ueberwachung und ohne Kommando, durch die universelle Spontaneität . . ."

Keiner aber wußte auch genauer als Proudhon, wie unendlich viel daran fehlte, einen solchen Zustand zu erreichen, und keiner bemühte sich so intensiv wie er, namentlich in den Jahren 1859 bis 1864, die Ausgangspunkte freiheitlicher Entwicklungsmöglichkeiten zu entdecken und Kräfte zu vereinigen, welche an solchen entscheidenden Punkten die autoritären Irrwege verlassen und neue Wege, der Freiheit entgegen, bahnen würden. Er kannte die innere Einheit des zu bekämpfenden und der bevorstehenden Kämpfe; „. . . das kapitalistische Prinzip und das monarchische oder Regierungsprinzip sind ein und dasselbe Prinzip; die Abschaffung der Ausbeutung des Menschen durch den Menschen und die Abschaffung der Regierung des Menschen durch den Menschen sind ein und dieselbe Formel . . ." Kommunismus und Absolutismus sind „zwei in wechselseitiger Beziehung stehende Gesichter des Autoritätsprinzips..." (an Pierre Leroux, 14. Dezember 1849; *Corr.*, XIV, S. 289).

Die geschichtliche Entwicklung selbst zerlegt ja den Kampf gegen die Autorität in eine Reihe von Einzelkämpfen auf den verschiedensten Gebieten, neben denen zeitweilige Verstärkungen der Autorität und irregehende, illusorische Bekämpfungsversuche derselben stehen. Seit dem Ausgang des Mittelalters erblühte Freiheit in der Kunst, freies Denken begann, und die wirkliche Wissenschaft wurde begründet. Dagegen folgte dem Fall des Feudalismus nicht Freiheit, sondern zunächst Staatsallmacht, dann als Irrweg eine angebliche Zerteilung und Verallgemeinerung der Staatsmacht, die Demokratie, die als ohnmächtig empfunden wird und zur Diktatur zurückführt. Ebenso folgte den gebundenen mittelalterlichen Wirtschaftsformen eine anscheinend allgemeine wirtschaftliche Freiheit, die zur kapitalistischen Konkurrenz, dann zum Monopol und Staatssozialismus sich zurückentwickelt. Entdeckungen und Kolonisation, die immer wachsenden Verkehrsmittel öffneten in diesen Jahrhunderten jeden Teil der bewohnten Erde, aber sie zerstörten nur das historisch Gewordene fremder Welten und schufen vergrößerte oder verkleinerte Zerrbilder europäischer Mißverhältnisse. Die Völker, als Nationen zu anscheinend freiem Leben erwacht, differenzierten sich und hassen sich nun wie Einzelpersönlichkeiten, welche die ganzen Sonderinteressen eines Territoriums gegen alle anderen um jeden Preis zur Geltung bringen wollen, wodurch die gegenseitige Verfeindung einen nie dagewesenen Grad erreicht. Die sozialen Ideen, in den Büchern der ersten Hälfte des neunzehnten Jahrhunderts so glänzend entwickelt, zerschellen beim Kontakt mit der Wirklichkeit, erweisen sich als unfähig, dem Jahr 1848 ihren Charakter aufzuprägen und sind heute noch nicht viel weiter vorgeschritten: ihre Träger sind eben Menschen, von denen sich nur sehr wenige von all den soeben erwähnten Irrwegen und entartenden Rückwirkungen frei machen konnten; in ihnen wirken Diktatur, Staatskultus, Nationalismus. Sie gehen nicht voran, sondern treiben im Schlepptau der geschilderten Rückentwicklungen.

Die freiheitlich Fühlenden der Jahre nach 1848 waren in völliger Vereinsamung, wie die Schriften von Coeurderoy und Déjacque uns zeigen; Elisée Reclus weilte im tropischen Amerika, Bakunin war im Kerker, Pisacane opferte sich einer nationalen Rebellion usw. Nur Proudhon durchlebte jede Stunde dieser Jahre beobachtend und arbeitend, unermüdlich nach Angelpunkten suchend, wo der Hebel befreiender Kritik, dann Aktion, angesetzt werden könnte. Das Jahr 1848 hatte drei Hauptfragen aufgeworfen, die sich gegenseitig im Wege standen, von den Feinden gegeneinander ausgespielt wurden und dadurch zur Niederlage der in so außergewöhnliche Bewegung geratenen europäischen Volkskräfte mitwirkten: die politische, soziale und nationale Frage. Die gleichzeitigen Wünsche, die Staatsmacht zu beschränken, die Unabhängigkeit von Nationen zu begründen oder zu verstärken und die schrankenlose Bourgeoisieherrschaft sozial zu mildern, vertrugen sich nicht miteinander; denn ihre Erfüllung hätte zugleich Schwächung und Stärkung der Staatsmacht bedeutet. Da nun die bestehenden Staatsorganismen selbst nicht wesentlich erschüttert worden waren und überall Stützpunkte der Gegenrevolution bildeten, so resultierte aus allen Kämpfen sehr bald eine entscheidende Niederlage des Sozialismus (Juni 1848), gesteigerter Nationalismus und neuer Cäsarismus, der Vorläufer des heutigen Fascismus, das napoleonische Kaisertum. Der Sozialismus wurde nun für zwölf bis fünfzehn Jahre zu dumpfem Schweigen gebracht. Die bourgeoise Demokratie, so vielfach ins Exil getrieben, lernte und vergaß nichts, und hoffte, daß ihr die Erbschaft des napoleonischen Systems in den Schoß fallen würde, was ja auch im September 1870 geschah. Sie war innerlich mit dem Empire durch zwei grundlegende Faktoren verbunden: sie war Todfeind des sozialistischen Proletariats, das sie im Mai 1871 so kaltblütig hinschlachtete wie 1834 und 1848, und sie war nationalistisch-patriotisch im Sinn der von Napoleon III. betriebenen Politik zur Veränderung der seit 1815 bestehenden Grenzen der europäischen Staaten. Damals bahnte sich die durch die Verträge von 1919 charakterisierte Entwicklung deutlich an und *Proudhon* allein, muß man sagen, sah das Verhängnisvolle dieser Entwicklung voraus und stand als Warner da in mehreren seiner glänzendsten Schriften, die ihm erbitterte Feindschaft eintrugen. Er stellte sich der Autorität da entgegen, wo sie damals am stärksten war, in ihrer Verquickung von Cäsarismus und Demokratie, Militarismus und italienischen und polnischen Insurrektionen, gleichzeitigen Unabhängigkeits- und Hegemoniebestrebungen. Die Zeit vor 1870, vor 1914, seit 1919 hat leider keinen Proudhon gefunden, die Zeit von 1859 sah Proudhon in voller Kraft und bewußter Anwendung freiheitlichsten Denkens auf all die Probleme, die uns noch heute bedrücken.

Ich kann nur durch einzelne Stellen auf die zahllosen damals von Proudhon gegebenen Anregungen hinweisen. Als seinen Ideen zugrunde liegend, als Gesetz des Weltalls und der Menschheit bezeichnete er „den Begriff der *Gerechtigkeit, Gleichheit, die Gleichung, das Gleichgewicht, die Harmonie* . . ." (15. November 1861). „. . . Deshalb nahm ich nicht die *Freiheit* zum Wahlspruch, eine unbestimmte, absorbierende Gewalt . . . ich stellte über sie die Gerechtigkeit, welche urteilt, regelt und verteilt. Die Freiheit ist die Kraft der souveränen Gesamtheit, die Gerechtigkeit ist ihr Gesetz . . ." (30. Dezember 1861). — „. . . Ich behaupte die Orthodoxie der Gerechtigkeit, und ich verleugne das Vaterland, wenn ich es die Tyrannen begünstigen, dem Meineid und Mord Beifall zollen, die Besten ächten und Unwissenheit, Knechtschaft und Aberglaube zum Gesetz erheben sehe . . . Wo die Gerechtigkeit ist, da ist das Vaterland" (an Michelet, 23. März 1856). „. . . Frankreich gehört die Initiative nicht mehr an. Wir sind über die Welt hin zerstreut, nur eine gewisse Anzahl französischer, deutscher, russischer, italienischer Radikaler, die wir die Revolution machen, ohne daß wir sogar nötig hätten, einander gegenseitig zu befragen . . ." (23. Januar 1860). In diesem Sinn hatte Proudhon am 15. März 1860 an Alexander Herzen geschrieben: „. . . Während unsere Fürsten das Durcheinander und Massakres produzieren, beginnen wir durch unser Denken die europäische Föderation. Wir werden deutsche, flämische, holländische, vielleicht englische, schweizerische, österreichische, italienische, spanische, amerikanische, griechische usw. Korrespondenten finden, und mit etwas Eifer sollten wir in sechs Monaten Europa in unserm Netz halten . . .", — auch eine der verschiedenen internationalen Anregungen jener Jahre.

Gleich, als seit dem Januar 1859 der französisch-österreichische Krieg von Napoleon III. in Aussicht gestellt worden war, bereitete Proudhon eine leider unterbrochene und nicht erschienene Broschüre vor, in deren Sinn er dem italienischen Föderalisten Giuseppe Ferrari am 6. Februar schrieb: „. . . Ich zittere vor dem Gedanken, sehr gegen meinen Willen Ihr patriotisches Herz zu betrüben, aber Sie fühlen wohl heraus, daß ich nicht aus Mangel an Sympathie für Ihre Nation handelte; Sie verstehen, daß ich auch Patriot bin und daß, wenn es für Sie natürlich ist, die Vertreibung der Oesterreicher um jeden Preis zu wünschen, es mir als republikanischem und im Exil befindlichen Franzosen erlaubt sein kann, in diesem angeblichen Befreiungsfeldzug nur eine dynastische und gegenrevolutionäre Intrige zu sehen, deren einziges Resultat nach meiner Meinung das sein wird, daß Italien die Herren wechselt und daß dem Herz und dem Genius Frankreichs ein neuer Doppelpanzer aufgelegt wird . . . Um keinen Preis kann ich diese fürchterliche Mystifikation *der durch eine bonapartistische Armee gewonnenen italienischen Unabhängigkeit* zugeben, und ich empfinde manchmal Zorn gegen diejenigen Ihrer Landsleute, die, mehr ihrer Ungeduld als der Vernunft gehorchend, unbekümmert um die Freiheit und das Recht anderer, wenn nur ihr Wunsch befriedigt wird, laut nach den Franzosen rufen, auch wenn dies Frankreich zehn Jahre Verlängerung dieses erbärmlichen Regimes kostet . . ."

Am 14. März 1859 an Gustave Chaudey: „. . . Sah man je eine ungeschicktere Partei als die unsre? Wie, die Majorität in Frankreich und in Europa spricht sich gegen den Krieg aus; man sollte daher meinen, daß Leute, die sich *Republikaner* (Männer der öffentlichen Sache)

nennen, Demokraten, Anhänger des allgemeinen Stimmrechts (des Mehrheitprinzips) sich der Meinung der Mehrzahl anschließen werden; keineswegs, sie sind der Meinung der Fürsten, sie unterstützen den Despoten! . . . Alle Welt in Frankreich und Europa sieht ein, daß in der gegenwärtigen Lage *Friede* den *Tod des Despotismus* bedeutet! Daher scheint es, daß Republikaner um jeden Preis für den Frieden eintreten sollten. Nichts dieser Art; sie predigen den Krieg . . . Wann werden wir das Ende dieser demokratischen Verrätereien sehen? In meiner Broschüre wollte ich ein für allemal diese berühmten Steckenpferde der *Nationalitäten, natürlichen Grenzen, Verträge von 1815 usw. usw.* in den Grund bohren, aus denen man, ohne etwas davon zu verstehen, seit dreißig Jahren lauter *points d'honneur* gemacht hat . . ."
Am 11. April: „. . . Zum Unglück hat man uns seit vierzig Jahren mit so viel Faseleien angestopft über *Nationalitäten, natürliche Grenzen, die Verträge von 1815,* das unglückliche Italien und das abscheuliche *Oesterreich,* daß die Regierung sagen kann, daß sie die wahrhafte Interpretin des öffentlichen Gewissens ist, und daß man ihr nur aus Widerspruchsgeist Opposition macht . . ."

Man gewinnt einen Einblick in Proudhons ganzes Wesen aus folgenden am 7. November 1859, also nach dem Kriege, an Ferrari gerichteten Worten, von denen man nicht dieses oder jenes einzelne Wort herausgreifen und mißdeuten möge; auch Bakunins spätere italienische Tätigkeit wird dadurch beleuchtet: „. . . Ich glaube, daß die Mehrzahl der Italiener, Volk, Klerus, Adel, selbst die Bourgeoisie, Arbeiter und Bauern, noch immer christlich und katholisch ist. Ich glaube, daß der pedantische, scheinheilige, heuchlerische, antipoetische, bilderstürmende Protestantismus dem italienischen Geist Abscheu einflößt. Auf Grund dessen glaube ich mit Ihnen, daß diese Mehrheit, auch wenn sie die päpstliche und kaiserliche Autorität bekämpft, doch unvermeidlich zu beiden zurückgeführt wird."

„Ich glaube, daß die sogenannte liberale Partei in Italien nur aus *atheistischen* Bourgeois besteht, Geschäftsleuten, Händlern, die nach der Macht und den Kirchengütern lüstern sind, kurz, würdigen Seitenstücken all dieser Bourgeoisien in Frankreich, England, Belgien, Deutschland, dieser Rassen von Ausbeutern und Menschenfressern, deren überwiegende Stellung im neunzehnten Jahrhundert die Verderbtheit dieses Zeitalters bedeutet und zum rettungslosen Verfall des Menschengeschlechts führen würde, wenn wir, die Männer der Revolution, dies nicht zu verhindern verständen."

„Ich betrachte also ganz offen die *gegenwärtige* Befreiung Italiens durch die Cavour, die Victor Emanuel, die Saint-Simonisten[1]), die Juden, die Garibaldi und Mazzini, die Bonaparte als eine scheußliche Mystifikation. Ich erkläre, daß solche Leute, diese Welt von Agioteuren [Schiebern], Strolchen, Intriganten, Dirnen, Abenteurern, gierigen und gesinnungslosen Bourgeois mir tausendmal abscheulicher erscheint als das gute katholisch-kaiserliche Volk der Halbinsel; daß

---

[1]) Gemeint sind gewisse Finanzgrößen des Empire, ehemalige Saint-Simonisten.

der Bauer des Kirchenstaats, der guten Glaubens der Madonna eine Kerze weiht, mir unendlich achtungswerter erscheint als ein Liberaler aus Cavours und Garibaldis Schule; daß hierin Italien mir noch lebendig, originell, fruchtbar, achtungswert, der Aufmerksamkeit des Philosophen und des Staatsmanns würdig erscheint. Und ich schließe, daß, wenn Italien wieder etwas werden kann, dies nur durch die *endgültige Revolution* geschehen kann, eine in allem und für alles offene Revolution, eine *ökonomische*, juridische und vor allem moralische Revolution; die Politik überlasse ich Ihnen, machen Sie damit, was Sie wollen . . ."

Proudhon erklärte seine Ideen unermüdlich, um sie ebenso ausdauernd mißverstanden zu sehen. „. . . Man wirft mir manchmal vor, über zeitgenössische Fragen, die man gewöhnlich anders löst, zu scharf zu sprechen, über Polen, Ungarn, Italien usw. Aber, wenn Sie genau zusehen, werden Sie finden, daß ich auch dadurch der Freiheit der Völker einen großen Dienst leiste, indem ich sie einer falschen Taktik entreiße, sie zur Solidarität der Nationen dränge, zu deren wechselseitigem Gleichgewicht, zu den dem neunzehnten Jahrhundert eigenen liberalen Einrichtungen, jenseits welcher ich eine neue Ordnung erkennen lasse, die auf dem ökonomischen Recht begründet ist, und in welcher alle Sorgen um Rassen, Sprachen, Nationalitäten, natürliche, politische oder strategische Grenzen nur noch Fragen dritter und vierter Ordnung, um nicht zu sagen Unsinn sind . . ." (17. Juni 1861).

Aus einem längeren Brief an Herzen (21. April 1861) sei noch hervorgehoben: „. . . Was Polen betrifft, kennen Sie es denn so schlecht, daß Sie an seine Wiederauferstehung glauben? Polen war stets die verderbteste Aristokratie und der ungezügeltste Staat. Noch heute bietet es nichts als seinen Katholizismus und seinen Adel, zwei schöne Dinge, meiner Treu! . . . Predigen Sie ihm *Freiheit, Gleichheit, Philosophie*, die *ökonomische Revolution*, das wird gut sein! Helfen Sie ihm die unserer Zeit eigenen verfassungsmäßigen politischen und bürgerlichen Freiheiten zu erlangen, bereiten Sie es dadurch auf eine radikalere Revolution vor, die mit den großen Staaten all diese hinfort unbegründeten Nationalitätenunterschiede zum Verschwinden bringen wird. Drängen Sie die Polen, die Russen auf diesen Weg, das ist der wahre Weg. Aber sprechen Sie nicht zu uns von diesen Wiederbildungen von Nationalitäten, die im Grunde nur eine rückgängige Bewegung sind und der Form nach ein Fangspiel, durch welches eine Partei von Intriganten, halbpart mit den Tuilerien [Napoleon III.], Cavour etc. eine Ablenkung von der sozialen Revolution herbeiführen wollen. . . . Jede andere Taktik scheint mir ausschließlich der Sache der Despoten zu dienen und Europa in die Gewalt einer Zweiherrschaft der Holstein-Gottorp [Romanoff] und der Bonaparte zu stürzen durch Kriege und Massakres, die für Jahrhunderte das wenige an freiem Geist in Europa noch Vorhandene vernichten würden."

„1848 hatte die politische Frage der ökonomischen Frage untergeordnet. — 1851, 1855 und 1859 taten das Gegenteil zur großen Freude der französischen und ausländischen Jakobiner. Man sucht die soziale Frage von neuem im Blut zu ersticken; das wird der ganze Erfolg Ihres großen Aufrührers Garibaldi gewesen sein!" . . . Auch die Internationale hat diese von Proudhon vorausgesehene Entwicklung nicht verhindert, und die blutige Maiwoche von 1871 hat sie zur Wahrheit gemacht und 1914 und 1919 lenkten wieder von der sozialen Revolution ab. . . .

Proudhons wesentliche Schriften über die seit 1859 in erster Reihe stehenden nationalen Fragen — die Arbeiter jener Jahre schwärmten für Garibaldi, die Polen oder den deutschen Nationalverein — waren *La Guerre et la Paix* . . . (Krieg und Frieden, 2 Bände, Herbst 1861; G. Landauer bereitete eine Uebersetzung vor); *Mazzini et l'Unité italienne* im Brüsseler *Office de Publicité* (Juli 1862); *Garibaldi et l'Unité italienne* (G. und die italienische Einheit; ib., September). Damals demonstrierten Belgier, die ihn gründlich mißverstanden, vor seiner Wohnung und veranlaßten ihn dadurch, nach Paris zurückzukehren (17. September); dort erschienen seine Artikel als *La Fédération et l'Unité en Italie* (15. Oktober), gefolgt von der Broschüre *La Presse belge et l'Unité italienne* und dem theoretisch-polemischen Buch *Du Principe fédératif* . . . (Februar 1863; XVIII, 324 S.). Im November 1863 erschien die Broschüre „Haben die Verträge von 1815 zu bestehen aufgehört?", im Dezember 1864 die „Neuen Bemerkungen über die italienische Einheit", erst 1867 die nachgelassene Schrift „Frankreich und der Rhein".

Die lebendige eindringliche Besprechung zahlreicher Fragen, die man für erloschen hielt, die aber in derselben die Zukunft Europas bedrohenden Form, in der Proudhon sie sah, wiederaufgetaucht sind, kann hier, von den Briefstellen abgesehen, nicht eingehender vorgeführt werden, aber die grundlegenden Teile des *Föderativprinzips* erheischen Beachtung. Hier zeigt sich leider Proudhons nicht naturwissenschaftliche, sondern metaphysische Einstellung, die Bakunin ihm vorwarf, indem er das Autoritätsprinzip als „von der Natur gegeben", das Prinzip der Freiheit als „vom Geist gegeben" erklärt; er sieht beide als dauernd gegeben an und konstruiert vier Möglichkeiten — ein autoritäres Regime mit Regierung Aller durch einen Einzigen (Monarchie oder Patriarchat) oder mit Regierung Aller durch Alle (Panarchie oder Kommunismus) — und ein freiheitliches Regime mit Regierung Aller durch einen Jeden (Demokratie) oder mit Regierung eines Jeden durch einen Jeden (An-archie oder *Self-government*, Selbstregierung). Das freiheitliche Regime entsteht durch Kontrakt. „. . . Der Begriff *Anarchie* in der Politik ist so vernünftig und positiv als irgendein anderer. Er besteht darin, daß nach Zurückführung der politischen auf die industriellen Funktionen die soziale Ordnung aus Abmachungen und Austausch allein resultieren würde . . ." Keine der vier Formen kann in voller Reinheit verwirklicht werden (S. 21—30). „. . . Es sind ideale Konzeptionen, abstrakte Formeln, nach welchen alle wirklichen Regierungen sich empirisch und intuitiv bilden, die aber nicht selbst zu Tatsachen werden können. Die Wirklichkeit ist ihrer Natur nach komplex; das Einfache verläßt den Idealzustand nicht, wird nicht konkret. . . . Jahrhunderte müssen vergehen, eine Reihe von Revolutionen muß sich abspielen, bevor die definitive

Formel dem Gehirn entspringt, das sie zum Ausdruck bringen soll, dem Gehirn der Menschheit." (S. 37—38). „. . . Es gab nie ein Beispiel vollständiger [kommunistischer] Gemeinschaft, und es ist wenig wahrscheinlich, daß, wie hoch auch der von dem Menschengeschlecht erreichte Grad von Zivilisation, Moral und Weisheit sein mag, jede Spur von Regierung und Autorität verschwindet. Während aber die Gemeinschaft der Traum der meisten Sozialisten ist, ist die Anarchie das Ideal der ökonomischen Schule, welche offen anstrebt, jede Regierungseinrichtung zu unterdrücken und die Gesellschaft auf einziger Basis des Eigentums und der freien Arbeit zu begründen . . ." Alle vier Formen, Monarchie, Demokratie, Gemeinschaft und Anarchie, müssen einander durch gegenseitige Entlehnungen vervollständigen (S. 42).

„Dies ist gewiß erniedrigend für die Intoleranz der Fanatiker, die nicht ohne eine Art Schauer von einer der ihrigen entgegengesetzten Meinung reden hören können. Möchten doch diese Unglücklichen lernen, daß sie selbst notwendigerweise ihrem Prinzip untreu sind, daß ihr politischer Glaube ein Gewebe von Inkonsequenzen ist. . . . Es gibt keine wahre Monarchie, es gibt keine wahre Demokratie. . . . Auf dem Grund aller Programme liegt Widerspruch. . . . Garibaldi leistete Victor Emanuel denselben Dienst wie Lafayette [1830] dem Louis Philippe. . . . Es steht fest, daß, da die Demokratie weder der dynastischen noch der unitären Idee zu widerstreben schien, die Anhänger der beiden Systeme nicht das Recht besitzen, sich zu exkommunizieren und daß ihnen gegenseitig Toleranz obliegt . . ." (S. 42—44).

Da also die Regierungspraxis von Transaktionen aller Art abhängt, wird jede Regierung beim besten Willen ein zweideutiges Zwittergeschöpf, ein Gemisch von Regimes, das die strenge Logik zurückweist; die Willkür spielt notwendigerweise in der Politik eine Rolle, und Korruption wird bald die Seele der Macht; die Gesellschaft gleitet unvermeidlich auf die endlose schiefe Ebene der Revolutionen. Dort stehen wir jetzt, die Auflösung nähert sich (S. 56—60).

Das autoritäre Regime entfernt sich von seinem Ideal, je größer die Familie, der Stamm, die Stadt, der Staat werden: je ausgedehnter die Autorität wird, desto unerträglicher wird sie, und sie muß dann der Freiheit Zugeständnisse machen. „. . . Umgekehrt nähert sich das freiheitliche Regime seinem Ideal und vermehren sich seine Aussichten um so mehr, je bevölkerter und ausgedehnter der Staat ist, je mehr die Beziehungen sich vervielfältigen und die Wissenschaft Boden gewinnt. Zunächst verlangt man allseits eine Verfassung, dann wird man Dezentralisation verlangen, und noch etwas später wird die Idee der Föderation entstehen . . ." (S. 61). Das „liberale oder vertragliche Regime" siegt also täglich mehr über das autoritäre Regime, und die Idee des Kontrakts wird die herrschende Idee in der Politik (S. 64). Der wechselseitig verbindliche, den Gegenwert garantierende und in seiner Ausdehnung beschränkte politische Kontrakt ist die *Föderation* (S. 67).

Es würde zu weit führen, Proudhons weitere Ausführungen zusammenzufassen. Historisch meint er: „Die Idee der Föderation scheint ebenso alt zu sein, wie die der Monarchie und der Demokratie, so alt wie

Autorität und Freiheit selbst sind . . ." Er verweist auf die Stämme der Hebräer, die griechische Amphiktyonie . . .; „man hat die ruhmreichen Ligen slawischer und germanischer Völker nicht vergessen, die bis heute fortgesetzt sind in den Bundesverfassungen der Schweiz, Deutschlands und bis im österreichischen Kaiserstaat, der aus so vielen verschiedenartigen, aber, was immer geschehe, untrennbaren Nationen gebildet ist. Dieser Föderationskontrakt wird, indem er sich allmählich zur regelmäßigen Regierung entwickelt, überall den Widersprüchen des Empirismus ein Ende machen, das Willkürliche eliminieren und auf unzerstörbarem Gleichgewicht· die Gerechtigkeit und den Frieden begründen" (S. 83—84).

„. . . Jeder Staat ist von Natur aus annexionistisch. Nichts hält sein an sich raffendes Vordringen auf, es sei denn, daß er einem andern gleich vordringenden Staat begegnet, der sich verteidigen kann. Die glühendsten Nationalitätenprediger verfehlen nicht, sich gelegentlich in Widersprüche zu verwickeln, wenn es sich um das Interesse, und schon gar nicht, wenn es sich um die Sicherheit ihres Landes handelt: wer hätte in der französischen Demokratie eine Einwendung gegen die Vereinigung Savoyens und Nizzas [1860] zu machen gewagt? Nicht selten werden Annexionen von den Annektierten selbst begünstigt, die mit ihrer Unabhängigkeit und Autonomie schachern."

„Ganz anders ist es im Föderativsystem. Die Schweizer haben mehr als einmal gezeigt, daß eine Konföderation, die sehr gut fähig ist, sich gegen einen Angriff zu verteidigen, keine Kraft zur Eroberung besitzt. . . . Eine Konföderation ist zugleich eine Garantie für ihre Mitglieder wie für ihre nicht föderierten Nachbarn."

„Daher liegt . . . in der Idee einer universellen Föderation ein Widerspruch. Hierin zeigt sich wieder die moralische Ueberlegenheit des Föderativsystems gegenüber dem unitären System, das allen Widrigkeiten und Lastern des Unbestimmten, Unbegrenzten, Absoluten und Idealen ausgesetzt ist. Europa wäre noch zu groß für eine einzige Konföderation: es könnte nur eine Konföderation von Konföderationen bilden. In diesem Sinn deutete ich in meinen letzten Publikationen als ersten Schritt zur Reform des europäischen öffentlichen Rechts auf die Errichtung der italienischen, griechischen, batavischen [Belgien und Holland], skandinavischen und Donauföderation hin als Vorspiel der Dezentralisation der großen Staaten und folglich der allgemeinen Abrüstung. Dann würde jede Nationalität ihre Freiheit erlangen und die Idee eines europäischen Gleichgewichts sich verwirklichen, das alle Publizisten und Staatsmänner verlangen, das aber beim Bestehen von Großmächten mit unitären Verfassungen unerreichbar ist . . ." (S. 86—88).

In einer sogenannten Föderation der europäischen Staaten, wie sie jetzt bestehen, sogenannten Vereinigten Staaten von Europa unter dem permanenten Vorsitz eines Kongresses, in dem die kleinen Staaten majorisiert würden, sieht Proudhon nur eine „neue heilige Allianz", die bald nach innerem Zwist zu einer einzigen Macht, einer großen europäischen Monarchie entarten würde. „Eine solche Föderation [der jetzige Völkerbund ist das Musterbild einer solchen] wäre also nur eine Falle oder hätte keinen Sinn . . ." (S. 88, Anm. 1).

„Alles ist aber noch nicht gesagt. Wie tadellos logisch die Föderationsverfassung sein mag, welche Garantien auch für ihre Anwendung vorhanden sein mögen, sie wird nur dann Bestand haben, wenn sie im Wirtschaftsleben keinen beständig auf ihre Auflösung hinarbeitenden Faktoren begegnet. Anders ausgedrückt, das politische Recht braucht die Stützmauer des ökonomischen Rechts . . ." Fehlt diese, so degeneriert die Föderation, wenn das Volk stärker ist, zur unitären Demokratie, wenn die Bourgeoisie stärker ist, zur konstitutionellen Monarchie (S. 107—108). „. . . Das zwanzigste Jahrhundert wird die Aera der Föderationen eröffnen, oder die Menschheit wird ein neues Fegefeuer von tausend Jahren beginnen. Das wahre Problem, das der Lösung harrt, ist tatsächlich nicht das politische, sondern das ökonomische. Durch dessen Lösung beabsichtigten meine Freunde und ich 1848, die revolutionäre Arbeit vom Februar fortzusetzen. Die Demokratie war im Besitz der Macht . . . Die Zentralisation, die man später hätte brechen müssen, wäre für den Augenblick eine mächtige Stütze gewesen. Niemand übrigens damals, außer vielleicht dem Schreiber dieser Zeilen, der sich seit 1840 als *Anarchist* erklärt hatte, dachte daran, die Einigkeit anzugreifen und die Föderation zu verlangen. Das demokratische Vorurteil entschied, daß es anders sein sollte..." (S. 109—10).

Proudhon schlägt ökonomische Föderationen zu besonderen Zwecken vor, die in ihrer Gesamtheit dem herrschenden finanziellen Feudalismus *die landwirtschaftlich-industrielle Föderation* entgegenstellen würden. Diese „sucht sich der Gleichheit immer mehr zu nähern durch billigste und nicht in den Händen des Staates befindliche Organisation aller öffentlichen Dienste, durch wechselseitigen Kredit und Versicherung, Ausgleichung der Besteuerung, Garantie von Arbeit und Unterricht und eine Kombination von Arbeiten, die jedem Handarbeiter erlaubt, zum Gewerbetreibenden und Künstler, und statt Lohnarbeiter Meister zu werden . . ." Eine solche Föderation wäre „die Anwendung auf höchster Stufenleiter der Grundsätze der Gegenseitigkeit, der Arbeitsteilung und der ökonomischen Solidarität, durch den Volkswillen in Staatsgesetz verwandelt" (S. 111—112).

Das Föderationsprinzip hat als erstes Korollarium die Verwaltungsunabhängigkeit der verbundenen Orte, als zweites die Trennung der Gewalten in jedem souveränen Staat, als drittes die landwirtschaftlich-industrielle Föderation. Hierdurch würde, könnte man sagen, die Freiheit zur dritten Potenz erhoben, während die Autorität zur Kleinheit der Kubikwurzel sänke und nur in der Familie eine durch Gatten- und Elternliebe gemilderte Stätte fände (S. 114—115).

„. . . All meine seit 25 Jahren ausgearbeiteten ökonomischen Ideen lassen sich in den Worten resümieren: *landwirtschaftlich-industrielle Föderation*. All meine politischen Ideen reduzieren sich auf eine ähnliche Formel: *politische Föderation oder Dezentralisation*. Und da meine Ideen kein Parteiwerkzeug und Mittel persönlichen Ehrgeizes sind, sind all meine Hoffnungen für Gegenwart und Zukunft ausgedrückt durch die Worte, die ein Korollarium der vorhergehenden bilden: *fortschreitende Föderation"* (S. 116).

Zurückblickend bemerkt Proudhon die natürliche Eignung des alten Galliens für eine Konföderation; die römische Politik aber, die schon, die Natur vergewaltigend, Italien unifiziert und zentralisiert hatte, tat dasselbe mit dem eroberten und nachher christianisierten Gallien, das „für immer seine Sprache, seinen Kultus, seine Freiheit und seine Originalität verlor."

„Nach dem Fall des weströmischen Reichs nahm das von den Franken eroberte Gallien unter dem germanischen Einfluß den Schein einer Föderation an, die in rascher Entartung zum Feudalsystem wurde. Die Einrichtung der Kommunen hätte den föderalistischen Geist wieder beleben können, besonders wenn dieselben sich eher die flämische Gemeinde als das römische Munizipium zum Vorbild gesetzt hätten: sie wurden von der Monarchie absorbiert."

Die föderalistische Idee lebte aber als Erinnerung im Herz der Provinzen, und als die Revolution ausbrach, war der erste Gedanke der einer Föderation unter einem Erbkönigtum. Leider waren die damaligen deutschen, schweizerischen und amerikanischen Konföderationen kein genügendes Vorbild, und unter dem ausschlaggebenden Einfluß von Sieyès und Mirabeau wurde durch die Aufhebung der alten Provinzen und die Departementseinteilung die gegenwärtige Einheit geschaffen (1789), und ein zweites Mal wurde der nach dem 10. August 1792 sich wieder regende Föderalismus am 31. Mai 1793 getroffen (Vernichtung der Girondisten). „Seit jenem unheilvollen Tage verschwand jede Spur von Föderalismus aus dem öffentlichen Recht der Franzosen; selbst die Idee wurde verdächtig, mit Gegenrevolution, beinahe sagte ich mit Verrat gleichbedeutend. Der Begriff ist in den Köpfen ausgelöscht: man kennt die Bedeutung des Worts Föderation nicht mehr, wie wenn es der Sanskritsprache angehören würde . . ." (S. 118—121).

In einem Brief an G. Chaudey (4. April 1862; *Corr.* XIV, S. 218—219) schreibt Proudhon: „. . . Um die Nation, die Freiheit zu retten und das Volk zu emanzipieren, Frieden zu schaffen und die Grundsätze der Revolution in Europa zu entwickeln, dazu sehe ich wirklich nur ein Mittel, nämlich Frankreich in zwölf unabhängige Staaten zu teilen und Paris aufzuheben, *perdam Babylonis nomen* (ich werde Babylons Namen vernichten)." — Illusionen machte Proudhon sich in dieser Hinsicht nicht; „. . . es gibt in Frankreich viele föderalistische Elemente, aber für lange hinaus wird das Land die Föderation nicht erreichen" (31. Januar 1863); s. auch den Brief vom 9. August 1863 (XIV, S. 276).

Als Proudhon 1859 seine Kritik des Nationalismus begann, waren dieser wie der Föderalismus noch in Anfangsstadien; von da ab förderten den Nationalismus, in dem Proudhon richtig ein Mittel der Staatenausdehnung sah und ein mit dem Einheitsprinzip synonymes Prinzip, alle Staatsmächte, Demokraten und die meisten Sozialisten, während

Proudhons Föderalismus, auch als Bakunins Stimme neben und nach ihm ertönte, keine wesentliche Unterstützung fand. So kam es, daß das von Proudhon 1862 nur Vorausgesehene sich mehr oder weniger verwirklicht hat. Er schrieb z. B. in *Du princ. féd.*, S. 186—187: „... Für die Italiener, die schon laut alten verlorenen Besitz verlangten, Korsika, den Tessin, Tirol, Triest, Dalmatien, ist die Nationalität die Wiederherstellung des kaiserlichen und päpstlichen Roms nach dem mehr oder weniger veränderten Vorbild von Karl dem Großen und Leo III.: Hauptstadt Rom. Für die Griechen . . . besteht die Nationalität in der Restauration des alten schismatischen Kaiserreichs: Hauptstadt Konstantinopel . . . Für die Polen, die zunächst ihre Grenzen von 1772 wiedererlangt hätten, 38 000 Quadratmeilen mit einer Menge von nur zu Polen gestempelten Bevölkerungen, sollte die Nationalität zur Bildung eines slawischen Reichs führen, das selbst Moskau und Petersburg eingeschlossen hätte . . ." Proudhon bemerkt auch: „. . . Wiedererweckungen von Lazarussen, bewerkstelligt durch ein *Volkspronunziamento*, außerhalb der allergewöhnlichsten Klugheit, das ist also der eigentliche Boden der Politik der modernen Demokraten! Statt die Völker auf den Weg der Föderationen zu bringen, den Weg aller politischen und ökonomischen Freiheiten, werden sie mit gigantischen Utopien trunken gemacht, man ladet sie zu cäsaristischen Nachahmungen ein, ohne zu bedenken, daß die Geschichte der Nationen nicht gleichartig ist, daß der Fortschritt nicht in leeren Wiederholungen besteht und das, zu einer Zeit Gerechtfertigte, zu einer anderen Zeit eine schuldbeladene Schimäre sein würde . . ." Proudhon hat hier wirklich einen ganzen Rattenkönig von nationalistischen Plänen im Auge, die im Jahre 1862 in der Luft lagen und einige Ausführungsversuche erhielten, die von Montenegro, den Jonischen Inseln, Griechenland nach Ungarn und zu Garibaldi (Aspromonte) und nach Polen reichten. — „. . . In einem gewissen Augenblick seiner Laufbahn hing es nur von Garibaldi ab, Italien zusammen mit Freiheit und Reichtum all die Einheit zu geben, die ein Regime wechselseitiger Garantien zwischen unabhängigen Städten mit sich bringt, die man aber unter einem Aufsaugungssystem nie finden wird. Es hing nur von ihm ab, wenn er statt dieser für immer erloschenen *Nationalitäten* die Föderation Europas ins Leben gerufen hätte, die Republik überall vorherrschend zu machen und mit unwiderstehlicher Macht die ökonomische und soziale Revolution zu inaugurieren . . . Garibaldi hat von seiner Zeit nichts verstanden, folglich nichts von seiner eigenlichen Mission. Seine Verblendung ist das Verbrechen dieser retrograden Demokratie, auf die er zu sehr hörte, dieser Unternehmer von Revolutionen, Wiederhersteller von Nationalitäten, Taktiker des Abenteuers, Staatsmänner *in partibus* [ohne Staat], vor denen er zu große Ehrerbietung hatte . . ." (S. 198—190, 200—201).

Aus den prachtvollen Ausführungen über die *Staatsräson* hebe ich nur noch hervor: „. . . Da die Staatsräson souverän ist, kann ein tugendhafter Bürger wie Mazzini sich nicht nur gegen einen Fürsten, einen Minister, einen für ungläubig erklärten Schriftsteller mit einer rächenden Diktatur bekleidet sehen, sondern gegen Städte und Provinzen, gegen eine ganze Bevölkerung. Für Italien zum Beispiel, wie Mazzini entschieden hat, daß es sein soll, ist die Einheit der Nationalität adäquat. Die Nationalität steht aber über der Nation, wie die Idee über ihrer eigentlichen Verwirklichung steht. Wie der römische Diktator . . ., wie die Jakobiner von 1793, vom Volk von Paris und den patriotischen Gesellschaften eines Dutzends Departements unterstützt, das Recht hatten, kraft der Revolution, wie sie von ihnen interpretiert wurde, gegen die Masse der Nation zu wüten, die widerspenstig geworden war, — so würde Mazzini das Recht haben, alle, und wären es 25 Millionen [die damalige Bevölkerung], die der Einheitspolitik widerständen und sich gegen den mystischen Pakt, der zwischen ihnen und Victor Emanuel geschworen ist [eine der Mazzinischen Fiktionen], verfehlen, als Rebellen zu behandeln; er könnte kraft dieses Pakts die Anhänger der Föderation als Rebellen ausrotten, die Städte verbrennen, das Land verwüsten, ein ganzes Volk dezimieren, *epurieren*, strafen, das, nach Mazzini, der Majestätsbeleidigung gegen ihn selbst schuldig wäre. Und tun dies nicht seit zwei Jahren die Piemontesen in Neapel, in Kalabrien, überall, wo Victor Emanuels Souveränität bestritten wird? . . . Dies ist die Politik jeder Theokratie, jedes Absolutismus und jeder Demagogie. Nur das Föderativsystem, auf dem freien Kontrakt begründet und daher die reine Gerechtigkeit zum obersten Grundsatz nehmend, ist dieser Politik von Brand und Schlächterei entgegengesetzt" (S. 298—300). — Hart klingende Worte für die Zeit des damaligen Mazzinikults: heute, unter Mussolini, begreift man sie besser!

Nach Proudhons Rückkehr nach Paris (September 1862) trat er in näheren Kontakt mit französischen Arbeitern, die er in seinem Brüsseler Exil nicht günstig beurteilte; er schrieb am 24. März 1862 an G. Chaudey: „. . . Ich bringe Ihnen . . . eines in Erinnerung: mißtrauen Sie dem Arbeiterelement. Es gibt da goldene Herzen, aber auch Seelen von unglaublicher Perversität unter dem Schein von Bonhomie. Das Volk (la plèbe), denken Sie daran, ist immer in Worten für die Freiheit, Gleichheit und Gesetzlichkeit, aber es macht allein den Despotismus und erhält ihn aufrecht. Sie finden da eine Heuchelei, die Sie nicht ahnen. Ich sah sie Barbès akklamieren, gegen die *Verkauften* schreien, jeder Kritik gegen Napoleon III. und seine Regierung Beifall spenden und für ihn stimmen. Es ist gut, den Guten die Hand zu reichen, die Schwachen zu ermutigen und aufzuklären, es ist schließlich ihre Sache, die wir verteidigen. Sonst, warum gingen wir nicht mit der Macht? Aber man darf sich auf dieses spitze Rohr nicht stützen, das sage ich Ihnen, der am wenigsten aristokratische aller Menschen, wie Sie gut wissen." — Auch von der studierenden Jugend hatte Proudhon damals eine geringe Meinung trotz einer gewissen Bewegung in derselben. „. . . . Ich habe wenig Glauben an eine Jugend, die immer dieselbe bleibt, verdorbener als je ist und, nachdem sie in Paris fünf bis sechs Jahre gelumpt hat, sich immer zuletzt der Sache der *Ordnung* anschließt . . ." Ist auch all dies in sehr bitterer Stimmung geschrieben, so läßt es doch die damalige Trennung Proudhons von den in den 60er Jahren immer lebhafter hervortretenden unmittelbaren Pariser Bewegungselementen ersehen.

Es gehört zu den Einzelheiten von Proudhons Biographie, wie sich dann in Paris mehrere seiner alten Freunde und jüngere Männer der Bewegung, ebenso der Kern einer Arbeitergruppe, die auch die Gründung der Internationale vorbereitete und durchführte, um ihn gruppieren während zwei Jahren aktueller und sonstiger literarischer Arbeit, bis ihn seine Krankheit im Herbst 1864 ganz niederwarf und am 19. Januar 1865 seinen Tod brachte. Dieser Zeit gehört seine Broschüre gegen Teilnahme an den Wahlen vom 1. Juni 1863 an *(Les Démocrates assermentés et les Réfractaires)* und vor allem das Buch *De la capacité politique de la classe ouvrière* (Von der politischen Fähigkeit der Arbeiterklasse; 1865, VI, 455 S.)[2]).

In diesem letzten Hauptwerk wird der soziale Anspruch der Arbeiterklasse fest begründet und auf internationale Basis gestellt. Man bemerkt wohl, daß Proudhon durch Tolain und seine Gruppe mit den Londoner Vorgängen seit 1862 bekannt ist und die Bedeutung der kommenden Internationale erfaßt, die er am 9. Oktober 1864, zehn Tage nach ihrer Gründung, seinem belgischen Freund F. Delhasse gegenüber hervorhebt *(Corr.* XIV, S. 65). Von da ab hielt der Tod ihn in seinen Klauen, sonst würde wohl die Inauguraladresse von Marx und manches andere, sobald es Proudhon französisch bekannt wurde, von ihm kritisch besprochen worden sein, und Marx hätte von Anfang an einen starken Gegner gefunden, und vieles wäre anders gekommen.

Ich kann auf Mülbergers Resumé der *Capacité politique* verweisen *(P. J. Proudhon, Leben und Werke,* von Arthur Mülberger, Stuttgart, 1899, 4, 240 S. 8°; S. 226—237), der etwa folgende Stelle aus dem in diesem Buch zusammengefaßten ökonomisch-politischen System anführt: „. . . Hier ist der Arbeiter nicht mehr der Sklave des Staats, verschlungen vom Ozean der Gütergemeinschaft. Er ist der freie, in Wahrheit souveräne Mensch, der unter seiner eigenen Initiative und unter seiner persönlichen Verantwortlichkeit handelt. Er ist sicher, für seine Produkte und Dienste einen gerechten, wirklichen Ersatz bietenden Preis zu erhalten und bei seinen Mitbürgern für alle Gegenstände seines Konsums die Ehrlichkeit und die vollkommensten Garantien zu treffen. Ebenso ist der Staat, die Regierung nicht mehr ein Souverän. Die Autorität steht hier nicht als Antithese [Gegensatz] der Freiheit gegenüber: Staat, Regierung, Gewalt, Autorität usw. sind nur Ausdrücke, um unter einem andern Gesichtspunkt die Freiheit selber zu bezeichnen; allgemeine, der alten Sprache entlehnte Formeln, durch die man in gewissen Fällen die Summe, die Vereinigung, die Identität und die Solidarität der besonderen Interessen bezeichnet . . ." (Mülberger, S. 236—237).

---

[2]) In der neuen Ausgabe von Proudhons *Oeuvres complètes* (Paris, M. Rivière) erschien 1924 eine Neuausgabe mit Einleitung und Anmerkungen von Maxime Leroy. Vorher erschienen das *Système des contradictions économiques,* herausgegeben von Roger Picard, 1923, 2 Bände, und *Idée générale . . .,* herausgegeben von A. Berthod, 1923; in Vorbereitung ist *La Guerre et la Paix,* herausgegeben von H. Moysset. Diese Ausgaben entsprechen der gegenwärtigen Höhe der Proudhonforschung, die noch viele Aufgaben vor sich hat. — Die *Capacité politique* erschien ganz kürzlich italienisch (Città di Castello); russisch schon 1867 in Petersburg.

Ein Resumé der Gesamtideen'Proudhons in diesem Buch in Paul Louis, *Les Étapes du Socialisme* (Paris 1903; S. 216—218), drückt sich so aus: „. . . Proudhon denkt, kurz gesagt, an die unendliche Ausdehnung der Gegenseitigkeit (mutualité) und Zusammenarbeit (coopération). Diese beiden Prinzipien müssen in der ökonomischen Organisation zum Sieg gelangen, die Ausübung gleicher Rechte durch den Austausch gleicher Dienste. Jedes Produkt wird durch ein Produkt bezahlt, das gleiche Arbeit und Unkosten kostet. Der normale Arbeitstag eines Durchschnittsmenschen ist die Grundlage des Preisansatzes. Die politische Verfassung ruht auf den gleichen Voraussetzungen. Weder Hierarchie noch Autorität. Die Nation ist nur die autonome Vereinigung der Einwohner. Die auf ihren einfachsten Ausdruck reduzierte Regierung läuft auf ein Garantiesystem hinaus. Das Zentrum . . . ist nicht in einer bestimmten Stadt, sondern überall, was bedeutet, daß kein Zentrum mehr vorhanden ist. Jedes der föderierten Territorien verwaltet sich auf seine Weise. Die Distrikte begnügen sich damit, durch freiwilligen Kontrakt ihre Beziehungen festzusetzen und einen Rat für gemeinsame Angelegenheiten einzusetzen. Diese zuerst nationale Föderation wird wachsen, bis sie die Erde bedeckt und an die Stelle der zersplitterten antagonistischen Mächte tritt, die einander eifersüchtig überwachen."

„. . . Produktion, Verbrauch und Transport vollziehen sich durch Kooperation. Sobald das Eigentumsregime geändert, der Grundbesitz jedem zugänglich und das jetzt den meisten versagte individuelle Innehaben zur Wirklichkeit wird, wird die Assoziation lebensfähig, fruchtbar, allmächtig sein. Die von Proletariern gebildeten industriellen Gesellschaften werden Erz, Stahl und Gewebe zum Kostenpreis liefern, andere Gruppen transportieren sie zu Land und zu Wasser, andere besorgen die großen öffentlichen Arbeiten, andere verwalten die Magazine, aus denen Lebensmittel und Waren abgeholt werden. Der Kleinhandel könnte sogar bestehen bleiben als Filialen größerer Magazine. Sorgfältige statistische Daten sichern das permanente Gleichgewicht von Produktion und Verbrauch."

„. . . Baugesellschaften werden gesunde Wohnungen herstellen, die beinahe zum Kostenpreis abgelassen werden. Banken geben beinahe umsonst Kredit. Unterricht durch Gegenseitigkeitsschulen. Gegenseitige Alters-, Invaliditäts-, Unfall- und Sterbeversicherung."

„. . . Niemand wird verhalten, einer Genossenschaft oder einem Gegenseitigkeitsverhältnis beizutreten. Nirgends schreitet ein Gesetz auch in gutem Sinn ein, nirgends Disziplin und Einheit der Auffassung. Die Klippen des Kommunismus sind also vermieden, sind aber auch die Gefahren und Mängel des Individualismus ausgeschaltet?" . . .

Letztere sind schon Einwände des sozialistischen Verfassers des Resumés. Was mir vor allem zu fehlen scheint, ist ein greifbarer Ausgangspunkt für eine wirkliche Verbreitung dieses Systems, das ohne Revolution mitten in der kapitalistischen Gesellschaft heranwachsen und diese zur Liquidation bringen soll. Die Erfahrung zeigt, daß, wenn solche freiwilligen Unternehmungen (Genossenschaften) sich wirklich ausdehnen, sie dem Kapitalismus näherrücken, statt sich von ihm zu entfernen, —

und ebenso, daß, wenn große Arbeitermassen wirklich von dem Willen nach Freiheit und Gegenseitigkeit durchdrungen sind, den Proudhons Vorschläge voraussetzen, sie dann viel weiter gehende Wünsche haben, daß sie die kapitalistischen Parasiten direkt zu eliminieren für richtig halten und daß sie nur, was leider noch geschieht, durch rückständige oder selbstsüchtige Führer zurückgehalten werden, wie die Proudhonisten in Paris nach dem Tode Proudhons und wie die Sozialdemokratie in allen Ländern.

Proudhon schrieb 1864, als es nur Assoziationisten und einige autoritäre Revolutionäre unter den Pariser Arbeitern gab; wir wissen nicht, wie er sich dem wirklich antiautoritären Kollektivismus der folgenden Jahre gegenüber verhalten hätte. Aus einem seiner Briefe an Pierre Leroux (14. Dezember 1849; *Corr.*, XIV, S. 293—295) geht aber hervor, daß er „an eine soziale Ordnung glaubte, in der die Arbeitswerkzeuge nicht mehr angeeignete (appropriées), sondern zugeteilte (attribuées) Dinge sind, in der der ganze Boden entpersonalisiert (dépersonnalisée) ist; in der, da alle Funktionen solidarisch geworden sind, die Einheit, die soziale Persönlichkeit zugleich mit der individuellen Persönlichkeit entstehen kann. . . . Wie erreicht man diese Solidarität von Besitz (possession) und Arbeit? Wie verwirklicht man diese soziale Persönlichkeit, die aus der Entaneignung (désappropriation) und Entpersönlichung der Dinge sich ergeben soll? Da liegt augenscheinlich die Frage, die große revolutionäre Frage." — Er glaubt nun nicht an neugebildete Assoziationen und ebensowenig an Ablösung (Expropriation schien ihm, wie Pierre Leroux, etwas gar nicht in Betracht Kommendes) und verweist wieder auf sein Mittel, „durch demokratische Organisation des Kredits und Vereinfachung der Besteuerung die Produktivität des Kapitals aufhören zu machen." „Wenn das Kapital seine Wucherfähigkeit verloren hat, entsteht allmählich ökonomische Solidarität und mit ihr Vermögensgleichheit. Dann folgt die spontane und volksmäßige Bildung von Gruppen, Werkstätten oder Assoziationen von Arbeitern. An letzter Stelle bestimmt und bildet sich die höchste Gruppe, welche die ganze Nation umfaßt und die Sie (Pierre Leroux) Staat nennen, weil Sie ihr eine außersoziale Vertretung geben, die aber für mich nicht mehr der Staat ist. So, lieber Philosoph, fasse ich den Marsch der Revolution auf, so müssen wir uns von der Freiheit zur Gleichheit und von der Gleichheit zur Brüderlichkeit erheben . . ."

Diese Trennung von Freiheit, Gleichheit und Brüderlichkeit in aufeinanderfolgende Stadien war nach meinem Gefühl der Hauptirrtum Proudhons, den er nie gutmachen konnte. Alle drei sind etwas derart einander gegenseitiges Bedingendes, daß sie untrennbar sind. Jeder sie trennende Sozialismus ist eine ausgeklügelte, unfruchtbare Konstruktion; dies trennte Bakunin fundamental von Proudhon und macht seinen Sozialismus lebendig und lebensfähig, während der einseitige Sozialismus von Proudhon so verdorrte wie der von Marx.

II.

Michael Bakunin von seinen Anfängen bis 1864.

Das eigentliche Wesen der bedeutendsten Männer auf jedem Gebiet besteht wohl darin, daß sie aufnahmsfähiger sind als andere, daß die Mitwelt und was ihr besonderes Interesse erweckt, stärker auf sie wirken, daß sie mehr aufnehmen und daher imstande sind, mehr geistig verarbeitet zurückzugeben als andere. Dies trifft auch auf die markantesten Anarchisten zu und Proudhon, der sich schon als Arbeiter, dann als Schriftsteller seine Unabhängigkeit erwarb, der das höchstentwickelte Bourgeoissystem der Louis-Philippe- und zweiten Empirezeit aus nächster Nähe sah, das auch die ohnmächtige Februarrepublik und die verzweifelten Junikämpfe nicht im geringsten erschütterten, der seit der Revolution Autorität und Diktatur als Ziel und Mittel der meisten Politiker und Revolutionäre sah, während Sozialisten und Kommunisten gleichfalls Diktaturbestrebungen, dann blinder Gleichmachung und hilfloser Brüderlichkeitsschwärmerei anhingen, — Proudhon bildete seine Ideen unvermeidlich im Gegensatz zu all dem aus, ähnlich Josiah Warren, dessen individualistischer Anarchismus sein eigenes Selbstbewußtsein und die damaligen scheinbar unbegrenzten Unabhängigkeitsmöglichkeiten in Amerika wiederspiegelt. Andere Männer besaßen neben gleichem Freiheitsbedürfnis bessere Erfahrungen in menschlicher Solidarität und die intensive Schätzung beider, das Bedürfnis nach beiden lag auf dem Grunde ihrer Ideenbildung. Solche Männer waren *Bakunin*, *Elisée Reclus* und manche andere, und sie haben das Wesen wirklicher Menschlichkeit wohl tiefer erfaßt als die in gefühlsarmen Milieus lebenden Proudhon, Max Stirner und Warren.

Michael Alexandrowitsch Bakunin, geboren am 30. Mai 1814 auf dem Landgut Premuchino im Gouvernement Twer, hatte, wie man immer mehr kennenlernt[3]), das besondere Glück, in einem so günstigen Familienmilieu aufzuwachsen, daß glückliche Triebe sich in ihm entwickelten und schlechte Einflüsse ferngehalten wurden, bis er deren Schlechtigkeit

---

[3]) Die Hauptquelle sind die von A. Korniloff in großem Umfang vorgelegten Familienbriefe nebst dem Briefwechsel mit seinen späteren Jugendfreunden, Stankewitsch, Belinski u. a. S. besonders *Semeïstvo Bakuninych* (Die Familie B.) in *Russkaia Mysl*, Moskau, seit Mai 1909; als Buch *M. Bakunins Jugendjahre*, russisch (Moskau), 1915, XIV, 1, 718 S., Gr.-8⁰); *M. Bakunins Wanderjahre* (Petersburg, Mai 1925, 589 S.); fernere Briefe in *Byloe* (Petersburg), 1925, Nr. 31, S. 19—57; Nachtrag in Nr. 33; auch das von mir in *La Société Nouvelle* (Brüssel), September 1896 herausgegebene autobiographische Fragment.

selbst zu erkennen imstande war und dann um so kräftiger gegen sie reagierte. Bis ins fünfzehnte Lebensjahr hinein lebte er im Kreis von zehn Geschwistern, zwei etwas älteren (1811, 1812), zwei etwas jüngeren Schwestern (1815, 1816) und fünf Brüdern (1818—1823), so daß er sich an den älteren Schwestern heranbildete, die jüngeren schützte und der Führer und das Vorbild der Bruderschar war, eine vor der Außenwelt geschützt aufwachsende Gruppe, die vom russischen Leben, dem Despotismus und ihrer eigenen auf die Arbeit der leibeigenen Bauern gegründeten parasitischen Lebensweise nichts merkte. Denn der Vater hielt all solche Eindrücke von ihnen fern und lebte selbst, die Umwelt mit Resignation betrachtend, in Erinnerungen der kosmopolitischen und geistig aufgeklärten Kreise, in denen er, besonders in Italien, auch in Frankreich, seine Jugend zugebracht hatte, bis die für seinen gemäßigten Sinn zu schroffen Eindrücke der Französischen Revolution ihn nach Rußland zurücktrieben. Dort machte er sich sehr bald vom Staatsdienst frei und lebte auf seinem Gut mit seiner Mutter, dann mit seiner Frau, in regem Verkehr mit geistig freien Männern, wohl auch manchen Bewegungselementen der Dekabristenzeit, seinen Kindern mit großer Güte viel freie Entwicklung lassend, von ihnen geliebt und verehrt, doch mit dem allmählich — wahrscheinlich der steigenden Unabhängigkeit der von Michael inspirierten Geschwister wegen — steigenden Wunsch, der meist nur Versuch blieb, sie nicht ganz im Gegensatz zu den nun einmal üblichen Formen des russischen aristokratischen Lebens aufwachsen zu sehen. In Michael entwickelten sich unter diesen im Anfang jeder Härte entbehrenden Verhältnissen gewiß sehr früh das unbedingte Solidaritätsgefühl mit der Geschwistergruppe und das Bedürfnis, für deren und seine eigene Freiheit den doch wohl manchmal eingreifenden Eltern gegenüber mit Geist und Kraft einzustehen. Er liebte diese kleine Welt unendlich, und als ihn die Konventionalität des Vaters einer militärischen Erziehung und Karriere übergab (Dezember 1828), ruhte er bald nicht, bis er sich 1835 ganz von seiner Artillerieoffizierssstellung frei gemacht hatte und führte zähe und peinliche häusliche Kämpfe durch Jahre hindurch, bis ihm endlich im Sommer 1840 ermöglicht wurde, nach Berlin zu reisen zum Besuch der Universität, damals noch in der Absicht, sich für eine Professur der Philosophie in Moskau vorzubereiten.

Er hatte nämlich, nachdem in den Knabenjahren vor allem die Natur und weite Reiseträume — durch Erzählungen seines Vaters und anderes angeregt — seinen Interessenkreis gebildet hatten, als Gegenwirkung gegen das Militärleben zur Dichtung und Philosophie gegriffen und die in jener Zeit mit solchem Prestige auftretende, speziell die deutsche Philosophie schien ihm lange ein wirklicher Wegweiser zu allem dunkel in ihm Lebenden, zur Betätigung seines Dranges, Freiheit und Glück zunächst der ihm ans Herz gewachsenen Geschwistergruppe in dem ihm in der Ferne stets als Idyll, als Oase, als Paradies vorschwebenden Premuchino, dann mit ihnen solidarisch verbunden der ganzen Menschheit zu bringen. Fichtes Ideen hatten grenzenlosen Einfluß auf ihn, z. B. die Worte seiner *Anweisung zum seligen Leben:* „Das Leben ist

Liebe, und die ganze Form und Kraft des Lebens besteht in der Liebe und entsteht aus der Liebe. ... Was du liebest — das lebest du" (Brief vom 29. Februar 1836; *Jugendjahre*, S. 172).

So schrieb er am 10. August 1836 seinen Schwestern: „... Wie lieben das Gute, und das Gute muß sich auch erfüllen trotz aller Unternehmungen des Bösen."

„Immer mehr und mehr die Sphäre unserer Tätigkeit auszudehnen und damit auch die Sphäre unserer Liebe und Seligkeit, unsere Seelen von allem Niedrigen zu reinigen, sie unaufhörlich zu veredeln, sie würdig zu machen, Altäre grenzenloser Liebe zu sein, den endlosen Himmel unserer Seelen in die Außenwelt zu übertragen und so die Erde zum Himmel zu erheben, immer in der Außenwelt die Ideen des Schönen, Erhabenen und Edlen zu verwirklichen, uns immer der heiligen Harmonie der Innen- und Außenwelt zu nähern und verbunden zu sein durch gemeinsames Ziel, Hoffnungen und gemeinsame heilige Liebe, immer zu verstärken und zu reinigen unsere Liebe unter uns, unsere eigene irdische Seligkeit — das ist unsere Bestimmung, Freunde!"

„... Wer nicht leidet, der kann nicht wahrhaft lieben, weil das Leiden der Akt der Befreiung des Menschen von allen äußeren Erwartungen ist, von seiner Gewohnheit an instinktiven, unbewußten Genuß. Wer also nicht leidet, der ist nicht frei, und ohne Freiheit gibt es keine Liebe, und ohne Liebe keine Seligkeit ..." „... Aeußere Leiden treffen uns unabhängig von unserem Willen, und wenn wir kein Selbstbewußtsein besitzen, kein inneres Leben leben, fallen wir ihnen zum Opfer ... In uns zeigt sich eine Religion, das innere Leben, und wir fühlen uns stark, denn wir fühlen in uns einen Gott, einen Gott, der eine neue Welt gründet — die Welt der absoluten Freiheit und der absoluten Liebe, und getauft in dieser Welt, durchdrungen von dieser göttlichen Liebe fühlen wir uns als göttliche und freie Wesen, vorbestimmt zur Befreiung der Menschheit, die noch unterjocht, irdisch ist, noch ein Opfer instinktiver Gesetze, unbewußter Existenz. Alles, was lebt, was lebt, ist, wächst, was nur existiert, — muß frei werden, muß zum eigenen Selbstbewußtsein kommen und sich zu dem göttlichen Zentrum erheben, das alles Existierende beseelt. Absolute Freiheit und absolute Liebe — das ist unser Ziel; die Befreiung der Menschheit und der ganzen Welt — das ist unsere Bestimmung (dazu sind wir berufen) ..." (S. 227—229).

Korniloff, dessen Material die einzelnen Phasen und Nuancen der inneren Entwicklung Bakunins zu verfolgen ermöglicht, erinnert hier an eine im Dezember 1835 ausgesprochene Anregung eines intimen Geschwisterkreises — Bakunins erster geheimer Gruppe, von der wir wissen —; damals dachte er nur an das innere Leben, bei völliger Vernichtung des äußeren. Jetzt will er zwischen beiden Harmonie herstellen. Das innere Leben absorbiert das äußere nicht zu seiner Vernichtung, sondern zu seiner Wiedergeburt. „... Die Liebe zur Menschheit nimmt bestimmteren und tatsächlicheren Charakter an, und vor dem von ihm geschaffenen Geschwisterkreis liegt die große Frage der Umgestaltung des äußeren Lebens, der Befreiung der ganzen Mensch-

heit und sogar der ganzen Welt von jeder Knechtschaft." Korniloff
meint, daß eine weitere Entwicklung in diesem Sinn Bakunin zum
christlichen Anarchismus im Sinne Tolstois geführt haben würde
(S. 231—232), aber dem Höhepunkt der *Fichte*periode folgte bekanntlich
eine jahrelange Faszination durch *Hegel*, die Bakunin geistig außerordentlich übte, die ihn aber von einer sozialen Ausbildung seiner
längst erweckten Ideen vorläufig noch abhielt. In dieser harten Hegel-
schen Zeit, als er und Belinski fanatisch dem Trugschluß huldigten:
was besteht, ist vernünftig — also ist alles Bestehende vernünftig, lernte
er auch die jungen Moskauer Slavophilen kennen; vorher, in Petersburg
und bei der Armee in Litauen, hatte er mehrere intelligente, aber dem
herrschenden System ergebene Mitglieder der verwandten Familie
Muravieff kennengelernt, in Moskau auch den seine eigenen reaktionären Wege gehenden Tschadaeff, und erst in den letzten Jahren die
liberalen Sozialisten Herzen und Ogareff, die dem antirevolutionären
Hegelianismus offen entgegentraten und in Bakunin vielleicht die
ersten Zweifel an der Allmacht und Allweisheit der Philosophie hervor-
riefen.

Er war in all diesen Jahren Wahrheitsucher und Wahrheitverkünder,
empfand den Drang, den ihm lieben Kreis mit seiner eigenen Erkenntnis
zu erfüllen. Was er suchte, ist klar; es war Vervollkommnung, nicht
nur von sich, sondern von seinem ganzen Kreis, und dies setzte wieder,
wie er bald sah, allgemeine Vervollkommnung voraus — auf diesem
Wege entstand das Band zwischen ihm und einem engsten Kreis,
zwischen ihm und der ganzen Menschheit. Er war längst praktischer
Rebell, durch den Bruch seiner eigenen Karriere, als hartnäckiger Ver-
teidiger seiner Schwestern und Brüder in vielen Dingen, in den Augen
der Eltern der allgemeine Rädelsführer, von den Geschwistern zeitweilig vergöttert.

Auch viele andere jener Zeit waren im Bann der Metaphysik in einem
Grade, den wir uns kaum vorstellen können, selbst wenn wir an die im
Bann des Marxismus Befindlichen unserer Zeit denken. In Berlin, dann in
Dresden (1842) durchschritt Bakunin den Hegelianismus von der Rech-
ten bis zur äußersten Linken (Arnold Ruge), er wurde mit der radikalen
Politik und dem Sozialismus bekannt, letzteres durch Schriften von
Lamennais, Lorenz Stein und viele weitere Lektüre. Er sah aus dem
innersten Kreise heraus die damaligen Versuche einer Koordination
der radikalen Philosophie, des politischen Radikalismus und des Sozialismus. Er schrieb den berühmten Artikel der *Deutschen Jahrbücher:
Die Reaktion in Deutschland* (17.—21. Oktober 1842), ein mit philo-
sophischer Hülle umkleidetes revolutionäres Manifest, ausklingend in
die Worte: „. . . Laßt uns also dem ewigen Geist vertrauen, der nur
deshalb zerstört und vernichtet, weil er der unergründliche und ewig
schaffende Quell alles Lebens ist. — Die Lust der Zerstörung ist zugleich
eine schaffende Lust!" In der Schweiz (1843—1844) lernte er Weitling und andere deutsche Kommunisten kennen, in Brüssel 1844 den
polnischen Sozialisten Lelewel, in Paris damals Marx, Heß, Engels und
andere, bald darauf einen für ihn sehr interessanten Russen, Melgunoff,

dessen Einfluß auf ihn wir noch nicht näher kennen, dann Proudhon und wohl so ziemlich alle bemerkenswerten französischen Sozialisten jener Jahre bis 1847; 1847 sah er mehrere Moskauer Freunde wieder, Herzen, Belinski u. a.

Seine Entwicklung von der Metaphysik weg hatte ohne Zweifel Ludwig Feuerbach vollendet; kongenial, das heißt seiner freien Denkweise soweit er konnte, folgend, war ihm in jenen Jahren Georg Herwegh⁴), und wirkliche Freundschaft vereinigte ihn mit dem lebensfrohen ostpreußischen Musiker Reichel. Aus dem spärlichen Briefmaterial jener Jahre ist ein Brief an seinen Bruder Paul erhalten (Paris, 29. März 1845); *(Wanderjahre, S.* 282—288), in welchem Bakunin, von seiner Entwicklung in den letzten Jahren schreibend, mitteilt, daß er nun mit der Metaphysik und Philosophie vollständig gebrochen und sich in die praktische Welt der wirklichen Tat und des wirklichen Lebens gestürzt habe. Er bemerkt auch: „. . . Alles die Menschen Befreiende, sie zu sich selbst Zurückführende, alles, das in ihnen das Prinzip ihres eigenen Lebens, originaler und wirklich unabhängiger Tätigkeit erweckt, alles, das ihnen wirklich die Kraft gibt, sie selbst zu sein, — das ist wahr; alles übrige ist falsch, — freiheitstötend und absurd. — Den Menschen befreien, das ist die einzige legitime und wohltätige Einflußnahme. — Nieder mit allen religiösen und philosophischen Dogmen, sie sind nur Lügen; die Wahrheit ist keine Theorie, sondern eine Tat, das Leben selbst, — die Gemeinschaft freier und unabhängiger Menschen, — die heilige Einheit der Liebe, welche den geheimnisvollen und unendlichen Tiefen der persönlichen Freiheit entströmt . . .“

An Georg Herwegh schrieb er Anfang August 1848 aus Berlin *(1848, Briefe von und an G. H.,* 1896; S. 21—24): „. . . Nun, Georg, wirst Du mir doch zugeben, daß Proudhon, gegen den Du immer so einen Widerwillen gehabt, jetzt doch der einzige in Paris ist, — der einzige in der politischen Literatenwelt, der noch etwas versteht; — er hat einen großen Mut gezeigt, seine Rede⁵) war in dieser schlechten und heuchlerischen Zeit eine wirkliche, eine edle Tat. — Wenn er zur Regierung käme und sein Doktrinarismus aus einem negativen zu einem positiven geworden wäre, dann würden wir wahrscheinlich gezwungen, gegen ihn zu kämpfen, denn am Ende hat auch er ein Systemchen im Hintergrunde — aber jetzt ist er mit uns, und in jedem Fall wirst Du gestehen, daß er einen großen, bewunderungswürdigen Mut gezeigt hat. — Uebrigens interessiere ich mich sehr wenig für Parlamentsverhandlungen, die Zeit des parlamentarischen Lebens, der Assemblées und Constituantes nationales usw. ist vorüber; und wenn man sich aufrichtig fragen wollte, so müßte ein jeder gestehen, daß er eigentlich gar kein Interesse mehr, oder nur ein gezwungenes, eingebildetes für

---

⁴) Gutzkow, eine böse Zunge, schreibt in *Rückblicke auf mein Leben* (1875; S. 290—291), „sein [Herweghs] Studium (sage er) sei nur noch Feuerbach und Proudhon gewidmet. Seine Aufgabe sei die Tat . . .“
⁵) *Discours du citoyen Proudhon . . . à l'Assemblée nationale . . . 31 juillet en réponse au rapport du citoyen Thiers sur la proposition relative à l'impôt sur le revenu.* Extrait du *Moniteur.* (Paris, 8 S., 4⁰).

diese alten Formen hat; — ich glaube nicht an Konstitutionen und an Gesetze; die beste Konstitution würde mich nicht befriedigen können. — Wir brauchen etwas anderes: Sturm und Leben und eine neue, gesetzlose und darum freie Welt . . ."

Und am 8. Dezember 1848 aus Köthen: „. . . Während dieser neun Monate habe ich mich an Geduld, an Warten und an Ausdauer gewöhnt. — „J'attendrai, Monseigneur!" — das ist meine Antwort auf die triumphierende Reaktion, — und die Anarchie, die Zerstörung der Staaten wird doch bald kommen müssen . . . Schlechte Leidenschaften [deren Entfesselung die 1848er Bourgeoisie fürchtet, während Bakunin schrieb: „. . . Nur ein anarchischer Bauernkrieg kann Deutschland retten"] werden einen Bauernkrieg hervorbringen, und das freut mich, da ich nicht die Anarchie [im Sinne von Unordnung] fürchte, sondern sie von ganzer Seele wünsche — sie allein kann uns aus dieser verfluchten Mitte, in der wir so lange vegetieren müssen, mit Gewalt herausreißen . . ." (S. 225—229).

Diese in den wenigen erhaltenen Briefen auffindbaren Aeußerungen[6]) wiegen mehr als die Schlüsse, die man aus seinen persönlichen freundlichen Beziehungen zu einigen deutschen Kommunisten, die er 1843—1844 in der Schweiz kannte, ziehen könnte. Man weiß noch, daß sein Verhältnis zu Marx in der zweiten Hälfte 1844 ein noch ungetrübtes, aber von wirklicher Freundschaft ganz fernes war. Die Verhältnisse und seine Freude, unter den Arbeitern frische Kräfte zu finden, hatten ihn zu diesen Kommunisten geführt, die gerade solche waren, die nicht unter den Einfluß von Marx gerieten.

Nach meiner Ueberzeugung stand Bakunin von Anfang an allen Sozialisten unabhängig und kritisch gegenüber. Er empfand seit jeher Freiheitsdrang und Menschenliebe, die sich in halbreligiöser, dann in halbphilosophischer Form geäußert hatten und die vom Moment ab, als er die soziale Bewegung erfaßte (wohl im Winter 1841—1842), seinem

---

[6]) Daneben liegen Briefe, die persönliche Beziehungen mit deutschen Kommunisten erweisen — der Brief an August Becker, ungefähr vom Juni 1844 [Anm. 2518 meiner *Biogr.*], der Freundschaft zu diesem, Weitling und dem Gerber Schmidt bekundet, eine Sottise des „Pariser Korrespondenten" [H. Ewerbeck] erzählt, von einem Besuch bei Cabet berichtet und die französischen Kommunisten in bezug auf Achtung der persönlichen Freiheit für „viel weiter, viel humaner, viel stolzer und freier" erklärt; „sie sind voll Würde und Selbstgefühl, und darum haben sie auch Sinn für Würde und Freiheit der anderen..." — Am 14. Oktober 1844, an Reinhold Solger [*Biogr.*, Anm. 2519]: „...Studiere viel politische Oekonomie und bin Kommunist von ganzem Herzen." Damals schrieb er an einem *Exposé et développement des idées de Feuerbach*. Vom damaligen Pariser *Vorwärts* sagt er, er sei „noch ein lumpiges Blatt, aber es wird bald gut werden . . . . ." — Die erwähnte Arbeit schien 1845 unter dem Titel *Sur le Christianisme ou la Philosophie et la Société actuelle* der Veröffentlichung nahe zu sein (nach Briefen vom 29. März und 1. Mai 1845 in den *Wanderjahren*), ist aber — wenn nicht anonym und total verschollen — nie erschienen und wird nicht mehr erwähnt. — Am 5. August 1847, an Frau Professor Vogt in Bern (*Biogr.*, Anm. 2524), nennt er August Becker (in Straßburg) „einen prächtigen Menschen, ein goldenes Herz", spricht sympathisch von Simon Schmidt (in Paris), bemerkt aber: „sonst lebe ich fast nur mit Polen und habe mich ganz und gar in die polnisch-russische Bewegung geworfen . . ."

Sozialismus eine Form gaben, die derselbe immer behalten hat, die des vollständigsten Sozialismus, aber auch die der vollständigsten Verwirklichung der Freiheit. Die Kommunisten vernachlässigten die Freiheit, Proudhon setzte die trockene Gegenseitigkeit, das *give* and *take*, Geben und Nehmen, an die Stelle freiwilliger Solidarität: beide konnten Bakunin nicht ganz befriedigen.

Ebenso war Proudhon in die Meinung verrannt, durch „ein Systemchen" (Bakunins Worte, 1848) die soziale Frage lösen zu können *(Solution du problème social . . .,* 1848), während Bakunin von Anfang an fühlte, daß dies nur das Ergebnis harter Kämpfe, der Zerstörung der vorhandenen Hindernisse, sein könnte und diese Kämpfe nicht scheute, sondern herbeisehnte, und zwar nie in Form blanquistischer und marxistischer Diktaturerrichtung, sondern als gründliche Zerstörung des Bestehenden, Vorbedingung eines freiheitlich-solidaristischen Wiederaufbaus. Mit geringfügigen, ihm kaum bekannten Ausnahmen stand Bakunin bis 1849 mit seinen Ideen ganz allein, selbst in der so reichen sozialistischen Entwicklung der 40er Jahre und von 1848. Er war Sozialist, Anarchist, Revolutionär eigener Entstehung, niemandes Schüler, niemandes Anhänger. Soviel wir wissen, hatte oder suchte er damals keine besondere sozialistische Betätigung; seine Handschriften sind ganz, seine Briefe meist verloren. Er war ein selbständiger Beobachter der revolutionären Entwicklung, die ihm aber dort, wo er jeweilig war, noch keine Aktionsmöglichkeit bot.

Dazu kommt der Umstand, daß, seit er durch seine scharfen Worte über Rußland (Januar 1845) und vielleicht schon durch seinen Verkehr mit Joachim Lelewel (Brüssel, Frühjahr 1844) die Aufmerksamkeit der polnischen Emigration erregt hatte, er, besonders seit 1846, von der slawischen Bewegung absorbiert wurde, was bis 1863 dauerte. Hier wirkte verschiedenes zusammen: die Polen mochten ihn als eine Rußland zersetzende Kraft betrachten und ihm weiter entgegenkommen als bekannt geworden ist; sie sahen aber auch bald, daß er durchaus Russe und Föderalist war und blieb und nie ein polnisches Programm, das die Inkorporation von Kleinrussen, Weißrussen und Litauern in das historische Polen fordert, akzeptierte. Daher waren ihre Sympathien sehr laue oder negative; Bakunin selbst hielt es für eine Ehrensache, beide Faktoren zu bekämpfen, das zaristische Rußland und das imperialistische Polen, ebenso aber auch dem damals unterdrückten, nicht selbst unterdrückenden Polen beizustehen — eine falsche Lage, die jede wirkliche Zusammenarbeit unmöglich machte. Das gleiche war im Verhältnis zu den anderen Slawen (1848—1849) der Fall, mit denen ihn antideutsche, antimagyarische Gefühle verbanden, von denen ihn aber deren auf den Zarismus oder auf ein Oesterreich mit slawischer Vorherrschaft gerichtete Tendenzen trennten. Bakunin stand also, von wenigen jungen Leuten abgesehen, als Slawe immer allein, da er den Polen nicht das bieten wollte, was sie verlangten, und den übrigen Slawen, dem mächtigen Zar gegenüber nichts bieten konnte als seinen guten Willen und seine Hoffnung einer russischen Revolution, die noch fast sechzig Jahre auf sich warten ließ. Diese vollständige Isoliertheit erklärt auch den Mißerfolg seiner slawischen Bemühungen Deutschen gegenüber, die auf seinen bloßen Wunsch und Aufruf hin ihre staatlichen Verbände nicht auflösten, weil sie sahen, daß er außerstande war, seinerseits etwas von seinem Programm zu verwirklichen. Schließlich kam es, daß er, der in Prag im Juni 1848 mit den übrigen Slawen nach seinen Schilderungen im Deutschenhaß geschwelgt hatte, im Herbst des Jahres sehr richtig die deutschen, slawischen und magyarischen Bewegungen gegen die Reaktion zu vereinigen suchte und daß er als echter Revolutionär dort, wo er war, sich der Revolution anschloß: seine entschlossene Teilnahme an der Dresdner Mairevolution 1849 ist allbekannt — sie brachte ihm Todesurteile, Kerker, sibirisches Exil und zerstörte Gesundheit, bis zu seiner glücklichen Flucht in der zweiten Hälfte von 1861. Auch seine Tätigkeit in den Jahren 1862 und 1863 steht im Zeichen der slawischen Bestrebungen, neben denen aber schon ernste Teilnahme an der damals wirklich begonnenen russischen Bewegung liegt — und wieder vergebliche Versuche, sich mit den Polen zu verständigen.

All dies, eine fortwährende Vermengung von Unwirklichkeiten und harten Tatsachen, hat viel biographisches Interesse; hier interessiert uns Bakunins *Föderalismus*, wie er in einem der polnisch-russischen Sektion des Prager Slawenkongresses vorgelegten Entwurf zum Ausdruck gelangte, der nur zum Teil als *Statuten der neuen slawischen Politik* im Juli 1848 ohne Bakunins Wissen veröffentlicht wurde[7]). Dieses Dokument ermöglicht Rückschlüsse auf Bakunins damalige soziale und politische Anschauungen. Er stellt für den Eintritt der slawischen Völker in den Verband, bei innerer Unabhängigkeit derselben, folgende gemeinsame Grundlage auf: „. . . 1. . . . Gleichheit aller, Freiheit aller und brüderliche Liebe. Unter dem Himmel des freien Slawentums gibt es keinen Unfreien (weder in Hinsicht auf das Recht, noch auf das Handeln). . . . Keine andere Ungleichheit herrscht unter ihnen, als die, welche die Natur geschaffen hat. . . . Die Aristokratie der Gelehrten und Künstler, die ältere Schwester im Volke, muß ausfließen in die Masse des Volkes, damit sie in ihr neues Leben schöpfe und sie in Gegenseitigkeit zu der durch die Zeit errungenen Aufklärung führe. — 2. Auf dem großen und gesegneten Raume, den die slawischen Stämme eingenommen haben, ist genug Platz für alle, darum soll ein jeder teilhaben an dem Besitze des Volkes und allen nützlich sein." — 3. Niederlassungs-

---

[7]) „Ohne mein Wissen und nur im Auszug in einer tschechischen Zeitung" (Bakunin in der „*Beichte*", 1851; Polonsky, *Materialy*, I, 1923, S. 256). — Zuerst im Juli 1848 im Posener *Dziennik domowy*, dann hieraus in der tschechischen *Wčela* (Prag), 16. September, und deutsch in den Leipziger *Jahrbüchern für slawische Literatur*, 1848, Nr. 49, S. 257—260; hieraus im *Briefwechsel*, 1895, S. 285—289. — Im November 1861 erschien ein Abdruck in der Genfer Zeitschrift *Čech. . .(La Voix libre de la Bohême)*, Nr. 11, S. 81—83, nach welchem das Original in Prag verlorengegangen sei, der Pole K. Cieglowicz († um 1858) habe dem Herausgeber (J. V. Frič?) eine von ihm gemachte polnische Uebersetzung überlassen. Die Texte von 1848 und 1861 stimmen überein, so daß die Veröffentlichung im Juli 1848 vielleicht auch von Cieglowicz ausgeht? Ob in den letzten acht Jahren die Dokumente des Slawenkongresses in Böhmen oder Polen ans Licht gekommen sind, entgeht meiner Kenntnis.

recht jedes Slawen bei allen anderen slawischen Völkern. — 4. Beaufsichtigung der Befolgung dieser Bestimmungen durch den Rat.

Dieser „slawische Rat" . . . „leitet das gesamte slawische Volk als die erste Macht und das höchste Gericht . . ." „Jedes ungerechte Benehmen eines slawischen Volkes, welches einen besonderen Bund in dem Schoße des vereinigten gesamten Slawentums zu errichten bezweckte, oder einen andern slawischen Stamm zu beherrschen, sei es durch Diplomatie oder mit Gewalt, in der Absicht, eine starke Zentralgewalt zu gründen, was die Macht des gesamten vereinigten Slawentums vernichten oder beschränken könnte, jedes Bestreben, irgendeine Hegemonie über die vereinigten Völker, sei es zum Besten eines einzelnen Volks oder auch einiger vereinigter, aber zum Nachteile andrer auszuüben: wird für ein Verbrechen und für einen an dem ganzen Slawentum verübten Verrat angesehen. Die slawischen Völker, welche einen Teil der Föderation ausmachen wollen, müssen ihrer Macht völlig entsagen und sie unmittelbar den Händen des Rates überlassen und dürfen nicht weiter ihre besondere Größe in der Entwicklung ihres Glücks und ihrer Freiheit suchen."

„Der Rat selbst hat das Recht, fremden Mächten Krieg zu erklären. Kein einziges Volk kann einen Krieg erklären, ohne Bewilligung aller . . ." „Der innere Krieg unter den slawischen Stämmen soll verpönt sein als ein Flecken, wie ein Brudermord. Entstehen Zwistigkeiten . . . so sollen sie durch den Rat beseitigt, und dessen Entscheidung als eine heilige vollzogen werden . . ."

„. . . Kein slawischer Stamm kann mit fremden Völkern ein Bündnis schließen, dieses Recht ist ausschließlich dem Rate überlassen; keiner kann slawisches Militär unter die Leitung eines anderen Volkes oder fremder Politik geben . . ."

Nach der „Beichte" umfaßten Bakunins Pläne auch den Anschluß der Magyaren, Rumänen und Griechen, und dadurch die Gründung eines „einzigen freien Oststaates" mit Konstantinopel als Hauptstadt (Mat., I, S. 171—172).

Wenn auch diese slawische Föderation keine unterjochten Völker umfassen sollte — „überdies haben sie [die Slawen] nur zu sehr das fremde Joch gehaßt, als daß sie irgendwann ihr Joch fremden Völkern auferlegen wollten⁸)" — und wenn auch Friede und Freundschaft mit dem ähnlich organisierten übrigen Europa bestehen sollten, waren doch auf jedem Wege zu ihr, den einer allgemeinen freiwilligen Föderation Europas ausgenommen, gewisse Faktoren maßgebend, die Bakunin sehr gut kannte. Er sah, in welchem Grade der Deutschenhaß die Slawen beseelte. — „. . . Der Haß gegen die Deutschen ist die erste Grundlage der sla-

---

⁸) Mit Konsequenz vertritt Bakunin diesen Standpunkt übrigens nicht, wenn er in der „Beichte" (Mat. I, S. 206) erklärt, daß „die Tschechen, die zwei Drittel der böhmischen Bevölkerung ausmachen, wollten und, sage ich, mit vollem Recht wollten, daß Böhmen ein ausschließlich slawisches Land sei, in voller Unabhängigkeit von Deutschland . . ." (es handelt sich um die Wahlen zum Frankfurter Parlament). Die Idee, den Deutschen in Böhmen selbständige Handlungsweise oder das Sezessionsrecht zuzugestehen, hatte Bakunin also damals nicht.

wischen Einheit und der gegenseitigen Verständigung der Slawen; er ist so stark im Herzen jedes Slawen eingewurzelt, daß ich auch jetzt überzeugt bin, Majestät, daß früher oder später, auf diese oder jene Art, und wie immer Europas politische Verhältnisse sich gestalten, die Slawen das deutsche Joch abwerfen werden, und daß die Zeit kommen wird, in der es keine preußischen, österreichischen und türkischen Slawen mehr geben wird" (*„Beichte"; Mat. I, S. 146*). Diese Zeit kam ja wirklich 1918—1919, aber keineswegs im Sinn einer slawischen Föderation: *hierin* liegt das wesentliche, daß nämlich die nationale Befreiung *jedes* Mittel gebraucht, und nichts weniger als die Föderation zum Ziel zu haben braucht. Ein Beispiel dieses Hasses bietet Bakunin selbst, der dem Zar aus seiner Breslauer Zeit unmittelbar nach dem Slawenkongreß mitteilt, daß er damals „gar nicht deutsch sprechen und eine deutsche Stimme hören konnte, und ich erinnere mich, daß, als damals einmal ein armer deutscher Bursch zu mir kam, um ein Almosen zu bitten, ich mich mit Mühe davon zurückhielt, ihn zu schlagen" (S. 182). Ebenso begann er damals (Juni-Juli 1848) eine an den Zar gerichtete Schrift, ihn um Verzeihung bittend, und „ich bat Sie, Majestät, im Namen aller unterdrückten Slawen, ihnen zur Hilfe zu kommen, sie unter Ihren mächtigen Schutz zu nehmen, ihr Retter, ihr Vater zu sein und, indem Sie sich zum Zar aller Slawen proklamierten, endlich die slawische Fahne in Westeuropa[9]) aufzupflanzen zum Schrecken der Deutschen und aller übrigen Unterdrücker und Feinde der slawischen Stämme! . . ." Bakunin kam zur Besinnung und verbrannte diese Schrift, von der wir nur durch diese Stelle, diesmal eine wirkliche Beichte, wissen und die natürlich auch reine Fiktion dem Zar gegenüber sein kann. Aber wenn ihn selbst seine nationale Leidenschaft so weit führte, wie erst alle andern, die nicht seinen inneren Wert besaßen! Daher konnte weder für Bakunin noch für irgend jemand anders ein nur von nationaler Leidenschaft und Haß getragener theoretischer nationaler Föderalismus sich seinem Ziel auch nur nähern: beim ersten Schritt entartete er zur politischen Intrige, führte zum vulgären Krieg und zu Neubildungen, die das Entgegengesetzte des Föderalismus sind, nämlich höchster Ausdruck des Staatstums, denn vom Haß führt kein Weg zur Solidarität[10]).

Bakunins Ideen von 1848—1849 umfaßten die Notwendigkeit einer Bauernrevolution, die damals kaum jemand einsehen wollte, — die sogenannte „Entfesselung der schlechten Leidenschaften" sehnte er herbei, und das Zerstören der Schlösser, Verbrennen der Staats- und Besitz-

---

[9]) Nach russischer Ausdrucksweise umfaßte Westeuropa auch Deutschland und überhaupt Zentraleuropa.
[10]) Inwieweit Bakunin über die föderalistische *Gesellschaft der Vereinigten Slawen*, 1823, die sich 1825 mit der südrussischen Abteilung der Dekabristen vereinigte, und über N. J. Kostomaroffs (1817—1885) Ideen — dessen *Programma ukraïnskich panslavistov 1846 g.* — unterrichtet war, kann ich nicht beurteilen. Näheres in den Memoiren von Gorbatschevski (*Russkii Archiv*, 1882, Heft 2); Dragomanov in *Volnoe Slovo* (Genf), Nr. 52, 53, 1883; *N. J. Kostomaroffs Brief an den Herausgeber des „Kolokol"* (Genf, 1885), S. IV—VI; Kostomaroffs Autobiographie in *Russkaia Mysl*, Mai, Juni 1885; *Ueber die ukrainisch-slawische Gesellschaft*, nach D. P. Golochvastoff (*R. Archiv*, Juli 1892, S. 335—359) usw.

dokumente[11]) gehörten zu den Mitteln, die er zur Erreichung eines Hauptziels für nötig hielt, nämlich einer derartigen Zerstörung des alten Zustandes, daß seine Wiederherstellung auch im Fall der Besiegung der Revolution unmöglich würde *("Beichte"*, S. 198—199). Er hielt es auch für wichtig, durch geheime Gesellschaften zu wirken, zuerst 1848 ziemlich erfolglos durch eine solche Gesellschaft unter verschiedenen slawischen Nationen, dann im Winter 1848—1849 intensiver durch gleichzeitige, aber getrennte und nur durch ihn vereinigte Geheimorganisationen von Tschechen und von Deutschen in Böhmen. Endlich führte ihn seine Geringschätzung des Parlamentarismus, den er in Paris in der Louis-Philippe-Zeit, und 1848—1849 in allen neuen Parlamenten als korrupt, unfähig und ohnmächtig kennengelernt hatte, dazu, nach der Revolution, d. h. während deren Verlauf „. . . eine revolutionäre Regierung mit unbegrenzter diktatorischer Macht" (so für Prag; S. 200), „. . . eine starke diktatorische Gewalt" (so für die russische Republik; S. 172—176) für zweckentsprechend zu halten.

Wir sehen hier eine ganze Reihe seiner später oft und ausführlich geäußerten Ideen schon in sehr bewußter Form vorhanden. Eine Ausnahme bildet die Diktaturfrage. Eine solche Frage kam damals für die meisten Sozialisten gar nicht in Betracht, die eben in friedlicher, freiwilliger Tätigkeit (Assoziationen) oder in parlamentarischer Politik ihre Aufgabe sahen. Bakunin hatte die wirkliche Revolution im Auge und wollte sie; zwischen parlamentarischer Unfähigkeit und Diktatur nach derselben wählte er die Diktatur — oder sagte dies wenigstens dem Zar Nikolaus. Denn seiner Tätigkeit seit 1864 lag die Idee zugrunde, durch eine „unsichtbare Diktatur" einer geheimen Gesellschaft die Revolution auf dem richtigen Weg zu erhalten — hierüber später mehr —, und bei der großen Kontinuität seiner Ansichten ist nicht unmöglich, daß er diese Idee — die ihm die rettende Idee vor Parlamentarismus und vor offener Diktatur schien — schon 1848—1849 hatte, daß ihm aber durchaus unnötig schien, dies dem Zar mitzuteilen, dem er ablenkend von der offenen Diktatur sprach, die ihm allein verständlich sein konnte. Wie immer das war, jedenfalls entwickelte er sich von der Diktatur weg, nicht dieser zu, und nur der genaue Zeitpunkt, wann er die „unsichtbare Diktatur" als Ausweg fand, läßt sich nicht feststellen, da er darüber geschwiegen hat. Diese Idee kann längst in ihm angeregt gewesen sein durch das, was er in den 40er Jahren über Buonarroti hörte oder über das „comité directeur", über gewisse intime

---

[11]) Proudhon schrieb am 20. Juli 1850 *(Corr.* XIV, S. 306): „. . . die exaltiertesten [der unzufriedenen französischen Bauern] sprechen selbst davon, die Besitztitel zu zerstören oder, nach ihrem pittoresken Ausdruck, *alle Papiere zu verbrennen* (de brûler tous les papiers) . . ." Das Verbrennen der Schlösser in den Anfängen der Französischen Revolution wirkte in dieser Form nach; Bakunin riet stets zu solcher Zerstörung, deren drei Wurzeln sein dürften: der Haß des Volks gegen die seine Knechtschaft formell besiegelnden Dokumente und Papiere der Juristen und Beamten, und der Vergeltungswunsch gegen die Niederbrennung der Dörfer in Kriegszeit, endlich eine Art eigener Ausübung der so oft gesehenen Kirchenstrafe der Verbrennung. Vielleicht hatten den jungen Bakunin auch die Kunde und Legende des großen Moskauer Brandes von 1812 fasziniert.

Gruppen, die noch hinter den großen geheimen Gesellschaften standen und deren eigentliche Leiter waren usw. Die späteren Ideen der absoluten Spontaneität oder der allgemeinen Beratung aller nach Art der russischen Dorfgemeinde, spielten damals noch keine Rolle, wohl aber, vom achtzehnten Jahrhundert her, der Freimaurer- und Illuminatenzeit, später von der Carbonariperiode her die Idee der geheimen Leitung.

Bakunin, so aktionsbereit er 1862—1863 war, mußte sich wohl durch die Entwicklung der Ereignisse, das Erlöschen der polnischen Insurrektion, die rein sozialistische, am Slawismus nicht interessierte Haltung der russischen Revolutionäre usw. und durch viele persönliche Begegnungen auf seiner Winterreise 1863—1864 durch Belgien, Frankreich, die Schweiz und Italien überzeugen, daß die europäischen Nationalitätenfragen längst ganz oder gar in den Händen der Kabinette lagen, daß Napoleon III., Cavour, Bismarck die Inspiratoren und Lenker der Ereignisse waren, und nicht Mazzini, Garibaldi, Kossuth oder Klapka, daß die slawischen Völker auf den Zar blickten und sich durch Bakunin nur komprimittiert fühlten. Ohne seine slawischen Ideale im geringsten aufzugeben — die Kontinuität reicht bei ihm sehr weit zurück und erstreckt sich nach vorwärts bis zu seinem letzten Atemzug —, stellte er sie resolut zurück und trat dann in Italien, 1864—1867, entschieden gegen den Nationalismus auf, sowohl den triumphierenden, nunmehr genießenden der ans Ruder gelangten Kreise, als gegen den noch ungesättigten, tatsächlich nie zu sättigenden der Mazzini und Garibaldi und ihrer zahlreichen Anhänger. Er sah nun immer klarer das europäische Erwachen, ein neues 1848, das der Zusammenbruch oder Tod Napoleons III. in absehbarer Zeit inaugurieren würde, und das Ziel seiner Tätigkeit wurde *jetzt*, Elemente zu finden und zu verbinden, welche die neue Revolution vor den Irrwegen, Fehlschlägen und der schließlichen Niederlage der 1848er Revolution bewahren würden. Die zunehmende sozialistische Propaganda, Organisation und internationalen Verbindungen der Arbeiter entgingen ihm ebensowenig als die Tatsache, daß die Arbeiter dadurch noch bei weitem nicht revolutionär aktionsfähig wurden. Daher hielt er es für seine nächste Aufgabe, einen intimen Kreis bewußt zusammen arbeitender Revolutionäre zu schaffen und gründete zu diesem Zweck im Frühjahr oder Sommer 1864 in Florenz eine geheime Gesellschaft, der er im Verlauf seiner Sommer- und Herbstreise nach Schweden mit Aufenthalt in London, Paris usw. internationale Ausdehnung gab und für die er von nun an restlos tätig war. Er sah auf dieser Reise zum letzten Male *Marx*, der ihn in London einen Monat nach Gründung der Internationale besuchte und für diese zu interessieren wünschte, ebenso in Paris *Proudhon*, der schwer leidend wenige Monate vor seinem Ableben stand. Wir wissen leider nur wenig über diese beiden Zusammenkünfte; ihr Resultat ist aber klar. Bakunin suchte weder mit Marx noch mit Proudhon ein engeres Zusammengehen, sondern ging seinen eigenen Weg. Damals traten die Brüder *Reclus* in seinen engsten Kreis.

Was er 1844—1847 in Paris schrieb, ist verloren; von da bis Ende 1863 hatte er zur Zusammenfassung seiner sozialistischen Ideen keine Veranlassung; nur die für Rußland bestimmten Schriften von 1862 nähern sich diesem Gegenstand, ohne in denselben einzudringen. Aller Wahrscheinlichkeit nach fixierte er seine Ideen 1864 bei Gründung der geheimen Gesellschaft, aber dies und seine Niederschriften und meisten Briefe von 1865 sind verloren bis auf wenige Bruchstücke eines längeren, den italienischen Freimaurern seine Ideen vorlegenden Manuskripts. Durch diese und die von ihm als *Revolutionärer Katechismus* bezeichnete programmartige ausführliche Darstellung aus den ersten Monaten von 1866 kennen wir zuerst genau Bakunins sozialistische Ideen und revolutionäre Taktik[12]).

[12]) Das hier summarisch Vorgeführte wird näher beleuchtet in meinem in 50 Exemplaren autokopistisch vervielfältigten *Michael Bakunin. Eine Biographie (London,* 1896—1900, 837 und 446 S., Fol.), an das sich jetzt die noch ungedruckte neue Biographie (4 Bände, ca. 1500 Druckseiten, 1924—1926) schließt, die voraussichtlich zuerst in spanischer Uebersetzung in Buenos Aires erscheinen wird. Auf ihr beruhen einige Resumees von mir: *Michael Bakunin* (Berlin, *Neues Leben,* 1901, 64 S., 8⁰, mit Nachwort von Gustav Landauer; italienisch, Messina, 1904; russisch, Petersburg, *Golos Truda,* 1920); eine Artikelserie in *Röda Fanor* (Stockholm, Jahrgang 1921); *Miguel Bakunin* (Mexiko, 1925, 32 S.) usw.; ferner in Einzelheiten eingehende Zusammenfassungen der italienischen, spanischen und russischen Beziehungen Bakunins in der Zeit der Internationale *(Archiv für die Geschichte des Sozialismus. . .,* Leipzig, Band II, IV und V, 1912, 1913, 1915); die spanischen Beziehungen sind noch ausführlicher geschildert in *Miguel Bakunin, la Internacional y la Alianza en España* (1868—1873), Buenos Aires, *La Protesta,* (1925, 132 S.), ferner die Tätigkeit Bakunins vom August 1870 bis Juni 1871 und anderes in den Einleitungen der spanischen Uebersetzung ausgewählter Schriften Bakunins *(Obras completas,* Buenos Aires, *La Protesta,* I, 1924, LXXII, 329 S.; II, 1925, LI, 287 S., III, 1926, XLV, 344 S. usw. Auch die Anmerkungen der deutschen *Werke* (Berlin, *Der Syndikalist,* II, 1923; III, 1924) geben einiges aus diesem Material. Ein italienisches Buch *Michael Bakunin und die Internationale in Italien in den Jahren 1864—1872,* im Herbst 1926 geschrieben, bringt manches neue Material und dürfte 1927 erscheinen.
Einzelne Teile resümierte und exzerpierte Victor Dave in *Michel Bakounine et Karl Marx* (Paris, *L'Humanité Nouvelle,* 1900, 24 S., Gr.-8⁰; mehrfach übersetzt). James Guillaume, *L'Internationale* (Paris, 1905—1910, 4 Bände) benutzt die Biographie und handschriftliche Supplemente, 1903—1905, an zahlreichen Stellen und ist die Grundlage von Dr. Fritz Brupbachers *Marx und Bakunin* (München, 1913, 202 S.) sowie von wesentlichen Teilen von G. Domanicos *L'Internazionale* (Florenz; nur Band I, 1864—1870, XXXIX, 200, 6 S. scheint erschienen zu sein). — Meine Biographie und Dr. Brupbachers Buch werden von Ricarda Huch als Hauptquellen ihres *Michael Bakunin und die Anarchie* (Leipzig, 1923, 271 S.) bezeichnet.
Andere Biographien wurden begonnen von G. Stekloff (russisch, Band I, 1922; mir nicht bekannt) und V. Polonsky (russisch, Band I, bis 1861 reichend, Moskau, 1922, 418 S.; 2. Auflage, 1925, VII, 472 S.). — Die vielfachen kleineren Biographien sind manchmal durch ihre Verfasser und deren Auffassung interessant, enthalten aber selten neues Material und sehr viel häufiger Unrichtigkeiten, Ungenauigkeiten und wesentliche Lücken.
Dagegen werden in den letzten Jahren in Rußland, wie früher gelegentlich von N. Rjäsanoff, auch von Gegnern Bakunins Briefe und Dokumente ans Licht gefördert, in den großen historischen Zeitschriften der Revolution, *Byloe* (dort auch schon in V. Burzeffs Zeit, sowie damals in *Minuvschie Gody), Krasnyi Archiv, Petschat' i Revoljucija, Katorga i Ssylka, Istorik Marksist, Proletarskaja Revoljucija* usw. und in dem großen Werk V. Polonskys *Materialy dlja biografii M. Bakunina . .* (Moskau, Band I, 1923, XII, 440 S., 8⁰; Band II und III sind in Vorbereitung).
Die in dem vorhergehenden Kapitel mehrfach erwähnte „*Beichte*" (August 1851) wurde zuerst herausgegeben als *Ispoved' i pismo Alexandru II* (Moskau, 1921,

142 S., Gr.-8°), dann in genauem Text in Polonskys *Mat.*, I, S. 95—248 (1923). An sie knüpfte sich, bevor sie noch im Wortlaut bekannt war, und nachher, eine sehr unerquickliche Polemik bakuninfeindlicher Art, die jetzt in der 2. Auflage von Polonskys Biographie, I, 1925, sehr wesentlich reduziert ist, speziell auf Grund der geheimen Festungsbriefe Bakunins, 1854, in A. Korniloffs *Wanderjahren*. Nach Erscheinen der deutschen Uebersetzung mag sie wieder ausbrechen. Hier sei auf Ausführungen von Bakunins russischem Genossen M. P. Saschin (A. Ross) und von mir in *Unser Bakunin* (Berlin, *Der Syndikalist*, 1926) verwiesen. Eine französische Ausgabe ist auch in Vorbereitung. Ich habe die „Beichte" auf das genaueste durchgearbeitet und Hunderte von Anmerkungen für eine beabsichtigte russische Neuausgabe geschrieben, ebenso Artikel und Serien in *Freie Arbeiterstimme, Umanità Nova, Le Libertaire, Freedom, Röda Fanor* (1922 und 1925). Es ist ein äußerst kompliziertes Dokument, durch welches Bakunin seinen Zweck erreichte, indem er seine Persönlichkeit verkleinerte, von einer wirklichen inquisitorialen Untersuchung wegen polnischer und anderer Angelegenheiten verschont zu bleiben, was seiner Sache zugute kam. Hinter der anscheinenden Offenheit steckt tiefste Verschwiegenheit. Echt ist nur der nationalistische Ton, da wir denselben in vielen in voller Freiheit geschriebenen Briefen und Manuskripten manchmal ganz ähnlich wiederfinden. Die Form mußte der angenommenen Rolle angepaßt werden, und so befremdend und peinlich das Dokument auf den ersten Anblick hin wirkt, so sehr klärt sich alles auf, wenn es mit Kenntnis des sehr zahlreichen in Betracht kommenden Materials geprüft wird.

III.

Bakunins revolutionäre und assoziationistisch-föderalistische Ideen in den Jahren 1864—1867.

Bakunins zugleich kräftige und eminent soziale Natur drängte ihn zu einer durch diese beiden Faktoren beeinflußten Form der Tat. Er wollte nicht allein voranschreiten, etwas für sich selbst erreichen. Was ihm richtig schien — und an dessen geistiger Herausarbeitung war er restlos tätig—, das sollte auch erst seinem engeren Kreise, dann der Allgemeinheit mitgeteilt und sollte durch Ausdauer, Kampf und Opfer verwirklicht werden. Dieser Drang, zugleich vorzuschreiten, verständnisvolle Genossen mitzureißen und die Hindernisse zu überwinden, machte die verschiedensten Arten von Kampf und Widerstand zu seiner eigentlichen Arbeit. Er verteidigte beständig, machte sich Sorgen für alle, verlor oft viel Mühe, wenn er solche mitzureißen suchte, die ihm nicht dauernd folgen konnten oder wollten; seine Aktionsmittel und -möglichkeiten waren beschränkt und der Plan, die Hoffnung, der Wille und die Geduld, der stete Wiederaufbau zerstörter Teile seiner Kampfstellungen, mußten meist wirkliche Aktion ersetzen — wenn die Tat nicht möglich war, blieb ihm die stete Betätigung.

In diesem Sinn wirkte er für die Wahrheiten, die er in der Metaphysik zu finden glaubte, in Fichte, in Hegel, dann für die Anwendung der äußersten Konsequenzen des von der Metaphysik befreiten freien Gedankens, der Einsicht in das Unwesen der politischen und sozialen Zustände, auf das wirkliche Leben. Ein so freundliches Milieu wie im Geschwisterkreis fand er schon in Moskau nicht mehr, und es kamen dann Zeiten, in denen er durch seine Weiterentwicklung immer isolierter stand. Er überflügelte Ruge, Herwegh mußte ihm schwach erscheinen, die einseitigen Schulen des Sozialismus konnten ihn nicht befriedigen, Marx stieß ihn ab, Proudhon suchte in eine Metaphysik einzudringen, über der er selbst glücklich war, sich befreit zu haben (in die naturwissenschaftlichen Forschungsmethoden erhielt er durch Karl Vogt manchen Einblick) — kurz, man kann sich wohl vorstellen, daß er sich in den Jahren 1843—1845 trotz vielfacher Beziehungen einsam fühlte (seine Geschwister, die meist die Eindrücke der philosophisch-humanitären Zeit dauernd bewahrten, waren seit 1842 zu weit entfernt von ihm und folgten seiner Initiative nicht mehr). Dadurch kam es vielleicht, daß ihm das slawische Milieu seit 1846 eine neue Heimat zu bieten schien, einen endlosen Wirkungskreis, Raum für weite Pläne und seit 1848 auch für Aktionsmöglichkeiten, die er mit Heißhunger aufsuchte, zu schaffen versuchte oder

sich wenigstens vorstellte. Er ist 1848—1849 immer in einem bewegten
Milieu, einem Aktionszentrum, einem Konspirationskreis, bis er dem
Kerker verfällt.

Was ihn bei allen Enttäuschungen aufrecht hielt, war ein sehr starker
Glaube an die in den Menschen schlummernden „revolutionären
Instinkte". Er war ein „Revolutionsmacher", nicht, weil er sich — wie
seine Gegner meinen — einbildete, eine Revolution künstlich machen
zu können, sondern weil er die tiefe Ueberzeugung hatte, daß in der
großen Mehrheit der Menschheit, den Opfern der begünstigten, genießenden Minderheit seit jeher die Einsicht ihrer Unterjochung und
Ausbeutung steckt, und daß nur mangelndes Vertrauen in die andern,
mangelnder Zusammenhang und das Fehlen einer kühnen Initiative
sie im Zustand dumpfgrollender Resignation erhalten. Er glaubte also,
daß ein ungeheurer Teil der revolutionären Propaganda bereits un-
bewußt durch die Lage, die persönlichen Eindrücke jedes einzelnen,
die Tradition und Praxis der privaten Unzufriedenheit, des Ungehor-
sams usw. vollbracht ist. Daher hatte er Vertrauen in die allgemeine
Richtigkeit der durch eine Revolution entfesselten Masseninstinkte, sah
aber auch ein, daß die Massen bis jetzt in solchen Fällen stets in die
Hände neuer Führer gerieten und nicht selbst die Erfahrung besaßen,
Irrwege zu vermeiden. Hiergegen sollte die in den Massen unsichtbar
tätige geheime Organisation ihre Tätigkeit entfalten.

Bakunin rechnete eben 1864 wie 1848 mit der wirklichen Revolution,
die als politische Revolution auf *jeden* Fall nach Napoleons III. Fall be-
vorstand — kaum jemand bezweifelte dies damals — und die eben, wenn
sie einen Wert haben sollte, eine *sozial-destruktive* und *assoziationistisch-
föderalistisch* wiederaufbauende werden mußte. Sein „revolutionärer
Katechismus" von 1866 ist also ein unmittelbares Zerstörungs- und
Aufbauprogramm, das nicht den Anspruch erhebt, eine anarchistische
Gesellschaft in höchster Vollendung zu zeigen. Bakunin malt nicht den
Palast der Anarchie aus, wie etwa Déjacque vom Jahr 2858 schreibend,
sondern die Niederreißung der verseuchten Baracken von heute, die
Wegräumung der Trümmer, die Desinfektion des Terrains gegen neue
Parasiten (Diktatoren usw.) und die richtige Legung solider Grund-
mauern; die Stilart der einzelnen Gebäude usw. bleibt den Weiter-
bauern derselben und den späteren Bewohnern überlassen. Alle Garantien vollständiger Zerstörung, alle Garantien des die Fehler der Vergangenheit vermeidenden Wiederaufbaues zu finden, das war sein Ziel
und sein Programm, das alle Möglichkeiten erwägt und Fehler aus-
zuschließen sucht, ist dieser Ausführlichkeit — in der vorliegenden
Form — wegen nicht ein pedantisches, im voraus die Dinge regelndes,
sondern, für den intimsten Kreis und für Männer von manchmal noch
geringerer sozialer Erfahrung bestimmt, sollte es seine Genossen selbst
über vieles belehren und ist daher möglichst erschöpfend. Dieser
doppelte Charakter — seine Mitarbeiter zunächst selbst geistiger Freiheit und revolutionärem Willen zuzuführen und ihnen zugleich die
revolutionären Erfordernisse vorzulegen — darf nicht außer acht gelassen werden; er stand noch am Anfang seiner Tätigkeit.

Das zusammen mit dem Organisationsentwurf zuerst in *Werke*, III, 1924, S. 8—61, beinahe ganz übersetzte, vorher in meiner *Biographie*, 1898, S. 209—233, im französischen Originaltext umfangreich exzerpierte Dokument, das ungefähr im März 1866 redigiert wurde, bezeichnet als Ziel der „internationalen revolutionären Gesellschaft" . . . „den Sieg des Prinzips der Revolution auf der Erde, folglich die radikale Auflösung aller gegenwärtig bestehenden religiösen, politischen, ökonomischen und sozialen Einrichtungen, und die Neubildung zunächst der europäischen, dann der universellen Gesellschaft auf den Grundlagen der *Freiheit*, der *Vernunft*, der *Gerechtigkeit* und der *Arbeit* . . ."

Die menschliche Vernunft ist das einzige Kriterium der Wahrheit, das menschliche Gewissen die Grundlage der Gerechtigkeit, die individuelle und kollektive Freiheit die einzige Schöpferin der Ordnung in der Menschheit.

Freiheit „ist das absolute Recht aller erwachsenen Männer und Frauen, für ihre Handlungen keine andere Bewilligung zu suchen, als die ihres eigenen Gewissens und ihrer eigenen Vernunft, nur durch ihren eigenen Willen in ihren Handlungen bestimmt zu werden, und folglich nur verantwortlich zu sein zunächst sich selbst gegenüber, dann der Gesellschaft, der sie angehören, aber nur insoweit, als sie ihre freie Zustimmung dazu geben, ihr anzugehören."

Die durch und durch soziale Art Bakunins zeigt das nun folgende: „Es ist nicht wahr, daß die Freiheit eines Individuums durch die Freiheit aller anderen begrenzt wird (d. h. in ihr eine Grenze, eine Einschränkung findet). Der Mensch ist nur in dem Grade wirklich frei, in welchem seine von dem freien Gewissen aller andern frei anerkannte und von ihm wie aus einem Spiegel zurückstrahlende Freiheit in der Freiheit der andern Bestätigung und Ausdehnung ins Unendliche hin findet. Der Mensch ist nur unter in gleicher Weise freien Menschen wirklich frei . . ." „Die *Freiheit* eines jeden kann also nur in der *Gleichheit* aller verwirklicht werden. Die Verwirklichung der Freiheit in der rechtlichen und und tatsächlichen Gleichheit ist die *Gerechtigkeit*."

„. . . Die *menschliche Gesellschaft*, die im Uranfang eine natürliche Tatsache war, die vor der Freiheit und dem Erwachen des menschlichen Gedankens lag, und die später eine religiöse Tatsache wurde, nach dem Prinzip der göttlichen und menschlichen Autorität organisiert, muß sich heute neubilden, auf der Grundlage der Freiheit, welche von jetzt ab das einzige bildende Prinzip ihrer politischen und ökonomischen Organisation werden muß. *Die Ordnung in der Gesellschaft muß also die Resultante der größtmöglichen Entwicklung aller lokalen, kollektiven und individuellen Freiheiten sein.*"

Dies erfordert eine politische und ökonomische Organisation „. . . von *unten nach oben* und *von der Peripherie zum Zentrum* nach dem Prinzip der freien Assoziation und Föderation."

Diese Vergleichsworte unten—oben, Peripherie—Zentrum, gebrauchte Bakunin unzählige Male. Sie widersprechen dem heutigen anarchistischen Empfinden, das kein *Oben* und kein *Zentrum* zu kennen wünscht. Auch

Bakunin hätte sich gewiß einen Zustand des friedlichen, amorphen Nebeneinanderlebens vorstellen können, aber seine Ueberzeugung war, daß dem bisherigen ungeheuren Staatsbau zunächst ein ebenso großer auf Assoziation und Föderation basierender Freiheitsbau entgegengestellt werden müsse, von dem aus allein die weitere Entwicklung ausgehen könnte; Autonomie und Sezessionsrecht würden *dann* jeden von den Beteiligten selbst gewünschten Grad totaler Unabhängigkeit zu verwirklichen ermöglichen.

Der *politische* Organisationsplan, der kein „Organisationsmuster" sein sollte, kein „Eingriff in den Reichtum und die Spontanität des Lebens, das sich in der unendlichen Verschiedenheit gefällt" sein will, stellt folgende wesentliche und zur Verwirklichung der Freiheit unentbehrliche Bedingungen auf:

Beseitigung jeder Religions- und Kirchenförderung durch den Staat: privater Kirchenbetrieb auf Kosten der daran Interessierten. Republik. Keinerlei Privilegien. Gleiche politische Rechte für beide Geschlechter. Allgemeines Stimmrecht. — (Dies bedeutet nicht, daß dies vom gegenwärtigen Staat gefordert wird, sondern es betrifft das innere Leben der einzelnen Teile der Föderation.)

„Abschaffung. Auflösung und moralischer, politischer, gerichtlicher, bureaukratischer und finanzieller Bankrott des *bevormundenden, überragenden, zentralistischen Staates* . . ." Im einzelnen also Abschaffung der Staatslehranstalten — die Gemeinden und Assoziationen sorgen für den öffentlichen Unterricht —; Abschaffung des staatlichen Richtertums — Volkswahl der Richter —; Abschaffung der jetzigen Gesetzbücher — das Gesetzbuch der Freiheit kann nur durch die Freiheit selbst geschaffen werden (d. h. durch Erfahrung im Zustand der Freiheit); Abschaffung der Banken und staatlichen Krediteinrichtungen, jeder zentralen Verwaltung, der Bureaukratie, der stehenden Heere und der Staatspolizei. — Direkte Wahl aller Funktionäre durch das Volk.

(Dies ist die als so utopische Sonderbarkeit betrachtete Abschaffung des Staates; in Wirklichkeit haben wir schon manche Teile davon miterlebt, nur daß die Einsicht und der Wille fehlten, den Sturz des erschütterten Systems zu vollenden und etwas Neues im Sinne Bakunins herzustellen. Denn es ist nichts anderes, als daß die öffentliche Meinung ein System fallen läßt, als verfallen betrachtet, ihm keinen Gehorsam mehr leistet, der gegen Millionen nicht erzwungen werden kann. Dem üblichen Versäumen solcher Gelegenheiten, der Gepflogenheit, daß auf die noch warmen Fauteuils der alten Machthaber sofort neue Machthaber sich setzen, die das alte System mit neuen Phrasen verbrämt fortsetzen, — *dem* wollte Bakunin entgegentreten. Dazu war für ihn nicht nötig, daß die große Mehrzahl bewußte Anarchisten seien — diese hätten seine Ratschläge nicht gebraucht —, sondern nur, daß die elementarsten Früchte einer Revolution dem Volk nicht in der nächsten Stunde entrissen würden, wozu eben bei der Gier der Hyänen der Revolution, der neuen Machthaber und bei der Unerfahrenheit, Gutmütigkeit und Indifferenz des Volkes die bewußte Initiative uneigennütziger Revolutionäre ihm unentbehrlich schien.)

Die innere Organisation eines Landes nach Stillegung des Staatsmechanismus schreitet von den Individuen, Assoziationen, Gemeinden zu der Föderation letzterer zu Provinzen, dieser in der Nation vor, die mit gleichartig organisierten Ländern eine partielle, schließlich mit allen die universelle Föderation bilden wird.

Die *individuellen Rechte* beginnen mit zwei grundlegenden sozialen Rechten, dem jedes Heranwachsenden von der Geburt bis zur Großjährigkeit auf Unterhalt, Erziehung und Unterricht auf Kosten der Gesellschaft und dem auf Beratung und nach Möglichkeit Hilfe im Beginn seiner Laufbahn, gleichfalls auf Kosten der Gesellschaft. — Diese Idee vertrat Bakunin intensiv; die Gleichheit des Ausgangspunkts sollte jedem gesichert werden und wenn für den einzelnen am Beginn des Lebens, im Zustand der Hilflosigkeit, dann der ersten Erziehung die Autorität der Gesellschaft die größte sein würde, würde dieselbe schrittweise abnehmen und er würde bei der Großjährigkeit sich selbst überlassen bleiben. Wie wir sehen werden, wünschte Bakunin, daß nur der „Fonds für Erziehung und öffentlichen Unterricht" das Recht haben sollte, zu *erben,* wodurch das soziale Unterschiede von Generation zu Generation fortpflanzende Erbrecht, indem sein Ergebnis allen zugute käme, innerhalb einer Generation alle Heranwachsenden und ins Leben Tretenden in annähernd gleiche, nur durch persönliche Beschaffenheit differenzierte Verhältnisse gebracht haben würde. Wie die dann folgende Generation, in der nichts Wesentliches zu vererben war, die Unterhaltskosten der Jugend aufbrachte usw., war nicht mehr Bakunins Sache zu diskutieren; seine Vorschläge schlossen sich direkt an die sich durch die Revolution ergebende Situation an.

Die Erwachsenen leben wie sie wollen ohne jede gesellschaftliche Bevormundung, nur macht Bakunin, damit die Gesellschaft gegen „schmarotzende, bösartige und schädliche Personen" nicht ganz waffenlos bleibe, die Einschränkung, daß nicht arbeitenden Personen, die vorziehen, sich von andern erhalten zu lassen, für diese Zeit die politischen Rechte entzogen werden. Das gleiche trifft solche, die „in Beziehungen freiwilliger Knechtschaft", also in ein dienendes Verhältnis zu anderen treten. Solche Personen verlieren auch das Recht, ihre Kinder zu erziehen und zu behalten. Ein Strafrecht besteht, aber jeder Verurteilte behält das Recht des Austritts aus der Gesellschaft eines Landes, ist aber dann auf diesem Gebiet vogelfrei; er darf getötet, darf aber nicht von jemand als Sklave verwendet werden[13]).

Die *Assoziationen* aller Art genießen vollste Freiheit, aber die Gesellschaft hat die Pflicht, den korrupte und ausbeutende Zwecke Verfolgenden die soziale Garantie, d. h. die juristische Anerkennung und politischen und bürgerlichen Rechte als Kollektivkörper zu verweigern.

Bakunin spricht hier mit großer Sympathie von den *kooperativen Arbeiterassoziationen,* über die er jedenfalls durch die Brüder Reclus und die von Elie Reclus redigierte *L'Association* (Paris; November 1864

---

[13]) Ich bin leider nicht imstande, die ältere, besonders die französische Literatur darauf hin durchzusehen, ob einzelne dieser Vorschläge etwa älteren Quellen entnommen oder durch sie angeregt sind.

bis 29. Juli 1866) gut unterrichtet war. Er gesteht ihnen eine große Zukunft zu, eine Ausdehnung bis über die jetzigen Staatsgrenzen hinaus, so daß sie wahrscheinlich einst „der ganzen menschlichen Gesellschaft eine neue Verfassung geben werden, indem dieselbe nicht mehr in Nationen, sondern in verschiedene industrielle Gruppen geteilt sein würde, nach den Bedürfnissen der Produktion und nicht nach denen der Politik organisiert", — eine glänzende Idee, bei der er aber nicht verweilt, sondern wie von jeder das erste Stadium überschreitenden Entwicklung sagt: „Dies geht die Zukunft an."

Betreffs der *Föderation* betont er die Notwendigkeit eines autonomen Vermittlers zwischen Gemeinde und Staat — des Departements, der Region oder der Provinz, da die Gemeinde allein dem Staat gegenüber zu schwach sei —. Die autonome Gemeinde muß, um der provinziellen Föderation angehören zu können, die vom Parlament der Provinz aufgestellten Grundsätze der Provinzialverfassung annehmen, das gleiche gilt für die Provinz der Nation gegenüber, deren nationales Parlament die nationale Verfassungsurkunde aufstellt, und die so organisierten Nationen werden eine internationale Föderation bilden, die der Koalition der in den Händen der Reaktion bleibenden Länder gegenübersteht.

Die Grundsätze der *internationalen Politik* würden sein: „Jedes Land, jede Nation, jedes Volk, klein oder groß, schwach oder stark, jede Region, Provinz oder Gemeinde besitzen das absolute Recht, über ihr Schicksal zu verfügen, ihre eigene Existenz zu bestimmen, ihre Bündnisse zu wählen, sich zu vereinigen und zu trennen, nach ihrem Willen und Bedürfnis, ohne Rücksicht auf die sogenannten historischen Rechte und auf die politischen, kommerziellen oder strategischen Notwendigkeiten der Staaten . . ." (Hierdurch ist also freie Bahn für Sezession und Umgruppierung gesichert.) — „Absolute Abschaffung des sogenannten historischen Rechts und des schrecklichen Rechts der Eroberung . . ." — „Absolute Negierung der Politik der Vergrößerung, des Ruhms und der Macht des Staates, — einer Politik, die aus jedem Land eine Festung macht, die den ganzen Rest der Menschheit von sich ausschließt und es dadurch zwingt, sich gewissermaßen als die ganze Menschheit zu betrachten, sich absolut selbst zu genügen, sich in sich selbst zu organisieren, als eine von der ganzen menschlichen Solidarität unabhängige Welt und sein Wohlbefinden und seinen Ruhm in dem Uebel zu suchen, das es anderen Nationen antut. Ein eroberndes Land ist notwendigerweise ein im Innern versklavtes Land." — „. . . Wenn man die Freiheit als Grundlage nimmt, gelangt man notwendigerweise zur Einheit; von der Einheit aber gelangt man schwer oder überhaupt nicht zur Freiheit . . ." — „Wohlstand und Freiheit der Nationen, wie jedes einzelnen, sind absolut solidarisch — daher absolute Handels-, Geschäfts- und Verkehrsfreiheit zwischen allen föderierten Ländern. Abschaffung der Grenzen, Pässe und Zollstätten." Gleiche Bürgerrechte und leicht zu erwerbende politische Rechte für jeden in allen föderierten Staaten.

Keine stehenden Heere; eine Militärorganisation ungefähr wie in Nordamerika und der Schweiz. Ein internationales Parlament und ebensolches Gericht. Mit föderierten Staaten, die sich dem Urteil dieses Gerichts nicht unterwerfen, brechen die übrigen Staaten jede Gemeinschaft ab. Gemeinsame Kriegführung nach außen hin, gemeinsame diplomatische Vertretung und Bereitheit zur Aufnahme neuer Staaten in die internationale Föderation.

Die *soziale* Organisation dieser den größtmöglichen politischen Föderalismus anstrebenden Territorien beruht auf der *ökonomischen* und *sozialen Gleichheit*, der Vorbedingung der politischen Gleichheit. Nicht eine Gleichmachung natürlicher Verschiedenheiten, die vielmehr den Reichtunm der Menschheit bilden, noch eine „Gleichmachung des persönlichen Vermögens, insoweit es das Produkt der Fähigkeit, produktiven Energie und Sparsamkeit jedes einzelnen ist." Sondern, soweit dies von der Gesellschaft abhängt, soll jedes menschliche Wesen von seiner Geburt an die gleichen Mittel für Unterhalt, Erziehung, Unterricht, Arbeitsausbildung finden. „Diese *Gleichheit des Ausgangspunkts* . . . wird unmöglich sein, solange das Erbrecht bestehen bleibt".

Bakunin legte diese von den Saint-Simonisten vertretene Idee seinem sozialen System zugrunde; für ihn war die Freiheit unmöglich ohne Gleichheit, die Gleichheit unmöglich ohne einen gleichen Ausgangspunkt für jeden, relativ gleich günstige Verhältnisse für den als Großjähriger sein eigenes Leben Formenden, — und da das individuelle Erbrecht die Gleichheit des Ausgangspunktes zerstört, so wünschte er es durch das kollektive Erbrecht der ganzen nächsten Generation zu ersetzen, der dadurch *gleiche* Erziehungsmöglichkeiten und Lebenschancen gegeben würden. Wann er diese Idee faßte, ist nicht bekannt, aber wahrscheinlich hat dieser Gedanke, seit er ihn Anfang der 40er Jahre aus dem Saint-Simonismus kennenlernte, auf ihn den stärksten Eindruck gemacht, und er behielt ihn immer vor sich.

Die nächste Idee ist die des grundlegenden Werts der *Arbeit*, die eine entartende Entwicklung in mißachtete Handarbeit und in geistige Arbeit gespalten hat und der sich zu entziehen so lange für ein Ziel, eine Errungenschaft galt. . . . Demgegenüber stellt Bakunin als Ziel auf: „Wenn der Mann der Wissenschaft arbeiten (d. h. auch körperlich tätig sein) und der Mann der Arbeit denken (d. h. hinreichende Zeit und Mittel zur geistigen Ausbildung haben) wird, wird intelligente und freie Arbeit als schönster Ruhmestitel für den Menschen gelten, als Grundlage seiner Würde, seines Rechts, als Offenbarung seiner Menschlichkeit auf der Erde — und die Menschheit wird konstituiert sein."

Eine solche Arbeit „*wird notwendigerweise assoziierte Arbeit sein*", nicht obligatorisch so und nicht, wo die Natur der Arbeit es unzweckmäßig macht, sondern gemäß der Einsicht eines jeden für sein eigenes Interesse. Solche freien Produktivassoziationen, Besitzer des ihnen erforderlichen Kapitals, mit durch den allgemeinen Unterricht befreiten Arbeiterkräften — hier ist also von einer etwas späteren Zeit die Rede, wenn die Abschaffung des Erbrechts schon eine Generation harmonisch ausgebildeter junger Kräfte heranwachsen ließ —, werden sich untereinander nach ihren Bedürfnissen, ihrer Art und Weise verbinden, werden früher oder später die nationalen Grenzen überschreiten und eine ungeheure ökonomische Föderation bilden mit einem durch eine Weltstatistik informierten Parlament, das darnach die Produktion der Welt-industrie leiten, bestimmen und zwischen den Ländern verteilen kann, wodurch Krisen usw. vermieden werden.

„Grund und Boden mit allem natürlichen Reichtum sind das Eigentum aller, werden aber nur im Besitz derjenigen sein, die sie bebauen[14]*)."*

Dies bedeutet, daß niemand mehr Grund besitzen wird, als er selbst bearbeitet, bedeutet also eine Garantie der bäuerlichen Existenzen und Verfall des Großbesitzes zugunsten der Gesellschaft. Auf Bergwerke angewendet würde es nicht bedeuten, daß das Bergwerk nun den Berg-arbeitern mit all seinem Ertrag gehört, wie dem Bauer seine ganze Ernte gehört, sondern die Gesellschaft würde an die Stelle der jetzigen nicht arbeitenden nominellen Eigentümer treten. In beiden Fällen würden also die sogenannten Rechte nicht arbeitender Eigentümer verfallen. — Von den Fabriken wird dies aber *nicht* gesagt, die allgemeine Expropriation wird nicht verlangt, sondern der Heimfall des Besitzes Nicht-Arbeitender an die Gesellschaft würde nur durch Aufhebung des Erbrechts statt-finden.

Das soziale Programm behandelt noch die Gleichheit der Frauenrechte, die freie Ehe, Vereinigung und Trennung ohne Intervention der Gesell-schaft; die Kinder werden auf Kosten der Gesellschaft bei den Eltern aufwachsen, soweit diese nicht in Ausnahmefällen ihnen Schaden zu-fügen; Schule und Lehrzeit mit stets abnehmender Autorität. Mit der in der Lehrzeit verdienten Summe tritt der Großjährige ins Leben, und die Gesellschaft verlangt nur von ihm „daß er *frei* bleibe, daß er *von seiner Arbeit lebe*, und daß er *die Freiheit anderer achte".* Alte Leute, Arbeitsunfähige und Kranke unterhält die Gesellschaft ehrenvoll und reichlich.

Die *revolutionäre Politik* erklärt die Einheit der Revolution, die *uni-verselle Revolution* der *Weltreaktion* gegenüber, „. . . *das einzige gemein-same und universelle Interesse der Revolution, welche die Freiheit und Unabhängigkeit jeder Nation durch die Solidarität aller Nationen sichern wird",* — die Notwendigkeit, den ungeheuren Machtmitteln der Reaktion, die ihrerseits konspiriert, soviel sie will, und auf Gesetze gestützt, tut was ihr beliebt, „eine ebenso mächtige Tatsache entgegenzustellen", näm-lich „*die gleichzeitige revolutionäre Allianz und Aktion aller Völker der zivilisierten Welt".* Isolierten Revolutionen ist der Weltreaktion gegen-über kein Erfolg möglich; „von jetzt ab muß die Erhebung jedes Volkes nicht in Hinblick auf sich selbst, sondern in Hinblick auf die ganze Welt geschehen" — dies kann aber nur im Namen eines hinreichend breiten, tiefen, wahren Programms geschehen, des Programms der „*demo-kratischen und sozialen Revolution".*

---

[14]) Im Organisationsstatut (Werke, III, S. 32) wird hierüber gesagt, „daß Grund und Boden, die die Natur jedem umsonst schenkt, nicht Eigentum von jemand sein kann und soll. Ihre Früchte aber, insoweit sie Arbeitsprodukte sind, sollen denen zufallen, die das Land mit eigener Hand bebauen". — Die Ernte würde demnach dem Bauer gehören, das Holz des Waldes, die Kohle des Bergwerkes aber nicht dem Forst- und Bergarbeiter. — „Grund und Boden gehört allen. Ihr Genuß wird aber nur den sie mit ihren Händen Bebauenden angehören. Abschaffung der Grundrente"; s. Werke, III, S. 51.

Der *Organisationsentwurf* der geheimen Gesellschaft erklärt u. a. *(Werke*, III, S. 51) „. . . Da alle sozialen Werte nur durch Arbeit hergestellt werden, ist der, der von ihnen ohne Arbeit genießt, ein Dieb. Da politische Rechte nur ehrlichen Leuten gehören sollen, werden sie nur den Arbeitern gehören. Ohne irgendeine Beraubung *(spoliation)*, wohl aber durch die alleinige ökonomische Wirkung und Macht der Arbeiterassoziationen werden Kapital und Arbeitsinstrumente in die Hände derer gelangen, die sie mit eigener Arbeit zur Herstellung der Werte verwenden werden. . .“ Ferner S. 52—53, den Revolutionsakt schildernd: diese wird mit der Zerstörung der Einrichtungen beginnen, die die Existenz des Staates selbst ausmachen; dadurch entfällt auch die staatliche Eintreibung von Schulden. „Gleichzeitig wird man in den Gemeinden und Städten zum Besten der Revolution alles konfiszieren, was dem Staat gehört hatte; man wird auch den Besitz aller Reaktionäre konfiszieren und alle Akten über Prozesse, Eigentum und Schulden dem Feuer überliefern und das ganze zivile, kriminelle, gerichtliche und offizielle Papierzeug, das man nicht zerstören konnte, für null und nichtig erklären und jeden in dem status quo des Besitzes lassen. — Auf diese Weise wird die soziale Revolution vollzogen sein, und nachdem die Feinde der Revolution einmal aller Mittel beraubt sind, ihr zu schaden, wird man nicht nötig haben, gegen sie mit blutigen Maßnahmen vorzugehen, die um so unangenehmer sind, als sie nie verfehlen, früher oder später eine unvermeidliche Reaktion herbeizuführen.“[15])

Auch diese Stellen zeigen, daß Bakunin damals die Expropriation der industriellen Arbeitswerkzeuge nicht verlangte und eine solche *spoliation*, Beraubung nannte, und daß er den graduellen Verfall der Privatindustrie durch die neben ihnen entstehenden Produktivassoziationen und durch ihr Absterben innerhalb einer Generation durch die Negierung des individuellen Erbrechts erwartete. Er dürfte — obwohl er sich hierüber nicht ausspricht — neben dem großen Prestige des Assoziationsprinzips im damaligen und älteren Sozialismus noch durch zwei Erwägungen hierzu veranlaßt worden sein, einmal den Aufschwung des Arbeiterbewußtseins und den moralischen Fall des kapitalistischen Selbstvertrauens nach einer solchen Revolution, in die er ruhig vertraute, und dann durch die Tatsache, daß eine sofortige allgemeine Expropriation nicht hinreichend vorbereitete Empfänger gefunden hätte. Denn durch sie wäre die assoziierte Arbeit zur sofortigen allgemeinen Notwendigkeit geworden, was wahrscheinlich einen bureaukratischen Uebergangsapparat erfordert hätte, die Arbeiter unvorbereitet getroffen hätte und zu autoritärer Rückentwicklung hätte führen können. Daher ließ er die

---

[15]) Hierauf bestand Bakunin stets, das verhängnisvolle Beispiel der Guillotine von 1793—1794 vor Augen, die zu Diktatur und Reaktion führte. „. . . Diese Revolution kann wohl eine blutige und rächende sein in den ersten Tagen, während welcher die Volksjustiz sich vollzieht. Aber sie wird diesen Charakter nicht lange behalten und nie den eines systematischen und kalten Terrorismus annehmen.“ — Sie wird sich gegen Einrichtungen und Stellungen (d. h. Klassenverhältnisse) richten, die mächtiger sind als Individuen (S. 52). — Dies war eine Absage an den Jakobinismus und Blanquismus und eine antizipierte Verwerfung der bolschewistischen Fortsetzer dieser Taktik.

freie Entwicklung walten; denn seine Einsicht der Zweckmäßigkeit schneller, gründlicher, allseitiger Zerstörung bedeutet ja nicht, daß er einen überhasteten, alles auf einmal beginnenden Neubau wünschte. Einige Jahre später, 1868, als er die Fortschritte der Arbeiter sah, die aus sich heraus Organisationen schufen, trat die Expropriation in sein Programm ein, vorher aber fehlte sie.

Er wünschte die Revolution in Stadt und Land, möglichst gleichzeitig, dann aber nicht durch Konzentration revolutionärer Kräfte und Expeditionen (das italienische System), sondern ganz *lokal*, wodurch sich unvermeidlich ihr föderalistischer Charakter ergibt, indem die revolutionär organisierten Gemeinden sich sukzessive föderieren, dann die aus ihnen gebildeten Provinzen und so fort, so daß die Revolution selbst die Grundlagen des föderalistischen Organismus legt.

Die Revolution, auf die verschiedenste Weise vorbereitet, würde eine bei aller lokalen Verschiedenheit einheitliche Richtung erhalten, wenn in allen sie vorbereitenden Kreisen die erwähnten Ideen und Taktik durch unter sich verbundene Kräfte gefördert würden, etwas, was nicht immer und überall öffentlich geschehen kann, obgleich offene Propagandagesellschaften die letzten und sehr wichtigen Ausläufer des revolutionären Willens bilden. Dieser Wille muß ein einheitlicher sein, und den ihn vermittelnden Personen, die sorgfältig ausgewählt werden, muß so viel Charakterstärke, Entsagung und Intelligenz eigen sein, daß sie nicht dadurch moralisch korrumpiert werden, wenn sie im Dienste der Sache gehorchen oder befehlen, d. h. Beschlüsse eines höheren Organisationskreises durchführen oder im Rahmen ihres Wirkungskreises niedriger gestellten Organismen Direktiven geben oder übermitteln. Bakunin resümiert dies als: *„Notwendigkeit der Konspiration und einer starken geheimen Organisation, die in einem internationalen Zentrum zusammenläuft, zur Vorbereitung dieser Revolution"* (S. 53) und setzt die Einzelheiten der Organisation so minutiös auseinander, daß ich nicht einmal alle Details drucken konnte (S. 29—61). So sehr sein Föderationsprojekt alle Garantien der Freiheit zu formulieren sucht, so sehr ist sachlich notwendigerweise die Organisation der *internationalen revolutionären Gesellschaft* eine auf die subtilste Weise die Durchdringung der äußersten Ausläufer mit dem zentralen Willen gewährleistende, weil eben, *damals*, die bewußten Vertreter dieser Ideen erst ganz wenige waren, so daß eine öffentliche Proklamierung ihres Programms ungehört verklungen wäre, und weil Bakunin an die großen latenten revolutionären Instinkte der Massen glaubte, an die er nicht direkt appellieren konnte, weil eine traditionelle und konventionelle Ideologie über ihnen lagert, die nicht durch Worte, nur durch Situationen und Taten weggeräumt werden kann.

Uebrigens konspirierten damals alle um Bakunin herum, die Italiener, die Polen, Blanqui und — nach Bakunins 1872 in Manuskripten ausgedrückter Ueberzeugung — auch Marx, indem Bakunin formell irrigerweise die Fortdauer des Bundes der Kommunisten annahm, während wahrscheinlich damals längst um Marx herum nur einige enge persönliche Anhänger, das, was er in Briefen oft „die Partei" nannte, gravitierten. In Italien lebend, nach Frankreich usw. hin zu wirken wünschend, war eine intime Verständigung mit geeigneten Personen für Bakunin das zweckmäßigste, und dieser persönliche und briefliche Verkehr, nicht die Statuten- und Programmentwürfe, machten das Wesen der Sache aus. Nur sind diese Briefe usw. verloren, während einiges von den Organisationsdokumenten sich erhalten hat (Näheres hierüber s. *Werke*, III, S. 61—66; sein Brief an Herzen, 19. Juli 1866; *Die internationale Allianz der sozialen Revolutionäre*, russisch, in *Die historische Entwicklung der Internationale*, Zürich, 1873, S. 301—317 usw.).

Bakunin, der seine Ideen zunächst den ihm nähertretenden Italienern erklären wollte, die alle dem Nationalismus mit seinen Konsequenzen ergeben waren, wie 1848 die Slawen in Prag, präzisiert scharf, was ihn vom Nationalismus trennt; er besitzt den Italienern gegenüber jene Unabhängigkeit, die ihm 1848 den Slawen gegenüber wenigstens auf dem Gefühlsgebiet fehlte, und die er den Deutschen gegenüber aus demselben Grunde nie gewann. Er sagt von den Eigenschaften eines *internationalen Bruders (Werke*, III, S. 30—32): „. . . Er muß *Föderalist sein* . . . in bezug auf das innere des Landes und nach außen hin. Er muß verstehen, daß das Kommen der Freiheit mit der Existenz der Staaten unvereinbar ist. Er muß folglich die Zerstörung der Staaten wollen . . . Er muß . . . dieses Prinzip annehmen: *Jedes Individuum, jede Gemeinde, Provinz, Region und Nation haben das absolute Recht, über sich selbst zu verfügen, sich zu assoziieren oder nicht, sich mit wem sie wollen zu alliieren und ihre Allianzen zu brechen, ohne jede Rücksicht auf die sogenannten historischen Rechte und auf die Bequemlichkeit ihrer Nachbarn; . . .* Er muß also das sogenannte Nationalitätenprinzip, ein zweideutiges Prinzip voll Heuchelei und Fallen, ein historisches, ehrgeiziges Staatsprinzip, zurückführen *auf das viel größere, einfachere und einzig legitime der Freiheit:* Jeder, Individuum oder Kollektivität, der frei ist oder frei sein soll, hat das Recht, er selbst zu sein, und niemand hat das Recht, ihm seine Kleidung, seine Gebräuche, seine Sprache, seine Meinungen und Gesetze aufzulegen, jeder muß bei sich absolut frei sein. — Auf dieses reduziert sich in seinem wahren Wesen das nationale Recht. — Alles darüber hinaus Gehende ist nicht die Bekräftigung der eigenen nationalen Freiheit, sondern die Negation der nationalen Freiheit anderer. Der Kandidat (zur Aufnahme in die Gesellschaft) muß also wie wir verabscheuen *all diese engen, lächerlichen, freiheitstötenden, und daher verbrecherischen Ideen von nationaler Größe, Ehrgeiz und Glorie,* die nur gut sind für die Monarchie und die Oligarchie und die heute auch gut sind für die große Bourgeoisie, weil sie ihr dazu dienen, die Völker zu betrügen und gegeneinander aufzuhetzen, um sie besser knechten zu können. In seinem Herzen muß von nun ab der Patriotismus einen zweiten Platz einnehmen, der Liebe zur Gerechtigkeit und Freiheit den Vorrang lassend, und nötigenfalls, wenn sein eigenes Vaterland das Unglück hätte, sich von jenen zu trennen, darf er nie zögern, ihre Partei gegen dasselbe zu nehmen. . . . Er muß endlich überzeugt sein, daß Wohlstand und Freiheit seines Landes, weit entfernt davon, mit denen aller andern Länder im Widerspruch zu stehen, im Gegenteil zu ihrer eigenen Verwirklichung den Wohlstand und die Freiheit der andern nötig haben; daß zwischen dem Geschick aller Nationen eine unvermeidliche, allmächtige Solidarität besteht, welche, allmählich das enge und meist ungerechte Gefühl des Patriotismus in eine weitere, edelmütigere und vernünftigere Liebe zur Menschheit verwandelnd, schließlich die universelle Weltföderation aller Nationen schaffen wird."

„Er muß Sozialist sein in der ganzen Bedeutung dieses Wortes, wie sie ihm unser revolutionärer Katechismus gibt." *„. . . Er muß offen revolutionär sein.* . . . Er muß einsehen, daß diese Revolution . . . zwar ohne Zweifel von dieser Jugend[16]) unterstützt und zum großen Teil organisiert werden wird, daß sie aber in letzter Linie nur vom Volk gemacht werden kann . . .: daß . . . die einzige Frage, die von jetzt ab fähig ist, die Völker in Bewegung zu setzen: die *soziale Frage* (übrigbleibt): — daß jede sogenannte Revolution, sei es für nationale Unabhängigkeit, wie die letzte polnische Erhebung, oder die heute von Mazzini gepredigte, sei es eine ausschließlich politische, konstitutionelle, monarchische oder selbst republikanische, wie·die letzte fehlgeschlagene Bewegung der *Progressisten* in Spanien [4. Februar 1866], daß jede solche Revolution, die sich außerhalb des Volks vollzieht und daher nicht siegen kann, ohne sich auf eine privilegierte Klasse zu stützen, indem sie deren ausschließliche Interessen vertritt, sich unvermeidlich gegen das Volk vollzieht, daß sie also eine rückschrittliche, unheilvolle, gegenrevolutionäre Bewegung wäre."

„. . . Er darf das Heil für sein Land und die ganze Welt nur in der sozialen Revolution sehen . . . Er muß verstehen, daß die soziale

---

[16]) Nämlich dem „intelligenten und wirklich edlen Teil der J u g e n d , der zwar durch seine Geburt zu den privilegierten Klassen gehört, durch seine edelmütigen Ueberzeugungen und glühenden Aspirationen aber die Sache des Volks zur eigenen macht". — Es ist eine der charakteristischsten Seiten Bakunins, daß, so genau er als Sozialist die Klassengegensätze kannte, er immer bemüht war, die besten Elemente der bürgerlichen Jugend für die Revolution zu gewinnen. Das Vorbild mußte ihm seine eigene Jugend sein und die begeisterten, wenn auch später sich verlaufenden Kreise um ihn. Ein weiteres Beispiel war die nationale Jugend mehrerer Länder, die in der Zeit ihrer Blüte nicht nur bürgerliche und patriotische Zwecke zu befolgen glaubte, sondern menschenbefreiende — die französische Jugend der Charbonneriezeit, die deutsche der Wartburgzeit, die italienische des Jungen Italien usw. Ferner die russische sozialistische Jugend, die immer zahlreicher und opferfreudiger hervortrat usw. — Bakunin machte sich keine Illusionen, er kannte die Kürze des jugendlichen Enthusiasmus und keiner verurteilte mehr als er solche jungen Leute, die sich als Erzieher, Führer und wenn möglich Diktatoren dem armen Volk gegenüber fühlten. Keiner wußte aber auch besser als er, in tüchtigen Elementen dieser Kreise dauernde Genossen der Revolution zu gewinnen, und keine Enttäuschung entmutigte ihn. Sachlich wird tatsächlich die Klassentrennung in bezug auf diese Jugend auf zweifache Weise zeitweilig vermindert. Durch den humanistischen Unterricht wird, oder wurde wenigstens früher, die Jugend zeitweilig allgemein menschlichen Idealen und Problemen nähergebracht und ist dann auch für den Sozialismus aufnahmefähig, — und durch die geistige Ueberproduktion wird für einen Teil dieser Jugend die soziale Frage oft in sehr harter Weise gestellt und das Verständnis des „geistigen Proletariers" erwacht. Nicht Bakunin irrte also, sondern jene Doktrinäre, die über der Klasse die Menschen übersehen.

Revolution notwendigerweise eine europäische und eine Weltrevolution werden wird; . . . daß die soziale Revolution, einmal an einem Punkt wohl entbrannt, in allen Ländern, selbst in den anscheinend feindlichsten, glühende und furchtbare Verbündete in den Volksmassen finden wird . . .; daß es daher notwendig sein wird, für ihren Beginn ein günstiges Terrain zu wählen, wo sie nur dem ersten Gegenstoß der Reaktion widerstehen kann[17]), worauf sie nicht verfehlen kann, sich nach außen hin zu verbreiten . . .; daß die Elemente der sozialen Revolution schon in beinahe allen Ländern Europas weit verbreitet sind, und daß es, um aus ihnen eine wirksame Macht zu bilden, nur nötig ist, sie zusammenzustimmen und zu konzentrieren. — Daß *dies das Werk der ernsten Revolutionäre aller Länder sein muß, die eine gleichzeitig öffentliche und geheime Assoziation bilden* mit dem Doppelziel, das revolutionäre Terrain zu erweitern und zugleich eine identische und gleichzeitige Bewegung in allen Ländern vorzubereiten, in denen die Bewegung zunächst möglich sein wird, durch ein geheimes Einverständnis der intelligentesten Revolutionäre dieser Länder . . ."

. . . „Er muß begreifen, daß eine Assoziation mit revolutionärem Ziele notwendigerweise sich als *geheime Gesellschaft* bilden muß, und daß jede geheime Gesellschaft im Interesse ihrer Sache und der Wirksamkeit ihrer Tätigkeit und in dem der Sicherheit jedes Mitglieds *einer starken Disziplin* unterworfen sein muß, die übrigens nur die Zusammenfassung und das Endresultat der gegenwärtigen Verpflichtung der Mitglieder gegeneinander ist, und daß es folglich eine Ehrensache und Pflicht für jeden ist, sich ihr zu unterwerfen." . . .

Diese Auszüge genügen, die assoziationistisch-föderalistische Richtung und den revolutionären Willen Bakunins zu zeigen, der, in einem weiten Rahmen und doch fest und zielbewußt zusammengehalten, Kräfte vereinigen wollte, die überall die revolutionäre. Initiative ergreifen und mit den erwachten Volksinstinkten, sie beratend und vor Irrwegen behütend, unscheinbar zusammen arbeiten würden. Wenn von dieser Organisation nationale und lokale Gruppen gebildet wurden, die sich mehr der Oeffentlichkeit näherten, oder wenn sie öffentliche Formen annahm, wurde ein zunächst weniger weitgehendes, der lokalen Lage und der unvorbereiteten Bevölkerung angepaßtes Programm formuliert.

Hiervon liegen Beweise vor für Italien, nämlich das *Programma della Rivoluzione democratico-sociale italiana* (Programm der italienischen demokratisch-sozialen Revolution; 3 S., 8°), ein Geheimdruck (Neapel) von 1866, zu dem die Statuten *Società dei Legionarj della Rivoluzione sociale italiana. Organico* (14 S., 8°) gehören. Im Verlauf dieser Propaganda schrieb Bakunin die Flugschrift *La Situazione italiana* (Die Lage

---

[17]) Auch dies war eine wohlbedachte Taktik Bakunins, der z. B. im Sommer 1869 bulgarischen Revolutionären riet, sich im Balkan an einer festen Stelle gut bewaffnet und verproviantiert zu erheben, um einer längeren türkischen Belagerung standhalten zu können, während welcher Zeit die allgemeine Aufmerksamkeit wachgerufen und eine allgemeine Bewegung oder europäische Intervention zu erwarten sein würden.

in Italien; 2 S., Fol., Oktober 1866, geheim gedruckt) und die öffentliche Gesellschaft *Libertà e Giustizia* in Neapel gab ein *Manifesto elettorale* heraus, 1 S., Fol., Neapel, 27. Februar 1867, das anläßlich der Wahlen das Programm der Gesellschaft ausführlich darlegt; eine andere Version desselben ist *Programma della Società Libertà e Giustizia* und deren Statuten, 3 S., 4°. Anfangs April erschien das Programm der Zeitschrift *Libertà e Giustizia* (2 S., 4°) und diese selbst vom August ab bis Anfang 1868; s. noch die *Annales* des Genfer Friedenskongresses, 1867 (Genf, 1868), S. 80, 220. So interessant es wäre, diese propagandistischen Adaptationen von Bakunins Ideen vorzulegen, würde dies hier zu weit führen; diese Druckschriften beweisen, in welchem Grade Bakunin vor seinem Eintritt in die Internationale die populäre Propaganda förderte. Hiervon nehmen seine üblichen marxistischen Bekämpfer keine Notiz, ebensowenig wie von den Ideen und dem Ziel der internationalen geheimen Gesellschaft; weil Bakunin aus mit der Förderung dieser Gesellschaft verbundenen und anderen Gründen 1867—1868 in der Friedens- und Freiheitsliga tätig war, stellen sie die Sache so dar, als sei er von der Bourgeoisie zu den Arbeitern gekommen, oder, weil sie das öffentliche Allianceprogramm von 1868 kennen, suchen sie den Anschein zu erwecken, als hätte seine öffentliche Tätigkeit in der Internationale nur in der Oktroyierung dieses Programms bestehen sollen. All dies beruht auf grober Unkenntnis von Tatsachen, die bereits 1873 durch die schon erwähnte russische Publikation und genauer seit 1895 bekannt waren.

Weitere Aufklärung erhalten Bakunins Ideen bis zum September 1867, dem Zeitpunkt des erneuten öffentlichen Auftretens, durch ihre Anwendung auf russische Verhältnisse im Briefwechsel mit Alexander Herzen *(Pisma ... k A. I. Gercenu i N. P. Ogarevu ..,* Genf, 1896, CXVII, 562 S.; zuerst deutsch als *M. Bakunins Sozialpolitischer Briefwechsel . . .,* Stuttgart, 1895, CVIII, 420 S., nicht ganz vollständig; sehr unvollständig ist die französische *Correspondance . . .,* Paris, 1896, 383 S., 8°).

Einen noch genaueren Einblick wird die Publikation der Freimaurer-manuskripte von 1865 gewähren, d. h. einer Schrift, welche Bakunins Ideen der italienischen Freimaurerei vorzulegen beabsichtigte, und deren umfangreiches Manuskript vernichtet ist, während Fragmente, Vorarbeiten oder Varianten erhalten sind (s. Biogr., 1898, S. 200—203; seit jener Zeit kenne ich weitere Fragmente). Wenn hier in einem *Catéchisme de la Franc-Maçonnerie* z. B. gesagt wird:

„... Jede Offenbarung und jede göttliche und menschliche Autorität verwerfend, erklären wir *die menschliche Vernunft,* kollektiv und individuell, als einziges Kriterium der Wahrheit, *das menschliche Gewissen* als Grundlage der Gerechtigkeit und *die individuelle und kollektive Freiheit* als Quelle und einzige Grundlage der Ordnung in der Menschheit", —

so ist dies (1865) die Vorlage der fast gleichlautenden, oben angeführten Worte in dem *Revolutionären Katechismus* vom März 1866 (s. *Werke,* III, S. 9). Ebenso findet sich eine Stelle wie: . . . „Wer in diesem unausweichlich strengen und logischen Alphabet A sagt, muß absolut zu Z gelangen, und wer Gott anbetet, muß die Würde und Freiheit des Menschen opfern. ‚Gott existiert, also ist der Mensch ein Sklave. — Der Mensch ist frei, also gibt es keinen Gott' — ich fordere jeden heraus, aus diesem Kreis herauszukommen — und jetzt treffen wir die Wahl...“ — in dem Manuskript, dem *Gott und der Staat* entnommen ist, schrieb Bakunin im Februar 1871 das gleiche in diesen Worten: „...Denn wer in diesem mystischen Alphabet einmal A gesagt hat, muß unvermeidlich zuletzt Z sagen, und wer Gott anbeten will, darf sich keine kindischen Illusionen machen, sondern muß tapfer auf seine Freiheit und Menschlichkeit verzichten. Wenn Gott existiert, ist der Mensch ein Sklave; der Mensch kann und soll aber frei sein: folglich existiert Gott nicht. Ich fordere jeden heraus, aus diesem Kreis herauszukommen, und nun treffe man die Wahl...“

In dem Abschnitt *Gesellschaft* liest man: „...Es ist augenscheinlich, daß die *Freiheit* nicht die Negation der *Solidarität* ist, sondern im Gegenteil ihr Produkt, ihre Erklärung, ihr Gewissen, ihr Gedanke. Ohne Freiheit bliebe die Solidarität ewig dumm — wenigstens auf der Erde und für den Menschen —, während ohne Solidarität die Freiheit nie existiert hätte...“ Dies ist der innerste Kern von Bakunins Wesen und Lehre.

Selbst ein Fragment des föderalistischen Programms ist in dieser Fassung erhalten, so die Worte: „...Abschaffung des historischen und des Eroberungsrechts. Abschaffung der Politik der nach außen vordringenden Staatsgewalt und der äußeren Invasionen und Vergrößerungen des Staates...“, aber besonders die antitheologischen und die Entwicklung der Menschheit betreffenden Teile sind reichlicher erhalten, auch die Worte: „Die freie Arbeit ist notwendigerweise assoziierte Arbeit“, was 1866 lautet, „die intelligente und freie Arbeit wird notwendigerweise assoziierte Arbeit sein“ usw.

Wann Bakunin seine Ideen zum ersten Male zusammenfaßte, ist nicht festzustellen. Das Freimaurermanuskript nimmt auf den berüchtigten Syllabus, die päpstliche Verdammung des menschlichen Denkens vom Dezember 1864 Bezug, und Bakunin mochte an die dadurch gesteigerte Empörung gegen das Papsttum anknüpfen, um auch die Freimaurerei oder ihren entwicklungsfähigen Teil weiter vorwärts zu treiben; er beginnt ja: „um wieder ein lebender und nützlicher Körper zu werden, muß die Freimaurerei ernstlich den Dienst der Menschheit wieder aufnehmen...“ Aber all diese Ideen lebten längst in ihm, und ohne daß dies dokumentarisch nachweisbar wäre, möchte ich annehmen, daß ihre erste Formulierung in der 1844 über die Ideen Feuerbachs begonnenen Schrift liegen mochte und in weiteren Niederschriften der folgenden Jahre, die Reichel „das ewige Buch“ nannte, bis dann 1847 ein geplantes Buch über Rußland und Polen ihn absorbierte und später sein vom Dezember 1847 ab ruheloses Leben. Im Gefängnis, in Sibirien mag er alles wieder durchdacht und immer mehr zu langen Gedankenreihen geformt haben, die, als er in Florenz im Februar 1864 zur Ruhe gelangte, vielleicht von damals an zuerst niedergeschrieben wurden.

Bakunin las zweifellos Proudhons aktuelle Schriften jener Jahre und soll auch Pisacanes Werk (1858, 1860) gekannt haben[18]); er mag die Proudhonschen Formulierungen des Föderalismus und Mutualismus im *Principe Fédératif* und der *Capacité politique* genau gekannt haben, aber so sehr er und Proudhon sich in manchem berührten, so sehr differierten sie in Hauptpunkten. Bakunin glaubte nicht an Entwicklungsmöglichkeiten bei Bestehen des die soziale Ungerechtigkeit schützenden Staatsorganismus, während Proudhon stets nach Mitteln sucht, den Staat auf friedlichem Wege zum Absterben zu bringen. Bakunin, damals noch nicht Anhänger der direkten, vollständigen Expropriation, wünscht immerhin gesellschaftlichen Besitz des Bodens und der Naturschätze und allmähliche Enteignung des übrigen Besitzes durch die Aufhebung des privaten Erbrechts und als Folge das Heranwachsen einer jungen Generation, die mit gleichen Aussichten ins Leben tritt; Proudhon verwirft jeden kollektiven Eingriff in das Privateigentum und vertraut nur auf freiwillige gegenseitige Abmachungen[19]).

So liegen 1864 zwei große Versuche vor, anarchistische Ideen auf das gesamte gegenwärtige politische und soziale System und im Falle Bakunins auch auf das religiös oder metaphysisch-doktrinär beeinflußte Geistesleben kritisch anzuwenden und die freie Gesellschaft an die jetzige Gesellschaft anzuschließen, durch deren graduelle Eliminierung (Proudhon) oder die Zerstörung ihrer Hauptstütze (Bakunin). Nicht Versuche also, eine freiheitliche Utopie auszumalen, sondern Bemühungen, die nächstliegende, grundlegende freiheitliche Entwicklung zu ermöglichen — dadurch ergab sich in ganz anderem Grade als bisher die Begründung einer umfassenden Propaganda, die Zusammenfassung zerstreuter Kräfte und die kollektive Weiterarbeit. Schwere Hindernisse bestanden; Proudhons Tod traf ihn schon am Beginn dieser Periode seines Lebens, welche die wichtigste hätte werden können; Bakunins Ideen blieben noch jahrelang so eng mit seiner praktischen geheimen Tätigkeit verbunden, daß sie wie diese damals der Oeffentlichkeit unbekannt blieben, während rastlose Korrespondenz und persönliche Beziehungen sie unterirdisch verbreiteten. Aber der Anfang war endlich gemacht, und die gesponnenen Fäden rissen nun nicht mehr ab.

---

[18]) So nahe *Giuseppe Fanelli* (1826—1877), der mit Pisacane gewirkt hatte und diesen verehrte, Bakunin stand, wird dadurch ein Hinweis Fanellis auf die sozialen Ideen Pisacanes bei seiner großen Zurückhaltung noch nicht zur Wahrscheinlichkeit. Bakunin erwähnt Pisacanes Ideen nie und würde doch bei seinen beständigen Versuchen, die von Mazzinis Pseudosozialismus faszinierten Italiener für den wirklichen Sozialismus zu gewinnen, in dem Hinweis auf Pisacane, der wie er selbst Freiheit, Assoziation und Föderation proklamiert hatte und ein nationaler Märtyrer war, ein wirkungsvolles Argument gefunden haben. — Ueber Fanelli s. C. Teofilato und E. Malatesta in *Pensiero e Volontà* (Rom), 1. August und 16. September 1925.

[19]) Eine Uebersicht des älteren französischen Sozialismus und eine besondere Würdigung Proudhons enthält der Abschnitt *Le Socialisme* der von Bakunin und seinen Genossen dem Zentralkomitee der Friedensliga Ende 1867 vorgelegten Denkschrift *(Oeuvres* Paris 1895, S. 36—59; teilweise deutsch *Werke*, III., S. 67—72); dies ist ferner die erste außerhalb der geheimen Dokumente liegende längere Entwicklung der eigenen Ideen Bakunins.

IV.

Proudhonistische Arbeiter und Studenten, César De Paepe und die Brüder Reclus.

Nach Proudhons Tode fehlte seinen Ideen sein überaus großes, grade in den Jahren 1859—1864 sich aufsteigend entwickelndes Talent, die französische und europäische politische und ökonomische Entwicklung zu überblicken und die revolutionäre Taktik ihr anzupassen. Denn es war damals im Gegensatz zu späteren Jahren, in denen man sich auf Propaganda und Organisation beschränkt sah, noch immer eine Zeit großer Möglichkeiten; mindestens lebte man in dieser Hoffnung, des Jahres 1848 und der bewegten Vorgänge in Italien eingedenk. Wie ich in *Vorfrühling der Anarchie*, Kapitel XVIII mit Literaturangaben besprach, war das Schicksal des Proudhonismus ein besonders unglückliches. Keiner der älteren Freunde Proudhons setzte sein Werk fort und die jüngeren Elemente befanden sich in jenen sein Werk fort, und die jüngeren Elemente befanden sich in jenen stärkeren Einflüssen gegenüber, durch die sie in den Aktionsjahren 1870 und 1871 (Commune) schon ganz ausgeschaltet waren.

Man müßte hier die sich um den Ziseleur H. Tolain bildende Arbeitergruppe von ihren Anfängen an betrachten, wozu die einem Mitglied dieses Kreises entstammende *L'Association internationale des Travailleurs* . . . von E. E. Fribourg, einem ihrer Begründer (Paris, 1871, 212 S. 18⁰) eine naheliegende Quelle ist.[20]) In Paris steht diese Gruppe zwischen Proudhon und den radikalen Republikanern, in London arbeitet sie mit den Trade-Unionisten an der Gründung der Internationale; nach dieser und nach Proudhons Tod ist sie in scharfem Konflikt mit jenen Republikanern und ebenso den revolutionären Sozialisten der Proskription und findet hierbei eine Stütze an Karl Marx, der sie im übrigen als Proudhonisten geringschätzt und bei Seite zu schieben sucht. Sie findet dann Gegner an der zum Teil blanquistischen revolutionären Jugend und zuletzt ihren Hauptgegner an den kollektivistischen Arbeitern. Bakunin schrieb einmal an James Guillaume (21. April 1869; *L'Int.*, I, 1905, S. 184): . . . „Ich staune über Deine Verwunderung über den Protest der Pariser Kommunisten gegen Tolain, Chemalé und andere. Sie sind Sozialisten, sagst Du. Aber es gibt Sozialismus und

---

[20]) S. auch *L'Internationale*. Rede . . . in der Assemblée nationale, Sitzungen vom 4. und 13. März 1872, von Henri Tolain (Paris, 1872, 62 S. 16⁰); die These von J. L. Puech, *Le Proudhonisme dans l'A, i. des T.* (Paris, 1907, XIX, 285 S.), wohl auch Gaeton Piron, *Proudhonisme et Syndicalisme révolutionnaire* (Paris, 1910, XX, 422 S.; mir nicht bekannt).

Sozialismus. Sie sind Proudhonisten nach Proudhons zweiter Art, der schlechten. Sie haben das doppelte Unrecht, daß sie das Privateigentum wollen, und daß sie eitel paradieren und mit den Bourgeois perorieren wollen, was verlorene Zeit ist und nur ihrer Gloriole halbgroßer Geister nützen kann" . . . Guillaume hatte sich auch 1866 während des Genfer Kongresses gewundert, wie verächtlich der proudhonistische Arbeiter von den blanquistischen Studenten und den Republikanern überhaupt sprach; in *L'Int.* I, S. 6, Anm. 2 bemerkt er dazu, daß er es für unrecht hielt, „die Mitarbeit der revolutionären Jugend zurückzuweisen." [21])

H. Tolain schrieb 1863 *Quelques Vérités sur les Élections de Paris* . . . (Einige Wahrheiten über die Pariser Wahlen — 31. Mai 1863, Paris, 1863, 36 S. 18º). [22]) — Zu den Ergänzungswahlen vom 20. und 21. März 1864 erschien dann in der *Opinion nationale*, 17. Februar 1864 das berühmte sogenannte *Manifeste des Soixante* (Manifest der 60), ein längeres Exposé, von dessen Unterzeichnern etwa folgende Namen besonders bekannt sind: Cohadon, Tolain, Murat, Limousin, Perrachon, J. J. Blanc, Camélinat (wohl der letzte noch lebende), Delahaye. Dies war die erste Begründung der Arbeiterkandidatur . . . „Das allgemeine Stimmrecht hat uns politisch mündig gemacht, aber es bleibt uns noch übrig, uns sozial zu befreien." . . . „Der Dritte Stand sagte [1789]: Was ist der Dritte Stand? nichts! Was muß er sein? alles! Wir werden nicht sagen: Was ist der Arbeiter? nichts! Was muß er sein? alles! Aber wir werden sagen: die Bourgeoisie, unsere Vorgängerin in der Befreiung, wußte 1789 den Adel zu absorbieren und ungerechte Privilegien zu zerstören; für uns handelt es sich nicht darum, die Rechte zu zerstören, welche die Mittelklasse mit Recht genießt, sondern dieselbe Aktionsfreiheit zu erobern.". . . „Das Gesetz muß weit genug sein, damit jeder, isoliert oder kollektiv, seine Fähigkeiten entwickle, seine Kräfte, Ersparnisse und Intelligenz anwende, ohne andere Grenzen als die Freiheit des nächsten und nicht dessen Interesse." „Man klage uns nicht an, von Agrargesetzen [Kommunismus] zu träumen, einer chimaerischen Gleichheit, die jeden auf ein Prokrustesbett spannen würde, von Teilen, Maximalpreisen, Zwangsbesteuerung etc. etc. . . Freiheit der Arbeit, Kredit, Solidarität — das sind unsere Träume. Am Tag ihrer Verwirklichung . . wird es keine Bourgeois und Proletarier, keine Arbeitgeber und Arbeiter mehr geben. Alle Bürger werden gleiche Rechte besitzen." . . . „Durch Erfahrung aufgeklärt, hassen wir nicht die Menschen, aber wir wollen die Dinge ändern." . . . Betreffs der *chambres syndicales*, der erst durch das Koalitionsgesetz vom 25. Mai 1864 autorisierten Arbeiter-

---

[21]) Ueber das Ende mancher Proudhonisten s. z. B. Jules Vallès, Artikel *Théoriciens!* (*Le Cri du Peuple*, Paris, 27. Januar 1884); *Revue socialiste*, Februar 1887, S. 127—132; März S. 223 ff.

[22]) Ch. L. Chassin schrieb hierüber (*Revue alsacienne*, Paris, Juli 1882, S. 398—9): . . . „täglich unterrichtet über unsere äußersten Bemühungen mit Noel Parfait auf bürgerlicher Seite und Tolain auf der Arbeiterseite, ein Komitee zu bilden, das trotz der Hindernisse der kaiserlichen Gesetzgebung von einer bedeutenden Gruppe von Republikanern gewählt wäre, schrieb (Charras) aus Basel am 25. April 1863 seine Ansicht wie folgt" . . . .

vertretungen[23]), wird verlangt, „eine ausschließlich aus Arbeitern bestehende, durch allgemeines Stimmrecht gewählte Kammer, eine Arbeitskammer könnten wir sagen, der Handelskammer analog" . . . „Man weiß heute, daß 35 Gesellschaften für gegenseitigen Kredit in Paris im Dunkel funktionieren. Sie enthalten fruchtbare Keime, aber sie brauchen zu vollständigem Aufblühen die Sonne der Freiheit."

. . . „Die Abstimmung vom 31. Mai [1863] hat unbestreitbar für Paris die große Frage der Freiheit [82 000 bonapartistische, 153 000 oppositionelle Stimmen und 4556 weiße Zettel, was Proudhon befürwortet hatte] entschieden. Das Land ist ruhig: ist es nicht weise Politik, heute die Macht der freien Einrichtungen zu erproben, welche den Uebergang bilden zwischen der alten auf dem Lohnsystem begründeten und der künftigen Gesellschaft, die auf dem gemeinen Recht begründet sein wird? Ist es nicht gefährlich, den Zeitpunkt von Krisen abzuwarten, wenn die Leidenschaften durch Elend überhitzt sind?" . . . „1848 konsakrierte die Wahl von Arbeitern die politische Gleichheit durch eine Tat, 1864 würde diese Wahl die soziale Gleichheit konsakrieren . . ." Die Arbeiter wollen alles, was die demokratische Bourgeoisie (in ihrem Wahlprogramm) verlangt, und sie wollen im besonderen: „freien und obligatorischen Elementarunterricht und Freiheit der Arbeit." Letztere als Gegengewicht gegen die Handelsfreiheit, sonst würde sich eine Finanzaristokratie bilden . . . „Ohne uns . . . kann die [demokratische] Bourgeoisie nichts festes begründen; ohne ihre Mitwirkung kann unsere Befreiung vielleicht noch lange verzögert werden. Vereinigen wir uns also zu einem gemeinsamen Zweck: dem Sieg der wahren Demokratie." Tolains Wahlplakat (blaßrosa Papier, doppelfolio) druckt eine von maßgebenden Republikanern unterzeichnete Antwort auf dieses Manifest ab, die mir bei aller Freundlichkeit doch etwas sauersüß vorkommt, 26. Februar 1864, „durch Delegation: Ch. Delescluze, früherer Generalkommissär der Republik, Noel Parfait, früherer Volksvertreter, L. Laurent Pichat"; Tolain stellt ein präzisiertes Programm auf, in das er auch auf folgende Weise *Polen hineinbringt*: . . . „Wir leiden auf ökonomischem Gebiet durch Isolierung; wir müssen an die Macht dieser großen Assoziationsform glauben: an die Solidarität der Völker!"

„Daher der generöse Instinkt, der uns trotz diplomatischer Kombinationen und befriedigter Interessen dazu treibt, die unterdrückten Völker zu verteidigen, die heroischen Opfer zu glorifizieren, indem wir sie rächen. Die am meisten Leidenden haben für die Leiden anderer die größten Sympathien. Die selbst am meisten der Gerechtigkeit für sich bedürftigen sind die feurigsten bei der Forderung nach Gerechtigkeit für andere."

---

[23]) Vgl. zu diesen Anfängen *Rapport sur les Coalitions* . . . von Emile Ollivier, 22. April 1864 (Paris, Impr. du Corps législatif, 1864, 100 S. 8°); *Discours de M.* Emile Ollivier . . ., 28. und 30. April, 2. Mai . . ., Paris, 77 S. 8°; *Commentaire de la loi du 25. Mai 1864 sur les Coalitions*, von demselben, 1864, 128 S. 32°; Jules Simon, *Discours* . . . ., 29. April 1864, 32 S. 32°, etc.

„Und das Volk Frankreichs empfindet Schauder, wenn es die vergeblichen Hilferufe Polens hört . . .!"

. . . „Zusammengefaßt: Aktionsfreiheit, Rechtsgleichheit, Verwirklichung der Demokratie und, wie Armand Carrel sagte, die soziale Reform als Ziel, die politische Reform als Mittel . . ."[24]) Tolain erhielt 495 Stimmen. Die Gruppe der 60 vergrößerte sich nach der Wahl, und Tolain, Perrachon und A. Limousin reisten zur Gründung der Internationale nach London; nachher wurden Tolain, Fribourg und Limousin die ersten Pariser Funktionäre der Gesellschaft, deren Bureau am 8. Januar 1865 in der rue des Gravilliers, 44 eröffnet wurde. Proudhons letztes Werk, das dieser beginnenden Bewegung eine mächtige geistige Stütze geben sollte, *De la capacité politique de la classe ouvrière* (Die politische Fähigkeit der Arbeiterklasse) ist bereits besprochen (Kap. I).

Die republikanische Jugend war das zweite Milieu, in dem Proudhons Ideen mehrere Jahre lang zu großer Geltung kamen und zwar, verschieden von dem stets sehr vorsichtigen Kreis von Tolain, in manchmal unumschränkter Weise, in revolutionärer Form und ohne die Proudhon eigentümliche Neigung, für seine revolutionärsten Ideen stets eine Art Rechtsgrundlage zu konstruieren. Diese Jugend nahm damals den Kampf gegen das Empire offen auf und hing dadurch mit den anderen Faktoren dieses Kampfes mehr oder weniger zusammen, so daß von theoretischer Ausbildung des Proudhonismus keine Rede sein konnte; er war ihr eine Waffe.

Diese Jugend nimmt von 1814 bis 1871 im politischen und sozialen Leben Frankreichs eine der ersten Stellen ein. Während der Revolution und dem ersten Kaiserreich eigentlich kaum hervortretend, teilweise von den Armeen verschlungen, erscheint diese Jugend zuerst 1815 zur unmittelbaren Verteidigung von Paris, und diese nationale Färbung bleibt ihr eigen auch bis in die weitgehendsten revolutionären Ideen hinein; sie identifiziert stets die Sache ihres Landes mit der der ganzen Welt. Sie konspiriert unter der Restauration in der Charbonnerie, kämpft mit Bürgern und Arbeitern in den Julitagen 1830, ihr entstammen die jungen Saint-Simonisten, Blanqui und Barbès, Elie und Elisée Reclus, Coeurderoy. 1848 und 1849 sehr tätig, durch den 13. Juni 1849 zersprengt, schweigt die Jugend der Hochschulen mehrere Jahre; einige wenige konspirieren. Mitte der Fünfziger beginnt das Erwachen des Quartier latin: A. Rogeard und Henri Lefort arbeiten im stillen an dieser Erweckung; von 1861 ab tritt die Jugend durch Demonstrationen und Zeitschriften an die Oeffentlichkeit, und dann ist bis zum Sturz des

---

[24]) *la réforme sociale pour but, la réforme politique pour moyen.* — Wo Carrel dies schrieb, kann ich nicht feststellen; seine *Oeuvres littéraires et économiques* (Paris. 1854, 366 S., mit Biographie von Littré) mögen die Stelle enthalten, die in Tolains Wahlmanifest vielleicht die Worte der Erwägungsgründe der Internationale *that the economic emancipation is . . . the great end to which every political movement ought to be subordinate as a means* Marx unwillkürlich suggeriert hat, sechs Monate später; oder entnahm Marx dieselben dem ihm vorgelegten Entwurf?

Empire in Frankreich keine Ruhe mehr.[25]) *Proudhons* persönlicher Kontakt mit einzelnen während der zwei Jahre (Herbst 1862 bis Herbst 1864) hatte ein stärkeres Gegenstück in *Blanquis* intensiven Beziehungen zur Jugend während seiner Haft in Sainte-Pélagie nach der Verurteilung vom 14. Juni 1861 und der anschließenden Internierung im hôpital Necker, bis zu seiner Flucht nach Brüssel, 27. August 1865, und auch von dort reiste er bis 1870 mehrfach für längere Zeit nach Paris. Blanqui verstand es, einen engeren Kreis ganz für seine Ideen zu gewinnen, die uns hier fernliegen und die ihre Anhänger zu Feinden der Internationale und der Proudhonisten machten.[26])

Aber wie Bakunin und hierin verschieden von Proudhon, der an einer persönlichen Polemik gegen die Religion haften blieb, wies Blanqui seine Genossen auf die Quelle des wirklichen freien Gedankens, die materialistische Wissenschaft, und dieser gemeinsame Boden vereinigte die jungen Blanquisten und Proudhonisten.

Die berühmte Zeitschrift *Candide* (3.—27. Mai 1865; 8 Nrn.)[27]) wurde bald unterdrückt. Andere Organe folgten, so die *Revue Encyclopédique*, Mai 1866 (1 Nr.; 120 S. 8⁰), bis zur *Libre Pensée* von 1870 (Henri Verlet). Die beiden Studentengruppen trafen auf dem Studentenkongreß von Lüttich, September 1865 zusammen, einer sozialistischen, atheistischen

---

[25]) Neben den Werken von Georges Weill, 1900 und J. Tchernoff, 1901—06 s. *Historie politique des Écoles et des Étudiants . . .* von Antonio Watripon, 1. Teil, 1815—1830 (Paris, 1850, 155 S.); *Paris révolutionnaire . . .*, 4 Bde, 1833—34 (eine einbändige Auswahl, 1848, 410 S.); *L'Avant-Garde*, journal des Écoles (1848—49) und vieles andere. — *Le Bouquet* von Henri Brissac, 1855; *En Avant*, von Henri Lefort, 1856 sind Symptome des Erwachens. *La Jeune France*, Januar 1860 — 19. Mai 1861, 18 Nrn. ist die erste markante Zeitschrift; prononcierter trat *Le Travail*, 1862 auf, das schon einige Mitarbeiter ins Pressegefängnis führte, wo sie Blanqui trafen.

[26]) *Critique sociale* par Auguste Blanqui (Paris, 1885, X, 276, 382 F. 18⁰) vermitteilt uns Blanquis soziale Ideen, *L'Enfermé* von Gustave Geffroy (1897, 446 S. 18⁰; zuerst in der *Revue blanche* erschienen) sein Leben. Scheurer-Kestners *Souvenirs de Jeunesse* in *La Revue*, 15. Januar 1905 zeigen ihn in *Sainte Pélagie*, S. 218—21. — Das kleine Blatt *Genève, 7. septembre 1866. Une scène de violence inqualifiable . . .*, unterzeichnet Jeannon . . . (Genf, 4 S. 12⁰); *Procès de Société secrète — Étudiants et Ouvriers* (Paris, 4 S. gr. fol.); *Affaire de la Société secrète du Boulevard Saint-Michel dite des Étudiants* (Protots Appell, 9. Mai 1867; Nantes, 1 S. fol.) beleuchten die Beziehungen zur Internationale; s. *L'Int.*, I, S. 6—7.

Blanquis intime Ideen für den Fall einer revolutionären Erhebung finden sich in seiner *Instruction pour une prise d'armes*, Ende 1868 (nach Geffroy, S. 271—2.) — Eine sehr seltene Schrift, die sich in der Sammlung Dr. Otto Karmins befand, *Esquisses d'institutions républicaines* (Skizze republikanischer Einrichtungen) par un des comités insurrectionnels de Paris. Zweite vermehrte Ausgabe (Londres, Bruxelles, Genève, 1862, Umschlag: 1863, 151 S. 16⁰ und 3 Tafeln; gedruckt in London, 1863) enthält ein für ganz Frankreich detailliert ausgearbeitetes blanquistisches System. Der Verfasser ist mir nicht bekannt, und ich versäumte, die Schrift genau durchzusehen, weiß auch nicht, wann die erste Ausgabe erschien.

[27]) *Foi et Science . . .* (Glaube und Wissenschaft) von Suzamel (Blanqui) erschien daraus separat, Brüssel, 1866, 16 S. 8⁰; s. auch *Procès de Candide . . .* 11. und 18. August 1865 (Brüssel, 1865, 84 S., 12ᶜ; Prozeß des Freidenkers de Ponnat).

und revolutionär republikanischen Versammlung, die, wie Longuet in der *Rive gauche* (25. März 1866) schrieb, „sich zu Littré, Taine, Proudhon bekannte, einige zur Commune von Paris [der von 1793] . . .“; damals erschien das Kongreßprotokoll, ein Band in—12⁰. Im Dezember wurden dann Aristide Rey, Victor Jaclard und Paul Lafargue von den Pariser Hochschulen ausgeschlossen, was Lafargue nach London trieb, wo er Marx kennen lernte, während Rey 1868 Bakunin nähertrat und Jaclard zwischen Blanqui und Bakunin schwankte. Noch zwei belgische Studentenkongresse, Brüssel, September 1867 und Gent, Dezember 1868 erhielten sich auf dieser Höhe, und diese jungen Belgier, revolutionäre Proudhonisten und revolutionäre Positivisten wirkten teils mit, teils neben der Internationale in den schönen belgischen Zeitschriften und den Sektionen jener Jahre. Nach Brüssel wurde auch die in Paris begonnene und verfolgte *Rive gauche* (Das linke Ufer; die Universitätsgegend von Paris) vom Mai 1865 ab verlegt. Von Charles Longuet und Robert Luzarche, jungen Proudhonisten gegründet, veröffentlichte sie das schärfste Pamphlet jener Jahre, *Les Propos de Labiénus* (Die Reden des Labienus) von A. Rogeard (erste Ausgabe als Publication de la Rive gauche, Paris, 9. März 1865, 20 S. 8⁰); schon im September 1865 wurden Rogeard und Longuet aus Belgien ausgewiesen, aber die Zeitschrift erschien bis zum 5. August 1866.

Als Probe des Proudhonismus jener Zeit seien zwei Aeußerungen der künftigen Schwiegersöhne von Marx angeführt; so sehr beide, speziell Lafargue später den Intentionen von Marx folgten, fühlte sich dieser doch nie ganz ihrer sicher und schrieb am 11. November 1882 an Engels: „. . . Longuet als letzter Proudhonist und Lafargue als letzter Bakunist [sic] que le diable les emporte“ (der Teufel soll sie holen!). — Victor Dave (1847—1922) wurde Sozialist um die Zeit des Kongresses von Lüttich 1865. Er erzählte mir, daß der erste Sozialist, den er damals kennen lernte, Lafargue war, und dieser wies ihn auf die Lektüre von Proudhon. Longuet schrieb am 4. März 1866 (III, Nr. 9), Proudhon „verstand unter dieser Formel [an-archie] nie etwas anderes als die Unterordnung der Politik unter die Oekonomie. Proudhon, der in der Politik die an-archie vertrat — das heißt, das wenigstmögliche an Regierung, an Autorität, das heißt noch die Trennung der Funktionen und die Foederation —, Proudhon verlangte in der Sozialökonomie die Garantie und die Organisation und Zentralisierung des Kredits. Mit einem Wort, während er ernstlich auf politischem Gebiet Freiheit, Selbstregierung, Individualismus, wenn man will, einführte, inaugurierte er auf ökonomischem Gebiet die Garantie, den Mutualismus, die Gerechtigkeit, die am wenigsten anarchischen [unordentlichen] Dinge, die es gibt. Was die gegenwärtige Unsolidarität, die oekonomische Anarchie [Unordnung] betrifft, hat sie niemand heftiger denunziert als Proudhon, niemand gebieterischer ihre Reform verlangt . . .“

Paul Lafargue, in einer satirischen *Enzyklika der heiligen autoritären und unitären jakobinischen Kirche (Rive gauche*, III 23, 10. Juni 1866) faßt den Standpunkt der Jugend in folgende, ernstgemeinte Worte:

„. . . Wir wollen keine Revolution von oben herab mehr; wer unsere Herren sind, ob Peter, Paul, Johann oder Jakob ist uns egal. All diese politischen Revolutionen brachten uns nur einen Wechsel des Regierungspersonals. Zum Dank für die Tapferkeit des Volkes und sein auf den Barrikaden vergossenes Blut schicken die Neugekommenen ihm Kugeln. Nein, nein, wir wollen keine Revolution von oben herab mehr, keine politischen Revolutionen, wir wollen Revolutionen von unten herauf, soziale Revolutionen. Wir verabscheuen alle Regierungen, die blaue Republik wie die konstitutionelle Monarchie oder jede andere Regierungsform. Wir wollen die *an-archie*. Statt uns der Macht bemächtigen zu wollen, wollen wir sie zerstören. Dann werden wir keine Herren mehr haben: *denn unser Herr ist unser Feind.* Alle vorhergegangenen Revolutionen waren politische, mit wenigen Ausnahmen, doch können wir nennen Marat, Danton, Blanqui, Proudhon. Das sind unsere Männer, wir sind mit ihnen und wollen ihr Werk fortsetzen . . .“[28])

Ein einziger Mann, dessen Tätigkeit zu wenig untersucht ist, hatte vielleicht etwas von dem Zeug in sich, Proudhon als Publizist fortzusetzen — A. *Vermorel*, der *Le Courrier Français* redigierte, der vom 20. Mai 1866 ab ganz umgestaltet wurde (Vermorel, Jules Vallès, R. Luzarche, Pierre Denis u. a.).[29]) Vermorel in der Zeitschrift und in Büchern wie *Les Hommes de 1848* (Paris, 1869, 427 S. 18⁰) usw. hatte den moralischen Mut, den offiziellen Republikanern von 1848, welche die Junischlächterei auf dem Gewissen hatten, die Maske abzureißen, was, da es das Prestige dieser Männer schädigte, dem Empire zugutzukommen schien und Vermorel die heftigsten Angriffe und Verdächtigungen eintrug. Hätte man auf ihn gehört, wäre vielleicht im September 1870 die Macht nicht blindlings denselben Männern überlassen worden, die dann die Commune im Blut erstickten, wobei Vermorel selbst, Mitglied der Commune, tödlich verwundet wurde. Ein Artikel von ihm, 10. Juni 1866 hat den Titel: *„Der Streik der Völker gegen den Krieg.* Wie Proudhon führte Vermorel den unpopulären Kampf gegen *alle* Staatsmänner — Empire oder Republik, die von heute, von gestern und die von morgen. Er behielt seinen Platz trotz aller Angriffe, aber das Beste, das er sagte, verhallte. Noch manche andere gewannen in ihrer proudhonistischen Jugend dau-

---

[28]) Marat war damals vor der jungen Generation durch das große Werk von Alfred Bougeart, *Marat, l'Ami du Peuple* (Paris, 1865, 432, 447 S. gr. 8⁰). wie *Anacharsis Cloots, l'orateur du genre humain* durch Georges Avenels gleichnamiges Buch (1865, IV, 415, 481 S. gr. 8⁰). Der Positivist, Dr. Robinet, studierte das Leben von Danton. Der Blanquist Tridon schrieb *Les Hébertistes* . . . (Die Hebertisten. Klage gegen eine Verleumdung der Geschichte, Paris, 1864, 48 S. gr. 8⁰. — St. Just und Robespierre, denen Ernst Hamel (Richtung Cavaignac) 1859 und 1865—67 große Werke widmete, interessierten die Jugend nicht, dagegen faszinierte sie die Commune von 1793, und so kam es, daß die Autoritärsten, wie Raoul Rigault, ganz in einer gegen den Staat gerichteten Commune-Ideologie lebten, die aber autoritären Inhalts war. Darum vereinigte seit dem Herbst 1870 die Idee der Commune so leicht die verschiedenen Richtungen, ließ sie aber in ihrem Wesen unverändert und führte zur inneren Zerklüftung der Commune von Paris.
[29]) S. den reaktionären Artikel von A. Lepage, *Un journal sous le second Empire* (*Revue de France,* 31. Januar 1873, S. 76—89).

ernde Eindrücke, die sie auf einem Spezialgebiet sich auswirken ließen; so der Föderalist *Louis Xavier de Ricard* aus provencalischer Familie geb. 1843), Verfasser von *Le Fédéralisme* (Paris 1877, XXX, 302 S. 18°). Edmund Thiaudière schrieb *La Confédération française. Forme nouvelle de gouvernement* (Paris, 1872, 248 S. 12°).[30]) E. Leverdays (s. *Vorfrühling*, S. 152) kann ich auch hier noch nicht eingehend behandeln, wie mir überhaupt all die großen Zeitungsserien, *La Tribune du Peuple* (Brüssel, 12. Mai 1861—4. April 1868). *La Rive Gauche, La Liberté* (7. Juli 1867 — 1. Juli 1873), *Le Courrier Français* (Paris) usw., die kleinen Kampfblätter und mancherlei Bücher und Broschüren jener Jahre unzugänglich sind, obgleich ich früher vieles davon durchsah.

Doch kann eine eingehendere Betrachtung der damaligen Ideen *César De Paepes* einigen Ersatz geben; dieser junge Belgier, geb. 1841 in Ostende, vlämischen Ursprungs, zeigte früh die stärkste Bildungs- und Arbeitslust sowie das Streben, aufgenommenes selbständig zu kombinieren und zu verarbeiten. Sein Vater ermöglichte ihm noch Mittelschulstudien, aber er lernte zugleich das Setzerhandwerk; mit siebzehn Jahren die Universität besuchend, von dem alten radikalen·Professor Altmeyer, wie so viele, angeregt, Freund seiner Studienkollegen Paul Janson, des berühmten radikalen Advokaten, geb. 1840, Guillaume De Greef und Hector Denis, beide geb. 1842, u. a., wurde er dann durch den Tod seines Vaters den Studien entrissen, arbeitete in der Druckerei, aber bildete sich trotzdem universitär weiter, bis er 1871 Doktor der Medizin wurde. Er hatte bei Désiré Brismée (1821—1888) gelernt, dem bekannten Drucker radikaler und Freidenker-, später der sozialistischen Literatur, und heiratete dessen Tochter Henriette; Eugène Hins (1839—1923), ein anderer der tätigsten belgischen Anarchisten jener Jahre wurde der Mann der anderen Tochter. So lebte De Paepe im innersten Kreis des damaligen Sozialismus und vertiefte sich auch in die ältere Literatur, wobei der Kollektivismus, den Colins und Louis De Potter, auch ein ganz verschollener Sozialist, der in vlämischer Sprache schrieb, De Keizer *(Das Naturrecht)* großen Eindruck auf ihn machten.[31])

---

[30]) Die Jahrbücher *L'Alouette*, provencalische Ausgabe *La Louseta* (Paris; Montpellier; 1877—79), die Zeitschrift *L'Alliance latine*, 1878 zeigen de Ricards Tätigkeit, die zum Regionalismus, der lateinischen Foederation und der Pflege der provencalischen Sprache übergreift. Er übersetzte auch F. Pi y Margalls *La Fédération* (in E. Acollas' *La Science politique*, 1. Januar 1879, S. 14—32). Ueber letzteren s. Enrique Vera y González, *Pi y Margall y la Politica contemporanea. La Democracia federal, su origen, su historia . . .* (Barcelona 1886, 2 Bde; Band I, 1022 S. 8° reicht bis Ende 1868). *Les Nationalités. Essai de philosophie politique* von Pi y Margall ist auch von de Ricard übersetzt (Paris, 1879, XVI, 176 S. 18°).

[31]) Das vorige meist auch B. Malon in *Revue socialiste*, 1889. Leider kenne ich das Buch von Louis Bertrand, *César de Paepe* (Brüssel, 1909, 232 S.) nicht, auch nicht Nr. 42 von *Les Hommes du Jour* von L. Bertrand und Ch. Delfosse (Brüssel, 1884). Auch Bertrands *Histoire de la Démocratie et du Socialisme en Belgique dépuis 1830* (Brüssel, 1906, XIV, 455; 699 S. gr. 8°) liegt mir jetzt nicht vor.

Die Organisation *Le Peuple, association de la démocratie militante* (Das Volk. Gesellschaft der militanten Demokratie), längst das Zentrum der belgischen Bewegung und bald der Ausgangspunkt der belgischen Internationale hielt am 26. Dezember 1863 die erste Propagandaversammlung in den Ardennen in Patignies, wo ihr die lokalen Klerikalen entgegentraten. Bernard Loriaux, Eugène Steens, Désiré Brismée und De Paepe kamen aus Brüssel. De Paepes Rede erschien, wahrscheinlich erweitert in der *Tribune du Peuple*, dann im *Compte-rendu du Meeting Démocratique de Patignies* (Brüssel, Druckerei von D. Brismée, 1864, 112 S. kl. 8°).

Er bespricht die Regierungsformen bis zur *direkten Gesetzgebung* und der *An-archie*. Auch erstere sei nicht die wahre Regierung eines Jeden und Aller. „Das Ideal der Demokratie kann nur die Anarchie sein, nicht die Anarchie im Sinn von Unordnung, Konfusion, sondern im Sinn der Etymologie des Wortes (von alpha privativum [Negation] und arché, Befehl, Autorität, Macht, Regierung). Die An-archie ist also die Abwesenheit jeder Regierung, jeder Macht. Ja, zur Anarchie müssen uns schließlich die Aspirationen des Menschen nach immer größerer Freiheit und strikterer Gleichheit führen. Ja, zur Anarchie müssen wir eines Tages gelangen, hingezogen durch die Macht des demokratischen Prinzips, die Logik, die Notwendigkeit der Geschichte . . ."

„. . . Aber es ist nicht minder wahr, daß die Menschheit in ihrer gegenwärtigen Phase, angesichts der überall bestehenden moralischen und oekonomischen Unordnung, nötig hat regiert zu werden; Regierung und Gesetze sind für sie noch Elemente der Ordnung und Sicherheit. Die Anarchie kann nur ins Leben treten nach einer sozialen Reorganisation, die das Elend unterdrückt und das Proletariat befreit hat durch unentgeltlichen Kredit, die Bildung von Arbeiterassoziationen, die Umwandlung des Eigentums, mit einem Wort durch die Herstellung des Gleichgewichts der oekonomischen Kräfte. Dann, aber nur dann, wird die Regierung sich in dem industriellen Organismus auflösen; denn wie Henri Saint-Simon sagte, den Béranger den Propheten nannte: „das Menschengeschlecht hat die Bestimmung, vom Regierungs- oder militärischem Regime zum administrativen und industriellen Regime überzugehen, nachdem es in *Wissenschaft und Industrie genügende Fortschritte gemacht hat* . . ."

In *diesem* Sinn wünscht De Paepe die direkte Gesetzgebung, aber mit Garantien für die Minorität, einer Summe von Freiheiten, welche die Majorität nicht antasten darf. Die Verwaltung jeder Gemeinde erfolgt durch direkt vom Volk abhängige, absetzbare Angestellte. Politische und administrative Dezentralisation. Kommunale Unabhängigkeit und Foederation.

„. . . Aber das weiter gehende Ziel der Revolution ist die Vernichtung jeder Macht, ist — nach gesellschaftlicher Umgestaltung — die Elimination der Politik durch die Sozialökonomie, die der Regierungsorganisation durch die industrielle Organisation, ist die Anarchie."

„Anarchie, Traum der Liebhaber der vollständigen Freiheit, Idol der wahren Revolutionäre! Lange haben die Menschen Dich verleumdet und beleidigt; in ihrer Verblendung verwechselten sie Dich mit Unordnung und Chaos, während im Gegenteil die Regierung Dein geschworener Feind, nur ein Resultat der sozialen Unordnung ist, des oekonomischen Chaos, wie Du das Resultat der Ordnung, der Harmonie, des Gleichgewichts, der Gerechtigkeit sein wirst. Aber schon haben die Propheten Dich unter dem die Zukunft bedeckenden Schleier erblickt und Dich zum Ideal der Demokratie proklamiert, zur Hoffnung der Freiheit, zum obersten Ziel der Revolution, zur Herrscherin der Zukunft, zum gelobten Land der regenerierten Menschheit! ... Für Dich erlagen die Hebertisten im Jahr 1793, sie dachten nicht daran, daß Deine Stunde noch nicht gekommen war! Und wie viele Denker hatten nicht in diesem Jahrhundert das Vorgefühl Deines Kommens und stiegen ins Grab, Dich grüßend, wie die Patriarchen sterbend den Erlöser grüßten! Dein Reich komme, Anarchie!"

Dies ist eine berühmte Stelle geworden, die oft gedruckt wurde und das Andenken an De Paepe mehr wach halten wird, als irgend etwas, das er später getan hat.

Auf die Frage, was ist das Eigentum, ..."zögere ich nicht, mit Proudhon zu antworten: Eigentum ist Diebstahl. Ich füge sogar hinzu: Eigentum ist Mord und werde es beweisen." Man hat das Eigentum als Menschenrecht erklärt (1793), aber als Quelle des Pauperismus tötet es Menschen ... „Der Mensch hat das Recht zu leben, er kann nicht ohne Verbrauch leben, er kann nur Produkte verbrauchen, er kann nicht arbeiten ohne Werkzeuge; das Recht zu leben ist also das Recht auf die notwendigen Arbeitswerkzeuge. Diese sind das Werkzeug, die Maschine, die Werkstatt, die Rohstoffe, der Boden. Wenn aber jeder ein Recht an all diese Sachen hat, kann niemand sich dieselben ausschließlich aneignen, sie zu seinem *Eigentum* machen, da Eigentum nicht das Benutzungsrecht, sondern das absolute Verfügungsrecht bedeutet. Das Recht auf die Arbeitsmittel vernichtet also das angebliche Eigentumsrecht; das Recht zu leben ist also unvereinbar mit dem Eigentum; Eigentum ist Mord ..."

Wie ist der dreifache Parasitismus, „der Regierungs-, Eigentümer- und der religiöse Parasitismus" zu beseitigen zu Gunsten der produktiven Arbeit? Die Religion braucht man nur bei Seite zu lassen. Die Regierung muß man *ertragen* bis zu einer Umwälzung; wird man dann die Lehren der Vergangenheit beherzigen und einige Stufen überspringend gleich zur direkten Volksgesetzgebung übergehen, welche die Anarchie vorbereitet ...? „Einstweilen ist nach meiner Meinung dies die Haltung aller Männer der Zukunft der Macht gegenüber: man muß suchen, dem Staat so viele seiner Attribute wegzunehmen, als möglich, den kommunalen und Assoziationsgeist erwecken, mit individueller Initiative vorgehen, Regierungssubsidien und -dekorationen zurückweisen, ohne den Staat auskommen, einen leeren Raum um ihn herum schaffen und ihn in seiner Vereinsamung da hocken lassen. Diese Politik der Macht gegenüber faßt das Wort: Abstention zusammen."

Für das Grundeigentum stellt sich De Paepe sukzessiven Rückkauf durch die Gemeinde vor zur Pacht an Bodenbebauer, bis es nach Durchführung des Rückkaufs nur arbeitende Grundinhaber (simples *possesseurs* du sol) geben würde. Dies, auch auf den Hausbesitz angewendet, ist aber nur ein Uebergangszustand, der direkten Gesetzgebungsphase entsprechend, vor der „definitiven Phase der Abschaffung jeder Bodenrente und jedes Eigentums", die als politisches Pendant „die vollständige Abschaffung jeder Regierung, die Phase der vollen Anarchie" hat. — Für die Produktion verweist er auf unentgeltlichen und gegenseitigen Kredit durch eine Volksbank und auf Produktivassoziationen, für die Distribution auf direkten Verkehr der Konsumentenassoziationen mit den Produzenten. Der Austausch der Arbeitsprodukte zum Kostenpreis durch die Arbeiter selbst würde, wenn er. sich verallgemeinerte, diese Fragen vollständig lösen.

„. . . Gehen wir noch weiter. Warum sollte sich in der Zukunft der Ackerbau nicht der Industrie vermählen . . .? Warum könnten die Landarbeiterassoziationen nicht auch industrielle Assoziationen werden und umgekehrt . . .? Bei Regen und Frost würden die Arbeiter das Land verlassen und in die Werkstätten flüchten. Wenn dagegen die Landarbeit plötzlich viel Arme erforderte . . ., würden die Arbeiter den Webstuhl und die Hobelbank verlassen, aufs Land zu eilen, die Ernte zu retten. Bei industriellem Stillstand würde die ganze Assoziation sich auf die Landarbeit werfen; in gewöhnlichen Zeiten würden beide Arbeiten abwechseln. Durch diesen Wechsel zwischen Industrie und Landbau, Werkstatt und Land erhielte auch dieses dem Menschen angeborene Abwechslungsbedürfnis gewisse Befriedigung, diese Leidenschaft zu wechseln, die man im Phalanstère die *papillonne* [etwa den Schmetterlingstrieb] nannte, weil sie den Menschen zum Arbeitswechsel treibt, wie den Schmetterling zum flattern von Blüte zu Blüte. Gleichzeitig würde der Wetteifer zwischen den Arbeitern die Leidenschaft, es besser zu machen als der andere, befriedigen, die *cabaliste* genannt wurde, und das wechselseitige einander-mitreißen einer großen Menge würde den Arbeitseifer, jenen heiligen Enthusiasmus, den die Phalansterier die *composite* nennen, hervorbringen. So wäre wenigstens in gewissem Grade, die *anziehende Arbeit*, Charles Fouriers Traum, verwirklicht, noch eines der erhabenen Narren, die Béranger besang . . ."

Am schnellsten ins Leben zu rufen sind die Assoziationen, durch die heute die erste Bresche in die Festung des Eigentümers gelegt wird. — „Also, Proletarier, drei Dinge sind zu zerstören: Gott, die Macht und das Eigentum; eine Sache ist zu begründen: die Gerechtigkeit . . ." „Ich weiß wohl, daß die meisten Sozialisten von 1848 den Sozialismus und das evangelische Christentum für identisch hielten, daß in ihren Augen die sozialistische Idee nur die Tochter der christlichen Idee war und die Wissenschaft nur ein Zusatz zum Neuen Testament. Glücklicherweise verliert dieser mystische, religiöse oder brüderliche Sozialismus von

Lamennais, Buchez, Pierre Leroux unter den Arbeitern an Boden und macht dem positiven, wissenschaftlichen und egalitären Sozialismus von Proudhon Platz . . ." . . . „Was immer viele Sozialisten und Christen denken, es gibt keinerlei Verwandtschaft zwischen der christlichen und der sozialistischen Idee, der evangelischen Brüderschaft und der egalitären Gerechtigkeit, der Barmherzigkeit und der Gegenseitigkeit der Leistungen, der religiösen Gemeinschaft und der industriellen Assoziation, dem Gebet und der Arbeit, der Theologie und der Wissenschaft der sozialen Oekonomie, der Kirche und der Revolution . . ." „Genug Lügen und Gaukeleien! Ein Sperling in der Hand ist mehr wert als zwei Tauben auf dem Dach. Wir wollen das Paradies auf der Erde!" (letzeres in dem Schlußwort gegen die Pfaffen).

Diese Rede kann ergänzt werden durch De Paepes lange Artikelserie *Les Grands problèmes de notre époque* (Die großen Probleme unserer Zeit) in der *Rive gauche,* 23. Juli 1865 bis 13. Mai 1866; *Examen de quelques questions sociales* par Isegrim [De Paepe], Brüssel, 1866, 90 S.; seine Berichte an die Internationale — hierüber später — und seine Vorträge über Sozialoekonomie seit dem 25. November 1875, die in der *Économie sociale* (Brüssel), vom 1. Januar 1876 ab bis zum Eingehen der Zeitschrift (1. September) erschienen — eine der interessantesten und weitausgreifendsten Uebersichten der Entwicklung des Sozialismus, der viele halbverschollene Ideen, alte Zusammenhänge usw. zu entnehmen wären.[32]

Noch eine Bewegung jener Jahre wäre zu erwähnen, die zwar keineswegs anarchistisch war, aber durchaus außerstaatlich, — die französischen Assoziationen, die sich um den *Crédit au Travail* gruppierten, insoweit ihre Mitglieder den Ideen folgten, die *Elie Reclus* in ihrem Organ *L'Association* (November 1864—29. Juli 1866), dann in *La Coopération,* (9. November 1866—Juni 1868) vertrat. Die Iinitiative scheint dem Cabetisten J. P. Béluze anzugehören, der 1863 *Les Associations conséquences du Progrès. Credit du Travail* (Paris, 72 S. 8°; die Assoziationen eine Folge des Fortschritts. Kredit der Arbeit) und *Qu'est-ce que la Société du Crédit au travail?* (15. S.; Was ist die Gesellschaft des Arbeitskredits) erscheinen ließ. Dieses Milieu zog die älteren Sozialisten an, besonders Fourieristen; es hatte mit den sozialeren Elementen der republikanischen Bourgeoisie Zusammenhänge, denen die Proudhonisten schroff gegenüberstanden. Aber es stand auch in ge-

---

[32]) Ich kann diesen Spuren und Anregungen nicht nachgehen. So werden Ideen von Proudhou auf Auguste Comte zurückgeführt, S. 20—24; von Comte wird auf den Arzt Burdin zurückgegriffen, den Saint-Simon 1798 kannte, wobei er die Worte *philosophie positive* gebraucht, S. 153—6, 161—5; Renouviers Zeitschrift besprach 1875 Burdin, der das Wort *positif* (leurs connaissances positives) Vicq d'Azyr entnahm, S. 181. — Faignet in der *Encyclopédie* schlug die Assoziierung von Familien zu Landbau, Fabrikation, Handel und Hauswirtschaft vor und wollte die Verteilung des Ertrags nach Arbeit und Talent eines Jeden — vor Fourier, sowie Campanella die *anziehende Arbeit* vertrat, ebenso Morelly und Mably, Morelly auch die Rehabilitierung der Leidenschaften, S. 184 usw.

wissen Grade unter dem Einfluß von Elie Reclus und Elisée widmete ihm ziemliches Interesse, wie seine Briefe zeigen. Beide Brüder waren seit November 1864 Mitglieder von Bakunins geheimer Gesellschaft. Daß Elisée Reclus schon 1851 oder früher Anarchist war, ist jetzt durch ein damaliges Manuskript bekannt; Elie Reclus stand der unmittelbaren Anarchie immer skeptisch gegenüber, soweit sie ihm in den Behauptungen einzelner zu positive Formen anzunehmen schien, aber mit dem Haß der Autorität, der Liebe der Freiheit und der Solidarität war das wesentliche des anarchistischen Geistes ihm eigen. Er sah in diesem Sinn in den Assoziationen einen Schritt vorwärts, vom Staat und der Bourgeoisie weg, und gab dieser Bewegung seine besten Kräfte. Die von den Brüdern Reclus von der zweiten Hälfte der fünfziger bis 1870 ausgehenden immer humanitären und freiheitlichen, stets sozialen Anregungen sind nicht gering zu schätzen; beide, durch ihre Zusammenarbeit verstärkt, waren die zwar kleinste, aber geistig und moralisch freieste Gruppe des damaligen Paris und wußten auch durch ihre zwar nicht politischen Schriften und Werke den Grund zu legen für das Interesse, das sich allmählich all ihren Aeußerungen und dadurch der Anarchie selbst zuwendete.

Wir sehen also in den Jahren bis 1864 und noch nachher alle damaligen bewußten Vertreter der Anarchie einer sozialen Bewegung entgegensehend, dem Assoziations-, Foederations- und Gegenseitigkeitsprinzip vertrauend, vom Staat wie vom sozialen Autoritarismus (Kommunismus, Expropriation) abgewendet, in der Staatszerstörung oder Staatsignorierung, der freiwilligen, auf Gegenseitigkeit begründeten Zusammenarbeit ihre Aktionsmittel sehend. Jeder der Entwürfe voraussichtlicher Entwicklung, von Bakunin bis De Paepe, schloß sich unmittelbar an die Gegenwart an, betraf also den *Anfangszustand* der künftigen Gesellschaft, etwas, das von der Festlegung eines Uebergangszustandes nach meiner Auffassung sehr verschieden ist. Die Assoziationsidee war tatsächlich das wesentlichste, das damals nach etwa vierzigjähriger größerer sozialistischer Tätigkeit in größere nicht oder nur minimal sozialistische Arbeiterkreise gedrungen war. An den Staat dachte man damals sehr wenig; es war ihm noch nicht, wie heute, soziales Empfinden angedichtet worden. Erst Lassalle, nicht einmal aus besonderer Ueberzeugung, sondern nur um irgend ein Anfangsschlagwort für seine Agitation zu schaffen — seine Briefe zeigen dies — brachte den seit Louis Blanc verschollenen Staat wieder mit sozialen Fragen, grade der Unterstützung von Produktivassoziationen, in Zusammenhang.

Auf die *Assoziationen* als außerstaatliche, außerkapitalistische Grundsteine einer ebensolchen künftigen Gesellschaft glaubte man also rechnen zu können und ebenso auf das der Teilnahme für die Nationalitäten zugrunde liegende Solidaritätsgefühl, dem bei klarerer Erkenntnis der *Foederalismus* und nicht Staatengründungen und -vergrößerungen entspringen würden.

Deshalb erregte es das größte Interesse, als im Namen dieser Gefühle die *Internationale* gegründet wurde, und nun schien ein breiter, freier

Boden für die künftige Entwicklung schon in der heutigen Gesellschaft allmählich freigelegt zu werden. Nun konnte an diese Massen und ihren Solidaritätswillen angeknüpft werden, nicht mehr bloß an vereinzelte Assoziationen. Diese neue Lage mußte die anarchistischen Ideen der Jahre bis 1864 allmählich umgestalten. Leider brachte der Rahmen der Internationale so disparate Elemente zusammen, daß die härtesten Zusammenstöße unvermeidlich wurden und man sich eigentlich fragen muß, ob nicht die Entwicklung des Anarchismus und jeder Art von Sozialismus eine natürlichere und intensivere gewesen wäre, wenn es die Internationale von 1864 nicht gegeben und die einzelnen Richtungen, wie bis dahin, sich nebeneinander entfaltet hätten. In den Jahren vor 1864 war vom autoritären Sozialismus, Lassalle ausgenommen, buchstäblich nicht die Rede. Marx war ein zurückgezogener Gelehrter; kein bekannterer französischer autoritärer Sozialist, Blanqui ausgenommen, steckte auch nur die Nase heraus, solange Proudhon seine Feder halten konnte; Tschernyschewski und andere Russen gingen ihre eigenen Wege, wie dies vor und nach der Internationale die englischen Trade Unions taten; allenfalls war noch J. Ph. Becker in Genf ziemlich rührig, aber vor allem auf lokalpolitischem und nationalrevolutionärem Gebiet. So bestanden im großen und ganzen die freiheitlichen Gruppen Proudhon-Bakunin und Belgier, Spanier usw., die autoritären Gruppen Marx-Lassalle-Becker, die unabhängigen russischen Sozialisten und die gewerkschaftlich-politisch orientierten englischen Arbeiterorganisationen. Die Internationale hatte die große Aufgabe vor sich, all diesen Richtungen auf gemeinsamer sozialistischer Basis Entwicklungsmöglichkeiten zu geben. Würden sie sich nähern oder sich umso mehr trennen? Niemand konnte dies voraussehen. Diese Verhältnisse haben auch die Geschichte der anarchistischen Ideen so stark beeinflußt, daß eine genauere Betrachtung der älteren Geschichte der Internationale hier zweckmäßig ist, auch wenn anarchistische Ideen zunächst nicht in ihr hervortraten.

V.

Die Vorgeschichte und Gründung der Internationale
(28. September 1864).

Die Gründung der Internationale wurde bald von der Legende umsponnen, und die wirklichen Vorgänge sind nur unvollständig bekannt[33]. Etwa folgendes läßt sich mit größerer Sicherheit herausschälen.

Die Handelskrise von 1857—1858, die 1859 begonnene Aera der Kriege erweckten republikanisch-nationalistische Bewegungselemente und weitere Arbeiterkreise (Streiks und Organisationen). Sowohl die äußere Politik wie die Arbeitsverhältnisse und der Handel, die Cobdensche Freihandelsaera machten Londoner und Pariser etwas vorgeschrittene Arbeiter auf einander aufmerksam: das Bewußtsein der Unabhängigkeit jedes Landes von der Lage anderer Länder war für sie erschüttert. Den englischen Arbeitern waren seit dem Freihandel die Arbeitsverhältnisse auf dem Kontinent nicht mehr ganz gleichgültig und die Pariser Arbeiter sahen, daß die ästhetische Superiorität von Paris ihre Lage nicht entscheidend verbesserte und daß die englischen Arbeiter manches schon besaßen, das ihnen fehlte.

Der zweite Londoner Bauarbeiterstreik (März 1861) brachte kontinentale Sympathiekundgebungen, darunter eine von den Pariser Broncearbeitern, zu deren rührigsten Führern *Henri Tolain* gehörte. Der am 10. Juni 1860 konstituierte Londoner Trades Council (Gewerkschaftsrat) erhielt auch eine Arbeiteradresse aus Neapel (17. Dezember 1861), die im Januar 1862 beantwortet wurde[34]. Das Londoner Ausstellungsjahr 1862 brachte den von bonapartistischer Seite inszenierten Delegierten-

---

[33]) Alles der intensivsten Spezialforschung erreichbare Material hat N. Rjäsanoff in *Die Entstehung der ersten Internationale*, russisch in *Archiv K. Marksa i F. Engelsa*, I, 1924, S. 105—188 zusammengestellt; ob die Uebersetzung in *Marx-Engels-Archiv*, I (Frankfurt a. M., 1926) Erweiterungen enthält, ist mir nicht bekannt. Ein Résumé ist Rjäsanoffs Artikel in *Int. Preß-Korrespondenz* (Wien), 22. Sept. 1924, S. 1631—4. — Ich ersehe daraus, daß das intime Briefmaterial, das ich in den *Dokumenten des Sozialismus* (Berlin), Juli und August 1905 vorlegte, *Zur Vorgeschichte der Internationale*, S. 324—9, 373—77, und das durch von Henri Lefort stammende Material in J. Tschernoffs *Le Parti républicain au coup d'Etat et sous le second Empire* (Paris, 1906) ergänzt und durch den Briefwechsel Marx-Engels, 1912 nicht berührt wurde, — daß dieses Material auch jetzt nicht wesentlich ergänzt oder widerlegt ist.

[34]) Rjäsanoff, Anm. 48, setzt in diese Angabe von G. Howell in *The History of the International Association* (Nin. Century, Juli 1878, S. 19—39) Zweifel, die ich nicht teile. Es lag ganz im Sinn Mazzinis, solche unverbindlichen Kundgebungen zu inspirieren.

besuch Pariser Arbeiter zustande, einer Delegation, der sich von Tolain geführte unabhängige Pariser Arbeiter anschlossen, solche die im Innern republikanisch, sozialistisch, proudhonistisch waren, sich aber nach außen vorläufig fügten und dabei innerhalb gewissen Grenzen ihre Würde dem Empire gegenüber bewahrten oder zu bewahren glaubten. Den Londoner Empfang besorgte das Working Man's International Welcome Commitee, das aus dem Komitee der Monatsschrift *The Working Man* bestand, derselben Gruppe, die eine Deputation zu Herzen geschickt hatte, um dort Bakunin bald nach seiner glücklichen Flucht zu begrüßen. Dies war ein sozialistisches Milieu, in dem Bronterre O'Brien-Anhänger und der individualistische Anarchist A. Caston Cuddon hervorragten (s. *Vorfrühling*, S. 129); kein Wunder also, daß die ehrgeizigen jungen Trades Union-Führer der Begrüßungsversammlung in Free Masons Tavern am 5. August 1862 kein besonderes Interesse entgegenbrachten und nicht als Redner erschienen, so gemäßigt die Reden gehalten waren. In dieser Versammlung . . „drückte Herr Melville Glover, der Uebersetzer der französischen Delegierten . . .einen Wunsch aus, daß Komitees von Arbeitern gebildet werden sollten zum Austausch von Mitteilungen über internationale Industrie. Dieser Vorschlag wurde warm empfangen" *(The Working Man,* September 1862, S. 225—230).

Zweifellos wurde ein Teil der Delegierten mit Londoner französischen Flüchtlingen bekannt, die alle Nuancen des autoritären 1848er Sozialismus und radikalsten Republikanismus vertraten und den in Paris lebenden, sich mit den dortigen Verhältnissen notgedrungen äußerlich abfindenden Arbeitern mit ihrer, um mich so auszudrücken, Emigrationsmentalität entgegentraten. Durch sie wurden auch belgische, deutsche, italienische, spanische Bekanntschaften gemacht (dies nach Héligon und Murat); Eugène Dupont, einer der Delegierten, blieb seitdem in England. — Jedenfalls aber überzeugten sich die eigentlichen Führer, wie Tolain, daß diese Beziehungen zu einem Londoner englischen und französischen sozialistischen oder revolutionär-republikanischen Milieu mit den eigentlichen großen Arbeiterorganisationen, die ihn als strebsamen Politiker allein interessierten, nichts zu tun hatten, und er pflegte sie nicht weiter. Ob er damals in persönlichen Kontakt mit den jungen Gewerkschaftsführern, den Odger und Cremer oder dem damals im Niedergang begriffenen älteren Führer George Potter trat und ob etwa 1862—1863 ein Briefwechsel zwischen Paris und London stattfand, ist nicht festzustellen und kaum in wesentlichem Grade wahrscheinlich. Denn die Richtungen Tolain und Odger-Cremer hatten ihre eigene lokale Politik im Kopf, und die internationalen Sympathiekundgebungen waren für beide einstweilen nur ein Paradestück.

Daher ist die Frage, ob das Meeting vom 5. August 1862 den Anstoß zur Gründung der Internationale gab eine ganz müßige: das wesentliche ist, daß niemand ernstlich eine Hand anlegte, wofür die lokale Beschäftigung beider Teile kein diese Untätigkeit erklärender Umstand ist[35]).

---

[35]) In der International Labour Union, der einige der bekanntesten Mitglieder der Internationale angehörten, behauptete Hermann Jung am 20. März 1878, daß

Die Notlage der Textilarbeiter durch den Baumwollmangel während des amerikanischen Bürgerkrieges (cotton famine) und die von den Polen überall angefachte Propaganda für westeuropäische Intervention, eine von den Mazzini- und Garibaldibewunderern gern aufgenommene Agitation, die auch den Regierungen — so wenig sie an wirkliche Intervention dachten — Rußland gegenüber eine nicht unwillkommene Stütze war, — dies führte zu Beziehungen, die Tolain diesmal mit den Trades Unionisten anknüpfte, die Sozialisten von 1862, eine politisch und organisatorisch machtlose Gruppe bei Seite lassend. Die erste große Versammlung für Polen in St. James-Hall, 28. April 1863, war eine nur englische; zur zweiten, 22. Juli, wurden die Franzosen eingeladen; Graf Zamoysky stellte Tolain der Versammlung vor, der ein einheitliches Vorgehen zu Gunsten der Polen wünschte.

Nach dieser Versammlung kamen die Franzosen mit Engländern privat zusammen (so im Bell Inn), und nun wurde die Einrichtung dauernder Beziehungen besprochen. Potter, Collet, (vom *Working Man),* Odger, E. Dupont werden von Fribourg, 1871 genannt; in den *Times,* 27. Oktober 1871 schreibt ein nicht unterzeichnender, jedenfalls Eccarius, daß Odger beauftragt wurde, ein Projekt vorzulegen. Aber die Zeit war zu kurz, und man einigte sich nur im Prinzip. Odger sprach von der Notwendigkeit, den diplomatischen Intrigen ein Ende zu machen, vom Frieden und der Verteidigung der Arbeit gegen das Kapital; die Franzosen befürworteten die zeitweilige Konzentrierung aller Kräfte zur Befreiung Polens. Das gewählte Komitee, W. R. Cremer, T. Grant Facey[36]), C. Goddard, G. Odger, beauftragte Odger mit der Abfassung einer Adresse an die französischen Arbeiter.

Hier setzt ein Brief von Tolain an Le Lubez, 14. Februar 1865, ein, den ich in P. Vésiniers Papieren fand *(Dok. d. Soz.* V, S. 326—328): „. . . Zum St. James Hall Meeting für Polen reisten sechs Pariser Arbeiter[37]) nach London und vereinigten sich nach Schluß des Meetings mit englischen Arbeitern, darunter die Herren Odger, Cremer, Fassey oder oder Facey, heute Sekretär der Liga (Universal League). Unser Freund G. Jourdain kann dies bezeugen; er war mit uns und diente uns als Uebersetzer"[38]).

die I. A. A. auf den Delegiertenbesuch von 1862 zurückgehe, während Eccarius am 13. März sie auf die Sympathie für Polen zurückführte, die 1863 zu einer Allianz der französischen und englischen Arbeiter für soziale und politische Zwecke führte (s. meinen Artikel *Ein verschollener Nachklang der Internationale: The International Labour Union* (London, 1877—78) in *Archiv f. d. Gesch. d. Soz.,* IX, S. 134—145; 1919).

[36]) Rjäsanoff, dem ich die *Times*stelle entnehme, gibt diese Namen russisch an, im englischen Text aber Cremer, J. Eglinton und Odger (Arch. I, S. 135 und Anm. 121).

[37]) Durch Fribourg, 1871, S. 10 kennt man noch den Namen von Cohadon, der aus der Kooperativbewegung bekannt ist.

[38]) Ein revolutionärer Flüchtling, der z. B. die aufsehenerregende Publikation Félix Pyats mitunterzeichnete: *Lettre à la Reine d'Angleterre* (Brief an die Königin von England), unterzeichnet le comité de la Commune révolutionnaire, Félix Pyat, Rougée, G. Jourdain, London, 22. September 1855, 15 S. 16⁰.

„Am nächsten Tag [23. Juli] werden Sie selbst, Herr Le Lubez sich erinnern können, uns durch Vermittlung unseres Freundes Bocquet[39]) mit Potter bei Lardaux[40]) sprechend getroffen zu haben. Von beiden Seiten wurde der Wunsch geäußert, beständige Beziehungen zwischen den Arbeitern der beiden Länder herzustellen, und man einigte sich (on convint), dieses Projekt zu verwirklichen . . ."[41]).

Aber erst am 10. November wurde im Bell Inn dem Komitee die von Odger verfaßte Adresse vorgelegt und angenommen: *Address of English to French Workmen (Beehive*, London, 5. Dez. 1863; Rjäsanoff, S. 137—139); sie ist von Thomas Grant Facey, Cremer, Goddard, John Eglinton und G. Odger unterzeichnet. Der Positivist Professor Edward Spencer Beesly übersetzte sie, und G. Jourdain übergab sie in Paris. Als Teilnehmer an der Besprechung vom 10. November werden noch Nieass, Graham, Ackrell und R. Applegarth genannt *(Beehive*, 14. November; Rjäsanoff, S. 137).

In dieser Adresse heißt es: „. . . Wir rufen Euch auf zur Gründung der Brüderschaft der Völker. Rufen wir eine Versammlung von Vertretern Englands, Frankreichs, Deutschlands, Italiens, Polens und aller Länder, in denen der Wille gemeinsamer Arbeit zum besten der Menschheit besteht, zusammen. Berufen wir unsere Kongresse zur Diskussion der großen Fragen, von denen der Friede der Völker abhängt . . ." Es wird auf die kapitalistische Importation billiger Arbeitskräfte hingewiesen, die der Mangel internationaler Verständigung zwischen den Arbeitern ermöglicht. Ebenso auf die Regierungsverbrechen gegen die römische Republik, die Schweiz (Neuchâtel), Mexiko, China (der Opiumkrieg). . . . „Deshalb ist unser Losungswort — Brüderschaft". Schließen wir einen festen Bund mit allen, die Frieden und Freiheit anstreben, produktive Entwicklung und menschliches Glück auf der ganzen Erde . . ." „Wir sagen mit Euch: unsere erste gemeinsame Bemühung sei auf die Freiheit Polens gerichtet . . ."[42]) (Petitionen an die Regierungen sind hiermit gemeint) . . . „Wir müssen dies tun zur Besiegung der Listen der geheimen Diplomatie, dieser Geißel der Völker, — sonst beginnt sie

---

[39]) Ein Flüchtling, über den *Le cas de M. J.-B Bocquet* von Jules Dumesnil (Paris, s. a. [1884], 16 S. 8°) biographisches enthält.

[40]) F. D. Lardoux, Flüchtling, Besitzer eines kleinen Restaurants, 4 Old Compton Street, Soho; gest. 22. Mai 1866 (s. Le Lubez in *The Commonwealth*, 26. Mai und 2. Juni 1866).

[41]) So sind drei Besprechungen bezeugt: 1. in einem public house nach dem Meeting in Long Acre, vielleicht den Freemason's Arms; 2. am nächsten Tag bei Lardoux, Old Compton Street; 3. am nächsten Abend im Bell Inn, Old Bailey, einer anderen Stadtgegend (dies nach Eccarius); — eine erste Besprechung, Verhandlungen während des Tages und eine beschlußfassende Sitzung am Abend, ein sehr wahrscheinliches Vorgehen. — An der Versammlung beteiligten sich auch eine polnische Delegation und der Pfälzer 1849er Flüchtling Wilhelm Weber als Redner, ein Sozialist, der bald in scharfen Konflikt mit Marx geriet.

[42]) Diese Worte beweisen wieder, daß die Franzosen *dies* in den Vordergrund gestellt hatten, während die Engländer vor allem an Verständigungen gegen ausländische Arbeiterkonkurrenz und ähnliche Arbeiterinteressenfragen dachten.

von neuem ihr höllisches Spiel, führt die edlen Söhne Polens zum Tode, liefert seine Töchter der rohen Soldateska als Beute aus und verwandelt dieses Land noch einmal, zur ewigen Schmach und Schande der zivilisierten Welt in einen ungeheuren Schlachthof."

Tolains Brief fährt so fort: „...Einige Zeit später [November oder Dezember 1863?] wurde unser Freund G. Jourdain, der nach Frankreich kam, von den englischen Arbeitern beauftragt, uns eine Adresse zu überbringen. Als die Freunde zusammenberufen und die Adresse verlesen war, wurde beschlossen, mit dem Vorschlag eines großen Arbeiterkongresses zu antworten."

„Alsdann kamen die Wahlen vom 20. und 21. März [1864] und die Wahlbewegung, bei welcher wir Herrn *Lefort* kennen lernten [also etwa Februar 1864?] und dies hinderte uns, das Kongreßprojekt unmittelbar weiter zu verfolgen ..."

Von dieser Zeit schrieb Le Lubez (undatiert; einem Brief vom 25. Februar 1866 wahrscheinlich beiliegend; *Dok. d. Soz.* V, S. 325—326): ... „Sechs Monate vergehen, keine Antwort [November bis April 1864 etwa?]. Die Wahlen; die Arbeiterkandidatur, da Lefort glaubte, Tolain sei ebenso loyal, wie er intelligent ist. Lefort stellt Tolain in den Vordergrund, trotzt allen Gefahren, gibt mit ihm das Manifest der Sechzig heraus, ohne daß sein [Leforts] Name je erscheint, wird angepackt, mißhandelt, die Polizei zerreißt seine Kleider usw. Er erlangt die Namen von Laurent Pichat, Delescluze u. a. für diesen Tolain, der dies nie allein zuwege gebracht hätte. Mit einem Wort, er opfert sich für die Sache der Arbeiter, die er in Tolain personifiziert glaubte. Sie erlangen 400 und einige Stimmen, mit denen Lefort zufrieden war, da nun ein Grund gelegt war ..."[43])

Tolains Brief fährt fort: „...Nach Ende der Wahlen [20. und 21. März 1864], in der zur Rechenschaftsablegung einberufenen Versammlung, schlug ich unseren anwesenden Freunden vor, ihnen die Antwort an die englischen Arbeiter vorzulesen, die ich vorzubereiten beauftragt war. Herr Lefort, der anwesend war und bis dahin von dieser Sache keine Kenntnis hatte, fragte, um was es sich handle —; man unterrichtete ihn, teilte ihm von dem Kongreßprojekt mit, er nahm es beifällig auf und wünschte, da er grade nach London abreisen sollte, unsere Antwort zu überbringen. — Wir gaben ihm diese Antwort, ebenso wie die Adresse der Herren Potter, Bocquet und Jourdain und damit begann Herrn Leforts Tätigkeit ..."

---

[43]) Henri Lefort (1835—1917) war ein Vertrauensmann der republikanischen Größen, denen er, damals gewiß sein eigentliches Ziel, die Arbeiter zuzuführen suchte, um die sich der Bonapartismus damals sehr eifrig bewarb. Deshalb kamen Delescluze und andere Feinde des Sozialismus der Arbeiterkandidatur etwas entgegen; s. auch Etienne Aragos Brief an F. D. Bancel, 14. März 1864 (Tchernoff, 1906, S. 409). — Natürlich durchschaute Tolain diese Politik und lavierte zwischen Bonapartisten und Republikanern mit persönlichem Geschick, aber, wie seine spätere Entwicklung zeigt, ohne wirkliche Charakterstärke.

Le Lubez erzählt dies ganz ebenso: „. . . Nach den Wahlen erfuhr Lefort, daß die französischen Arbeiter einen Brief oder eine „Adresse" der englischen Arbeiter zu beantworten hatten; damals faßte Lefort die Idee, eine internationale Assoziation zu gründen, und zwar *nur*, weil ich in London war."[44]) Er sagte sich: „meine Freunde Denoual [aus St. Malo] und Le Lubez sind in London; letzterer muß die freidenkenden englischen Demokraten kennen; er spricht beide Sprachen; als Freimaurer muß er auch einige Anhänger anderer Nationalität kennen; ich reise nach London." Er stieg bei uns ab [Denoual und Le Lubez], 4 New Cross Road, unterrichtete mich von seiner Idee und ließ mir die Sorge, die gründenden Mitglieder zu wählen. Die Pariser Arbeiter hatten ihn an Potter, Redakteur des *Beehive* gewiesen, einen Jesuiten, der sich wem immer verkaufen würde."[45])

Von dieser Reise — im April 1864 — schrieb Lefort im Pariser *Rappel*, 3. Juli 1870 (Rjäsanoff, Anm. 136), er sei von einer Pariser Arbeitergruppe delegiert worden, „den bestimmten Vorschlag einer internationalen Assoziation nach London zu bringen . . ." „Ich wurde von meinem Freund Le Lubez, der mir als Uebersetzer diente, in eine englische Arbeiterversammlung unter dem Vorsitz von Odger . . .eingeführt. Die Verlesung der Adresse der Pariser Arbeiter [von Tolain; s. o.] wurde akklamiert und [sie] wurde in Erwägung gezogen . . ."

Nun vergingen fünf Monate, April bis September 1864, in denen in London Le Lubez vorbereitend tätig war — nach seiner Beschreibung: . . .„Ich brauchte fünf Monate, um die guten Arbeiter zu entdecken, Engländer, Polen, Deutsche, Italiener, Schweizer etc."[46]) — In Paris

---

[44]) Dies ist ungeschickt ausgedrückt und spiegelt auch die Lefort und Le Lubez eigene Eitelkeit wieder. Sachlich bedeutet es, daß Lefort wahrscheinlich sah, daß die ganze Sache, dieser Briefwechsel in vielmonatlichen Zwischenräumen unendlich matt betrieben wurde, und daß die gute Idee einer rührigen Persönlichkeit bedurfte, um sie vorwärts zu bringen, und eine solche war für ihn der aus der Normandie stammende, in Jersey französisch und englisch sprechend aufgewachsene Le Lubez, den er in Jersey als Flüchtling kennen gelernt hatte; er war dort im Kreise von Pierre Leroux, Philippe Faure (s. dessen *Journal d'un Combattant de Février*, Jersey, 1859, VIII. II. 256 S. 8⁰ und über ihn *La Révolution de 1848*, Nr. 17, 1907, S. 308—329) Sozialist geworden und war, seinem Wesen entsprechend, in London in sozialistischen, republikanischen, freidenkerischen Kreisen und der radikalen Freimaurerloge La Concorde sehr tätig oder geschäftig.

[45]) Dieses Urteil ist nicht zu hart; Potter war ein Geschäftspolitiker, den Odger, Cremer und ihre Genossen damals erst aus seiner die Gewerkschaftsbewegung lähmenden Stellung herausbefördern mußten; s. Rjäsanoff, S. 140—2. — Dies beweist, daß Tolain auch damals noch sehr indifferent informiert war, und daß in London noch alle Arbeit zu tun war.

[46]) Die Freimaurerlogen, Grande Loge des Philadelphes und La Concorde, die wegen ihrer Nichtanerkennung Gottes von der englischen Großloge nicht anerkannt wurden. zählten damals Sozialisten verschiedener Länder zu Mitgliedern und durch sie oder den Rat ihrer Mitglieder gewann Le Lubez sozialistische Mitglieder des künftigen Zentralrats der Internationale, einen Grundstock überzeugter Sozialisten, die dem Trades Unionismus und dem kaum oder gar nicht sozialistischen Demokratismus der meisten englischen Mitglieder die Wagschale hielten.

begann bereits die Gespanntheit des Verhältnisses zu Lefort, worüber Tolain in seinem Brief schrieb, daß . . . „nach seiner Rückkehr nach Paris [April], da er zu sehen glaubte, daß wir nicht schnell genug nach seinem Belieben vorgingen, er nach vierzehn Tagen aufhörte, zu unseren Versammlungen zu kommen . . ." Man hob Beiträge ein [25 centimes per Woche nach Fribourg, S. 11] für die Delegiertenreise nach London. . . . „Da Herr Lefort nicht kam, wurde unser Freund Perrachon beauftragt, ihn aufzusuchen, um ihm mitzuteilen, daß wir zur Abreise bereit seien. Er versprach Ihnen, Herr Le Lubez zu schreiben, um Sie zu benachrichtigen. Vierzehn Tage vergehen, keine Antwort, ein neuer Besuch Perrachons, dem Herr Lefort antwortet: „Infolge Ihrer Verzögerung glaubten die Engländer, daß Sie der Sache geringe Wichtigkeit beilegten und änderten ihre Ansicht in bezug auf das öffentliche Meeting; Sie werden nur en famille empfangen werden von den Mitgliedern der Arbeitervereine."

„Oeffentlicher Empfang oder nicht, wir sind bereit", wurde ihm geantwortet. „Gut, ich werde schreiben und Ihnen die Antwort zustellen." Endlich, nach einem neuen und letzen Besuch Perrachons ließ uns Herr Lefort wissen, daß ein öffentliches Meeting bestimmt stattfinden werde und für den 28. September festgesetzt sei . . ." Der Beehive kündigte am 17. September diese Versammlung an (s. Rjäsanoff, S. 149).

Diese gereizten Darstellungen zeigen, daß man sich auf keiner Seite besonders beeilte, daß Lefort vielleicht, weil die Gründung nicht gleich im Mai erfolgte, die Geduld verlor, daß man in Paris keine besonderen englischen Verbindungen hatte, wenn Perrachon immer zu Lefort geschickt wurde usw., bis dann die Ausdauer von Le Lubez schließlich doch die Versammlung vom 28. September zustandebrachte.

Vor der Abreise der Delegierten Tolain, Perrachon und A. Limousin „wünschte — schrieb Tolain — [Lefort] ein Rendezvous mit den drei Delegierten, um ihnen ein Organisationsprojekt vorzuschlagen. Die drei Delegierten finden sich ein. Herr Lefort las uns die Rede vor, die Sie für ihn beim Meeting verlesen haben[47]), aber vom Organisationsprojekt kein Wort, er hatte keine Zeit gehabt. Sie, Herr Le Lubez, erinnern sich ohne Zweifel, daß wir am nächsten Morgen zusammen am Tisch des Herrn Denoual blieben, um von dieser Organisation zu sprechen, bevor wir zum Rendezvous mit den englischen Arbeitern gingen. Was wir in London zusammen getan haben, wissen Sie . . ."

Aus dieser Besprechung über die Organisationsform — oder aus späteren Besprechungen der Franzosen und der Engländer — muß das von Le Lubez in der St. Martin's Hall Versammlung über die Organisationsform gesagte hervorgegangen sein, das mir in der Niederschrift Le Lubez vorliegt — angeführt Dok. d. Soz., V, S. 328—329 — und das im

---

[47]) Sie ist im Beehive, 22. Oktober 1864, abgedruckt (auch Rjäsanoff, S. 159—161). Er konstatiert, wie sehr dem Franzosen in England die Freiheit, dem Engländer in Frankreich die Gleichheit auffällt; aber . . . „Was ist Freiheit, ohne Gleichheit? Was ist Gleichheit ohne Freiheit? Ein Körper ohne Seele oder eine Seele ohne Körper" . . .

Beehive-Bericht, 1. Oktober, besser stilisiert zu lesen ist. Das Manuskript sagt: . . „Ihr Organisationsplan ist folgender: eine zentrale Kommission, bestehend aus Arbeitern verschiedener Länder, die in London wohnen, wird gewählt und hält ihre Sitzungen in London; — andere Subkommissionen werden in den Hauptstädten und bedeutenden Städten Englands und Europas errichtet. Das Zentralkomitee soll Diskussionsgegenstände wählen, welche alle Subkomitees gleichzeitig prüfen, diskutieren und über welche sie berichten, und das Zentralkomitee soll die ausgesprochenen Meinungen und erlangten Resultate aller Komitees und Subkomitees in verschiedenen Sprachen veröffentlichen. Nächstes Jahr sollen Vertreter aller Länder, die an diesen Beratungen teilgenommen, delegiert werden, in Belgien zusammenzukommen und den ersten Kongreß abzuhalten . . ."

Die von Tolain vorgelesene Antwort ist augenscheinlich die von ihm verfaßte, im April von Lefort nach London gebrachte Antwort auf Odgers von ihm verlesene Adresse vom November 1863. Tolains Erklärung (Rjäsanoff, S. 157—159) bemerkt u. a. „. . . Die Arbeit ist das Gesetz der Menschheit, die Quelle des öffentlichen Wohlstands, die legitime Basis des Privateigentums. Sie muß heilig und frei sein und kann dies nur durch Solidarität werden . . ." und schließt: „. . . Retten wir einander durch Solidarität". Die Resolution, von Wheeler beantragt, von William Dell unterstützt, erklärt, daß das Programm der Franzosen „als Grundlage einer internationalen Assoziation akzeptiert wird und daß hiermit ein Komitee ernannt wird, das weitere Mitglieder aufzunehmen berechtigt ist, zum Entwerfen der Regeln und Regulationen einer solchen Assoziation." — Für diese Resolution sprachen Eccarius[48]), der Vertreter der Mazzinisten, ein Major Wolff, Bocquet und Forbes. Dann wurde die Resolution akklamiert und das Komitee ernannt; ob eine Gesamtliste vorbereitete war, oder ob einzelne Namen hinzugefügt wurden, ist nicht bekannt.

Die Namen sind: Blackmore, Whitlock, Peter Fox, Nieass, Noble, Hartwell, Gray, Stainsby, Weston, Cremer, Worley, Pidgeon, Lucraft, Longmaid, Le Lubez, G. W. Wheeler, Leno, Domenico Lama, Eccarius, Trimlett, G. Howell, Jules Denoual, Shaw, Shearman, Osborne, Richardson, Facey, Goddard, Kethrik, Bocquet, Major Wolff, Dr. Marx.

Hier erscheint zum *ersten* mal der Name *Marx*, der am 2. November Engels zum erstenmal von der Internationale erzählt. Ein gewisser Le Lubez habe ihn aufgesucht, eingeladen und um einen deutschen Redner ersucht. Marx nannte Eccarius, mit dessen Rede er zufrieden war; er selbst saß auf der Plattform. Cremers Einladungsbrief ist auch vorhanden (Rjäsanoff, S. 152—153). — Ein Brief von *Eccarius* an Marx,

---

[48]) Dessen Name findet sich schon in einem englischen *Programm* überschriebenen Manuskript, das die Reihenfolge der Redner, Gesangvorträge usw. genau festlegt. Auf seiner Rückseite (oder umgekehrt) steht das von Le Lubez über die Organisationsform Geschriebene. Ich habe das Dokument *Dok. d. Soz.* V, S. 328 angeführt; es beweist die strikte Organisation des St. Martin Hall Meeting, bei dem nichts dem Zufall oder irgendeiner Initiative überlassen war.

26. September (S. 152) ist dadurch wichtig, daß Eccarius konstatiert, er habe von Odger am 25. nur für ihn unklare Mitteilungen über die Versammlung, in welcher er sprechen sollte, erhalten, und er fragt Marx, ob dieser vielleicht von den Franzosen genaueres über ihr Programm erfahren habe. Dies beweist, daß Eccarius bis dahin ganz außerhalb der vorbereitenden Kreise stand und dasselbe von Marx wußte, außer wenn ihn die französischen Delegierten — die also damals schon in London waren — besucht hätten.[49]) Es ist also unbegreiflich, wenn Rjäsanoff trotz allem hier angeführten, das auch ihm genau bekannt ist, irgend eine Teilnahme von Marx an der Vorbereitung der Gründung der Internationale anzunehmen fortfährt. Wahrscheinlich ist, daß Marx auf Le Lubez bei dessen Besuch einen starken Eindruck machte, und daß der junge Sozialist in ihm ein wertvolles sozialistisches Gegengewicht sah gegen die große Menge englischer Trades Unionisten im Komitee, von denen Professor Beesly, der Vorsitzende der Versammlung am 18. September 1904 (S. 155) schrieb, daß kein Sozialist unter ihnen war, daß die Mehrzahl erschrocken wären, wenn man sie Sozialisten genannt hätte, und daß ihr wesentliches Ziel war, eine antigewerkschaftliche Gesetzgebung unmöglich zu machen. Daß da Marx von der ersten Stunde an als wertvolle Kraft erschien, ist klar; daß er aber — *wie beinahe alle* — keinen Finger gerührt hat, zur Gründung der Internationale beizutragen, ist auch dokumentarisch erwiesen.

Es ist unsagbar, wie große Teilnahmslosigkeit *allerseits* herrschte — man will im Juli 1863 Polen helfen, schreibt im November eine Adresse, beantwortet sie im April 1864 und liest diese beiden Schriftstücke am 28. September 1864 vor, als Polen nicht mehr zu helfen war. Der einzige, der auf den Gedanken kam, etwas schneller zu handeln, war Henri Lefort in April 1864, und der einzige, der sich wirklich in London monatelang alle Mühe gab, war Le Lubez — zufällig waren beide auch die ersten, die aus der Internationale herausgedrängt wurden. Dabei handelte es sich keineswegs um Schwierigkeiten der Verbreitung der Idee der Gesellschaft etwa in größeren Massen — nein, es handelte sich durchweg um Personen, die in ihrer Organisation längst an erster Stelle standen oder um alte, langerprobte Sozialisten und Demokraten. Jeder war in seinem Kreis tätig und meist tüchtig, aber die neue Idee — so viele internationale Anregungen und gelegentliche Verwirklichungen schon vorausgegangen waren —, war den beiden Hauptkreisen, den Trades Union-Politikern und der Gruppe Tolain doch recht gleichgültig, und es gehörten die Ungeduld von Lefort und der sozialistische Eifer von Le Lubez dazu, die Sache am Einschlafen zu verhindern und ihr einen *sozialistischen Kern* zu geben, der weder den Trades Unionisten noch der Gruppe Tolain besonders bequem war. Wer dies bemerkt und dann

---

[49]) Auch F. Lessner erzählt, daß der deutsche Arbeiterverein von den Engländern eingeladen wurde, die wünschten, daß auch Marx käme; darauf schickte der Verein Lessner zu Marx, und Lessner gab Marx einige Informationen, und dann war dieser bereit, die Versammlung zu besuchen (*Deutsche Worte*, Wien, April 1898, S. 156).

sieht, wie von dem Tag der Gründung ab, sobald Marx dabei ist, ein anderer Zug in die Sache kommt, der kann sich unmöglich für die lange Periode des Sichdahinschleppens, von Bell Inn, 23. Juli 1863 bis St. Martin's Hall, 28. September 1864 irgendeine noch so geringe Anteilnahme von Marx vorstellen.

Dies bedeutet nicht, daß die Idee der Internationale nicht zeitgemäß war. Im Gegenteil, kaum gegründet, durch ihren Namen schon, genoß sie ein Prestige, war die Freude, der Hoffnungsanker für den überall erwachenden Sozialismus. Das trostlose war nur, daß man so lange zögerte, daß die schon 1862 geäußerte Idee erst 1864 verwirklicht wurde aus keinem anderen Grunde als der inneren Teilnahmslosigkeit gewisser Führer, die wahrscheinlich doch dachten, Internationalismus könne ihrer auf lokale politische Erfolge zu gründenden Karriere schaden. Diese Personen änderten sich auch nach der Gründung der Gesellschaft nicht und waren laue Anhänger, die bald ein Hindernis für den sozialistischen, um wie viel mehr für den anarchistischen Geist wurden, der sich immer mächtiger regte und in der Internationale eine Heimat zu finden glaubte, was ihm *diese Leute* nach Möglichkeit verwehrten.

Marx war einige Zeit die Stütze des Sozialismus in der Internationale, in die er aber zugleich Keime des Zwiespalts hineintrug, die den internationalen Geist lähmten und die Organisation untergruben und früh zerstörten.

VI.

Die polnische Frage, der Proudhonismus und die Anfänge des Kollektivistischen Anarchismus in der Internationale (1864—68).

Die neue Gesellschaft begann unter günstigen Umständen als Vertreterin der oft ausgesprochenen, noch nie dauernd praktisch verwirklichten Solidarität der Arbeitenden aller Länder;[50]) ihr zentrales Komitee verfügte von Anfang an über Männer von großer Erfahrung im festbegründeten englischen Organisationswesen, die beständig tüchtige Leute kooptierten, wodurch der Zentralrat tatsächlich in den ersten Jahren zwischen sich und den von diesen Männern vertretenen Organisationen einigen Kontakt herstellte. Ebenso wurde auf dem Kontinent an vieles schon bestehende angeknüpft, eine gewisse Höhe schnell erreicht und überall auf fester Grundlage weitergearbeitet. Die Ideen der französischen Adresse waren nun von zweierlei Art — die Solidarität (sauvons nous par la solidarité) und an die Worte über Polen anknüpfend: „Das Volk muß seine Stimme hören lassen in allen großen politischen und sozialen Fragen", wie auch die englische Adresse die internationalen Interessen der Arbeiter und den Kampf gegen die geheime Diplomatie hervorgehoben hatte. Professor Beesly in seiner Rede hatte, nach Le Lubez' Brief an Lefort (s. Tcher-

---

[50]) 1862 schlug ein spanischer Demokrat in der *Nuova Europa* (Florenz) einen permanenten Kongreß von Delegierten der universellen demokratischen Sache vor; s. Une proposition *(Tribune du Peuple,* Brüssel, 11. Mai 1862). — Am 16. Juli 1863 fand eine Versammlung von Demokraten aller Länder in Chaux-de-Fonds statt; Johann Philipp Becker in Genf scheint diese von ihm der „Kampf der Völker gegen die Eroberungspolitik des französischen Kaisertums" (Brief an Karl Bruhn, Ende Juni 1863) genannten Bestrebungen sehr gefördert zu haben. Näheres in seinem Brief an Lassalle (Genf, 2. August 1863); die konstituierende Versammlung war am 20. Juli; der internationale Zentralausschuß in Genf, 13 Personen, bestand meist aus Beckers „spezialen Freunden". . . . „Wir sind hier Deutsche, Schweizer, Franzosen und Italiener. Im Kongreß waren auch noch Belgien und Spanien vertreten." — Man nannte sich *„Association pour la création des congrès démocratiques* und berief den ersten Kongreß nach Brüssel, 26. September 1863, ein, wobei der Name Fontaine genannt wird — Léon Fontaine, der *La Cloche,* die französische *Kolokol*ausgabe herausgab (20. September 1862—15. Juli 1865) usw. Der Kongreß fand auch statt. In der *Rive gauche,* 26. November 1865, liest man: „1863 wurde Dr. Coullery aus Chaux-de-Fonds von den Schweizer Demokraten nach Brüssel geschickt zur Gründung der *association fédérative universelle";* er war während der drei Tage der Verhandlungen Vorsitzender. — Lassalles Briefwechsel, Band V, 1925, enthält einiges weitere; das Ende dieser Assoziation kenne ich nicht; Becker, Dr. Coullery und Léon Fontaine waren von Anfang an für die Internationale tätig.

noff) ungefähr gesagt: „. . . Wenn er die [französische] Okkupation
von Rom verurteilte, vergaß er nicht die von Gibraltar; wenn er Rußlands Benehmen in Polen und Zirkassien verabscheute, sagte er, es habe
eine Parallele an Englands Benehmen in Irland, China, Japan, Indien
und vor allem in New-Zealand, wo die Eingeborenen nur ermordet
wurden, um sie zu berauben . . ."

Die Männer von 1863—1864, so sehr sie selbst im Bann des Mazzinismus
standen, hatten der Internationale die beiden Grundlagen: Solidarität
und Bekämpfung des ruchlosen diplomatischen Treibens, der Staaten-
politik gegeben, von denen der Weg zur Anarchie geführt hätte, wie
Bakunin sie verstand, der auch ausdrücklich erklärte: „. . . Die Programme beider [Internationale und Alliance], die auf keine Weise
einander entgegengestzt sind, unterscheiden sich durch ihren verschiedenen Entwicklungsgrad. Das der Internationale, wenn man es
nur ernst betrachtet, enthält im Keim, aber nur im Keim, das ganze
Programm der Alliance. Das Programm der Alliance ist die letzte Erklärung des Programms der Internationale" (Brief an Morago, Ende
Mai 1872; *Werke*, III, S. 106); s. auch längere Ausführungen im Protest
der Alliance, 1871; *Oeuvres*, VI; *Werke*, III). Dies ist vollständig
richtig, denn Solidarität verträgt sich nicht mit dem nationalen Staat,
nur mit der Staatsauflösung, der freien Verbindung aller durch Foederation oder noch leichtere Bande, gegenseitiges Vertrauen. Welches ist
die Idee der Internationale? fragte Bakunin im Juli 1871. „. . . Die
Emanzipation . . . der Arbeiter . . . aller Industrien und aller Länder.
Dies ist die negative, kämpfende oder revolutionäre Seite der Idee. Und
ihre positive Kraft? Die Gründung einer neuen sozialen Welt, einzig
begründet auf der befreiten Arbeit und auf den Ruinen der alten Welt,
sich selbst schaffend durch die Organisation und freie Foederation der
Arbeitergesellschaften, die vom oekonomischen und politischen Joch der
privilegierten Klassen befreit sind" (*Oeuvres*, VI, S. 66).

Die in Proudhons föderalistischen Schriften (s. Kap. I) enthaltenen
Warnungen waren nicht ganz ungehört geblieben; die polnische Angelegenheit klang am 28. September 1864 nur noch schwach nach, aber
man fühlte sich der ganzen Infamie der Staaten und des Kapitalismus
gegenüber und rief: retten wir uns durch die Solidarität! Eine neue
Entwicklung der europäischen Mentalität konnte also von diesem Tage
ausgehen; *nur* Solidarität kann vor immerwährender Konkurrenz und
Kriegen, die das Wesen der Staaten ausmachen, retten. Wäre Proudhon, wäre Bakunin zur Stelle gewesen, würden sie diese Erkenntnis
weiter ausgebildet haben. Nur der verhängnisvolle Marx war zur
Stelle, und er zertrat diese keimende Entwicklung, was der bekannte
Schluß der *Inauguraladresse* zeigt, die er im Oktober verfaßte:
„. . .Eine andere Ueberzeugung drängte sich der Versammlung [vom
28. September] auf."

„Wenn die Emanzipation der Arbeiterklasse ihre brüderliche Zusammenarbeit erfordert, wie können sie diese große Mission erfüllen angesichts einer auswärtigen Politik mit verbrecherischen Absichten, die

nationale Vorurteile ausspielt und in freibeuterischen Kriegen das Blut und Geld des Volkes vergeudet? Nicht die Weisheit der herrschenden Klasse, nur der heroische Widerstand der englischen Arbeiterklasse gegen deren verbrecherische Tollheit rettete Westeuropa davor, sich kopfüber in einen infamen Kreuzzug für die Fortdauer und Ausbreitung der Sklaverei jenseits des Ozeans zu stürzen [Teilnahme für die Südstaaten am amerikanischen Bürgerkrieg]. Die schamlose Billigung, geheuchelte Sympathie oder idiotische Indifferenz, mit der die höheren Klassen Europas zusahen, wie die Bergfestung des Kaukasus Rußlands Beute wurde und Polen von Rußland ermordet wurde; die ungeheuren, widerstandslos ertragenen Uebergriffe dieser barbarischen Macht, deren Kopf in St. Petersburg und deren Hände in jedem europäischen Kabinett sind[51]), lehrten der Arbeiterklasse die Pflicht, selbst die Mysterien der internationalen Politik zu meistern, die diplomatischen Handlungen ihrer Regierungen zu überwachen, ihnen nötigenfalls mit allen ihnen erreichbaren Mitteln entgegenzutreten, falls sie außer Stande sind, etwas zu verhindern, es zusammen gleichzeitig an den Pranger zu stellen und die einfachen Gesetze der Moral und Gerechtigkeit, welche die Beziehungen zwischen Privatpersonen regeln sollten, als im Verkehr der Nationen untereinander vorherrschende Regeln zu revindizieren."

„Der Kampf für eine solche auswärtige Politik bildet einen Teil des allgemeinen Kampfes für die Befreiung der Arbeiterklasse . . ."

Diese Worte, scheinbar den Ideen vom 28. September 1864 sich anschließend, bedeuten eine sehr merkliche Verschiebung derselben, selbstverständlich ganz im Sinn der persönlichen Ideen von Marx, die er seit 1847 in vielen, aber meist ephemeren Publikationen ausgesprochen hatte, deutsch und englisch, die aber 1864 in gesammelter oder übersichtlicher Form nicht vorlagen, obgleich sie natürlich durch persönlichen Verkehr dem Zentralrat sehr bald bekannt werden mußten. In der Zeit der Napoleon III, Bismarck, Viktor Emanuel und Palmerston konzentriert Marx seinen Angriff auf die „barbarische Macht", Rußland, — im Sinn seiner persönlichen Ansicht, daß der Hauptpunkt der europäischen Reaktion in Rußland sei, und daß ein europäischer Koalitionskrieg gegen Rußland zur Wiederherstellung Polens das wünschenswerte nächste Ziel sei. Es war eine unloyale Handlung von Marx, diese persönliche Ansicht, an deren Verbreitung ihn nie jemand gehindert hatte, einer Gesellschaft unterzuschieben, die im Vertrauen zu ihm seine Aeußerungen entweder nicht näher prüfte oder deren Mitglieder, wenn sie etwa den Standpunkt von Marx teilten, ebenso den Geist der Internationale verfälschten, wie er selbst. Wer diesen Krieg gegen Rußland *wollte*, wie Marx, der mußte die Kriegsbereitschaft, die militärische Macht der gegen Rußland zu gruppierenden Staaten *wollen*, dessen Politik war also mit der Macht dieser Staaten eng verknüpft, der dankte als Revo-

---

[51]) Noch an einer früheren Stelle schreibt Marx: „. . . die Niederlage [1848] der Arbeiterklasse auf dem Kontinent, teils Schuld der Diplomatie der englischen Regierung, die damals wie jetzt in brüderlicher Solidarität mit dem Kabinet von St. Petersburg handelte."

lutionär und als Sozialist ab. Der mußte auch als feindliche Handlung betrachten, wenn andere Völker oder Personen diese so laut proklamierte Russenfeindschaft nicht billigten usw. Kurz, Marx glaubte, nicht darauf verzichten zu können, die Internationale schon im ersten Monat in das Fahrwasser der englischen Politik zu bringen, die allein konsequent, trotz aller Maskierungen, des Orients wegen, eine antirussische ist und bleibt.

Bakunin hat die erwähnte Stelle in einem Manuskript vom Februar 1872 scharf analysiert und wenn auch nach dem Besuch von Marx bei ihm, Anfang November 1864, ein äußerlich freundliches Verhältnis mit Marx hergestellt wurde und nach Bakunins Brief vom 7. Februar 1865 (Florenz; *Arch. f. d. Gesch. d. Soz.*, V., S. 187—188) er grade die Inauguraladresse auf Wunsch von Marx Garibaldi zuschickte usw., so darf man doch wohl das Fehlen wirklicher Teilnahme an der Internationale damals und bis zum Sommer 1868 Bakunins Empfinden zuschreiben, daß eine so pronunziert antirussische Organisation sehr wenig international sei — geradeso wie er Proudhon seine Geringschätzung der polnischen Patrioten übelnahm und vielleicht deshalb 1862—1864 ihm nicht nähertreten konnte oder wollte, trotz einiger Besuche bei ihm.

Auch andere empfanden den Kult des Russenhasses durch den Zentralrat in seinen von Marx geschriebenen Publikationen usw. sehr unangenehm. Einige Beispiele mögen genügen.[52] Mir liegt das Plakat vor, das die Londoner Konferenz vom 25.—28. September 1865 ankündigt (1 S., kl. folio) mit Punkt 9 der Tagesordnung: *The Muscovite invasion of Europe and the re-establishment of an integral and independent Poland* (Die moskowitische Invasion Europas und die Wiederherstellung eines vollständigen[53]) und unabhängigen Polen).

---

[52] N. Rjäsanoff, *Karl Marx und Friedrich Engels über die Polenfrage (Arch. f. d. Gesch. d. Soz.*, VI, 1915, S. 175—221) stellt Aeußerungen beider von 1847 bis 1882 zusammen und teilt aus den Protokollen des Zentralrats und Generalrats usw., 1864 bis 1867 manches über Marx' Bemühungen mit, S. 192 bis 200.

[53] Nach Rjäsanoff, S. 195, „formulierte" Marx diesen Punkt. — Sogar die mit Mazzini liierten Polen waren nicht von vornherein Forderer eines *vollständigen* (integral) Polen, was für ein Polen eben das „historische" Polen (1772) bedeutete. Das vom *Département Polonais* der *Alliance républicaine universelle*, 1867 herausgegebene *Programme du Centre républicain polonais..* (8 S. 8⁰; Genf, 12. September 1867, unterz. Joseph Bosak-Hauke, Louis Bulewski) sagt: . . . „seine Grenzen werden bestimmt werden durch den Willen der Völker, die sich frei mit ihm konstituieren (constituer) wollen" (S. 5). — Dieser Gruppe schrieb Mazzini einen seine slawisch-polnischen Ansichten präzisierenden Brief *(Lettre de Joseph Mazzini adressée au Département polonais . . . Londres, 1 juillet 1868; hrsg. von L. Bulewski, Basel, 4 S. kl. 8⁰). — Die in Mazzinis Brief an Lassalle, Frühjahr 1863 *(Briefwechsel* V, 1925, S. 107—108) ausgesprochenen Ansichten sind hiermit zu vergleichen. — Engels, der am 23. Mai 1851 sehr nüchtern über Polen an Marx schrieb *(Briefwechsel*, 1913, I, S. 189—191), bezeichnet in den *Commonwealth*-Artikeln von 1866 (in Nr. 159, 160, 165) das Nationalitätenprinzip als „nichts als *eine russische Erfindung, zusammengebraut, um Polen zu zerstören*", dessen litauische, weiß- und kleinrussische Bestandteile er damit meint. Marx ging auf solche „Kleinigkeiten"

Nach dem Bericht im *Workman's Advocate*, 30. September 1865[54]) be-
antragten Bobczynski und Wheeler, „es sei gebieterisch notwendig,
Rußlands Einfluß in Europa zu vernichten durch Anwendung des
Selbstbestimmungsrechts auf Polen und dessen Wiedererrichtung auf
seiner ursprünglichen (native) demokratischen Grundlage", worauf
Le Lubez und Weston nur den letzteren Teil des Vorschlags angenommen zu sehen wünschen. De Paepe und Bordage verlangten Streichung
des Gegenstands. Lassassie meinte, „wir brauchen nicht nach Polen
zu gehen, es gibt genug Arbeit zuhause . . ." Wheeler, Bobczynski,
Odger, Carter sprechen für Polen; der offizielle Antrag wird mit großer
Majorität votiert. Vésinier protestierte, da so viele andere Nationalitäten in der gleichen Lage seien.

Marx schrieb über die damals schon hervortretende Unzufriedenheit an
Engels *(Briefwechsel* III, S. 288; 3. Januar 1866): „. . . Der eigentliche
Nerv der Polemik ist die *Polenfrage.* Die Kerls haben alle an den
Proudhon-Herzenschen Moskowitismus angebunden . . . Die Herren
Russen haben in dem proudhonisierten Teil der Jeune France (des
jungen Frankreich; Marx haßte Vermorel u. a.) die allerneuesten
Bundesgenossen gefunden . . ."

Dem Genfer Kongreß, September 1866, teilten die französischen Delegierten in ihrem *Mémoire* (Brüssel, 1866) mit: „Als Anhänger der Freiheit erklären wir, gegen jeden Despotismus zu protestieren und energisch die Organisation und sozialen Tendenzen des russischen Despotismus zu verurteilen und zu tadeln, als unfehlbar zum verdummendsten
Kommunismus führend[55]), aber als Delegierte zu einem ökonomischen
Kongreß glauben wir, nichts über die Wiederherstellung Polens zu
sagen zu haben." Unter den Unterzeichnern sind Camélinat, Fribourg,
Malon, Murat, Perrachon, Tolain, Varlin, Albert Richard, Aubry
(Rouen).

Nach dem Kongreßprotokoll (Genf, 1866) wünschte die französische
Delegation, daß man nicht in die Diskussion über die so verwickelten
Nationalitätenfragen eintrete; man müsse die Befreiung in Rußland
wie in Polen wünschen und die alte Politik zurückweisen, die die Völker
einander entgegenstellt. Die Engländer sind für eine Polenresolution,
die Mehrheit des Kongresses ist sichtlich dagegen. J. Ph. Becker hält
eine Polenrede und bezeichnet die Frage in gewissem Sinn als eine
deutsche Frage (die These von Marx ist immer, daß Polen Deutschland
vor Rußland schützen würde). Er wünscht, daß das Minoritätsvotum

---

nie ein und reklamierte das „vollständige", also „historische" Polen. — Hector
Denis hatte in *La Tribune du Peuple* (Brüssel), 5. März—31. Juni 1864 „nicht
so heftig wie Proudhon" (Rjäsonoff, S. 194) dessen Standpunkt betreffs Polen
vertreten.

[54]) Von den Delegierten hebe ich hervor: Schily, Fribourg, Tolain, Varlin,
Limousin, Dupleix, J. Ph. Becker, De Paepe, Marx, Eccarius, Schapper, Vésinier,
E. Dupont, Le Lubez, Jung, Major Wolff, Cremer, Odger, Weston etc.

[55]) Hier sind die zur Gewinnung der polnischen Bauern damals stattfindenden offiziellen Landreformen gemeint.

für Polen dem Protokoll angeschlossen werde. Dies und der französische Antrag — keine Beschlußfassung — wird votiert, und die Frage war eliminiert — die erste eklatante Niederlage für Marx.

Bakunin schrieb im Februar 1872, man hätte die Frage so stellen müssen: „Von der Notwendigkeit, jeden Despotismus in Europa zu vernichten durch die Anwendung des Selbstbestimmungsrechts auf jedes Volk, groß oder klein, schwach oder mächtig, und des Rechts, sich aus eigenem Willen, von unten nach oben, in voller Freiheit, außerhalb jeder Staatsform, die von oben nach unten, durch irgendeine kollektive oder individuelle, einheimische oder fremde Autorität aufgezwungen wird, zu organisieren, indem nur die Grundsätze der sozialistischen Demokratie, der Gerechtigkeit und der internationalen Solidarität als Grundlage und Gesetz anerkannt werden."

Noch deutlicher, meint er, wäre gewesen: „Von der Notwendigkeit, den Despotismus in Europa zu vernichten durch die Abschaffung aller politischen und juridischen Einrichtungen, deren wirkliche Quelle die ökonomische Ausbeutung und deren ideale Konsekration das Autoritätsprinzip ist, das heißt durch die Abschaffung der Staaten und die absolut freie Organisation und Föderation der Gemeinden und Arbeiterassoziationen" (dies und sehr lange Ausführungen Bakunins über Marx und Polen usw. s. meine ältere Biographie, S. 332—344).

Wie in dieser Frage, tat Marx in der Frage der Eroberung der politischen Macht der Internationale Gewalt an. Seine Ideen waren am territorialen oder nationalen Staat haften geblieben; durch sie konnte ein bestimmter Staat zu Macht und sozialen Einrichtungen gelangen, der „Volksstaat", aber neben diesem blieben alle andern Staaten bestehen, und Rivalität und Kriege setzten sich fort. Sollte das Wort *international* einen menschenbefreienden, auf der Höhe der andern Forderung: *Solidarität* stehenden Sinn haben, so konnte nur die von Proudhon und Bakunin vorgeschlagene Staatenauflösung und Reorganisation durch freie Föderation das Ziel sein und jede durch Krieg erzwungene Staatenneugründung führte zur allgemeinen Intensifizierung des Staatsprinzips und einer Reaktion, wie die heutige es ist[56]).

Leider erreichte auch der Proudhonismus einen Tiefstand, den die Stellungnahme der erwähnten französischen Delegierten zu den Fragen des Genfer Kongresses ermessen läßt.[57]) „. . . Wir gelangen zum Schluß, daß die Kapitalverzinsung unmoralisch ist und die Pflicht zu arbeiten für alle besteht . . ." Der allgemeine unentgeltliche und obli-

---

[56]) Selbst Engels schrieb einmal an E. Bernstein (22. Februar 1882) anläßlich der Provokation von Kriegen wegen nationaler Fragen; er sage da: „Halt da! Ihr könnt ebensoviel Geduld haben wie das europäische Proletariat. Wenn das sich befreit, seid ihr von selbst frei, bis dahin aber dulden wir nicht, daß ihr dem kämpfenden Proletariat in die Parade fährt" (*Neue Zeit*, 12. März 1915, S. 715). — Dies wollte Marx betreffs Polen nicht einsehen, und wenn auch seine Ideen nicht durchdrangen, störten sie doch, soviel an ihnen lag, die Entwicklung und Verbreitung wirklich internationaler Ideen in der Internationale.

[57]) *Congrès de Genève, Mémoire des Délégués Français* (Bruxelles, 1866).

gatorische Unterricht wird von der Majorität zugunsten der Rechte der Familie verworfen, während die Minorität — die erste kollektivistische Regung — „Unterricht durch die Gesellschaft, unter Leitung der Eltern, für alle Kinder obligatorisch" verlangt, bei Wahrung der Unterrichtsfreiheit, und dies recht tüchtig begründet . . . Dem Assoziationswesen wird die Kooperation gegenübergestellt; erstere bedeute Unterwerfung des einzelnen unter die Kollektivität, letztere einen frei eingegangenen Kontrakt zu einem einzigen, im voraus bestimmten und definierten Zweck.[58]) . . . Streiks werden als schädliche Erscheinungen betrachtet . . . „Das Kapital ist zur Produktion ebenso nötig, wie die Arbeit; die Ursache ihres Kampfes liegt in ihren gegenwärtigen Beziehungen, welche geändert werden müssen. Austausch auf Grundlage der Reziprozität. Reform des gewerblichen Unterrichts im Sinn der Polytechnie des Lehrunterrichts." Statistiken, um die Ueberfüllung einzelner Berufe zu vermeiden . . . so direkte Steuern als möglich . . . Kein stehendes Heer . . . Freihandel oder Schutzzölle interessiert die Kapitalisten. „Aber wir, die wir Gerechtigkeit suchen, Gleichheit von Rechten und Pflichten wollen, die wir glauben, daß ein frei eingegangener Kontrakt die eine natürliche Gruppe: Gemeinde, Provinz, Nation bildenden Bürger solidarisch verbinden soll, welches Interesse haben wir am Sieg von Schutzzoll oder Freihandel? Was wir wollen, ist die Freiheit, den gleichen Austausch zwischen Produzenten zu organisieren, Dienst für Dienst, Arbeit für Arbeit, Kredit für Kredit . . . Es ist unsere Sache, in der Industrie Frieden zu organisieren durch die graduelle Unterdrückung der wechselnden Chancen des Handels, durch auf Reziprozität und Gerechtigkeit begründete Kooperation, die zwischen den Kontrahenten nur den gegenseitigen Austausch gleichwertiger Dienste zuläßt . . ." Ablehnung der Diskussion religiöser Ideen, die Sache eines Jeden sind, sobald er nur nicht „seinen Gott" in sozialen Beziehungen intervenieren läßt und Gerechtigkeit und Moral übt . . .

Praktisch kommt all dies der sogenannten „Selbsthilfe" gleich, aber theoretisch, richtiger doktrinär und ideologisch war es der Wunsch nach Selbstbefreiung, gegründet auf Mißtrauen gegen Staat und Kommunismus und Vertrauen in Gerechtigkeit und Freiheit. Nur war eben dieses große Ziel mit diesen kleinen Mitteln nicht zu erreichen. Wie die Proudhonisten 1866 ihre Ideen vertraten, mag das noch nicht herausgegebene eingehende Kongreßprotokoll zeigen;[59]) betrachten wir sie ein

---

[58]) Der Zeitschrift *L'Association*, bis 29. Juli 1866, folgte am 9. November *La Coopération*, bis Juni 1868; auch die vier *Almanach de la Coopération* für 1867 bis 1870.

[59]) Marx schimpfte ganz fürchterlich über die Pariser Proudhonisten in Genf (Brief an Dr. Kugelmann, 9. Oktober 1866; *Neue Zeit*, 12. April 1902). Man muß im Gegenteil — auch wenn man sich über den Charakter verschiedener derselben keiner Illusion hingibt — ihr Vertrauen und ihre Entsagung bewundern, mit denen sie an ihrer Freiheit festhielten und dem ihnen wohlbekannten, sie umgebenden autoritären Sozialismus Stand hielten; sie wollten diesen bequemeren, aber keine Garantien der Freiheit bietenden Weg nicht gehen. Eugène Varlin war damals in ihrer Mitte.

Jahr später in Lausanne (2.—7. September 1867).[60]) Hier fanden sich u. a. Tolain, Chemalé, Murat, Longuet, De Paepe ein, auch Aubry (Rouen), Palix (Lyon), spätere Kollektivisten und die künftigen Genossen Bakunins Charles Perron, Jules Monchal, James Guillaume.

Die zuerst votierte Resolution VII, „daß die soziale Befreiung der Arbeiter von ihrer politischen Befreiung untrennbar sei" usw., entstammte nicht einer Zustimmung zu den bekannten Ideen von Marx, sondern dem in Genf bei einigen Republikanern, besonders Dupleix, vorhandenen Mißtrauen in den Republikanismus der Pariser Delegierten, die aber alle für die Resolution stimmten. — In der Diskussion über den Genfer Friedenskongreß (VIII) sagt De Paepe: „. . . wir wissen, daß, solange das sogenannte Nationalitätenprinzip oder der Patriotismus besteht, es Krieg geben wird[61]) . . . Wenn der Genfer Kongreß Frieden beim gegenwärtigen Gesellschaftszustand erlangen zu können glaubt, ist er im Irrtum . . ." — Betreffs der Assoziationen war das Bedenken entstanden, daß sie eine Klasse für sich bilden und unter sich einen noch elenderen fünften Stand lassen würden; die Resolution II warnt und hebt hervor, daß das Proletariat einsehen müsse, daß „auf das ganze der Gesellschaft wirkende Mittel" nötig seien — ein Hinweis auf den kollektiven Charakter wirklicher sozialer Aktionen . . . De Paepe weist auf solche Mittel hin: Umwandlung der Nationalbanken in Banken für unentgeltlichen Kredit — die Ueberführung des Bodens in den Kollektivbesitz der Gesellschaft — Abschaffung des Erbrechts gewisser Verwandtschaftsgrade bei fehlendem Testament — Besteuerung nicht direkter Erbschaften usw. — Chemalé akzeptiert den Bankvorschlag, verwirft den Kollektivbesitz des Bodens als „ungerecht und undurchführbar". Tolain sagt, „es gibt Grundbesitz, der Kollektiveigentum werden kann, anderer muß, seiner Natur nach, Privatbesitz bleiben . . ."

De Paepe, in längerer Rede, sagt nun: „. . . Ich gehöre, wie die Bürger Tolain und Chemalé, dem mutualistischen Sozialismus (s. mutuelliste) an, der in allen menschlichen Transaktionen das Reziprozitätsprinzip verwirklichen will; aber ich denke nicht, daß die Ueberführung des Bodens in soziales Eigentum sich nicht mit dem Mutualismus (mutuellisme) vertragen kann, — im Gegenteil . . .!" Dieser Sozialismus will, daß dem Produzenten sein ganzes Arbeitsprodukt gehöre und gegen ein *gleichwertiges* Gut, das gleiche Arbeit und Kosten enthält, ausgetauscht wird. Der landwirtschaftliche Produzent werde nur dann auf gleichem Fuß mit dem Industriearbeiter behandelt, wenn ihm nur seine Produkte, das, was er aus dem Boden herauszieht, gehören. Auch

---

[60]) *Procès-verbaux du Congrès . . . réuni à Lausanne du 2 au 8 septembre 1867* (Chaux-de-Fonds, 1867 [1868], 132 S.); J. Guillaume, *L'Internationale. Documents et Souvenirs, 1864—1878* (Paris, 1905—1910), I, S. 29—41 etc.
[61]) Auch der Generalratsdelegierte James Carter sagte: „Wir werden Krieg haben, solange Unwissenheit, Nationalitäten, Religion und Klerus existieren werden. Bekämpfen wir unaufhörlich die Unwissenheit, bekämpfen wir gleicherweise das verhängnisvolle Nationalitätenprinzip; was mich betrifft, habe ich kein eigenes Land (pas de pays), alle Menschen sind meine Brüder" . . .

für Verbesserungen des Bodens gebühre ihm nur deren Ertrag, nicht der Boden selbst, den er nicht geschaffen hat . . . Der Boden ist die erste Quelle aller Produkte; „einigen Personen den Grundbesitz zuzugestehen, bedeutet also, ihnen die ganze Menschheit tributpflichtig zu machen . . ." Weil ich Mutualist bin, will ich einerseits für den das Land Bebauenden Garantien, die ihm der Gesellschaft gegenüber sein ganzes Arbeitsprodukt sichern, andrerseits ihm gegenüber Garantien für die Gesellschaft; deshalb kann der Boden nur Eigentum der sozialen Gesamtheit sein, und der das Land Bebauende darf nur sein einfacher Inhaber sein (possession), mit dem Recht der *Benutzung ohne Mißbrauch* [im Gegensatz zum Besitz mit dem Recht *utendi et abutendi*]. Der Mutualismus ist nicht nur die Reziprozität des Austausches, sondern auch die der Garantien. Man wird sagen, daß sozialer Bodenbesitz Kommunismus ist. Ich habe nichts dagegen, das Wort Kommunismus macht mir keine Angst; so wie es keine absolut kommunistische Gesellschaft geben kann, da man selbst in Ikarien wenigstens individueller Besitzer der Produkte, die man verbraucht, ist, so gibt es keine Gesellschaft ohne irgendwelchen Kollektivbesitz, und wären es auch nur Parks und öffentliche Gebäude. Der Kommunismus ist also ein Element jeder Gesellschaft und wird in der Zukunft seinen Platz finden. Es handelt sich nur darum, auf was er angewendet wird. Da nun der Bürger Tolain sagt, er wolle, daß Kanäle, Straßen, Bergwerke Kollektiveigentum der Gesellschaft seien, dehne ich nur seine Idee auf das ganze Grundeigentum aus."

„Was die Landarbeiterassoziationen oder einzelne Landbebauer betrifft, würde ihre Lage ganz die der Arbeitergesellschaften sein, die Eisenbahnen, Kanäle oder Bergwerke in Betrieb setzen."

Diese Rede, die mit all den in der Rede von Patignies, Ende 1863, steckenden sozialen Anregungen und den dazwischenliegenden Schriften von De Paepe zu vergleichen wäre, bildet die erste Stufe der Umbildung des mutualistischen zum kollektivistischen Anarchismus, einer Entwicklung, die *De Paepe,* der gründlichste sozialistische Denker dieser Kreise, tatsächlich zuerst begründete, der man in Belgien, im Jura, in der französischen Provinz, zum Teil auch in Paris ungezwungen folgte, von der sich aber die Gruppe Tolain hartnäckig ausschloß, wodurch sie unvermeidlich ins Hintertreffen, dann ganz abseits geriet. Bakunins Programm von Anfang 1866 hatte dasselbe betreffs des Grundbesitzes erklärt (s. Kap. III). Die Einsicht, daß der Privatbesitz an zur Produktion notwendigen Gegenständen unter allen Umständen schädlich sei, eine den Proudhonisten fehlende Einsicht, entstand also zuerst in Bezug auf den Grundbesitz — ihre Ausdehnung auf alle Arbeitswerkzeuge und Naturschätze bildete sich dann in den Jahren 1867—1869 aus.

Tolain läßt De Paepes Anregung vom Kongreß streichen (27 gegen 11 Stimmen). De Paepe sagt, er werde daraufhin einen Vorschlag der belgischen Sektionen dem Kongreß nicht vorlegen. Wohin dieser ging, kann ich nicht feststellen; die ausführlichen Berichte De Paepes zur III. und der Brüsseler Internationale (De Paepe, Léon Fontaine, A. Vandenhouten) zur II. Frage — letzterer über die Kreditorganisation, schließend mit einem damaligen französischen Projekt einer *Fédération des sociétés ouvrières* — sind hier nachzulesen, um den konstruktiven Charakter des damaligen Proudhonismus ausreichend kennen zu lernen, ebenso seine Auffassung des Assoziationswesens. Ferner treten in zwei belgischen Berichten über die Rolle der Frau (V) eine strikt proudhonistische Majoritätsrichtung (A. Vandenhouten, L. Fontaine, De Paepe) und eine freiere und sozialere (P. Esselens, Eugène Hins, Paul Robin) einander gegenüber. — Die Diskussion über den Staat (VI) führt noch zu einer intensiven Polemik zwischen De Paepe und Longuet, Tolain, Chemalé über kollektiven Grundbesitz, und De Paepe schlägt für den nächsten Kongreß, 1868, die Frage vor: *Sollen der Boden, die Kanäle, Straßen, Eisenbahnen usw. soziales oder individuelles Eigentum sein? Und wie soll ihr Betrieb zum größten Vorteil des Einzelnen und der Gesellschaft stattfinden?*

In langen Korrespondenzen an den *Courrier Français* schreibt Tolain: „. . . Uebereinstimmend in der Erkenntnis, daß die großen öffentlichen Arbeiten, wie der öffentliche Kredit, die Eisenbahnen, Kanäle, Bergwerke, die Post, der Telegraph Eigentum der Gesamtheit sein sollen, alle zum Kostenpreis bedienend, sind die Delegierten verschiedener Meinung betreffs des Grundbesitzes. Ihrer Landaristokratie gegenüber und ohne die geringste Möglichkeit, je Grundbesitzer zu werden, und von den Ergebnissen des Großbetriebes in der Landwirtschaft frappiert, denken die Engländer nur an eines: das Land als unteilbarer Kollektivbesitz. Die Deutschen, obgleich vielleicht mit geringerer Entschiedenheit, neigen auch fast alle dieser Seite zu. Die Schweizer scheinen keine sehr feste Meinung zu haben, neigen aber den französischen Ideen zu.[62]) Bei den Franzosen gab es keinen Moment des Zögerns, die mutualistische Idee (idée mutuelliste) bekräftigte sich kategorisch durch absolutes Festhalten am Prinzip des Privatbesitzes." Ueber De Paepe bewahrt Tolain tiefstes Schweigen.[63])

---

[62]) J. Guillaume neigte gewiß De Paepe zu, ebenso Perron; die andern kamen wenig in Betracht und Dr. Coullery zeigte durch jedes seiner Worte, daß er absoluter Antisozialist war.

[63]) Im Genfer *Vorbote* schrieb jedenfalls J. Ph. Becker im Kongreßbericht, daß die damals in Frankreich solange fehlende Freiheit des öffentlichen Lebens es den Delegierten schwer machte, zu begreifen, . . . „daß in der zu reorganisierenden Gesellschaft der Staat und die Gesellschaft in einen einzigen Begriff zusammenfallen müssen" — das übliche Argument, das von autoritärer Seite der Bekämpfung des Staates entgegengesetzt wird und das auch Marx und Engels virtuos handhabten. . . . „Alle Sozialisten verstehen unter Anarchie dies: nach Erreichung des Ziels der Arbeiterbewegung, der Abschaffung der Klassen, verschwindet die Staatsmacht, welche dazu dient, die große produzierende Masse unter dem Joch einer ausbeutenden, wenig zahlreichen Minderheit zu halten, und die Regierungsfunktionen verwandeln sich in einfache Verwaltungsfunktionen (fonctions administratives)" . . . *(Les prétendues scissions dans l'Internationale*, Genf, 1872, S. 37; von Marx verfaßt) —; s. z. B. Engels in *Ursprung der Familie, des Privateigentums und des Staates* (Zürich, 1884) u. ö. Hiermit ist gar nichts gesagt, und administrative Fesseln schneiden so tief ein oder tiefer als politische Ketten. S. u. Anm. 93.

Der Brüsseler Kongreß[64]) (6.—13. September 1868) sah die große Diskussion der Landfrage. Es würde zu weit führen, De Paepes berühmten Brüsseler Bericht[65]) zu resümieren. Er wirft auch die Frage auf, *wem* der Boden kollektiv gehören solle, — einer unabhängigen agrikolen Assoziation — oder allen agrikolen Assoziationen der Nation und einer Konföderation von Nationen mit einem von den Assoziationen ernannten Rat — oder der ganzen Gesellschaft, welche den Boden unter Bedingungen den agrikolen Assoziationen überlassen würde und sogar, bis solche gebildet wären, den jetzigen Pächtern? — Die erste Modalität würde den Landarbeiter in dieselbe Lage versetzen, wie in der neuen Gesellschaft den Industriearbeiter, als „Mitbesitzer (copropriétaire) der Fabrik oder Werkstatt", und die Assoziation wäre dem staatlichen oder kommunalen Einfluß entzogen. Zwischen diesen Assoziationen würden sich gemeinsame Einrichtungen (gegenseitige Versicherung, Arbeitsaustausch, Verständigungen über den Absatz der Produkte, über große Arbeiten usw.) bilden, und das Resultat wäre dem Zustand ähnlich, den der zweite Vorschlag mit einem Schlag zu erreichen sucht. Aber diejenigen, die hierin ein für die übrige Gesellschaft gefährliches Monopol erblicken, wünschen den Boden im Besitz der ganzen Gesellschaft, die den agrikolen Assoziationen die Nutznießung überträgt gegen Garantien über die Art der Bebauung, den Preis der Produkte usw. und unentgeltlich wie die *anti renters* in Amerika und beim slawischen Gemeinbesitz nach Herzen und Bakunin oder in Pacht nach Colins und De Potter; die Gesellschaft würde diese Pacht zum Ausgleich der ungleichen Ertragsfähigkeit verschiedener Grundstücke ausgeben. Dieses System würde eine Regierungsautokratie bedeuten und wäre daher nur anzuwenden, wenn der Staat „heute rein politisch ein ökonomischer geworden sein wird, d. h. nur die durch ihre Delegierten vertretene Föderation der verschiedenen Arbeitergruppen," womit ökonomische Reformen das Kapital betreffend und eine radikale Reform der Mentalität verbunden sein müssen.

Alle drei Standpunkte sind in der Brüsseler Sektion vertreten, und De Paepe läßt die Zukunft entscheiden, ob der Boden den assoziierten Landarbeitern oder der ganzen Gesellschaft gehören soll. Das zersplitterte kleine Landeigentum aber verurteilt die Wissenschaft, das große Privateigentum an Land die Gerechtigkeit.

[64]) *Troisième Congrès . . . Compte - rendu officiel . . .* (Brüssel, 1868, 54 S. fol.); auch *L'Int.,* I, S. 65—71; *La Voix de l'Avenir* (Chaux-de-Fonds), 4.—25. Oktober 1868 und *Egalité* (Genf), 10. April—12. Juni 1869, von Fritz Robert im Jura.

[65]) *Rapport de la section bruxelloise sur la propriété foncière,* wiedergedruckt in *La Revue socialiste* (Paris), Juni 1889, S. 633—650; in *Les Services publics . . (Bibliothèque populaire,* No. 2, Brüssel, 1895, S. 31—77) u. ö. Zuerst als *Mémoire sur la propriété terrienne, présenté au Congrès des Bruxelles* (Brüssel, 1868, 30 S. 12⁰); es erschien auch De Paepes *Rapport sur les Grèves et les „Trades Unions"* (24 S., 12⁰), beide aus dem Kongreßprotokoll.

Der Kongreß erklärte mit 30 Stimmen (8 aus England, 4 Franzosen, 4 Deutsche, 1 Italiener, 13 Belgier) gegen 5 (1 Franzose, 4 Belgier) und bei 15 Abstentionen — s. *L'Int.* I, S. 66 —, daß Bergwerke, Eisenbahnen usw. der Gesamtheit gehören sollen, ebenso Ackerboden, Kanäle, Straßen, Telegraph und Verkehrsmittel und Wälder. Betreffs der Arbeitsmittel wurde erklärt, „daß die Produzenten nur durch Kooperativgesellschaften und eine Organisation des gegenseitigen Kredits in den Besitz der Maschinen gelangen können . . ."[66])

Die Resolutionen zeigen, daß der beginnende kollektivistische Anarchismus dem Mutualismus gegenüber die Unterstützung der Staatssozialisten erhielt, daß seine Ideen also zwar in den Brüssler Berichten an den Kongreß, aber nicht in den Resolutionen rein zum Ausdruck kommen konnten. Für rein staatssozialistische Beschlüsse war keiner dieser Kongresse zu haben; J. Ph. Becker, die gelegentlichen Deutschen und Engländer und die Generalratsdelegierten setzten wohl nie eine der ihnen selbstverständlich erscheinenden autoritär-sozialistischen Fassungen ihrer Ideen durch. Der Proudhonismus wurde von den Anarchisten mit kollektivistischem Gefühl selbst widerlegt und beiseite geschoben, die mit gleicher Gegnerschaft jedem autoritären Vorstoß entgegengetreten wären.

Dies sah Marx sehr gut ein und wurde mit den Kongressen immer unzufriedener. Es gelang ihm nie, die geistige Führung der Kongresse zu erlangen, auf die er, stets abwesend, durch sehr präzise Instruktionen, die er für die Generalratsdelegierten abfaßte, einzuwirken suchte. Nie fiel ihm bei, daß die Freiheitslosigkeit seiner Ideen sie reizlos machte, er glaubte vielmehr, seinen Mißerfolg durch Intrigen, Unverstand usw. erklären zu müssen und geriet so in den Zustand absoluten Mißtrauens und unwirscher Gereiztheit, der ihn unfähig machte, eine Ideenentwicklung zu beobachten, ohne hinter ihr eine gegen seine Londoner Generalratsautorität gerichtete Machination zu wittern. In diesem jede

---

[66]) Dem sehr langen, die Frage zersplitternden Vorschlag der Kommission entnehme ich nur: „. . . Der Kongreß ist der Meinung, daß die ökonomische Entwicklung die Ueberführung des ertragsfähigen Bodens in Kollektivbesitz als sehr notwendig betrachten wird und daß der Boden Ackergesellschaften zu überlassen ist, wie ebenso die Bergwerke Bergbaugesellschaften und die Eisenbahnen Arbeitergesellschaften, in allen Fällen unter Garantien für beide Teile, die Gesellschaft und die Assoziationen . . ."; die Verkehrswege und Wälder müssen auch der Gesamtheit gehören. — S. auch die von De Paepe verfaßte belgische Erklärung in der *Voix de l'Avenir,* 18. Oktober 1868 *(Mém. jur.,* 1873, p. j. S. 16—20). Eugène Hins und Louis Pindy waren damals noch Mutualisten, Aubry, A. Richard, Laurent Verrycken stimmten kollektivistisch; „. . . Für sie besteht kein Widerspruch zwischen dem Mutualismus beim Austausch von Diensten und Produkten zum Kostenpreis, das heißt der in ihnen enthaltenen Arbeitsmenge, und dem Kollektiveigentum des Bodens, der kein Arbeitsprodukt ist und deshalb nach ihrer Meinung nicht unter das Gesetz des Austausches und der Zirkulation fällt . . ."

objektive Stellungnahme unmöglich machenden Zustand nahm er wahr, daß Bakunin in die Internationale eintrat, und nun war der Teufel los. Der Brüsseler Kongreß, 1868, hatte die volle Durchsprechung der Frage des Kollektiveigentums des Bodens dem Basler Kongreß, 1869, überlassen, der dadurch ganz besondere Bedeutung gewann; hier trat dem niedergehenden Proudhonismus der aufblühende Kollektivismus gegenüber, Bakunin und Varlin, De Paepe und Hins, James Guillaume und R. Farga Pellicer und nicht wenige andre.

« Risoluzione » della Conferenza di Rimini.

VII.

Die Internationale, die Friedens- und Freiheitsliga und Bakunin (1867—68).

Die Internationale vereinigte in den Jahren 1864—1867 so verschiedene, vielfach wenig entwickelte Elemente, daß ihr Gesamtfortschritt auf dem Gebiet der Idee, wie er in den Kongreßbeschlüssen zum Ausdruck kam, ein unendlich langsamer war. Diese Feststellung ist nicht als Kritik zu betrachten, denn ihr Hauptzweck war das Bewußtwerden der Solidarität zwischen den Arbeitern als Arbeiter dem Kapital gegenüber und als Menschen den sie trennenden Staatsorganismen, den Staaten, die Gefängnisse sind (Bakunin), gegenüber. Dazu bedurfte es damals noch der elementarsten Demonstrationen, wie der Verhinderung des Imports von Streikbrechern durch rechtzeitige internationale Verständigung, der Unterstützung von Streiks durch Geldsendungen der Arbeiter anderer Länder und der durch die Niederschießung von Streikenden in Belgien und Frankreich gewonnenen Einsicht des tötlichen Ernstes der sozialen Kämpfe. Man trennte auch die Sache der Arbeiter von den Kriegen der Staaten (1866 und bei der Kriegsgefahr von 1867), und der Brüssler Kongreß begann eine ernste Kriegsdiskussion, aber die objektiv richtige Einsicht, daß Kriege eine notwendige Folge des jetzigen Systems seien und nur durch dessen Beseitigung wegfallen könnten, hinderte ihre direkte Bekämpfung — ein unlogisches Vorgehen, da doch auch jeder andere soziale Uebelstand eine Folge des Systems ist, von den Arbeitern aber doch im einzelnen und sofort bekämpft wird (Arbeitszeit, Löhne, Hygiene usw.). Vielleicht hätte die Internationale auch den Krieg direkt bekämpft, wenn nicht die demokratische Bourgeoisie grade im September 1867 auf dem Genfer Friedenskongreß und seitdem durch die dort gegründete Friedens- und Freiheitsliga der steigenden Kriegsgefahr in Europa hätte entgegentreten wollen. Statt ähnliches zu tun, zog sich die Internationale auf die erwähnte reine Doktrin zurück und verlangte deren Anerkennung durch die Bourgeoisie; die Machtfrage zwischen Internationale und Friedensliga war Marx wichtiger als ein etwaiges Zusammenarbeiten, das der beginnenden Kriegsära (1859, 1864, 1866...) Halt geboten hätte. Wäre Marx im allgemeinen auf einem jede Reform als Verzögerung des Zusammenbruchs und daher schädlich betrachtenden Standpunkt gestanden, wäre seine Haltung logisch gewesen; aber die Internationale war, soweit Marx ihre Haltung beeinflußte, jeder politischen und sozialen Reform freundlich. In der Kriegsfrage aber inspirierte er ein schroffes *non possumus* und nagelte die soziale Frage an den Mast. Sich selbst blieb Marx allerdings treu: war ihm die Internationale in den ersten Jahren ein Werkzeug, die europäischen Völker zum Krieg gegen Rußland zusammenzufassen, so konnte er einige Jahre später nicht ernstlich den Frieden wünschen und verhinderte durch doktrinär unanfechtbares Verhalten, daß der Kriegsgefahr, welche dann in wenigen Jahren die Internationale selbst zerstörte, irgendwie ernstlich entgegengetreten wurde. An Manifesten fehlte es bekanntlich nie, aber die 1868 ausgesprochene Idee des Streiks der Völker gegen den Krieg blieb bei den Akten und liegt noch dort.

Bakunin war aus Italien zum Genfer Friedenskongreß geeilt, nicht grade, weil er sich Illusionen machte, sondern um den Kreis seiner stillen Tätigkeit seit 1864 zu erweitern, neue junge revolutionäre Elemente kennen zu lernen und Staatenzerstörung und föderalistischen Wiederaufbau zum erstenmal öffentlich zu vertreten, Ideen, die man seit Proudhon verschwieg, wohl von belgischen und französischen Proudhonisten in milder Form gehört hatte, aber nicht in der Form, die Bakunin ihnen zu geben wußte. Denn der Proudhonismus, groß in seinem Ziel, beschränkte sich auf nicht-revolutionäre Mittel, deren Unzulänglichkeit allen, nur nicht den Proudhonisten, augenscheinlich war; Bakunin aber wußte, daß dem Ziel, Umsturz und Aufbau, auch die Mittel, Revolution und Solidarität, proportioniert sein mußten.[67]

Der Kongreß der Internationale in Lausanne, auf dem De Paepes Rede für kollektiven Grundbesitz „ein Ereignis war, eine Rede, in der die kollektivistische Theorie zum erstenmal auseinandergesetzt war . . ." (J. Guillaume, *Mém. jur.*, S. 9), und der endlose Diskussionen über französische phonetische Orthographie führte, war nicht so vorgeschritten, daß er auf den Genfer Friedenskongreß hätte mit Geringschätzung herabblicken müssen, und tatsächlich hatten sich vorher und in Lausanne viele Internationalisten für den Kongreß interessiert (Franzosen, Belgier, Engländer, Genfer, Deutsche); 26 der 64 Lausanner Delegierten nahmen am Kongreß in Genf teil und begriffen nicht, daß die Internationale diese Bewegung nicht fördern sollte.

---

[67] Bakunins Briefe an Herzen 1864—1867 illustrieren seine damalige Denkweise auf Rußland angewendet. So am 19. Juli 1866 (*Pisma*, 1896, S. 173—174): „. . . Sie sind Staatspatrioten, Du aber Sozialist, deshalb mußt Du aus Konsequenz Feind überhaupt jedes Staates sein, da ein solcher mit der wirklichen, freien, weiten Entwicklung der sozialen Interessen der Völker unvereinbar ist . . .", „. . . und ich denke, daß die erste Pflicht von uns russischen Exilierten . . . ist, *laut die Notwendigkeit der Zerstörung dieses abscheulichen Kaiserreichs* zu verkünden . . ." Am 8. Oktober 1865 erzählt Bakunin von einer als Artikel für *Kolokol* begonnenen, zur Broschüre, die fast zum Buch wird, anwachsenden Schrift „zur Widerlegung des friedlichen, nicht revolutionären Sozialismus" (S. 160). Diese Schrift ist nicht erhalten; ihre Richtung erklären die Worte (19. Juli 1866; S. 175): „. . . Im Namen größeren Praktischseins habt Ihr euch eine unmögliche Theorie einer sozialen Umwälzung in Rußland ohne politische Umwälzung zusammengestellt, eine Theorie, die gegenwärtig ebenso unmöglich ist, als eine politische Revolution ohne eine soziale; beide Umwälzungen gehen Hand in Hand und bilden im Wesen ein Ganzes . . ."

Aber *Marx* dachte anders, wie der Generalratssitzungsbericht vom 13. August 1867 *(Beehive,* 17. August) zeigt. Er meinte da, es sei wünschenswert, daß recht viele Delegierte den Friedenskongreß für ihre eigene Person besuchten, es würde aber unklug (injudicious) sein, wenn sie als offizielle Vertreter der Internationale teilnähmen. Deren Kongreß sei selbst ein Friedenskongreß, und wenn die Urheber des Genfer Kongresses die Frage richtig verstanden hätten, hätten sie der Internationale beitreten müssen. „. . . Die Partei des Friedens um jeden Preis würde zweifellos auf dem Kongreß stark vertreten sein. Diese würden gern Rußland allein im Besitz der Mittel lassen, das übrige Europa mit Krieg zu überziehen, während die Existenz einer Macht wie Rußland schon allein genüge, daß alle andern Länder ihre Armeen intakt erhalten . . ." Er schlug vor, „daß die Delegierten des Generalrats instruiert werden, keinen offiziellen Anteil am Friedenskongreß zu nehmen und gegen jeden Antrag einer solchen Teilnahme aufzutreten." Dies wurde angenommen und durchgeführt.

Marx tat noch mehr; er inspirierte eine skurrile Persönlichkeit, S. Borckheim, auf dem Kongreß in einer Rede einen veritablen Kreuzzug gegen Rußland zu predigen,[68]) was Borckheim auf derart groteske Art besorgte, daß Marx sich dann an Dr. Kugelmanns Busen förmlich ausweinte; s. seine Briefe vom 11. und 15. Oktober 1867 *(Neue Zeit,* 19. April 1902). Er sagt da u. a.: *„je suis puni par où je pèche!* (Ich bin gestraft durch das, wodurch ich sündige!). Nämlich die Idee des Skandals, den unser Freund unter den respektablen Philistern zu Genf anrichten würde, amüsierte mich au premier abord (im ersten Moment) . . . Außerdem hätte ich bedenken sollen, daß Borckheim bei der Ausarbeitung seines Planes die weisen Schranken, worauf ihn mein Brief verwies, naturgemäß verletzen würde . . ." Borckheim war also schriftlich instruiert, wie er die Rußlandhetze auf dem Friedenskongreß betreiben sollte.[69])

Auch Mazzini[70]), Mieroslawski[71]) und Herzen[72]) lehnten die Teilnahme am Friedenskongreß ab. Daß Mazzini und Mieroslawski als Nationa-

---

[68]) Gedruckt als *Ma Perle devant le Congrès de Genève* par un diplomate européen, Brüssel, 1867, und daraus in den *Annales* des Kongresses, 1868; deutsch: *Meine Perle vor dem Genfer Friedenskongreß* (Zürich, 1868).

[69]) Er schloß mit dem Antrag *(Annales,* S. 177, Anm. 1), „daß von nun ab die Völker von Zentral- und Westeuropa einen aufrichtigen Bund schließen und sich nötigenfalls bewaffnet einer russischen Eroberung in Europa entgegenstellen."

[70]) *Ai membri del Congresso della Pace* (Scritti ed. ed ined., XV, S. 6—14).

[71]) Brief vom 14. August in *Annales,* S. 93—94. — Die polnische Richtung Bosak-Hauke nahm am Kongreß teil, und nach demselben forderte ein polnisches Komitee zum Eintritt in die Liga auf *(Odezwa do Demokracyi polskiej z powoda Kongressa Pokoja,* Genf, 1. Oktober 1867, 4 S. 8⁰). Mroczkowski und Zagorski, Bakunins Genossen, L. Czerniecki, St. Tchorzewski von Herzens Druckerei, J. Bosak-Hauke, J. Cwierzakiewicz (Card) und 23 andere unterzeichneten.

[72]) *Un fait personnel,* Artikel Herzens in *Kolokol,* 1. Januar 1868; ihm widerstrebte die Russenfeindschaft der demokratischen Publikationen.

listen so ehrlich waren, Friedensbemühungen abzulehnen, ist verständlich, ebenso war von Garibaldi kein folgerichtigeres Auftreten zu erwarten, als daß er sich auf dem Friedenskongreß feiern ließ und dann sofort seinen Krieg gegen den Kirchenstaat begann, der zur Niederlage von Mentana führte. Daß aber Marx den Kongreß nach Kräften, offen und hinterrücks, sabotierte, weil er einen Zusammenstoß mit Rußland lieber sah als den Frieden, und deshalb die ihm vertrauenden Arbeiter von kräftigem Eintreten für den Frieden abhielt, — das beleuchtet seine Rolle als Internationalist und läßt die Gefühle erraten, die Bakunins öffentliches Wiederauftreten in ihm erweckte. Es erklärt auch indirekt, warum Bakunin, der gegen all dies nicht blind war, sich nicht beeilte, der Internationale beizutreten.

Bakunins Rede auf dem Genfer Kongreß, 10. September 1867, in gleichzeitigen Berichten nicht genau wiedergegeben, ist nur in der von ihm Anfang 1868 für die *Annales du Congrès de Genève* . . . (Genf, 1868, XV, 382 S.; S. 187—191) niedergeschriebenen Form bekannt. Er wünscht dem russischen Kaiserreich jede denkbare Erniedrigung und Niederlage. Die Freiheit kann nur durch eine freie Föderation der Provinzen und Völker, d. h. durch die Zerstörung des Reichs verwirklicht werden. Das Recht der Föderation schließt das Recht der Sezession ein und verneint das historische Recht, das wir verwerfen müssen, wenn wir wirklich die Befreiung der Völker wünschen.

Dasselbe gilt von Europa. Das Wesen der religiösen, bürokratischen und militärischen Zentralisation ist überall gleich, das Prinzip ist dasselbe, Gewalt (violence) — Gewalt im Innern unter dem Vorwand der gesellschaftlichen Ordnung, Gewalt nach außen unter dem Vorwand des Gleichgewichts oder anderen Vorwänden.

Die Regierungen rüsten gegeneinander; wehe den Nationen, deren Heerführer siegreich zurückkehren — die Lorbeeren werden sich für die sich als Sieger einbildenden Völker in Ketten verwandeln. Wir sind nicht so naiv, uns einzubilden, wir seien imstande, die Menschheit vor dem sich vorbereitenden Weltkrieg zurückzuhalten, dies übersteigt unsere Kräfte — wir kamen zusammen, um gemeinsam die Bedingungen aufzufinden, unter welchen ein Völkerfriede möglich ist.

Hierzu müssen wir internationale Gerechtigkeit wünschen und uns von dem engherzigen Patriotismus frei machen, im eigenen Land das Zentrum der Welt zu sehen. Wir müssen das falsche Nationalitätenprinzip verwerfen, das in letzter Zeit von den Despoten Frankreichs, Rußlands und Preußens erfunden wurde. Die Nationalität ist eine natürliche Tatsache wie die Individualität, und jede Nationalität hat das Recht, ihrer besonderen Natur gemäß zu leben.

Vereinigte Staaten von Europa sind bei Bestehen der jetzigen Staaten nicht möglich; solange die jetzigen zentralisierten Staaten bestehen, ist der Friede unmöglich. Wir müssen also ihre Zersetzung wünschen, damit auf den Trümmern dieser Einheiten, die von oben nach unten organisiert werden, freie Einheiten von unten herauf organisiert, sich als freie Föderation von Gemeinden zur Provinz, von Provinzen zur Nation und von Nationen zu den vereinigten Staaten von Europa entwickeln können.

Bakunins Toast auf dem Bankett am 12. September wünschte „das Kommen der wahren Demokratie durch den *Föderalismus, den Sozialismus und den Antitheologismus"* (*Annales,* S. 316).

C. De Paepe sagte in einer Rede: „. . . Politischer Föderalismus setzt ökonomischen Föderalismus voraus und wäre ohne diesen nur eine Täuschung. Oekonomischer Föderalismus bedeutet: Mutualismus, Reziprozität der Leistungen und Produkte, Aufhebung aller Wegnahmen des Kapitals von der Arbeit, Auslöschung des Bourgeoisismus und des Proletariats . . ." (*Bulletin du Congrès de la Paix,* 1867, S. 139—141).[73])

Da die Friedensliga vorläufig einen gewissen Föderalismus akzeptierte und Bakunin aus diesem Milieu heraus offen und geheim weiterzuwirken dachte, so ist nicht zu verwundern, daß er sich zunächst der Liga anschloß, die ein stärkeres Aktionselement werden konnte, als wenigstens die damalige Schweizer Internationale, in der Dr. Coullery offen antisozialistisch war, James Guillaume grade für Phonographie schwärmte und nur in Genf Perron etwas regsamer war. Zudem mochte Bakunin glauben, durch französische, italienische, russische und polnische Mitglieder seiner *Fraternité* in der Liga wirken zu können, wie er auch zu erreichen suchte, daß Elie Reclus, ein Mitglied, Redakteur des Organs der Liga wurde. Aber schon die ersten größeren Sitzungen des permanenten Zentralkomitees in Bern, 20. und 21. Oktober 1867, in denen er seine Ideen vorlegte, zeigten, daß er eine unerschütterliche Majorität gegen sich hatte, die strikt legalitär und „bourgeoissozialistisch" war, und es besteht wenig Zweifel, daß er von da ab innerlich mit der Liga fertig war und nur die Kongresse vom Herbst 1868 abwartete, um mit den von ihm gruppierten Kräften in ein enges Verhältnis zur Internationale zu treten.

Einstweilen erfolgte im Winter 1867—1868 der Druck eines Teils seines Exposé seiner Ideen, einige Bogen als Beilage der Zeitschrift der Liga; die Publikation blieb unvollendet und wurde nicht separat verbreitet. Es ist dies *Féderalisme, Socialisme et Antithéologisme. Proposition motivée du Comité Central de la Ligue de la Paix et de la Liberté par M. Bakounine,* Genève, zuerst von mir herausgegeben in *Oeuvres* (Paris, 1895, S. 1—205).

---

[73]) De Paepe sah Bakunin wahrscheinlich in Brüssel (1863 oder 1864), 1867 auf diesem Kongreß und 1869 in Basel. Er dürfte der Verfasser einer nicht unfreundlichen Notiz über ihn in der Brüsseler *Économie sociale,* 1876, sein. Aber er war prinzipieller Gegner der von Bakunin für nötig gehaltenen geheimen Organisation — s. z. B. den von ihm für den Conseil général belge geschriebenen Brief (Brüssel, 16. Januar 1869), S. 322—324 meiner älteren Biographie Bakunins — und dies scheint für ihn das Interesse an persönlichen Beziehungen mit Bakunin zerstört zu haben — oder suchte Bakunin solche Beziehungen nicht, nachdem er De Paepes absolut ablehnenden Standpunkt betreffs seiner Methode wahrgenommen hatte? — Die Weiterentwicklung Bakunins und seines Kreises und die des belgischen vorläufig mutualistischen

Anarchie, Collectivisme, Athéisme späterer Schriften Bakunins entsprechen der hier formulierten Dreiheit, die eine Einheit ist, deren Teile sich gegenseitig bedingen. Freiheit verlangt geistige Freiheit und kann nur bei Solidarität bestehen, bei einem Zustand, in dem Alle das gleiche Interesse an der Freiheit besitzen und zu verwirklichen fähig sind. Ein weniger nach beiden Seiten hin gesicherter Sozialismus bleibt unvollständig, krüppelhaft und nicht lebensfähig. Keiner fühlte und betonte dies bisher so wie Bakunin. Seine Anfang 1866 formulierten Ideen (s. Kap. III) kehren unverändert wieder.

So z. B. im *Fédéralisme*: „. . . 6. Folglich absolutes Aufgeben alles sogenannten historischen Rechts der Staaten; alle Fragen über natürliche, politische, strategische, kommerzielle Grenzen müssen von jetzt ab als zur Geschichte der Vergangenheit gehörend betrachtet und von den Anhängern der Liga energisch zurückgewiesen werden" (S. 17).

Die Liga muß offen verwerfen „jede Allianz eines nationalen Bruchteils der europäischen Demokratie mit den monarchischen Staaten, selbst wenn ihr Ziel die Wiedereroberung der Unabhängigkeit oder Freiheit eines unterdrückten Landes wäre . . .", dagegen „laut ihre Sympathie aussprechen für jede nationale Insurrektion gegen fremde oder einheimische Bedrückung, sobald sie im Namen unserer Prinzipien und im politischen und ökonomischen Interesse der Volksmassen geschieht, nicht aber in der ehrgeizigen Absicht, einen mächtigen Staat zu gründen" (S. 18—19).[74]

Der Abschnitt *Le Socialisme* (S. 36—60) mit einer schönen Würdigung Proudhons, auch zum erstenmal die Internationale erwähnend (S. 49), leitet die Idee des *gleichen Ausgangspunkts für Alle* ab von „diesem großen Prinzip der französischen Revolution: daß jeder Mensch die materiellen und moralischen Mittel besitzen müsse, seine ganze Menschlichkeit zu entwickeln, einem Prinzip, das nach unserer Meinung sich in das folgende Problem umsetzt:

„Die Gesellschaft so zu organisieren, daß jedes Individuum, Mann oder Frau, beim Eintritt ins Leben beinahe gleiche Mittel zur Entwicklung seiner verschiedenen Fähigkeiten und zu deren Ausnützung durch Arbeit besitzen soll; eine Gesellschaft zu organisieren, die jedem die Ausbeutung der Arbeit anderer unmöglich macht, die Jeden am Genuß des sozialen Reichstum, der tatsächlich stets Arbeitsprodukt ist, nur in dem Grade teilnehmen läßt, in dem er direkt an seiner Herstellung teilgenommen hat."

„Die vollständige Verwirklichung dieses Problems wird gewiß das Werk von Jahrhunderten sein. Aber die Geschichte hat es aufge-

---

Kollektivismus vollzog sich unabhängig voneinander, was Bemerkungen wie denen von Engels (1872) gegenüber — s. *Die Gesellschaft*, Berlin, November 1925, S. 470, 471 — betont werden muß.
[74] Obgleich verschiedener Auslegungen fähig, bezeichnen diese Bedingungen doch die absolute Verwerfung der sich auf Großstaaten stützenden Politik kleinerer Nationen, sowie deren staatsgründender Tendenzen. Jede Einheit außerhalb der Freiheit wird verworfen und Mazzinis Ideen werden direkt bekämpft (S. 16, Anm.).

worfen . . ." Jeder „die Einsetzung irgendeiner reglementären Autorität verlangende" soziale Organisationsversuch wird verworfen, alles, was „von nah und fern dem Kommunismus oder dem Staatssozialismus ähnlich sieht".

„Das einzige, das unserer Meinung nach der Staat tun könnte und sollte, wäre die allmähliche Modifizierung des Erbrechts bis zu seiner möglichst baldigen vollständigen Abschaffung. Da das Erbrecht eine reine Schöpfung des Staates ist, sogar eine wesentliche Existenzbedingung des autoritären und göttlichen Staates, kann und soll es durch die Freiheit im Staat abgeschafft werden — was darauf hinausläuft, daß der Staat selbst sich auflösen soll in die frei nach der Gerechtigkeit organisierte Gesellschaft." . . . „Nach unserer Meinung soll der öffentliche Erziehungs- und Unterrichtsfonds . . . allein alle Sterbenden beerben."

„Wir fügen hierzu als Slawen und Russen, daß bei uns die auf den allgemeinen und überlieferten Instinkt der Bevölkerung gegründete soziale Idee herrscht, daß der Boden, das Eigentum des ganzen Volkes, nur im Besitz der ihn selbst Bearbeitenden sein solle." Dieses gerechte Prinzip, eine wesentliche und unvermeidliche Bedingung jeder ernsten sozialen Reform, muß auch Westeuropa annehmen. „Wir machen hierüber keinen Vorschlag, wie wir uns im allgemeinen jedes Vorschlags über Probleme der sozialen Wissenschaft und Politik enthalten in der Ueberzeugung, daß all diese Fragen in unserer Zeitschrift (*Les Etats-Unis d'Europe*) ernste und tiefe Erörterung finden werden."

Es wird nur eine Erklärung der Liga vorgeschlagen (S. 58—59), . . . sie „proklamiert laut die Notwendigkeit einer radikalen, sozialen und ökonomischen Reform, welche die Befreiung der Arbeit des Volks vom Joch des Kapitals und der Besitzenden zum Ziel hat, und auf der strengsten Gerechtigkeit, nicht einer juridischen, theologischen oder metaphysischen, sondern einfach menschlicher Gerechtigkeit, auf der positiven Wissenschaft und der absoluten Freiheit begründet ist . . ." Bakunin stellte also das permanente Zentralkomitee der Liga sofort vor die Frage der Anerkennung sozialistischer Bemühungen, und als diese nicht erfolgte, legte er dem Berner Kongreß, 1868, dieselbe Frage vor; hierauf beschränkte sich eigentlich seine Verbindung mit der Liga.

Der *Antithéologisme*, S. 61—205, unvollendet, neben dem noch ähnliche unedierte damalige Fragmente liegen, ist jedenfalls eine erweiterte Bearbeitung von vielem in dem Freimaurermanuskript Enthaltenen, und seinerseits wurde er eine Vorlage der Schriften aus dem Winter 1870—1871, speziell der *Considérations philosophiques sur le Fantôme divin, sur le Monde réel et sur l'Homme* (Philosophische Betrachtungen über das Gottesphantom, die wirkliche Welt und den Menschen) und der *Dieu et l'Etat* genannten Teile dieses Werks. Das kurze Fragment *Le Principe de l'Etat* (*La Société Nouvelle*, Brüssel, November 1896, S. 577—595) resümiert einen Teil dieser Ausführungen, die in ihrer Gesamtheit die

Begründung der Gesamtideen Bakunins bilden.[75]) Hier bleibt eine große Arbeit zu tun übrig: die Zusammenordnung aller Teile dieses durchaus einheitlichen Werks aus allen Drucken und Manuskripten, jeweils in ihrer ausgearbeitetsten Form. Denn Bakunin stellte bald diesen, bald jenen Teil in den Vordergrund, d. h. knüpfte daran an, und die Texte entwickelten sich ungleichmäßig. Niemand konnte den Willen haben, definitiver mit der Metaphysik zu brechen und sich die Welt und den Menschen materialistischer zu erklären, als er. Er greift zur Tierwelt und Urgeschichte zurück und verfolgt durch die ganze Geschichte bis zur neuesten Zeit die Entwicklung der religiösen· Fiktiónen, ihre Fortsetzung durch die Metaphysik, ihre Widerlegung durch die Wissenschaft, — die Geschichte von Staat und Autorität, die Wege zur Freiheit. All diese Gedankenreihen lebten in ihm als ein Ganzes, von dem nur immer einzelne Teile in die so oft unterbrochenen, stets im Interesse neuer, dringenderer Forderungen wieder begonnenen Manuskripte und die wenigen bei seinen Lebzeiten veröffentlichten Drucke kamen. Immer ordnete er sich den praktischen Bedürfnissen der Propaganda unter, schrieb zahllose Briefe und was die Stunde grade erforderte. So liegt dieses Ganze noch jetzt etwa so da, wie die durcheinandergeworfenen Säulen und Kunstwerke eines antiken Tempels, und die Teilstücke sind so reichlich vorhanden, daß eine Rekonstruktion möglich scheint — sie würde erst das von Bakunin so oft angestrebte, begonnene, nie vollendete Hauptwerk ergeben, dem sich seine Schriften über besondere Fragen, die ähnlich zu rekonstruieren wären, anschließen würden.

Es ist hier durchaus unmöglich, auch nur die hauptsächlichen Gedankenreihen anzuführen, da zunächst die hier skizzierte Arbeit durchgeführt sein müßte, aus der sich erst dann die Hauptzüge, die Nebenlinien, die Varianten usw. ergeben würden. Erst dann könnte intelligente Forschung vielleicht feststellen, welche Teile auf die vierziger Jahre zurückgehen könnten, die Feuerbachzeit Bakunins usw. Bis dahin ist der Gegenstand zu wenig durchgearbeitet, um ihn auf wirklich sachverständige Weise auf wenigen Seiten konzentrieren zu können, und Bakunins Schriften sind heute wenigstens teilweise ziemlich zugänglich.[76])

[75]) Auch die im *Progrès* (Locle) vom 1. März—2. Oktober 1869 erschienenen, den Ursprung des Patriotismus behandelnden Briefe und besonders die sich mit Mazzini auseinandersetzenden Schriften und Manuskripte, Juli 1871 bis Januar 1872 enthalten wesentliche Teile dieser Gesamtarbeit.

[76]) Die Grundlage bilden *Oeuvres* (Paris, Tresse et Stock, Frühjahr 1895, XL, 327 S. 18⁰) von mir, und Band II—VI, 1907, 8, 10, 11. Januar 1913, von James Guillaume herausgegeben und *Pisma* . . ., der Briefwechsel mit Herzen und Ogareff, mit Wiederabdruck seltener Schriften, von M. Dragamanoff herausgegeben (Genf, 1896, CVII, 562 S.). — Hierauf beruhen mehr oder weniger die russischen Sammelausgaben, so Petersburg, 1906, 3 Bände; London, 1915, LVI, 339 S.; Petersburg, *Golos Truda*, 1919—1921, 5 Bände; die Mailänder italienische Ausgabe; die spanische im Verlag von *La Protesta*, Buenos Aires, erscheinende, *Obras completas*, seit 1924, auf 10 Bände berechnet. Die deutsche Ausgabe, *Werke* (Berlin, *Der Syndikalist*), bis jetzt 3 Bände, 1921, 1923, 1924, enthält von Band III ab einiges von mir übersetzte unedierte.

Eine solche aus Bakunins Werken geschöpfte Darstellung der gesell·-schaftlichen und menschlichen Entwicklung von der Unwissenheit und der Autorität (Religion, Staat, Eigentumsusurpation) zur Wissenschaft und Freiheit (Föderation, Solidarität) würde neben zwei ähnlichen, die Ideen von Kropotkin und Elisée Reclus über den gleichen Gegenstand enthaltenden Werken die Grundlage wirklicher Einsicht in das Wesen und die Selbstverständlichkeit der Entwicklung zur Freiheit hin geben und zugleich in die Fülle wissenschaftlicher Forschung, die diesen Arbeiten zugrunde liegt. Sie greifen tiefer in das Gesellschafts- und Menschenwesen hinein als die Oekonomiker der Richtung Marx, als einseitige Naturforscher und als reine Denker ohne ausreichendes Beobachtungsmaterial wie Proudhon. Um bei Bakunin zu bleiben, sieht man erst aus dieser Gesamtarbeit, wieviel er in sich aufgenommen hatte im Verkehr immer mit den vorgeschrittensten Kreisen seiner Zeit, in Rußland und Deutschland, Frankreich und Italien, überall das Beste wahrnehmend und geistig verarbeitend. Wenn äußere Verhältnisse und seine beständige Entsagung von literarischen Plänen gegenüber aktuellerer Tätigkeit verhinderten, daß seine Gesamtauffassung mit ihrer wirklichen Begründung genau bekannt wurde, so ist ihre Wiederentdeckung um so interessanter, und sie hilft uns zur Erklärung des von ihm in der Diskussion, in der mündlichen Gewinnung solcher, die wenigstens zeitweilig ihm zu folgen fähig waren, ausgehenden eigentümlichen Reizes.

Nichts kann einen kläglicheren Eindruck machen, als die hochmütige Herabsetzung von Bakunin in den Briefen von Marx, dem seinerseits Bakunin auf intellektuellem Gebiet immer mit vollster Achtung vor seiner geistigen Kraft begegnete.

Da weder die Genfer Rede vor dem Sommer 1868 erschien, noch der *Antithéologisme* abgeschlossen wurde, gelangten Bakunins Ideen eigentlich zuerst durch seinen Brief an *La Démocratie* (Paris) zu weiterer Kenntnis, Ende April 1868; übersetzt *Werke*, III, S. 73—77. Wieder ist seine Einsicht der Untrennbarkeit der Befreiungsarbeit das Charakteristische seiner Aeußerungen; die Zerspaltung der europäischen Bewegungen in exklusiv nationale, ökonomische und der geistigen Aufklärung gewidmete, von denen jede die grundlegende zu sein glaubte und die andern geringschätzte, war das Unglück der europäischen Menschheit.

„. . Die Zeit der *Messias*-Völker ist vorüber . . . Die *Initiative* — um Mazzinis Lieblingsausdruck zu gebrauchen —, diese Initiative, mit der er nach Dantes Vorbild ausschließlich das schöne Italien, sein Vaterland, ausstatten will, gehört von jetzt ab allen Völkern; . . . eine wahre Arbeitsteilung, der geistigen und moralischen Macht jeder Nation proportioniert, und das letzte Wort dieser verteilten Arbeit wird die *föderative Organisation von Europa* sein . . .“ Die Erfahrung bewies, daß 1793 die Girondisten gegen die Jakobiner Recht gehabt hatten; die Jakobiner „organisierten die Regierungsmaschine, diese ungeheure

Staatszentralisation, welche die militärische Diktatur von Napoleon I.
möglich, natürlich und notwendig machte . . ."

„. . . Ein in theologische und metaphysische Fiktionen eingesponnener
Geist, der sich vor irgendeiner andern Autorität als der vernunft-
gemäßen und experimentellen Wissenschaft beugt, kann nur die politische und soziale Sklaverei einer Nation hervorbringen . . ."

„. . . Sie haben tausendmal recht, die beiden großen Fragen, die in
Wirklichkeit nur eine einzige bilden, nicht mehr trennen zu wollen:
die politische und die soziale Frage."

„Ich bedaure wie Sie [Ch. L. Chassin] die Verblendung dieses, übrigens, hoffen wir es, nicht zu großen Teils der Arbeiter in Europa,
welche sich einbilden, daß sie durch Enthaltung von jeder Intervention
in die politischen Angelegenheiten ihres Landes umso besser ihren
eigenen materiellen Interessen dienen." . . . „Die Gleichheit ohne die
Freiheit ist eine ungesunde Fiktion, die von Spitzbuben geschaffen
wurde, um die Dummen zu betrügen.[77]) Die Gleichheit ohne die Freiheit, das ist der Despotismus des Staates . . ."

„Unser aller großer und wahrer Meister, Proudhon, sagte in . . . *De la
Justice* . . . (1858), daß die unheilvollste Kombination, die sich bilden
könnte, die sein würde, welche den Sozialismus mit dem Absolutismus
vereinigte, das Streben des Volks nach ökonomischer Befreiung und
materiellem Wohlstand mit der Diktatur und der Konzentrierung aller
politischen und sozialen Gewalten im Staat."

„Möge uns also die Zukunft vor der Gunst des Despotismus bewahren,
möge sie uns aber retten vor den verderblichen und verdummenden
Formen des *autoritären, doktrinären* oder *Staatssozialismus.* Seien wir
Sozialisten, aber werden wir nie Herdenvölker. Suchen wir die Ge-
rechtigkeit, die ganze politische, ökonomische und soziale Gerechtigkeit,
nur auf dem Wege der Freiheit. Es kann nichts Lebendiges und
Menschliches außerhalb der Freiheit geben, und ein Sozialismus, der sie
aus seiner Mitte verstößt oder der sie nicht als das einzige schöpferische
Prinzip und als Grundlage akzeptiert, würde uns ganz direkt zur
Sklaverei und zur Bestialität zurückführen . . ."

Eine deutlichere und wertvollere Warnung konnte nicht gegeben werden,
und drei Jahre später erhielt der Sozialismus durch die Erstickung der
Commune von Paris in Blut noch die furchtbare Lehre des tödlichen

---

[77]) Diese Worte richten sich sowohl gegen die bonapartistischen, russisch-auto-
kratischen (Miljutin in Polen), auch post-lassalleanischen Tendenzen, soziale
Verbesserungen und die Fortdauer des Despotismus zu vereinigen, als auch, wie
die weiter angeführten Worte zeigen, gegen den nach der Diktatur strebenden
autoritären Sozialismus. — Die von Engels und Lafargue geschriebene Broschüre *L'Alliance* . . ., 1873, S. 85 Anm., führt diesen Satz in Anführungszeichen
in folgendem *falschen* Wortlaut an: „Die politische Abstention ist eine Albern-
heit, von Schurken erfunden, um Dummköpfe zu betrügen", um *dadurch* die
Nichtteilnahme der Revolutionäre an der Wahlpolitik zu widerlegen . . . Auf
diesem Niveau des Nichtverstehenkönnens oder -wollens stand die geistige Bekämpfung Bakunins von marxistischer Seite. Diese Uebersetzung der Publikation
von 1873 wurde noch vor einigen Jahren von der deutschen Sozialdemokratie
neugedruckt und wird noch immer verbreitet.

Ernstes der sozialen Kämpfe. Trotzdem schmiegte er sich der bestehenden Gesellschaft an durch den Parlamentarismus, stärkte, wo er nur konnte, die Macht des Staates und schuf so die Vorbedingungen der Kriege, des Bolschewismus und des Fascismus, die Rückkehr „zur Sklaverei und Bestialität", die Bakunin voraussagte.

In jenem Brief (April 1868) sagt er sich indirekt von der Friedensliga los und erklärt seine Hoffnung auf „jenen Teil der intelligenten, fleißigen, aber nicht doktrinären Jugend,[78]) der selbst das Bedürfnis empfindet, in den Volksmassen aufzugehen" usw. und „vor allem" auf die „Arbeiterklasse, die . . . heute allein die Bewahrerin und Spenderin der Zukunft ist".

Mit diesen Ideen und in diesem Geist trat Bakunin etwa zwei Monate vor dem Brüssler Kongreß in die Genfer Zentralsektion der Internationale ein und wurde jedenfalls sehr bald mit den besonderen Genfer Verhältnissen vertraut, von einigen russischen Genossen, dann bald von dem ihm 1868—1869 sehr nahestehenden Genfer Charles Perron, auch dem alten J. Ph. Becker orientiert und bald mit den tüchtigeren Kräften persönlich bekannt. Er sah, in welchem Grade die Internationale für die nur lokalpolitisch interessierten Genfer Arbeiter der Uhrenindustrie usw. eine nominelle Sache war ohne sozialistischen Inhalt, daß dagegen die schlechter gestellten und meist ortsfremden Arbeiter der Baugewerbe dem Sozialismus zugänglicher waren und das politische Treiben geringschätzten. Er sah den alten Becker zwischen beiden Gruppen lavieren, überzeugter autoritärer Sozialist, Revolutionär, wenn es eine Revolution gab, aber nach Möglichkeit Lokalpolitiker in der Zwischenzeit. Er kannte dessen Beziehungen zu Marx und Engels, die ihn allerdings auch nur cum beneficio inventarii akzeptierten[79]) und trat zu ihm in ein relativ oder äußerlich freundliches Verhältnis, das wahrscheinlich keinen der Beiden täuschte. Solange Bakunins Stern in Genf im Aufstieg war, d. h., solange seine entschlossen sozialistische Propaganda die lokalen Politiker in Schach hielt, war Becker auf seiner Seite — als Bakunin abgereist war und die Wagschale der Politiker wieder in die Höhe stieg, war auch Becker wieder mit ihnen und handelte als Bakunins bitterster Feind.

Ein Brief Perrons an Bakunin nach dem Brüssler Kongreß (s. meine ältere Biogr., S. 252—253) zeigt, daß Bakunin bereits mit einigen Delegierten in persönliche Verbindung treten wollte, aber Perron schrieb: „. . . ich übergab nur zwei konfidentielle Briefe. Einen an Longuet, aus Caen, den andern an Richard, aus Lyon . . ." — Perron, der auch 1867

---

[78]) S. o. Anm. 16. — Es war ein weiterer verhängnisvoller Fehler des autoritären Sozialismus, die in der in etwas besseren materiellen Verhältnissen heranwachsenden Jugend, in den außerhalb der Arbeiterklasse stehenden Frauen usw. schlummernden Hilfskräfte abzustoßen, wodurch die ungeheuren Probleme der Befreiung der Menschheit zu Spezialfragen für staatliche und Arbeiterbürokraten, Politiker, Journalisten usw. herabsanken.

[79]) S. Engels' Brief an Th. Cuno, 8. Mai 1872 (Die Gesellschaft, Berlin, November 1925, S. 468—469) und den Briefwechsel Lassalle-Marx (hrsg. von Professor G. Mayer).

in Lausanne derjenige war, der einige Male Vorschläge machte, die etwas wirkliche Aktion erfordert hätten, die man aber immer bei Seite schob, klagt bitter, daß auch in Brüssel eine theoretisch tadellose Majorität sich vor jeder praktischen Aktionsanregung hütete. „. . . Warum Wünsche, immerzu Wünsche und keine Aktion, keine Organisation, keine Praxis? Man erklärt sich schwer diese platonische Liebe für große soziale und politische Reformen von Leuten, welche diese Millionen von Armen und Elenden vertreten, die täglich unter den Kugeln des Despotismus oder dem Druck des Hungers ihr Leben lassen." — Perron verweist auf eine von seinen Freunden ausgehende Anregung, in den geschlossenen Vormittagssitzungen die praktischen Mittel zur Durchführung all der in den Resolutionen gewünschten Reformen zu besprechen, was nicht gerade abgelehnt, aber auf die Zeit *nach* der Diskussion der Verwaltungsangelegenheiten und der Resolutionen verschoben wurde, mit denen man glücklich sechs Sitzungen ausfüllte. Die Rechnungsablegung zeigte, „daß das Zentralkomitee [der Generalrat] während des letzten Jahres nur 800 francs zur Verfügung hatte! Das bedeutet, daß von den Hunderttausenden von Mitgliedern nur 8000 den Jahresbeitrag (10 centimes) zahlten!! Was für ein Zusammenwirken ist das und welchen Grad von Vernunft zeigte die Majorität, als sie die Diskussion der praktischen Mittel, unserer Arbeiterphalanx Stärke und Tatkraft zu geben, verhinderte . . .?" — Die Genossen Perrons setzten durch, daß noch eine außerordentliche geschlossene Nachmittagssitzung abgehalten wurde zur Diskussion der aus Zeitmangel nicht erörterten zehnten Frage: *Von der bürgerlichen, sozialen und politischen Gleichheit;* dort wollte man, entsprechend einer von dem Komitee der Genfer Zentralsektion in einem Brief ausgesprochenen Idee vorschlagen, daß der Kongreß eine Arbeiterdelegation bevollmächtige, sich zum Kongreß der Friedensliga in Bern zu begeben, „um mit der Liga ein Programm politischer und sozialer Reformen festzusetzen, das diesen beiden großen modernen Institutionen gemeinsam wäre und dadurch von selbst zum revolutionären Programm von ganz Europa würde." Die Majorität aber kam all dem zuvor, indem sie schroff erklärte — im Sinn des Willens von Marx — „daß die Friedensliga angesichts des Werks der Internationale keinen Existenzgrund besitzt und sie einladet, sich derselben anzuschließen, und ihre Mitglieder, daß sie in diese oder jene Sektion der Internationale eintreten." — Dagegen stimmten nur De Paepe, Perron und der Genfer Radikale A. Catalan. Auch die in Paris damals eingesperrten Internationalisten A. Combault, B. Malon, E. Varlin u. a. erklärten: „. . . daß vom Standpunkt der Freiheit aus, die wir erobern wollen, das Recht, sich für den einzigen Ausdruck der Aspirationen einer Epoche zu halten, nicht einer einzelnen Gesellschaft angehören kann . . ." (17. Sept. 1868, Sainte Pélagie: *L'Int.* I, S. 67—68).[80])

---

[80]) In der Kongreßresolution über den Krieg finden sich die Worte: „. . . Der Kongreß empfiehlt vor allem den Arbeitern, jede Arbeit niederzulegen, falls ein Krieg in ihren Ländern ausbrechen würde" und daß der Geist der Solidarität der Arbeiter aller Länder bewirken werde, „daß ihre Hilfe diesem Krieg

Es muß hier unerörtert bleiben und ist tatsächlich, solange die verschollenen Genfer Dokumente der Internationale nicht zum Vorschein kommen, nicht festzustellen, ob die erwähnte Genfer Anregung einer direkten oder indirekten Anregung Bakunins entsprang. Jedenfalls aber hätte die Würde der Internationale nicht gelitten, wenn ein solcher Versuch gemacht worden wäre, und Bakunin hätte gewiß den Versuch gemacht, in diesem gemeinsamen Komitee im Sinn der Vereinigung aller Kräfte und einer Tätigkeit im Sinn seiner Ideen zu wirken. Sein Brief an Gustav Vogt (Biogr. S. 253—255) sagt u. a.: „. . . Die sozialen Prinzipien sind Niemandes Eigentum . . ." Sie sind natürlicher von den Arbeitern vertreten, aber sobald wir sie angenommen haben, „hat niemand weder von oben noch von unten das Recht, uns zu verbieten, in ihrem Namen zu sprechen, uns zu vereinigen und zu handeln — sie gehören uns ebensogut wie den Arbeitern, selbst wenn dies auf andere Weise stattfindet." Perron und J. Ph. Becker hielten die Tätigkeit beider Gesellschaften, der einen auf oekonomischem, der andern auf politischem, religiösem und philosophischem Gebiet für möglich — damit „hätten wir die Macht, die ganze künftige Revolution in unseren Händen . . ." Der Brüssler Beschluß sei eine Impertinenz, der man „mit einer Aeußerung unserer Unabhängigkeit, höherer Vernunft und Gerechtigkeit" begegnen müsse.

Bakunin erkennt vollständig die Bedenken der Internationale an gegenüber dem alten dogmatischen autoritären Sozialismus von vor 1848, und daß sie von den oekonomischen Fragen ausgehend langsam, aber sicher zu den politischen Fragen gelange. „. . . Und sie hat tausendfach Recht, wenn sie das oekonomische Gebiet, ihr wirkliches Terrain, nicht verläßt . . . Deshalb . . .schreitet sie vor und muß vorschreiten nur mit sehr großer Umsicht und Schritt für Schritt, um die Masse der Arbeiter nicht hinter sich zu lassen."

Er skizziert dann die Rolle der Liga in einer an seine Auffassung der Rolle der *Fraternité* und der späteren *Alliance* durchaus anklingenden Weise, was erkennen läßt, daß sein eigentlicher Wunsch seit 1867 gewesen sein dürfte, die Liga mit der *Fraternité* in sich als revolutionär inspirierender Kraft der Internationale anzuschließen. Aber, sagt er, dazu gehört, daß die Liga folgende soziale Grundsätze akzeptiere: „die oekonomische Gleichmachung[81]) aller Klassen und Individuen der Erde;

der Völker gegen den Krieg nicht fehlen werde" — eine sehr richtige Resolution, auf welche aber in der Agitation der folgenden Jahre wenig oder kein Gewicht gelegt wurde. Die Begründung sprach aus: „daß tatsächlich der soziale Körper nicht leben kann, wenn die Produktion eine Zeitlang stillsteht, daß es daher genügt, wenn die Produzenten zu produzieren aufhören, um die Unternehmungen der persönlichen und despotischen Regierungen unmöglich zu machen."

[81]) Das so sehr bemängelte Wort *égalisation*, Gleichmachung, wird auf das deutlichste erklärt durch alle Programme Bakunins seit 1866: es bedeutet Gleichstellung, ein gleicher Ausgangspunkt für Alle durch Wegfall der Geburtsprivilegien (Stand und Erbe) und gleiche Vorbildungsmöglichkeiten bis zur selbständigen Arbeitsfähigkeit. Von einer Klassenharmonie ist ebensowenig die Rede wie von einer künstlichen Gleichmachung, sondern nur von gleichen Chancen für alle.

folglich die Abschaffung des Erbrechts. Die Aneignung (appropriation) des Bodens und aller Arbeitswerkzeuge durch die universelle Foederation der Arbeiterassoziationen, in welcher Foederation alle Staaten und alle auf privaten und vererblichen Besitz von Kapital und Boden gegründeten politischen Einrichtungen tatsächlich aufgehen (se noyer) werden." Endlich Vereinigung der Kopf- und Handarbeit, die durch die Macht der Dinge selbst für Alle gleich obligatorisch werden, grade so wie Erziehung und Unterricht Aller. — Ohne diese Grundsätze würde die Liga keine Existenzberechtigung haben und reaktionär und machtlos sein. — Bakunin wünschte, diesen Standpunkt vor dem Berner Kongreß zu vertreten.

Bekanntlich geschah dies, und die Kongreßmajorität entschied gegen diesen Standpunkt, worauf 18 Mitglieder der Minorität austraten (25. September 1868); unter diesen befinden sich: Bakunin, Fanelli, Friscia, Tucci, Mroczkowski, Zagorski, Joukovski, Elisée Reclus, Aristide Rey, Charles Keller, Jaclard, J. Bedouche, A. Richard, alles Mitglieder der *Fraternité* oder damals diesem Kreis nahestehend, wie Jaclard oder in ihn eintretend, wie Richard und Bedouche (Paris). Dazu kamen N. Utin und einige Russen seines Kreises und der in Genf wohnende Deutsche Fr. Bütter. Den Beratungen dieser Männer, soweit sie zur *Fraternité internationale* gehörten, entstammte dann die Idee der Gründung der *Alliance internationale de la Démocratie socialiste.*

Die vier Berner Reden Bakunins[82]) sind den Kongreßgegenständen angepaßt. Den von Gustave Chaudey und Dr. Ladendorf vorgeschlagenen sozialen Resolutionen stellte Bakunin folgende gegenüber: *„In Anbetracht dessen, daß die sich uns am dringendsten darbietende Frage die der oekonomischen und sozialen Gleichmachung* (égalisation) *der Klassen und Individuen ist, behauptet der Kongreß, daß Freiheit und Friede außerhalb dieser Gleichmachung, das heißt außerhalb der Gerechtigkeit, nicht verwirklicht werden können. Folglich setzt der Kongreß das Studium der praktischen Mittel zur Lösung dieser Frage auf die Tagesordnung."* — Seine Rede ist ein Hymnus auf die Gleichheit, ein beredter Hinweis auf das Erwachen der Arbeiter, die Internationale und den Willen nach *oekonomischer und sozialer Gleichheit.*

Dem üblichen Einwand, das sei Kommunismus, setzt Bakunin die Worte entgegen: „. . .Nein, meine Herren, ich bin kein Kommunist, ich bin Kollektivist (collectiviste) . . ." Man dürfte nicht finden, daß Bakunin das Wort *collectiviste* früher gebrauchte; in der zweiten Berner Rede umschreibt er seinen Standpunkt so: „. . .weil ich mit dem Brüssler Arbeiterkongreß mich als Anhänger des Kollektiveigentums (propriété collective) erklärt habe". — Im *Mémoire jur.,* 1873, S. 31 erklärt Guil-

---

[82]) *Discours de Bakounine et de Mroczkowski au deuxième Congrès de la Paix, à Berne* im französischen *Kolokol* (Genf), Nr. 14—15, 1. Dezember 1868, S. 210—218 (drei Reden Bakunins); die vierte enthält die Broschüre *Discours prononcés au Congrès de la Paix et de la Liberté à Berne (1868)* par M. M. Mroczkowski et Bakounine (Genf, 1869, 23 S. 8º). — Elisée Reclus schrieb seinem Bruder Elie eine lebhafte intime Schilderung des Kongresses *(Corresp.,* I, 1911, S. 279—287).

laume: „. . . dieser Ausdruck (collectiviste) wurde zum ersten Male von der Sektion Locle gebraucht, die beinahe ganz aus Anhängern der Resolutionen von Brüssel bestand —" also augenscheinlich in den Wochen oder Monaten nach dem Brüssler Kongreß, als im Jura die Scheidung zwischen dem Antisozialismus von Dr. Coullery und dem Sozialismus von Guillaume, Fritz Robert u. a. stattfand (September, Oktober 1868). — De Paepe bemerkte später (s. *Le Communisme relatif,* Revue socialiste, Paris, Mai 1890, S. 349), er habe das Wort *collectivisme* „lange bevor (bien avant) dem Erscheinen Bakunins im westlichen Sozialismus" gebraucht, wie schon früher Colins und seit 1848 Considérant.[83]) In De Paepes Brief an die *Voix de l'Avenir,* 6. Oktober 1868, wird das Wort nicht gebraucht und sein Bericht an den Brüssler Kongreß vermeidet es auch noch. — Ich vermute, daß nach dem älteren Wort *collectivisme* (1850 oder früher) zuerst der Terminus *propriété collective* seit dem Kongreß von Lausanne, 1867, häufig gebraucht wurde, und daß sich dann die Bezeichnung *collectiviste* unwillkürlich an mehreren Orten bildete, in Brüssel, im Jura und in Bakunins Munde. Das Wort war ein willkommener Ausweg vor dem Wort *communiste,* das damals einen durchaus autoritären, ihm von Cabet aufgeprägten Charakter hatte, dem jeder freiheitlich fühlende Sozialist entgehen wollte; da nun Antisozialisten, wie z. B. Dr. Coullery, der im Kanton Neuchâtel das große Wort führte, jede Regung sozialistischen Gefühls als Kommunismus bezeichneten und dadurch bei Unwissenden alle alten Vorurteile wachriefen, so gewann das Wort *collectiviste* bei den wirklichen Sozialisten Verbreitung, zunächst im Jura und in Belgien.[84])

---

[83]) Ich fand in der von *Constantin Pecqueur* geschriebenen Zeitschrift *Le Salut du Peuple. Journal de la science sociale* (Paris), Nr. 5, 10. April 1850, S. 6, den Satz: „. . . es handelt sich für Frankreich und Europa darum, von den letzten Anwendungen des Prinzips des Individualismus in allem überzugehen zu den ersten Anwendungen des ganz verschiedenen Prinzips der Solidarität, des Kollektivismus (du collectivisme), das heißt dem harmonisierten oder äquilibrierten Individualismus und Sozialismus . . ."

[84]) Guillaume *(Mem.* jur., 1873, S. 30—31), hebt hervor, daß man damals das Wort *Staat* (Etat) noch bei allen Richtungen gebrauchte, so in den Brüssler Resolutionen, 1868, wo aber präzisiert wird: „aber durch den regenerierten und selbst dem Gesetz der Gerechtigkeit unterworfenen Staat", worunter die „kollektivistisch-föderalistische Auffassung der menschlichen Gesellschaft'" die „freie Föderation der freien Produktivassoziationen" verstand. — Er bemerkt auch von der Zeit des Basler Kongresses, September 1869 (S. 81—82), daß Hermann Jung vom Generalrat ihm damals in der Erbrecht-Kommission sagte: „Dieses Mal, glaube ich, werden wir uns offen als Kommunisten erklären können"; Guillaume will damit die gute Stimmung charakterisieren, die damals noch für London bestand — „der Name Kollektivisten, den wir uns gaben, schien damals nicht eine von der des Generalrats wesentlich verschiedene Doktrin zu bezeichnen . . ." Dies scheint mir vor allem das damalige Sicherheitsgefühl im Jura zu charakterisieren, wo man sich keiner Einmischung des Generalrats versah und in dem ausgeprägten Sozialismus von Marx, Eccarius, Jung und einigen andern eine Stütze gegen den ganz matten oder fehlenden Sozialismus der Genfer Arbeiterpolitiker, des Dr. Coullery in Chaux-de-Fonds usw. zu besitzen wähnte.

In der zweiten Berner Rede sagte Bakunin sehr deutlich, da die Antisozialisten ihn immer noch mit den Kommunisten zusammenwarfen: „. . .Ich verabscheue den Kommunismus, weil er die Negation der Freiheit ist, und ich etwas Menschliches ohne Freiheit mir nicht vorstellen kann. Ich bin nicht Kommunist, weil der Kommunismus alle Kräfte der Gesellschaft im Staat konzentriert und von ihm absorbieren läßt, weil er unvermeidlich zur Eigentumskonzentration in den Händen des Staats führt, während ich die Abschaffung des Staates will, — die radikale Austilgung des Autoritätsprinzips und der Staatsbevormundung, die unter dem Vorwand die Menschen zu moralisieren und zu zivilisieren, sie bis heute geknechtet, unterdrückt, ausgebeutet und verdorben haben . . .Da ich die Staatsabschaffung will, will ich die des individuellen Erbrechts, das nur eine Staatseinrichtung ist, nur eine Folge des Staatsprinzips selbst . . .“

„. . . Ich will die Aufhebung der Klassen in ökonomischer und sozialer sowie in politischer Beziehung . . .“ Die Geschichte lehrt, „. . . daß die politische Gleichheit ohne oekonomische Gleichheit eine Lüge ist . . .“ „Dies verstehen wir also unter „Gleichmachung der Klassen“. Es wäre vielleicht besser gewesen, Aufhebung (suppression) der Klassen zu sagen, Vereinheitlichung der Gesellschaft durch Abschaffung der oekonomischen und sozialen Ungleichheit . . .“

Die dritte Rede war der Geistesfreiheit gewidmet und ist eine der schönsten freidenkerischen Kundgebungen mit historischem Rückblick. Bakunin erkannte aber auch an, daß „. . . die Religion nicht nur eine geistige Verirrung ist, sondern auch und vor allem ein leidenschaftlicher und permanenter Protest der Fülle des menschlichen Wesens, des unendlichen Reichtums des Menschenherzens, gegen die Enge und das Elend des wirklichen Lebens . . .“ Der Mensch in seinem Elend schuf sich durch seine Einbildung eine fiktive Welt, in die er seine Aspirationen und Hoffnungen, sein Ideal übertrug. „. . . So wurde die Religion geschaffen, und sie wird auf der Erde allmächtig sein, solange hier Unvernunft und Ungerechtigkeit herrschen werden . . . Errichten wir die Brüderlichkeit, das heißt das gleiche Recht eines Jeden auf die Solidarität Aller, die Freiheit in der Gleichheit, und die Religion wird keinen Existenzgrund mehr besitzen. Um also die Religion zu zerstören, um all diese Gottesphantome, die uns so versklavt, so roh und so elend machen, zu zerstreuen und verschwinden zu machen, dazu genügt einfache intellektuelle Propaganda nicht — die soziale Revolution ist dazu nötig.“

Die vierte Rede betrifft Rußland und Polen, die Zerstörung des russischen Reichs, aber auch aller Staaten, in denen mehrere Nationalitäten zusammenleben und deren Autonomie und Föderation. Man sollte meinen, daß auch die nationalistische Ideologie, wie die Religion, als eine aus unmittelbar schlechten Verhältnissen anscheinend herausführende Fiktion erkannt worden wäre, die wie die Religion vor der sozialen Revolution schwinden würde, aber wenn Bakunin diese Verhältnisse, wenn Italien in Frage kam, objektiv beurteilt, sprachen seine alten Ideen unverändert aus ihm, sobald von Rußland und Polen, Preußen und Oesterreich, Ungarn und der Türkei die Rede war, so sehr er — grade wieder 1868 — durch verschiedene Schriften mit den Polen abzurechnen suchte und ebenso damals eine direkte russische Propaganda begann, von der in Nr. 1 der Zeitschrift *Narodnoe Délo* (Die Volkssache; Genf, September 1868) ein seine Ideen resümierendes Programm und zwei längere Artikel vorliegen, die für die beginnende russische Bewegung von Bedeutung waren, das erste neuere Wort Bakunins, das nach Rußland gelangte.

Das nach N. Joukovskis Mitteilung von diesem aus einem längeren Manuskript Bakunins zusammengefaßte Programm wurde in französischer Ausgabe, *Programme de la Démocratie socialiste russe* (Genf, Druckerei Elpidin, 2 S. 8⁰) zur Zeit des Brüssler Kongresses verbreitet.[85])

„Wir wollen die volle geistige, sozialoekonomische und politische Befreiung des Volks . . ." Wenn zur ersten erklärt wird, „daß wir Anhänger des Atheismus und Materialismus sind", so ist, um Bakunins Standpunkt genau kennen zu lernen, der Artikel *Die Wissenschaft und das Volk* zu berücksichtigen (S. 12—24), der dieselben Ideen proklamiert, aber konstatiert, die Wissenschaft sei dem Volk unzugänglich, worin eben die Notwendigkeit der sozialen Revolution liege. Die Befreiung des russischen Volks durch die Wissenschaft ist uns versperrt, es bleibt nur der Weg durch die Revolution übrig . . .

Auf dem gleichen Gebiet wird verlangt: Abschaffung des Erbrechts, gleiche Rechte der Frauen und Beseitigung des Familienrechts und der kirchlich oder staatlich sanktionierten Ehe. Erziehung und Unterricht wie in allen Programmen Bakunins.

„. . . *Der Boden gehört nur den ihn mit eigener Hand bearbeitenden — Gemeinden von Landbebauern (semledieltscheskaja obschtschina). Das Kapital und alle Arbeitsinstrumente den Arbeitern — den Arbeiterassoziationen.*"

Die politische Organisation „soll nichts anderes sein, als die freie Foederation der freien Arbeiterassoziationen, sowohl der landbebauenden wie der Arteln der Fabriken und Handwerke."

„Und deshalb wollen wir im Namen der politischen Befreiung vor allem die definitive Vernichtung des Staates, die Ausrottung jeder Staatlichkeit mit all ihren kirchlichen, politischen, militärisch- und zivilbureaukratischen, juridischen, paedagogischen und finanzoekonomischen Einrichtungen."

„Wir wollen volle Freiheit für alle jetzt von dem Kaiserreich unterdrückten Völker mit dem Recht der vollsten Selbstbestimmung auf Grund ihrer eigenen Instinkte, Bedürfnisse und ihres Willens, damit, sich von unten nach oben foederierend, diejenigen von ihnen, die Glieder des russischen Volkes sein *wollen,* gemeinsam eine wirklich freie und glückliche Gesellschaft gründen können in freundlicher föderativer Verbindung mit *ebensolchen* Gesellschaften in Europa und auf der ganzen Erde."

---

[85]) S. das Kongreßprotokoll; abgedruckt in *La Liberté* (Brüssel), 20. September 1868; *Les Etats Unis d'Europe* (Bern), 23. September.

Durch dieses Programm, die Genfer und Berner Reden und den Brief an die *Démocratie* wurde also ungefähr vom Mai bis Dezember 1868 Bakunins bis dahin, seit 1864, in geheimen Schriften und Briefen verbreitetes Programm zuerst allgemein bekannt und zwar in dieser weiter ausgebildeten Form, welche auch den Kollektivbesitz der Arbeitswerkzeuge fordert, der in der Fassung von 1866 fehlte. Mit diesem Gegenstand hatte die Internationale auf ihren Kongressen von 1867 und 1868 sich noch gar nicht ausdrücklich beschäftigt, da sie noch in der Diskussion der Landfrage steckte, die erst in Basel, 1869, abgeschlossen wurde. Daher war Bakunin damals der konsequenteste und vollständigste Exponent des freien Sozialismus.

Denn, wie die Betrachtung der Entwicklung der Internationale hinlänglich zeigt, standen ihre drei Hauptbestandteile in den ersten Jahren, Proudhonisten, Trade Unionisten und autoritäre Sozialisten (Marx, J. Ph. Becker und einige Franzosen) sich wesensfremd und innerlich feindlich gegenüber und die volle sozialistische Erkenntnis der alten Sozialisten war machtlos, den auf Selbsthilfe und eigene Kraft bauenden Proudhonisten und Gewerkschaftlern gegenüber, die eben beide den Staatssozialismus perhorreszierten. Später konnten die autoritären Sozialisten in sehr beschränktem Grade einigen Gewerkschaftlern einige Verstaatlichungsideen beibringen, Nationalisierung der Bergwerke und dergl., aber den Proudhonisten gegenüber waren sie machtlos. Hier wirkte nur die innere Erkenntnis einiger, wie die Entwicklung De Paepes vor der Rede von Patignies, 1863, zu dem Brüssler Bericht, 1868 zeigt und noch vollständiger die Bakunins von 1866 bis 1868. Die autoritären Sozialisten mußten dies unterstützen, weil es eben wirklicher Sozialismus war, aber sie hatten keine Freude daran, da es mit Freiheit und Foederation verbunden und dem Staat, jeder autoritären Organisation, todfeindlich war und blieb.[86])

---

[86]) Einige Gedanken, die grade, als Bakunin in die Internationale eingetreten war, wovon Marx aber noch nicht wußte, Marx durch den Kopf gingen und Engels' Bemerkungen dazu zeigen folgende Briefstellen:

(Marx am 4. August 1868): „... Jetzt, wo die Deutschen sich en masse an die I. A. A. anschließen werden, also vorläufig die Gesellschaft wenigstens ihr Hauptterrain umschreibt — wenn auch überall noch dünn —, ist mein Plan, daß der Generalrat nach Genf für das nächste Jahr verlegt werde und wir hier nur als Britischer Council funktionieren. Es scheint mir eine kluge Maßregel, wenn der Vorschlag von uns ausgeht. Zeigt zugleich den Eseln in Paris usw., daß wir keineswegs ängstlich auf diese angenehme Diktatur sind. Was meinst Du dazu? ..."

(Engels am 6. August): „... Was nun die Verlegung nach Genf angeht, so erinnert sie mich an die der Zentralbehörde (des Bundes der Kommunisten, 1850) nach Köln. Ich würde mir diesen Coup *sehr* überlegen. Erstens sind die Paar Esel (diesmal die Londoner französische Sektion, antiproudhonistische, aber zugleich marxfeindliche Sozialisten) es wert, daß ihr diesen Schritt ihretwegen tut und die Sache an Leute überantwortet, die zwar viel guten Willen und auch wohl Instinkt, aber doch nicht das Zeug dazu haben, so eine Bewegung zu leiten? Zweitens, wer steht dafür, daß, wenn das Umziehen einmal anfängt und der heilige Respekt vor London, das doch immer das Medina der Emigra-

Für Marx, der über das Zurückweichen des Proudhonismus persönliche Genugtuung empfand, war es eine sehr unangenehme Ueberraschung, an dessen Stelle den Kollektivismus aufkeimen zu sehen, und als zu dem belgischen intellektuellen Zentrum noch ein neues, zunächst in Genf lokalisiertes Zentrum zu kommen schien, Bakunins der Internationale beitretender Kreis, muß sein Empfinden ein sehr bitteres gewesen sein, und Bakunin war nun der Hauptfeind[87]). So kam es, daß die Internationale, für die einen eine immer hoffnungsfreudigere Zusammenfassung der Kräfte der kommenden Revolution und ein Schauplatz friedlichen Wetteifers wachsender sozialistischer Erkenntnis, für andere eine Gruppierung von in der Regel „Esel" genannten Leuten wurde (s. den Briefwechsel Marx-Engels), zu deren Leitung und Bevormundung sie sich berufen glaubten. Schließlich konnten letztere, als Autoritäre, zu gar keiner anderen Einsicht gelangen, und ihre unvermeidliche Feindschaft hat der geistigen Weiterentwicklung des jungen Anarchismus nur genutzt, während ihr Treiben durch ihre Spaltung der Arbeiterkräfte und Förderung der gegenseitigen Nichtkenntnis und Entfremdung der Völker der Sache der Revolution unendlich geschadet und die prachtvolle Grundidee der Internationale untergraben hat.

tion, durch einen sehr zweifelhaften Respekt vor Genf ersetzt ist, nicht die Proudhonisten es schon als Frage der internationalen Courtoisie durchsetzen, daß die Sache einmal nach Brüssel oder Paris verlegt wird? Endlich: man soll dergleichen Zentren nie an Punkte legen, aus denen sie *ausgewiesen* werden kann, solange man einen davon freien Ort hat. Je großartiger die Sache wird, desto wichtiger, daß Du sie in der Hand behältst, und wo die Sache jetzt in Deutschland zu ziehen beginnt, glaube ich nicht, daß Becker das Zeug hat, sie zu leiten . . ."

(Marx am 10. August): „. . . Was Du über die Verlegung des Central Council nach Genf sagst, ist sehr richtig. Möglich bleibt, daß man in Brüssel (Kongreß), malgré nous et contre nous (trotz uns und gegen uns) einen change (Ortswechsel) beantragt, um seinen heroischen Widerstand gegen das principe autoritaire zu dokumentieren. In diesem Fall wenigstens müssen unsere Delegierten für Genf als pis aller (schlimmsten Fall) stimmen." — Letzteres bedeutete, daß, wenn eine Verlegung des Generalrats angeregt und Brüssel vorgeschlagen worden wäre, die Generalratdelegierten wenn nicht London, so wenigstens Genf (Becker) durchsetzen sollten. Nach Marx' Briefen vom 12. und 16. September regten Tolain und andere Pariser die Verlegung nach Brüssel an, blieben aber damit allein.

[87]) Schon am 4. Oktober 1868 schreibt Marx, daß er Borckheim die in der *Neuen Rheinischen Zeitung* (14. und 15. Februar 1849) erschienenen Artikel von Engels über Bakunin (Besprechung des *Aufrufs an die Slawen*) gab, weil Borckheim über die panslavistische demokratische Bewegung schreiben wolle *(Russische Briefe* in der Berliner *Zukunft).* — Marx lieferte also wieder dem Borckheim Material, aber Engels behagte diese Promiscuität nicht und Marx mußte dann Borckheim um den Bart gehen, um die Artikel zurückzunehmen, wozu er sich die Ausrede zurechtlegte, „daß Du ein alter persönlicher Freund des Bakunin bist, also die Sache unter keinen Umständen in einem beleidigenden Zusammenhang für den letzteren stehen darf" (7. November).

Damals berichtete Marx von des Borckheim Wut auf J. Ph. Becker „weil der mit Bakunin auf gutem Fuß steht und dem Borckheim geschrieben, er solle den Bakunin nicht in seinen Schreibebriefen angreifen. Borckheim sieht darin eine gefährliche „Moskowiter-Konspiration" und schrieb einen geharnischten Brief an Becker" (24. Oktober).

VIII.

Der kollektivistische Anarchismus 1868—69; Bakunin und César De Paepe.

Ungleichartigkeit war der Internationale eigentümlich, in der gemischte Sektionen (aller Arten von Hand- und Kopfarbeitern), Propagandasektionen mit einheitlicherem Ziel, Fachsektionen (Anfänge gewerkschaftlicher Organisation) neben flüchtigeren Gruppierungen (großen Massen, die sich etwa anläßlich einer Streikbewegung anschlossen), affiliierten Trade Unions, die kaum nominellen Zusammenhang mit der Gesellschaft hatten usw. lagen und in der bald an Altes, frühere Vereine usw. angeknüpft, bald ganz neuer Boden urbar gemacht wurde und Kämpfer aller früheren Bewegungen neben ganz neu gewonnenen Propagandisten arbeiteten. Daher war die Teilnahme an der Entwicklung gemeinsamer Ideen eine sehr ungleichmäßige, und dies mußte auch bei etwaigen gemeinsamen Aktionen der Fall sein. Es gab hierfür theoretisch drei Möglichkeiten: eine Leitung von oben herab, wie Marx sie praktizierte, soviel er irgend konnte — alles scheinbar dem Zufall, der Spontaneität zu überlassen, wobei aber doch die geistige Vormacht einzelner Gruppen sich herausbildete (dies war der Standpunkt der Belgier, die damals über die größte Menge besonderer Talente verfügten) — oder eine intime geheime Verständigung zwischen den besten Kräften der Sektionen über zielbewußtes einheitliches Vorgehen in der Propaganda, Organisation, Vorbereitung und seinerzeitigen Aktion. Dies war Bakunins Methode, nach der er schon lange vor seinem Eintritt in die I. A. A. gehandelt hatte (s. Kap. II, III) und von der abzugehen ihn der eben geschilderte ungleichartige Zustand der Gesellschaft natürlich nicht veranlassen konnte.

Bakunin sah, wie wesentlich auch die noch so flüchtige Zusammenfassung auch sozialistisch wenig entwickelter Arbeitermassen war, in denen sich eben doch die Solidarität unter sich und im Kampf gegen das Kapital unvermeidlich durch die Praxis entwickeln mußte, und nichts lag ihm ferner, als diese Massen durch irgendwelche besonders scharf ausgeprägte und an sich sehr richtige Formulierungen sozialistischer oder anarchistischen Ideen abzuschrecken oder ihnen solche Ideen irgendwie aufzuzwingen. Er glaubte aber, wie schon erwähnt, daß die schlummernden Instinkte dieser Massen solchen Ideen entsprächen und daß daher seinerzeit die bewußte Initiative einzelner besonders fähiger Männer im Fall der Aktion diese Instinkte erwecken würde — und diese Männer sollten durch eine geheime Verbindung auf jede Weise in ihrer Tätigkeit gefördert werden. Er scheute sich nicht, sie als

Generalstab der Revolution oder als unsichtbare Diktatur zu bezeichnen. Es ist leicht, theoretisch den Stab über dieses System zu brechen und das absolute Vertrauen in die Spontaneität und die freie Initiative zu proklamieren. Praktisch bringt das wirkliche Leben stets besonders intime Zusammenhänge der tätigeren Genossen hervor, die umso wirksamer sind, je weniger ihre Regulierung und Vereinheitlichung versucht wird. In letzterem Punkt scheint Bakunins Schwäche zu liegen, der vielerlei minutiös ausgearbeitete Statuten verfaßt hat. Praktisch blieben diese Statuten auf dem Papier, und sein Verkehr mit den einzelnen Mitgliedern war ein der Persönlichkeit eines Jeden angepaßter rein individueller. Aber das Statutenwesen erbte sich einmal von den früheren Geheimorganisationen fort, und dann hielt Bakunin tatsächlich ein Minimum von Pünktlichkeit und Verläßlichkeit für unentbehrlich zu ersprießlicher Zusammenarbeit und wußte sehr gut, daß von allen in solcher Hinsicht an freiwillige Mitarbeiter gestellten Ansprüchen in der Regel nicht der zehnte, nicht der hundertste Teil erfüllt wird; er forderte daher viel, um wenigstens etwas zu erreichen. Es ist manchmal rührend, in den Briefen zu sehen, wie sehr er mit der Lässigkeit der einzelnen Personen zu kämpfen hat, wie wenig man auf seinen Rat, seine Bitten hört, so umständlich, geduldig und rücksichtsvoll er alles erklärt. Die Statuten sprechen gewissermaßen seine Sehnsucht aus nach einem bischen Fleiß und Pünktlichkeit, die er nur selten bei einzelnen für längere Zeit fand.

Auch wenn der Berner Kongreß Bakunins erwähnten Vorschlag angenommen hätte, waren dessen Genossen entschlossen, die Frage der Mittel und Wege zur Erreichung des sozialistischen Endziels aufzuwerfen und hier die Ideen der *Fraternité* vorzulegen, so daß die beiden Richtungen des Sozialismus einander gegenübergestanden wären. Aber schon die Verwerfung des ersten Vorschlags besiegelte den Bruch mit der Liga, und nun wünschten die französischen und italienischen Mitglieder der Fraternité die Gründung einer öffentlichen unabhängig von der Internationale organisierten Gesellschaft, in der die *Fraternité* als geheime Gesellschaft enthalten wäre, während sie individuell in die Internationale eintreten würden. Bakunin hielt eine solche neue Internationale für unzweckmäßig, da sie in ganz unerwünschter Rivalität zur Arbeiterinternationale erscheinen würde. Aber er drang nicht durch, und man einigte sich dahin, daß die neue *Alliance internationale de la Démocratie socialiste* einen integrierenden Bestandteil der Internationale bilden sollte, deren Programm ihre Mitglieder akzeptierten, während sie zugleich die in ihrem besonderen Programm vorgelegten Ziele verfolgten.[88])

Das öffentliche *Alliance*programm sei hier nicht wiederholt[89]); seine ersten Worte: Die Alliance erklärt sich als atheistisch usw., die so oft befremdet haben, sind übergenug erklärt durch die Untrennbarkeit der

---

[88]) Nach Bakunins Darstellung in *Gos. i. An.*, 1873, S. 292 f.; s. auch *Ist. Rasv. Int.*, 1873, S. 301—17.

[89]) Deutsch in Werke, II, 1923, S. 180, Anm. 2.

geistigen, ökonomischen und politischen Befreiung in allen seit 1865 bekannten sozialistischen Schriften Bakunins. Der vollständige Kollektivismus wird nun anerkannt: „. . . damit in Zukunft jeder seiner Leistung entsprechend genieße und entsprechend dem Beschluß des letzten Arbeiterkongresses in Brüssel, der Boden, die Arbeitswerkzeuge sowie alles andere Kapital Kollektiveigentum der ganzen Gesellschaft werden und nur von den Arbeitern, d. h. den landwirtschaftlichen und industriellen Assoziationen benutzt werden können . . ."[90])

Vom Staat wird gesagt: „Sie [die Alliance] erkennt an, daß alle bestehenden politischen und autoritären Staaten, indem sie immer mehr auf einfache verwaltende Besorgung der öffentlichen Dienste in ihren Ländern reduziert werden, in der universellen Union der freien landwirtschaftlichen und industriellen Assoziationen werden verschwinden müssen."

Dem Versuch, Internationale, öffentliche und geheime Alliance und die Fraternité organisch zu verbinden, entsprangen komplizierte Entwürfe (Ende September und Oktober 1868), die kein oder nur ein Minimum von Verwirklichung erfuhren und ebenso erhielten damals oder, in vorbereitender Tätigkeit eventuell etwas früher, die in den Dokumenten der Fraternité 1866 niedergelegten Ideen eine präzisere Fassung, von der Entwürfe erhalten sind, die also Bakunins intime revolutionäre Gedanken am Beginn seiner Tätigkeit in der Internationale vorstellen. Seine öffentliche Propaganda ist hiervon verschieden, aber diejenigen, die in seinen intimen Kreis traten, wurden mit diesen Ideen bekannt gemacht und suchten sie auf ähnliche intime Art zu verbreiten und, wie Bakunin selbst, ihre öffentliche Tätigkeit in ihrem Geist zu führen.

Während der „Katechismus" von 1866 die Eigentumsfrage nur in der Erbrecht- und Grundbesitzfrage behandelte, wird in dem intimen Alliance-Programm verlangt: „. . . Die Errichtung einer neuen Gesellschaft auf der einzigen Grundlage freiassoziierter Arbeit, die das Kollektiveigentum, die Gleichheit und die Gerechtigkeit zum Ausgangspunkt nimmt."

„. . . Die Alliance wird einen doppelten Zweck verfolgen: a) . . . [die Propaganda ihrer Ideen] . . .; b) sie wird suchen, sich alle intelligenten, energischen, diskreten, unseren Ideen aufrichtig ergebenen Leute von gutem Willen zu affiliieren, um in ganz Europa und, soweit es möglich ist, in Amerika ein unsichtbares Netz ergebener Revolutionäre zu bilden, die durch diese Allianz größere Macht gewinnen."

„. . . Um eine radikale Revolution zu machen, muß man also Stellungen und Dinge [Einrichtungen] angreifen, das Eigentum und den Staat zerstören, dann wird man nicht nötig haben, Menschen zu zerstören und sich zu der unfehlbaren und unvermeidlichen Reaktion zu verurteilen, die das Niedermetzeln von Menschen in jeder Gesellschaft stets verursachte und verursachen wird."

---

[90]) Mit dieser Deutlichkeit hatte der Kongreß sich noch nicht ausgesprochen; vgl. Mém. jur., S. 28—30, L'Int. I, S. 66.

Hier folgt die entschiedenste Bekämpfung und Widerlegung der revolutionären Diktatur: „. . . Man darf sich nicht wundern, wenn die Jakobiner und Blanquisten . . . von einer blutigen Revolution gegen die Menschen träumen. Diese blutige Revolution, gegründet auf die Errichtung eines mächtig zentralisierten revolutionären Staates, würde aber . . . die militärische Diktatur für einen neuen Herrn zur Folge haben. Der Sieg der Jakobiner oder der Blanquisten wäre also der Tod der Revolution."

„Wir sind die natürlichen Feinde dieser Revolution — künftiger Diktatoren, Reglementierer und Bevormunder der Revolution —, die selbst, bevor noch die monarchischen, aristokratischen und bourgeoisen Staaten der Gegenwart zerstört sind, schon von der Errichtung neuer revolutionärer Staaten träumen, die ebenso zentralisierend und despotisch wie die heutigen Staaten sein würden. Sie sind so sehr an die von irgendeiner Autorität von oben herab geschaffene Ordnung gewöhnt und haben so großen Abscheu vor dem, was ihnen als Unordnung erscheint und was nur der offene und natürliche Ausdruck des Volkslebens ist, daß sie, noch bevor die Revolution eine gute, gesunde Unordnung hervorgebracht hat, schon von ihrem Ende und einer Maulkorbanlegung an sie träumen durch die Einwirkung einer nur dem Namen nach revolutionären Autorität, die in Wirklichkeit nur eine neue Reaktion wäre, da sie tatsächlich die durch Dekrete beherrschten Volksmassen von neuem zum Gehorsam, zur Unbeweglichkeit, zum Tode verurteilen würde, das heißt zur Sklaverei und Ausbeutung durch eine neue quasi revolutionäre Aristokratie."

Jede Silbe dieser Sätze ist durch die Handlegung der russischen kommunistischen Partei an die russische Revolution und ihre Usurpation der Macht seit November 1917 vor unseren Augen auf furchtbare Weise bewahrheitet worden. Es ist eine Ironie der Geschichte, daß diese dringende Warnung Bakunins 1873 von Marx und Engels selbst in der Alliancebroschüre aus dem irgendwie in ihre Hände gelangten Manuskript zum Druck befördert wurde[91]). Der Marxismus ist an dieser Stelle von Bakunin nicht genannt. Seine Taktik war eine eigentümlich unfaßbare, sich den nach der Macht strebenden Parteien anschließende, um selbst dadurch emporzukommen und dann nach der Macht zu greifen. So war Marx und seine Gruppe 1848—1849 vor allem in engstem Zusammenhang mit der rheinländischen Demokratie, so alliierte er sich 1850 mit den Blanquisten[92]), so wurde seit den Sechzigern an der Eroberung der Macht durch die parlamentarische Sozialdemokratie

[91]) *L'Alliance* . . . ., 1873, S. 128—9; deutsch auch *Werke,* III, 1924, S. 87, wo S. 79—92 diese Dokumente vom Herbst 1868 und der einzige damalige Geheimdruck eines derselben in größerem Umfang vorgelegt sind und mit den älteren Dokumenten (1866), S. 7—67 verglichen werden können, ohne daß das Material hierdurch ganz erschöpft wäre.

[92]) Dies wurde erst im Januar 1926 bekannt *(Bjulletin Instituta K. Marksa i F. Engelsa,* Moskau, Nr. 1, S. 5—11) durch N. Rjäsanoffs Veröffentlichung des Gründungsdokuments einer *Société universelle des communistes révolutionnaires,* unterzeichnet von den Blanquisten J. Vidil und Adam, von Willich, Marx,

gearbeitet, bis neben dieser der blanquistische Bolschewismus heranwuchs und nun, tatsächlich durch einen Handstreich im Besitz der Macht, aber geistig und moralisch isoliert und ohne lebendige Kräfte Bakunins Voraussage auf Kosten des Volkes und der Revolution buchstäblich zu verwirklichen sich in der Lage befindet.

Bakunins eigener Standpunkt war dagegen dieser: „... Wir verstehen die Revolution im Sinne der Entfesslung dessen, was man heute die bösen Leidenschaften nennt, und im Sinne der Zerstörung dessen, was in derselben Sprache die öffentliche Ordnung heißt."

„Wir fürchten die Anarchie [Unordnung] nicht, wir rufen sie an, überzeugt, daß aus dieser Anarchie, das heißt der vollständigen Aeußerung des entfesselten Volkslebens, die Freiheit, Gleichheit, Gerechtigkeit, die neue Ordnung und die Kraft der Revolution selbst gegen die Reaktion hervorgehen müssen. Dieses neue Leben — die Volksrevolution — wird nicht zögern, sich zu organisieren, aber es wird seine revolutionäre Organisation von unten nach oben und von der Peripherie zum Zentrum hin nach dem Prinzip der Freiheit vornehmen . . ."

Hier wird nun zum erstenmal die *Expropriation* deutlich ausgesprochen, in dem unter den Folgen der Zerstörung des Staats und der Staatseinrichtungen genannt werden, nebst Vernichtung der Besitztitel: „. . Konfiskation alles produktiven Kapitals und der Arbeitswerkzeuge zum Besten der Arbeiterassoziationen, die gemeinsam mit ihnen produktive Arbeit verwirklichen werden" und „Konfiskation allen Besitzes der Kirche und des Staates und der wertvollen Metalle in Privatbesitz zum Besten der föderativen Allianz aller Arbeiterassoziationen — einer Allianz, welche die Gemeinde bilden wird."

„Für die konfiszierten Güter wird die Gemeinde allen so beraubten Personen den einfachen Lebensunterhalt geben: sie können später durch eigene Arbeit mehr verdienen, wenn sie dies können und wollen . . ."

———————

Engels und von G. Julian Harney. Artikel 1 lautet: „Das Ziel der Gesellschaft ist der Fall (déchéance) aller privilegierten Klassen, dieselben der Diktatur der Proletarier zu unterwerfen, indem die Revolution in Permanenz erhalten wird bis zur Verwirklichung des Kommunismus, welcher die letzte Form der Konstitution der menschlichen Familie sein muß." — Hier ist also die Gesellschaft zu ewigem Kommunismus verurteilt und das Kokettieren mit einer postdiktatoriellen „Anarchie" vermieden, in dem sich Marx und Engels manchmal gefielen — s. Anm. 62 — und ebenso die Blanquisten, so in deren *Internationale et Révolution à propos du Congrès de la Haye* par des réfugiés de la Commune, ex-membres du Conseil Général de l'Internationale (London, 1872, 16 S. 8⁰): . . . „Die Regierungsfunktionen werden sich in dem egalitären Milieu der neuen Gesellschaft in administrative Funktionen auflösen; es wird ebensowenig einen Staat geben als es Klassen gibt" „. . . Diese Diktatur des Proletariats wird als gegenstandslos verschwinden, da die Abschaffung aller Klassen von selbst die Regierung einer Klasse zum Verschwinden bringen wird. Dann werden Gruppen und Individuen autonom sein, dann wird diese Föderation verwirklicht werden als Resultat, nicht als Mittel des Sieges, diese Anarchie *(anarchie)*, die der Sieg hervorbringen wird und die während des Kampfes Desorganisation oder Schwäche ist, falls sie nicht Verrat oder Dummheit ist." Wie die Anm. 62 angeführte Stelle von Marx, März 1872, resümiert dies die Argumente, die man der freiheitlichen Strömung entgegenzusetzen suchte.

Die Reorganisation stellt Bakunin sich vor ausgehend von der Föderation der Barrikaden, also den lokalen Kampfgruppen, deren Deligierte, mit imperativem Mandat, verantwortlich und abberufbar den Rat der revolutionären Gemeinde bilden. Ausführende Komitees desselben für die Verwaltungszweige. Eine Delegiertenversammlung solcher revolutionär organisierter Gemeinden zur Konstituierung der verschiedenen Föderationen. Diese Organisation breitet sich durch ihren Kampf gegen die Reaktion im Lande und international aus, Grenzen und Staaten zerstörend, sich neue Föderationen angliedernd, das *neue Vaterland*, die Allianz der universellen Revolution gegen die Allianz aller Reaktionen bildend.

„Inmitten der Volksanarchie, die das Leben selbst und die ganze Energie der Revolution bilden wird", ist es aber, nach Bakunin, nötig, daß *„die Einheit des revolutionären Gedankens und der revolutionären Aktion ein Organ findet.* Dieses Organ muß die *geheime und universelle Assoziation der revolutionären Brüder* sein . . ."

Nach Bakunins Meinung genügten hier für ganz Europa „hundert stark und ernsthaft verbundene Revolutionäre" und zwei, dreihundert zur Organisation auch des größten Landes (die „nationalen Brüder").

Dieser ernste Revolutionswille beseelte Bakunin, als er in die Internationale eintrat, die wahrlich damals keinen Ueberfluß an Revolutionären besaß, vielmehr totalen Mangel an solchen, da die Pariser Kollektivisten sich erst von den Proudhonisten zu trennen begannen, in Belgien die reine kollektivistische Theorie herrschte und im Jura wie in Genf erst im Herbst 1868 die späteren Genossen Bakunins nach schlechten Erfahrungen der Wahlpolitik entsagten.[93] In den wenigen sozialistischen Kreisen Italiens (Neapel und Florenz) kannte man den Sozialismus in der von Bakunin vertretenen Form, und diese wurde auch von Giuseppe Fanelli im Winter 1868—1869 den ersten beiden spanischen Gruppen in Madrid und Barcelona mitgeteilt, wobei das öffentliche Allianceprogramm als Grundlage diente. Einige der jungen Spanier waren durch die spanischen Proudhonübersetzungen mit Proudhons antistaatlichen, föderalistischen Ideen bekannt, welche ja die Verbreiter der

---

[93] „Man sieht, wie wenig die Taktik der Nichtteilnahme an Wahlen, die sich uns nach einer Reihe von Erfahrungen und Enttäuschungen aufzwang, das Resultat vorgefaßter Meinungen war. Im Gegenteil klammerten wir uns so lange als möglich an die Illusionen der reformistischen Politik an und, auf einem Terrain geschlagen, versuchten wir es von neuem auf einem andern" — schreibt James Guillaume, *L'Int.* I, S. 95 und erzählt die betreffenden Vorgänge im einzelnen. — Ein Brief Guillaumes für die Demokraten in Locle an die sich zu einer Wahlkampagne um A. Catalan und Perron gruppierenden Genfer, sowie deren Programm beleuchtet die Lage (s. *La Liberté*, Genf, 10. und 24. Oktober 1868; *L'Int.*, I, S. 82—3, 86—7). Guillaume nannte damals noch *le socialisme mutuelliste*, obwohl man in Locle die Brüssler kollektivistischen Resolutionen gebilligt hatte. „Unsere Denkweise war damals die, daß wir zwischen beiden Dingen keinen Unterschied erblickten. Wir verlangten, daß die Produzenten in den Besitz ihrer Arbeitswerkzeuge gelangten, was Umwandlung des Privateigentums in Kollektiveigentum in sich schloß, aber wir gaben zugleich den Austausch der Produkte zum Kostenpreis zu, auf Grundlage der Gegenseitigkeit" (S. 87).

Schriften Proudhons in Spanien, föderalistische Republikaner, in erster
Linie interessierten. Andere, besonders in Barcelona, waren mit dem
Assoziationswesen vertraut, durch die vieljährige Propaganda dieser
Idee durch Fernando Garrido und andere und durch die großen alten
Organisationen der katalonischen Textilarbeiter. Unter diesen Um-
ständen waren die Ideen der dieser Initiative entstammenden spanischen
Internationale von Anfang an föderalistisch-assoziationistische oder, wie
man bald sagte, anarchistisch-kollektivistische, was auch der natürliche
Gegensatz zu den bourgeoisen zentralistischen Republikanern und zu
dem als unnütze Last empfundenen, mit der Kirche so eng verbündeten
Staat mit sich brachte.[94])

Darum war es auch in vier Jahren dem Londoner Generalrat nie gelungen, irgendwelche Anfänge der Internationale in Spanien anzuregen,
während die von Fanelli vermittelten Ideen auf den günstigsten Boden
fielen. Die intime Idee Bakunins war die Fortsetzung der nur politischen Septemberrevolution (Vertreibung der Königin Isabella) in sozia-
lem Sinn. Darum hieß es in der Adresse der Genfer Internationale an
die Arbeiter Spaniens,[95]) die — wie Bakunin selbst 1871 schrieb — Perron redigierte, die aber von Bakunin gründlich retouchiert ist: „... Faites
donc la révolution sociale (Macht doch die soziale Revolution) und
z. B.: „. . . Laßt euch nicht betrügen von den ewigen Ausbeutern aller
Revolutionen: weder von den Generalen,[96]) noch von den Bourgeois-
demokraten."

„Habt immer den verhängnisvollen Ausgang der Revolution von 1848
vor Augen, die, in Paris mit dem Sieg der Arbeiter beginnend, einige
Monate später im Blut des Volkes erstickt wurde, das im Juni die Generale der Armee und die Bürgergarde der Bourgeoisie vergossen. Erinnert euch, Spanier, an eure vielen durch die Intrigen oder die Gewalt-
tätigkeit eurer politischen Führer mißlungenen Revolutionen und ver-
geßt nie, daß die stehenden Heere, die Generale, der Klerus und die
Bourgeoisie natürliche und unversöhnliche Feinde des Volkes sind. Sie
werden euch gewiß sagen: „Stellen wir zuerst die öffentliche Ordnung
wieder her, eine regelmäßige Regierung, nachher werden wir uns mit
den ökonomischen und sozialen Reformen beschäftigen, die die Arbeiter
brauchen." Laßt euch aber durch diese lügnerischen Versprechungen
nicht einschläfern; wißt, daß, wenn ihr ihnen Glauben schenkt, eure
Sache verloren wäre. Erinnert euch vor allem, daß das Volk stets nur

[94]) Ueber die Anfänge des spanischen Anarchismus s. Anselmo Lorenzo, *El
Proletariado militante. Memorias de un Internacional* (Barcelona, 446 S. 8⁰; 1901);
Del nacimiento de las ideas anárquico-colectivistus en Espana in *La Revista
Social* (Madrid), 1883—4, von Francisco Tomás; M. Nettlau, *Bakunin und die
Internationale in Spanien, 1868—73 (Archiv f. d Gesch. d. Soz.,* IV, S. 243—303;
1913); derselbe, *Miguel Bakunin, la Internacional y la Alianza en Espana*
(1868—1873), Buenos Aires, La Protesta, 1925, 132 S. 8⁰.
[95]) *L'Association internationale des Travailleurs de Genève aux Ouvriers
d'Espagne.* Genève, le 21 octobre 1868; im Namen des Genfer Zentralkomitees;
Beilage zur *Liberté* (Genf), 24. Oktober und als Einzeldruck, 2 S. 4⁰; auch in
Mém. jur., p. j. S. 40—45.
[96]) Die Revolution hatte als militärisches *pronunciamento* begonnen.

8

die Reformen erlangt, die es selbst entreißt, und daß in keinem Lande je die herrschenden Klassen freiwillige Zugeständnisse gemacht haben." „Laßt euch nicht entwaffnen, bewaffnet euch im Gegenteil und entreißt diese Reformen, indem ihr im Revolutionszustand bleibt, bis ihr sie erlangt habt . . ."

„. . . Arbeiter, hämmert das Eisen, solange es heiß ist, föderiert euch revolutionär, um unbesiegbar zu sein, und da ihr die Kraft besitzt, zerstört alles euch Feindliche, alles der Volksgerechtigkeit Entgegengesetzte, Dinge [Einrichtungen] noch mehr als Menschen, und eure Revolution möge das Signal und der Beginn der Befreiung aller Unterdrückten der Erde werden."

Wie in dieser Adresse, die Marx eine „blödsinnige" nannte (an Engels, 3. August 1869), sprach Bakunin im ganzen Sinn seiner Ideen in der Rede vom 23. November in einer Versammlung zur Erinnerung an den Tod Baudins auf der Pariser Barrikade im Dezember 1851,[97]) aus der ich hervorhebe: „. . . Wer Staat sagt, sagt Festung — sagt gewaltsame Trennung eines Teils der Menschheit von allen andern, gleichfalls in andern Staaten eingesperrten, sagt Rivalität, Konkurrenz und permanenter Krieg der Staaten, sagt Eroberung, Beraubung und patriotisches und glorreiches Gemetzel nach außen und im Innern: Unterdrückung und legalisierte und regulierte Ausbeutung der Volksarbeit zum Nutzen einer herrschenden Minderheit . . . Die dieser Aeußerung der Staaten nach beiden Richtungen hin entsprechende Leidenschaft heißt Patriotismus. Wir wollen keinen Patriotismus mehr . . ."; entsprechende sozialistische Folgerungen folgten („Wer Staat sagt, sagt Privileg" usw.).[98]) Ebenso offen rechnete er in dem Brief an Perron, den die Probenummer der Genfer *Egalité* brachte (19. Dezember 1868),[99]) mit der Bourgeoisie der Friedenskongresse ab und legte die beiden untrennbaren Bedingungen der Befreiung der Arbeit vor — „die *wirkliche und praktische Solidarität* der Arbeiter aller Länder" und „die *Wissenschaft*", „. . . die wahre menschliche Wissenschaft auf der positiven Kenntnis der natürlichen, geschichtlichen und sozialen Tatsachen begründet und nur von der Vernunft, dem gesunden Sinn inspiriert. Wissen ist Können. Die Arbeiter brauchen also *Solidarität* und *Wissenschaft*" [letztere also im Sinn von intelligentem Wissen, geistiger Kraft und Erfahrung] . . .

Diese Ideen waren dem Gros der Genfer Internationale, den von lokalen Arbeiterpolitikern geführten besser gestellten Arbeitern nie genehm, aber Bakunins Ideen und Persönlichkeit wirkten damals derart auf die sozialistische und proletarische Minorität, daß er bei der baldigen

---

[97]) Nur gedruckt in dem ausführlichen Bericht der *Liberté*, II, Nr. 50, 5. Dez. 1868; vgl. Nr. 49.

[98]) In einer zweiten, nur kurz referierten Rede sprach Bakunin von „einem andern Baudin, einem großen kollektiven Baudin, Polen" und schloß: „es lebe Polen; Tod und Schande seinen Feinden!" Welcher Anlaß zu dieser Demonstration vorlag, kann ich jetzt nicht feststellen; theoretisch widerspricht der Wunsch des Wiederaufbaus *eines* Staates dem Wunsch der Zerstörung aller Staaten, aber in Bakunin lebte und wirkte nicht die Theorie allein.

[99]) Auch *Oeuvres*, V, 1911, S. 13—18; deutsch *Werke*, II, S. 33—35.

Gründung der Fédération Romande, 2.—4. Januar 1869, eine ziemliche Rolle spielte — sein Statutenentwurf lag den Beratungen zugrunde — und daß die Wochenschrift *L'Egalité,* seit dem 23. Januar erscheinend und von Perron redigiert, ein Jahr lang seinen Ideen und seiner Mitarbeit offenstand, während er in den Sitzungen der Genfer Alliancesektion, in allgemeinen Versammlungen, vielfachen Einzelgesprächen im Cercle der Internationale und bei sich zu Hause unmittelbare mündliche Propaganda betrieb. Hierzu kam vom Februar 1869 ab die Ausdehnung seiner Beziehungen auf den Jura. Die *Progrès*-Artikelserie (Locle: 1. März—2. Oktober 1869)[100]) und die *Egalité*-Beiträge[101]) — besonders die Polemik mit der von Frau André Léo in Paris vertretenen Richtung, die mit dem Bourgeoissozialismus der Friedensliga, die grundlegenden syndikalistischen Ausführungen in der „Politik der Internationale", die Unterrichts- und Erbrechtsabhandlungen und einige seine Stellung zu den sozialistischen Ereignissen jener Zeit in Rußland, Oesterreich usw. präzisierende Artikel — sind außerordentlich lehrreich für die von Bakunin mit großer Ueberlegung und Ausdauer betriebene Anwendung seiner Ideen auf das große Milieu der Internationale um ihn.

Nie vergaß er den fundamentalen Unterschied zwischen den großen Massen, welche durch Solidarität, Enthusiasmus, Klasseninteresse usw. in der Internationale zusammenströmten, und den kleinen Kreisen bewußter Revolutionäre, aus denen er die entschlossensten Vorkämpfer der Revolution zu machen hoffte. In diesen zerstörte er jedes Vorurteil, in den Volksmassen schonte er die Vorurteile nach Möglichkeit, da er deren Ursprung aus der total verfehlten Lage des Volks erkannte und wußte, daß nur die totale Veränderung dieser Lage eine andere Mentalität schaffen konnte. Er knüpfte dagegen, wie schon bemerkt, an die schlummernden Instinkte an, die das Richtige trafen und von denen für ihn eine grade Linie der Entwicklung zu der von ihm gewünschten Verwirklichung der Freiheit, Gleichheit und Gerechtigkeit führte. Ob er hier das Richtige sah, wird die Zukunft zeigen, denn zu seiner Zeit, speziell seit 1870, und in, man kann sagen, noch ununterbrochener Folge seit damals, wirkten zu viel ungünstige Faktoren zusammen, als daß eine freie Entwicklung, selbst nur ein wirkliches Erwachen dieser Volksinstinkte hätte erfolgen können. Wir leben noch innerhalb dieser verhängnisvollen Zeit und wissen nicht, ob diese ungünstigen Faktoren siegen und eine Rückbildung der Menschheit stattfinden wird bis zu ihrem völligen Verfall und Aussterben, wie zahllose andere Arten von Lebewesen ausgestorben sind, oder ob diese Faktoren überwunden werden und die Menschheit eine höhere Blüte erreicht, — etwas, das noch 1868, 1869 sehr gut möglich schien, das aber in der unmittelbaren Gegenwart recht fraglich geworden ist. Diese Ueberzeugung, dieser Glaube, daß Freiheitsdrang und Solidaritätsbedürfnis wahre Volkswünsche sind, verband also für Bakunin die das Volk in Millionen zu

---

[100]) *Oeuvres,* 1895, S. 207—260; deutsch *Werke,* II, S. 9—32.
[101]) *Oeuvres,* V, S. 13—210; deutsch *Werke,* II, S. 33—128.

sammenfassende Internationale mit dem zunächst nur von einzelnen ganz erfaßten Ziel der vollen Befreiung, der Anarchie.

Nichts Künstliches lag also für ihn in seiner Auffasung, keine „gemachte" Revolution, kein „Sprung", sondern alles war das Produkt unvermeidlicher freier (d. h. von den Hindernissen und Irrnissen befreiter) Entwicklung. Das Künstliche, Unwirkliche, Unmögliche war für ihn der ewige Traum der Autoritäten, ihren Willen von oben herab der Gesellschaft aufzuprägen, etwas, das den rohesten Mitteln unentwickelter Zeiten dem Anschein nach gelingen konnte, das aber die geschichtliche Entwicklung immer mehr eliminierte. Da es Marx, der die Gegenwart und Vergangenheit des Kapitalismus so zu analysieren und zu verstehen wußte, versagt war, das unendlich ältere und tiefergreifende Wirken des Freiheits- und Solidaritätsbedürfnisses in der Menschheit hinreichend zu würdigen, war sein Blick in die Zukunft ein beschränkter und getrübter, an dem gegenwärtigen autoritären Milieu haftender, und dieser unfreie Sozialismus mußte unvermeidlich mit dem freiblickenden Sozialismus von Proudhon und Bakunin zusammenstoßen, wenn er nicht zur Einsicht kam, daß beide Richtungen, beide erst klein und beide von Feinden umgeben, im nicht ganz kleinen Europa, im weiten Rahmen der Internationale nebeneinander Platz und Spielraum hätten — aber auch diese Einsicht blieb Marx versagt. So legte er der Propaganda Bakunins und seiner Genossen, sei es als eigentlich neben der Internationale liegende internationale Alliance, sei es als kleine Genfer Alliancesektion, jedes ihm durch seinen Einfluß im Generalrat mögliche bureaukratische Hindernis in den Weg, dehnte sein Uebelwollen auf die Bakunins Ideen, wie besonders James Guillaume sie damals vertrat, sympathisch gegenüberstehenden Jurasektionen aus usw. Die näheren Umstände sind jetzt auf beiden Seiten so aufgeklärt, wie wenige Teile der sozialistischen Geschichte, nur daß die geschriebenen Generalratsprotokolle, falls sie für jene Jahre erhalten sind — die in Londoner Zeitungen gedruckten sind allgemein zugänglich —, noch nicht herausgegeben wurden; ebenso ist der Briefwechsel Marx-Engels ja nur mit Auslassungen gedruckt (1913).

Soweit dieser Briefwechsel vorliegt, sieht man Marx zuerst am 18. Dezember 1868 in hellster Wut — es war J. Ph. Beckers Brief an den Generalrat um Aufnahme der öffentlichen internationalen Alliance eingetroffen. Marx schreibt u. a.: „. . . Ich kannte die Schmiere längst. Ich betrachtete sie [die öffentliche Alliance] als totgeboren und, aus Rücksicht auf den alten Becker, wollte sie ruhig sterben lassen."

„Aber die Sache ist ernsthafter geworden, als ich dachte. Und Rücksichten auf old Becker sind nicht länger zulässig. Der Council hat heute Abend [17.] beschlossen, öffentlich in Paris, New York, Deutschland und Schweiz diese interloping [unberechtigt dazwischentretende] society zu repudiiren. Ich bin (für nächsten Dienstag [22.]) mit Abfassung des Repudiationsdekrets beauftragt. Ich bedaure das ganze wegen old Becker. Aber unsere Gesellschaft kann nicht wegen old Becker a suicide [Selbstmord] begehen."

Engels am gleichen Tage: „. . . Das Genfer Aktenstück ist sehr naiv, Der olle Becker hat nie das Klüngelagitieren lassen können; wo ihrer zwei oder drei zusammen sind, da muß er mitten unter ihnen sein." Er hätte von Marx gewarnt werden sollen. Engels skizziert dann die Hauptargumente gegen die Aufnahme einer selbständigen internationalen Gesellschaft und rät Marx, nicht zu heftig aufzutreten, damit dies nicht die unter den Arbeitern, besonders in der Schweiz, zahlreichen „Gesinnungsphilister" für die Alliance einnehme. Marx schreibt am 19., er sei selbst schon entschlossen gewesen, „die Sache diplomatisch zu behandeln, ganz im Sinn Deines Ratschlags". So kam der bekannte Brief des Generalrats vom 22. Dezember zustande, den man z. B. *Oeuvres*, VI, S. 186—189 findet.

Welches Verständnis Engels dem Programm der Alliance entgegenbrachte, zeigt seine rohe Bemerkung: „. . . Etwas Erbärmlicheres als das theoretische Programm habe ich nie gelesen. Sibirien, der Bauch und die junge Polin haben den Bakunin zum perfekten Ochsen gemacht" (18. Dezember) — und über die Berner Reden: „. . . Die Reden des Bakunin im *Kolokol* sind sehr dumm. Der Kerl scheint seit anno Toback nichts gelernt zu haben . . ." (3. Januar 1869).

In *diesen* Tagen erreichte Marx Bakunins Privatbrief an ihn vom 22. Dezember *(Werke,* III, S. 123—125). Er schickte ihn an Engels und bemerkt hohnvoll: „. . . Bakunin gibt sich also noch dem angenehmen Wahne hin, daß man ihn ruhig gewähren lassen werde. Ferner: der Russe Serno war in seiner früheren Korrespondenz mit Borckheim entschieden *gegen* Bakunin. In meiner Antwort an Serno wünschte ich von diesem Jüngling Bericht über Bakunin. Da ich aber keinem Russen traue, tat ich das in der Form: „Was macht mein alter Freund *(ich weiß nicht, ob noch so)* Bakunin usw. usw." Russe Serno hatte nichts Eiligeres zu tun, als dem Bakunin diesen Brief mitzuteilen [den B. betreffenden Teil des Briefes, schrieb B.] und Bakunin benutzt dies zu einem sentimentalen Entrée . . ."

Bakunin empfand keine Freundschaft für Marx, aber sein Brief war so gehalten, daß ein korrektes Nebeneinander beider möglich gewesen wäre, wenn der geistige Hochmut von Marx und Engels ein Nebeneinander mit anderen Personen erlaubt hätte, als solchen, die sie als inferior oder gleichgültig betrachteten. Er wollte Marx auch „die Abschrift eines großen Briefes, beinahe einer Broschüre, schicken, die ich hierüber an Freund César De Paepe geschrieben habe" (nämlich über die Alliance). — Dieser Brief wurde auch an De Paepe nicht geschickt, jedenfalls weil der Generalratsbeschluß vom 22. Dezember die Lage verändert hatte.

Dieses Manuskript ist verschollen.[102]) Die Absicht der Mitteilung an Marx beweist jedenfalls, daß Bakunin darin auf die geheime Alliance

---

[102]) Bakunin schenkte es später Perron, der es in den siebzigern und achtzigern einem französischen Sammler gab, dessen Namen er nicht mehr zu nennen wußte.

und Fraternité nicht einging und daß also keine „konspirativen" Beziehungen mit De Paepe bestanden, auf den, als den damals bemerkenswertesten Vertreter des Kollektivismus, Bakunin natürlich längst aufmerksam geworden war.

De Paepe kannte den Generalratsbeschluß und hatte auch eine Genfer Mitteilung nach Brüssel über die internationale Alliance vor sich, als er für den Conseil général belge am 16. Januar 1869 der gründenden Gruppe der Alliance jenen langen Brief schrieb, der die Existenz der Alliance mit scharfer Begründung ablehnt.[103]) Der Brief ist im übrigen musterhaft freundlich, und theoretisch interessiert hier die Nebeneinanderstellung der Alliance- und der belgischen Ideen, genauer von *Bakunins* und *De Paepes* Ideen mit Nuancierung, wohl auch leiser Kritik der ersteren.

„. . . Nicht daß wir euer Programm mißbilligten, denn, wir beeilen uns, es zu sagen, die meisten seiner Ideen sind die unsrigen, sind die der I. A. A. selbst. Wie ihr, wollen wir, daß der Boden und alles Kapital nur von den Arbeitern benützt werden können, d. h. von den industriellen und agrikolen Assoziationen, obgleich die Mitglieder unserer belgischen Sektionen wahrscheinlich darüber nicht ein und derselben Ansicht sind, ob die Abschaffung der Ausbeutung durch Grundbesitzer und Kapitalisten . . ., wie ihr glaubt, die Abschaffung jedes Erbrechts unvermeidlich verlangt oder notwendigerweise mit sich bringt. Wie ihr, wollen wir die Herrschaft der Wissenschaft an Stelle der des Glaubens setzen, wir wollen die Herrschaft der menschlichen Gerechtigkeit; jedoch, obwohl viele unserer Mitglieder individuell wie ihr über die Frage der Gottheit denken, müssen wir euch sagen, daß in der Eigenschaft als Generalrat der belgischen Sektionen wir uns weder als Deisten, noch als Atheisten erklären, da unsere Gesellschaft sich nicht mit metaphysischen und religiösen Fragen beschäftigt und es für klüger hält, das Uebernatürliche beiseite zu lassen, um sich ausschließlich mit unseren kleinen irdischen Angelegenheiten zu beschäftigen, d. h. politischen, ökonomischen und sozialen Fragen, welche die Arbeiter interessieren. Wie ihr, wollen wir für alle Kinder von ihrer Geburt an gleiche Mittel der Entwicklung, d. h. des Unterhalts, der Erziehung und des Unterrichts auf allen Stufen der Wissenschaft, Industrie und Kunst, in der Ueberzeugung, daß diese zuerst nur ökonomische und soziale Gleichheit schließlich allmählich zu größerer natürlicher Gleichheit der Personen führen und alle künstlichen Ungleichheiten, Produkte einer falschen und ungerechten sozialen Organisation verschwinden machen wird. Wie ihr, sind wir Feinde jedes Despotismus und weisen jede politische Aktion zurück, deren unmittelbares und direktes Ziel nicht der Sieg der Arbeitersache gegen das Kapital ist, wir glauben, daß alle Müßiggänger verschwinden müssen, und wollen, daß die Gesellschaft

---

[103]) *Biogr.*, S. 322—4; daraus nur teilweise in *L'Int.* I, S. 111—13; von den 17 Unterzeichnern hebe ich hervor: Eugène Hins, Eugène Steens, Paul Robin, L. Verrycken, Désiré Brismée.

nur aus Produzierenden besteht; keine Parasiten mehr, welcher Art immer sie seien, in der Leitung öffentlicher Angelegenheiten, wie im Handel oder der Industrie. Von diesem Prinzip ausgehend, müssen wir, wie ihr, die republikanische Form wollen, nicht als Regierungsform (denn wir wollen nicht mehr regiert werden), sondern als soziale Form, das heißt: wir wollen vor allem die Republik im Ausdruck aller soz¹alen Erscheinungen, in der Werkstatt, der Bank, im Eigentum."

„Wie ihr, erkennen wir an, daß alle jetzt bestehenden politischen und autoritären Staaten sich auf einfache verwaltende Besorgungen der öffentlichen Dienste in jedem Land reduzieren und schließlich in der universellen Union der freien landwirtschaftlichen und industrietreibenden Assoziationen verschwinden müssen. Wie ihr, denken wir endlich, daß die soziale Frage ihre endgültige und wirkliche Lösung nur auf Grund der universellen internationalen Solidarität der Arbeiter finden kann; wir haben nur ein Land, den Erdball, und nur ein Vaterland, die Menschheit."

„Wir greifen also nicht euer Programm an . . ."¹⁰⁴)

Der *kollektivistische Anarchismus* erweist sich als natürliches, gesundes Entwicklungsprodukt, indem er, wie wir sehen, gleichzeitig *Bakunin* und *De Paepe* als die notwendige Weiterbildung des früheren, nur auf Gegenseitigkeit gegründeten proudhonistischen Anarchismus erschien. Aber ein Zusammenarbeiten der Belgier und Bakunins war nicht möglich und wurde auch gar nicht versucht. Bakunin schrieb von ihnen z. B. am 6. April 1870 seinen intimen Genossen im Jura: „. . . Die Belgier sind etwas argwöhnisch, sie haben etwas Mißtrauen gegen die Alliance — sie sind auch etwas doktrinär und die Alliance findet in ihrer Doktrin keinen Platz. Trotzdem, da ihr Programm das unsere ist und sie ebenso ergebene, wie aufrichtige und persönlich uneigennützige Männer sind, werden sie gezwungen sein, uns schließlich recht zu geben" — was erst 1872 geschah.

Die eigentliche Ursache, aus der Bakunin sich 1869 nicht mit den belgischen Internationalisten wirklich verständigte, mag eine zweifache gewesen sein. Im Unterschied zu anderen Ländern hatte Belgien, ein Land ohne militante Politik, mit glänzender materieller Entwicklung und im

---

¹⁰⁴) Die Kritik De Paepes richtet sich gegen die besondere Hervorhebung der Erbrechtsabschaffung, von der zu sagen wäre, daß sie ohne soziale Revolution unmöglich und nach der sozialen Revolution gegenstandslos sein würde, — dann gegen die Betonung des Atheismus, den aber Bakunin für die Alliance und nicht für die Internationale proklamiert hatte — und gegen das anscheinend formelle Bekenntnis zur republikanischen Form, was im Allianceprogramm gewiß durch die besonderen Verhältnisse, als Protest gegen das Empire, stattfand. All dies hätte sich leicht aufklären lassen, wenn nicht der Brief, bei aller Freundlichkeit eine gewisse doktrinäre Ueberlegenheit durchscheinen ließe, die vielleicht Bakunin von einer Fortsetzung dieser Diskussion — soviel wir wissen — abhielt?

Kampf gegen den Klerikalismus erprobter Geistesfreiheit eines Teils der Bevölkerung, damals gradezu eine Ueberfülle junger Kräfte aus der studierenden Jugend und ebenso von in radikalen freidenkenden Milieus herangewachsenen Arbeitern, die sowohl theoretisch soweit gingen, als irgend möglich, als auch praktisch den harten, direkten Kampf der Arbeiter gegen den Kapitalismus genau erfaßten und noch keine politischen Seitenwege gingen. Mehr konnte in Belgien nicht geschehen, als diese taten, die soziale Frage war dort schärfer herausgearbeitet als anderswo — nur eines fehlte: Verhältnisse, die zu einer revolutionären Initiative führen konnten. Bakunin erwartete aber die Revolution und konzentrierte seine Kräfte auf Länder, von denen damals die Revolution kommen konnte: Frankreich, Spanien, Italien. Erst nach solchen Revolutionen hätte Belgien vielleicht das Beispiel einer intensiv sozialen Revolution gegeben — vorher zählte es als revolutionärer Faktor nicht. Denn während Mitte der Sechziger ein Teil der französischen Jugend mit den jungen Belgiern in Kontakt stand (Kongreß von Lüttich, Rive gauche usw.), war Ende der Sechziger ihr ganzes Leben in Paris konzentriert, und die glänzende revolutionäre Publizistik jener Jahre, die Brüssler Liberté usw., drang nicht dorthin.

Bakunin, der wußte, wie die Zeit drängte und nach vielen Seiten hin tätig war, konnte also grade Belgien ruhig beiseite lassen, da es in guter Hand war — theoretisch und praktisch, während es in revolutionärer Hinsicht vorläufig nicht in Frage kam. Spanien, Italien, Südfrankreich und Paris waren seine Arbeitsgebiete; in Spanien, Italien oder Paris konnte die Revolution beginnen und Südostfrankreich war in allen Fällen als dazwischenliegendes Vermittlungsgebiet wichtig. Welche Form und ersten Vorbereitungen solche Pläne erhielten, hing nicht von Bakunin ab, sondern von den Ereignissen in jenen Ländern und den ihm zur Verfügung stehenden sehr ungleichartigen Kräften, deren Unzulänglichkeit durch seine größten Bemühungen nicht ausgeglichen werden konnte. Trotzdem gab er seine Arbeit nie auf, und als der Krieg 1870 der geschichtlichen Entwicklung eine andere Richtung vorschrieb, war Bakunin erst recht zur Stelle, durch Briefe, Schriften und seine Tätigkeit an Ort und Stelle selbst (Lyon, Marseille). Seine Erwartungen waren durchaus keine unbegründeten und mußten 1868—1870 auf alle drei Länder gerichtet sein — nach Frankreich, wo der Bonapartismus jeden Tag zusammenbrechen konnte, nach Spanien, wo seit September 1868 bis Anfang 1874 alles in beständigem Fluß war, und nach Italien, wo vor dem Fall des Kirchenstaats (Besetzung von Rom, 20. September 1870) die Bewegungsparteien noch Ereignisse auslösen konnten, die je nach den Volkskräften und dem Volkswillen zu einer allgemeinen Bewegung führen konnten. Bakunin dachte ferner daran, daß eine westeuropäische Bewegung durch die slawischen Völker in Oesterreich-Ungarn nach Polen, der Ukraine und bis zur russischen Bauernmasse sich verbreiten könnte. Politische Ereignisse konnten also zu politischen Revolutionen führen, und diese mußten zur sozialen Revolution umgestaltet werden, wenn sie nicht einen einfachen Dekorationswechsel bedeuten sollten, wie der 4. September 1870 in Paris, der 20. September in Rom und all die spanischen Wandlungen von 1868 bis 1874 es tatsächlich waren und blieben. Die Internationale sollte daher durch den Geist der Alliance oder Fraternité belebt werden, mit anderen Worten ihre besten Kräfte sollten geistig und moralisch vorbereitet werden, gegebenenfalls in sozialrevolutionärem, staatszerstörendem Sinn bewußt einzugreifen und so die Anfangsschwierigkeiten der Revolution zu überwinden, die politische und soziale Diktatur zu verhindern und dem Volksinstinkt freien Spielraum zu verschaffen. Theoretische Vollendung anzustreben, den Kongressen immer glänzendere Berichte vorzulegen, was De Paepes Stärke war, konnte Bakunin nicht genügen, auch nicht die lokale syndikalistische Organisation, wie die Jurasektionen sie betrieben, die Diskussionen aller Art in der Genfer Alliancesektion, die in Italien von Neapel aus beginnende erste Zusammenfassung der Arbeiter in Sektionen mit, nach ihren Zeitschriften zu schließen, noch recht primitiven sozialen Ideen. Er nahm an all dem teil und scheute keine Mühe, sprach auch noch in Netschaeffs erster Zeit, 1869, hinreißend zur russischen Jugend[105]) und mußte bei all dem viel Zeit auf die Abwehr der autoritären Gegner allerorts verwenden (die Genfer Politiker, Liebknecht in Leipzig, Hess in Paris, der Londoner Generalrat usw.).

Unter diesen Umständen, angesichts dieser praktischen Tätigkeit aller Art und nach wenigstens fünf Ländern gerichtet, konnte Bakunin 1869 wahrscheinlich nicht daran denken, an theoretischer Subtilität mit De Paepe zu wetteifern und speziell die Erbrechtsabschaffung genauer zu überlegen, die aus seinem ersten Programm, das noch keinen allgemeinen Kollektivismus, keine Expropriation kannte, in das Jahr 1869 hineinragte. Er war überhaupt in Diskussionen im Nachteil, weil die Oeffentlichkeit nur einen Teil seiner Ideen und Pläne kannte und kennen sollte, und seine geheime Tätigkeit ihr verborgen bleiben mußte. So kam es, daß der Bericht, den er der allgemeinen Versammlung der Genfer Sektionen am 21. August 1869 über die Erbrechtsfrage im Namen einer Kommission vorlegte — Egalité, 28. August (Oeuvres, V., S. 199—210: Werke, II, S. 123—128) — dieser Frage eine Bedeutung zuschrieb, die sie für die auf dem Boden der expropriierenden, kollektivistischen Revolution Stehenden nicht mehr hatte, wie denn er selbst diesen Gegenstand später immer mehr beiseite gelassen hat. Dies brachte einige Disharmonie in seine Tätigkeit von 1869 und wird jetzt wohl verständlicher als es damals, als die meisten nur einzelne Teile seiner Tätigkeit kannten, sein mochte.

Leider kann ich hier den belgischen Sozialismus von 1868—1869 nicht durch Auszüge aus L'Internationale (Brüssel, 17. Januar 1869—19. Dezember 1873), dem kollektivistischen Organ, der seit dem 7. Juli 1867

---

[105]) Nieskolikuslov k molodym bratiam v Rossii (2. Auflage, Genf, 1869, 4 S., 8⁰); Quelques paroles à mes jeunes frères en Russie (Mai 1869; Einige Worte an meine jungen Brüder in Rußland), in der Liberté (Brüssel), 5. Sept. 1869; auch 8 S. 8⁰ (Brüssel, Brismée); deutsch im Volksstaat (Leipzig), 5. März 1870.

(bis 1. Juli 1873) erscheinenden, zuerst rein politischen, dann zunächst von revolutionären Proudhonisten und revolutionären Positivisten geschriebenen *Liberté* usw. illustrieren;[106]) ich habe diese und andere belgische Organe seinerzeit durchgelesen und von Victor Dave, der diese Jahre mitten in der Bewegung durchlebt hatte, viele persönliche Aufklärungen erhalten. In welcher Weise James Guillaume in seinem *Progrès* (Locle; 18. Dezember 1868—2. April 1870) die durch die Kongresse, die Belgier und Pariser, Bakunin und die Genfer und die eigenen Erfahrungen im Jura auf ihn hereinströmenden Eindrücke verarbeitete und mit seinen nächsten Genossen, wie Adhémar Schwitzguébel, Auguste Spichiger, Fritz Robert u. a., den spezifisch jurassischen Anarchismus ausbildete, ist seiner *L'Internationale*, I, 1905, mit zahlreichen Einzelheiten zu entnehmen.[107]) Ueber Spanien 1869 unterrichtet Lorenzos Buch (s. Anm. 95), und die Verhältnisse in Barcelona resümiert ein Brief Rafael Farga Pellicers an Bakunin (Barcelona, 1. August 1869),[108]) der von Bakunin für die neugegründete *La Federacion* (1. August 1869 bis 1873) Artikel über die Abschaffung des Staates, die Abschaffung des Erbrechts und der Rente usw. wünscht. In seinem und G. Şentiñons Bericht an den Basler Kongreß[109]) sagt Farga Pellicer: „. . . durch Ausdauer, Einigkeit und Solidarität in jeder Lebenslage, an jedem Orte, bei allen Nationalitäten, werden wir Frieden und Freiheit haben, wenn wir die Staaten abschaffen; denn alle Menschen müssen einen einzigen Bund bilden und alle Völker eine freie Föderation von freien Arbeiterassoziationen. Aber dies ist nicht alles; die ökonomische Gleichheit ist notwendig, das Eigentum muß kollektiv werden, und hierzu muß das Erbrecht abgeschafft werden."

---

[106]) Das russische Buch, *Die historische Entwicklung der Internationale* (Zürich; 1873) enthält folgende von Bakunin und der russischen Gruppe in Zürich ausgewählte belgische Artikel jener Zeit: Der Krieg (*Lib.*, 1868, Nr. 18); Die zwanzigjährige Wiederkehr der Junitage (Nr. 52); Kaiserreich und Revolution (Nr. 58); Eigentum, Kapital und Tausch (Nr. 59; über Proudhon, Colins usw.); Der Kongreß der I. A. A. Internationale Solidarität (Nr. 62); Die Revolution in Spanien (Nr. 68); Theorie der Revolution (Nr. 70); 1869 (1869, Nr. 81); Der Sozialismus in Paris (Nr. 86); Die Lage des Proletariats in Belgien (1868, Nr. 42); Parlamentarismus und Sozialismus (1869, Nr. 82); Die Massakres von Streikenden in St. Etienne (Nr. 105); Die Revolution in Frankreich (Nr. 109); Die Republik (Nr. 110); Das konstitutionelle Empire (Nr. 111); Der Bürgerkrieg in Spanien. Theorie der Gewalt (Nr. 111); Die Frauen und der Sozialismus (Nr. 110, 112, 114). — Dazu schrieb Bakunin eine *Skizze der Entwicklung der Internationale in Belgien*, S. 174—82, die auf Buonarroti in Belgien zurückgreift und im spätern Teil von Guillaume mitgeteiltes Material benutzt, der wiederum De Paepe durch die Kongresse genauer kannte und auf seinen Mitteilungen fußt.

[107]) Ihr geht die kleine Schrift *Le Collectivisme de l'Internationale* (Neuchâtel, 1904, 52 S. 16⁰) voraus, die zuerst in *La Sentinelle* (Chaux de Fonds) erschien. — Eine vor dieser liegende Erklärung des *collectivisme* im *Bulletin de la Société française de philosophie*, Nr. 6, S. 173, kenne ich nicht.

[108]) Von mir veröffentlicht in *Almanaque de la Revista Blanca y Tierra y Libertad para 1904* (Madrid; S. 44—7).

[109]) *Compte-rendu . . . .* (Brüssel, 1869), S. 44—48.

„Lernen wir durch gegenseitige Achtung die Unverletzlichkeit und Würde des Menschen zur Geltung zu bringen: *Lieben wir den Nächsten mehr als uns selbst, und die Menschheit mehr als alles andere.*"

„Verlangen und behaupten wir international das soziale Recht und die soziale Pflicht der Gerechtigkeit . . ."

Mit diesen Worten trat die spanische Internationale in den Kreis der übrigen Organisationen ein.

In Frankreich vollzog sich 1869 eine gewaltige Abwendung vom steril gewordenen Proudhonismus; hierüber im nächsten Kapitel. Bakunin hatte mit Lyon und Marseille Beziehungen angeknüpft, während durch verschiedene Umstände sein kleiner Pariser Kreis ihm fast ganz entschwand. Bevor er Genf verließ, kannte er noch Paul Robin, der vorher in Belgien den dortigen Kollektivismus genau kennengelernt und akzeptiert hatte und daher auch die in der Schweiz propagierten ähnlichen Ideen zu vertreten half; aber persönliche Verhältnisse trennten ihn in gewissem Grade von dem Kern der belgischen Bewegung, sowie von Bakunin, und seine Spezialisierung auf die Unterrichtsreform isolierte ihn ebenfalls.[110])

Das Jahr 1868—1869 brachte also eine große Ausbreitung des Kollektivismus in der Internationale; derselbe war im allgemeinen in Belgien evolutionistisch, in Bakunins Kreis revolutionär, in Paris mit den nahen Revolutionsaussichten verbunden und der Commune zustrebend. Was stand 'dem gegenüber? In Genf die lokale Politik, in Deutschland und Oesterreich die neugegründete Sozialdemokratie, in England nach wie vor der Tradeunionismus, einige mit Landnationalisierung, direkter. Gesetzgebung usw. Sympathiesierende — dazu die alten autoritären Sozialisten allerorts, Marx, J. Ph. Becker, Eccarius, Liebknecht, Leßner usw. und einige wenige, in deren Fahrwasser schwimmende Franzosen, Eugène Dupont u. a. — Man begreift die dauernd gereizte Stimmung von Marx, der damals sogar an dem alten Becker irre wurde![111]) Die ganze Internationale verdroß ihn („. . . wenn ich nur irgendwo Leute sähe, die uns nicht in Eseleien hineinreiten, so würde ich mit dem größten Vergnügen den Zentralrat von hier [London] entfernt sehen. Die Sache wird ennuyant . . ." (an Engels, 3. August 1869). Dies zur Zeit der größten Blüte der Internationale, am Vorabend ihres bedeutendsten Kongresses . . . Marx fühlte sich einsam in der Internationale.

---

110) Paul Robin, *De l'enseignement intégral,* in *La Philosophie positive* (Versailles) und separat, Versailles, 1869, 29 S.; 1870, 20 S., gr. 8⁰; *Sur l'enseignement intégral* . . . (Paris, Juli 1870, 18 S.), ein Bericht an den nicht abgehaltenen Kongreß der Internationale in Mainz, 1870.

111) Marx an Engels, 27. Juli 1869: . . . „Becker selbst ist nicht gefährlich. Aber sein Sekretär Rémy, wie man uns aus der Schweiz berichtet, ist ihm von Herrn Bakunin oktroiiert worden und ist ein tool (Werkzeug) Bakunins. Dieser Russe will offenbar Diktator der europäischen Arbeiterbewegung werden. Er soll sich in Acht nehmen. Sonst wird er offiziell exkommuniziert werden" . . . Nichts bestätigt die hier Theodor Rémy zugeschriebene Rolle; aber man sieht, daß Marx (oder Jung) schon vor Utin Zuträger in Genf hatte. Gerade der damals vierzigjährige Rémy (aus Eupen) war mit Becker durch dessen *Deutschen Volksbund* seit Jahren eng verbunden und trat Bakunins Person

und Ideen nie wirklich näher. — Engels erwidert gläubig: „. . . Der alte Becker muß rein toll geworden sein . . .“ „Daß der fette Bakunin dahinter sitzt, ist ganz klar. Wenn dieser verdammte Russe in der Tat daran denkt, sich an die Spitze der Arbeiterbewegung hinaufzuintrigieren, so ist es Zeit, daß ihm einmal gehörig gedient wird und die Frage gestellt, ob ein Panslavist überhaupt Mitglied einer internationalen Arbeiterassoziation sein kann. Man kann den Kerl sehr leicht fassen. Er muß sich nicht einbilden, den Arbeitern gegenüber den kosmopolitischen Kommunisten und den Russen gegenüber den heißnationalen Panslavisten spielen zu können.“ [Bakunins Standpunkt in slawischen Fragen ist jetzt zu bekannt, als daß diese panslavistische Anklage widerlegt werden müßte; wie sehr Marx und Engels' Sehnsucht nach einem Krieg zur Wiederherstellung Polens zu internationalen Gefühlen paßte, hat Engels wohl nie bedacht.]

IX.

Vom Basler Kongreß, September 1869, bis zum Sommer 1870; der Kollektivismus in Belgien und Frankreich.

Der Basler Kongreß, 6.—11. September 1869, ist bis heute die einzige große Versammlung geblieben, in der Sozialisten und Anarchisten aller Richtungen, in natürlichen Proportionen vertreten, ruhig diskutierten, sich über manches verständigten, in anderem differierten und friedlich auseinandergingen. Keine Versammlung auf gleicher Basis kam vorher und nachher zustande, wobei die Kongresse der siebziger Jahre keine wirkliche Ausnahme bilden. Die belgischen und die um Bakunin gruppierten Kollektivisten, denen Varlins Pariser Gruppe näher trat, die Pariser Proudhonisten, die autoritären deutschen Sozialisten und Generalratsdelegierten, eine mehr demokratische als sozialistische Richtung (A. Goegg) und ein vereinzelter Positivist, auch ein amerikanischer Gewerkschaftler und die Genfer Politiker trafen zusammen, 77 Delegierte, unter denen etwa hervorragten C. De Paepe, Eugène Hins, Eccarius, Hermann Jung, Chemalé, Tolain, Varlin, W. Liebknecht, Bakunin, R. Farga Pellicer, J. Ph. Becker, Karl Bürkli, James Guillaume u. a. Die ausführlichen Berichte an den Kongreß und Kongreßprotokolle[112]) können hier nur in markanten Punkten besprochen werden.

Ein Basler Staatsanwalt, Bruhin, eröffnete den Kongreß und sprach als „künftige Lösung" aus: „. . . *Alles muß Arbeiter werden*, und die aus lauter Arbeitern bestehende, wirklich gleichheitliche, brüderliche und folglich erst freie Gesellschaft ordnet alsdann die Arbeit, läßt als Ur-Eigentümerin, oder vielmehr Ur-Nutznießerin der Erde, als Mutter aller

---

[112]) Compte-rendu du IVe Congrès international . . . (Brüssel, Druck von Désiré Brismée, 1869, XVI, 175 S. kl. 8⁰); *Verhandlungen des IV. Congresses des internationalen Arbeiterbundes in Basel* (Basel; erschien während des Kongresses, 5 oder mehr Nummern); *Report of the Fourth Annual Congress* . . . . (London, 36 S. 8⁰; vom Generalrat herausgegeben). Ferner Broschüren des Proudhonisten A. Murat (Paris, 1869, 22 S.) und des Positivisten Gabriel Mollin (Paris, März 1870, 36 S.); Artikel von E. Chemalé in *La Démocratie* (Paris), 17., 24., 31. Oktober, 14., 21. November 1869); ein sehr langer Bericht von Ch. Quentin in *Le Réveil* (Paris), 9.—16. Sept.; dort auch der berüchtigte Artikel von M. Hess, *Les Collectivistes et les Communistes du Congrès de Bâle*, 2. Oktober, dessen Richtigstellung in Bezug auf Bakunin durch einen Brief von A. Herzen erfolgte *(Réveil, 22. Okt.)*, während Bakunins längeres Manuskript hierüber ungedruckt blieb (jetzt *Oeuvres*, V, S. 241—292; VI. 429—432; deutsch *Werke*, III, S. 126—163). — Den *Progrès* (Locle)-bericht reproduziert und ergänzt *L'Int.*, I. S. 190—215. Vieles besonders auf Bakunin bezügliche s. meine ältere *Biogr.*, S. 329—358, S. + 163—176.

Erfindungen und alles Gewerbsfleißes, den Landbau und die Gewerbe, voraus die Fabriken, genossenschaftlich betreiben . . . Die neue Gesellschaft wird sich und ihre Einrichtungen durch den allgemeinen Willen und demgemäß durch allgemeine Volkswehr selbst schützen; sie wird, soweit möglich, selbst Gesetze geben, verwalten und Recht sprechen . . . Alle Völker bilden die große Menschenfamilie, — alle Volksgesellschaften schließlich die menschliche Gesellschaft, mit einem Wohngarten, dem Erdsterne . . ." Später erklärte er freilich: „. . . Aber der Steg hinüber zu der neuen Welt? Das ist der *Volksstaat*, die Staatsgewalt in den Händen des Volkes. Dieser Gewalt, Brüder, müssen wir uns in allen Landen zu bemächtigen suchen" usw. — Bruhin drängt auch auf Diskussion der sechsten Kongreßfrage, der von Bürkli (Zürich) vorgeschlagenen *direkten Gesetzgebung durch das Volk*, die Schweizer und Deutsche für die wichtigste hielten. Rittinghausen[113]) machte selbst einen Vorstoß und erklärte, die Revolution selbst bringe nichts zu Wege. „. . . Wenn ihr nicht nach der Revolution durch die Gesetzgebung eure legitimen Forderungen formuliert, wird die Revolution elend zugrundegehen, wie die von 1848 . . ." Liebknecht setzt sich ebenso eifrig für die Frage ein.

Bakunin, Hins und andere bekämpften sie. *Hins* sagt hier warnend: „. . . Lassen wir lieber die Regierungen in Fäulnis versinken, stützen wir sie nicht durch unsere Moralität. Und zwar deshalb: die Internationale ist und soll sein ein Staat im Staat; möge sie die Staaten auf ihre Weise ihren Weg gehen lassen, bis unser Staat der stärkere ist. Dann werden wir auf den Ruinen der Staaten den unsern errichten, ganz vorbereitet, ganz fertig, wie er in jeder Sektion besteht. Geh weg und mache mir Platz, wird es dann heißen."

„Glücklich sind wir in Belgien, das allgemeine Stimmrecht nicht zu besitzen, das nach der Meinung einiger uns retten soll. Wir werden es heute nicht verlangen, sondern wir werden es nehmen und werden es dann mit niemand teilen" (*C.-r.*, S. 7—8).

In Belgien schlug man später eine direkte *représentation du travail* als neben dem offiziellen Parlament bestehender Organismus vor — hierüber später; die Bemerkung von Hins führt den damals sich verbreitenden Gedanken vor, daß die Internationale das Bild der künftigen Gesellschaft sein solle, praktisch also ein Gerüst und ein Rahmen, alle produktiven Kräfte allmählich umfassend und dann an Stelle des verfallenden Staates und Kapitalismus tretend. Spätere Syndikalisten hatten die gleiche Idee. Sie entspricht dem belgischen theoretischen Standpunkt, der für möglichst lange eine Entwicklung ohne Revolution vorauszusehen versuchte.[114]) Sie entspricht Bakunins Auffassung nicht, der wußte,

---

113) S. *Vorfrühling*, 1925, S. 201—223; auch S. 214—215 (Déjacque) und o. Kap. IV (De Paepe). Der *Progrès* (Locle) druckte in II Nr. 7, *Législation directe et An-archie* (12. Februar 1870) eine Hauptstelle aus der Rede von Patignies ab, und dies wurde in *Ist. Raso. Int.*, 1873, S. 153—157 aufgenommen

114) Die belgische Adresse an die streikenden Arbeiter im Borinage (Brüssel, 13. April 1869) auch *C-r.*, S. 30—32 suchte diese aufs äußerste erbitterten und provozierten Arbeiter von einer Emeute abzuhalten, ein sehr wohlgemeinter Rat,

daß die sozialen Kämpfe ebensowenig durch eine solche innerhalb der jetzigen Gesellschaft heranwachsende Neubildung wie durch die direkte Gesetzgebung usw. umgangen und vermieden werden konnten. Aber letztere war in Basel der direkte Gegner, und Bakunin sah in Bürklis wahrscheinlich ziemlich lokalen Vorschlag einen deutschschweizerischen und deutschen Versuch der Internationale, einen bestimmten Weg vorzuschreiben und hatte ja hierin vollständig Recht; nur ging dieser Versuch nicht von Marx, sondern von dem deutschschweizerischen demokratischen Milieu aus, das Marx ziemlich gering schätzte.[115])

In der Grundeigentumsfrage lag ein neuer Bericht von *De Paepe* vor (*Mémoire sur la propriété terrienne présenté au Congrès de Bâle* (Brüssel, 1869, 16 S., 12°; aus dem *C.-r. S.* 96—110). Er konstatiert, daß eine langsame natürliche ökonomische Entwicklung oft durch kollektive Intervention des Volks beschleunigt oder aufgehalten wurde; „diese kollektiven Interventionen nannte man *Revolutionen* . . ." Die Arbeiter werden nicht die Geduld haben, die Resultate einer langsamen und friedlichen Entwicklung abzuwarten, die Jahrhunderte dauern soll; sie sagen, daß sie lange genug gelitten haben und das Ende ihrer langen Leiden sehen wollen. Aeußerst wahrscheinlich wird also die Umwandlung des Eigentums nicht durch blinde und notwendige Entwicklung, sondern durch intelligente und überlegte Intervention der Menschen geschehen, nicht durch *Evolution* sondern durch *Revolution* . . ."

Wenn die Besitzenden eine friedlich Lösung wünschten, kämen allmählicher Rückkauf (Louis Blanc), Umwandlung des Pachtzinses in Kaufabzahlungen (Proudhon) und Einschränkungen im Erbrecht (Colins, De Potter, Ramon de la Sagra) in Betracht. Aber ihre feindliche Haltung macht eine zwangsweise Liquidation wahrscheinlich. „. . . Der Klassenantagonismus, der Kampf der Arbeit gegen das Kapital brachte die Widerstandsgesellschaften oder *Trades Unions* hervor; diese, indem sie sich föderieren und gruppieren, organisieren das Proletariat und stellen zuletzt einen Staat im Staat dar, einen ökonomischen Arbeiterstaat inmitten des politischen Bourgeoisstaats. Dieser Staat findet seine natürliche Vertretung in den Delegierten der Arbeiterkörperschaften, die, während sie für die Bedürfnisse der Gegenwart sorgen, auch den Embryo der Verwaltung der Zukunft bilden; denn sobald neue, heute isolierte Arbeiterkategorien Assoziationen bilden, wird diese Delegation ihnen ihre Reihen öffnen. Nun, in dieser Situation kann es sich ereignen, daß eines Tages dieser neue Staat die Auflösung des alten Staates erklärt und

---

der aber doch zu dem Schluß des belgischen Berichts an den Basler Kongreß, daß man die Worte Dantons: Kühnheit, Kühnheit und noch einmal Kühnheit! zum Wahlspruch nahm, nicht grade stimmt. — Diese Adresse enttäuschte die Arbeiter, und ihr Vertrauen in die Internationale war wahrscheinlich von damals an gebrochen.

[115]) Nur Cowell Stepney vom Generalrat interessierte sich für das Referendum und ließ eine Schweizer Broschüre übersetzen (*Direct Legislation by the People versus Representative Government* . . ., London, 1869, 36 S., 8°; übersetzt von Dr. Eugen Oswald). — Bürkli's Referat *Direkte Gesetzgebung durch das Volk* war schon im August 1869 erschienen (Zürich, 8 S. 8°).

allen Einrichtungen der alten Gesellschaft gegenüber, der politischen Zentralisation, dem Gerichtssystem, der Armee, dem Kultus, dem öffentlichen Unterrichtswesen, der Bank, dem Handel, der industriellen Organisation, dem Grundbesitz usw. alle notwendigen Maßnahmen trifft, um das Ende des Privilegs und des Elends, das Reich der Gleichheit und des Wohlstands für alle zu sichern..." Da könnte dann erklärt werden:

1. Der individuelle Grundbesitz ist abgeschafft; der Boden gehört der sozialen Kollektivität und ist unveräußerlich.

2. Die Landbebauer werden ihren Pachtzins an den Staat entrichten; dies wird ihre Steuer sein und für öffentliche Dienste wie Unterricht, Versicherung usw. verwendet werden.

3.—8. Details und Uebergangsmaßregeln. 9. Die Gemeindevertretung besorgt überall die Landangelegenheiten und (10.) der Staat mit Ackerbaukommissionen die Ameliorations- und anderen großen Arbeiten, wozu sich Landarbeiterassoziationen bilden können.

De Paepe betonte noch, daß erst „der Kollektivbesitz des Bodens den gleichen Austausch der Produkte, die Gegenseitigkeit der Leistungen möglich macht", daß sich also Kollektivismus und Mutualismus nicht gegenüberstehen, sondern einander ergänzen. — Auch der Lyoner Bericht (*Albert Richard*, August 1869) verbindet das allgemeine Kollektiveigentum und die Erbrechtabschaffung mit dem nur dadurch möglichen gleichem Austausch, der freien Assoziation, der Mutualität (*C.-r.*, S. 94—95) . . . „Die Zuteilung der Ländereien und sozialen Reichtümer ist nicht mehr der Willkür, nämlich der Vererbung, überlassen, sondern geschieht durch gegenseitigen Vertrag der Arbeiter, deren Interessen dieser Vertrag harmonisiert und solidarisiert." Dasselbe gilt für die Organisation des Kollektiveigentums, für die Beziehungen von Gemeinden und Regionen; überall Garantien durch gegenseitige Versicherung; die Steuer ist nur die vom Einzelnen der Gesamtheit gezahlte Miete des sozialen Kapitals. Dann „hat der politische Staat keinen Grund mehr zu bestehen . . ." — In Rouen (*Emile Aubry*) wünschte man den Boden als Kommunaleigentum mit individueller, vererblicher Inhaberschaft, die von der *foederativ* organisierten Gemeinde bewilligt wird und in öffentlichem Interesse zurückgezogen werden kann. Man ist für „foederative Organisation der ökonomischen Kräfte der Arbeit im Schoß der Internationale" und gegen Eingriffe in das Erbrecht vom Standpunkt der Erhaltung der Familie aus (*C.-r.*, S. 114—116).

Die über Berechtigung und Notwendigkeit des kollektiven Grundeigentums einmütige Kongreßkommission wünscht in ihrer Mehrheit dessen Bebauung durch die solidarisierten Gemeinden (dafür die Autoritären und Sentiñon und Varlin), in der Minderheit (De Paepe und einige Proudhonisten) Bebauung durch Einzelpersonen und Assoziationen. Die intransigenten Proudhonisten Chemalé und Tolain bekämpfen jeden Eingriff der Gesellschaft; für sie ist der Boden ein Arbeitswerkzeug und es würde genügen, die Pacht in Kaufabzahlung zu verwandeln. Bakunin geht von der Kollektivität aus, der Grundlage des Individuums; das

Privateigentum ist stets nur individuelle Aneignung der Arbeit der Gesamtheit. Er wird für die Majorität der Kommission stimmen.

Eugène Hins, der seine Bekehrung zum Kollektivismus schildert — es fand hierüber zwischen ihm und De Paepe in der *Liberté* und *Internationale* eine sehr instruktive Polemik statt — bemerkt, daß nach der sozialen Liquidation Kollektivisten, ackerbautreibende Assoziationen, die sich auf die ganze Gemeinde ausdehnen könnten, und Kommunisten, die den Ackerbau durch die Gemeinde betreiben, „zusammengehen können", indem beide „ihre Theorien versuchen, und die Erfahrung wird entscheiden" (S. 85), — eine der seltenen Anregungen des Versuchssozialismus.

Schließlich kommt es über letztere Frage zu gar keiner Abstimmung; die Hauptresolution wurde von Kollektivisten und Autoritären angenommen und von den Proudhonisten verworfen.

In der *Erbrechtsfrage* standen sich die Berichte des Generalrats (Marx) der Genfer Bericht (Bakunin) und der Brüssler Bericht (De Paepe; S. 132—140)[116]) gegenüber. *De Paepe* bemerkt, daß die französische Revolution *dieses* Geburtsprivilegium nicht abschaffte, gegen das dann Saint-Simon sich erhob, ohne daß der Saint-Simonismus die Gleichheit wollte; für den volkstümlichen Sozialismus, von Morelly zu Babeuf, Cabet und Owen existierte die Erbrechtfrage gar nicht.

„. . . Heute aber in der Internationale tun der wissenschaftliche Sozialismus[117]) und der volkstümliche Kommunismus unter den verjüngten Formen und neuen Namen von *Mutualismus* und *Kollektivismus* ihr exklusives und absolutes ab, suchen sich zu umarmen, zu durchdringen in einer neuen Auffassung der Gesellschaft, — einer synthetischen Auffassung, die zugleich für das Individuum und die Kollektivität Garantien sucht . . ." Wie stellt man sich da zur Erbrechtsfrage?

Dieselbe wird eine ganz sekundäre. Ist das Grundeigentum abgeschafft, sind Maschinen und Arbeitswerkzeuge „Kollektiveigentum der Gruppen oder industriellen Assoziationen, die sie benutzen, und gehen sie beständig auf neue Mitglieder derselben über, ohne daß man sich darum kümmert, ob sie Söhne der alten Mitglieder sind oder nicht", wenn durch Abschaffung des Kapitalzinses und gleichen Austausch der Produkte jeder von seiner Arbeit lebt, Reichtumanhäufung daher unmöglich wird, — so bleibt nichts wesentliches zum Vererben übrig und in das direkte Erbrecht dieser unwichtigen Menge soll nicht eingegriffen werden.

Als Uebergangsmittel betrachtet, kann die Abschaffung des Erbrechts nicht in Betracht kommen, da die Besitzenden eine friedliche Lösung nicht wollen.

Dasselbe sagt der Bericht von Marx, nur in schrofferer Form, weil Marx Bakunin direkt treffen wollte (S. 122—124).

---

[116]) *Rapport sur la question de l'héritage, présenté au Congrès de Bruxelles...* (Brüssel, 10 S. 12°).
[117]) Damit sind die nicht proletarisch kommunistischen Richtungen gemeint, speziell der Proudhonismus.

Zu der Kongreßkommission gehörten Brismée, De Paepe, Bakunin, Guillaume, A. Richard, Farga Pellicer, J. Ph. Becker, Hess, Liebknecht u. a. Ihre Resolution kam offenbar Bakunin einigermaßen entgegen (die Abschaffung „ist eine der unumgänglichen Bedingungen der Befreiung des Proletariats"), ohne ganz auf seine Ideen einzugehen, die in der Tat in dem Bericht De Paepes logisch widerlegt sind. Daher sind diesmal die Autoritären und die Proudhonisten gegen Bakunin und die Kollektivisten (Varlin) vereinigt. — Die Abstimmungen ergeben 32 gegen 23 (15 Enthalten) für den Kommissionsvorschlag, 18 gegen 37 (6 Enthaltungen) gegen den Generalratsvorschlag. Dies bedeutete für Bakunin einen recht matten Sieg, für den Generalrat eine Niederlage.

Bakunin ließ von nun ab die Erbrechtsfrage so ziemlich ruhen;[118]) der theoretische Sieger war De Paepe gewesen[119]).

In der gewerkschaftlichen Diskussion führt *Hins* wieder ein Stück der belgischen Auffassung der Zukunft vor. „. . . Ja, die Widerstandsgesellschaften werden nach der Beseitigung des Lohnsystems weiterbestehen, nicht dem Namen nach, aber in der Tat. Sie werden dann die Organisation der Arbeit sein, die Lösung des freien Austausches, indem sie von einem Ende der Erde zum anderen eine große Verteilung der Arbeit vornehmen werden. Sie werden die alten politischen Systeme ersetzen: statt einer konfusen und heterogenen Vertretung wird man die Vertretung der Arbeit (représentation du Travail) haben. Dies wird zugleich ein Dezentralisationsfaktor sein, denn die Zentren werden nach den Industrien verschieden sein, die sozusagen jede einen Staat für sich bilden und für immer die Rückkehr zur alten Form des zentralistischen Staates verhindern werden; dies wird nicht eine andere Regierungsform für die lokalen Beziehungen ausschließen . . ."

Ob damals zwischen Bakunin und den Belgiern De Paepe und Hins persönliche theoretische Gespräche stattfanden, ist nicht bekannt, aber es ist unwahrscheinlich, da Bakunin, in der Erbrechtsfrage zu exponiert und die Abneigung der Belgier gegen seine ihnen wahrscheinlich nicht in ihrer damaligen vorgeschrittenen Form bekannten revolutionären Pläne und konspirativen Mittel kennend, wohl keine Neigung dazu besaß, und da nach Belgien von London aus jedenfalls mißgünstige Bemerkungen über Bakunin gelangten. Man kann sich vorstellen, daß Bakunin mit den Belgiern nichts rechtes anzufangen wußte, da sie theoretisch unanfechtbar waren, aber keinen Revolutionswillen besaßen. Doch waren seine Beziehungen mit Hins freundliche, und sie redigierten zusammen die administrativen Resolutionen des Kongresses, wobei der eigentümliche Zufall waltete, daß Hins dem Generalrat alle Macht bestritt, während Bakunin dessen Macht zu stärken wünschte, grade um eine Stütze gegen

---

[118]) Die *Egalité* (Genf), 18. Sept. 1869 enthält seine Basler Rede am ausführlichsten; s. *Biogr.*, S. 353—354.
[119]) De Paepe enthielt sich der Abstimmung über den Kommissionsvorschlag und stimmte gegen den Generalratsvorschlag. Brismée und Hins stimmten wie Bakunin.

die von Politikern geleitete Romanische Foederation (Genf) zu gewinnen. „Der belgische Delegierte Hins und ich bekämpften uns stark. Man trug uns auf, uns zu verständigen und gemeinsam Resolutionen zum Vorschlag zu entwerfen . . .", was auch geschah, wobei Bakunins Wünsche durchdrangen, wozu er, im Januar 1872 bemerkt: mea culpa, mea maxima culpa! (meine eigene Schuld!); s. *Werke*, III. S. 184—185[120]). — Hins seinerseits war der erste, der im Januar 1870, als Marx seine unterirdische Kampagne gegen Bakunin begann, ihm hierüber entrüstet seine Meinung sagte, was Marx nur zu Haß und Wut gegen Hins veranlaßte.[121]) De Paepe scheint Bakunin kaltsinniger gegenübergestanden zu sein.[122])

---

[120]) Damals schrieb er die sympathischesten Worte über die belgische Internationale und die „Handvoll, höchstens fünfzehn" junger Leute, die ihr halfen, darunter sechs oder sieben besonders hervorragende *(Werke,* III, S. 195).

[121]) Aus dem Brief von Marx an Engels, 17. Dez. 1869 ist ersichtlich, daß Marx die ausschließlich von Paul Robin ausgehende *Egalité*-Kritik des Generalrats dem längst von Genf abwesenden Bakunin zuschrieb und daß *dies* das jetzt bekannte Schreiben an die Romanische Föderation veranlaßte, dem Marx seine halboffiziösen Privatschreiben hinzufügte, deren eines die berüchtigte *„Confidentielle Mitteilung"* über Bakunin ist, die zuerst *Neue Zeit,* 12. Juli 1902, S. 472—80 gedruckt wurde. . . . „Wir senden nächste Woche (glücklicherweise ist der Zentralrat bis Dienstag nach Neujahrstag [4. Januar] vertagt, so daß wir im Subcomité ohne die *gemütliche* Einmischung der Engländer frei agieren können) eine Missive an das Romanische Föderalcomité in Genf" . . . Dieses Dokument, das Marx in dem Brief schon skizziert und das angibt, es sei in der außerordentlichen Generalratssitzung vom 1. Januar [Sonntag] beschlossen worden (S. 475) genügte Marx, der es verfaßte, noch nicht; . . . „ich habe dem De Paepe (zur Vorlage an das Brüsseler Zentralkomitee) ausführlich über die Affaire geschrieben" (Brief vom 19. Dezember).

Dies dürfte der Brief sein, von dem Hins (12. Juni 1914) an James Guillaume schrieb: . . . „Karl Marx schrieb uns (im Januar 1870) einen Brief voll niedriger Verleumdungen gegen Bakunin". . .; er habe dann Marx privat seine Meinung darüber geschrieben, und Marx antwortete mit grobem Schimpf (s. Guillaumes Schrift über Marx und die Internationale, 1915, S. 72, Anm. 1). — Dieser Briefwechsel hätte Hins nicht an Marx sondern an Cowell Stepney geschrieben (10. Februar 1870: „. . aber der Sekretär des belgischen Rats, Hins [Schwager von De Paepe, doch überworfen mit ihm] hat einen Brief an Stepney geschickt, worin er Bakunins Partei ergreift, mich anklagt, ich unterstütze die reaktionäre Partei unter den Genfer Arbeitern usw."). Marx schickte am 12. diesen Brief an Engels und bemerkt: „. . ich habe dem Kerl in meiner Antwort gehörig den Kopf gewaschen . . ." — Später hatte Engels betreffs Hins folgende fixe Idee: Brief an Th. Cuno 10. Juni 1872: . . . „dieser ist durch Seelenverwandtschaft und durch seine russische Frau Werkzeug Bakunins" und am 5. Juli 1872: . . „Hins ist durch seine russische Frau direkt mit Bakunin in Verbindung und hat in seinem Auftrag" usw. *(Die Gesellschaft,* Berlin, Nov. 1925, S. 470, 477). Hieran ist nach allem Bakunin- und sonstigem Material außer der russischen Frau keine Silbe wahr. — Es ist bedauerlich, daß man die Tätigkeit von Marx in der Internationale, soweit sie andersdenkende Sozialisten betrifft, nur immer durch rüde Schimpfworte aus seiner Feder illustrieren kann, aber dies entspricht der tatsächlichen Lage. Marx war stets unfähig, einen aufrechten Kampf zu führen; der Gegner, den er zu widerlegen versuchte, mußte immer zugleich insultiert, verhöhnt, verleumdet werden, und was an Brutalität noch fehlte, fügte in der Regel Engels hinzu.

[122]) Ueber die Persönlichkeit von Eugène Hins (1839—1923) unterrichten Erinnerungen besonders aus seinen letzten Jahrzehnten in der belgischen Freidenkerbewegung in der Revue *Homo* (Brüssel), Nr. 4—6, 1923, von Jean Maréchal.

De Paepe vertrat seine Ansichten weiter z. B. in interessanter Polemik gegen die *Mutualisten* der *Liberté*. In der *Réponse d'un collectiviste à un mutuelliste (L'Internationale,* Brüssel, 14. November 1869) spricht er die Meinung aus, daß ein gradueller Uebergang des Grundbesitzes an Assoziationen usw. nicht wahrscheinlich sei, vielmehr durch Intervention des „bewußten *Willens* (volonté réfléchie) der organisierten Arbeiter die soziale Revolution und nach dieser eine „Expropriation zu öffentlichem Nutzen" mit Entschädigung an die arbeitenden Kleinbesitzer, ohne Entschädigung für die Reichen. Das Land werde dann den Ackerbauassoziationen, auch ganzen nur Ackerbau treibenden Gemeinden überlassen gegen Zahlung einer Pacht an „die Gesellschaft, an den Staat, den dann die Delegierten der verschiedenen Arbeitergruppen vertreten . . ."

In Belgien war in jenen Jahren eine von De Paepe nicht geförderte, aber auch in den Basler Reden von Hins erkennbare, zuerst von Hector Denis angeregte[123]), von der *Liberté* intensiv vertretene Idee am Werk, die den Wunsch einer proudhonistischen politisch-sozialen Verwirklichung darstellt, eine einzig dastehende Erscheinung. Ich meine die sogenannte *représentation du travail*.[124])

Victor Arnould (1838—1894), der Redakteur der *Liberté*, der Hauptvertreter dieser Idee schrieb an die *Voix de l'Ouvrier* (Brüssel; 5. Dez. 1880): „. . . ich wiederhole nochmals, daß ich heute wie vor zehn Jahren, diejenigen, die das allgemeine Stimmrecht verlangen, um die Lage der Arbeiter zu verbessern, als Ignoranten oder Charlatane ansehe, denen das Beispiel von Frankreich und Deutschland hätte beweisen sollen, daß das einfache Stimmrecht absolut nichts verbessert, während es in den Händen der Reaktion eine schreckliche Waffe ohne Gegengewicht werden kann. Sie scheinen nicht zu wissen, daß die *Liberté* von meinen Freunden und mir grade zu dem Zweck gemacht wurde, um all dieses demokratische Geschwätz ohne Fonds und ohne Wissen zu bekämpfen[125]), das die Revolution von 1848 ins Verderben geführt und mit dem unser Meister Proudhon so gut aufgeräumt hatte. Sie vertreten heute dieses selbe Geschwätz . . ."

Man wollte eine Konstituierung der Arbeiter außerhalb des Staates, ein Parlament der Arbeit, einen mit dem ökonomischen Leben verbundenen Organismus, der dem politischen Organismus seine Kräfte entziehen und ihm zum Absterben bringen würde. Doch mag Bakunins Schilderung hier folgen aus einem noch unveröffentlichten Text, den Seiten 142—166, die den letzten geschriebenen Teil des Protests der Alliance bilden, an den *Oeuvres*, VI, S. 99, *Werke* II, S. 169 abbrechenden Text sich an-

---

[123]) Dies nach V. Dave, der mir, als ich die *Liberté* und *Internationale* durchlas, dieses und vieles andere alte Belgische mündlich erklärte.
[124]) S. *La Liberté*, 15. Dez. 1867, 8. Nov. 1868, 24. Jan., 28. März, 4., 18., 25. April, 20. Juni, 25. Juli, 14., 21., 28. Nov. 1869; 9. Januar 1870 (ein formales Projekt), 16., 23., 30. Januar, 6. Februar usw., viele damalige Versammlungen bis zum Kriegsausbruch im Sommer 1870.
[125]) Damals bestand eine rein politische demokratische Stimmrechtagitation, der die *Liberté* entgegentrat.

schließend: Den Fachsektionen [Syndikaten], die Fachfragen und Fragen der sozialen Wissenschaft zu besprechen haben, wurde von einer Gruppe junger revolutionärer Sozialisten in Belgien der Anstoß gegeben, daß all diese Sektionen verschiedener Gewerbe sich verständigen, um in jedem Land die *Kammer der Arbeit* [Parlament der Arbeit] zu bilden, in welche Delegierte aller Gewerbe ihre *cahiers du travail* [beruflichen Forderungen] bringen und alle in den bürgerlich-politischen Parlamenten diskutierten Fragen vom Arbeiterstandpunkt aus besprechen würden.

„... Dieses ganz praktische und lebendige Studium der Sozialwissenschaft durch die Arbeiter selbst in ihren Fachsektionen und in diesen Kammern der Arbeit wird und hat schon in ihnen die einmütige und wohlbedachte, theoretisch und praktisch beweisbare Ueberzeugung hervorgebracht, daß *die ernste, endgültige, vollständige Befreiung der Arbeiter nur unter der einen Bedingung, der der Appropriation des Kapitals- das heißt der Rohstoffe und aller Arbeitswerkzeuge, den Boden einbegriffen, durch die arbeitende Gesamtheit* möglich ist . . .‟ Das Kapital würde also „Kollektiveigentum der foederierten Arbeiterassoziationen.‟

„... Die Organisation der Fachsektionen, ihre Foederation in der Internationale und ihre Vertretung durch die Kammern der Arbeit, schaffen nicht nur eine große Akademie, in der alle Arbeiter der Internationale, Theorie und Praxis vereinigend, die ökonomische Wissenschaft studieren können und müssen, sie tragen noch in sich (enfantent) die lebenden Keime der *neuen sozialen Ordnung,* welche die Bourgeoiswelt ersetzen soll. Sie schaffen nicht nur die Ideen, sondern sogar die Tatsachen der Zukunft selbst . . .‟

Im gleichen Sinn hatte Bakunin den am 13. März 1870 in Lyon zusammentretenden französischen Arbeitern geschrieben.[126]) — Varlin präsidierte dieser Versammlung —:

„... Wollen die Arbeiter noch einmal die Rolle von Betrogenen spielen? Nein. Aber was müssen sie dann tun? Sich aller Teilnahme an der Politik des Bourgeoisradikalismus enthalten und außerhalb desselben die Kräfte des Proletariats organisieren. Die Grundlage dieser Organisation ist bereits gegeben: dies sind die Werkstätten und deren Foederation, die Schaffung von Widerstandskassen als Kampfwerkzeuge gegen die Bourgeoisie und ihre nicht nur nationale sondern internationale Foederation, die Schaffung der Kammern der Arbeit wie in Belgien.‟

„Und wenn die Stunde der Revolution geschlagen hat, die Liquidation des Staates und der Bourgeoisgesellschaft, alle juridischen Beziehungen einbegriffen. Die Anarchie, das heißt die wahre, offene Volksrevolution: die juridische und politische Anarchie und die ökonomische Organisation der siegenden Arbeiterwelt von unten nach oben und vom Umkreis zum Mittelpunkt.‟

---

[126]) A. Richard, *Bakounine et l'Internationale à Lyon (Revue de Paris,* 1. Sept. 1896), S. 139; ich benutze aber den mir durch Einsicht der dort exzerpierten Briefe seit 1901 bekannten Originaltext derselben.

„Und zur Rettung der Revolution, um sie zu gutem Ende zu führen inmitten dieser Anarchie [Unordnung] selbst die Aktion einer kollektiven, unsichtbaren Diktatur aller Revolutionäre, die nicht mit irgend einer Macht bekleidet, aber umso wirksamer und mächtiger ist — die natürliche Aktion aller energischen und aufrichtigen Sozialrevolutionäre, die im Lande, in allen Ländern zerstreut, aber stark geeint sind durch gemeinsames Denken und Wollen."

„Dies, meine Freunde, ist meiner Ansicht nach das einzige Programm, dessen kühne Anwendung nicht neue Enttäuschungen, sondern den Endsieg des Proletariats herbeiführen wird . . ."

Diese Worte zeigen, wie weit von dem belgischen Projekt zur wirklichen Aktion, wie Bakunin sie wünschte, war. In Belgien hatte man für den Juni 1870 einen Versuch, ein solches syndikalistisches Parlament zusammentreten zu lassen, projektiert, aber es kam nicht dazu, dann kam der Krieg und die Commune, deren Idee neuer und mächtiger war; auch war die demokratische Stimmrechtagitation aufgegeben worden, und die *Kammer der Arbeit* sank in Vergessenheit.

Die Pariser Proudhonisten hatten auf dem Basler Kongreß eine kümmerliche Rolle gespielt; ihr Doktrinarismus zwang sie zur Bekämpfung jedes sozialen Gedankens vom Standpunkt einer nicht kräftigen sondern matten und nichtsleistenden Selbsthilfe aus. Ihre Reihen hatten sich längst gelichtet, als Varlin, Malon und andere sich von ihnen trennten; in Basel hatten sie noch Louis Pindy unter sich, der sie 1870 auch verließ. Elisée Reclus schrieb am 11. Oktober 1868, nachdem er Malon kennengelernt, seinem Bruder Elie *(Corr. I. S. 289—290)* — der Brief ist auch für die geringe Beachtung, welche die Brüder Reclus der Internationale schenkten, solange dieselbe mit der Gruppe Tolain identifiziert wurde, charakteristisch —: „. . . das erste Bureau, aus Tolain, Chemalé und andern ihnen ähnlichen bestehend, wollte die Gesellschaft nach der Verurteilung auflösen: gesetzlich von der Fortsetzung desselben ausgeschlossen [März 1868] wollten sie keine Nachfolger haben, weil sie der aufrichtigeren, freieren, revolutionäreren Haltung ihrer Nachfolger mißtrauten . . ." „Vor dem Gericht [zweiter Prozeß; Mai 1868][127]) war seine [Malons] Verteidigung in ganz anderem Grade energisch als die von Tolain und den anderen. Gleich nach Verwerfung des Appells wird ein drittes Bureau hervortreten, dann ein viertes . . ."

Publikationen dieser proudhonistischen Arbeiter waren: *La Tribune ouvrière* (Paris), 4. Juni—12. Juli 1865; 5 Nummern; *La Presse ouvrière* (in Brüssel gedruckt); *Cóngrès Ouvrier . .* (unterz. Fribourg, Ch. Limousin), Paris, 4 S. fol., Oktober 1865. Im Juli 1868 erschien (oder sollte erscheinen?) *Le Fédéraliste* (Fribourg und Chemalé). Erschienen ist *Almanach du socialisme fédéraliste* pour 1869, in dem Eugène Chemalé, Pierre Denis, George Duchêne (der alte Genosse Proudhons, 1824—1876),

---

[127]) S. *Procès de l'Association internationale des Travailleurs, Bureau de Paris* (Paris, 1868, VI, 152 S.); deuxième edition, Juli 1870, 216 S.

Robert Luzarche (ein lebhafter Pamphletist von der *Rive gauche*)[128]),
Paget Lucipin, E. Moullé schrieben und an den Jules Vallès einen Brief
richtete. Dieser Almanach (XXXII S. gr. 8°) enthält unendlich wenig,
das in der damaligen Situation auf andere als bereits überzeugte proudhonistische Doktrinäre hätte wirken können. Moullé (S. XXIX) nennt
diese Gruppe „socialistes anti-autoritaires, mutualistes, fédéralistes . . "
„all diese Ausdrücke sind synonym . . ." Er konstatiert, von den seit
Mitte 1868 erlaubten großen Volksversammlungen sprechend, daß kaum
drei oder vier Redner in diesem Sinn gesprochen hätten . . .

Man findet Tolains Name noch in Publikationen der Pariser Internationale von Anfang 1871[129]), und in vielen Wahllisten zum
8. Februar 1871. Er wurde ja auch Abgeordneter und tagte in Versailles,
während die Commune auf den Tod bekämpft wurde. Diese Haltung
tötete Tolain moralisch; im übrigen ließ er es sich als Abgeordneter,
später als Senator wohlergehen und suchte sich bei kleinen Reformen
auf seine Weise nützlich zu machen.[130]) Fribourg, dessen Geschichte
der Internationale zuerst 1871 im *Temps* erschien, sank noch tiefer[131]).

Anders hielten sich einige Männer von bekanntem Namen und gewiß
nicht wenige minder bekannte, die ihren Proudhon direkt aus seinen
Werken kannten und die sich um den zaghaften Schattenproudhonismus
der Gruppe Tolain nicht kümmerten. Neben Vermorel der vielleicht,
wie auch G. Duchêne, am intelligentesten Proudhons Gesellschaftskritik
fortzusetzen suchte, ist wohl vor allem *Jules Vallès* zu nennen, der zwar
sich um Theorien nicht kümmerte, kein Anarchist war und aus sich allein
heraus mehr soziales Mitgefühl und Empörungssinn schöpfte als die
meisten andern, der sich aber doch gewiß an Proudhon inspirierte, dessen
Wesen und Kern ihm klarer waren als den Buchstabenproudhonisten
um Tolain.

Leider kann ich jetzt aus der vielartigen und sehr pointierten aktuellen
Literatur der letzten Jahre des Empire nicht nachweisen, in welchem
Grade neben den großen republikanisch-sozialistischen Strömungen, dem
fanatischen Autoritätskult der Blanquisten, dem revolutionären Syndikalismus der Internationalisten der Richtung Varlin antistaatliche revo-
lutionär-proudhonistische Ideen, allgemeine Sympathien für Proudhons
Ideale Ausdruck fanden. Es war eine Zeit, in der alle einen großen

---

[128]) Verfasser von *Une Utopie électorale* (Paris, 1864, 15 S. gr. 8°) und *Le
Nouveau Spectre rouge* (1870, 140 S.); letzterer Titel in Erinnerung des berüchtigten *Spectre rouge de 1852* des Bonapartisten A. Romieu (1851, VIII, 100 S.).
[129]) Ich meine ein von der Fédération des Sections parisiennes unterzeichnetes
Programm, 2 S., 4°, beginnend: Citoyens, un moment où le sol de la France est
envahi . . .; Malon, Léo Frankel, Tolain und zwei andere unterzeichnen für
die Fédération, Pindy, Pottier, Theisz u. a. für die Chambre fédérale des
Sociétés ouvrières.
[130]) S. seine Rede über die Internationale, 4. und 13. März 1872; seine, natürlich
chargierte Biographie von Touchatout (Léon Bienvenu) in *Le Trombinoscope*,
Nr. 82, März 1873, 4 S., 4°; eine spätere in den *Hommes d'aujourdhui*, Nr. 106; 4 S., 4°.
[131]) Man sehe die schneidende Verachtung, mit der Elisée Reclus ihn in seiner
lebhaften Schilderung des Friedenskongresses von Lugano, September 1872, behandelt (*Corr.*, II, S. 112—121).

Kampf vor sich fühlten, und so intensiv sie an ihre Methoden glaubten, sich doch nicht von den allgemeinen Strömungen trennen wollten und konnten. Ein Beispiel hiervon ist *Elisée Reclus*, seit 1851 oder früher bewußter Anarchist, der auch auf dem Berner Friedenskongreß in seiner Rede über den *Foederalismus* diese Ideen klar ausgesprochen hatte. „. . . Alle waren über das Prinzip einig, nur wollte ich es präzis fassen. Ich zeigte, . . . daß nach Zerstörung des alten Vaterlandes der Chauvinisten, der feudalen Provinz, des Departements und Arrondissements, Werkzeugen des Despotismus, des gegenwärtigen Kantons und der Gemeinde, Erfindungen der schärfsten Zentralisten nur das Individuum übrig bleibe, dessen Sache es sei, sich zu assoziieren, wie es ihm gut dünkt. Dies ist die ideale Gerechtigkeit. Statt der Gemeinden und Provinzen schlug ich also vor: Assoziationen zur Produktion und deren Zusammenfassung in Gruppen . . .“ *(Corr.* I, S. 285; Ende September 1868[132]).

Aber Reclus, der in Bern so intim mit Bakunin zusammenarbeitete (als Mitglied der internationalen Fraternité), wurde durch verschiedenes in den ersten Monaten von 1869 von Bakunin getrennt, auch durch den Tod seiner Frau damals für längere Zeit aus Paris entfernt. Auch vermochte er trotz der Erfahrungen von 1848—1851 noch nicht zu glauben, daß die kommende Republik in solchem Grade vom ersten Tage an in die Hände von Männern fallen würde, die schon die Junimassakres von 1848 auf dem Gewissen hatten und kaltblütig einer neuen Abschlachtung des Pariser Proletariats entgegenschritten, der blutigen Maiwoche von 1871. Die besten Männer, die am meisten solidarisch fühlenden, wie die Brüder Reclus, wollten sich am wenigsten in einer solchen Zeit isolieren, und so fehlte der warnende Kampf gegen die Autorität im allgemeinen Sinn fast ganz; jeder bekämpfte die bonapartistische Autorität, oft mit glänzendster Verve, aber unendlich wenige warnten vor der kommenden bourgeoisen oder sozialistischen Autorität.

Ein junger radikaler Dichter und Pamphletist, *Eugène Vermersch* aus Lille (1843—1878) mag hier genannt werden. In seinem *Le Grand Testament du sieur Vermersch* — im Stil von François Villon —, 1868 in 500 numerierten Exemplaren erschienen (70 S. 8⁰), sagt er in der aus Sainte-Pélagie, 20. Juli 1868 datierten Vorrede, in der er „Hugo in der Dichtung, Michelet in der Geschichte, Sainte-Beuve in der Kritik, Littré in der Gelehrsamkeit, Wagner in der Musik, Courbet in der Malerei und Proudhon in der Oekonomie“ hervorhob: „. . . wenn man ihn [den Verfasser] fragt, welches seine religiösen und politischen Meinungen sind, antwortet er: „Ich bin Atomist und Anarchist.“ — Dies sind Ueberzeugungen, von denen er nie abgehen wird . . .“

Einige Strophen mögen zeigen, daß Vermersch die anarchistische Idee voll erfaßt hatte.

„. . . Les factions ne me sont rien; — La faction est une oblique; — Vienne demain la République — Elle ne peut ni mal ni bien; — Les gou-

---

[132]) Ob diese Rede im Kongreßprotokoll ausführlich wiedergegeben ist, konnte ich noch nicht feststellen.

vernements, quoi qu'on fasse, — Suivront encor le même cours; — Ce seront des hommes toujours, — Et je n'en attends nulle grâce."

„Car en moi j'ai un instinct — D'opposition éternelle, — Comme éternellement en elle — La mer, un orage hautain. — Tolérer, défendre, ou permettre — Sont des violations du droit; — Je m'insurge contre elles, moi, — Qui ne reconnais pas de maître!"

„Pour que vaille l'autorité — Qu'elle soit vraie et juridique, — Il faut que mon esprit abdique — Et commette sa liberté; — Tout ordre d'un maître est débile — Devant le *veto* de chacun: — Pensez-vous donc m'en donner un — Parce que vous vous mettrez mille?[133])

„. . . Qui'importe la Divinité, — Source impure de la souffrance! — Nous oublîrons le mot de „France", — Et nous dirons „Humanité". — Car nous saurons ce que nous sommes; — Nous aurons un bonheur réel, — Et nous crirons aux vents du ciel: — Les Dieux sont morts, voici les Hommes!"

„Les Hommes! . . . les Hommes sacrés! — Bons, fraternels, forts, doux et justes, — Eclairés, les Hommes augustes! — Par les bons instincts conjurés, — Par la parole et par le livre! — Les cultes, les abstractions, — Les dogmes, nous nous en moquons, — Car ce que nous voulons, c'est vivre!"

„Et vivre bien! . . . c'est notre droit . . .! — Nous méconnaissons la nature, — Lorsque nous souffrons sans murmure — L'inaction, la faim, le froid: — Nous manquons aux lois de nos êtres — Lorsque nous souffrons sans combats: — Est-ce donc pour ne vivre pas — Que nous ne voulons plus de maîtres?"

„Et ne pensez pas que, pour nous, — S'empêcher de mourir soit vivre! — Le but que nous devons poursuivre, — C'est le bonheur égal pour tous! — C'est, avec le droit, la puissance — De boire, d'aimer, de manger, — De travailler, de se loger, — De pénétrer dans la science!"

„La grande voix de nos besoins — Dit que nos lois sont en nous-mêmes! — Laissez le dogme aux prêtres blêmes! — Laissez les bibles dans leurs coins! — Ecoute dans leur langue altière — Ton estomac et ton cerveau; — Voilà le Testament nouveau: — Les deux aspects de la matière! . . ."[134])

---

[133]) Die Faktionen gelten mir nichts; die Faktion ist etwas Schiefes; wenn morgen die Republik kommt, kann sie nichts Gutes oder Schlechtes ausrichten; was man auch tun mag, werden die Regierungen denselben Gang gehen; es werden immer Menschen sein, und ich erwarte keine Gnade von ihnen. Denn ich fühle in mir einen Instinkt ewiger Opposition, wie das Meer ewig einen stolzen Sturm in sich trägt. Dulden, Verbieten oder Erlauben sind Verletzungen des Rechts; ich empöre mich gegen sie, ich, der ich keinen Herrn anerkenne. Wenn Autorität gelten soll, sei sie wahr und juristisch, muß mein Geist abdanken und seine Freiheit preisgeben; jeder Befehl eines Herrn ist hinfällig vor dem *veto* eines jeden: glaubt ihr, mir einen Herrn zu geben, weil ihr Tausende seid?" . . . (Strophe 31—33.)

[134]) „. . . Was liegt an der Gottheit, der unreinen Quelle des Leidens! Wir werden das Wort „Frankreich" vergessen und wir werden „Menschheit" sagen. Denn wir werden wissen, was wir sind; wir werden wirkliches Glück besitzen und in alle Windrichtungen rufen: Die Götter sind tot, hier sind die Menschen!

Auch die Strophen 130—142 wären wert, mehr gekannt zu sein; Vermersch schließt: „. . . Soyons enfin ce que nous sommes: — Des êtres nés pour être heureux — Et l'étant, sans maîtres, ni dieux! . . . — Des hommes! des hommes! des hommes!"[135]) Vermersch nahm, wie mir scheint, von Proudhon nur die Anarchie, von der Wissenschaft seiner Zeit den Materialismus, und seinem eigenen Gefühl entspricht der freieste Kommunismus; der freie Genuß, die vollen Menschenrechte konnten nicht vollständiger revindiziert werden.

In seinen übrigen Schriften, die ich ziemlich vollständig gesammelt habe, treten diese Ideen nicht so ausgeprägt hervor; kaum in den tändelnden und satirischen Pamphleten und Gedichten der Jahre 1864 bis 1870, von *Le Latium moderne* (1864, 32 S.), einer Streitschrift über das Quartier latin zu den *Hommes du Jour* und *Binettes rimées* (1866, 68), von dem satirischen Blatt *Le Hanneton* usw. zum grimmen *Le Père Duchêne* der Commune, 1871, 68 Nummern, vom 16 ventôse, an 79 ab, zu den sehr bemerkenswerten Londoner *Opuscules révolutionnaires* (5 Hefte, 1872), dem Roman *L'Infamie humaine*, dessen Vorrede Paul Verlaine schrieb (Paris, 1890, XXIX, 197 S. 18⁰) und seinem ungedruckten verschollenen letzten Gedichtband, den V. Dave nach einem Manuskript analysierte *(Galerie de Tableaux.* Poésies inédites . . ., in *La Revue*, Paris, 15. Sept. 1911, S. 169—183).[136]) — Wenn noch andere dichterische Stimmen sich damals

---

Die Menschen! . . . die geheiligten Menschen! Gut, brüderlich, stark, sanft und gerecht, aufgeklärt, die erhabenen Menschen! Zusammengeschworen durch gute Instinkte, durch das Wort und das Buch! Die Kulte, die Abstraktionen, die Dogmen, dieser spotten wir, denn was wir wollen, ist zu leben!

Und gut zu leben! . . . das ist unser Recht! . . . Wir verkennen die Natur, wenn wir, ohne zu murmeln, Untätigkeit, Hunger und Kälte ertragen; wir verfehlen uns gegen die Gesetze unseres Wesens, wenn wir ohne Kampf leiden: ist es denn, um nicht zu leben, daß wir keine Herren wollen!

Und denkt nicht, daß für uns den Tod zu vermeiden leben bedeutet! Das Ziel, das wir verfolgen müssen, ist gleiches Glück für alle! Das ist mit dem Recht, die Kraft zu trinken, zu lieben, zu essen, zu arbeiten, uns zu behausen und in die Wissenschaft einzudringen!

Die große Stimme unserer Bedürfnisse sagt, daß unsere Gesetze in uns selbst sind! Laßt das Dogma den bleichen Priestern! Laßt die Bibeln in ihrer Ecke! Höre in ihrer stolzen Sprache deinen Magen und dein Hirn; das ist das neue Testament, beide Seiten der Materie . . ." (Strophen 56—60.)

[135]) „Seien wir endlich, was wir sind: Wesen, geboren, um glücklich zu sein, und die es sind, ohne Herren, ohne Götter! . . . Menschen! Menschen! Menschen!" (Strophe 142.)

[136]) Der vom 6. März bis 21. Mai 1871 erschienene *Père Duchêne*, der von Vermersch, Alphonse Humbert und Maxime Vuillaume geschrieben wurde, konnte unter den verwickelten Verhältnissen nur ein stets frondierendes, volkstümliches Denken wiederspiegelndes Organ werden, das autoritären Illusionen nicht entging (Vermersch' plötzlicher Glaube an N. Rossel usw.). Maxime Vuillaume, *Mes Cahiers rouges*, III. *Als wir den „Père Duchêne" machten (Cahiers de la Quinzaine*, IX, 12. März 1908), S. 259—363 erzählt die Geschichte des Blattes, aber Vermersch' Tätigkeit während und nach der Commune verdiente eine besondere Untersuchung. Die Londoner Broschüren *La Force, La Dictature, Le Droit au vol, La Grève, La Propagande révolutionnaire* (je 16 S., 16⁰; 1872), das berühmte Gedicht *Les Incendiaires*, seine bekannten Auseinandersetzungen

bewußt freiheitlich vernehmen ließen, so sind sie noch mehr verschollen als Vermersch' *Grand Testament*, das er, nach Vuillaune (S. 264) zufällig im gleichen Zimmer, am gleichen Tisch geschrieben hatte als Baudelaire seine *Fleurs du Mal.*[137])

Wenn jemand jene Zeit mit für Anarchie empfänglichem Geist und Gemüt durchlebte, war es *Louise Michel* (1830—1905), deren erste Entwicklung ihre *Mémoires* . . . (Paris, 1886, 490 S.) so ausführlich schildern.[138]) Nach Briefen an mich auf meine Frage, ob ihre Kreise damals Beziehungen zu Bakunin hatten (16. und 22. Februar, 18. März 1895; s. *Biogr.* S. 411—412) und ihrem Buch *La Commune* (Paris, 1898, S. 125, 358, 392) kannte man wenig von Bakunin, nur seine *Worte* an die russischen Studenten (französisch im Herbst 1869), aber dies genügte, es enthielt viel. Die Zeit fehlte, man lebte wie in einem Glutofen, wie am Vorabend des Kampfes. Man wußte eher mündlich von Bakunin und Herzen. Alle, die ein menschliches Herz hatten, waren in jenen Tagen aufrecht. Man begriff die Notwendigkeit, daß die Welt sich erhebe gegen all das, was Bakunin so erbitterte. Er hatte gefühlt, daß, wenn die Revolution den Staat nicht abschafft, man immer wieder von vorn beginnen müsse; Karl Marx begriff dies nicht. — Sie glaubt nicht, daß Varlin daran gedacht hätte, sich Anarchist zu *nennen*. Das Wort, das so falsch verstanden wurde, hätte ihn vielleicht mehr erschreckt, als die Sache. Alle *intelligenten* Internationalisten hatten damals geschärfte Sinne, sahen weiter und höher als ihre Nachlebenden. Der Zyklon von 1871 trieb alle verschiedenen Gruppen mit gleicher Kraft vorwärts. Die Sturmflut biß nur das Ufer an, das eine andere Flut einreißen wird . .

Diese Worte resümieren frei all ihre Mitteilungen und beweisen, neben ihrer Angabe (s. Kap. X), daß sie auf der Fahrt nach Neu-Caledonien Anarchistin wurde, daß 1869, 1870 ein rezeptives Milieu bestand, das aber von den Kämpfen des Tages und der kommenden Revolution absor-

---

mit den Blanquisten *(Une société secrète; Les Partageux*, März 1874; *Un Mot au Public*, April) und mit F. Jourde *(Affaire Jourde*, Genf 1876; *Déclaration . . .*, September 1876), seine Londoner Tageszeitungen *Qui Vive!*, 3. Okt.—11. Dez. 1871 Vermersch-Journal, 18. Dezember 1871—23. März 1872, das als *L'Union démorcratique et sociale* noch längere Zeit fortgesetzt wurde, zeigen einen aufrichtigen Revolutionär, der das hohle Treiben der autoritären Größen im Exil, speziell der Blanquisten, verabscheute und die Masken abriß; Vermersch wurde isoliert, verdächtigt, dem Elend preisgegeben und in den Wahnsinn getrieben, dem er am 9. Oktober 1878 erlag. Die Tragödie Coeurderoy hatte in gewissem Grade eine Wiederholung gefunden; der autoritären Meute erlag der vereinsamte freie Mensch.

[137]) Auf Tristan Corbière werde ich aufmerksam durch einen Artikel von A. Dauphin-Meunier in *Le Libertaire*, 1. Mai 1925 — s. Tristan Corbière, von Louis Martineau (Paris, Le Divan; 1925, — ohne mir dadurch ein wirkliches Urteil über ihn bilden zu können.

[138] Ob ihre weiteren Erinnerungen, die in *La Vie populaire* am 20. Januar 1905 zu erscheinen begannen, vollständig erschienen, weiß ich nicht; Fermin Salvochea übersetzte dieselben (Cadix, 1905). — Im Frühjahr 1925 gab Gustave Simon unter dem Titel *Victor Hugo et Louise Michel* in *Le Quotidien* (Paris) manche ihrer Briefe von 1851 bis 1872 heraus.

biert war und jedenfalls den Kongreßdiskussionen wenig Beachtung schenkte und auch den fernen Bakunin nur als legendären Revolutionär, nicht als unmittelbar tätigen Genossen kannte. Man darf wohl sagen, daß die Internationale nur als Gefühlsfaktor in Betracht kam, speziell als moralische Stütze der sich damals vollziehenden unmittelbaren gewerkschaftlichen Organisation, die etwas neues war und sich erst einen dauernden Platz erobern mußte. Die Seele *dieser* Arbeit war *Eugène Varlin*, der junge Buchbinder, dessen Märtyrertod in der Maiwoche allbekannt ist. Seit 1862 im innersten Kern der Pariser Arbeitergruppen tätig, hatte er sich endlich dem Proudhonismus entwunden und führte seit 1868 die besten Elemente dem Kollektivismus zu. Während des Basler Kongresses gewannen Aristide Rey und Guillaume ihn für Bakunins intimen Kreis (s. *L'Int.* I, S. 215); es kam aber wohl zu keiner ganz vollständigen Verständigung mit Bakunin, und die Korrespondenz mit Varlin wurde Guillaume überlassen, dessen mehr syndikalistische als anarchistisch-revolutionäre Sympathien der Natur Varlins besser entsprachen. Varlin war vor allem Organisator; von „der Organisation der revolutionären Kräfte der Arbeit" hoffte er, daß „bald, wenn wir alle vereinigt sind, da wir die zahlreicheren sind und die ganze Produktion das Resultat unserer Arbeit ist, wir den Genuß der Totalität unseres Arbeitsprodukts werden verlangen können" (S. 241).

Als nun am 9. Dez. 1869 Rocheforts großes Tageblatt *La Marseillaise* zu erscheinen begann, in welcher J. B. Millière, ein älterer Sozialist die Redaktion einer sozialistischen Abteilung übernahm, schlossen Varlin und seine Genossen sich dem Blatte an, worüber Varlin an Guillaume schrieb, um Weihnachten 1869 *(Progrès,* 1. Januar 1870; S. 258): „. . . die gegenwärtige Lage Frankreichs erlaubt der sozialistischen Partei nicht, der Politik fern zu bleiben. In diesem Moment überragt die Frage des bevorstehenden Falls des Empire alles übrige, und die Sozialisten müssen, wenn sie nicht abdanken wollen, sich an die Spitze der Bewegung stellen. Hätten wir uns der Politik ferngehalten, wären wir heute nichts in Frankreich, während wir am Vorabend sind, alles zu sein . . ." Die Ideen, die im sozialistischen Teil der *Marseillaise* vertreten werden sollen, „sind die beinahe aller Delegierten des Basler Kongresses, nämlich der Kollektivismus oder nicht-autoritäre Kommunismus" *(le communisme non-autoritaire)* . . ."[139])

---

[139]) Am 25. Dezember schrieb Varlin auch an Aubry (Rouen) einen im Anklageakt von 1870 figurierenden Brief — s. *Troisième Procès de l'A. i. des T.* . . . (Paris, Juli 1870, VII, 243 S.), S. 33—36, in welchem er die gleichen Worte *(le collectivisme ou communisme non autoritaire)* gebraucht. Er spricht dort von einem Plan der Gründer der *Marseillaise,* durch ihr Blatt . . . „die ganze europäische sozialistische Partei zu ralliieren, durch die Zeitung permanente Beziehungen zwischen allen Gruppen herzustellen, mit einem Wort, die europäische soziale Revolution vorzubereiten." In den Besprechungen hatte man beinahe einmütig anerkannt, daß man zur Revolution nicht vorbereitet sei, daß ein, vielleicht zwei Jahre Vorbereitung nötig seien, damit die Revolution nicht nur zum Nutzen der nichtsozialistischen Republikaner ausfalle. — Die Kombination einer Verbreitung des Sozialismus durch das zweifellos populärste Blatt, welches die *Marseillaise* durch Henri Rocheforts Teilnahme werden mußte —

Guillaume machte im *Progrès* besondere erklärende Bemerkungen zum Gebrauch des Wortes Kommunismus, daß hier *neu* sei. Es war nur für utopische und autoritäre Lehren verwendet worden. „. . . Doch enthält das Wort nicht notwendigerweise den Begriff Autorität: man kann sich sehr gut einen nicht autoritären Kommunismus vorstellen . . ."

Es fällt auf, daß Varlin beinahe dem ganzen Basler Kongreß diese Ideen zuschreibt — ein Beweis, daß ihm die zweifellos autoritäre Auffassung von Männern wie J. Ph. Becker, Eccarius, Liebknecht u. a. gar nicht aufgefallen sein mag, ein Zeichen, wie wenig diese Männer, die man von vornherein als gute Sozialisten kannte, ihre besondere Auffassung — die sie ja nicht verschwiegen — oder gar den Marxismus den Kongressen aufprägen konnten. — Man kann ferner feststellen, daß Guillaume gar nicht an das dem Kommunismus in gewöhnlicher Auffassung besonders eigentümliche, Verbrauch nach dem Bedürfnis, nicht nach der Leistung dachte; damit beschäftigte man sich noch gar nicht, sondern man dachte nur an nicht staatliche Formen des Gemein- und Kollektivbesitzes.

In Paris war der Audruck *communiste* seit 1868 durch die Redner der Volksversammlungen[140]) in die Massen geworfen worden, besonders durch Gustave Lefrançais. Auch *J. B. Millère* von der *Marseillaise* hing wohl an dem Wort und auch an der alten damit verbundenen Idee des Verbrauchs nach dem Bedürfnis. Von ihm sind einige Artikel in dieser Zeitung, in denen durch die Betonung des freien Genußrechts tatsächlich für die damalige Zeit zum erstenmal wirklich anarchistischer Kommunismus im späteren (jetzigen) Sinn vertreten wird; leider kann ich die Stellen, die mir bei der Durchsicht der interessanten *Marseillaise,* in der auch mehrere Artikel von Bakunin erschienen, besonders auffielen, hier nicht vorlegen. Sie sind eine Seltenheit für jene ganze Zeit und vertreten, wie auch die Verse von Vermersch einen tiefer gefühlten Sozialismus als den etwas vertrockneten jener Jahre, in denen das Proudhonsche Austauschprinzip oder die summarische Forderung des „ganzen Arbeits-

---

seine durch die *Lanterne* gewonnene Notorietät war unendlich groß, und er schien sich ganz den Volkswünschen unterzuordnen, ohne eigene sozialistische Gesinnung —, diese Kombination war gewiß verlockend, hatte aber wenig Aussicht auf Bestand und führte doch nur zu einer Verwischung der Kluft zwischen Sozialisten und Bourgeois. Am 4. September wurde Rochefort ganz ruhig Mitglied der provisorischen Regierung, half durch seinen Namen dieser über das Mißtrauen der Arbeiter hinweg, ließ sich selbst beiseite schieben und die Bourgeois waren im Vollbesitz der Macht, und neun Monate später wurden Millière, den Jules Favre besonders haßte, und Varlin erschossen.

[140]) Erst am 25. März 1868 war das Versammlungsrecht votiert worden und zum erstenmal seit Dezember 1851 durfte öffentlich gesprochen werden. Dies brachte die 1848er sozialistischen Redner und neue Redner auf die Tribüne und neben manchen exzentrischen Erscheinungen, die Veraltetes wiederholten, erschienen auch Männer, die den Kommunismus in modernerer, freiheitlicherer Form vorzuführen wußten. Dies geschah am meisten von G. Lefrançais, der seinerzeit dem Kreis von Pauline Rolland, Jeanne Deroin u. a. angehört hatte. S. dessen *Souvenirs d'un Révolutionnaire* (Erinnerungen eines Revolutionärs) im *Cri du Peuple,* 1886—1887, und als Buch. Bibliothèque des Temps Nouveaux, 27 (Brüssel, 1902, XII, 604 S. 8⁰), ein Buch, das viele Einblicke in das intimere Leben des Sozialismus zwischen 1848 und 1871 gibt.

produkts" mehr das Gerechtigkeits- als das Solidaritätsgefühl sprechen ließen. Die andern waren alles gerechte Männer, Vermersch und Millière mögen auch noch fühlende Menschen gewesen sein[141]).

Wie wenig aber die Ereignisse die Vertiefung der Ideen und überhaupt eine vorbereitende Tätigkeit gestatteten, zeigen die wechselnden Vorgänge vom Januar und Februar 1870 — das Begräbnis von Victor Noir, 12. Januar, als Rochefort den offenen Kampf hätte entfesseln können und dies nicht tat. Varlin (Brief an Aubry, 19. Januar) billigt dies: „. . . Rochefort war Herr der Bewegung. Er war intelligent und vernünftig genug, nicht einen verhängnisvollen Befehl zu geben und die besten Soldaten der Revolution zum Massakre zu schicken. Ihm allein müssen wir für den Verlauf dieses Tages Dank wissen . . ." Auch dieses Urteil war „intelligent und vernünftig", aber an jenem Tage entschied sich, daß das Empire die Initiative erlangte, von nun an aggressiv gegen die Revolutionäre vorging, und diese besaßen keine Macht mehr, die Ereignisse von 1870 zu beeinflussen. Bald war die Internationale zu provinziellen unpolitischen Streiks abgedrängt, Rochefort am 7. Februar verhaftet, Gustave Flourens, der damals in Belleville, der Arbeitervorstadt, losschlug, blieb ohne Unterstützung (7. und 8. Februar); die bekanntesten Internationalisten wiegeln direkt ab (der Augenblick sei noch nicht gekommen usw.), und Varlin war einige Wochen verhaftet.

Unter solchen Verhältnissen fand die bemerkenswerteste damalige Zusammenkunft statt, die Volksversammlung vom 13. März 1870 in Lyon, zu der Varlin, Aubry (Rouen), Bastelica (Marseille), Schwitzguébel (für die Jurassier und mit Bakunins schon erwähntem Brief, aus dem Schweizer Jura) kamen, wo also zweifellos private Besprechungen stattfanden und die mit Bakunin in näherer Verbindung stehenden, wie Richard in Lyon und Schwitzguébel mit Varlin und andern der engsten Pariser Kreise usw. zusammentrafen. De Paepe hatte theoretisch geschrieben: „. . . Der politische Staat hat keine Existenzberechtigung mehr; der künstliche Mechanismus, Regierung genannt, verschwindet in dem ökonomischen Organismus, die Politik geht im Sozialismus auf (se fond dans le socialisme) . . ." Bakunin legte seine *ganzen* Ideen vor, zuletzt eine geheime Organisation, die „kollektive Diktatur aller Revolutionäre . . ." suggerierend, ohne natürlich deren wirkliche Existenz als Fraternité oder Alliance mitzuteilen. Einen Erfolg hatte Bakunins Bemühung wohl nicht; Schwitzguébel gewann, wie schon Guillaume im Dezember 1869, von den Verhältnissen in Lyon, speziell von Richard, einen ungünstigen Eindruck (s. *L'Int.*, I, S. 244—246, 285), und es ist nach allem Vorausgehenden nicht wahrscheinlich, daß Varlin sich besonders für Bakunins Ideen einsetzte. In Paris waren damals Malon, mit dem

---

[141]) Von Millière erschienen 1851 *Etudes révolutionnaires* (Paris, Librairie de la Propagande démocratique et sociale européenne, 158 S., 8°; Vorwort datiert Clermont-Ferrand, August 1850); *Constitution de la Démocratie ou le Gouvernement direct du peuple par lui-même* (ib., April 1851, 64 S.). In *La Tribune ouvrière*, Herbst und Ende 1869, sind Reden von Millière wiedergegeben, darunter eine über *Communisme et Mutualité;* sie liegen mir jetzt nicht vor.

schon ein Jahr früher Bakunin intim gebrochen hatte, und seit Februar 1870 Paul Robin, der Bakunin aus Genf kannte und zu sehr seine eigenen Wege ging, als daß ihn dessen Aktionsmethode interessiert hätte. Ebenso war dort jetzt Paul Lafargue, Vertrauensperson von Marx, tätig. So beschäftigte man sich im März mit der Gründung einer Föderation der Pariser Sektionen, Paul Robin und Lafargue machten eine neue Ausgabe der allgemeinen Statuten der Internationale, am 18. April konstituierte sich die Föderation unter Varlins Vorsitz, am 24. druckte die *Marseillaise* das „Manifeste antiplébiscitaire des sections parisiennes fédérées de l'Internationale et de la Chambre fédérale des sociétés ouvrières" an alle französischen Arbeiter; ein Kongreß war für den 27. Juni in Rouen projektiert — in dieses rührige „Parteileben" griff dann die napoleonische Polizei ein durch die Massenverhaftungen von Internationalisten und angeblichen Teilnehmern an einem Komplott, das nie ganz aufgeklärt wurde[142]). Die tätigsten Internationalisten wurden verhaftet oder mußten flüchten, Varlin nach Brüssel, Richard nach Neuchâtel, Bastelica nach Barcelona. Die Papiere der Verfolgten lieferten das Material zu dem großen Prozeß im Juli und zu verschiedenen, historisch aufschlußreichen Veröffentlichungen von polizeilicher und ihr befreundeter Seite, die leider noch immer, soviel ich weiß, fehlende unabhängige dokumentarische Studien ersetzen müssen.[143])

Der Gesamteindruck dieser, von Lese- oder Druckfehlern abgesehen, wohl korrekt vorgelegten Dokumente — Exzerpte und Resumés sind natürlich nicht unbefangen — ist wohl der, daß die Diskussion und Verbreitung von Ideen hinter der unmittelbaren Tätigkeit, allgemeiner und lokaler, ganz zurückstehen mußte, daß z. B. wenn wir Varlin, einem Theoretiker wie De Paepe und einem internationalen Revolutionär wie Bakunin gegenüber zurückstehen sehen, er wieder den meisten andern, mit denen er zu tun hatte, voranschritt und vollauf zu tun hatte, alle lokalen oder persönlichen Rückständigkeiten oder Sonderlichkeiten etwas auszugleichen.

Denn, und dies ist das Hauptresultat der Betrachtung all dieser Jahre, — die anarchistischen Ideen waren damals nicht wie jetzt spezieller Propagandagegenstand bestimmter Gruppen und allenfalls durch einzelne Syndikalisten mit Arbeiterorganisationen in gewissem, sehr lockeren Kontakt, sondern diese Ideen waren diejenigen, denen, in verschieden-

---

[142]) S. z. B. Gustave Flourens in seinem *Paris livré* (Paris, 1871, 228 S., 18⁰).

[143]) S. die wahrscheinlich erste derartige Publikation, 54 S., folio, auf dem Titelblatt nur: *Association internationale des Travailleurs, 1870,* wahrscheinlich ein interner Polizeidruck, viele Briefe und Briefauszüge enthaltend. Ich sah sie nur einen Moment in Dr. O. Karmins Sammlung; der Band war in dem Katalog 252 von Lucien Dorbon, 1904, offeriert. — Troisième Procès . . . (Paris, Juli 1870, VII, 244 S., 18⁰). — Die Bücher des Lyoner Advokaten Oscar Testut, speziell das große Werk *L'Internationale et le Jacobinisme au ban de l'Europe* (Paris, 1872, XV, 447, 450 S., gr. 8⁰); die früheren Schriften sind: *Association internationale des Travailleurs* (Lyon, 1870, VIII, 327 S.; Vorrede Lyon, 10. Mai 1870); *L'Internationale* (Paris, 1871, XV, 288 S., 18⁰; Vorrede 10. Juni 1871); *Le Livre bleu de l'Internationale* (Paris, 1871, 324 S., 18⁰; September 1871).

artig abgetönter Art, die ganzen unter Arbeitern stattfindenden Bewegungen ihren wesentlichen Inhalt und ihre Richtung entnahmen. Mit andern Worten, es gab in den Jahren vor und bis 1870 in sehr großen Regionen gar keinen andern Sozialismus oder nur verschwindend wenig. Dies kann für die Jahre 1869—1870 gesagt werden von Belgien (und soweit in Holland ein Sozialismus begann), dem Schweizer Jura, Spanien, dem noch wenig verbreiteten italienischen Sozialismus und — in beschränktem Grade — von größeren Teilen von Frankreich, letzteres in dem Sinn, daß Proudhonismus und Kollektivismus, die Ideen grade fast aller Arbeiterpropagandisten und -organisatoren dem Blanquismus und anderem autoritären Sozialismus in ruhigerer Zeit die Wage hielten, während bewegte Ereignisse stets wieder alle Richtungen gemeinsam affizierten und dann allerdings die freiheitliche Richtung sich der allgemeinen autoritären Strömung, die ihr nicht die geringste Konzession machte, nebenordnete. Eine freiheitliche Initiative, wie Bakunin sie wollte und mit bestem Willen, aber unzureichenden Menschen begegnend zu inspirieren versuchte, bestand *nicht;* Varlin hatte nicht das Zeug dazu und alle andern noch viel weniger. Es mag zu viel von ihm verlangt sein, und während er rastlos Arbeiterkräfte zu vereinigen suchte, mochte ihm als ein Widerspruch erscheinen, zugleich einen Teil derselben durch eine pronunziert antiautoritäre Haltung sich wieder zu entfremden. Er muß ein Mann der Kollektivität gewesen sein, wie er auch in der Commune in der Masse der Mitglieder untertaucht und wenig hervortritt.

Der belgische Appell an die streikenden Arbeiter in Seraing und im Borinage: „. . . aber laßt euch nicht zur Gewalt hinreißen! Versteht zu warten! Euer Tag wird kommen . . .", 13. April 1869, und der französische Appell im Februar 1870: „. . . Beschleunigen wir den Endsieg, aber kompromittieren wir ihn nicht durch eine zu überstürzte Aktion..." — auch Bakunin schrieb in diesem Sinn den *Egalité*-Artikel *Der Doppelstreik von Genf (Oeuvres,* V, S. 37—48; *Werke,* II, S. 45—50) und schrieb hierüber ironisch an Guillaume: „. . . und jetzt spiele ich hier die Rolle des Reaktionärs . . ." (13. April 1869; *L'Int.,* I, S. 147—148) — dieses aus den lokalen Verhältnissen gewiß als „vernünftig" nachweisbare Zurückweichen vor dem wirklichen Kampf mußte zur Folge haben, daß das Volk in diesen theoretisch so vorgeschrittenen Männern seine wirklichen Vorkämpfer doch nicht sah, und so mußten die anti-autoritären Ideen, die sich so schön entwickelt hatten und denen der autoritäre Sozialismus jener Zeit ganz einflußlos gegenüberstand, zurückweichen, weil sie nicht von wirklich kampffroher Aktion begleitet waren. Bakunin wollte solche Aktion, denn die kleine Genfer Abirrung war geringfügig; die Belgier wollten sie überhaupt nicht und gedachten, *neben* dem Staat emporzuwachsen, wie später manche Sozialdemokraten in den Zukunftsstaat hineinwachsen wollten; und Varlin wollte den Kampf nur zu einer von den Arbeitern gewählten Zeit, die aber nicht kam. Mehr als Thiers, der Mörder der Commune, mehr als Marx, der Zerstörer der Internationale, hat nach meiner Ueberzeugung diese Ablehnung, den ohnedies so seltenen rebellischen Impulsen von Volksmassen zu folgen, die Stärke und Breite des antiautoritären Sozialismus der Jahre 1864—1870 reduziert und eine Verengung seines Wirkungsgebiets herbeigeführt, die noch andauert.

Auch in Spanien, trotz einiger Ereignisse von 1873, und in Italien, trotz kleinerer Ereignisse von 1874 und 1877, verloren die antiautoritären Ideen wohl auf ähnliche Weise ihre durch Jahre hindurch fast ausschließliche Geltung. All dies sind nicht Vorwürfe, sondern ein Versuch, den Verlust der glänzenden Stellung des antiautoritären Sozialismus in diesen Regionen während der Jahre vor und bis 1870 zu erklären.

Es dürfte unnötig sein, hier im Einzelnen nachzuweisen, wie vollständig die spanische Internationale auf dem Boden der durch Fanelli übermittelten Ideen Bakunins stand. So erklärte am 7. Mai 1870 die neue Redaktion der Madrider *Solidaridad*, sie vertrete „in der Religion den Atheismus, in der Politik die Anarchie, in der Oekonomie den Kollektivismus . . .“ Lorenzos *Proletariado militante*, 1901, reproduziert eine Anzahl der ältesten prinzipiellen Aeußerungen ausführlich; sie weichen nie von diesen Ideen ab, dem Gesamtsozialismus Bakunins, der Verwerfung jedes zersplitterten, verstümmelten, andere Wege als den der sozialen Revolution, der vollständigen Liquidierung des jetzigen Systems empfehlenden Pseudosozialismus.

Im übrigen Europa und Amerika (wohin in spanisch sprechende Länder, nach Mexiko und Argentinien besonders, die ersten Keime gelangten), folgte man der hier geschilderten Entwicklung des Proudhonismus und Kollektivismus der Jahre 1864—1870 nicht. Ueber das Interesse einzelner an Proudhon habe ich *Vorfrühling*, Kap. XIX und XXI, einiges zusammengestellt, das zweifellos erweitert werden könnte; der individualistische Anarchismus in Amerika und seine Ausläufer in England (Kap. XIV, XV) blieben im romanischen Europa ganz unbeachtet und nahmen von den anti-autoritären Strömungen dort wohl keine Notiz. Nach Rußland gelangten Bakunins Ideen erst durch die einzige Nummer von *Narodnoe Dêlo*, September 1868, in welcher er schrieb, und wirkten auf einzelne gewaltig; so verdankte ihnen V. Tscherkesoff, seit Jahren Sozialist, die definitive Befestigung seiner anarchistischen Neigungen. Ein ausführliches Programm, das Bakunin in einem Brief an P. Lavroff (Genf, 15. Juli 1870) niederschrieb — in deutscher Uebersetzung in Anm. 4025 meiner *Biogr.*, 1900 — blieb ungedruckt[144]). *Narodnoe Dêlo*, Nr. 1, lenkte

---

[144]) Ich hebe hervor: „. . . (3). Diesen Grundsätzen entsprechend, erbarmungsloser Krieg gegen den Bourgeois- (d. h. den privilegierten) Individualismus, — aber auch gegen den autoritären Kommunismus von Marx und der ganzen deutschen Schule. Krieg gegen den von oben nach unten, durch irgendein revolutionäres Komitee, eine Zentrale oder offizielle Macht, eingesetzten Kollektivismus. Dagegen Anerkennung der selbständigen Entwicklung und Selbstorganisierung der Arbeitermassen unter dem Einfluß der immer mehr und mehr dem Volk zugänglichen Wissenschaft, aber auch unter dem Einfluß der lebendigen theoretischen und praktischen Propaganda geheimer revolutionärer Cercles (Kruschok), die unter sich durch den gleichen Gedanken und das gleiche Ziel verbunden, aber soviel als möglich über das ganze Land zerstreut sind.“ „. . . (7). Wir sehen den Staat in der gegenwärtigen Phase seiner Ent-

jedenfalls auch S. G. Netschaeffs besondere Aufmerksamkeit auf Bakunin, und es kam im Frühjahr 1869 die bekannte große Annäherung beider zustande, von der hier nur zu sagen ist, daß sie nie eine die Ideen beider einander nahebringende war, daß Netschaeff, durch P. N. Tkatscheff, dann ältere kommunistische Literatur entscheidend beeinflußt, Blanquist und autoritärer Kommunist war und zur Anarchie kam, wie Pontius ins Credo. Wie dies bis zum Frühjahr 1872 die russische Propaganda Bakunins beeinträchtigte, ist in seiner Biographie näher zu besprechen.[145])

In welchem Grade Marx, Engels, W. Liebknecht usw. Todfeinde jeder freiheitlichen Entwicklung des Sozialismus waren, davon kann nur die Durchsicht ihrer Publikationen und Briefe selbst einen Begriff geben, z. B. des berüchtigten Proudhon-Nekrologs von Marx, des *Demokratischen Wochenblatts* und des *Volksstaat* (Leipzig), des Briefwechsels Marx-Engels, Marx-Kugelmann, Marx-Sorge usw. Es macht auch wenig aus, daß die Schweitzerschen Lassalleaner, um Marx und Liebknecht zu beschämen, persönliche Beschimpfungen vermieden; theoretisch klaffte der gleiche Abgrund. Daher erhielten die Arbeiter in Deutschland, Oesterreich-Ungarn und der deutschsprechenden Schweiz — eine kurze Zeit der relativen Neutralität J. Ph. Beckers im *Vorbote*, Herbst 1868 bis Anfang 1870, kaum ausgenommen — nie Gelegenheit, die geistige Arbeit des antiautoritären Sozialismus von 1864—1870 auch nur kennen zu lernen, und es blieb noch lange so. Ebenso, wenn auch, vermute ich, ohne persönliche Gehässigkeit, verhielten sich die ersten skandinavischen Sozialisten, auf die Engels früh Einfluß zu gewinnen suchte.[146]) So entstand diese geistige Trennung nicht durch bewußte Ablehnung des freiheitlichen Sozialismus durch die deutschsprechenden und andern Arbeiter, sondern weil die älteren Sozialisten mit internationalen Erfahrungen, denen sie vertrauten, Marx, Engels, Liebknecht, J. Ph. Becker, F. A. Sorge u. a. bewußt jeden Sozialismus, außer den ihrigen, ihnen verekelten, ihnen nur in entstelltester Form zur Kenntnis brachten. Man weiß, in welchem Grade diese Männer in all diesen Jahren — aber erst seit Lassalles Stimme im Tode verröchelt war — die Lassallesche Partei, die doch vor aller Augen in Deutschland lebte, in Grund und Boden verleumdeten,

---

wicklung als ein versteinertes, unorganisches Produkt des Lebensprozesses der Völker an, als eine mechanische Absonderung vom lebenden Volksorganismus. Die Kraft des Staates ist gegenwärtig eine rein und ausschließlich mechanische, direkt gegen das Volk gerichtet, nur auf Polizei und Armee gegründete, und daher richten wir alle Anstrengungen der revolutionären Cercles und Personen auf die Zerstörung des Staates durch die Organisation der elementaren Kraft des Volkes."

„(8). Wir stellen daher als erste Bedingung jedes wirtschaftlichen Fortschritts in Rußland die Zerstörung des gesamtrussischen Kaiserreichs auf."

[145]) S. eine kurze Darstellung in meinem Aufsatz *Bakunin und die russische revolutionäre Bewegung in den Jahren 1868—1873 (Archiv f. d. Gesch. d. Soz.,* V, 1915, S. 357—422). S. 374—403; das Lavroff mitgeteilte Programm (Anm. 144) ist dort S. 403—405 angeführt.

[146]) S. seinen charakteristischen Brief an L. Pio in Kopenhagen *(Neue Zeit,* 4. März 1921).

danach kann man ihre Gewissenlosigkeit dem durch die Sprache getrennten freiheitlichen Sozialismus gegenüber ermessen. Wenn es in jenen Jahren einzelne Ausnahmen gab, sprachliche Vermittler oder unbefangene Beurteiler, so sind sie jetzt nicht mehr bekannt und hatten nicht vermocht, an den Verhältnissen etwas zu ändern.

Dagegen scheint mir unbestreitbar, daß der autoritäre Sozialismus in der Internationale selbst bis 1870 nicht einmal eine kleine, sondern einfach gar keine Rolle spielte, das heißt nur in Marx und einigen seiner Genossen verkörpert war und keine werbende Kraft besaß. Marx machte ein einziges Mal im Zentralrat der Internationale den Versuch, den Engländer Weston mit ökonomischer Gelehrtheit zu erdrücken,[147] aber er trat De Paepe nie entgegen und erhob gegen Bakunin direkt nur administrative Einwände. Ein geistiger Kampf fand nicht statt, und die Generalratsvertreter auf den Kongressen waren den Kollektivisten willkommene sozialistische Genossen gegen die Proudhonisten, aber ihrem besonderen Staatssozialismus wurde keine Konzession gemacht, derselbe wurde eher als Kuriosität betrachtet. Desgleichen gingen die Tradesunionisten ihren eigenen Weg. Dies war auf der Seite von Marx weder Schwäche, noch Toleranz; seine grenzenlose Geringschätzung jedes anderen Sozialismus lag seiner Haltung zugrunde, und in steigendem Grade mit jedem Kongreß unzufrieden, holte er zu einem Schlage aus, der Ende Dezember 1869 auf die hier erzählte Weise erfolgte; beinahe gleichzeitige Ereignisse in der Schweiz schlossen sich an, und der Scheinfriede in der Internationale war seit den ersten Monaten von 1870 dauernd zerstört. All das beunruhigte die Kollektivisten nicht weiter, die vom nächsten Kongreß, September 1870, die sachliche Erledigung all dieser Kleinigkeiten erwarteten. Einen unbefangenen Kongreß aber sollte die Internationale in ihrer bisherigen Zusammensetzung nicht mehr sehen.

Die Jahre 1864—1870 hatten also in einem Teile Europas eine schöne Entwicklung des anarchistischen Sozialismus gebracht, der mit dem autoritären Sozialismus anderer Länder im Rahmen der Internationale durch Solidarität verbunden zu sein schien und nicht ohne Grund sozialrevolutionären Entwicklungen entgegensah. Nun kam aber der Krieg und zerstörte bis heute alle Hoffnungen.

[147] Der Vortrag *Value, Price and Profit* . . . (Edinburgh, 1908, V, 56 S., 8⁰); zuerst als *Lohn, Preis und Profit* in *Neue Zeit*, 2.—30. April 1896; vom 20. Juni 1865.

X.

Die Commune von Paris, 1871, und der Communalismus.

Die unmittelbaren Aufgaben der Internationale waren in Ländern, wie Frankreich, wo alle Propaganda und Organisation von ihr ausgingen, sehr große, während sie in Ländern, wie Deutschland und England, wo eine Partei und Gewerkschaften die eigentliche Tätigkeit vornahmen, nur durch einzelne Mitglieder im lockersten Kontakt mit der Arbeiterpolitik stand. Von gemeinsamen Aktionsplänen war daher wohl nie ernstlich die Rede, und in Frankreich machten die übrigen Faktoren, Republikaner, Blanquisten usw. und die wechselnden Ereignisse gewissermaßen zwei oder mehrere Pläne nötig — was geschehen würde, wenn die Internationale nach einiger Zeit allein aktionsfähig würde, was zu geschehen hätte, wenn andere Parteien zuerst handelten, und was im Fall akuter Ereignisse usw. Gewiß wurde all das im intimen Kreise Varlins besprochen, aber wir kennen die genauen Resultate nicht.

Dagegen zeigt z. B. ein Brief Bakunins an Albert Richard (Genf, 1. April 1870)[148], welcher Art solche Pläne für den Fall direkter revolutionärer Initiative der Sozialisten von 1870 sein konnten:
„. . . Du sagst mir immer: wir sind in den Hauptpunkten derselben Ansicht. Ach, mein Freund, ich fürchte sehr, daß wir uns in vollständiger Nichtübereinstimmung befinden. . . . ich muß Dich mehr als je für einen Anhänger der Zentralisation, des revolutionären Staats, ansehen, während ich mehr als je deren Gegner bin und das Heil nur in der revolutionärenAnarchie sehe, die überall von einer unsichtbaren kollektiven Macht geleitet wird, der einzigen Diktatur, die ich zulasse, weil sie allein mit der Offenheit und vollen Energie der revolutionären Bewegung vereinbar ist."

„Dein Revolutionsplan läßt sich so resümieren: Sobald die Revolution in Paris ausbricht, organisiert Paris provisorisch die revolutionäre Commune. Lyon, Marseille, Rouen und andere große Städte erheben sich

---

[148] *Revue de Paris*, 1. September 1896, S. 129—133. Ich benutze den korrekten Text nach Vergleich (1901) mit dem Original. Die 16 Briefe Bakunins, die Richard aufgehoben hatte und die sich jetzt in Moskau befinden, sind von V. Polonski in*Petschat i Revoljuzija* (Moskau), 1926, I, S. 61—75 und V, S. 63—72, in russischer Uebersetzung herausgegeben worden. Der korrekte Originaltext der Briefe seit August 1870 befindet sich in meiner Vorrede zu den *Obras completas* (Buenos Aires, La Protesta), I, 1924, Prologo, LXXII S. (spanisch übersetzt).

zugleich und schicken sofort ihre revolutionären Delegierten nach Paris, die zusammen eine Art nationalen Konvents oder öffentlichen Wohlfahrtskomitees für ganz Frankreich bilden. Dieses Komitee dekretiert die Revolution, die Abschaffung des alten Staates, die soziale Liquidation, das Kollektiveigentum, organisiert den revolutionären Staat mit einer Macht, die zur Repression der innern und äußern Reaktion ausreicht. — Ist das nicht Deine Idee?"

„Unsere Idee, unser Plan sind ganz entgegengesetzt — zunächst ist gar nicht bewiesen, daß die revolutionäre Bewegung absolut in Paris beginnen müsse. Es ist gar nicht unmöglich, daß sie in der Provinz anfängt. Aber nehmen wir an, daß traditionsgemäß Paris den Anfang macht. Nach unserer Ueberzeugung hat Paris nur eine ganz negative, d. h. offen revolutionäre Initiative zu ergreifen, die der Zerstörung und der Liquidation, nicht die der Organisation. Wenn Paris sich erhebt und siegt, wird es die Pflicht und das Recht haben, zu proklamieren die vollständige Liquidation des politischen, juridischen, finanziellen und verwaltenden Staates, den öffentlichen und privaten Bankrott, die Auflösung aller Macht, Dienste, Funktionen und Gewalten des Staates, die Verbrennung oder ein Freudenfeuer aller Dokumente, öffentlicher und privater Akten — Paris wird sich natürlich beeilen, sich selbst, so gut es geht, revolutionär zu organisieren, nachdem die in Assoziationen vereinigten Arbeiter die Hand auf alle Arbeitswerkzeuge, Kapital jeder Art und die Gebäude gelegt und bewaffnet und nach Straßen oder Vierteln organisiert bleiben. Sie werden die revolutionäre Föderation aller Viertel, die föderative Commune bilden — und diese Commune wird die Pflicht haben, zu erklären, daß sie sich nicht das Recht anmaßt, Frankreich zu regieren oder zu organisieren, sondern daß sie das Volk und alle Communen Frankreichs und dessen, was man bisher das Ausland nannte, aufruft, ihrem Beispiel zu folgen, jede bei sich eine ebenso radikale, den Staat, das juridische Recht und das privilegierte Eigentum zerstörende Revolution zu machen. Sie wird dann diese französischen oder ausländischen Communen einladen, sich mit ihr in Paris oder an einem andern Orte zu föderieren, wohin sie ihre Delegierten schicken würden zur gemeinsamen Organisation der nötigen Leistungen und Beziehungen für Produktion und Austausch, für die Aufstellung der Verfassungsurkunde der Gleichheit, der Grundlage jeder Freiheit, einer absolut negativ gearteten Charte, die mehr festsetzt, was für immer abgeschafft werden muß, als die positiven Formen des lokalen Lebens, die nur durch die lebendige Praxis jeder Oertlichkeit geschaffen werden können und für die Organisation einer gemeinsamen Verteidigung gegen die Feinde der Revolution und einer Propaganda, Waffe der Revolution, und praktischer revolutionärer Solidarität mit den Freunden aller Länder gegen die Feinde aller Länder."

„Die Provinzen, wenigstens die Hauptpunkte, wie Lyon, Marseille, St. Etienne, Rouen u. a. dürfen nicht die Dekrete von Paris abwarten, um sich zu erheben und revolutionär zu organisieren — sie müssen sich zugleich mit Paris erheben und dasselbe tun wie Paris — die negative

Revolution [d. h. den zerstörenden Teil der Revolution] und die erste Organisation durch eine spontane Bewegung —, so daß die revolutionäre föderale Versammlung von Delegierten der Provinzen und Communen nicht Frankreich zu organisieren hat, sondern der Ausdruck einer überall spontan entstandenen Organisation ist, an den revolutionären Punkten natürlich, nicht dort, wo noch der Reaktionszustand besteht!"

„Mit einem Wort, die Revolution soll und muß überall vom Zentralpunkt unabhängig bleiben, der ihr Ausdruck, ihr Produkt, nicht ihre Quelle und Ursache sein muß."

„Die Anarchie, die Erhebung aller lokalen Leidenschaften, das Erwachen des spontanen Lebens überall müssen sehr groß sein, wenn die Revolution lebendig, wirklich, mächtig sein und bleiben soll. Die politischen Revolutionäre, die Anhänger der offenen Diktatur, empfehlen nach dem ersten Sieg der Revolution Beruhigung der Leidenschaften, Ordnung, Vertrauen in und Unterwerfung unter die auf revolutionärem Wege eingerichteten Gewalten — so richten sie den Staat wieder auf. Wir dagegen werden alle Leidenschaften hegen und pflegen, erwecken, entfesseln müssen, wir müssen die Anarchie hervorbringen und, unsichtbare Lotsen inmitten des Volkssturms, müssen wir ihn leiten, nicht durch irgendeine sichtbare Macht, sondern durch die kollektive Diktatur aller Alliierten — eine Diktatur ohne Schärfe, ohne Titel, ohne offizielles Recht und umso mächtiger, je mehr ihr der Anschein der Macht fehlt. Dies ist die einzige Diktatur, die ich zulasse. Aber um handeln zu können, muß sie vorhanden sein, und dazu muß man sie vorbereiten und im voraus organisieren, denn sie wird nicht ganz von selbst entstehen, weder durch Diskussionen, noch durch theoretische Auseinandersetzungen und Debatten, noch durch Volksversammlungen."

„Wenig Alliierte, aber gute, energische, diskrete, treue, vor allem von Eitelkeit und persönlichem Ehrgeiz freie, starke Männer, die ernst sind und durch Verstand und Charakter hoch genug stehen, um die Wirklichkeit der Macht eitlen äußerm Schein vorzuziehen. Wenn ihr diese *kollektive* und *unsichtbare* Macht bildet, werdet ihr siegen; die gut geleitete Revolution wird siegen. Wenn nicht, nicht! Wenn ihr euch damit amüsiert, Wohlfahrtskomitees und offizielle Diktatur zu spielen, wird euch die Reaktion verzehren, die ihr selbst schafft . . ."

Im folgenden warnt Bakunin, der die Art und Weise von Albert Richard stets erkannte, aber geglaubt haben mag, ihn beeinflussen zu können, vor dem Ehrgeiz so vieler, in der kommenden Revolution eine große Rolle spielen zu wollen; „. . . sie versprachen sich, die Dantons, Robespierres und Saint-Justs des revolutionären Sozialismus zu werden und bereiten schon die schönen Reden, die glänzenden Coups vor, welche die Welt in Erstaunen versetzen sollen . . ." Er schließt die langen Warnungen, die unzähligen Sozialisten jener letzten Empirejahre auf den Leib geschrieben sind, mit den Worten: „. . . Weißt Du, worauf sich mein ganzer Ehrgeiz beschränkt? Er ist groß, aber er zielt nicht auf Ruhm und Lärm hin: er besteht darin, euch zu helfen, diese unsichtbare kollektive Macht zu bilden, die allein die Revolution retten und leiten kann."[149])

Wenn Bakunin sich noch im April 1870 mit einem so nahen damaligen Anhänger derart auseinandersetzen mußte, kann die *unsichtbare Kollektivität* eben damals noch nicht in wesentlichem Umfange bestanden haben und sie kann ebensowenig in den Monaten der allgemeinen Verfolgung, Ende April bis zum Kriegsausbruch, Wurzel gefaßt haben. Diese Ideen waren Varlin, Malon, Robin bekannt, ferner den damals nicht in Bakunins Sinn militanten Brüdern Reclus, Aristide Rey u. a., aber all diese kooperierten damals nicht wesentlich mit Bakunin. Von Robin, der stets für eine seiner eigenen Ideen intensiv arbeitete, und Malon, der seinen eigenen Ehrgeiz hatte und Bakunin feindlich gesinnt war, war nichts zu erwarten; daß aber *Varlin* in Basel und durch Briefe Guillaumes Bakunins Auffassung kennen lernte, daran besteht kein Zweifel. Nur wirkte jedenfalls vieles auf Varlin ein, er hatte zu wenig Gelegenheit, Bakunin genauer zu kennen, er steckte in der praktischen Arbeit und dürfte, trotz allem, auf eine wirklich enge Verbindung mit Bakunin nicht wirklichen Wert gelegt haben, weil er sich eben nicht vorstellen konnte, in welchem Grade Bakunin nicht blos Theoretiker, Utopist und Rebell, sondern praktischer Revolutionär war. Anders wüßte ich den indirekten Einfluß Bakunins auf einige der Männer der Pariser Bewegung seit September 1870 und der Commune nicht zu präzisieren; es kommt noch das allerdings blasse und entstellte Bild seiner Lyon-Marseiller Tätigkeit, September-Oktober 1870, dazu, das im Februar-März 1871 in Paris bekannt geworden sein kann . . .[150])

---

[149]) Dieser Zeit entstammt wahrscheinlich das nicht datierte Dokument *République Française. Commune révolutionnaire de . . . .*, beginnend: „1. Die revolutionären Communen von Paris, Lyon, Marseille, Lille, Bordeaux, Rouen, Nantes etc., die solidarisch und gleichmäßig die revolutionäre Bewegung zum Sturz der kaiserlichen Tyrannei vorbereitet und geleitet haben, erklären, daß sie ihre Aufgabe erst als vollendet betrachten nach Sicherung des Sieges der Revolution durch Anwendung der egalitären Grundsätze, zu denen sie sich bekennen . . ." *(Briefwechsel*, 1895, S. 237—240; *Pisma*, 1896, S. 307—309, nach einer Abschrift L. I. Metschnikoffs). Dieser unvollendete Entwurf scheint von jemand redigiert zu sein, der Bakunins Ideen praktisch zu formulieren sucht, der aber von autoritärer Denkweise nicht ganz frei ist; es könnte Richard selbst gewesen sein, doch fehlt jede Möglichkeit, näheres festzustellen. Ich hebe die Organisation der Produktion hervor: nach erklärter Konfiskation jedes Besitzes übergeben von den revolutionären Communen beauftragten Kommissionen den Arbeitern oder Assoziationen, jedem, der arbeiten will, das nötige Kapital (d. h. Werkzeuge und Rohstoffe). Freier Austausch, daneben allgemeine Magazine, wo Waren deponiert und ausgetauscht werden können gegen ein gewisses Entgeld. Das übergebene Kapital wird auf die Commune eingetragen. Jeder Gewinn gehört dem Einzelnen bis zu seinem Tode (kein Erbrecht) und den Assoziationen, bis eine solche nach Wegfall von zwei Dritteln der Mitglieder aufgelöst wird.
[150]) Endlich kommen die 23 langen Briefe in Betracht, die Bakunin vom 9. bis 11. August 1870 schrieb; „. . . ein ganzer Plan hat sich für mich herausgearbeitet . . ." *(Pisma,* S. 300). Gewiß waren einige dieser unbekannt gebliebenen Briefe — nur ein Brief an Albert Richard, 10. August *(Obras*, I, S. XIV—XV) gibt einen spärlichen Einblick — auch für Paris bestimmt; ob sie aber Varlin und andere erreichten, ist nicht bekannt.

Nun traten jene Ereignisse ein, welche noch heute stärker nachwirken als je und der fünfzigjährigen relativ unbefangenen und ungestörten Entwicklung des europäischen Sozialismus und Anarchismus Hindernisse in den Weg legten, die noch heute deren wirklichen Fortschritt aufhalten. Statt konventionelle Gedankengänge zu wiederholen, möchte ich offen erklären, wie mir diese Vorgänge erscheinen, im Licht der mir bekannten damaligen Quellen, der Geschichte des Friedenszwischenspiels und der Ereignisse seit 1914 und 1918.

So viel Unglück die Kriege früherer Jahrhunderte brachten, hatte die europäische Menschheit doch das Glück, deren geistigen und moralischen Einfluß zu entgehen, weil sie, als unvermeidliche Begleiterscheinungen der allgemeinen Tyrannei betrachtet, nicht ins wirkliche Volksbewußtsein drangen, die Völker nicht wirklich entzweiten: damals war man kosmopolitischem Gefühl unendlich näher als je seitdem. Verbitterung brachten nur einzelne verzweifelte Verteidigungskriege kleiner Nationen. Dies änderte sich mit einem Schlag, als die französische Nation in der Revolutionszeit zunächst einen derartigen Verteidigungskrieg zu führen hatte, dann aber, statt ein Ende zu suchen, zu einer nie dagewesenen Offensive überging, welche unter Napoleon I. zur völligen Umgestaltung der Verhältnisse in sämtlichen Frankreich auf weithin umgebenden Ländern, England allein ausgenommen, führte, zu einer totalen Unterwerfung all dieser Länder, der die ebenso totale Abschüttelung dieser aufgezwungenen Verhältnisse in den Jahren 1813—1815 folgte. Die nächsten fünfzig Jahre standen im Zeichen einer virtuellen Fortsetzung der napoleonischen Politik, deren seit dem 13. Juni 1849 nicht mehr bestrittener Vertreter ja auch Napoleon III. durch mehr als zwanzig Jahre wurde; durch das Nationalitätenprinzip wurden wesentliche Elemente der meisten Staaten mit der französischen Politik ebenso verbunden, wie dies in den Jahren vor 1914 wieder der Fall war. Grade diese Verbindung hinderte, daß nationale Fragen auf friedlichem oder mindestens lokalem Wege eine Lösung fanden; alles lief auf Kriege hinaus, die dann, da die europäische Demokratie stets Napoleon I. und III. als ihre intimen Werkzeuge betrachtete — von Buonarroti, 1815, zu Lassalle, 1859, und vielen andern ist dies leicht zu beweisen — als Freiheitskriege empfunden wurden und keinem ernstlichen Widerstand in der öffentlichen Meinung begegneten. Kriege dieser Art, Revolutionen, Insurrektionen galten als ziemlich gleichbedeutend; von jeder Insurrektion aus erscholl der Ruf nach Intervention, d. h. nach dem Großstaatenkrieg.

Deshalb nahm in den Sechzigern niemand die Kriegsgegnerschaft wirklich ernst: Mazzini sann nur auf Kriege, Garibaldi machte sie und kämpfte sie mit, Marx träumte nur vom Weltkrieg gegen Rußland, Bakunin arbeitete 1863 für den Krieg Schwedens gegen Rußland und wußte, daß die geringste seiner zahlreichen slavisch-nationalen Forderungen nicht ohne Krieg erreichbar sei; die Internationale beschränkte sich auf Resolutionen und Manifeste und lebte entweder in der Hoffnung, eine soziale Revolution werde dem Krieg zuvorkommen, oder in dem Glauben, daß auch ein Krieg die weitere Entwicklung nicht wesentlich stören würde, wie die Kriege von 1859, 1864, 1866 bewiesen hatten. Dem lag aber diese, man kann sagen, absolute Ueberzeugung zugrunde, daß ein neuer Krieg nicht einen für Frankreich ungünstigen Verlauf nehmen werde. Wie man sich eigentlich die Folgen eines französischen Sieges vorstellte, ist schwer zu sagen; daß das vermehrte Prestige Napoleon III. die republikanische und sozialistische Bewegung ernstlich aufhalten würde, scheint man nicht für wahrscheinlich gehalten zu haben, so wahrscheinlich es aber trotzdem ist. Sehr charakteristisch ist, was ein so sentitiver Mann wie James Guillaume am 6. August 1870 in der *Solidarité* (Neuchâtel) schrieb: „... Welche Haltung muß die Internationale den Ereignissen [dem begonnenen Krieg] gegenüber einnehmen?" „... Uns scheint für den Augenblick, daß die Internationale sich darauf beschränken muß, den Geschehnissen zuzuschauen, ohne auch nur zu versuchen, durch Arbeitsverweigerung oder sonstwie, den Ablauf der sich vorbereitenden Ereignisse zu hindern. Zwei große Militärmächte werden einander verschlingen: der Sozialismus kann nur profitieren von den Wunden, die sie sich gegenseitig zufügen werden. Da wir das ungeheure Resultat erreicht haben, daß die beiden Völker, die ihre Herren in Kriegszustand erklärt haben, statt sich zu hassen, sich die Hand reichen, können wir mit Vertrauen die Entwicklung abwarten ..." Dieses „Hand reichen" bestand in einer am 12. Juli in Paris veröffentlichten Adresse der Pariser Internationale und in einer Berliner Antwort (s. *L'Int.*, II, S. 65), Schriftstücken, die ihren Unterzeichnern Ehre machen, aber, wie alle ähnlichen Demonstrationen, total ergebnislos waren. Guillaume fährt fort: „... Auf den Ruinen, welche die beiden feindlichen Armeen machen werden, wird keine andere wirkliche Macht übrig bleiben als der Sozialismus. Dann wird für die Internationale der Moment da sein, sich zu fragen, was sie tun soll."

In Paris befanden sich die ähnlich denkenden Internationalisten sofort ganz isoliert, da alles auf eine Rolle im öffentlichen Leben spekulierende, die Republikaner also, sich der von der Regierung inszenierten Kriegsstimmung fügte. Sehr klar schilderte dies G. Lefrançais[151]): „... Der Chauvinismus, das heißt dieser enge patriotische Geist, dem Gerechtigkeit und gesunder Menschenverstand fehlen, erwachte damals auf der ganzen Linie. Von dem abscheulichen Wunsch getrieben, sich eine Klientel zu erhalten, deren alte nationale Rancune in überreizten Zustand zu bringen, der Polizei nur zu sehr gelungen war, stimmten die republikanischen Zeitungen aller Nuancen, die Abgeordneten der Opposition nachahmend, mit den Blättern der Regierung und der parlamentarischen Majorität in denselben Chor ein. Das intelligente Paris erlebte damals die Schande, von einem Ende seiner Boulevards zum anderen den sinnlosen Schrei zu hören: „Es lebe der Krieg!" ..."

---

151) *Les Socialistes et les Républicains bourgeois en face de la guerre* aus seinem damals vorbereiteten *Etude sur le mouvement communaliste à Paris en 1871* (Neuchâtel, Impr. G. Guillaume fils, 1871, 428, 72 S., 8°) im *Almanach du Peuple pour 1872* (Saint Imier), S. 26—32.

153

Die Internationale „suchte vergebens Gegenmanifestationen für den Frieden zu organisieren . . ." Lefrançais erzählt von der Zusammenkunft republikanischer Führer mit etwa 60 Delegierten der Arbeiterkammern und der Internationale am 11. August bei Crémieux, bei welcher von den ersteren jede Aktion bis zum Eintreten neuer Niederlagen abgelehnt wurde. Im Jura-*Mémoire*, 1873, S. 172, wird von einer am 9. August beabsichtigten, durch die Verhaftung von Louis Pindy verhinderten, revolutionären Invasion des Parlaments berichtet. Vom Abend des 12. August ab beraten die Blanquisten; Blanqui selbst wollte noch abwarten; am 14. fand der bekannte, von Blanqui geführte Aktionsversuch in einer Vorstadt statt und begegnete nur der Verständnislosigkeit der Bevölkerung (s. G. Geffroy, *L'Enfermé*, 1897, S. 281—291). — All dies war Folge der seit dem 6. August bekanntwerdenden Niederlagen, die erkennen ließen, daß das bonapartistische System, das Prestige Napoleon III., zusammenbrach, was das Wort jener Wochen *déchéance* [Verfall, verlustig werden], das auch den 4. September inspirierte, ausdrückt. Nicht durch die sozialistischen und republikanischen Parteien also, die machtlos oder willenlos waren, kam das zustande, was Geffroy, S. 291, das entscheidende Moment für einen Sieg nennt: le consentement obscur de tous (die dunkle Zustimmung Aller), worauf dann „der erste Zwischenfall, den der Zufall und das Zusammentreffen herbeiführen . . . die unwiderstehliche Kraft entfesselt". Diese Einmütigkeit großer Teile der Bevölkerung bestand in der Ueberzeugung von der bisher nicht geahnten Unfähigkeit des bonapartistischen Régimes, den Krieg normal siegreich zu führen und in dem Wunsch und der Hoffnung, durch ein anderes Régime — die republikanische Opposition also — doch noch den Krieg befriedigend zu beendigen. Dies war die allgemeine Stimmung am 4. September, durch die sich *dann* die Abgeordneten der Opposition, wahrscheinlich im letzten Moment direkt von einigen kräftigen Revolutionären, die zur Stelle waren, ob sie wollten oder nicht, vorwärtsgedrängt[152]), endlich entschlossen, die Legalität zu verlassen und das Régime Bonaparte für verfallen zu erklären, worauf sofort eine neue Regierung, die der Pariser Abgeordneten, sich nominieren und akklamieren ließ. Von einem republikanischen oder gar sozialistischen Sieg an jenem Tage kann man also nicht im entferntesten sprechen; alles vollzog sich im Sinn der allgemeinen Stimmung. Napoleon III. war ein unheilbar blamierter Mann, den man fallen ließ, und seinen bisherigen Kritikern wurde die Liquidierung der schweren Situation überlassen.[153a]) Noch am 20. August hatte die *Solidarité* (Neuchâtel)

---

[152]) Hierüber wurde mir von dem im Corps législatif anwesenden P. Vésinier manches erzählt.

[153a]) Ganz irrtümlich glaubte damals, nach Guillaume, *Mém.*, S. 181, in Neuchâtel jeder, „daß die Internationalisten in Paris die Herren sind", und dies veranlaßte das *Manifest an die Sektionen der Internationale*, das am 5. September 1870 in Neuchâtel erschien und von der Bundesregierung unterdrückt wurde (s. *Mém.* S. 173—185, 189; *L'Int.* II, S. 83—89). In der Meinung also, einer Pariser sozialen Revolution gegenüberzustehen, schrieben Guillaume und Gaspard Blanc, der Lyoner Flüchtling, in dem von ihnen redigierten Manifest,

einen Pariser Brief des Sekretärs Vermorels, Ed. Rouiller, gebracht, in dem es hieß: „. . . und soll man es gestehen? Zwei Siege würden genügen, die Meinung hier in betreff der Dynastie zu ändern und Bonaparte wieder zu befestigen . . ." (L'Int., II, S. 71).

Die auf die neuen Männer, denen sich zahlreiche republikanische, auch sozialistische Kräfte von verschiedenstem Wert anschlossen, kurze Zeit gesetzten Hoffnungen der Bevölkerung, bald die allgemeine Enttäuschung über das neue Régime, dann vor allem die durch die Belagerung von Paris entstehende relativ gleichartige Lage für Alle, die zahlreichen neuen großen halb freiwilligen, halb obligatorischen Organisationen, militärische und andere — all das schuf wenigstens in dem arbeitenden Paris vom September 1870 bis März 1871 eine relativ gleichartige Mentalität, der patriotische Kriegsentschlossenheit, wachsende Unzufriedenheit mit den neuen Machthabern und Geneigtheit, einer neuen Opposition Gehör und Folge zu schenken, zugrunde lagen. Die Sozialisten aller Richtungen hatten nach dem 4. September zunächst jede Opposition aufgegeben, sich ganz der Nationalverteidigung eingeordnet[153b]) und waren dadurch ohne wesentliche Anstrengung in den Besitz vieler halb offizieller, halb auf Wahl beruhender Positionen ge-

das „absichtlich in Ausdrücken etwas unbestimmter Allgemeinheit" gehalten war, einen Aufruf mit doppeltem Inhalt, dem zu Tage tretenden und dem darunterliegenden. So: „. . . Das republikanische Frankreich vertritt Europas Freiheit, das monarchische Deutschland den Despotismus und die Reaktion. Die Republikaner müssen sich überall erheben und zur Verteidigung der französischen Republik ausziehen . . ." Tatsächlich würde es sich darum gehandelt haben, nicht die französische Regierung zu verteidigen, sondern sie und die preußische Regierung zugleich zu stürzen (s. Mém., S. 184). In diesem letzteren Sinn sagt das Manifest: „. . . Internationalisten, an uns ist es, zu dieser Bewegung das Signal zu geben. Gruppieren und bewaffnen wir uns in allen Ländern und ziehen wir aus, Freiwillige der Freiheit und Gleichheit, neben unsern französischen Brüdern zu kämpfen . . ." „Die Sache der französischen Republik ist die der europäischen Revolution, und der Augenblick ist da, unser Blut zu geben für die Befreiung der Arbeiter und der ganzen Menschheit . . ." Auf diese Weise würde der militante Teil der Internationale damals einer sozialen Revolution haben helfen wollen, wenn eine solche stattgefunden hätte, wovon aber im September 1870 nicht im leisesten Grade die Rede war. Tatsächlich aber entstand durch die Ausdrucksweise des Manifests usw. ein Schritt zur Parteinahme in einem Kriege, den noch einen Monat vorher dieselbe Solidarité mit den kalten Worten abgetan hatte: „. . . Zwei große Militärmächte werden einander auffressen . . ." (L'Int., II, S. 69).

153b) Das irrtümlich als rotes Plakat gedruckte Zirkular, unterzeichnet Pour le Conseil fédéral parisien Henry Bachrach, B. Malon, E. Varlin präzisiert die Aufgaben und Mittel ihrer Durchführung genau. „. . . Der Tag des Mißtrauens und der Dissidenzen ist nicht da, wir können nur zwei Pflichten vor uns sehen: Die Verteidigung von Paris; — unsere Vorsichtsmaßnahmen zu treffen gegen die betäubte, aber nicht besiegte Reaktion."
„Mit allen möglichen Mitteln werden wir zur Nationalverteidigung beitragen, die gegenwärtig die Hauptsache ist. Seit der Proklamation der Republik nahm der jetzige furchtbare Krieg eine andere Bedeutung an; er ist jetzt ein Duell auf Leben und Tod zwischen dem feudalen Monarchismus und der republikanischen Demokratie. Das von dem König von Preußen belagerte Paris, das ist die Zivilisation, die Revolution in Gefahr. Wir wollen Paris bis aufs äußerste (à outrance) verteidigen . . ."

langt, was die herrschenden antisozialistischen Republikaner nicht hindern konnten, da sie jede Unterstützung annehmen mußten, aber auch nicht gern sahen, und beide Gruppen betrachteten sich von Anfang an mit intimem Mißtrauen. Inwieweit die einzelnen Sozialisten hier als überzeugte Patrioten handelten oder als Aemterjäger oder als Revolutionäre, die sich bereits in einer Kampfstellung festsetzen, ist hier nicht zu besprechen, und alle drei Fälle liegen nebeneinander, durch zahllose Nüancen getrennt und verbunden. Die Entwicklung ging aber in der Richtung, daß auch viele rein patriotische Mitarbeiter des neuen Systems bald einsahen, daß die herrschenden Bourgeoisrepublikaner weder für den Sieg, noch für den sozialen Fortschritt Garantien boten, und daß sie sich den von vornherein auf den Kampf gefaßten Sozialisten anschlossen. Letztere erlangten immer größeren moralischen Einfluß, der auch durch ihr Vordringen an erste Organisationsstellen in den Arbeiterbezirken von Paris eine ziemliche Machtgrundlage erhielt.

Unter diesen Verhältnissen war es ganz selbstverständlich, daß der nominell — und faktisch durch die Delegation in Tours — ganz Frankreich vertretenden, aber durch die Belagerung auf Paris allein lastenden Regierung etwas gegenüberzutreten wünschte, das ein direkterer Ausdruck des Willens von Paris war, als die unter ganz andern Verhältnissen gewählten und am 4. September akklamierten Abgeordneten. Das konnte nur die Gesamtgemeindevertretung sein, die Paris seit vielen Jahren versagt war, so daß es in 20 Bezirke, Arrondissements, mit eigenen Bürgermeistern usw. zerfiel. Das war die denkbar bescheidenste Forderung einer durch den 4. September quasi befreiten und durch die Belagerung zur Solidarität förmlich gezwungenen Stadt, aber sie wurde von der Regierung mit dem hartnäckigsten Eigensinn verweigert.[154] Daher konzentrierten sich allmählich die Wünsche Vieler auf die Proklamierung der Commune, eines politisch und sozial zunächst ganz neutralen Begriffs, der für die einen die für eine große Stadt selbstverständliche große Munizipalität bedeutete, etwas das London weniger als 20 Jahre später als London County Council einrichtete, für andere die revolutionäre Pariser Commune von 1793—1794, die den jakobinischen Republikanern (Delescluze), Blanquisten und den Bewunderern von Hébert (Raoul Rigault), alles extreme Autoritäre, teuer war, für Internationalisten wie Varlin die soziale antiautoritäre Commune des Kollektivismus usw. So regt das Anm. 153b genannte Zirkular an, zur Bildung „republikanischer Komitees" zu drängen, „der ersten Elemente der künftigen revolutionären Communen."

„. . . Unsere eigene Revolution ist noch nicht gemacht, und wir werden sie machen, wenn wir, von der Invasion befreit, auf revolutionärem Wege die Grundlage der Gesellschaft, die Gleichheit, die wir wollen, legen werden . . ."
[154] In einem offiziellen Plakat vom 2. November, unterzeichnet Jules Favre, liest man z. B.: „. . . Die Regierung beharrt darauf, sich gegen die Konstituierung der Commune auszusprechen, die nur Konflikte und Rivalitäten der Gewalten hervorbringen könnte . . ." — „. . . Der Ruf: Vive la Commune! war schon während der Belagerung populär, seit dem 31. Oktober" (M. Vuillaume, *Mes cahiers rouges*, III, S. 261, Anm. 1).

Hierdurch ergibt sich schon der Charakter der Bewegung des 18. März 1871 als einer ausschließlich Pariser Aktion, eines Zuges in dem seit dem Oktober hin- und herwogenden Kampfe zwischen der sich als Vertreterin der Bourgeoisie fühlenden Regierung und dem von der Volkssympathie getragenen sozialistischen und sozialrepublikanischen Milieu, das in den Blanquisten, Flourens, manchen Internationalisten und neu auftauchenden Kräften seine Vorkämpfer fand — man beachte, wie verwickelt, wenig aufgeklärt, oft vom Zufall abhängig all diese Vorgänge sind, der 31. Oktober, der 22. Januar (über letzteren s. M. Vuillaume, *Mes Cahiers rouges*, VIII, S. 41—97, eine Untersuchung, die die Schwierigkeiten sehen läßt, irgend ein Detail jener Zeit vollständig aufzuklären, da immer eine Ueberfülle von Kräften und Willen zusammen — oder einander entgegenwirkten) —; zuletzt überragte plötzlich all diese sehr selbstbewußten Faktoren das *Comité central de la Garde nationale*, dessen Initiative am 18. März, der erfolgreichen Abwehr eines reaktionären Coup, dann der endlich erfolgreiche Vorstoß entsprang, der die Regierung aus Paris hinwegfegte und dem die Wahl der Communevertretung (26. März) folgte. Der 18. März war ein Scheinsieg, da die Regierung ohne Kampf Paris verließ und die schon von Louis XIV. nach den Erfahrungen des Königtums mit der Fronde errichtete Kampfstellung von Versailles bezog, von wo vom ersten Moment an der erbarmungslose Kampf gegen das Volk von Paris organisiert wurde, der mit dem Einzug in das von neuem belagerte Paris und dem Blutbad der Maiwoche, der Hinrichtung oder Deportation zahlloser Gefangener, der Zerstörung der Pariser sozialistischen Bewegung auf Jahre hinaus, der Flucht ins Exil aller, die sich retten konnten, ein Ende fand, das man nur als einen großen, verhängnisvollen, bis heute nachwirkenden Sieg der Bourgeoisie bezeichnen kann, dessen Opfer — direkt oder indirekt — jede fortschrittliche, also auch die anarchistische Bewegung wurde.

Für die nähere Kenntnis der Geschichte der Commune ist, trotz einer numerisch unübersehbaren Literatur, unendlich wenig getan worden; wie zu geschehen pflegt, wird Revolutionsgeschichte teils dem Interesse der Propaganda, teils dem der späteren Karriere vieler Revolutionäre geopfert, und die am schnellsten fabrizierten, oberflächlichsten und feindlichsten Legenden haben das längste Leben. So ist diese zahlreiche Generation überlebender Teilnehmer dahingestorben, ohne, mit den seltensten Ausnahmen, an den konventionellen Legenden der verschiedensten Richtungen gerüttelt und die vielen Rätsel dieser Zeit anders als gelegentlich mündlich aufgeklärt zu haben.[155]) Auch in den wertvolleren Geschichten

---

[155]) Ich kann wohl sagen, daß ich mehr Einblick in einzelne Teile dieser Zeit, mehr Verständnis der einzelnen Personen Gesprächen verdanke, als allen Publikationen. Louis Pindy in Chaux-de-Fonds hat mir seinerzeit manches erzählt, mehr noch in seinen zwei letzten Lebensjahren Pierre Vésinier (1824—1902) und später dessen Witwe; ich hörte auch in Genf G. Lefrançais mit voller Verve vielerlei erzählen. Aus den Papieren und Sammlungen Vésiniers lernte ich

der Commune (G. Lefrançais, B. Malon, Lissagaray, Arthur Arnould, 1878, Louis Fiaux, 1879, usw.) ist man nur teilweise auf sicherem Grund und wird über vielerlei andere offene Fragen hinweggeführt.[156]) Von Wert sind auch Werke, die unmittelbare Eindrücke eines Mitlebenden wiedergeben, wie Elie Reclus, *La Commune de Paris au jour le jour*... (Paris, 1908, 391 S.) oder die eine Persönlichkeit genauer erkennen lassen, wie Louise Michel, *La Commune* (Paris, 1898) und die *Souvenirs d'une morte vivante* von Victorine B[rocher], 1909, VII, 311 S.

Die Protokolle der Commune werden jetzt genau herausgegeben (*Les procès-verbaux de la Commune de 1871*, édition critique par Georges Bourdin et Gabriel Henriot, I, 28. März—30. April, Paris, 1924); ihr *Journal officiel*, 19. März—24. Mai, ist wohlbekannt (Neudruck Paris, 1871, 656 S., 4°; auch 1879). Ihre Plakate und viele seit dem 4. September enthalten zum Teil die schönen Quartbände der *Murailles politiques françaises depuis le 4 septembre* (Paris, 1873—1874); diese Bände und die Originalplakate selbst sind das lehrreichste Material zur wirklichen Tagesgeschichte, zur Beurteilung, auf welche Weise und in welchem Grade die einzelnen Ideen ins Volk drangen, und wie die verschiedenen Organisationen und Männer allmählich in den Vordergrund traten. Die Zeitungen und aktuellen Publikationen erforderten mehrere Bibliographien (von Firmin Maillard, 1871, 1874, 3 Werke, von J. Lemonnyer, 1871, von A. Gagnière, 1872, usw.). Die *Enquête parlementaire sur l'Insurrection du 18 Mars* als Beilage zum Nationalversammlungsprotokoll vom 22. Dezember 1871 füllt drei Quartbände (Versailles, 1872, 633, II, 623, III, XXVIII, 452 S.), wozu die umfangreichen provin-

---

dessen Material für viele seiner harten Urteile kennen; ich begegnete aber auch bei ihm einer unerwartet sympathischen Beurteilung vieler anderer und, wie ich denke, dem aufrichtigsten Wunsch, gerecht zu urteilen und einer sachlichen Begründung seiner Urteile. Hingewiesen sei auf Vésiniers nur in Domela Nieuvenhuis' *De Vrije Socialist* um 1901 holländisch erschienene sehr lange Schilderung der blutigen Maiwoche.

[156]) Von solchen Fragen, deren es viele gibt, erwähnte z. B. einmal der Blanquist E. Chauvière in der *Sentinelle* (Verviers, 1882—1884) eine ganze Reihe, andere M. A. Gromier in seinem *La Commune. Journal d'un Vaincu* (Paris, 1892), S. 246, 274, 275, 276, 290, 291, 292, auch in seiner Broschüre *Aux conservateurs français. Justice et nécessité d'une amnistie en 1878 démontrées par un Bon Rouge* (Genf, 1. Januar 1878, 32 S.) S. 21—22. — Wie zahlreiche Probleme wirft Pierre Vésiniers *Comment a péri la Commune de Paris* (Wie die C. v. P. zugrundegegangen ist; Paris, 1892, VII, 474 S.; 2. Aufl., XIX, 474 S., 18°) auf! — Fast nur Maxime Vuillaume hat sich in *L'Aurore* (Paris) in vielen Artikeln, besonders 1908, und in den 8 Teilen seiner *Mes Cahiers rouges* (Paris, 1908—1912) mit vielen Einzelfragen beschäftigt und gewiß vieles definitiv gelöst, in anderm aber nur bei der Gleichgültigkeit gegen tieferes Eingehen das letzte Wort behalten. Glänzend erscheint seine Entdeckung der in „Edouard Moreau", einer Hauptperson des Zentralkomitees steckenden Persönlichkeit eines E. Moreau de Bauvière (*Mes C. r.*, VIII, 1912, S. 109—158). — Auch die feindlichsten Schriften, wie *Les Convulsions de Paris*, vier starke Bände des Reaktionärs Maxime du Camp (6. Aufl., 1883), werfen manchmal Probleme auf, der Durchschnittsschreiber über Commune oder Internationale gleitet aber über jedes Problem unbedenklich hinweg, ob er Freund oder Feind sein mag; ihm ist alles klar.

ziellen Enqueten kommen (Lyon, Marseille . . .). Dazu die Prozeß-berichte usw., eine unübersehbare, aber leider meist sehr unzuverlässige Literatur.[157])

Die sozialen Maßnahmen der Commune[158]) waren nach den gleich-zeitigen Begriffen ein kleiner Fortschritt, während man seit lange nur über ihre Zurückhaltung staunt. Ihre revolutionären Maßnahmen taten das Gegenteil von dem, was Bakunin stets geraten hatte: sie schonten Institutionen (die Bank usw.) und bekämpften Menschen (die Tötung. Gustav Chaudeys und anderer Geiseln usw.); nur die letzten Verteidi-gungsaktionen einzelner (die Brände usw.) konnten als energische Aktion gelten. Das berühmte *Programme de la Commune*, das am 18. April von Jules Vallès vorgelesen wurde, war nach dessen Mitteilung in der Sitzung „in seinem ganzen und in seiner Abfassung" von Deles-cluze, und Rastoul, ein Mitglied, sagte dazu: „Dies ist die Leichenrede

---

[157]) Einige informierende Werke, in denen aber jede Angabe nachzuprüfen wäre, sind etwa: *Les Clubs rouges pendant le siège de Paris* von G. de Molinari. (1871, XXXVI, 390 S., 18⁰); *L'Hotel de Ville de Paris au 4 septembre et pendant le siège* von Etienne Arago (1874, 490 S., 18⁰; viel über den 31. Oktober); *Histoire de la Commune* von Georges Bourgin (Bibliothèque socialiste; 1907, 192 S., 12⁰); 1871. *Enquête sur la Commune de Paris* (Editions de *La Revue blanche*, 1897, 160 S., 8⁰); *Paris sous la Commune* (1895, 26 Hefte), ein Illustra-tionswerk wie auch Armand Dayots Werk, 1901, das den Krieg, die Belagerung und die Commune illustriert, 364 S., fol., *Paris incendié*, Ausgabe von *L'Illu-stration*, 240 S., fol., usw. —

Charles Beslay, *La Vérité sur la Commune* (Brüssel, Neuchâtel, Genf, 2. Aufl., 1878, 198 S.); Gaston Da Costa, *La Commune vécue* (Paris 1903—1905, 3 starke Bände); *Mémoires du général Cluseret* (I; III; 1887—1888; 284, 292; 300 S.); *Jacques Vingtras*, *L'Insurgé* von Jules Vallès (1886, 386 S., 18⁰); — Camille Pelletan, *Le Comité central et la Commune* (188—, 188 S.); desselben Buch über die Maiwoche; André Lefèvre, *Histoire de la Ligue républicaine des Droits de Paris* (1881, 364 S.); — die viele Mitteilungen Ueberlebender verarbeitenden Ro-mane von Lucien Descaves, *La Colonne* (1901, 441 S., 18⁰) und *Philémon, Vieux de la Vieille* (1913, 360 S., 18⁰) und vieles andere, wobei wertvolles Neuere, das seit 1914 erschienen sein mag, mir unbekannt bleibt.

Aus der nichtfranzösischen Literatur wüßte ich keine Schrift anzuführen, die nicht entweder den persönlichen kritischen Standpunkt eines bekannten Ver-fassers wiedergäbe oder rein propagandistisch oder ganz unkritisch oder feind-lich wäre. Zu ersteren gehören: *The Civil War in France* . . . (Der Bürgerkrieg in Frankreich; Adresse des Generalrats der Internationale, von Karl Marx , London, 1871, 35 S., 8⁰; — M. Bakunin, *Oeuvres*, IV, S. 247—275, deutsch *Werke*, II, S. 267—281, der als *Die C. v. P. und der Staatsbegriff* seit 1878 mehrfach gedruckte Text; — P. Kropotkin, *La Commune* (*Révolté*, 1.—15. Mai 1880; *Paroles d'un Révolté*, 1885, S. 105—118); — Johann Most, *Die Pariser Commune vor den Berliner Gerichten* (Braunschweig, 1875, 64 S., gr. 8⁰); *Vive la Com-mune!* (Int. Bibl., 12; New York, 1888); — *A shorst account of the Commune of Paris* by William Morris E. Belfort Bax and Victor Dave (Socialist Platform 6, S. 59—79; London, 1886). — Größere Arbeiten sind das anarchistische Buch *Parischkaja Kommuna* (russisch; Genf, 1874, IV, 248 S.; von Z. Ralli); — *18 Marta 1871 goda* (russisch; Genf, 1880, X, 128 S., 16⁰) von Peter Lavroff. — Eine neuere kommunistische Arbeit ist *La Commune de 1871* von C. Talès (Paris; 240 S.; mir nicht bekannt).

[158]) S. z. B. *Le socialisme officiel sous la Commune* von Victor Marouck, in *La Revue socialiste* (Paris), 5. Juni 1880, S. 330—336.

des Jakobinismus, von einem seiner Führer gehalten."[159]) — Die Rede des alten Freundes Proudhons, Charles Beslay, durch die am 29. März die Sitzungen eröffnet wurden, bemerkt: „... die Befreiung der Commune von Paris ist, wir zweifeln nicht daran, die Befreiung aller Communen der Republik ..." Sie ist also „die Befreiung der Republik selbst, jede der sozialen Gruppen wird ihre volle Unabhängigkeit und Freiheit wiederfinden. Die Commune wird sich mit dem beschäftigen, was lokal ist, das Departement mit dem, was regional ist, die Regierung mit dem, was national ist ... Auf diese Weise ihrerseits auf die Hälfte reduziert, wird die Regierung nur noch der folgsame Beauftragte des allgemeinen Stimmrechts und der Hüter der Republik sein..."[160])

Es ist bemerkenswert, wie schnell sich die *communalistische* Ideologie ausbildete, wie viele Männer der verschiedensten sozialen Richtungen sie damals akzeptierten, von dem autoritären antisozialistischen Delescluze zu dem friedlichen revolutionsfeindlichen Beslay, aber für die allermeisten liegt unter dem Wort *Commune* das Wort *Paris*, — eine mächtige Stadt, die sich seit Jahrhunderten als Einheit für sich fühlte und der nun eine diskreditierte, auch von den andern großen Städten Frankreichs verabscheute, sich auf die reaktionärste Provinz stützende Regierung und Nationalversammlung die einfachsten Lebensrechte versagten und eine furchtbare Züchtigung auflegen wollten. Dies Gefühl der Furchtbarkeit und Unabänderlichkeit ihrer Lage brachte die ernsten Männer zusammen, während zahlreiche andere, den Ernst der Lage nicht einsehend, durch die vorhergehenden Monate daran gewöhnt, daß ein Stück halboffizieller, halbrevolutionärer Autorität leicht zu haben war, sich dem neuen Stadt-Staat anschlossen und sich eines Stückchens leicht erworbener Autorität erfreuten. Die Situation hatte große Aehnlichkeit mit der von Wien im Oktober 1848. In beiden Fällen Regierungen, die einer Periode revolutionärer Entwicklung der Hauptstadt — März-September 1848; September 1870—März 1871 — um jeden Preis ein Ende machen wollten; — eine als unerträgliche Provokation empfundene militärische Maßnahme — der Truppenabmarsch nach Ungarn, die Wegschaffung der Kanonen vom Montmartre; — ein anonymer Gewaltakt auf der Volksseite — die Tötung des Kriegsministers Latour, der Generale Clément und Thomas; — die Entfernung der Regierung, ihre absolute Versöhnungslosigkeit, ihr Vernichtungswille, die Belagerung und militärische Eroberung der Stadt bis zum Barrikadenkampf, die Hinrichtungen und Massakres mit dem Resultat, daß auf Jahre hinaus die Revolution gebrochen, die Reaktion gesichert ist: all das erlebten Wien und Paris in derselben unerbittlichen Reihenfolge, nur mit anderen Schlagworten. Und Paris hatte es schon im Juni 1848 gesehen, als die Arbeitslosen plötzlich so provoziert wurden, daß eine Emeute begann, der man dann — nach Cavaignacs

---

[159]) Ich entnehme dieses Detail der Besprechung der Sitzungsprotokolle in *La Révolution prolétarienne* (Paris), Mai 1926, S 5, von C. Talès.
[160]) Nach dem in *La Solidarité* (Genf), 12. April 1871 aus *La France* (Paris) angeführten Text.

System — Zeit ließ, sich zu entwickeln, um sie desto stärker treffen zu können. All das ist die gegen jede Revolution angewendete Taktik der Konterrevolution, die, wann es ihr paßt, Zwangslagen herbeiführt, dann eine „Schuld" konstruiert und daraufhin die Unterstützung zurückgebliebener Landesteile findet und die Revolution im Blut erstickt, um sie für viele Jahre zu treffen.

Deshalb kann ich die Commune nicht als das wirkliche Resultat communalistischen, also antistaatlichen, dezentralistischen Wollens betrachten, sondern ich sehe in ihr die traditionelle Hauptstadttragödie; *Hauptstädte* sind dem *Staat* immer verhaßt, weil sie zu viel denken, und sie werden von Zeit zu Zeit gezüchtigt. Eine Hauptstadt sieht den Staatsapparat am nächsten, „braucht" ihn am wenigsten, ihr materielles und geistiges Leben entwickelt sich unabhängig von den neidisch und gehässig zuschauenden Staatsbeamten und Militär. Daher intime Todfeindschaft und grenzenlose Rachgier des sich mißachtet fühlenden Staates. Allerdings gibt es Perioden der Komplizität, die ungemeine Prosperität des napoleonischen Paris war eine solche Periode, ihr folgte nach den harten Lehren des Winters 1870—1871 eine Krise des erwachenden Gewissens vieler, Paris wollte nicht mehr nur herrschen und genießen — solchen und anderen Strömungen entsprang die relativ große, durchaus nicht allgemeine, moralische und physische Unterstützung, welche die Initiatoren der Ereignisse des 18. März in Paris fanden.

Der 18. März ist für mich der unaufgeklärteste Tag jener Monate. Jedenfalls ergriff die Regierung blitzschnell den ihr gebotenen Vorwand, Paris nun erbarmungslos zu bekriegen, und wer in Paris über den nächsten Tag hinausdachte, sah, daß er in eine absolute Zwangslage versetzt war, und Unzählige nahmen guten Muts den Kampf auf, der nur mit ihrer Vernichtung enden konnte. Von der unter solchen Verhältnissen am 26. März gewählten Commune, einer Versammlung dem Tode Geweihter, kann man kommunalistische und sozialistische Leistungen nicht erwarten. Sie wurde zum Staat im kleinen, zum Verteidigungsorganismus; sie war zugleich autoritär und meist machtlos; neben ihrer Autorität bildeten sich andere Autoritäten aus, und die Zusammenhäufung von Talenten und Energien der allerverschiedensten Richtungen machte einheitliches Vorgehen fast unmöglich. Die Internationale war in der Minorität, und speziell Varlin, persönlich in seinem Wirkungskreis unermüdlich tätig, verschwindet ganz als Vertreter der Ideen, die uns hier beschäftigen.[161]

---

[161] Varlins Brief an J. Guillaume, 20. Februar 1871, s. *L'Int.* II, S. 129; Guillaume schickte ihm später einen Brief, auch Bakunin (Anfang April), aber Varlin, der sich über die unvermeidliche Katastrophe keine Illusionen machte, zeigte vollständige Zurückhaltung. Er wünschte natürlich, daß der Commune durch Provinzbewegungen geholfen werde, aber Aktionen durch Mittel von Paris möglich zu machen, dazu fühlte er sich außerstande. Die Commune tat einiges für die Provinzbewegung, aber sie setzte nicht die Mittel, über die sie hätte verfügen können, voll und ganz ein, weil sie eben bei ihrer Vielköpfigkeit und stets wechselnden Stimmung mehr wartete als handelte.

Bewunderungswert ist die Ruhe und Würde, mit der all diese Männer dem Untergang entgegengingen und der Heroismus der zahllosen Kämpfer, denen eine Henkersarbeit verrichtende Armee ihrer Landsleute mit mitleidloser Grausamkeit gegenübertrat. Als entschlossenste der bisherigen Empörungen, eine fleißige Stadt gegen den nutzlosen Staat, wird die Commune immer leben. Aber im einzelnen ist ihre Geschichte voll Lehren, wie eine antiautoritäre Revolution es nicht machen soll.

Wie ein antiautoritärer Kollektivist damals die Commune verstand, zeigt z. B. der Artikel *Der Föderalismus* in der Genfer *Solidarité,* 12. April 1871.[162])

„.. Für den Föderalismus gibt es keine Nation, keine nationale oder territoriale Einheit. Es gibt nur eine Zusammengliederung föderierter Communen, die nur durch das Interesse der den Kontrakt eingehenden Teile, nicht durch nationale oder territoriale Fragen bestimmt ist."

„Es gibt ebenso keinen *Staat* mehr, keine Zentralmacht, die höher ist als die Gruppen und ihnen ihre Autorität auflegt: es gibt nur die *Kollektivgewalt*, die aus der Föderation der Communen resultiert, und diese zur Aufrechterhaltung und Sicherung des Föderativkontrakts ausgeübt, eines wirklich *synallagmatischen* [wechselseitig verbindenden] *Kontrakts*, kann nie etwas vor und über den föderierten Gruppen Liegendes werden, etwas, das eine der Stellung des jetzigen Staates gegenüber der Gesellschaft und den Communen analoge Stellung einnimmt. Da also der zentralisierte und nationale Staat nicht mehr besteht und die Communen volle Unabhängigkeit genießen, besteht wirklich *an-archie* — Abwesenheit zentraler Autorität."

„Man glaube aber nicht, daß nach Abschaffung der Staaten und des Nationalismus der Föderalismus nun zum absoluten Individualismus, zur Isolierung, zum Egoismus führe. Nein, der Föderalismus ist sozialistisch, das heißt, daß für ihn die *Solidarität* von der *Freiheit* untrennbar ist. Während die Communen absolut autonom bleiben, fühlen sie sich durch die Macht der Dinge unter sich solidarisch und ohne etwas von ihrer Freiheit zu opfern oder, besser gesagt, um ihre Freiheit noch mehr zu sichern, vereinigten sie sich eng durch Föderativkontrakte, in denen sie alles ihre gemeinsamen Interessen berührende festsetzen: die großen öffentlichen Dienste, den Austausch der Produkte, die Garantie der persönlichen Rechte, gegenseitige Hilfe im Fall irgendeines Angriffs."

„Möge das französische Volk, endlich durch sein Unglück wach geworden, dem Licht der Wahrheit die Augen öffnen: möge es 1871 der Initiator der *föderativen und sozialen Republik* sein . . ."

Dies ist eine Darlegung der äußersten an die Commune sich anschließenden Möglichkeiten, die sich aufs engste den Ideen von Proudhon und

---

[162]) Der Verfasser, J. Guillaume, sagt, der Artikel setze die föderalistische Theorie auseinander, „wie wir sie verstanden und wie wir annahmen, daß die Commune sie verstehe" *(L'Int.* II, S. 142).

Bakunin anschließt. Der sogenannte *Communalismus (communalisme)* bedarf demgegenüber keiner besonderen Darstellung, da er in ähnlichen, aber weniger präzisen und bewußten Aspirationen besteht, weil die ihn vertretenden eben nicht wirkliche Anarchisten waren und das Ziel also nicht in dem möglichst totalen Verschwinden der Autorität sahen. Der Communalismus war gewissermaßen ein von Nichtanarchisten gehandhabter Anarchismus, ein unlebensfähiges Zwitterding daher, aus dem für einige der wirkliche Anarchismus hervorging, für die meisten aber der munizipale Sozialismus, der sich zuerst vom Staatssozialismus verschieden glaubte, dann sich aber ganz gut mit ihm vertrug. Während die Marxisten direkt dem Parlament zustrebten, machten die Communalisten die Zwischenstufe des sich zunächst in der Munizipalität auslebenden lokalen Sozialismus durch, um dann bald auch „höheren" Zielen zuzustreben, dem Abgeordnetenmandat. Zur Anarchie gelangten Louise Michel, Louis Pindy und einige andere, in die Gemeinderäte und bald in die „höhere" Politik die meisten andern.

Louise Michel schrieb mir am 16. Februar 1895: „. . . Diese Idee [der Anarchie] war übrigens so sehr in der Luft, daß jenseits des Ozeans, ohne zu wissen, was in Europa vorging, ohne ein Wort von den Diskussionen in der Juraföderation zu wissen, wir auf der Halbinsel Ducos fünf oder sechs Anarchisten waren, die uns als Gruppe so nannten. — Ich selbst war es auf der Fahrt von Frankreich nach Neu-Caledonien geworden, man hatte da so viel Zeit nachzudenken, die Ereignisse vergleichend zu betrachten, zu sehen, wie der Besitz der Macht die Besten unfruchtbar macht. Es war wirklich eine schöne Reise, obgleich wir wie wilde Tiere in Käfige gesteckt waren . . ."[163])

Sie hatte also vor allem den Eindruck der Hilflosigkeit, der Unfähigkeit, etwas zu leisten, all dieser besten Sozialisten jener Zeit im Besitz uner-

---

[163]) Louise Michel schrieb dies auch am 1. Februar 1895 dem Anarchisten Delorme *(Pourquoi je suis anarchiste;* Brief im *Libertaire,* Paris, 30. Januar 1925): „. . . Ich wurde Anarchistin auf dem Weg nach Neu-Caledonien auf dem dem Staat gehörenden Schiff, das uns in Käfigen wie Tiger mit sich führte (damit wir Reue empfinden sollten). Dort, während der vier Monate Ueberfahrt, zwischen Himmel und Wasser, hatten wir nichts zu tun als nachzudenken.
Nun, da ich gesehen hatte, wie meine Freunde von der Commune, ehrlich, tapfer, hingebend, sich an der Macht zu nichts machten, so daß die Commune, immer fürchtend, etwas böses zu tun, Energie nur zum Sterben hatte, sah ich ein, daß, wenn selbst revolutionäre und gute Menschen an die Stelle von schlechten gesetzt werden, dies nichts an der Knechtschaft der Massen ändert . . ."
Eine noch ausführlichere Fassung — ob aus dem Buch *La Commune,* 1898, kann ich nicht feststellen — erschien im *Libertaire,* 15. Januar 1926. Sie „gelangte schnell zur Ueberzeugung, daß ehrliche Menschen im Besitz der Macht ebenso unfähig sein werden, wie schlechte Menschen schädlich sind, und daß es für die Freiheit unmöglich ist, daß sie sich je mit irgend einer Macht verbinde."
„Ich fühlte, daß eine irgendeine Regierung übernehmende Revolution nur eine Trugspiegelung wäre, die nur auf demselben Fleck herumtrollt und nie dem Fortschritt die Tore öffnet, daß die Einrichtungen der Vergangenheit, die zu verschwinden schienen, unter verändertem Namen blieben, daß in der alten Welt alles an Ketten angeschmiedet ist, also einen einzigen Block bildet, der ganz verschwinden muß, um der neuen, freien und glücklichen Welt Raum zu machen . . ." Die ganze Stelle wäre nachzulesen.

wartet großer Macht als Commune und fühlte, daß *Macht* und *Ohnmacht* tatsächlich in diesem Sinn eng aneinander grenzen.

Elisée Reclus, damals seit zwanzig Jahren Anarchist, kein längerer Zeuge der Commune, da er schon bei dem Ausfall vom 3. April gefangen wurde und dann, bis er am 14. März 1872 verbannt die Schweiz betrat, in vielen Kerkern, dort allerdings durch Mitgefangene über vieles folgende unterrichtet, — Elisée Reclus, der im langjährigen Verkehr mit der Elite sozialer Republikaner bis zur Commune wahrscheinlich die kaltblütige Niederschlachtung der Pariser durch die Versailler nicht für denkbar gehalten hatte, der aber den Marterweg vom Plateau von Châtillon nach Versailles und den qualvollen Weg durch die Straßen von Versailles unter Beschimpfungen und Mißhandlungen der Gefangenen durch das elegante Publikum, die aus Paris geflüchteten Bourgeois, selbst mitgemacht hatte (sein Geist blieb damals einige Tage verstört, und sein tödliches Herzleiden könnte von damals datieren), der wußte jetzt, daß der gute Wille zum Fortschritt den Nutznießern des jetzigen Systems fehlt, und er trat von damals ab nur für die Anarchie ein. Bakunin (Brief an L. Pindy, 11. Januar 1873; *Biogr.*, S. 759) schreibt von ihm: „. . . das ist ein wertvoller, sehr verläßlicher, sehr ernster, sehr aufrichtiger Freund und ganz und gar der unsere . . .“

In diesem Brief nennt Bakunin als ihm bekannte französische Anarchisten nur *Pindy, Alerini* und *Camet*. — Louis Pindy, 1869 in Basel noch Proudhonist, war dies 1870 nicht mehr, und damals und während der Commune vor allem Aktionsmann — er steckte in der Maiwoche das Rathaus in Brand — hatte er, nach mehreren Monaten endlich in die Schweiz gerettet, sich bald im Jura in die Ideen der Juraföderation eingelebt. — Camille Camet, ein junger Lyoner Weber, war bei den Lyoner Aufständen tätig, kam dadurch auch nach Genf, später als Flüchtling nach Zürich, wo er Bakunin 1872 kennen lernte. Anfangs 1873 reiste er nach Barcelona, wurde aber noch in diesem Jahr in Frankreich verhaftet und jahrelang eingekerkert. Er hatte in Barcelona Charles Alerini und Paul Brousse getroffen; Alerini, aus Corsika, war in der Marseiller Internationale sehr tätig und kannte dort Bakunin, Oktober 1870; seit dem Frühjahr 1871 als Flüchtling in Barcelona, nahm er dann an der spanischen Internationale und Alianza bald regen Anteil; die Ereignisse von 1873 brachten ihn auf Jahre in spanische Kerker, während Paul Brousse Internationalist in Montpellier, nach Barcelona geflüchtet, vielleicht erst dort die Anarchie genauer kennen lernte, dann aber auf das eifrigste vertrat, 1873, in Barcelona und seit September 1873 in der Schweiz.

Aus Lyon[164]) kamen einige Flüchtlinge nach Genf, *François Dumartheary, Adrien Perrare* u. a., die auf eigene, unabhängige Weise zur An-

---

[164]) Die zeitweilig sehr engen Genossen Bakunins in Lyon und Marseille, Albert Richard, Gaspard Blanc, André Bastelica zeigten bei den Ereignissen von 1870—1871, daß sie doch nicht die Männer waren, für die man sie gehalten hatte und verschwinden dann aus Bakunins Kreis. Sein bester Genosse in Lyon, der Weber *Palix*, den man sich etwas nach Art von Varlin vorstellt, starb schon 1871.

archie gelangten, vor allem im Gegensatz zu solchen Kreisen der Genfer Proskription, die sich gewissermaßen im Fortbesitz der unter der Commune eingenommenen Machtstellungen fühlten und von den Lyonern nur ausgelacht wurden. — Diesen sehr früh die Anarchie dem Communalismus vorziehenden Kreisen gehörte auch *Victorine Rouchy* an, die Tochter einer alten Revolutionärin, Frau Malenfant († 1892) und später die Frau Gustave Brochers. — Wahrscheinlich bildete *Jules Montels* eine Art Uebergang zwischen Communalisten und Anarchisten. — Ob *Arthur Arnould*, der 1877 so durchaus anarchistisch schrieb, diese Ideen schon 1871 hatte oder durch den Verkehr mit Bakunin in Lugano erwarb, kann ich nicht sagen.

Nikolaus Joukovski, russischer Flüchtling von 1862 und besonders 1867—1868 mit Bakunin sehr liiert und anarchistischer Internationalist, Herausgeber der *Solidarité* (Genf, 28. März—12. Mai 1871, 4 Nrn.) stand in den folgenden Jahren den Communalisten nahe und trat der eigentlichen Anarchie skeptisch gegenüber, was auch Charles Perron tat, bis er sich in Elisée Reclus' Zeit ihr wieder etwas näherte. Es ist unmöglich, all diese Genfer Nuancen zu schildern, die im Jura und bei Bakunin vollständige Ablehnung[165]) fanden.

Repräsentanten der weitaus zahlreicheren kommunalistischen Richtung waren etwa *Benoit Malon*, der noch den Ehrgeiz hatte, einen eigenen, zwischen Marx und Bakunin stehenden Sozialismus zu vertreten[166]); — *Gustave Lefrançais*, der vielleicht am präzisesten den antiautoritären, aber vom Anarchismus doch scharf getrennten Communalismus vertrat; — und *Pierre Vésinier*, den ich Vertreter des revolutionären autoritären Communalismus nennen möchte, wenigstens für die damalige Zeit und schon lange vorher und auch nachher.[167]) In seinen letzten Lebensjahren hatte Vésinier, da er eben den politischen und oft auch moralischen Verfall so vieler ihm wohlbekannter Männer miterlebt

---

[165]) Ein Communeflüchtling, dessen späteres schlechtes Ende damals nicht vorauszusehen war und den auch Bakunin kannte, Victor Cyrille, veröffentlichte 1872 in Brüssel *La Liquidation sociale. Prophétie*, 63 S., 8°, ein Bild einer kommenden Revolution und kollektivistisch-anarchistischer Verwirklichung. — Ob Vermersch in seinen Londoner Broschüren noch auf die Anarchie zurückkam, kann ich leider nicht sagen. — Viele Jahre später haben zwei Communemitglieder, Viard und der Blanquist Constant Martin sich der Pariser anarchistischen Bewegung um 1890 und später vollständig angeschlossen.

[166]) Vgl. z. B. seinen Brief vom 29. August 1972 (*L'Int.* II, S. 313—314); „. . . Seit der Reformation verfolgt die anglo-germanische Rasse eine Politik der Reform durch den Staat, die keineswegs in der historischen Entwicklung der gallo-lateinischen Völker (Frankreich, Italien, Spanien, das wallonische Belgien, die Schweiz im Jura und am Genfer See) liegt. Letztere machten nur durch Revolutionen Fortschritte und haben mehr oder weniger mit dem alten Regierungssystem gebrochen. Sie sind *anarchisch* (anarchiques), das ist das richtige Wort, bis ein besseres da ist. An der Spitze der Internationale steht aber ein anglo-germanischer Rat, entschlossen das, was sie die *staatliche* Idee nennen, vorwiegend zu machen. Die Dissidenten antworten natürlich mit dem Wort *Commune*, das in ihren Ländern traditionell ist . . ."

[167]) S. z. B. die Zeitschrift *La Fédération* (London), 24. August 1872—25. Januar 1873, 7 Nrn.; Nr. 8, die letzte, erschien am 18. März 1875.

hatte, nur für die Anarchisten Achtung und Sympathie, ohne ihnen aber theoretisch je ganz anzugehören. Dann *Ferdinand Gambon*, ein alter Sozialist († 1887), der Anfangs 1872 die bemerkenswerte Broschüre *La Dernière Révolution* (Die letzte Revolution: Genf, 44 S. gr. 8°) veröffentlichte, in der er — wie sich A. Claris in seinem gleich zu nennenden Buch, S. 118—119 damals ausdrückte — „die von La Boétie in der *Freiwilligen Knechtschaft* . . . (s. *Vorfrühling*, Kap. V) vorgetragene These wieder aufnehmend, ein ganzes System einer friedlichen Revolution — der allgemeine religiöse, politische und soziale Streik — entwickelt, das, wenn es durchgeführt würde, uns in vierundzwanzig Stunden von allen Parasitismen und Tyranneien befreien würde . . .“Λ

In Gambons Worten, leider zu lang, um ganz angeführt zu werden: „. . . Beginnen wir mit dem Vater der Despotismen, dem ältesten und schlechtesten, dem klerikalen Despotismus . . .“ „Nun, setzt keinen Fuß mehr in ihre Bude . . . Also Streik der freien Denker. Handelt ebenso dieser Gerechtigkeit mit falscher Wage gegenüber, bedient euch ihrer nicht mehr . . . Urteilt euch untereinander ab, brüderlich. Nehmt Freunde, gute, ehrliche, gescheite Männer zu Schiedsrichtern . . . Streik der einer Gerichtsbarkeit Unterstehenden! . . . Auf, etwas Mut, etwas gesunden Verstand! Steckt nicht mehr die Hand in die Tasche, geht nicht mehr zum Steuereinnehmer . . . Allgemeiner Streik der Besteuerten . . .! Laßt die Tyrannen und ihre Mithelfer einander selbst gegenüberstehen. Verweigert den Zerstörungsdienst, tragt nicht mehr Waffen gegen euch selbst . . . und der Kampf endet aus Mangel an Kämpfern. Dann ist das ersehnte Ende des Chauvinismus, Nationalismus und der Verfeindung der Völker da. Glückliche Reise der Kriegerkaste und Streik des Soldaten . . . Wenn diese Lehren nicht genügen, geben wir die letzte, die schrecklichste . . . O Arbeit! Gott der Zukunft, soziales Herz, Gesetz der Gesetze, heilig über allem . . ., halte einen Augenblick deinen Lauf ein, und zu deinen Füßen liegt die alte Gesellschaft des Privilegs, von Lähmung und Tod getroffen . . . Nach Hinrichtung des Kapitals ist nun Friede, man atmet auf. Jetzt ist die dreifache Tyrannei, die klerikale, königliche und die der Besitzenden zu Ende. Also zu seiner Stunde der letzte Streik: der Streik der Arbeiter . . .“!|[168])

---

[168]) Die Idee des allgemeinen Streiks wurde in jenen Jahren und früher manchmal erwähnt, aber kaum je so durchdacht wie von Gambon, einem der sympathischsten älteren Sozialisten. Er sah ein, was zu wenig beachtet wird, daß dem wirkungsvollen Endstreik der Arbeit vielfache praktische Streikübung vorausgehen muß, die Verödung des ganzen auf dem Volk lastenden Apparats für geistigen, moralischen und materiellen Druck, von Kirche, Staat, Armee usw. Erst durch solche Kämpfe wird die dem allgemeinen Streik wesentlich nötige geistige und moralische Kraft geschaffen. Sonst klammert sich die Gesellschaft erst recht an den Staat, und der allgemeine Streik bleibt geistig isoliert.

Die zum allgemeinen Streik auffordernde Resolution des belgischen Kongresses, 1870, vor Kriegsbeginn (Gambon, S. 22) liegt mir jetzt nicht vor.

Gambon, unter dem Empire — als er nach langjährigem Gefängnis wegen dem 13. Juni 1849 sich wieder in Freiheit befand — als „der Mann mit der Kuh" allbekannt, weil ihm eine Kuh wegen Steuerverweigerung immer wieder ge-

Die Communalisten in Genf schildert das auch zuerst die beginnende Protestaktion der antiautoritären Internationale gegen die Uebergriffe von Marx erzählende kleine Buch *La Proscription française en Suisse 1871—1872* (Die französische Flüchtlingsschaft in der Schweiz 1871—1872 von A. Claris; Genf, 1872, September, 132 S. 8°). Claris hatte *La Révolution sociale* (Genf, 26. Oktober 1871—4. Januar 1872, 10 Nummern) herausgegeben, welche vom 23. November ab auch das Organ der Jura-foederation wurde (s. *L'Int.* II, S. 219—222, 242, 257). Hier tritt schon die hoffnungslose Zerstörung des Internationalismus durch den Krieg zu Tage, die Bakunin in seinen meist ungedruckt gebliebenen Schriften von 1870—1871 schroff konstatiert und wahrlich nicht gemildert hatte (s. Kap. XI), die aber den Jurassiern, so ausgeprägt ihre Stellungnahme war, nicht gefiel und auch ihren eigentlichen Publikationen möglichst ferngehalten wurde.

Frau André Léo (Champseix) schrieb z. B. in der *R. S.,* 9. November: „. . . Der Pangermanismus ist da und affiziert wie eine Krankheit jedes deutsche Hirn, so daß, wenn sie Sozialismus betreiben, sie es auch damit tun. Da Bismarck allen vom Rhein bis zur Oder den Kopf verdreht hat, so salbte Karl Marx sich zum Pontifex der Internationale zur gleichen Zeit, als Wilhelm I. sich zum Kaiser machte . . .“ Hierzu bemerkt James Guillaume (1907; S. 222): „Dieser Satz ist bedauerlich; er verletzte uns (il nous choqua), und ich ließ dies die Verfasserin wissen.“ Es ist vollständig richtig, daß Marx, der, wie wir sahen, bis 1869 außer Stande war, seinen besonderen Ideen auf den Kongressen der Internationale Geltung zu verschaffen, 1871 dies durch die Londoner Konferenz auf sehr odiose Weise versucht hatte, aber das entsprang seiner ihm eigenen Herrschsucht und hatte mit dem Krieg und dem deutschen Volk nichts zu tun. Es kann auch festgestellt werden, daß Marx auf Grund seiner Polenfreundschaft Rußland und die Russen immer feindlich und verächtlich behandelte, und daß die englischen Polenfreunde im Generalrat ihm hierbei freie Hand ließen. Dagegen wurde das französische Volk von Marx stets mit ausgesuchter Sympathie behandelt und all seine Kämpfe von 1848 bis 1871 in seinem Sinn mitge-

---

pfändet und später von seinen Freunden bei der Auktion für ihn gekauft wurde, gelangte zu seinen Ideen von der *Steuerverweigerung* her, einem Widerstandsmodus gegen den Staat, der zwar von modernen Demokraten und Sozialdemokraten, die mit dem Herzen auf Seite des Staates sind und selbst der Staat sein möchten, gering geschätzt und herabgesetzt wird, der aber tatsächlich dem instinktiven Widerwillen des Einzelnen und nützlicher Gemeinschaften gegen den parasitischen Staat entspringt. John Hampden und die Bostoner Verweigerer des Teezolls, 1637 und 1773 standen an der Schwelle der englischen und amerikanischen Revolutionen und durch die Steuer- und Budgetbewilligungsakte der Parlamente trennt sich zuerst die Gesellschaft vom Staat, freilich um sofort mit ihm in schmachvoller Promiskuität wieder zusammenzuleben. Einzelne Steuerverweigerer — sie kamen nach 1848 bis in die Sechziger auch in Deutschland vor — werden verhöhnt; die irische *no-rent* (keinen Pachtzins!) Bewegung und ähnliches auf großer Stufenleiter wurde ernstlicher beachtet. Es liegt nur am Volk selbst, durchzusetzen, wie es vom Staat behandelt sein will oder denselben ganz als Belästigung zu empfinden und abzustreifen.

dacht und mitgefühlt, und der *Volksstaat* Liebknechts war während des Krieges geradezu ein französisches Blatt. Die Commune wurde von Marx und allen deutschen Sozialisten verherrlicht und ist bis heute eines der wenigen geschichtlichen Ereignisse, das in keinem Land einer wirklichen Kritik unterzogen wurde aus Solidarität und Achtung vor dem ungeheuren Unglück, das eine ganze Bevölkerung in ihren Fall mitriß. Daher war die plumpe Einführung des Völkerhasses in die Kontroverse innerhalb der Internationale durch Frau André Léo ein bedauerliches Symptom des Eindringens der Kriegsstimmung in dieses Milieu, das jeder einzelne nach seiner besten Kraft davon ferngehalten hatte, und in dem die Hoffnung freundlicher Wiedervereinigung der Völker lag.

Diese Stimmung fand — von Bakunin abgesehen, dessen Fall ein ganz besonderer war — damals wenig weiteren Ausdruck, aber sie war latent vorhanden und wirkte unheilvoll im stillen weiter: der Internationalismus, soweit er existiert hatte, war schwer getroffen worden, und das hätte nicht sein müssen. Frau André Léo, die sich damals brieflich rühmte, „die Glocke gezogen zu haben" (12. November; S. 222), hatte nicht aus sich allein heraus gesprochen.

Die Genfer Communalisten gaben 1874 eine kleine Revue heraus, *La Commune* (April — November, 8 Nummern; von Nr. 2 ab mußte der Titel gestrichen werden und wurde durch einen schwarzen Strich ersetzt); hier arbeiteten G. Lefrançais, A. Thomachot, Jules Montels, N. Joukovski u. a. zusammen, Communalisten und Internationalisten. Noch mehr arbeitete dieser Kreis mit Anarchisten zusammen in der Revue *Le Travailleur* (Der Arbeiter; 20. Mai 1877 — April 1878), an der einerseits Reclus, andererseits Lefrançais besonderen Anteil nahmen. Die verschiedenen Amnestien lösten dann überall die Communalistenkreise auf, deren Führer in Frankreich zum Teil durch Wahl in die Gemeinderäte das Prinzip der Commune fortzusetzen versuchten oder sich den Anschein davon gaben, bis alle in der lokalen Politik versanken oder in einzelnen Fällen in die Kammer empordrangen: eine ernstliche Wiederbelebung hat die Idee der Commune durch keinen von ihnen gefunden.

Der Artikel *Communalisme* von G. Lefrançais in Nr. 3—5 der Revue von 1874[169]) bezeichnet als das charakteristische der Bewegung des 18. März den Bruch mit allen politischen Parteien, die bis dahin den Anspruch erhoben, die Revolution zu vertreten. Bis dahin wurde die Gesellschaft als eine höhere Macht betrachtet, der das Individuum zu gehorchen hatte; jetzt sah man in ihr nur ein Milieu, in welchem der Einzelne nicht nur die Sicherung seiner natürlichen Rechte fand, sondern auch eine stets wachsende Kraft, zu handeln, zur beständigen Entwicklung dieser Rechte. „. . . Die Bewegung des 18. März suchte also nicht die Regierungstätigkeit in andere Hände zu bringen, sondern sie zu be-

---

[169]) Neudruck *La Commune et la Révolution* von G. Lefrançais (Paris, 1896, 36 S. 16⁰).

seitigen und die direkte Teilnahme aller Interessenten an der Führung der öffentlichen Angelegenheiten an ihre Stelle zu setzen . . .", durch „den freien Eintritt des Einzelnen in die Gruppe, die Gemeinde, die Föderation." Dieser, die individuelle Autonomie in sich tragende Föderalismus ist der Communalismus.

Hätte die Pariser Commune den Verteidigungszustand überdauert, der sie zwang, Regierungs- und selbst Diktaturallüren anzunehmen, war ihr Ziel: „. . . also keine Konstitution und Gesetze, die nur gewisse Interessen sichern, zum Schaden der Gesamtheit, keine Regierung, ob parlamentarisch oder nicht, die der Masse der Regierten ihre besonderen Ansichten aufzwingt, die stets und unvermeidlich reaktionär sind. Sondern eine Reihe von frei beratenen und abgeschlossenen Pakten oder Kontrakten, vom Einzelnen bis zur Nation, jedem seine volle Handlungsfreiheit sichernd, befestigt durch die kollektive Macht der Gruppe, mit der er sich freiwillig verbunden hat . . ." Die Proletarier der industriellen Zentren hätten sich nach dem Sieg von Paris angeschlossen und die Landbevölkerung mitgerissen, die sich von ihren Dorftyrannen befreit hätte. Stadt- und Landarbeiter hätten sich foederiert und Assoziationsverträge abgeschlossen, lokale und sich auf das ganze Land erstreckende. Dann konnte jede Gruppe innerhalb ihrer eigenen Sphäre die einzelnen ökonomischen Probleme zu lösen beginnen, und so „. . . vollzog sich die soziale Revolution nicht durch autoritäre, folglich unterdrückende und dadurch ohnmächtige Aktion, sondern durch Zusammenwirken des vernünftigen und bewußten Willens aller Interessenten . . ."

Dies ist gewiß nicht eigentliche Anarchie, gegen die Lefrançais sich immer skeptisch verhielt[170]), aber es zeigt, wie sehr der Foederalismus Proudhons und der Kollektivismus der Internationale die wirklichen Sozialisten der Communezeit beeinflußten, wie das die sehr verschiedenen Kräfte vereinigende Streben war: *vom Staat weg*, im Gegensatz zu dem autoritär-sozialistischen Streben: *dem Staate zu!* — Daß in den Jahren bis 1880, der letzten Amnestie, in Frankreich die Ideen der Commune und des Foederalismus nur in geringem Umfang offen propagiert werden konnten, während seit 1880 die Reste der Communards im Munizipalsozialismus untergingen und die neue revolutionäre Generation sogleich von der vollen und ganzen Anarchie fasziniert war und ein communalistisches Anfangsstadium gar nicht ins Auge faßte — Louise Michel selbst trat nunmehr ganz und gar für die Anarchie ein — daran lag es, daß die wahre Idee der Commune verblich, so sehr ihr Andenken gefeiert wurde. In jenen Jahren, seit 1876, drang der Marxismus in Frankreich ein und wußte das Interesse am Staat wieder zu beleben; ebenso brachte er, nachdem er festen Fuß gefaßt, recht bald den echt marxistischen Vernichtungskrieg gegen Föderalismus und

---

170) Vgl. G. Lefrançais, *Où vont les anarchistes?* (Wohin wollen die Anarchisten; Paris, 1889, 32 S.).

Munizipalismus zustande (Guesdisten gegen Possibilisten usw.). So wurde es einsam um die Commune von Paris herum, die noch immer im Gefühl nachwirkte, aber geistig nicht mehr recht erfaßt wurde.

Sie war aber die wahre Blüte des foederalistischen und kollektivistischen Geistes der Jahre 1859—1870, die erste kühne Verneinung des Staatsprinzips durch den besten Teil einer Gesamtbevölkerung, die zwischen dem 18. März und dem 26., der Wahl der Commune, ihre glücklichste staatlose Woche zubrachte, die Elisée Reclus in einem Brief an Kropotkin so schön geschildert hat[171]).

---

[171]) In *La Commune,* Abschnitt der *Worte eines Rebellen,* angeführt (zuerst im Mai 1880 erschienen).

XI.

Bakunin und die Internationale, 1870—1871.

Die im vorigen Kapitel besprochenen Ereignisse vom Juli 1870 bis zur Commune von Paris zeigen bereits, daß weder Paris noch die Gesamtereignisse durch die verschiedenen teils sozialrevolutionären, teils revolutionär-patriotischen Stadtbewegungen in dem vom Krieg unberührten Teil Frankreichs, besonders im Südost und Südwest, wirklich beeinflußt wurden, auch wenn einige leichte Fäden zwischen Paris und der Provinz hin- und herliefen. Diese Bewegungen, erst nach dem 4. September 1870 beginnend und, wie in Paris, in den Anfangsstadien dadurch gefördert, daß die überall kampflose Durchführung des Sturzes der bonapartistischen Verwaltung Republikaner und Internationalisten als Hilfskräfte und mehr oder weniger provisorische neue Autoritäten zusammenbrachten, durchliefen dieselben Stadien wie die Pariser Bewegungen: die neue Bourgeoisrepublik brauchte zuerst die revolutionären Hilfskräfte oder hielt sie für am unschädlichsten, wenn sie ihnen hie und da einen Schattenanteil an der Macht einräumte; sehr bald suchte sie diese Kräfte loszuwerden und behandelte sie immer provozierender, was seit Ende September 1870 zu einer ganzen Reihe lokaler Aufstandsversuche führte, die stets im Namen der *Commune* gemacht wurden. Die Regierungsvertreter waren in den ersten Monaten noch schwach, weil die bonapartistischen Generäle dem Kampf zwischen Republikanern schadenfroh zusahen und ihre Soldaten, denen die Republikaner auch nicht trauten, nicht besonders wirksam einsetzten. Aber die städtische Bourgeoisie selbst, der reaktionäre Teil der Nationalgarde, begann sich zu fühlen, und allmählich wuchs die Erbitterung, und es kam dann bis in den Mai 1871 hinein zu nicht wenigen recht bitteren lokalen Kämpfen und zeitweiligen Volkssiegen (Lyon, St. Etienne, Marseille, Narbonne, Toulouse usw.). Aber die vollen Kräfte der drei Faktoren, Arbeiter, lokale Bourgeoisie und Militär, wurden kaum irgendwo eingesetzt, weil doch jeder Teil den Ausgang des Kampfes um Paris abwartete. Nachher folgten auch für jene Städte Repression und Todesopfer, doch nirgends in annäherndem Umfang wie in Paris, und der Süden, die *pays rouges* (roten Gegenden) wurde in den Jahren nach der Commune von der Regierung mit berechnender Rücksicht behandelt. Die geheim weiterbestehende Internationale wurde niedergehetzt — große Prozesse mit harten Verurteilungen —, aber der lokale bürgerliche Radikalismus genoß eine gewisse Duldung, wobei mitverstanden war, daß er sich um das reaktionäre Regime im übrigen Frankreich nicht kümmern würde.

171

Dieses Milieu, vom Krieg nicht direkt berührt, von allen Krisen nur leicht gestreift, redefreudig, mit föderalistischen Traditionen, altem Munizipalleben, einigen großen, ernsten Arbeiterbevölkerungen (Lyon, St. Etienne), dann wieder leichter beweglicher südlicher Bevölkerung (Marseille) war dasjenige, in welchem *Bakunin* revolutionär zu arbeiten versuchte und zwar in seinem ernstesten Teil, *Lyon,* derjenigen Stadt, mit der ihn seit Ende 1868 die meisten direkten Beziehungen verknüpften. Die Belagerung von Paris war vorauszusehen, darum konnte ihm nicht einfallen, im September nach Paris zu eilen, wo überdies eine Ueberfülle von revolutionären Kräften beisammen war, an denen es in der Provinz so mangelte. Die zweitgrößte Stadt, Lyon, war unter diesen Umständen sein natürlicher Platz; eine südfranzösische Bewegung konnte damals auch in Spanien und Italien Widerhall finden und von der Schweiz her gefördert werden.

M. P. Saschin erzählt von Bakunins bestimmter Voraussicht des Krieges, etwa Mitte Juli, ebenso daß für ihn die Niederlage des bonapartistischen Frankreich sicher stand; „. . . die Niederlage Frankreichs wird die soziale Revolution hervorrufen, und die Revolutionäre, hauptsächlich die Internationale, müssen bereit sein, an den in Fluß geratenden Ereignissen den tätigsten Anteil zu nehmen . . ."[172])

Was nun Bakunin, der im August in Locarno war, während des Krieges vor dem Fall des Kaiserreichs plante, ist in seiner ersten Form nicht bekannt. Er schrieb am 11. August an Ogareff, er habe in den letzten drei Tagen 23 lange Briefe geschrieben. „In mir hat sich ein ganzer Plan ausgearbeitet; Oseroff wird ihn Dir übergeben, oder, besser, er wird Dir meinen an einen Franzosen [Gaspard Blanc] geschriebenen Brief vorlesen . . ." *(Pisma,* S. 300). Diese Briefe scheinen alle verloren zu sein; ein Brief an Albert Richard (10. August; *Obras,* I, S. XIV—XV) läßt manches erkennen, ersetzt aber den Plan selbst nicht, da der Brief erst die Verbindung mit Richard in Lyon wieder aufzunehmen sucht. Zwei weitere Briefe an Richard, 16. und 23. August *(Obras,* I, S. XV—XXV), an Mroczkowski, 19. August und Ogareff, 31. August *(Pisma,* S. 301—304) sind alle erhaltene Korrespondenz, zu dem aber die Manuskripte der Fortsetzung des Briefes an Blanc kommen, 96 Seiten, beginnend am Morgen des 26. und im letzten Teil am 4. September abgeschickt, *Oeuvres,* II, S. 135—268 und IV, S. 7—30, noch fortgesetzt S. 30—72, bis etwa zum 9. September.[173])

---

[172]) *Erinnerungen an M. A. Bakunin* in der russischen Gedenkschrift zum 1. Juli 1926 (Moskau).

[173]) Ein sehr frei bearbeiteter Auszug aus diesen Manuskripten sind die von J. Guillaume schnell zusammengestellten und gedruckten *Lettres à un Français sur la crise actuelle.* Septembre 1870 (Briefe an einen Franzosen über die gegenwärtige Krise; 43 S. 8⁰), wiedergedruckt *Oeuvres,* II, 1907, S. 81—134, — eine Broschüre, die für Lyon, wo übrigens Bakunins lebendiges Wort sie ersetzte, zu spät kam und sonst, bei den damaligen Verhältnissen, wohl nur eine nominelle Verbreitung finden konnte oder anderswo in der Broschürenflut unterging. Michelet erwähnte sie einmal mit Anerkennung. — Wir kennen jetzt auch einen Guillaumes Manifest vom 5. September kurz besprechenden Brief Bakunins (Genf, 13. September), den L. Bertoni fand und im *Réveil,* 26. August 1926, abdruckte.

Während in dem Manuskript der 2. September (Sedan) nicht besonders besprochen wird, ebensowenig der 4. September in Paris, liegt ein Brief an Richard vor *(Obras,* I, S. XXVII—XXIX), der nach der Kunde von Sedan und vor Kenntnis der Ereignisse des 4. September geschrieben ist.

Den Worten James Guillaumes *(Solidarité,* 6. August), die Internationale „solle sich darauf beschränken, den Dingen ihren Lauf zu lassen . . . zwei große Militärmächte werden einander verschlingen: der Sozialismus kann durch die gegenseitigen Verletzungen, die sie sich zufügen werden, nur gewinnen . . ." — s. Kap. X —, waren desselben weniger kühle Worte gefolgt *(Sol.,* 27. August): „. . . Wir werden sehen, welche Energie die Franzosen nach zwanzig Jahren Empire besitzen... Paris wird sich nicht rühren. Nun! Müssen denn alle Revolutionen in Paris beginnen! Ist Lyon nicht mehr die Stadt von 1831 und 1834? Sind die Bauern des Var nicht mehr die heroischen Kämpfer von 1851? All diese in St. Etienne, im Creusot, in Fourchambault, in Roubaix niedergeschossenen Streikenden, fühlen sie ihre Wunden nicht mehr bluten?" und er glaubte, nach gewissen Nachrichten, „den Beginn einer Jacquerie [Bauernerhebung] auf dem Land in Frankreich" zu bemerken *(L'Int.,* II, S. 80).

Was wollten nun die in Paris nach den schlechten Kriegsnachrichten von Anfang August zu einer Aktion bereiten oder, im Fall der Blanquisten, losschlagenden (s. Kap. X)? Was wollte J. Guillaume am 27. August? — Die Revolution oder die Verstärkung des kriegerischen Widerstands oder beides? Sie hielten wohl das Kaiserreich durch die ersten Augustniederlagen — *vor* denen alle den Krieg kalt betrachteten und auch Bakunin seine vielen Briefe (9.—11. August) nicht schrieb, — für moralisch und sogut wie faktisch erledigt und betrachteten jede weitere kriegerische Aktion Deutschlands gegen sich selbst, gegen die Revolution, gegen das außer-bonapartistische, revolutionäre Frankreich gerichtet, und von nun ab war sowohl jede sozialrevolutionäre Aktion als auch jede patriotisch-verteidigende und den militärischen Sieg anstrebende Aktion etwas, mit dem sie sich solidarisch fühlten und zu dem sie beizutragen suchten. Daß die deutschen Armeen dies nicht sofort einsahen und Frankreich verließen, war schon am 23. August, zwölf Tage vor Napoleons III. wirklichem Fall, in Bakunins Augen ihr unverzeihliches Verbrechen, das, seinem Manuskript zufolge, nur durch ihre vollständige Tötung gutgemacht werden konnte.

Bakunin schrieb am 23. August: „. . . Paris und Frankreich können nur durch eine ungeheure Volkserhebung gerettet werden. Das Volk muß überall zu den Waffen greifen und sich selbst organisieren, um gegen die deutschen Eindringlinge einen Zerstörungskrieg, einen Krieg bis aufs Messer zu beginnen . . ." In Bakunin lebt die Erinnerung an Dantons Worte auf: „Bevor man gegen den Feind auszieht, muß man ihn hinter sich zerstören, lähmen", Worte, die in den Taten der „Septembriseurs", welche die royalistischen Gefangenen in Paris töteten, September 1792, ihre Ausführung fanden. So schrieb also Bakunin:

„. . . Man muß die Preußen des Innern zu Boden legen (mettre à bas),
um dann mit Vertrauen und Sicherheit gegen die Preußen des Aeußern
marschieren zu können". „. . . Verliert also keine Minute, erwartet
[in Lyon] nicht das Signal von Paris . . . erhebt euch von selbst, ergreift
die Waffen, organisiert euch, vernichtet die Preußen des Innern, daß
kein einziger hinter euch zurückbleibe und eilt zur Verteidigung von
Paris. Wenn es in zehn Tagen in Frankreich keine Volkserhebung gibt,
ist Frankreich verloren [in zehn Tagen war gerade der 2. September,
Sedan]. Ach, daß ich jung wäre, da schriebe ich keine Briefe, da wäre
ich in eurer Mitte."[174])
     Am 27. August (*Oeuvres*, II, S. 166):   „. . . Außerhalb der künst-
lichen Organisation des Staates gibt es aber in einer Nation nur das
Volk; *Frankreich kann also nur durch die sofortige nicht politische
Aktion des Volks* gerettet werden, durch die Massenerhebung des
ganzen französischen Volks, das sich spontan, von unten nach oben,
für den Zerstörungskrieg, den wilden Krieg bis aufs Messer, organisiert . . ." Er kann bald den Antrag von Alphonse Esquiros im Gesetzgebenden Körper (25. August)[175]) anführen, daß dieses Parlament
„die Munizipalitäten einlade, sich *außerhalb jeder administrativen Vormundschaft* zu Aktions- und Verteidigungs-
zentren zu konstituieren und im Namen des vergewaltigten Frankreich
alle für notwendig gehaltenen Maßnahmen zu ergreifen" (S. 199), was
„die vollständige Abschaffung des Staates bedeute . . ." und er führt
Cluserets[176]) Brief (Brüssel, 20. August) an den Kriegsminister Palikao
beifällig an, der eine ungeheure Freiwilligenbewegung empfahl. Bakunin riet ihm, dies in Belgien selbst zu tun; „. . . er wird die belgische Grenze überschreiten trotz der Douane und den sie gegenwärtig
deckenden belgischen Truppen . . ." (S. 200—202). — Was Bakunin in
den letzten Wochen des Empire immer befürchtet, ist ein demütigender
Friede Napoleons III. mit Deutschland, der diesen dann so verachtet

---

[174]) „. . . Wenn die deutschen Armeen geschlagen werden würden, würde nicht
ein einziger dieser hunderttausende von Soldaten, die den französischen Boden
betreten haben, lebend (vivant) nach Deutschland zurückkehren." (26. August;
Oeuvres II, S. 155). „. . . Denn dieser [der revolutionäre Sozialismus] befiehlt
ihnen [den französischen Arbeitern] im Interesse der Arbeiter aller Länder,
diese wilden Banden des deutschen Despotismus zu zerstören, wie diese selbst
die bewaffneten Banden des französischen Despotismus zerstört haben, die
Soldaten des Königs von Preußen und Bismarcks bis zum letzten auszurotten,
bis dahin, daß keiner von ihnen lebend oder bewaffnet den Boden Frankreichs
verlassen kann" (2. September; S. 258).
[175]) Als Flüchtling in Marseille begann Bakunin am 20. Oktober einen ver-
trauensvollen Brief an Esquiros, damals obersten Administrator des Departements, einem alten Sozialisten (1814—1876), der als Ehrenmann galt; der Brief
blieb unvollendet (abgedruckt *Oeuvres*, IV, 1910, S. 231—240). — In Südfrankreich
war in jenen Monaten viel von der *Ligue du Midi* die Rede, der Esquiros nahe-
stand, einer Städtefoederation ohne sozialen Charakter, im Grunde einer ziemlich
leeren Form, welche dem nicht revolutionären Betätigungsbedürfnis der lokalen
Foederalisten Befriedigung gab.
[176]) In Lyon gewann Bakunin einen Monat später die denkbar ungünstigste
Meinung von Cluseret.

macht, daß er von da ab, sowie sein Sohn, *„den direkten Schutz Preußens brauchen würden,* um sich auf dem Thron zu erhalten, wie Victor Emanuel bis jetzt Frankreichs besondere Unterstützung brauchte, um seinen Thron zu bewahren" (S. 205); er malt beständig Frankreich als „Macht zweiten Ranges", als „Vasall Deutschlands" (S. 173), als „Vasall, als Vizekönigtum Deutschlands" (S. 156) hin; auch S. 260. Napoleon III. wolle sich jetzt auf zwei Kräfte stützen, auf Bismarck nach außenhin und auf die sich zu seinen Gunsten, gegen die Städte, erhebenden Bauern im Innern; „. . . dies wird eine schreckliche Gefahr sein und nur die soziale Revolution, wie wir sie verstehen, wird sie abwenden und wird sie für Frankreich in ein Mittel der Rettung umwandeln können" (S. 209—210); hiermit war die Bauernrevolution gemeint. — Unter diesen Umständen wünschte Bakunin damals — zwischen 30. August und 1. September schreibend (S. 211) — „von ganzem Herzen . . . die Allianz des Jakobiners Gambetta mit den Orleanisten Thiers und Trochu, da diese Allianz allein jetzt die bonapartistische Verschwörung in Paris zu Boden werfen kann. Deshalb wünsche ich jetzt, daß die kollektive Diktatur von Gambetta, Thiers und Trochu sich schnellstens der Regierung bemächtige . . . ich denke, daß all dies sich in drei oder vier Tagen lösen wird . . ."; tatsächlich geschah es am 4. September unter dem Eindruck der Katastrophe vom 2. September (Sedan). — Auf jeden Fall hält er Paris für durch sich selbst in Anspruch genommen, und die Rettung liege einzig in *„der spontanen Erhebung der Provinzen"* und zwar nur der *„Arbeiter der Provinzstädte"* (S. 214).

Von den Arbeitern muß dann auf die Bauern gewirkt werden — etwa so: „. . . In Dörfern, in denen die platonische und fiktive Kaiserliebe wirklich als Vorurteil und leidenschaftliche Gewohnheit vorhanden ist, soll man nicht einmal gegen den Kaiser sprechen. Man muß die Staats- und Kaisermacht *tatsächlich* zerstören, ohne etwas gegen ihn zu sagen, indem man den offiziellen Einfluß, die Organisation zerstört und so weit als möglich die Personen der kaiserlichen Funktionäre selbst: Bürgermeister, Friedensrichter, Geistlicher, Gendarm, Feldhüter — es wird nicht unmöglich sein, diese zu *septembrisieren* [töten], wenn man die Bauern selbst gegen sie zur Erhebung bringt. Man muß ihnen sagen, daß es sich vor allem um die Vertreibung der Preußen aus Frankreich handelt, etwas, das sie vollständig verstehen werden, weil sie, ich wiederhole es, Patrioten sind und daß sie sich dazu bewaffnen, zu Freiwilligenbataillonen organisieren und gegen sie ausziehen müssen. Vorher aber müssen sie wie die Städte, die sich von allen müßigen Ausbeutern befreit und ihre Wacht Kindern des Volks, guten Arbeitern, anvertraut haben, sich auch all ihrer *schönen Herren* entledigen, die das Ackerland abarbeiten, schänden und durch andere bearbeiten lassen, ohne selbst etwas anzurühren. Dann muß man ihr Mißtrauen erwecken gegen die Großköpfigen im Dorf, die Funktionäre und soviel als möglich gegen den Pfarrer selbst. Mögen sie, was sie wollen, in der Kirche und vom Kirchenland nehmen und sich des ganzen Staatsgrundbesitzes bemächtigen und des Landes der reichen, müßiggehenden, zu nichts taugenden Gutsbesitzer. Dann muß man ihnen sagen, da alle Zahlungen überall suspendiert sind, müßten sie auch die ihrigen einstellen: Zahlung von Privatschulden, Steuern und Hypotheken, bis zur Wiederherstellung der Ordnung. Sonst würde all dieses Geld in den Händen der Beamten bleiben oder in die der Preußen fallen. Nachher mögen sie gegen die Preußen ausziehen, aber vorher sollen sie sich unter sich organisieren, sich Dorf mit Dorf föderieren, auch mit den Städten, zu gegenseitiger Sicherung und zur Verteidigung gegen die Preußen des Aeußern wie die des Innern" — dies ist für Bakunin „die einzige wirksame Art, auf die Bauern zu wirken im Sinne der Landesverteidigung gegen die preußische Invasion, aber auch und zu gleicher Zeit im Sinne der Zerstörung des Staates in den Dorfgemeinden selbst, in denen seine Hauptwurzeln ruhen — und folglich im Sinne der sozialen Revolution" (S. 217—219).

Bakunin vertraut auf die sozialen Instinkte der Bauern, die mehrfach von Regierungen gegen besitzende Revolutionäre gehetzt wurden, so Ende des 18. Jahrhunderts vom Kardinal Ruffo in Calabrien gegen die neapolitanischen Liberalen, 1846 von Metternich in Galizien gegen die patriotischen Polen, ebenso in diesem Sinne 1863 von Rußland in der Ukraine und einem Teil Litauens: „. . . Und wir Sozialrevolutionäre, sollen wir nicht uns derselben Leidenschaften zu bemächtigen verstehen, um sie ihrem wahren Ziel zuzuleiten, der den tiefen, sie erweckenden Instinkten entspricht! . . ." (S. 220—221).[177]

Bakunin ist sich des Widerspruchs dieser Zweckmäßigkeitshandlungen mit den reinen Prinzipien bewußt, bemerkt aber hierzu: „...Die Zeiten haben sich geändert — damals, vor einem Jahre noch [Basler Kongreßzeit] bereiteten wir uns zur Revolution vor, die wir, die einen früher, die andern später, erwarteten — jetzt aber . . . sind wir in voller Revolution. — Damals war es absolut notwendig, die Fahne der theoretischen Prinzipien hochzuhalten, dieselben laut in ihrer ganzen Reinheit zu erklären, um eine noch so kleine, aber aufrichtig, vollständig, leidenschaftlich ihnen ergebene Partei zu bilden, so daß jeder im Moment der Krise auf alle andern zählen könnte . . . Jetzt müssen wir uns alle zusammen auf dem revolutionären Ozean einschiffen und müssen von jetzt ab unsere Prinzipien nicht durch Worte, sondern *durch Taten* propagieren — denn das ist die *populärste, mächtigste und unwiderstehlichste Propaganda.*[178]) Schweigen wir manchmal von unsern Prinzipien, wenn die Politik, das heißt unsere augenblickliche

---

[177]) Aehnlich wird empfohlen, die Geistlichen nicht durch irgendwelche Dekrete zu maßregeln, sondern „weil sie preußische Agenten" sind, und das Vorgehen gegen sie müsse von den Arbeitern und Bauern selbst ausgehen; dagegen würde „die revolutionäre Autorität sich den Anschein geben, sie im Namen ihrer Achtung der Gewissensfreiheit zu beschützen", S. 225).

[178]) Die Worte propager nos principes *par des faits* erscheinen hier vielleicht als erste schriftliche Formulierung der *propaganda par le fait*, Propaganda durch die Tat; diese Stelle blieb aber bis Januar 1907 ungedruckt und unzugänglich. — S. u. Kap. XV und XVI.

Ohnmacht einer großen entgegengesetzten Macht gegenüber, es verlangen wird, *aber seien wir immer unerbittlich in den Tatsachen. Das Heil der Revolution liegt ganz hierin*" (Seite 226—227). — „Revolutionäre Autoritäten" dürfen die Revolution nicht dekretieren, aufzwingen, sondern müssen sie in den Massen selbst hervorrufen; dies geschieht durch Arbeit unter der Hand, durch persönlichen Einfluß auf die intelligentesten und einflußreichsten Bewohner jedes Ortes (Seite 228).

In einem gewissen Sinn erklärt Bakunin die durch die Invasion geschaffene Lage „als ein wahres Glück für Frankreich und die soziale Revolution", weil eine Revolution ohne eine solche Lage nochmals eine Staatsrevolution, im jakobinischen Sinn, geworden wäre, die die erbitterte Feindschaft der Bauern erregt hätte (Seite 231). — Es ist noch alles zu retten, aber nicht mehr durch die Ordnung, die Staatsgewalt — „all das ist, dank der Preußen, ich sage es als guter Sozialist, jetzt nur eine Ruine. Ihr könnt es selbst nicht durch Uebertreibung der öffentlichen Macht nach Art der Jakobiner von 1793 retten. Nun so rettet es [Frankreich] durch die *Anarchie*. Entfesselt diese Volksanarchie in Stadt und Land, vergrößert sie, bis sie einherrollt wie eine wütende Lawine, alles verzehrend, zerstörend: Feinde und Preußen. Ich weiß, daß dies ein heroisches und barbarisches Mittel ist. Aber es ist das letzte und jetzt das einzig mögliche . . ." (S. 233—234).

„. . . Werdet ihr aufrecht bleiben, energisch und vertrauensvoll, Schöpfer einer neuen Welt inmitten dieser Trümmer, oder werdet ihr euch unter ihnen begraben lassen; wird Bismarck euer Herr werden und ihr Sklaven der Preußen, der Sklaven ihres Königs — oder werdet ihr den sozialrevolutionären Brand nach Deutschland hinein, auf Europa, auf die ganze Welt hin werfen? . . ." (S. 234).

„. . . Paris leiste Widerstand, ganz Frankreich erhebe sich hinter ihm, und die Maschine des Deutschen Reichs wird brechen. Dieses Unglück — dieses Glück hat Frankreich nicht mehr zu fürchten! Dank der Preußen ist alles schon geschehen. Die französische Staatsmaschine ist gebrochen, und Gambetta, Thiers und Trochu, alle zusammen . . . werden sie nicht wiederherstellen . . . Was bleibt ihm [Frankreich] also zu seiner Rettung? *Die soziale Revolution, die innere und auf die* Nation beschränkte *Anarchie* heute, die morgen die universelle sein wird" (S. 250—251).

Bakunins persönlichen Plan drücken ungefähr die Worte aus, daß, wenn Paris nicht die vollste Freiheit der Provinz proklamiert — näheres Seite 267—268 — *es dann die unmittelbare heilige Pflicht einer großen Provinzstadt ist, diese heilbringende Initiative zu ergreifen,* denn wenn keiner sie ergreift, ist Frankreich verloren" (3. September; S. 268) — er reiste nach Lyon, um die arbeitende Bevölkerung zu veranlassen, diese Initiative zu ergreifen.

Diese Reise wäre vor dem 4. September und ohne diesen kaum möglich gewesen; nach dem 4. September stand ihr nichts entgegen, als Bakunins absoluter Geldmangel, den er durch Geldausleihen im bescheidensten Umfang mühsam überwinden konnte.

Das durch die gegebenen Auszüge keineswegs erschöpfte Manuskript und seine Folge zeigt, daß Bakunin, wie nicht anders zu erwarten war, die Ideen z. B. seines 1866 redigierten Programms so weit als irgend möglich und so schnell als möglich im Laufe des Krieges zur Durchführung bringen wollte, d. h. seinen Genossen dazu riet und selbst in Lyon dafür tat, was ihm möglich war. In diesem Sinne liegt hier der erste Versuch einer wirklich befreienden, also anarchistischen, sozialen Revolution vor.

Er urteilte richtig, aber auf Grund von Tatsachen, über deren wahre Bedeutung er sich täuschte, insofern er nicht, um seine Genossen nicht zu entmutigen, Schattenseiten übersah. Er erklärte *den Staat* für erschüttert, weil das bonapartistische Staatspersonal diskreditiert war; aber hinter jedem von diesen stand eine Fülle republikanischer und orleanistischer Anwärter, denen nicht einfiel, sich ihre Beute entgehen zu lassen. Es drängte sich vielmehr alles zum Staat. Ferner war zwar von allem, was er als staatsfeindlich, eine soziale Umwälzung fördernd ansah, etwas vorhanden, aber nicht in hinreichender Stärke, und vor allem wurden die Aspirationen der meisten nach dem 4. September zeitweilig befriedigt, indem Rede-, Preß-, Vereins- und Versammlungsfreiheit so gut wie ungehindert und zunächst den meisten hinreichend neu und willkommen waren, um sie von energischer Tätigkeit abzuhalten. Ebenso war der Staat in der ersten Zeit anscheinend freundlich und bescheiden; man konnte ihm nicht gleich böse werden. Wer sich wirklich militärisch betätigen wollte, fand leicht den Weg zur Front; wer mehr zur Etappentätigkeit neigte, konnte sich dort ausleben. Vor allem aber war das Finanzsystem keinen Augenblick gestört, und wo dieses ist, da ist immer der Staat, dort strömen Beamte und Militär zu, und das Ausland lieferte jede Menge von Vorräten und Waffen. Der Staat war also mehr da als je und war dadurch elastischer und widerstandsfähiger geworden, daß die radikalen Städte geschickte höhere Beamte erhielten, die auf die verschiedenste Weise erst mit Zuckerbrot zu manipulieren verstanden, bevor sie die Peitsche hervorzogen.

Ich bestreite den allgemeinen Patriotismus nicht im entferntesten, aber ich zweifle, ob viele die Folgen der militärischen Niederlage in demselben grenzenlos furchtbaren Licht sahen, wie Bakunin. Was er wollte, den entschlossenen Widerstand, dies fand auch ohne seinen Rat statt, weil eben die unerwartet leicht ans Ruder gekommene republikanische Partei dadurch ihre Lebensfähigkeit bewähren wollte und daher den Krieg verlängerte, wodurch, der allgemeinen europäischen Situation entsprechend, die Wirkung der deutschen Siege sich beständig verminderte und dadurch die von Bakunin so grell ausgemalte, aus internationalen Gründen nie vorhandene Gefahr einer ernstlichen Bedrohung der Freiheit Frankreichs gänzlich nichtig wurde.

Dagegen trug Bakunin seinen ganz persönlichen, auf seinem slawischen antideutschen Gefühl beruhenden Standpunkt maßlos in die ohnedies erregte Stimmung hinein: er war französischer als die Franzosen, und was wäre wohl geschehen, wenn die Franzosen gesiegt hätten? Dann wäre er jedenfalls der Erste gewesen, der sämtliche slawischen Forderungen angemeldet hätte. Ich vermisse die Gerechtigkeit in seiner schrankenlosen Parteinahme. Was er vorschlug, war soziale Revolution *und* Krieg, keineswegs soziale Revolution *gegen* den Krieg. Beispielgebend konnte sein Vorgehen nicht werden; 1914 wählten die einen den Krieg allein, die andern blieben der sozialen Revolution, wenigstens in passiver Haltung, treu; 1917 verstärkte die noch nicht soziale Revolution den Krieg, die soziale, eine Minorität ausgenommen, wendete sich dann — man weiß allerdings nicht, mit welcher Aufrichtigkeit — vom Krieg ab. Bakunins Haltung steht also einzig da.

Varlin schrieb am 20. Februar 1871 an Guillaume: „. . . hier [in Paris] hätten wir gewollt, daß die Provinz den Kampf bis aufs äußerste (la lutte à outrance, das jusqu'au bout jener Zeit) fortsetze; unsere revolutionären Freunde wären auf alle mögliche Weise zu Garibaldi und seinen tapferen Soldaten gegangen . . ." Elisée Reclus hatte gewünscht, am 8. Februar in den Basses Pyrénées zu kandidieren[179]); „. . . aber meine Briefe kamen nicht rechtzeitig an, und die Herren hatten ihre Wahl getroffen; wahrscheinlich wäre der Krieg aufs äußerste (la guerre à outrance), wie ich ihn verteidigt hätte, nicht nach ihrem Geschmack gewesen; ein „ehrenvoller" (honorable) Friede wird ihnen besser passen . . ." (an eine seiner Schwestern; 9. Februar; *Corr.* II, S. 14).

In Lyon fand Bakunin am 15. September bereits eine durch zehn Tage intensiven lokalpolitischen Treibens bestimmte Situation, die er in kaum zwei Wochen, bis zum 28. September, mit unendlicher Mühe, aber gegen überwältigende Schwierigkeiten ankämpfend, derart revolutionär zu entwickeln wußte, daß ein historischer Tag mit einigen Stunden revolutionärer Aktion daraus wurde. Aber alles spielte sich im engsten Raum ab, breitete sich nicht aus und ebbte kampflos ab; nur Bakunin selbst war einige Stunden eingesperrt, und ohne ihn hatte wohl niemand rechte Lust, der Sache eine ernste, die Kräfte wirklich messende Wendung zu geben, ganz abgesehen davon, daß das eigentliche Militär noch gar nicht in die Lage eingegriffen hatte.

Daher hat das Programm des vielbesprochenen, von Bakunin verfaßten roten Plakats *Revolutionäre Föderation der Communen* zwar keinen wesentlichen Durchführungsversuch erfahren, obwohl es öffent-

---

[179]) Am 24. Februar schrieb James Guillaume an Joukovski: „. . Was man bekämpfen muß, nach meiner Ansicht, ist nicht jede Arbeiterkandidatur, die Teilnahme der Arbeiter an politischen Kämpfen etc., denn all das kann in einem gegebenen Moment seinen Nutzen haben. Was man bekämpfen muß, ist das Ideal der deutschen Kommunisten, der famose *Volksstaat.* Sie wollen die Arbeiterkandidatur, um den *Volksstaat* zu erreichen. Ich für mein Teil bin bereit, die Arbeiterkandidaturen anzunehmen, aber unter der Bedingung, daß sie uns zur Anarchie führen. In Frankreich aber können sie in diesem Augenblick nur letztere Bedeutung haben". — Reclus kandidierte, um die moralische Verantwortung, welche die über Krieg oder Frieden entscheidenden Repräsentanten tragen würden, zu teilen *(Corr.* II, S. 14, 19).

lich proklamiert wurde, es ist aber doch das erste Dokument jener Proteste gegen den Staat, die in der Commune von Paris so bald welthistorische Bedeutung erlangten. Die vorgeschlagenen Maßnahmen sind:

„1. Die verwaltende und regierende Maschinerie des Staates ist, da sie ohnmächtig geworden ist, abgeschafft.

Das Volk Frankreichs tritt wieder in vollen Besitz von sich selbst.

2. Alle Kriminal- und Zivilgerichte sind suspendiert und durch die Volksjustiz ersetzt.

3. Die Zahlung von Steuern und Hypotheken ist suspendiert. Die Steuern sind durch Kontributionen der föderierten Communen ersetzt, die nach Maßgabe der zur Rettung Frankreichs nötigen Bedürfnisse von den reichen Klassen eingezogen werden.

4. Der Staat kann, da er verfallen ist, nicht mehr bei der Zahlung von Privatschulden intervenieren.

5. Alle bestehenden munizipalen Organisationen sind kassiert und werden in allen föderierten Communen durch Komitees zur Rettung Frankreichs ersetzt, die alle Macht unter unmittelbarer Volkskontrolle ausüben werden.

6. Jedes Komitee des Hauptortes eines Departements wird zwei Delegierte schicken, um den revolutionären Konvent zur Rettung Frankreichs zu bilden.

7. Dieser Konvent wird sofort im Stadthaus von Lyon zusammentreten, als der zweiten Stadt Frankreichs und der am meisten in der Lage befindlichen, energisch für die Verteidigung des Landes zu sorgen.

Dieser auf das ganze Volk gestützte Konvent wird Frankreich retten.

Zu den Waffen!!!..."

Die Lyoner Ereignisse vom 28. September eröffneten die Reihe der südlichen Stadterhebungen während des Krieges, von denen besonders die Bewegung in Marseille im November Ausdehnung und Dauer gewann, aber all diese an lokale Arbeitslosigkeit, Unzufriedenheit mit der Kriegsführung, Personalfragen usw. anknüpfenden Bewegungen verliefen im Sande. Sie mögen zur Popularisierung der Vorstellung „Commune" beigetragen haben, die aber in Paris selbst durch die Vorgänge während der Belagerung viel mächtiger gefördert wurde. Die wahren Provinzialzentren blieben Tours, dann Bordeaux; dort war die Delegation der Pariser Regierung, dort waren das Geld, die damit besorgten Waffen und alle freiwilligen Formationen, die wirklich kämpfen wollten, wendeten sich dorthin. Tours, wo Bakunins Feind, Mieroslawski, *persona grata* war, gab die Weisung, Bakunin als verdächtig zu behandeln, und mit Mühe entging er im Oktober in Marseille der Verhaftung und mußte abreisen.

Er hatte in Lyon in vierzehn Tagen wahrscheinlich mehr geleistet, als jeder andere hätte tun können, aber es war doch nicht genug. In seinem engsten Kreise fand er Schwäche und hatte wohl nur in Louis Palix einen vollwertigen, durchaus ergebenen lokalen Genossen; manche andere wußte er mitzureißen, ohne sie wohl ganz zu überzeugen. Mit Palix und Blanc besprach er augenscheinlich *zwei* Arten der Revolution, die er in einem Brief der ersten Oktoberwochen[180]) die *rettende* Revolution und die Revolution *der Rache und Verzweiflung* nennt; ersteres ist augenscheinlich die vom *Comité du Salut de la France* ausgehende Bewegung im Sinne des 28. September, letzteres aber ein wirklich sozialrevolutionärer, expropriierender Ausbruch, von dem er ausdrücklich schreibt, daß er auch zur Bildung eines großen revolutionären Fonds benützt werden müsse — eine Idee, die Bakunin stets im Auge behielt (1868; August 1870), weil er die einer Ausdehnung und Vertiefung der wirklichen Verbreitung revolutionärer Ideen entgegenstehenden rein materiellen Hindernisse nur zu gut kannte. Das Geld der Arbeiter, die hie und da eine Zeitschrift kauften oder minimale Vereinsbeiträge zahlten, hat wahrlich die rührige und vielfache Tätigkeit des Bakuninschen Kreises in den Jahren 1864—1874 nicht ermöglicht, sondern nur besondere Aufopferung einzelner und gelegentlich die reicheren Mittel sehr weniger, und die besten Pläne mußten aufgegeben werden, wenn Geld für Publikationen oder Reisen fehlte.

Bakunins Pläne mußten vor allem an ihrer Kompliziertheit scheitern; nur für ihn selbst bestand volles Verständnis, der feste Wille, den patriotischen Wind und alle sonstigen momentan günstigen Verhältnisse zum Segeln des der sozialen Revolution zusteuernden Schiffes zu verwenden. Jeder andere war in geringerem Grade eingeweiht, hatte diese oder jene Vorliebe, ihm mußte dies oder jenes verborgen bleiben oder in besonderem Licht dargestellt werden; daraus ergab sich keine Möglichkeit voller Zusammenarbeit. Die auf revolutionärem Wege zusammentretende Versammlung würde entweder ein Parlament verschiedenster Parteien geworden sein oder ein anderer Name für eine durch Bakunins Ueberredungskunst zeitweilig zusammengehaltene, innerlich verschiedenartige Gruppe, eine nicht mehr unsichtbare, sondern sehr sichtbare Diktatur, wie jede andere. Die wirklichen, direkten, spontanen revolutionären Kräfte fehlten eben und konnten nicht improvisiert oder umgangen werden. Bakunin mußte mehr von Lyon erwartet haben, und was er im September-Oktober in Frankreich sah, war für ihn eine bittere Enttäuschung. Die von ihm vermuteten, logisch begründeten revolutionären Leidenschaften kamen nirgends auf die erwartete Weise zum Vorschein. Die Lage und das eigene Interesse genügten augenscheinlich nicht, diese Leidenschaften zu erwecken. Oder man darf sagen, daß damals jede niedergehaltene Leidenschaft einen gewissen Ausweg fand: der Patriot konnte wirklich an die Front gelangen, der Politiker konnte sich vorwärts bringen, der Redner und Schriftsteller sprachen und schrieben, was sie wollten, die Arbeitslosen wurden irgendwie vom Staat oder den Gemeinden unterstützt und vorsichtig behandelt usw.; da bedurfte es schon der Ausnahmslage in Paris (Belagerung,

---

180) S. Oscar Testut, *L'Internationale et le Jacobinisme au ban de l'Europe* (Paris, 1872), II, S. 152—153; *Obras*, I, S. LIV—LVI.

Lebensmittelmangel, enttäuschter Patriotismus fanatischer Elemente wie der Blanquisten, besondere Provokationen einer volksfeindlichen Regierung usw.), um einen 18. März zuwege zu bringen — einen Tag, dessen wahre Triebkräfte eigentlich noch immer dunkel sind, und der dann ganz Paris in die absolute Zwangslage brachte, einen Kampf auf Leben und Tod unter den ungünstigsten Verhältnissen aufzunehmen und im Mai der grausamsten Abschlachtung preisgegeben zu sein. Die vom Krieg unberührten südlichen Städte waren also Tummelplätze aufgeregten lokalen Treibens, aber von der von Bakunin vermuteten revolutionären Disposition himmelweit entfernt, und seine Versuche mußten wirkungslos enden.

Seine Enttäuschung fand in einer Reihe von Schriften Ausdruck, die zuerst die französischen Verhältnisse lebhaft kritisieren, dann zu bitterer, feindseliger Kritik von allem Deutschen übergehen, dann den Weg zu einer Darstellung seiner Gesamtideen suchen, zunächst die Gottesidee gründlich in ihrem Ursprung untersuchen und das unfreie Denken dann in seinen metaphysischen Verhüllungen weiter verfolgen, kurz in jener von einem Lyoner Abschiedsbrief an Palix, 29. September 1870 bis zum 15. April 1871 reichenden Schriftenserie, zu der noch einleitende Schriften vom Sommer 1871 und ein wiederbegonnener Text vom November-Dezember 1872 gehören.

Diese Schriften sind im wesentlichen folgende: Der Abschiedsbrief an Palix, 29. September 1870, dessen Einleitung *L'Empire knouto-germanique et la Révolution sociale* wieder aufnimmt, eine im Mai 1871 in Genf erschienene Broschüre, 119 S. 8°, deren korrekt gedruckter Text sich aber erst in *Oeuvres*, II, 1907, S. 287—455, befindet. — Vor diesem aber liegt ein auch an den Brief an Palix anknüpfendes, ungedruckt gebliebenes Manuskript der ersten Oktoberhälfte (Marseille), *Oeuvres*, IV, 1910, S. 85—240, neben dem andere Oktoberentwürfe, *Le Réveil des Peuples* (Das Erwachen der Völker), nur eine Seite, IV, S. 221—222, und der Brief an Esquiros, IV, S. 231—240, liegen.

Im Laufe der Fortsetzung des *Empire* liegen ungedruckt bleibende Entwürfe und Varianten und ein sehr langer Text, dem später die Form eines Appendix des Buches gegeben werden sollte: *Considérations sur le Fantôme divin, sur le monde réel et sur l'Homme* (Betrachtungen über das Gottesphantom, die wirkliche Welt und den Menschen), *Oeuvres*, III, 1908, S. 183—405. — Der Haupttext beginnt die *Sophismes historiques de l'Ecole doctrinaire des communistes allemands* (Historische Sophismen der doktrinären Schule der deutschen Kommunisten), geht aber, ohne diesen Gegenstand zu beenden, in den Text über, der — aus dem Manuskript 1881 von Elisée Reclus ausgewählt — als *Dieu et l'Etat* bekannt ist (Genf, Imprimerie jurassienne, 1882, VII, 99 S., kl. 8°); all dies und das noch folgende ist *Oeuvres*, III, S. 9—177, und *Oeuvres*, 1895, S. 263—326, nach den Manuskripten gedruckt; dazu gehören noch den Ueberblick erleichternde Inhaltsübersichten Bakunins, die in meiner *Biogr.*, II, 1899, S. 530—534, angeführt sind, spanisch in *Obras*, IV, Prólogo.

Endlich schrieb Bakunin vom 5. bis 13. Juni 1871 ein von ihm *Préambule* (Präambel) genanntes Manuskript, das die zweite Lieferung des Empire (mit den *Sophismes* beginnend) einleiten sollte, *Oeuvres*, IV, S. 247—275; hiervon gab Elisée Reclus 1878 eine recht frei bearbeitete Ausgabe *La Commune de Paris et la notion de l'Etat* (Die Commune von Paris und der Staatsbegriff), der 1892 ein einen Teil des Manuskripts direkt wiedergebender Druck von Bernard Lazare, Paris, folgte; auch für den übrigen Teil hat sich jetzt das Manuskript gefunden, so daß der Text in *Oeuvres* eine Veränderung erfahren wird. — Dann schrieb er ein *Avertissement* (Ankündigung), 25. Juni — 3. Juli 1871, das an die Spitze des Gesamtwerkes treten sollte, *Oeuvres*, IV, S. 283—333. — Zwischen dem 4. November und dem 11. Dezember 1872 liegt eine letzte Schrift, die die zweite Lieferung des *Empire* werden sollte, *Oeuvres*, IV, S. 397—510.

Im weiteren Sinn können auch ein Teil der Schriften gegen Mazzini, 1871—1872, und das russische Buch *Staatlichkeit und Anarchie*, 1873 und schon der *Antithéologisme* vom Winter 1867—1868 nebst andern Fragmenten als im Kreis dieses Werkes liegend betrachtet werden, da sie einzelne Teile desselben teils im wesentlichen resümieren, teils eingehender behandeln oder ihnen als Quelle dienen. Auch *Le Principe de l'Etat* (Das Staatsprinzip; *La Société nouvelle*, Brüssel, November 1896, S. 577—595) ist ein solches teilweises Résumé, und die im Mai 1871 im Jura gehaltenen drei Vorträge, *Oeuvres*, V, 1911, S. 301—360, zuerst in *La Société nouvelle*, März, April 1895, sind vielfach eine Popularisierung der gleichen Ideenreihen, stehen aber auch den *Progrès*-(Locle)-Artikeln von 1869 nicht ganz fern.

Bakunin fand also in dem für ihn äußerst trüben Winter 1870—1871 Arbeit und Erholung in intensiver geistiger Arbeit, der wir die Erhaltung der Hauptgruppen seiner Gedankengänge verdanken. Dieses Material ist auch jetzt noch nicht übersichtlich und vollständig zusammengestellt; seinen Zeitgenossen entging es ganz, — denn auch die Verbreitung der schlecht gedruckten Publikation vom Mai 1871 war eine sehr ungleichmäßige und prekäre. Aber durch *Dieu et l'Etat*, den von der Aktualität von 1871 ziemlich losgelösten Abschnitt, der durch die Genfer Ausgabe von Ende 1881 weite Verbreitung fand, lebte Bakunins Andenken damals wieder auf, und diese Schrift wurde vielen ein großer literarischer Genuß, viele andere brachte sie auf die Bahn wirklicher Geistesfreiheit. Besonders in Amerika und England — B. R. Tucker übersetzte sie *(God and the State*, Boston 1883, 52 S.) — war sie die erste und kühnste Schrift in ihrer Art und reinigte die Gehirne vieler von der Gottesfiktion und dem Staatsglauben; erst dadurch wurde ihr ökonomischer Sozialismus zum vollständigen Sozialismus, d. h. zum Anarchismus.[181])

---

181) Da in *Oeuvres*, III einige in der Ausgabe von 1882 aus einem anderen Manuskript eingefügte Seiten ausgelassen sind, S. 111, Anm., so sind die vollständigsten Ausgaben von *Dieu et l'Etat* diejenigen, welche auch diese Seiten im korrekten Text der Handschriften enthalten. Dies sind, soviel ich weiß, nur

Bakunins tiefste Ueberzeugung von der innigen Verbindung der Freiheit mit jeder natürlichen Entwicklung gegenüber dem jeder Entwicklung stets feindlichen, auf nichts vernünftigem und menschenwürdigem beruhenden Autoritätsprinzip kommt in diesen Schriften so überwältigend zur Geltung, daß wir mitempfinden, daß dieses Bewußtsein ihm über die traurige Erkenntnis hinweghelfen mußte, daß er die soziale Revolution, das allgemeine Völkererwachen, das in den Jahren vor 1870 so sehr möglich schien, wie einstmals in den Jahren vor 1848, nicht mehr erleben würde. Tatsächlich schlugen 1789, 1830, 1848 die Völker zuerst los, — 1792, 1870 und 1914 die Staatsmänner — und die Völker haben noch nicht die Initiative wieder gewonnen. Die Commune und die russische Revolution waren aufgezwungene Gelegenheitsrevolutionen, denen der spontane Charakter der großen Revolutionen fehlte und die Trauer und schwere Enttäuschung brachten; kleinere wirklich revolutionäre Anfänge und Situationen (1909, 1914, 1920 — Barcelona, die Romagna, die Besetzung der Fabriken) vermochten nicht durchzudringen.

Daß hieran der Ausgang des Krieges von 1870—1871 Schuld trug, der damalige deutsche Sieg, wie Bakunin, in allen deutschen Angelegenheiten so leidenschaftlich befangen wie Marx in allen russischen, annahm, — und viele mit ihm, den damals *ab irato* geprägten und nicht ernstlich wieder geprüften Behauptungen folgend, vermag ich nicht zu glauben. Der Krieg hatte den französischen Sozialismus nicht nur intakt gelassen, sondern in einer besonders günstigen Lage, da eine den monarchistischen Strömungen gegenüber schwache junge Republik notwendig hatte, die Arbeiter rücksichtsvoll zu behandeln. Ohne die Commune wäre wahrscheinlich auf dieser Grundlage schon 1871 ein parlamentarischer Sozialismus entstanden nach Art des von den Guesdisten seit 1876 und bald von allen französischen Sozialisten und Kommunisten bis heute gepflegten Parlamentssozialismus. Die Monarchisten von Thiers (Orleanist) bis zum äußersten Bonapartismus hatten das größte Interesse daran, Republikaner und Arbeiter tötlich zu trennen, wozu die unvermeidliche Todfeindschaft der Richtungen, etwa Jules Favre und Blanqui, leicht Gelegenheit gab, und die irgendwie entstandene und sofort enorm verschärfte Situation des 18. März gab nun Thiers die volle Macht, nun quasi im Namen der Republik die Pariser Arbeiter mitleidlos tötlich zu treffen. Daß alles blindlings in diese Falle ging, daß von dieser Unmasse intelligenter Sozialisten und ehrlicher Republikaner im damaligen Paris und Frankreich keine wirklich energische, die blutige Niederwerfung von Paris um jeden Preis verhindernde Initiative ausging — allerlei schwächliche Versuche sind ja wohlbekannt —, das ist und bleibt ein noch sehr dunkles Problem, aber Deutschland oder das deutsche Volk und der deutsche Sozialismus haben damit nichts zu tun. Das zeitweilige Verstummen des Sozialismus in Frankreich, der sich

---

God and the State (London, Freedom Press, 1910, V, 63 S.), *Gott und der Staat* (Leipzig, 1919, 184 S.; von mir übersetzt) und *Gud og Staten* (Kristiania, 1924, XII, 77 S.; norwegische Uebersetzung von A. Hazeland).

wahrscheinlich ohne die Commune sehr bald in eine parlamentarische und eine antiparlamentarische Richtung gespalten hätte, brachte eine große Lücke, der Ruhm der tapfer sterbenden Commune wog aber auch schwer — wir fühlen alle, daß er schwerer wog und wiegt.

Wir müssen also wohl schließen, daß das Proletariat 1870 und leider auch noch heute dem herrschenden System weniger kraftbewußt und aktionswillig gegenübersteht, als die 1789, 1830, 1848 ein alt gewordenes System bekämpfenden bürgerlichen und proletarischen Kräfte, und nicht der Krieg oder der Ausgang des Krieges allein waren die Ursachen der Nichterfüllung der in den Sechzigern aufkeimenden Hoffnungen, sondern das große Ziel war den schwachen Kräften noch nicht erreichbar, wie es ja auch heute noch nicht erreicht ist, wo alles deutsche niedergeschlagen wurde.

Was tat *Marx* in dieser Zeit? Aus dem vielfachen Material, in dem aber noch die Protokolle der Generalratssitzungen fehlen — ich kenne seit lange die *Eastern Post* (London) von 1871, in der besonders am 5., 11., 19. Februar und 18. März umfangreiche Generalratsdiskussionen wiedergegeben sind[182]) — möchte ich nur hervorheben, daß die von Marx redigierte erste Generalratsadresse, 23. Juli, die Worte enthält: „. . . Im Hintergrund des gegenwärtigen selbstmörderischen Kampfes lauert die düstere Gestalt Rußlands. Es ist ein verhängnisvolles Zeichen, daß das Signal dieses Krieges gerade im Augenblick gegeben war, wo die moskowitische Regierung ihre strategischen Eisenbahnlinien vollendet hatte und schon Truppen in der Richtung des Pruth zusammenzuziehen begann."[183])

Damals, 20. Juli schrieb Marx in einem vielgenannten Brief: „. . . Ihr [der deutschen Arbeiterklasse] Uebergewicht auf dem Welttheater über die französische wäre zugleich das Uebergewicht unserer Theorie über die Proudhons usw. . . ."[184]) — ein monumentaler Beweis des eitlen Größenwahns von Marx, der erwartete, daß sein durch vielerlei Schriften und im geistigen Wettkampf der Kongresse der Internationale nicht erfolgter geistiger Sieg über Proudhon nunmehr durch kriegerische Siege würde errungen werden und sich dessen freute!

Im September, in der zweiten Generalratsadresse, rät Marx den französischen Arbeitern, während des Verteidigungskrieges nicht gegen die neue Bourgeoisregierung loszuschlagen, sondern Kräfte zu sammeln, sich zu organisieren usw. — ein Rat, der eben zur Vermeidung der Commune, zur Bildung einer starken, wahrscheinlich parlamentarischen Arbeiterpartei nach dem Kriege usw. geführt hätte: hieraus ist Marx kein Vor-

---

182) Mit Kenntnis der handschriftlichen Protokolle schrieb hierüber N. Rjäsanoff in *Der Kampf* (Wien), 1. März 1915 und zwei folgenden Heften, von denen ich aber das dritte, grade die Zeit vom 31. Januar ab behandelnde, nicht kenne. — Vgl. auch denselben in der *Neuen Zeit*, 7. Mai 1915, auch E. Bernstein dort, 12. März.

183) Also gegen das damalige Oesterreich-Ungarn (Galizien); *Der Kampf*. 1. März 1915, S. 134.

184) S. 137; Brief an Engels.

wurf zu machen, wahrscheinlich hätten unzählige andere auch eine solche Entwicklung dem vorgezogen, vorschnell in einen Verzweiflungskampf geschleudert zu werden und diesen dann als Ehrensache bis zum Tode auszukämpfen. Varlin dürfte ähnlich gedacht haben, aber Blanqui, später die Männer des Zentralkomitee und andere entschieden anders und ließen sich zum Kampf provozieren.

Inzwischen wurde in London intensiv eine englische bewaffnete Intervention, also der Krieg Englands gegen Deutschland gefordert, wofür von der Internationale u. a. Weston und Eccarius eintraten, dann die ihr freundlichen Positivisten, Professor Beesly u. a. — Dieser Strömung trat Marx entgegen (Generalratssitzung vom 27. September) und verwies auf die Pariser Deklaration von 1856, die den Kaperkrieg verbiete und England dadurch gegen den Kontinent machtlos mache.[185])

Da erklärte nun Rußland am 20. Oktober, daß es die Bestimmungen des Pariser Vertrags über das Schwarze Meer nicht mehr anerkenne, und *nun* entstand der Weltkriegsplan von Marx, der wünschte, daß nunmehr England sich durch die Pariser Deklaration nicht mehr für gebunden halte und den Krieg gegen Rußland beginne usw.[186]) *Engels* in der Generalratssitzung vom 31. Ianuar — *Eastern Post, 5.* Februar — setzt diesen Plan auseinander, und da Marx die von Engels vorgelegten Thesen unterstützte, (seconded) kann er nicht anderer Meinung gewesen sein. Engels sagte also: „. . . Hätte England damals [20. Oktober] den Krieg erklärt, hätten Rußland und Preußen gemeinsame Sache gemacht, und das übrige Europa hätte sich England angeschlossen. Oesterreich, Italien und die Türkei waren bereit, und wenn die Türkei nicht gestört worden wäre, hätte sie sich selbst gegen Rußland verteidigt, während die anderen europäischen Mächte die Preußen aus Frankreich vertrieben hätten. Den Franzosen ging es damals noch nicht ganz so schlecht wie jetzt, und ein europäischer Krieg hätte Frankreich und Europa gerettet und hätte den Despotismus auf dem Kontinent zu Boden werfen können . . .“ — *Marx* sagte am 14. März — *Eastern Post, 18.* März — „. . . die einzige Macht, die ihnen [Deutschland und Rußland] entgegentreten könnte, sei England, und England könne dies nur tun, wenn es seine Seerechte (her maritime rights) wieder aufnehme. Konfiskation feindlicher Güter auf neutralen Schiffen würde jene in fünf Wochen ruinieren . . . Viel sei gegen Kaperschiffe (privateers) gesagt worden, aber sie seien gerade so gut wie Franctireurs zu Lande und benötigten weniger Aufwand von Regierungsgewalt. Das englische Volk müsse diese Macht besitzen und sie zum Wohlergehen (for the benefit) des Volks auf dem Kontinent anwenden . . .“ — Der *Generalrat* nahm einstimmig die Resolution an: „Daß England unfähig bleibt, nicht nur wirkungsvoll in kontinentale Angelegenheiten einzugreifen, sondern auch sich selbst gegen

---

[185]) S. Rjäsanoffs zweiten Artikel; S. 10—11 des Separatabdrucks; Marx an Dr. Kugelmann, 13. Dezember 1870.

[186]) Marx beweist am 13. Dezember dem Dr. Kugelmann ganz wie ein englischer Kronjurist es getan hätte, daß die Pariser Deklaration eigentlich nie für England verpflichtend war usw.

kontinentale militärische Despotismen zu verteidigen, solange es nicht die Freiheit zurückgewinnt, seine wirkliche Kriegsmacht; das heißt seine Seemacht zu gebrauchen, was nur durch Absage (renunciation) an die Pariser Deklaration geschehen kann."

Vier Tage vor dem 18. März 1871 also war der Generalrat eifrigst und einstimmig bemüht, das bißchen internationaler Zivilisation, das man sogar mitten in den Reaktionsjahren, 1856, wenigstens formell errichtet hatte, in Fetzen zu reißen und die alte Kaperherrlichkeit der Seestaaten wieder aufblühen zu lassen und England die entscheidende Stimme in Europa zu geben, dessen wachsenden Welthandel Experten wie Engels und Marx ganz besonders genau zu beurteilen vermochten. — Ich habe immer gestaunt, daß Bakunin und James Guillaume, die allerdings die *Eastern Post* nicht lasen, nicht doch von diesen sehr langen Diskussionen — den längsten jedenfalls, die über Generalratssitzungen in Zeitungen gedruckt wurden — Kenntnis erhielten, da z. B. Paul Robin, seit dem Oktober 1870 in London und bald Generalratsmitglied, ihnen mühelos diese eigentümlich interessanten Berichte schicken konnte.

Dieser Gegenstand interessiert mich deshalb, weil für mich wenigstens diese Episode, wie vieles andere, den klarsten Beweis erbringt, daß das, was Bakunin, Guillaume, Frau André Léo und nicht wenige andere nach ihnen, *Pangermanismus* in bezug auf Marx nennen, wirklich an diesem nicht existiert hat. Er war englischer als die Engländer, polnischer als die Polen, und alles mündete bei ihm in den russischen Krieg aus, auf den er England 1871 hinwies wie 1864. Deutschland existierte für Marx nur insoweit, als er dort seine Ideen an den Mann brachte, für die weder in Frankreich noch in England in jenen Jahren wahrnehmbares Interesse bestand. Der Kampf in der Internationale hätte an Schärfe verloren, wenn man die ganz und gar egozentrische Art von Marx verstanden und ihn nicht mit Deutschland in Zusammenhang gebracht hätte, während man dagegen Bakunin ganz als internationales Wesen betrachtete und sich um seinen sehr tatsächlichen slawischen Stammessinn — dem bei Marx absolut nichts ähnliches gegenüberstand — gar nicht kümmerte. Von Engels gilt all dies nicht ganz; dieser besaß einen gewissen wenigstens westdeutschen Heimatssinn — die Heimat von Marx bildete das Anerkennungsgebiet des Marxismus.

Die Communekatastrophe entmutigte die belgische und jurassische Internationale, und auch die spanische, 1870 (Kongreß von Barcelona) mächtig vorschreitende durchlebte 1871 eine trübere Zeit (Konferenz von Valencia), in Italien aber löste Mazzinis Feindschaft gegen die so kühn kämpfende und' tapfer sterbende Commune einen Zustrom junger aktionsfroher Elemente zur beginnenden Internationale aus, der, von Bakunin 1871—1872 intensiv gefördert, zur Konstituierung der italienischen Föderation (August 1872 in Rimini) führte. Die italienischen Sektionen hatten meist einen Kern tüchtiger Leute, welche das weitgehendste Programm Bakunins kannten und akzeptierten, während die besten lokalen Elemente, des Pseudosozialismus und des Nationalismus müde, sich anschlossen und die Internationale so in kurzem Mazzinisten und Garibaldianer überflügelte. Frankreich im früheren Sinn fehlte nun, obgleich es geheime communalistische (meist im Süden) und blanquistische (vor allem in Paris) Sektionen gab.

In dieser Lage bestand also Mitte 1871 eine Depression in der Internationale, von der es eine volle Erholung nicht mehr gab. Bakunins Enttäuschung in Südfrankreich, 1870, und der Fall der Commune, der Tod Varlins, erschütterten besonders James Guillaume, dessen Hauptziel nun das Zusammenhalten, der Weiterbestand der Internationale wird, eine Erledigung der sich seit 1869 ansammelnden Streitfragen, eine Rückkehr zur Zeit vor Bakunin, dessen weitreichende Ideen und Pläne ihn nun nicht mehr interessieren; die lokale Organisation im Jura, die fachlichen Arbeiterkämpfe, ungestörte Autonomie und Friede mit andersdenkenden, die nicht aggressiv sind — dies sind nun Guillaumes Ideen und sein, durch Paul Robin in London, der seit dem Herbst 1870 äußerst niedergedrückt und energielos erscheint, beeinflußter Rat an die Genfer Alliancesektion, sich aufzulösen — was diese, für die Joukovski, mit den Communalisten fraternisierend, kein wahres Interesse mehr hatte, ohne sich auch nur mit Bakunin, solange dem tätigsten Mitglied, zu besprechen, tat (6. August 1871)[187] — diese im Jura und in Genf ihm gegenüber bewiesene Indifferenz empörte und kränkte Bakunin sehr. Er suchte zu retten, was zu retten war; er schrieb grade das lange erklärende Manuskript *Protest der Allianz*[188]), 4.—24. Juli, dann den *Bericht über die Allianz*[189]), historisch und persönlich schildernd, 28. Juli—27. August, dazwischen den lebhaften Brief vom 6. August, der erfolglos blieb. Erst als Marx in der Londoner Konferenz im September den Jurassiern den Fuß auf den Nacken setzte, erhoben sie sich zu dem berühmten Protest vom 12. November. Bakunin hatte von damals an in James Guillaume keinen gleichgestimmten Mitarbeiter mehr, eine Differenzierung, die kein Vorwurf für Guillaume sein soll. Er hielt die Eintracht der Internationale für ein damals wichtigeres Ziel als die ausgeprägte Ideenpropaganda, da nach den Niederlagen der Uebergang von der Idee zur Tat, der bis 1870 möglich schien, einstweilen in die Ferne gerückt war. Bakunin glaubte mehr als je in der Zeit tiefster materieller Niederlage die Idee verbreiten und hochhalten zu sollen, und an einem nur formellen Zusammenleben mit Gegnern in einem gemeinsamen leeren Rahmen war ihm wenig gelegen; er sah dem unvermeidlichen Bruch ruhig ins Auge.

In Belgien schwächte die Bewegung unter dem Eindruck der Commune sich ab, am meisten in den vlämischen Sektionen, die am wenigsten antiautoritär waren. Die *Liberté* blieb noch ein brillantes Organ, aber ohne

---

[187]) Brief (Locarno, 6. August 1871), *Biogr.*, S. 556—558; *Oeuvres*, VI, S. 161—170; *Werke*, II, S. 170—173.

[188]) *Oeuvres*, VI, S. 15—99, *Werke*, II, S. 129—169; S. 1—62 des Manuskripts sind verloren; S. 142—166 sind noch ungedruckt.

[189]) Oeuvres, VI, S. 171—280, *Werke*, II, S. 174—225; S. 1—28 des Manuskripts sind verloren.

unmittelbares Ziel, wie vorher die Konstituierung der Vertretung der Arbeit es gewesen war. De Paepe versuchte seine Ideen der Zeit anzupassen und, einst unbekümmert vorwärtsschreitend, plant er nun einen theoretischen Rückzug. Einige revolutionäre Stimmen kommen diesen gemäßigten Hauptgruppen gegenüber nicht zur Geltung. Die Londoner Konferenz (September 1871) besuchen sechs Belgier. De Paepe, L. Verrycken, P. Fluse, E. Steens, Ph. Coenen, A. Herman, eine starke Vertretung, die sich natürlich in der Minorität befand, mit Anselmo Lorenzo und dem schon moralisch erschütterten André Bastelica und dem mehr gereizten, als kampffrohen Paul Robin. Trotzdem würde man gern hören, daß diese sechs Delegierten einer Föderation, die für die Autoritären unangreifbar war, dem bekanntlich ganz grotesk unloyalen und unkorrekten Vorgehen der Konferenz irgendwie entgegengetreten wären, aber es wird nichts davon berichtet.

In welchem Grade die Schwäche und das Vertrauen von Anselmo Lorenzo mißbraucht wurden, hat er selbst in *El Proletariado militante* (1901) erzählt.

So finden wir eigentlich nur Bakunin im Sommer und Herbst 1871 moralisch unerschüttert und seine glänzende Kampagne gegen Mazzini beginnend, die der Internationale die italienische Föderation zu nicht geringem Teil einbrachte. Seine kurze *Réponse d'un International à Mazzini*[190]), war von vielen Manuskriptentwürfen gefolgt, Versuchen, den überreichen Stoff zu ordnen. Im Druck erschienen nur noch eine Antwort an die *Unità Italiana*[191]), *Agli Operai delegati al Congresso di Roma* (in Neapel geheim gedruckt; 15 S. 8⁰), ein kleiner Teil seines *Zirkulars*, das erst 1885—1886 gedruckt wurde[192]), vom 19.—28. Oktober geschrieben und *La Théologie politique de Mazzini* . . . (Die politische Theologie Mazzinis und die I. A. A.; Neuchâtel, Dezember 1871, 111 S.). Daneben laufen vielerlei, manchmal sehr lange Briefe[193]) und persönlicher Verkehr mit italienischen Besuchern, ebenso die selbständige Tätigkeit seiner Genossen. Zu den älteren Giuseppe Fanelli, Saverio Friscia, Carlo Gambuzzi treten nun Carmelo Palladino, Vincenzo Pezza, Celso Cerretti, Ludovico Nabruzzi, Errico Malatesta, Carlo Cafiero, Andrea Costa und so manche andere.[194])

---

[190]) In *La Liberté* (Brüssel), 18. und 19. Juli; italienisch im Mailänder *Gazzettino Rosa*, 14. August; *Oeuvres*, VI, S. 109—128.

[191]) *Gazzettino Rosa*, 10.—12. Oktober 1871; *Oeuvres*, VI, S. 289—302.

[192]) *Circolare* . . .; *Il Socialismo e Mazzini. Lettera agli amici d'Italia* (Ancona, 1886, 103 S. 16⁰); rückübersetzt *Oeuvres*, VI, S. 313—422.

[193]) Z. B. zwei Briefe in die Romagna, 3. und 23. Januar 1872 *(Werke*, III, S. 170—203) und der lange Brief an Celso Cerretti nach Mazzinis Tode *(Société nouvelle*, Februar 1896, S. 175—199).

[194]) Die damalige italienische Internationale war zu jung, zu tatenlustig, zu eifrig tätig, um viele Schriften oder andere Zeitungen als lebhafte Kampfblätter und für die elementare Propaganda bestimmte, etwas primitive Aufklärungsblätter hervorzubringen. Aber z. B. Dr. Saverio Friscias *Die Internationale und Mazzini* in der sizilianischen *Eguaglianza*, 1871, war eine tüchtige Schrift;

In Spanien gab es längst große, regelmäßig erscheinende Zeitschriften, so *La Federación* (Barcelona; seit 1. August 1869); *El Obrero,* dann *La Revolución social* (Palma, Insel Mallorca; seit 1869); *La Solidaridad* (Madrid; seit Januar 1870); *La Razón* (Sevilla; seit 1871) usw. Rafael Farga Pellicer, G. Sentiñon, T. Soriano, J. G. Viñas, T. G. Morago, Francisco Tomás, N. A. Marselau, Anselmo Lorenzo sind einige wenige der vielen spanischen Internationalisten und ihres innersten Kerns, der Alianza. Charakteristisch für diese Bewegung sind die sorgfältig ausgearbeiteten Statuten der Sektionen und Gewerkschaften,[195]) eines festen Gefüges zahlreicher Sektionen wie in keinem andern Land, das die Jahre gezwungen unterirdischer Existenz, 1874—1880 überdauerte.

Anarchistische Ideen wurden damals auch in Portugal vertreten *(O Pensamento social,* seit Februar 1872), von Belgien nach Holland gebracht *(De Toekomst,* Haag, 1870—1871; *De Vrijheid.* 1871—1872[196]), sie gelangten von Spanien nach Mexico, Montevideo, Buenos Aires und wurden seit 1870 im Kreis russischer Studierender in Zürich verbreitet, intensiv im Sommer 1872, als Bakunin dort mehrere Monate zubrachte; aus dessen Gruppe gingen dann die später zu nennenden russischen Bücher von 1873—1874 hervor usw.

Dagegen läßt sich für jene Jahre für England, Nordamerika, Deutschland, die skandinavischen Länder, Oesterreich-Ungarn keinerlei von der anti-autoritären Internationale ausgehende Propaganda nachweisen, geringfügige Bemühungen slawischer Studierender etwa ausgenommen oder persönliche Tätigkeit Vereinzelter. Auf Frankreich wurde communalistisch von Genf aus gewirkt, bewußt anarchistisch gelegentlich aus dem Jura[197]), aus Barcelona, wo *La Solidarité révolutionnaire,* 10. Juni—1. September 1873, 10 Nummern erschienen; die Herausgeber waren Paul Brousse, Charles Alerini und Camille Camet[198]). Südfrankreich war das nächste Ziel dieser seit dem Herbst 1873 von der Schweiz aus von Paul Brousse fortgesetzten Propaganda, über deren Verlauf und Ausdehnung im Lande selbst wenig sicheres bekannt ist, die aber doch vielleicht nicht alle Fäden abreißen sah. Endlich folgten russische Gruppen in Rußland

---

übersetzt *Oeuvres,* VI, S. 129—142. — Ich habe die mir bekannten italienischen Publikationen seit 1866 besprochen in *Michael Bakunin und die Internationale in Italien in den Jahren 1864 bis 1872 (August),* einem Buch, das voraussichtlich italienisch herausgegeben werden wird.

[195]) *Reglamento típico* des Kongresses von Barcelona, Juni 1870 (Barcelona, 1870, 48 S.); *Organización social de las secciones obreras de la Federación Regional Española* mit den Abänderungen von 1871 und 1872 (Barcelona, 1873, 96 S., 8⁰) usw.

[196]) Vgl. auch den Kongreßbericht vom 28.—29. Mai 1871 (Amsterdam, 1871, 77 S.); Charles Rodenbach (eigentlich Monterossi) redigierte die *Vrijheid.*

[197]) Dort war schon im Juni 1870 das Organ der Pariser Sektionen gedruckt worden, *Le Socialiste,* zwei Nummern, Neuchâtel; auch das Organ der italienischen Föderation, *La Rivoluzione sociale* (Nr. 1, September 1872) wurde dort geheim hergestellt.

[198]) Untertitel: *organe socialiste-révolutionnaire; An-archie, collectivisme, matérialisme.*

selbst den Vorgängen in der Internationale mit steigendem Interesse, unterrichteten sich durch Delegierte und Reisende usw.; hier wird von Peter Kropotkin zu erzählen sein.

So waren durch die Ereignisse seit dem Sommer 1870 für die anarchistischen Bewegungen in der Internationale schwierige Verhältnisse entstanden. Neben einigem Aufstieg gab es manchen Abstieg, und statt der Zerstörung des Völkerfriedens gegenüber größere Solidarität auf einer allen sozialen Kämpfern gemeinsamen Grundlage herzustellen, entstand ein Kampf der Sozialisten unter sich, den die Herrschsucht und Eitelkeit eines oder zweier Männer, von Marx und Engels heraufbeschwor. Diese beiden ruhten nicht, bis sie nicht durch die Londoner Konferenz vom September 1871 das Maß überschritten und die Internationale zerrissen hatten.

LA RIVOLUZIONE SOCIALE

Settembre 1872.

Un Numero costa Dieci Centesimi.

XII.

Marx gegen Bakunin; die Londoner Konferenz und der Haager Kongreß; das Jurazirkular und der antiautoritäre Kongreß von St. Imier; die Jahre 1871—1873.

Man hätte meinen sollen, daß nach Ereignissen wie dem Krieg und der Commune ein öffentlicher Kongreß der Internationale das nächste Ziel gewesen wäre — die antiautoritären Föderationen fühlten dies auch —, aber Marx entschied anders. Selbst wenn die englische Regierung einen solchen Kongreß in London verboten hätte, was keineswegs sicher war, wäre ihr das Odium davon geblieben und der Versuch hätte der Internationale gewiß nicht geschadet. Aber nach den vier unabhängigen Kongressen, 1866—1869, wünschte Marx keinen unabhängigen Kongreß mehr und suggerierte dem Generalrat eine „Winkelkonferenz", 17.—23. September 1871, von deren 23 „Delegierten" 13 dem Generalrat angehörten und 2 die Genfer Politiker vertraten; unabhängig waren 6 Belgier und ein Spanier; näheres z. B. *L'Int.*, II, S. 192—214. Diese von den Funktionären der I. A. A., deren Vorgehen seit 1869 sie vielfacher Kritik aussetzte, majorisierte Versammlung hätte allen Grund gehabt, bescheiden aufzutreten, in den Streitfragen nicht in eigener Sache Richter zu sein usw. Bekanntlich geschah das Gegenteil; Marx und Engels konnten nun endlich zum erstenmal eine internationale Versammlung, die ihnen gefügiger war, als der Generalrat selbst, ganz nach ihrer Pfeife tanzen lassen und brachten endlich ihre Resolution über die *politische Tätigkeit der Arbeiterklasse* an den Mann (Resolution IX). Den Arbeitern wurde dadurch die Gründung einer „besonderen politischen Partei" als angeblich aus einer Reihe früherer Erklärungen der Internationale sich ergebend zur Pflicht gemacht, — der entscheidende Schritt auf dem sozialdemokratischen Wege der Eroberung der politischen Macht, — etwas, das ausschließlich die persönliche Ansicht von Marx und Lassalle und der ihre Ideen teilenden deutschen Parteien war.[199]

---

[199] Engels (Brief an L. Pio in Kopenhagen, 7. März 1872; *Neue Zeit*, 4. März 1921) schrieb: „. . . der Kern der Sache ist die Haltung der Internationale in politischer Beziehung. Diese Herren verlangen *vollständige Enthaltung von aller politischen Aktion*, namentlich von allen Wahlen, während die Internationale von Anfang an die Eroberung der politischen Macht der Arbeiterklassen als Mittel zur sozialen Emanzipation auf ihre Fahne geschrieben hatte und der Generalrat diese verteidigte . . ." Das ist alles unrichtig oder grob ungenau, ebenso wie Engels' theoretische Erklärungen an Theodor Cuno (24. Januar 1872; *Die Gesellschaft*, Berlin, November 1925, S. 456—458).

Nun riß auch die Geduld von Guillaume, Schwitzguébel und anderen Jurassiern, die auch von den Genfer Communalisten vorwärtsgetrieben wurden und die vollste Unterstützung des von ihnen vernachlässigten Bakunin fanden. So kam der von dem Jurakongreß in Sonvillier, 12. November 1871, ausgehende Protest zustande, das sogenannte *Jurazirkular*, das die Juradelegierten — die bekanntesten sind Guillaume, A. Spichiger, F. Graisier, Numa Brandt — und als Delegierte der Genfer Propagandasektion N. Joukovski und Jules Guesde unterzeichneten.[200])

Hier werden die Uebergriffe des Generalrats seit 1869 vorgelegt und seine steigende Tendenz, die Gesellschaft in eine abstufend gegliederte, von ihm geleitete Organisation umzuwandeln, während die Unterzeichner in ihr eine freie Föderation autonomer Sektionen sehen; „. . . die künftige Gesellschaft soll nichts anderes sein, als die Verallgemeinerung (unversalisation) der Organisation, welche die Internationale sich gegeben haben wird. Wir müssen also dafür sorgen, daß diese Organisation sich unserm Ideal so viel als möglich nähert . . ." „Die Internationale, Embryo der künftigen menschlichen Gesellschaft, muß schon jetzt das treue Bild unserer Grundsätze der Freiheit und der Föderation sein und jedes der Autorität, der Diktatur zustrebende Prinzip ausstoßen . . .", eine Idee, die Marx in den *Prétendues scissions* . . ., der Generalratsantwort auf das Zirkular, S. 32, verhöhnt, weil ihm eben die Fähigkeit, die Freiheit als wesentliches Element jeder Entwicklung zu würdigen, fehlte.

Nun vergingen zehn Monate unfruchtbarer Zeit bis zum Haager Kongreß, September 1872, einer Zeit, die nur dort gut benutzt wurde, wo man sich um das unmöglich gewordene Zusammenleben einander entfremdeter Richtungen innerhalb eines Organisationsrahmens gar nicht kümmerte — ich meine die italienischen Sektionen, die eine erfreuliche Unbekümmertheit um den häuslichen Streit zeigten und in Rimini, im August, sich ganz offen von dem Londoner Generalrat trennten und einen allgemeinen anti-autoritären Kongreß in die Schweiz einberiefen — hierüber s. u. — und die russische Jugend in Zürich, von der nicht wenige, junge Männer und Frauen, denen sich auch serbische, übrigens mehr nationalistisch disponierte, Studenten anschlossen, vom Juni bis Oktober von Bakunin Anregungen erhielten, die dann nach Rußland hin lange nachwirkten. Die spanische Bewegung wurde durch den Ehrgeiz von Paul Lafargue, um jeden Preis eine politische Arbeiterpartei zu gründen und dazu, mit einigen Ehrgeizlingen wie José Mesa, Pablo Iglesias usw., wenn nötig, die bestehende Internationale zu zerrütten, die Alianza zu denunzieren usw., bedeutend gestört[201]).

---

[200]) *Circulaire à toutes les Fédérations de l'Association internationale des Travailleurs*, 1 S., Kl.-4°; deutsch in Bakunin, *Ges. Werke*, III, S. 164—169. — Vieles Nähere s. *L'Internationale*, II, S. 215—244; *Biogr.*, S. 573—577.

[201]) Lafargues Anwesenheit in Spanien entsprang zuerst nur der Zweckmäßigkeit oder Notwendigkeit, sich aus Frankreich zu entfernen. Schon am 13. Juni 1871 schrieb Marx seinen Töchtern, die mit Lafargue in den Pyrenäen lebten, in verhüllten Ausdrücken eine dringende Warnung, schnell das gesundere Klima

Selbst in Spanien, wo man durch Lorenzo nicht so eindringlich über das Wesen der Londoner Konferenz unterrichtet wurde, wie wir es jetzt durch dessen spätere Darstellung (1901) sind, waren Mißverständnisse zu beseitigen, und schon gar schwer war die Verständigung mit Belgien. Dort sah man nun auch in Sachen des Generalrats klar und verfaßte ein neues Statutenprojekt, das von einem Vierteljahrskongreß zum anderen radikaler (Generalratsabschaffung), dann wieder weniger radikal wurde. Im Jura befolgte Guillaume die Politik, einen Bruch vermeiden zu wollen und ließ deshalb in allem den Belgiern den Vortritt, froh, daß diese endlich zu handeln entschlossen schienen.

Bakunin schrieb damals ein sehr langes, noch ungedrucktes an die Juraföderation gerichtetes Manuskript, Februar 1872, das zum Kern der Streitfrage vorzudringen sucht, aber zunächst in eine Besprechung der gegen ihn gerichteten Angriffe und eine Erörterung der slawisch-deutschen nationalen Streitfragen mündet, ein Vorläufer des Buchs *Staatlichkeit und Anarchie* von 1873. Er nahm wahr, daß all den insultierenden Angriffen der Borckheim, Liebknecht usw. in den Jahren 1868—1869, Utins 1870, jetzt solche Angriffe von Engels in Italien folgten[202]) von Marx' „konfidentieller Mitteilung" 1870 wußte man noch nichts — und, wie er im März 1872 an Celso Cerretti schrieb *(Soc. Nov.,* Februar 1896, S. 199) wollte er „noch ein letztes Versöhnungsmittel versuchen. Ich will zuerst einen privaten Brief an den Generalrat richten . . . und wenn sie mir keine befriedigende Antwort geben, werde ich sie zwingen, sich vor der Oeffentlichkeit auseinanderzusetzen . . ."[203]) Dann erfuhr Bakunin aus Barcelona, daß Lorenzo sich recht wenig teilnahmsvoll über das von ihm in London gegen Bakunin gehörte geäußert habe, und wünschte hierüber von ihm Aufklärungen, um diese seinem Brief nach London zugrundezulegen.

Hierüber vergingen die Wochen, bis plötzlich Anfang Juni die von Marx geschriebene Antwort auf das Jurazirkular verbreitet wurde: *Les*

auf der spanischen Seite der Pyrenäen aufzusuchen. Diese Reise fand aber nicht gleich statt und erst gegen Weihnachten kam Lafargue, aus seinem Grenzort vertrieben, nach Madrid.

202) Die Briefe von Engels an Theodor Cuno (13. November 1871 bis 4. August 1872), einen jungen Mann, der sich in Italien und Belgien als Kreatur von Engels benutzen ließ, in *Die Gesellschaft*, Berlin, November 1925, S. 453—474, zeigen den Sekretär des Generalrats für Italien am Werk; in den letzten Briefen sind die belgischen Internationalisten der Gegenstand seines Uebelwollens gegen jeden — und deren waren viele —, der nicht Ordre parierte, wenn der Generalrat gesprochen hatte.

203) Eine ähnliche Idee hatte Benoît Malon (auf dessen Angelegenheiten ich übrigens nicht eingehe). „. . . ich bereitete einen vertraulichen Brief an Marx vor, den ich sehr schätzte. Ich beschwor ihn, sich dazwischenzustellen, denen in Genf und im Generalrat eine versöhnliche Haltung zu empfehlen . . ." Als Malon von dem schon geschriebenen Brief zu Bastilica [in Neuchâtel], vorher in London] sprach, „lachte er laut auf und sagte: Du willst dich also zum Gegenstand des Gelächters der Leute in London machen? Marx weiß übrigens alles, was du ihm sagst; ich sah die Dinge aus der Nähe [B. war Mitglied des GR. gewesen]; er wird deinen Brief den Vertrauten zeigen und man wird sich über dich den Buckel voll lachen . . ." (Brief vom 29. August 1872; *L'Int.*, II, S. 314).

Prétendues Scissions dans l'Internationale . . . (Die angeblichen Spaltungen in der Internationale. Privates Zirkular des Generalrats . . .; Genf, 1872, 39 S. 8°; datiert London, 5. März). Hier ließ Marx derart seinem Haß und seinem Wunsch, zu verletzen und zu beleidigen, die Zügel schießen, daß eine Versöhnung oder auch nur eine ruhige Entwicklung des Zwiespalts ausgeschlossen war.[204])

Freilich ahnte man noch nicht, auf welches Niveau Marx sich begeben würde, indem er sich im August aus Rußland einen von Netschaeff geschriebenen oder veranlaßten Brief schicken ließ, über den ihm im Sommer 1870 H. Lopatin Mitteilungen gemacht, dessen wirkliche Bedeutung — daß er nämlich Bakunin nicht belastete — ihm der Adressat des Briefes selbst, Ljubavin, am 20. August geschrieben hatte (s. *L'Int.* III, 1909, S. 324—327).[205]) Ebenso hätte man sich nicht denken können, was Engels sich am 19. August 1872 alles vorstellte und einem gewissen, noch wenig ans Licht gezogenen E. Glaser de Willibrord schrieb; s. *Biogr.* S. 613—615; *L'Int*, II, S. 318—319 . . .

Wie aus der eingehenden Besprechung der Monate Juli und August nach ungedruckten Briefen Bakunins usw. hervorgeht (s. Band IV, Kap. IX und XI meiner neuen Biographie), ging der Beschluß in Rimini (anti-autoritärer Kongreß in der Schweiz) wohl auf Besprechungen Bakunins im Jura, 14. Juli, zurück, welche die Folge der unerwarteten Kongreßeinberufung nach Holland, statt in die Schweiz, waren. Die besondere Taktik Guillaumes kam dann aber im August zur Geltung und das imperative Mandat der Juradelegierten (Kongreß vom 18. August) entspricht dieser Taktik, der sich Bakunin anschloß: solidarisches Vorgehen der antiautoritären Delegierten im Haag, eventuell gemeinsamer Rücktritt und — was nur in Mantua *(La Favilla,* 27. August) gedruckt wurde — Besprechung über einen Kongreß. Die Italiener

---

[204]) Eine Reihe von Erwiderungen und Richtigstellungen enthält das Jura-*Bulletin* (Neuchâtel), 15. Juni 1872, auch als Separatabdruck. *Réponse de quelques Internationaux,* . . . (Antwort einiger Internationalisten, Mitglieder der Juraföderation auf das private Zirkular des Londoner Generalrats, 45 S.); italienisch, Neuchâtel, 24 S., Gr.-8°. — Bakunins Brief (Locarno, 12. Juni), deutsch *Werke*, III, S. 217—220.

In Spanien produzierte Lafargue eine ähnliche lokale Schmähschrift, *A los Internacionales de la Región Española* (27. Juni 1872; Madrid, 32 S., 12°); als Erwiderung hierauf und auf die ganze Kampagne von *La Emancipación* (Madrid) ist zu betrachten *Cuestión de la Alianza* (Die Frage der Alianza; Barcelona, Herbst 1872, 6 S., Fol.).

[205]) Ich kann hier auf diesen umfangreichen Gegenstand nicht eingehen; siehe darüber meine ältere *Biogr.*, E. Bernstein in *Min. Gody.*, November 1908, *L'Int.*, III, S. 323—328, meine neue *Biogr.*, Band III und IV usw. — Ich kenne durch einen großen Zufall das Dokument selbst, das auch andere — so P. Kropotkin — kannten, ebenso Guillaumes Korrespondenz über diese Vorgänge mit H. Lopatin. — Marx hat sich durch diese Affäre tatsächlich disqualifiziert, und wenn meine Beurteilung seiner sonstigen Handlungsweise hart erscheint, so liegt ihr eben die Kenntnis zugrunde, daß er in dieser sehr genau untersuchten Angelegenheit entweder bewußt wider besseres Wissen handelte, oder daß sein Haß ihn außerstande setzte, einfache Tatsachen normal zu sehen, wenn sie einen Gegner betrafen. *Ex uno disce omnes* . . .

blieben auf dem die Teilnahme am Haager Kongreß gänzlich verwerfenden Standpunkt, während über den in der Schweiz abzuhaltenden Kongreß bei ihnen Differenzen entstanden, die Costa vielleicht zu geschäftig und eigenwillig und Cerretti zu empfindlich zeigen.

Bakunin mochte weder an die sofortige Trennung (Rimini) glauben, noch an Guillaumes Hoffnung, alle nicht Marx dienstbaren Teile der Internationale, ob sie sonst Anarchisten oder Staatssozialisten seien, zu vereinigen, aber er stand keinem im Wege und bereitete nur eine intime Durchdringung der anarchistischen Föderationen — soweit ihre militanten Kräfte es wollten (Italien, Spanien) — durch neue Beziehungen untereinander *(Alliance des socialistes révolutionnaires)* vor, was durch längere Besprechungen in Zürich, nach dem Haager Kongreß, geschah und die Korrespondenz Bakunins mit diesen intimen Genossen von da ab sehr belebte.

Der Haager Kongreß[206]) war für Marx eine Fortsetzung der Gewaltpolitik der Konferenz von 1871; nach diesem Staatsstreich in der Internationale konnte er keinem unabhängigen Kongreß mehr ins Auge blicken und mußte sich wieder eine künstliche Majorität verschaffen, was auf jetzt ganz im einzelnen bekannte Weise auch geschah. Was anläßlich des Kongreßskeletts von 1873 (Genf) Johann Philipp Becker so beschreibt: „. . . hatte ich, um dem Kongreß durch Mitgliederzahl mehr Ansehen zu geben und der richtigen Richtung die Mehrheit zu sichern, 13 Delegierte gleichsam aus der Erde gestampft . . ." (22. September 1873; *Briefe . . an F. A. Sorge . . .*, Stuttgart, 1906, S. 119), dieses „Delegierte aus der Erde stampfen" brachten Marx und Engels schon 1872 zuwege, ohne sich die geringste Beschränkung aufzulegen. Der Kongreß (2.—7. September 1872) zeigte eine solche kleinliche Gehässigkeit der fiktiven Majorität gegen die den wirklich lebenden Teil der Gesellschaft vertretende Minorität, daß diese sich nicht mehr unter Genossen fühlen konnte. Die wenigen prinzipieller Diskussion bleibenden Stunden — über eine autoritäre oder freiheitliche Organisation der Internationale und über den Artikel IX von 1871, der jetzt zum obligatorischen Dogma gemacht wurde („. . . die Eroberung der politischen Macht wird also die große Pflicht des Proletariats") brachten nicht mehr die geistigen Wettkämpfe der früheren Kongresse; da rief der Blanquist Vaillant nach noch mehr Diktatur, F. A. Sorge nach starker Zentralisation, einem Kopf mit viel Hirn (Kompliment an Marx) und verstärkter Macht des Generalrats usw. — Guillaume und Morago waren fast die einzigen antiautoritären Redner; De Paepe war gar nicht Delegierter und Brismée wurde als Vorsitzender kaltgestellt —, kurz: die Belgier traten kaum in Erscheinung, nur daß Victor Dave zuletzt die gemeinsame Erklärung der Minorität verlas.

---

²⁰⁶) Ein ausführliches Protokoll ist nie veröffentlicht worden. Alle erreichbaren Quellen sind benutzt in meiner *Biogr.*, S. 704—725; *L'Int.*, II, S. 319—356 und Band IV, Kap. XI meiner neuen Biogr. Bakunins.

Ein Interesse für die Gesellschaft, wie sie bisher gewesen, bestand bei niemand mehr. Das System Marx und Engels war auch in London so diskreditiert, daß es nur noch durch reine Gewaltspolitiker wie die Blanquisten gestützt wurde und durch gewisse an Marx gefesselte Männer, die mit ihm standen und fielen. Marx selbst fühlte, daß seine Rolle ausgespielt war und ließ den Generalrat nach New York verlegen, was zum sofortigen Bruch der Blanquisten mit ihm führte, während die Minorität ›Ergötzen empfand und der alte urwüchsige Brismée zu verstehen gab, er hätte nichts dagegen, wenn der Generalrat selbst in den Mond verlegt würde. — James Guillaume verfolgte seinen Plan unermüdlich, hatte bei den Belgiern manche von London genährte Vorurteile zu zerstreuen, daneben entdeckte er aber auch, wie groß die Unzufriedenheit mit dem Generalrat war. — Als dann Marx den Hauptschlag führte, durch eine Untersuchungskommission sehr kurioser Zusammensetzung, der er im letzten Moment im geheimen das Netschaeffsche Dokument vorlegte, den Antrag stellen zu lassen, Bakunin, Guillaume und Schwitzguébel auszustoßen, wurde, bevor die Mameluken der Majorität die beiden ersten Ausstoßungen votierten, die Erklärung der Minderheit verlesen (7. September), welche direkte Beziehungen ihrer Föderationen untereinander, gemeinsame Verteidigung ihrer Autonomie auf Grund der alten Statuten (1866) usw. ihren Mandanten vorschlagen will, bei Beibehaltung korrekter Beziehungen zum Generalrat innerhalb von dessen wirklichen Befugnissen. Die spanischen, belgischen, jurassischen, holländischen und ein französischer Delegierter aus Amerika (Sauva) unterzeichneten; englische, von Marx getrennte Delegierte waren schon abgereist. Aeußerste Mäßigung in dieser Erklärung war die Bedingung und Folge von Guillaumes Erfolg, der eben vor allem einen weiten Rahmen schaffen wollte, der ein Weiterbestehen der Internationale ohne die Richtung Marx ermöglichen sollte.

In Amsterdam (8. September) — s. *L'Int.* II, S. 353 — besprach Guillaume mit Cafiero und den Spaniern die freundliche Verbindung ihrer Föderationen und französischer Gruppen untereinander durch den von den Italienern gewünschten antiautoritären Kongreß, der in Saint-Imier eine Woche später stattfinden sollte. In dieser Woche einigten sich die nach Zürich gekommenen Italiener, Cafiero und die Spanier in langen Besprechungen mit Bakunin (Rekonstruierung der *Alliance* (12.—13., 18.—21. September). Die Jurassier nahmen hieran nicht teil, aber Guillaume und Schwitzguébel verständigten sich erforderlichenfalls direkt mit Bakunin und mit den andern und waren in stetem Kontakt mit den engsten Genossen der Jurasektionen (Zusammenkünfte an einem von allen leicht erreichbaren Punkt, Convers, usw.). Die Lage in Spanien und Italien konnte jederzeit eine revolutionäre werden, was in der Schweiz nicht vorauszusehen war und auch nicht ernstlich gewünscht wurde, um dieses damals trotz der Auslieferung Netschaeffs an Rußland wertvolle relative Asyl nicht zu verlieren. Von den geheimen Alliancedokumenten, die am 30. August,

2.—4. September geschrieben wurden[207]), sind nur wenige Stellen aus dem Prozeß von Florenz, 1875, bekannt, nach denen der programmartige Teil von den Entwürfen von 1868—1869 nicht wesentlich verschieden ist. Wie aber die Organisation gestaltet wurde — speziell ob und wie nun, als zum erstenmal hierüber gemeinsam beraten wurde, der frühere schwerfällige Apparat vereinfacht wurde und dergl., ist unbekannt. So ward der Angriff von Marx und Engels, Utin und Lafargue usw. auf die *Alliance*, um sie ans Licht zu zerren, zu diskreditieren, zu zerstören, geradezu das Mittel, sie erst recht zu begründen.

Der internationale Kongreß von Saint-Imier, 15. und 16. September 1872, vereinigte die Haager Delegierten aus Spanien, Alerini, Farga Pellicer, Marselau, Morago, die Italiener Costa, Cafiero, Fanelli, Malatesta, Nabruzzi, die Franzosen Pindy und Camet, die Jurassier Guillaume und Schwitzguébel, Bakunin (italienisches Mandat) und den Communalisten Lefrançais. Der Wunsch der Italiener: Bruch mit dem Generalrat und Guillaumes Taktik standen sich gegenüber. Bakunin, bis dahin mit Guillaumes Taktik nicht zufrieden, wurde von diesem über den Haager Kongreß eingehend unterrichtet und erkannte seinen Standpunkt an, der schließlich in den beiden ersten Resolutionen (Repudiation des Haager Kongresses und des New Yorker Generalrats und Pakt der Freundschaft, Solidarität und gegenseitigen Verteidigung zwischen den freien Föderationen) zum Ausdruck kam.

Hier wollten beide das Beste, Guillaume erreichte anscheinend etwas Praktisches, aber Bakunins Blick reichte weiter. Guillaume erreichte die Fortdauer einer auch autoritäre Bestandteile, in England und Holland besonders, umfassenden Internationale, der jedoch die Massen der gewerkschaftlich oder politisch in England und Deutschland usw. organisierten Arbeiter feindlich oder indifferent, von ihr keine Notiz nehmend, gegenüberstanden. War dies der Mühe wert? Nach den materiellen Niederlagen der Revolution war viel eher die Zeit für zweierlei gekommen, vollste öffentliche Proklamierung und Propaganda der anarchistisch-kollektivistischen Ideen und Wiederbelebung der Revolution durch wenn auch zunächst auf einzelne Länder beschränkte Aktion (Spanien, 1873; Italien, 1874). Daß die andere Ländergruppe, England, Deutschland, Nordamerika usw., diese Ideen und Aktion absolut ablehnte und an die Eroberung der politischen Macht oder einfache Gewerkschaftspolitik glaubte, war eine große Tatsache, der gegenüber das von Guillaume mühsam erreichte Verbleiben einiger Engländer usw. in seinem Minoritätsrahmen recht unerheblich war. Die Einsicht mußte von den Arbeitermassen aller Länder kommen, die durch ihre gemeinsame ökonomische Lage verbunden, die eigentliche Internationale

---

[207]) 30. August: Konstitution der P.P. [internationalen Brüder] geschrieben. — 2. September: Abends Konstitution geschrieben. — 3. September: Statuten von Y. — 4. September: Statuten der Alliance. — Statuten. — 12. September: Vorlesung und Diskussion der Statuten (Tagebuch Bakunins; am 13. September wird die Annahme notiert).

bildeten, eine ungeheure Grundlage, auf der lokal verschiedene Auffassungen nebeneinander bestehen konnten.

Die zweifellos von Bakunin geschriebene dritte Resolution ist ein klassischer Ausdruck der Gesamterfahrung der bisherigen Arbeiterbewegung und ihrer Aufgabe in Gegenwart und Zukunft, einer Aufgabe, die zum größten Teil noch vor ihr liegt.[208]) Sie lautet:

„Charakter der politischen Aktion des Proletariats.

In Erwägung, daß dem Proletariat ein bestimmtes Verhalten oder ein gleichförmiges politisches Programm als einzigen Weg zu seiner sozialen Befreiung auflegen zu wollen, eine ebenso absurde wie reaktionäre Anmaßung ist;

daß niemand das Recht besitzt, die autonomen Föderationen und Sektionen des unbestreitbaren Rechts zu berauben, das ihnen als das beste erscheinende politische Verhalten selbst zu bestimmen und zu befolgen, und daß jeder derartige Versuch nur notwendigerweise zum empörendsten Dogmatismus führen würde;

daß die ökonomischen Aspirationen des Proletariats kein anderes Ziel haben können als die Errichtung einer absolut freien ökonomischen Organisation und Föderation, begründet auf der Arbeit und der Gleichheit Aller und absolut unabhängig von jeder politischen Regierung, und daß diese Organisation und Föderation nur das Resultat der freiwilligen Aktion des Proletariats selbst sein können, der Fachkörperschaften und der autonomen Kommunen;

daß jede politische Organisation nur die Organisation der Herrschaft zum Nutzen einer Klasse und zum Schaden der Massen sein kann, und daß das Proletariat, wenn es sich der Macht bemächtigen wollte, selbst eine herrschende und ausbeutende Klasse werden würde[209]),

erklärt der Kongreß von Saint-Imier:

1. daß die Zerstörung jeder politischen Macht die erste Pflicht des Proletariats ist;

2. daß jede Organisation einer sogenannten provisorischen und revolutionären politischen Macht, um diese Zerstörung herbeizuführen, nur ein neuer Betrug sein kann und für das Proletariat ebenso gefährlich wäre, als alle heute bestehenden Regierungen;

3. daß mit Verwerfung jedes Kompromisses zur Durchführung der sozialen Revolution die Proletarier aller Länder außerhalb jeder Bourgeoispolitik die Solidarität der revolutionären Aktion einrichten müssen."

---

[208]) Text der Resolutionen z. B. *L'Int.,* III, S. 6—10; *Werke,* III, S. 252—256.

[209]) Hiermit meint Bakunin, wie er öfters erklärte (s. z. B. *Werke,* III, S. 242), daß hinter den organisierten städtischen Arbeitern, die in den Besitz der politischen Macht gelangen wollen, noch ein fünfter Stand steht, das Proletariat des wirklichen Elends und die Masse der Landproletarier, — etwa so, wie unter der jetzt herrschenden russischen kommunistischen Partei ungeheure unterworfene Arbeiter- und Bauernmassen stehen.

Ihre Erklärung und Erweiterung erfuhren diese Ideen in Bakunins bald darauf begonnenen, durch seine langsame Reise von Zürich nach Locarno unterbrochenen und nicht vollendeten Manuskripten, dem für die Brüssler *Liberté* bestimmten, 1.—8. Oktober *(Oeuvres,* IV, S. 341—390; Werke, III, S. 221—250; zuerst in *La Société nouvelle,* Juli-August 1894 gedruckt) und einer zweiten Lieferung des *Empire knouto-germanique,* 4. November—11. Dezember *(Oeuvres,* IV, 1910, S. 397—510).

Die wahre und einzige Grundlage der Internationale sieht hier Bakunin „in ihrer ganzen Ausdehnung und all ihren Folgen und Anwendungen *der internationalen Solidarität der Arbeiter aller Berufe und aller Länder in ihrem ökonomischen Kampf gegen die Ausbeuter der Arbeit . . .*"

Seine Richtung denkt, „daß die notwendigerweise revolutionäre Politik des Proletariats die Zerstörung der Staaten zum unmittelbaren und einzigen Gegenstand haben soll. Wir verstehen nicht, daß man von internationaler Solidarität reden kann, wenn man die Staaten bei-behalten will . . ., da der Staat durch sein eigenes Wesen ein Bruch dieser Solidarität und folglich eine permanente Kriegsursache ist . . . Wir geben nicht zu, nicht einmal als revolutionäre Uebergangsformen, weder nationale Konventionen, noch konstituierende Versammlungen, noch provisorische Regierungen, noch sogenannte revolutionäre Dikta-turen, weil wir überzeugt sind, daß die Revolution nur in den Massen aufrichtig, ehrlich und wirklich ist, und daß, wenn sie in den Händen einiger regierender Personen konzentriert ist, sie unvermeidlich und unverzüglich zur Reaktion wird . . ."

„. . . Die Marxianer bekennen sich zu ganz entgegengesetzten Ideen . . ." „Diese beiden hauptsächlichen politischen Tendenzen teilen heute die Internationale in zwei Lager . . ." „Tatsächlich ist heute zwischen den beiden erwähnten Tendenzen eine Versöhnung unmöglich. Nur die Praxis der sozialen Revolution, große neue geschichtliche Er-fahrungen und die Logik der Tatsachen können sie früher oder später zu einer gemeinsamen Lösung führen . . ."[210a) „Was ist aber heute zu tun? Da eine Lösung und Versöhnung auf dem Gebiete der Politik unmöglich ist, muß man sich gegenseitig dulden und jedem Land das unbestreitbare Recht lassen, den politischen Tendenzen zu folgen, die ihm besser gefallen und ihm für seine besondere Lage die geeignetsten erscheinen. Indem man also alle politischen Fragen aus dem obligato-rischen Programm der Internationale hinauswirft, darf man die Einheit dieser großen Assoziation nur auf dem Terrain der ökonomischen Soli-darität suchen. Diese Solidarität vereint uns, während die politischen Fragen uns unvermeidlich trennen . . ." „Hierin also liegt die wahre Ein-

---

[210a) Sollten die Tatsachen und Erfahrungen seit 1914, 1917, 1918 . . . nicht endlich Material genug zu allgemeinem, *intelligentem* Studium der jetzigen Lage des *wirklichen* Sozialismus bieten?

heit der Internationale — in den gemeinsamen Aspirationen und der spontanen Bewegung der Volksmassen aller Länder — und nicht in irgendeiner Regierung oder gleichförmigen politischen Theorie, die ein allgemeiner Kongreß diesen Massen auflegt . . ."

„. . . Einstweilen erkennen wir vollständig ihr [der Arbeiter Deutschlands] Recht an, auf dem Weg vorzugehen, der ihnen der beste zu sein scheint, sobald sie uns dieselbe Freiheit lassen. Wir erkennen sogar an, daß es sehr leicht möglich ist, daß sie durch ihre ganze Geschichte, Eigenart, den Zustand ihrer Zivilisation und ihre ganze gegenwärtige Lage gezwungen sind, diesen Weg einzuhalten. Mögen sich also die deutschen, amerikanischen und englischen Arbeiter bemühen, die politische Macht zu erobern, da ihnen dies gefällt. Aber mögen sie den Arbeitern der andern Länder erlauben, mit derselben Energie der Zerstörung aller politischen Mächte entgegenzuschreiten. Freiheit für alle und gegenseitige Achtung dieser Freiheit sind, wie ich sagte, die wesentlichen Bedingungen der internationalen Solidarität . . ."

Diese tiefe Einsicht der notwendigen Verschiedenheit der sozialistischen Auffassung verschiedener Völker und Gegenden, Milieus und Zeiten und der Absurdität einer Gleichmachung oder eines Kampfes um die Vorherrschaft all dieser noch durchaus unerprobten Aspirationen wäre, auch wenn sie damals veröffentlicht worden wäre, auf unfruchtbaren Boden gefallen. Es genügt, den blindwütigen und abschreckend rohen Briefwechsel der Marx, Engels und Becker zu lesen, wie F. A. Sorge ihn herausgab (Stuttgart, Dietz Nachf., 1906, XII, 422 S., 8⁰) und die 1873 von Engels, Lafargue, Utin und Marx geschriebene Broschüre, die Bakunins „Vernichtung" besiegeln sollte, *L'Alliance de la Démocratie socialiste et l'Association internationale des Travailleurs* (London, 1873, 137 S.; deutsch als *Ein Komplott gegen die Internationale Arbeiterassoziation*, Braunschweig, Bracke, 1874, 119 S. und vor einigen Jahren in einem sozialdemokratischen Parteiverlag neugedruckt), um zu verstehen, daß diese Männer die Befreiung der Internationale von dem geistigen Joch, das sie ihr auflegen wollten, ungefähr mit den gleichen Gefühlen begrüßten, wie die Sklavenhalter der Südstaaten die sklavenbefreiende Proklamation von Lincoln. Sie führten einen direkten Kampf um die Macht, deutsche Marxisten und französische Blanquisten und einige gleichartige Spanier, Italiener, Russen und andere: die Nationalität hatte damit gar nichts zu tun.

Deshalb war es bedauerlich, daß Bakunin in den Manuskripten vom Oktober-Dezember, sowie in dem im Spätfrühjahr 1873 geschriebenen russischen Buch *Gosudarstvennost' i Anarchija* (Staatlichkeit und Anarchie; 1873, 308 und 24 S., 8⁰)²¹⁰ᵇ), im Sinne der Schriften des Winters

---

²¹⁰ᵇ) Ein Neudruck, ohne die sehr interessante, Bakunins Auffassung der russischen revolutionären Propaganda, Organisation und Aktion begründende Beilage, erschien 1919 in Petersburg, Verlag von *Golos Truda* (320 S., 8⁰); eine spanische Uebersetzung wird *Obras*, Band V, bilden, in deren Einleitung ich die Geschichte des Werkes besprochen habe.

1870—1871 und seiner vieljährigen und steten Ansichten über Slawen und Deutsche, nationale Fragen mit dem „Kampf‹ der beiden Parteien in der Internationale" verquickte. Wie gereizt auch Bakunin über die Situation, die durch die für Frankreich ungünstige Wendung des Krieges eintrat, seit August 1870 schrieb, stand doch seine Auffassung seit sehr vielen Jahren fest, und dasselbe gilt von Marx, der vor wie nach 1870 dieselbe Meinung von sich und dieselbe Geringschätzung aller andern besaß. Bakunin konnte diese Herzenskälte von Marx nicht verstehen, der niemandes Freund war. Ebensowenig wie das russische Volk, das Bakunin immer genau von der russischen Regierung, dem russischen Staatsapparat unterscheidet, war das deutsche oder irgendein anderes Volk daran schuld, daß die Existenz der Staaten selbst die Völker einander feindlich oder gleichgültig gegenüberstellt. Weil Bakunin, wenn er von Deutschen, Slawen, Franzosen sprach, seit 1870 beständig in den durch die Staaten und nicht durch die Völker, noch Parteien in erster Linie verschuldeten Gegensätzen und Animositäten wühlte, deshalb war seine Tätigkeit für Deutschland so durchaus unfruchtbar, da eben jeder seiner historischen Ausführungen usw. andere entgegengestellt werden können. Weil er, wenn er Italien oder Spanien oder die Schweiz behandelt, von all diesen Dingen schweigt und den italienischen Nationalismus, den Vater des Fascismus, widerlegt und von sich weist, deshalb war seine Tätigkeit für diese Länder so erfolgreich, rein und ungetrübt. Es ist zu spät, an all dem etwas zu ändern, aber diese Begrenzung der persönlichen Fähigkeiten eines Mannes, der damals alle überragte und dem niemand auf diesem Gebiete entgegentrat, trug zu der einseitigen geographischen Verteilung des Anarchismus bei, die noch heute nicht ausgeglichen ist.

Vom September 1872 bis zum Sommer 1873 beschäftigte man sich mit der Organisation des nächsten internationalen Kongresses, der zunächst als neben dem allgemeinen Kongreß liegender antiautoritärer Kongreß gedacht war, bis sich nach verschiedenen Zwischenstadien zeigte, daß die nominell sich dem New Yorker Generalrat unterstellende, marxgläubige Internationale einfach verflüchtigt hatte und nur den Schattenkongreß mit den von J. Ph. Becker „aus dem Boden gestampften" Delegierten zuwege brachte (September 1873), wodurch sie definitiv erledigt war, bis ihre letzten Atome sich im Juli 1876 in Philadelphia für aufgelöst erklärten.[211]) Bakunin nahm an dieser Entwicklung 1872—1873 jedenfalls durch Rat und Vorbereitung der Kongreßtaktik teil; er korrespondierte rege vor dem spanischen Kongreß von Cordova (Dezember 1872), und mehrere der Resolutionen des italienischen Kongresses von Bologna (März 1873)[212]) beruhen sicher auf Niederschriften von seiner Hand. So die Worte der sechsten Resolution:

„. . . Die Solidarität im ökonomischen Kampf wird als einziges obligatorisches Band unter den Teilnehmern an der Internationale erklärt, und jede Föderation, Sektion, Gruppe und Einzelperson hat volle

---

[211]) S. die Briefe an F. A. Sorge (1906), S. 62—150.
[212]) S. *Werke*, III, S. 257—260.

Freiheit, dem ihr als das beste erscheinenden politischen Programm zu folgen und sich öffentlich oder geheim zu seiner Verwirklichung zu organisieren, immer vorausgesetzt, daß dieses Programm dem Ziel unserer Gesellschaft nicht zuwiderläuft, welches dieses ist: *die vollständige* und direkte Befreiung der Arbeiter durch die Arbeiter selbst . . ."
Dieser Kongreß erklärte auch das nicht obligatorische der Resolutionen und legte unter diesen Verhältnissen den Sektionen bestimmte, einstimmig angenommene, Grundsätze vor, durch die er sich als *atheistisch und materialistisch*, als *anarchistisch* und *föderalistisch* und für das *Kollektiveigentum* erklärt; zu letzterem wird bemerkt, daß „dem Denken und der spontanen Aktion der freien Kommunen und freien Assoziationen die Organisation desselben überlassen" bleibe. — Ueber einen Verteilungsmodus der Arbeitsprodukte spricht man sich hier, wie der ganzen Literatur dieser Jahre, nicht aus; diese Einzelheit, auf die später so großes Gewicht gelegt wurde, dachte man sich der praktischen Erfahrung überlassen.

Es gibt keinen Grund, zu bezweifeln, daß auch das zwischen März und September 1873 in der Frage des allgemeinen Kongresses Geschehene, im einzelnen von Guillaume Besorgte, der sich mit den Belgiern und einigen Internationalen in London verständigte, im Einvernehmen mit Bakunin geschah, obgleich Briefe für diese Zeit fehlen. Aber etwa einen Monat vor dem Genfer Kongreß fand jene Abmachung zwischen Cafiero und Bakunin statt, nach welcher letzterer, um sich der geheimen italienischen Propaganda desto intensiver und ungestörter widmen zu können, erklären sollte, sich von der öffentlichen Propaganda zurückzuziehen. Dem entsprach, daß Bakunin sich während des Genfer Kongresses in Bern aufhielt und daß er in einem am 25. September im *Journal de Genève* gedruckten Brief und in einem Brief an die Genossen der Jurniföderation *(Bulletin,* 12. Oktober 1873; — s. *Werke,* III, S. 261—270) seinen Rücktritt von der Bewegung und Austritt aus der Internationale erklärte. Er konnte sich mit vollem Recht auf den erfolgreichen Kongreß, neben dem das marxistische Kongreßphantom einherschwebte, berufen, auf „den Sieg der Freiheit und der Internationale gegen die autoritäre Intrige . . ." — Er wurde zwar über den Genfer Kongreß durch Guillaume beständig unterrichtet und erhielt nachher den Besuch einer Anzahl der Delegierten, aber eine Teilnahme irgendwelcher Art von seiner Seite ist nicht nachzuweisen und auch nicht wahrscheinlich, da der Kongreß ganz besonders Guillaumes Taktik zu verwirklichen bestimmt war, der gegenüber Bakunin wohl ebenso skeptisch blieb, wie Guillaume es seiner Förderung revolutionärer Aktion gegenüber war.

Das Frühjahr und der Sommer 1873 brachten die bedeutendsten anarchistischen Werke jener Jahre — die drei russischen Bände *Ausgaben der sozialrevolutionären Partei,* in Zürich, dann in Genf und London gedruckt, zuerst *Istoritscheskie Rasvitie Internacionala* (Die historische Entwicklung der Internationale), I, 1873, 375 S., eine Auswahl Bakuninscher, jurassischer und belgischer Artikel und Reden, der weitere, das Leben der Internationale illustrierende Bände hätten folgen sollen; — dann *Staatlichkeit und Anarchie*, 1873, 308 und 24 S.; — endlich *Anarchija po Prudona* (Die Anarchie nach Proudhon, 1874, III, 212 S.; von James Guillaume, mit einer Begründung des Kollektivismus gegenüber dem Mutualismus schließend). — Ferner im Mai das *Mémoire* . . . (Mémoire, vorgelegt allen Föderationen der Internationale von der Juraföderation; Sonvillier, 1873, 285, 139, 1 S., 8°; von James Guillaume, mit Beilagen von Bakunin u. a.), das Hauptwerk zur Kenntnis der Internationale jener Jahre, das natürlich in Guillaumes *L'Internationale*, 1905—1910, eine ungeheure Erweiterung und intime Vertiefung gefunden hat. — Damals erschien auch *K russkim revoljucioneram* (An die russischen Revolutionäre; September 1873, 14 S., 16°), eine auf großer Indiskretion beruhende Bearbeitung eines intimen russischen Programms Bakunins von 1872, gedruckt in Genf.

Die Briefe an F. A. Sorge, z. B. der vom 16. November 1872 (Engels), zeigen nur zu deutlich, wie begierig Marx und Engels die Macht des New Yorker Generalrats durch speziale Bevollmächtigungen wieder an sich zu ziehen suchten. Wenn daher Marx nach dem absoluten Fiasko am 27. September 1873 schrieb: „. . . nach meiner Ansicht von den europäischen Verhältnissen ist es durchaus nützlich, die formelle Organisation der Internationale einstweilen in den Hintergrund treten zu lassen" usw., so machte er aus der sehr großen Not eine sehr späte Tugend: der Hintergrund war für seine Richtung längst da. Marx stand damals sehr isoliert; von der deutschen Sozialdemokratie haßte er die Lassalleaner und schätzte die von Liebknecht und Bebel gewonnenen früheren demokratischen Vereine, die Eisenacher, gering; das Gothaer Vereinigungsprogramm war ihm ein Greuel (1875; s. *Neue Zeit*, IX, S. 561—575, 1891). Die Internationale hatte er rücksichtslos seinem persönlichen Ehrgeiz zum Opfer gebracht und in die einst einander so freundlichen Arbeiter verschiedener Länder und Richtungen das Parteigezänk, den Parteihaß und das Zugrunderichten von Organisationen hineingebracht, die seine ganze öffentliche Tätigkeit, seit 1842, charakterisieren.

Die anarchistischen Ideen, in ihrer Propaganda gestört und aufgehalten, hatten durch diese fanatische Bekämpfung durch einen so anerkannten autoritären Sozialisten viel Klärung erfahren; man verstand nun erst ganz das Wesen des autoritären Sozialismus, der sich für berufen hielt, der Ankläger, Richter und Henker jedes anderen Sozialismus zu sein. Diese harte Schule, der Mord der Proletarier der Commune durch die Bourgeoisie und die 1871—1872 versuchte Niederhetzung der freiheitlichen Sozialisten durch ihre bisherigen autoritären Genossen der Internationale, härtete und stählte den Anarchismus, der nun all seine Feinde kannte.

So gut es war, nun die ganze Wahrheit zu kennen, so bestand nach meiner Auffassung dieser Nachteil, daß all dies — und die wachsenden Verfolgungen in Spanien, Südfrankreich, Italien usw. — zwei Folgen hatte: es ergab sich für manche ein Gefühl der Isolierung, das sie zur schärfsten Ausprägung ihrer Ansichten trieb, aber dadurch gerade von der größeren Menge, dem allgemeinen revolutionären und sozialen Milieu trennte. Andere aber suchten dem zu begegnen, indem sie dieser Menge näherzukommen suchten, was nur zu einer Rückentwicklung führte. Wahrscheinlich fehlte die große Persönlichkeit Bakunins, den einige zu früh entbehren zu können glaubten. All dies, später näher zu Schildernde, läßt mich die Zeit von der zweiten Hälfte 1873 ab als eine Wende betrachten, der eine Verengerung des anarchistischen Stroms folgte. Ich glaube aber, gezeigt zu haben, daß er der wahre Lebensstrom der Internationale gewesen war, vom Mutualismus zum Kollektivismus, von Proudhon über De Paepe zu Bakunin, und auf jeden Fall war er stark genug, um über trübe Jahre hinwegzuführen, bis neue Kräfte zahlreicher heranwuchsen.

XIII.

Die antiautoritäre Internationale 1873—1875;
César De Paepe und James Guillaume.

Die Kämpfe, welche seit 1872 das freundliche Zusammenleben verschiedener sozialistischer Richtungen in der Internationale unmöglich machten, waren in letzter Linie die eines vollen und ganzen Sozialismus und eines unvollständigen, partiellen Lösungen zustrebenden. Die Worte Sozialismus und soziale Demokratie, Sozialdemokratie drücken dies aus, das ganze und das partielle. Der frühere Sozialismus suchte immer ein Ganzes zu sein, ob autoritär oder freiheitlich; die soziale Demokratie glaubte einen eigenen Weg gefunden zu haben, mit parlamentarischer Demokratie die heutige Gesellschaft sozial zu färben und dann durch die Diktatur Hand an sie zu legen und ihren Sozialismus, den Staatssozialismus, zu dekretieren und mit behördlicher Gewalt gegen Alle, Bourgeoisie, Volk und andersdenkende Sozialisten durchzuführen. Sozialdemokratie und was man seit Ende 1917 als Bolschewismus gesehen hat, sind identisch; ein von Sozialdemokraten votiertes Gesetz würde mit den Zwangsmitteln ihres demokratischen Staates durchgeführt werden, wie ein Dekret des sowietischen Regierungsapparats mit den Zwangsmitteln des bolschewistischen Staates durchgeführt wird. Diese Richtung hat dem wirklichen Sozialismus ungeheure Kräfte entzogen, und ihre numerischen Erfolge, die vielen Millionen von Mitgliedern oder Stimmen, beweisen nur, wie unendlich groß der Schade ist, den diese zwischen die Menschheit und ihre Befreiungshoffnungen getretene Richtung verursacht hat. Seit damals stehen die wirklichen Sozialisten stets zwei tödlichen Feinden gegenüber, statt einem, dem Kapitalismus und dem Staat *und* der sozialdemokratisch-bolschewistischen Phalanx.

In gleicher Weise waren andere partielle Befreiungsversuche unzureichend, obgleich durchaus *nicht* schädlich, weil sie ihren partiellen Charakter ehrlich bekannten und nicht den Anspruch erhoben, den wirklichen Sozialismus zu ersetzen oder der wirkliche Sozialismus zu sein, wie es der Marxismus in seinen sozialdemokratisch-bolschewistischen Verkörperungen tut.[213]) Auch die *Freidenker*bewegungen, die aus

---

[213]) Soweit die Sozialdemokratie für einzelne Reformen eintrat, war sie nützlich, wie der englische ausschließliche Tradeunionismus nützlich war und jeder Hygieniker oder Arzt nützlich ist. Wenn sie aber, gerade wie früher der Tradeunionismus, jeden andern Sozialismus ersetzen will und bekämpft, dann ist sie ein feindlicher Faktor durch Ueberhebung, Herrschsucht und Hinderung der natürlichen Entwicklung. Was Marx 1871—1872 in der Internationale versuchte, die Usurpation einer Alleinherrschaft im Sozialismus, wurde von da ab Tag für Tag dreister verkündet und seit 1917 von Lenin in seinem Machtbereich durch Blut und Kerker vorläufig erzwungen.

der reichen Wissenschaft des neunzehnten Jahrhunderts zu überwälti-
gender Kraft hätten gelangen können, entwickelten sich nicht ausreichend, weil sie vor politischen und sozialen Fragen haltmachten.
Ebenso verurteilte sich der *Föderalismus* in all seinen Formen zur Un-
fruchtbarkeit, weil er weder die Unvereinbarkeit der Staaten mit seinem
Ziel erkannte, noch einsah, daß erst ein sozialer Föderalismus, die
Gruppierung der zahllosen sozialen Assoziationen, dem politischen
Föderalismus wirkliche Treibkraft geben konnte und umgekehrt. Alles
steht im Zusammenhang mit Allem, und das sich Isolierende bleibt
kraftlos: dies macht den Sozialismus wie ihn Bakunin und seine Genossen erfaßten, als allseitige Befreiung, lebenskräftig, damals wie heute,
und versetzt die Gegner von 1871—1872 in die Lage, in der sie sich
heute befinden . . .

Unter solchen Verhältnissen, denen sich viele andere Ursachen anschlossen, verlief das eigenartige Aufflammen des Föderalismus in der
spanischen Republik des 11. Februar 1873, das man *Kantonalismus*
nennt und das mit einer so großen Blüte der Internationale grade in
Südspanien zusammenfiel, recht fruchtlos.

Ueber die Ziele des Kantonalismus schrieb später ein bekannter
portugiesischer Föderalist[214]: „. . . Wie soll man Provinzen und Gemeinden, Länder und Gegenden zentralisieren und vereinheitlichen, die
so verschiedene Sprachen, Sitten, Tendenzen und Temperamente besitzen?"

„Dies bemerkten auch 1873, als die Bundesverfassung geplant wurde,
die Kantonalisten dieses Landes. Den Feldmessern des Föderalismus,
die das Landesgebiet in eine Anzahl von Regionen zerschnitten, die sich
nach ihrem Belieben in Unterabteilungen teilen sollten, erwiderten sie
mit Recht, daß man den Föderalismus nicht in abstrakte, vorher-
bestimmte Rahmen einpferchen kann, daß ein Föderativrégime auf einem
Vertrag beruht, daß nur mehrere zusammen einen Kontrakt abschließen
können, daß also zur Bildung eines föderativen Spaniens mit der Befreiung der Provinzen begonnen werden müsse, kurz, man müsse, wie
sie sagten, die Föderation *von unten nach oben machen* [Worte, die
Bakunin beständig gebrauchte]. Dies war unbestreitbar, aber zugleich
war es zu neu, um verstanden zu werden. Gewiß gibt es kein anderes
Mittel, um zu einer föderativen Organisation zu gelangen . . ."[215]

Die „Intransigenten", wie sie zuerst genannt wurden, gingen bald
mit der Tat vor, und eine ganze Reihe südspanischer Städte und

---

[214] Magalhães Lima in *La Fédération Ibérique* (Die iberische, d. h. Spanien und
Portugal umfassende, Föderation), Paris [1892], S. 97—98.

[215] In dem 1873, aber vor den eigentlichen Kämpfen erschienenen kleinen Buch
The Abolition of the State von Dr. S. Engländer (London) wird das Vorgehen
der spanischen Föderalisten „der erste Fall in der Geschichte" genannt „von
einem Land, das seine Einheit aufgibt, nachdem es Jahrhunderte hindurch an
der Ueberwindung des Provinzsystems gearbeitet hatte. Orenses Partei ist daher
der erste praktische Ausdruck einer Bemühung, den Staat abzuschaffen . . .",
S. 181; s. S. 177—182.

Gegenden erklärten sich als souveräne Kantone, wobei das ältere Schweizer Vorbild, dort graduell durch den Zentralismus abgeschwächt, vorschwebte. Wie in der Schweiz, bekämpften die spanischen zentralistischen Republikaner die insurgierten Städte, und zwar durch von Stadt zu Stadt ziehende Armeen, die einen Kanton nach dem andern zur Unterwerfung brachten, bis auf die Festung und Hafenstadt Cartagena, die monatelang belagert wurde. Es ist unnötig, zu sagen, daß hierdurch der Militarismus wieder in die Höhe kam, und im Januar (2.—3.) 1874 ein General die Republik stürzte und ein Alfonso, der Vater des jetzigen, als König eingesetzt wurde.

Die Föderalkommission der Internationale bespricht diese Vorgänge in ihrem Bericht an den Genfer Kongreß (Madrid, 19. August; *C.-r.*, S. 13—26). Die Internationale sah sich durch die Februarrepublik härter, verfolgt als durch die Monarchie, und als dann Pi y Margall, Föderalist, aber Gegner der Kantonalisten (Intransigenten) Minister wurde, mochten mit Bakunin revolutionäre Pläne besprochen werden, ja er wurde dringend eingeladen, nach Barcelona zu kommen, wozu er im Juli bereit war; doch waren, wie im einzelnen bekannt ist, die Mittel zu dieser Reise nicht aufzubringen. Im Juli waren lokale Arbeiterkämpfe in San Lucar de Barrameda bei Cadix und besonders in Alcoy, 7.—12. Juli, revolutionäre Ereignisse, bei denen die lokale Internationale an erster Stelle stand, die aber nicht zu einer Ausdehnung der Bewegungen führten, sondern mit Scheinsiegen oder Kompromissen abschlossen. „. . . Nach der Bewegung von Alcoy (à la suite du . . .) — sagt der erwähnte Bericht — erhoben sich die *intransigenten* (unversöhnlichen) Föderativrepublikaner mit den Waffen gegen die *wohlwollenden* (bénévoles) oder *platonischen* Föderativrepublikaner, welche die Regierung bildeten, um auf revolutionärem Wege die Kantone oder Staaten der spanischen Republik zu bilden. Cartagena, Murcia, Cadix, San Fernando, Sevilla, Granada, Valencia, Salamanca und andere kleinere Städte und der größere Teil der Flotte unterstützten die kantonalistische Bewegung . . .“

Die Internationalisten sahen in den Kantonalisten vor allem lokale Bourgeoispolitiker, und während manche oder viele von ihnen sich an den unmittelbaren Kämpfen beteiligten, stand die Internationale als ganzes abseits. In Barcelona wurde ein allgemeiner Streik proklamiert, der aber, soweit er überhaupt stattfand, nicht die Aktion ersetzte. Eine solche Aktion fand in geringem Umfang dadurch statt, daß sich einige der engsten Genossen des Rathauses bemächtigten, aber sie waren in der eigentümlichen Lage, nicht angegriffen zu werden und ihrerseits nicht weiter angreifen zu können, und alles verlief im Sande.

Bakunin, dessen ganze Korrespondenz für diese Zeit verloren ist und der im September in Bern die spanischen Delegierten auch selbst sah, schrieb im Juli 1874: „. . . die spanische Revolution war jämmerlich fehlgeschlagen aus Mangel an Energie und revolutionärer Leidenschaft bei den Führern wie bei den Massen . . .“

Diese Vorgänge sind nie genauer besprochen worden,[216]) da in Spanien eine zu offener und gründlicher Aussprache geeignete Zeit nie kam; doch sind manche persönliche Eindrücke bekannt, aus denen eine gewisse Erklärung hervorgeht. Leider ist Bakunins Rat vor dem Juli 1873 nicht bekannt; wäre er im Juli in Barcelona gewesen, hätte sich die Situation von Lyon 1870 unter günstigeren Verhältnissen erneuern können. Er hätte nicht bessere Einzelelemente finden können: die wohlorganisierte, von den Ideen der Alianza durchdrungene Internationale, die revolutionäre Arbeiterstadt Barcelona mit ihrem natürlichen katalonischen Gegensatz gegen das offizielle, kastillanische Madrid, die südspanischen Landarbeiter und Bauern, proletarisiert, erbittert und immer aufstandbereit und die politisch extremradikalen, gesamtstaatfeindlichen Kantonalisten. Gewiß hätte Bakunin diese Elemente zu verbünden gesucht, Arbeiter und Bauern, Internationale und politische Föderalisten, und hätte sie vor allen Zusammenarbeit, wirkliche Föderation an Stelle trotziger Isolierung gelehrt. Ob ihm dies in der kurzen Zeit gelungen wäre, ist gewiß sehr fraglich. Daß ihn aber das, was wirklich geschah, befriedigen konnte, war unmöglich.

Die Internationalisten, vielleicht durch das Beispiel der Commune von 1871 gewarnt, bei welcher die vorgeschrittenen Ideen einzelner in der Masse untergingen, verwarfen jede Zusammenarbeit. Sie wollten auch nicht als Führer auftreten und warteten auf das Volk, und das Volk mag auf sie gewartet haben. Genug, sie wahrten eine prinzipielle Korrektheit, die sie aber außerhalb der Ereignisse stellte, die an ihnen vorüberfluteten. Es soll bei den spanischen Unruhen von 1898 ähnlich gewesen sein. Die „rote Woche" in der Romagna im Juni 1914 scheint mir zum erstenmal ein verschiedenes Bild zu bieten.

Gewiß fehlte es später nicht an Bakunins intimer Kritik, und die für den Sommer 1874 vorbereitete *italienische* Insurrektion soll dem Wunsch der jungen Italiener, besonders von Andrea Costa, entsprungen sein, der besseres als die Spanier zu leisten unternahm. Aber grade durch Costa, so rührig er, wahrscheinlich seit Dezember 1873, diese Bewegung vorbereitete, soll auch diese um ihre Aussichten gebracht worden sein.[217]) Denn

---

216) Die Erklärung der Föderalkommission über Alcoy (14. Juli; *La Federación,* 26. Juli) führt Lorenzo an *(El Prol. mil.,* II., S. 142—149). — Bekannt sind die gehässigen Artikel von Engels, *Die Bakunisten an der Arbeit (Volksstaat,* Leipzig, 31. Okt., 2. Nov. 1873; als Broschüre, 16 S., 8º), der eine schadenfrohe Denkschrift der Richtung Lafargue, die von José Mesa sein dürfte, benutzt; s. dazu Jura-*Bulletin,* 9. und 16. November 1873. — *Cartagena o la Rivoluzione del Cantone Murciano* Memorie d* un Pirata (Lodi, 1875), 148 S., 12º); — *L'intervention allemande dans les affaires d'Espagne* von Antonio de la Calle (Genf, 1875, 108 S.); — die nur militärische Beschreibung der langen Belagerung von Cartagena von dem General Lopez Dominguez (Madrid, 1877) usw. — Die gewiß vorhandene spanische Spezialliteratur über die ganzen Ereignisse von 1873 ist mir nicht bekannt.

217) Dieser umfangreiche Gegenstand, die Augustbewegungen von 1874, ihre Vorbereitung und ihre Folgen, ist noch nicht wirklich durchforscht worden; ich habe 1900 alles damals erreichbare und Bakunin näher betreffende Material zusammengestellt, *Biogr.* S. 791—814; seitdem kam manches Neue dazu, das meiste ist aber

diesmal bestand, wahrscheinlich durch Bakunin unterstützt, die Absicht, mit Garibaldi und revolutionären Mazzinisten zu einem gewissen Einverständnis zu gelangen, — etwas, dem gegenüber Costa, immer seiner Natur nach persönlich und ehrgeizig, sich ablehnend oder gleichgültig verhielt. Er wollte alles allein machen, und den umfassenden Vorbereitungen fehlte die Gründlichkeit. Die erste Hälfte 1874 brachte eine ökonomische Krise, viele lokale Unruhen und daher die Hoffnung, daß eine im Anfangsstadium siegreiche Revolution leicht allgemeine Verbreitung finden würde.

Aber es wurde der Fehler begangen, den Beginn der Aktion konspirativ willkürlich festzusetzen, statt in eine der ohnedies stattfindenden lokalen Volksbewegungen (Teuerung, Mahlsteuer usw.) kräftig einzugreifen und von hier aus vorzuschreiten. Hier sei nur erwähnt, daß nach Costas plötzlicher Verhaftung [Abend des 5. August] Bakunin, der sich in Bologna befand, mit den dortigen Genossen beratend, offenbar nichts anderes mehr tun konnte, als die vorhandenen Pläne schnell zur Durchführung zu bringen. In der Nacht vom 7. zum 8. August sollte außerhalb Bolognas und von Imola her gehandelt werden, um in Bologna bewaffnet einzudringen, aber die sich zur Verfügung stellenden Kräfte entsprachen so wenig den in sichere Aussicht gestellten, daß die Aktion zusammenbrach, bevor sie — von dem nächtlichen Marsch aus Imola auf Bologna zu und der Waffenverteilung auf den Prati di Caprara abgesehen — ernstlich begonnen hatte.

Von den drei *bollettini,* geheim gedruckten Bulletins dieser Bewegung, dürfte das erste, Januar 1874 datierte *(Biogr.,* S. 797—798) von Costa italienisch redigiert worden sein und mit Bakunin besprochen. Das zweite, sehr lange, vom März 1874, ist nur durch wenige Auszüge bekannt; ob es ein Manuskript Bakunins wiedergibt, läßt sich daher nicht sagen. Das dritte, vom August datierte *(Biogr.,* S. 804—805) scheint mir in letzter Stunde von Bakunin verfaßt zu sein und wurde vielleicht von Alceste Faggioli am 6. August italienisch redigiert. Es ist ein glühender Appell zur sozialen Revolution an die Proletarier und an die Soldaten, die man ihnen entgegenstellen würde.

So mißlang auch dieser Versuch und wieder, neben andern Ursachen, durch seine Isolierung vom Volke, — eine Isolierung, die in Spanien doktrinär, in Italien konspirativ gewesen war.

Die nach dem monarchistischen Staatsstreich in Spanien im Januar 1874 als öffentliche Organisation verbotene Internationale bestand als geheime Organisation weiter. In Italien war die öffentliche Existenz

---

durch den Tod der allermeisten Hauptteilnehmer verloren. — Malatesta war während der Entstehung dieser Pläne noch eingesperrt und beschäftigte sich später intensiv mit der lokalen Vorbereitung und Aktion in Süditalien, so daß er für den Kreis in Locarno (Costa, Cafiero, Bakunin u. a.) und für die Hauptaktion in Mittelitalien (Romagna, Marken und Toscana) nicht als direkter Teilnehmer und Zeuge oder Kenner von allem in Betracht kommt.

der Sektionen im Lauf von 1873 längst eine ganz prekäre geworden[218]),
so daß die Massenverfolgung vom August 1874 nicht mehr viel zerstören
konnte; wohl aber traf sie die meisten tätigen Genossen, die bis zu den
großen Prozessen, deren letzter im Juni 1876 endete, eingesperrt und
dann freigesprochen wurden. Einige lebten im Exil, aber die Initiative
war für über ein Jahr gebrochen, bis sich seit dem Herbst 1875, mehr
noch seit Mitte 1876 alles wieder zusammenfand.

Für diese militanten Föderationen hatte der äußere Rahmen der
Internationale seine Bedeutung verloren; ihre Handlungen wurden in
den autoritär orientierten Ländern nicht verstanden und kaum beachtet.
Ihre einzigen Genossen blieben die Föderationen im Jura und in Teilen
von Belgien. Dieselben waren durch die Lage ihrer Länder immer ak-
tionsunfähig, aber wertvolle Stätten theoretischer Entwicklung und einer
gewissen syndikalistischen Praxis. In diesem kleinen Kreis, zu dem
stets einige französische und russische Kreise gehörten, lebte der Anarchismus der Internationale einige Jahre, bis weitere theoretische und
taktische Entwicklungen stattfanden, denen noch eine Zeit der theoretischen und praktischen Defensive vorausgehen mußte.

Die Reorganistation der Internationale durch den *Genfer Kongreß,*
1.—6. September 1873[219]), konnte also der Gesellschaft keine äußerliche
Prosperität wiedergeben, da sie in ihren drei Hauptverbreitungsgebieten,
Spanien, Italien und Frankreich geächtet war oder bald wurde, aber sie
genügte, ein kameradschaftliches Milieu zu schaffen, das von dem durch
den Hochmut von Marx und Engels, durch die Geringschätzung kontinen-
taler Bewegungen durch die englischen Gewerkschaftsfunktionäre usw.
geschaffenen wenig solidarischen Milieu der Londoner Jahre 1864—1870
abstach, von der unerträglichen Zeit von 1871—1872 ganz abgesehen.

Der hier nur ganz kurz zu betrachtende Kongreß vereinigte Jurassier
(Guillaume, Spichiger, Alfred Andrié), Belgier (besonders Laurent
Verrycken, Brüssel und Victor Dave, Verviers), Spanier (R. Farga
Pellicer, J. Garcia Viñas, José Marquet und den dort eingelebten Franzosen Alerini), Italiener (besonders Andrea Costa), Franzosen (L. Pindy
und Paul Brousse, Anarchisten, J. Montels und A. Claris, Communalisten,
und A. Perrare, F. Dumartheray, Andignoux, Ostyn, Delegierte einer
unabhängigen Sektion L'Avenir in Genf, die sich dem kommunistischen
Anarchismus zu nähern begannen) und den Russen N. Joukovski, —

[218]) Eine Schilderung des Zustandes von 1873—1874 enthält der lange Brief des
Comitato Italiano per la Rivoluzione sociale, in dessen Namen die erwähnten
drei Bulletins erschienen, an den Brüssler Kongreß, September 1874 (2 S., 4°;
C.-r., S. 29—32; auch *L'Int.,* III, S. 215—217. Der Verfasser ist nicht bekannt;
Bakunin war es bestimmt nicht.

[219]) S. *Compte-rendu officiel du sixième congrès général . . . tenu à Genève du
1er au 6 Septembre* 1873 (Locle, au siège du Comité Fédéral Jurassien, 1874,
119 S., 8°); *L'Int.,* III, S. 108—134. Nach S. 116, Anm. 3 besaß Guillaume noch
1909 das vollständige stenographische Protokoll, dessen die privaten Sitzungen
betreffender Teil nicht gedruckt ist. Hoffentlich wird dieses Manuskript noch zu
Tage gefördert werden.

ferner John Hales und Georg Eccarius aus London, alte Generalrats-
sekretäre und einen wenig ausgeprägten Holländer, van den Abeele;
Victor Cyrille vertrat italienische Sektionen.

Die Verhandlungen waren die offensten und aufrichtigsten aller
internationalen Kongresse. Man hatte gemeinsam die autoritäre Gefahr
besiegt und hatte freie Bahn vor sich, ebenso waren Personen, die in
gewissem Grade die andern überragten, nicht vorhanden und ebenso
waren wenige durch irgendeine Rücksicht gebunden, indem alle Organisationen ohnedies im Kampf standen und es kein Zurück mehr gab.
So kam ganz heraus, was in jedem selbst steckte, und da zeigten sich
nun die langsam, aber sicher entwickelten Eigenartigkeiten der einzelnen, die in ihrem Milieu und ihrer persönlichen Art wurzelten. Was
in den folgenden Jahren geschah, liegt hier im Keim vor uns. Wir
sehen die Art James Guillaumes, der mit ruhiger Ausdauer eine praktische Mittellinie durchzusetzen weiß, dann die Spanier mit ihrem
getragenen Ernst und ihrer starren Entschlossenheit, dann den unruhigen,
kapriziösen Costa und den sich immer noch um eine Nuance weiter links
stellenden Brousse, eine gewisse kluge Ruhe und Verständigkeit der
Belgier, die Leute der Sektion L'Avenir, die sich eigentlich als eine jenseits all dieser Organisationsfragen stehende anarchistische Gruppe
fühlten und so der Gegenpol Guillaumes waren, der durchaus die alte
Internationale in freien Formen rekonstruieren zu können hoffte; wie
unmöglich dies war, zeigt die Verständnislosigkeit der John Hales und
Eccarius, die wirklich durch nichts mit dem Freiheitswillen, der alle
andern beseelte, verbunden waren.

So interessant es ist, im einzelnen zu beobachten, wie jeder in den
Organisationsvorschlägen das Maximum von Freiheit mit allerlei gegebenen Verhältnissen praktisch zu vereinigen suchte, ein freundlicher
und sehr lehrreicher Wetteifer, muß ich auf nähere Angaben verzichten;
selten wurden diese Fragen so aufrichtig besprochen.

John Hales, der einstige Generalsekretär, weiß von der *Anarchie* nur
zu sagen, daß sie „Individualismus" bedeutet und mit dem Kollektivismus unvereinbar sei (S. 56). Viñas sagt ihm: „Anarchie bedeutet Organisation der ökonomischen Ordnung und Negierung der politischen
Autorität", und Brousse bemerkt, sie sei „die absolute und vollständige
Negation jeder materiellen Autorität." „Sie ist die Abschaffung des
Regierungswesens, die Durchführung des Vertragsrégimes: Verträge
zwischen den Arbeitern, den Gemeinden, den Körperschaften" (S. 59).

Der *allgemeine Streik* wird in den privaten Sitzungen besprochen,
worüber erst 1910 Einzelheiten bekannt wurden; s. *L'Int.* III, S. 116—119,
120—121, — eine denkwürdige erste Diskussion; man fühlt, daß ein
solcher Streik die Revolution herbeiführen würde, man ist sich über das
illusorische der Einzelstreiks klar, aber man will weder das Mittel der
Einzelstreiks noch die direkte Revolution (in kommunalistischer Form)
aufgeben und endet mit einer unverbindlichen, gewerkschaftliche Organi-

sation empfehlenden Resolution. Viñas hatte bemerkt, daß die Streiks die Arbeiter von der revolutionären Bewegung fernhalten; „wenn in Spanien die Arbeiter nicht so von ihren zahlreichen Streiks absorbiert gewesen wären, wären sie vielleicht besser auf ihre volle Befreiung drauflos marschiert." Er dachte an den Juli 1873, wo man in Barcelona friedlich gestreikt hatte, statt sich zu empören, bemerkt Guillaume (S. 118, Anm. 2).

Die Gruppe Dumartheray-Perrare will durchaus die Internationale auf Handarbeiter beschränkt wissen, was zu einer langen, geduldigen Auseinandersetzung führt, — eine Nachwirkung der Erbitterung über den Mißbrauch ihrer geistigen Kraft, wie Marx und andere ihn betrieben hatten, und gleicher Erscheinungen in der Commune, in Genf und sonst; sie bleiben, bis auf einen Dave persönlich feindlichen belgischen Arbeiter, vereinzelt.

Die revidierten Statuten (C.-r., S. 115—119) erklären nun die volle Autonomie der Föderationen und Sektionen, die Nichtabstimmung über Prinzipienfragen auf den Kongressen, die Abstimmung in Verwaltungsfragen nach Föderationen, von denen jedesmal eine den nächsten Kongreß vorbereitet; in der Zeit bis dahin ist sie Föderalbureau der Gesellschaft, d. h. sie sammelt und verbreitet die Kongreßfragen und kann für Streiks, Statistik und Korrespondenz zwischen den Föderationen vermitteln, soweit diese dies wünschen. Als Föderalbureau wurde die belgische Internationale bestimmt und als Kongreßort für 1874 Brüssel.

Mehr konnte dieser Kongreß nicht tun, da eben im allgemeinen Uebereinstimmung bestand und jede Gruppe eine verschiedene Lage vor sich hatte. Von Spanien sagte Viñas (S. 108), in einem Jahr werde man sich dort in voller sozialer Revolution oder (was tatsächlich eintraf) in voller Reaktion befinden. Ob Costa schon seinen Plan für 1874 hegte oder nicht, läßt sich nicht sagen. Im Jura hatte man intensive syndikalistische Lokalarbeit vor sich; die im Berner Jura am 3. August beschlossenen Resolutionen geben einen Einblick (L'Int., III, S. 104—106), genauer noch das Bulletin, das sich nun nach Abschluß der allgemeinen Kämpfe recht lokalisiert. In Frankreich gab es nur geheime Tätigkeit, und in Belgien begann schon die Krise, die durch das Eingehen der Liberté, 1. Juli 1873, der L'Internationale, Ende 1873 charakterisiert ist; die von V. Dave redigierte, etwas schärfer auftretende La Science populaire (Verviers, seit 27. Oktober 1872) war schon am 30. März 1873 (Nr. 22) erloschen, und ein in Lüttich 1873—1876 erschienenes Blatt L'Ami du Peuple war zwar längere Zeit anarchistisch, zeigt aber dann merkwürdige blanquistische Anwandlungen, so daß eigentlich nur der alte Mirabeau in Verviers übrig blieb. Dieses von Ende Dezember 1867 bis 1880 erschienene Blatt ermattete aber schon in den hier besprochenen Jahren, noch mehr aber kamen die vlämischen Blätter, De Werker, seit 1867 in Antwerpen erscheinend, u. a. als revolutionäre Organe in Wegfall, ebenso längst die einst so frischen Studentenzeitschriften.

Dieser Verfall in Belgien — Entmutigung nach dem Fall der Commune und ökonomische Krise[220]) — führte auch zur Verlegung des belgischen Föderalrats aus Brüssel nach Verviers (Ende 1873), während der frühere Föderalrat das internationale Bureau bildete, dessen Tätigkeit nur eine sehr geringe sein konnte, da man schließlich so weit war, es nicht ernstlich zu brauchen und es sich ebensowenig eine weitere Ausdehnung der Internationale zur Aufgabe stellte. Für letzteres hatte eigentlich der Genfer Kongreß keine Aufmerksamkeit gehabt; es war, wie wenn die Expansionskraft der Internationale erschöpft wäre, und sie war es auch, indem von nun ab, fatalistisch möchte man sagen, die Sozialisten getrennt ihres Weges gingen, hier Sozialdemokraten, dort Anarchisten, hier Tradesunions und reformistische Gewerkschaften, dort Fachvereine syndikalistischer Art und, nur in Spanien, starke revolutionäre Gewerkschaften.

In Brüssel hatte sich der Kreis der *Liberté* zerstreut, und die Theoretiker, speziell De Paepe, bereiteten eine geistige Rückentwicklung vor. Dies begann mit dem Brüssler Vorschlag, den der belgische Kongreß in Lüttich zu Pfingsten 1874 annahm, dem internationalen Kongreß die Frage vorzulegen: *Durch wen und wie werden in der neuen sozialen Organisation die öffentlichen Dienste* (services publics) *ausgeführt werden?*

Der internationale Kongreß (Brüssel, 7.—13. September 1874)[221]) hatte eine sehr schwache Delegation; von den Belgiern sind nur D. Brismée, C. De Paepe, J. N. Demoulin, P. Bastin, Ph. Coenen und L. Verrycken bekanntere Personen; dazu kommen A. Schwitzguébel (Jura) und Rafael Farga Pellicer (Spanien); letzterer mußte sich J. Gomez nennen, um nach Spanien zurückkehren zu können, wo die Internationale nur im geheimen weiterbestehen konnte. In Italien brachten die Augustereignisse ja alle in den Kerker oder ins Exil. Eine Pariser Sektion war noch vertreten, und kurioserweise kamen zwei deutsche Lassalleaner, Karl Frohme und einer, der sich Faust nannte, beide natürlich prinzipiell unerschütterlich ablehnend. Endlich war auch G. Eccarius aus London anwesend und ein unbekannt gebliebener Russe.

---

[220]) Victor Dave erzählte mir viel von verzweifelter, zu einem revolutionären Ausbruch drängender Stimmung der Weber im Vesdretal (Verviers). Ihren Hoffnungen, man werde in Brüssel eine solche Bewegung kräftig unterstützen, folgte aber schwere Enttäuschung — wie 1868 im Fall der streikenden Bergarbeiter. Dies brach der Internationale als vermutetem revolutionärem Faktor den Hals. — V. Dave hatte 1873 in Verviers einen schweren persönlichen Konflikt, der ihm für Jahre die unmittelbare Bewegung verleidete. Hierüber liegen Schriftstücke vor, die ich in meiner biographischen Skizze Daves *(Fr. Arbeiterstimme,* NewYork, 1923) bereits verwendete. Bedauerlich ist, daß diese in der *Science populaire* tüchtig hervorgetretene Kraft dadurch für Verviers und Lüttich, wo er sich am meisten betätigt hatte (auch in Holland vorher), verlorenging.

[221]) *Compte-rendu officiel du septième Congrès général* . . . (Verviers, 1875, 222 S.); *L'Int.,* III, S. 210—235.

Diesen Kongreß charakterisiert der Abfall *De Paepes*, der bis 1869 auf theoretischem Gebiet vorangeschritten war, ohne sich allerdings je der revolutionären Praxis zu nähern, und der in den Jahren der Krise 1870—1872 sich persönlich stark im Hintergrunde gehalten hatte. Für ihn ist die Frage zwischen Staat und Anarchie noch offen, und Belgien schwankt noch zwischen den Richtungen An-archie in Spanien, Italien und im Jura und Arbeiterstaat (Etat ouvrier) in Deutschland und England. Er selbst hält es für praktischer, daß die Föderationen, statt sich ins unbekannte und unvorgesehene zu stürzen, sich der Leitung der Staaten bemächtigen und sie in Arbeiterstaaten umwandeln. Dies werde meist so geschehen, und die Arbeiter würden es einfacher und leichter finden, sich der bestehenden Staaten zu bemächtigen, als alles abzuschaffen und dann wieder zu organisieren. Für ein Land wie Spanien begreift er, daß es sich ganz von neuem, von unten nach oben, rekonstruieren will. Er sieht aber in der anarchistischen Revolution die Gefahr des Mangels allgemeiner Leitung und bei der vorhandenen Unwissenheit ein Spielfeld für Ehrgeizige.

Nun, hiermit schaltete sich De Paepe selbst als freiheitlicher Vorkämpfer aus, der eine Sache, die ihm teuer ist, fördert und ihr nicht alle möglichen Prügel zwischen die Füße wirft. Sein *Rapport* für die Brüsseler Sektion, S. 74—163 des Kongreßprotokolls[222]), ist eine Utopie der Abgrenzung der Funktionen einer „befreiten Gemeinde" und eines „entwaffneten Staates". Wenn ein bisher staatsgläubiger Sozialist sich zum Communalismus weiter entwickelte, war das ein Fortschritt; wenn ein Mann wie De Paepe, den man der Anarchie ergeben glaubte, zu diesem sozialen Communalismus zurückgleitet, war dies der vollste Rückschritt.

Brismée will gar keinen Unterschied zwischen den Brüssler und den jurassischen Auffassungen wahrnehmen. Die lokalen Arbeiterföderationen, meint er, brauchen im gegebenen Augenblick nur von den Gemeindeverwaltungen und dem Staat Besitz ergreifen, und die Arbeiterklasse wird an Stelle der Bourgeoisklasse getreten sein; sie konstituieren dann die Arbeitskammer, welche Gesetze zur Organisation der öffentlichen Dienste zu Gunsten der Arbeiter herausgibt.

Laurent Verrycken, ein Bäcker, der zu der kleinen Brüssler Gruppe gehörte, die am längsten anarchistisch blieb, d. h., die erst in den Achtzigern diese Ideen aufgab, verwirft jeden Arbeiterstaat, durch den man nur die Stelle der Bourgeoisie einnehmen würde. Die öffentlichen Dienste müssen durch die freie Gemeinde und deren freie Föderation organisiert werden, durch Arbeitergruppen ausgeführt und durch Delegationen der Fachkörperschaften in der Gemeinde oder der Gemeinden in deren Föderation überwacht.

---

[222]) Auch in *Bibliothèque populaire* . . , Nr. 3, Brüssel, 1895, 149 S., 16°. *(De l'Organisation des services publics dans la société future;* Organisation der öffentlichen Dienste in der Zukunftsgesellschaft).

Schwitzguébel, der einzige Juradelegierte, sagt es deutlich heraus, daß der Brüssler Bericht zur Wiederaufrichtung des Staates führt. Man gehe von der Gesamtheit der menschlichen Gemeinschaften aus; um deren Willen durchzuführen, brauche man Vertreter; dies führe zu gesetzgebenden Versammlungen, die wieder Exekutivgewalten brauchen, Gerichte, Polizei, die Armee . . . Worin unterscheidet sich dies vom gegenwärtigen System? Nur dadurch, daß Arbeiter die Macht hätten, wie vorher die Bourgeoisie, die sich selbst an die Stelle des Adels gesetzt hatte.

Die Juraföderation wünscht dagegen nicht nur, daß die Arbeiter in den Besitz der Arbeitsmittel gelangen, sondern auch die menschliche Freiheit gegen jede Art von Autorität. „Wir wollen also die Auflösung des Staates und die absolut freie Reorganisierung der Arbeiter unter sich, der Gruppen unter sich, der Gemeinden unter sich, mit Bestimmung ihrer Beziehungen nicht durch ein allen aufgelegtes Gesetz, sondern durch frei besprochene und angenommene Verträge, die nur die Vertragsteile verpflichten." So können Einzelne, Gruppen, Gemeinden außerhalb der lokalen Verträge bleiben.

R. Farga Pellicer sagte noch schärfer, daß der Brüssler Bericht zum Staat zurückführe, und trotz der von dessen Urhebern gedachten Einschränkungen würde die Logik der Tatsachen den Arbeiterstaat zum autoritären Staat machen, wie jeden andern Staat.

Im Jura-*Bulletin,* 20. September (s. *L'Int.* III, S. 229—233) verhält Guillaume sich recht diplomatisch; er wünscht, daß man *Fédération des communes* (Föderation der Gemeinden) statt Staat sage, wenn man von der Zukunft spreche. Ebenso am 27. September, in seiner Verteidigung des Kongresses gegen die *Tagwacht* interessiert ihn vor allem die Verschiedenheit der Richtungen in der jetzigen Internationale und ihre friedliche Zusammenarbeit. Dies wurde gerade zur Zeit des vollständigsten Bruchs Guillaumes mit Bakunin (Neuchâtel, 25. September) geschrieben, eines Vorgangs, den die Biographie Bakunins im einzelnsten erklärt.

Endlich gibt es noch einen kommunalistischen Bericht an den Kongreß (als Broschüre, *Rapport envoyé an Congrès général* . . . *par la section de propagande de Genève* . . . Genève, 31 S. 16⁰ und im Kongreßprotokoll). Sehr eingehend bespricht G. Lefrançais diesen Gegenstand im dritten Abschnitt von *Politique socialiste (Almanach du Peuple pour 1875,* Locle, S. 11—22). In diesem Almanach ist auch Schwitzguébels *Regierung und Verwaltung,* S. 5—11, hervorzuheben.

Der Brüssler Kongreß brachte noch einen retrograden Gegenstand, eine Diskussion über politische Aktion, die, von den Lassallanern und Eccarius abgesehen, allgemein abgelehnt wurde, von den Belgiern durch Bastin und Verrycken. In dieser Frage wurde den Organisationen lokale Freiheit gelassen, die Frage der öffentlichen Dienste wurde weiterem Studium und dem nächsten Kongreß überlassen, der in Barcelona und wenn dort nicht möglich, im Schweizer Jura stattfinden sollte. Die Juraföderation übernahm das Föderalbureau, das sich am

24. Januar 1875 konstituierte (Locle); s. *L'Int.*, III, S. 251, 272; im Winter 1875—1876 wurde es nach Chaux de Fonds verlegt, S. 319—320.[223])

Der Kongreß gab noch ein *Manifeste adressé à toutes les Associations ouvrières et à tous les Travailleurs* (Manifest an alle Arbeitergesellschaften und an alle Arbeiter . . .) heraus (Verviers, 17 S. 8⁰), das seine Sekretäre, Schwitzguébel und J. N. Demoulin unterzeichneten, und das sich auf der mittleren Linie hielt.

Die Diskussion über die *services publics* erweiterte sich aber auch nach vorwärts, — nachdem man in Brüssel gesehen hatte, welche Abgründe reaktionärer Gefahren hier zu vermeiden waren. Sie wurde, wie sich die Sektion Bern (Brousse) 1875 ausdrückte, zur Besprechung der allgemeinen Frage: Wie wird nach der Revolution die Organisation der sozialen Arbeit sein? und es ist sicher, daß die Herausarbeitung des kommunistischen Anarchismus im Jahre 1876 durch diese von De Paepe und den Communalisten her drohende Rückentwicklung beschleunigt wurde.

Zunächst legte Schwitzguébel dem Jurakongreß in Vevey (31. Juli bis 2. August 1875) — s. *L'Int.* III, S. 291—295 — einen Bericht vor: *La Question des Services publics devant L'Internationale* . . . (Die Frage der öffentlichen Dienste vor der Internationale. Bericht, dem Jurakongreß . . . vorgelegt von der Sektion der Graveure und Guillocheurs des Distrikts von Courtelary; o. O. [Neuchâtel], 15 S. 8⁰)[224]), — ein interessantes Dokument, aus dem ich hervorhebe: . . . Wenn sich die Arbeiter direkt der Arbeitsmittel bemächtigen, als spontane Handlung der Volksmassen, wobei mit den ökonomischen Privilegien der Bourgeoisie in diesem revolutionären Sturm alle diese Privilegien schützenden Staatsinstitutionen untergegangen sind, wird sich z. B. folgende Lage ergeben: „. . . Die verschiedenen Berufe sind Herren der Situation: in einer Industrie haben die Werkzeuge minimalen Wert, in einer andern haben sie bedeutenden Wert und sind von größerem Nutzen; wenn die Produzentengruppe dieser Industrie Eigentümer ihrer Arbeitsmittel wird, kann dieses Eigentum einer Gruppe zum Schaden der andern Gruppen ein Monopol verschaffen. Die revolutionäre Notwendigkeit, welche die Arbeiter zu gleicher Aktion trieb, diktiert ihnen auch Föderativpakte, durch die sie sich gegenseitig die Eroberungen der Revolution zusichern; diese Pakte werden kommunal, regional, inter-

---

[223]) Ich habe 1893 in Biel einen großen Teil der Protokolle dieses Föderalbureaus durchgesehen und exzerpiert, habe aber diese Auszüge und viele andere aus N. Joukovskis Papieren der Jahre nach Bakunin noch nicht verarbeitet und leider jetzt nicht vor mir. Auch von L. Bertoni im Sommer 1926 erhaltenes damaliges jurassisches und Berner dokumentarische Material konnte ich noch nicht durcharbeiten. Das wichtigste aber gelangte stets an James Guillaume, der alles mitteilbare für das *Bulletin* verwendete, das intimere aber teils bereits damals, teils einige zwanzig Jahre später in Paris (1898) vernichtete.

[224]) Eine italienische Uebersetzung erschien 1876 18 S., Kl.-8⁰; ihren Ort wird der Name des Druckers ergeben: Stamp. De Marco — S. Niccolò alla Carità 14; es mag wohl Neapel sein.

national sein und hinreichende Garantien dagegen enthalten, daß nicht eine Gruppe allein den Nutzen der Revolution an sich reißen könne. So scheint uns, daß das Kollektiveigentum zunächst kommunal, dann regional und selbst international sein muß, je nach der Entwicklung und mehr oder weniger allgemeinen Bedeutung eines Zweigs menschlicher Tätigkeit, von Naturschätzen und gewissen Arbeitswerkzeugen, die Anhäufungen früherer Arbeit entstammen." (S. 9).

Schwitzguébel legt hier den Finger auf eine seitdem immer wichtiger werdende Frage und zeigt ihre einfache Lösung durch allseits gerechte, bindende Abmachungen kleineren und größeren Wirkungskreises und von Anbeginn an. Es gibt in steigendem Grade rohstoffreiche und -arme Länder, lebenswichtige und minder wichtige Industrien, unter günstigen und unter ungünstigen Bedingungen produzierende Betriebe usw. Man pflegt sich über diesen Gegenstand immer mehr auszuschweigen, je mehr Länder, Gegenden und Industrien eine begünstigte Stellung besitzen, die auch ihren Arbeitern zugutekommt, die sich dann ebenso wie ihre Bourgeoisie von der allgemeinen Solidarität ausschließen (Einwanderungsbeschränkungen, Exklusivität mancher Gewerkschaften usw.). Nicht nur verewigt dieser Zustand die Staaten und die Kriege, sondern er teilt die Arbeiter in der Verelendung zuschreitende Arme und in der Verbürgerlichung zueilende sich wohlbefindende. Schließlich können dann die armen Länder nichts mehr kaufen, die reichen Länder immer weniger exportieren, wodurch sie auf dauernde Vergewaltigung der schwächeren angewiesen sind oder selbst stagnieren. Erst wenn diese Arbeiter, Bourgeoisie und Staat zusammenschmiedende Solidarität im Egoismus geschwunden sein wird, wird von wirklichem Sozialismus wieder die Rede sein können.

Schwitzguébel fährt fort (S. 9—10): „Für die Produzentengruppen wird die Spontaneität der revolutionären Interessen, die sie zusammenführte, der Ausgangspunkt ihrer Organisation und Entwicklung im Sinn der sozialen Reorganisation sein. Die Arbeiter, die sich zu revolutionärer Tätigkeit frei gruppiert haben, werden sich weiterhin frei gruppieren zur Organisierung der Produktion, des Austausches, des Verkehrs, des Unterrichts und der Erziehung, der Hygiene, der Sicherheit, und wie bei den Kämpfen die feindliche Haltung einzelner . . . den Sieg der Revolution nicht hindern konnten, so wird auch bei der Entwicklung der Errungenschaften der Revolution das Abseitsstehen einzelner das Vorwärtsgehen der sich frei betätigenden Arbeitermassen nicht behindern."

Je nach den wirklichen Verhältnissen wird man sich auf diesem Gebiet in engerem, auf einem andern in weiterem Kreise organisieren. Der freie Vertrag ersetzt das Gesetz usw.

Die Revolution mag von Land zu Land verschieden sein, auch innerhalb eines Landes von Ort zu Ort. „. . . Man wird verstehen, daß die Revolution unvermeidlich die äußersten Verschiedenheiten aufweisen wird. Wir werden zweifellos sehen, daß alle sozialistischen Theorien, der Kommunismus, der Kollektivismus, der Mutualismus, eine mehr oder weniger beschränkte oder allgemeine Anwendung je nach den großen revolutionären Strömungen finden werden."

„Wie könnte dies anders sein, wenn wir heute ein großes Land wie Deutschland der Idee des Arbeiterstaats und andere, wie Italien und Spanien, der Idee der Föderation der Gemeinden zugeneigt sehen...?" Hierin liegt keine Schwäche, wie die Bourgeois meinen, da der Sturz des Bourgeoissystems allen am Herzen liegt; „... ihre eigene Auffassung verwirklichend und die Verwirklichung der Auffassungen der andern Gruppen respektierend, werden alle ein nur noch größeres Interesse am Sieg der Revolution haben."

„Wie kann der revolutionäre Vormarsch des Proletariats dadurch aufgehalten werden, daß die Deutschen den Arbeiterstaat verwirklichen und die Italiener, Spanier, Franzosen die Föderation der Gemeinden? und selbst dadurch, wenn in Frankreich gewisse Gemeinden das Privateigentum beibehalten, während in andern das Kollektiveigentum durchdringt?" (S. 12—13). Das Beste wird sich durchsetzen, und die ersten revolutionären Schritte sind für die weiteren Etappen der Revolution entscheidend. Schwitzguébel vertraut in das in der Organisation der Internationale selbst der Autorität gegenüber sich bewährende Freiheitsprinzip.

Wir sehen hier, wie völlig unbekümmert man sich damals den autoritären Arten des Sozialismus gegenüber verhielt, denen man Verwirklichung im Kreis ihrer Interessenten gern gönnte. Man ahnte nicht, daß je aus dem autoritären Kreis die Brudermörder hervorgehen würden, die bolschewistischen Usurpatoren, die — wie es auch die Sozialdemokraten tun würden, wenn sie könnten — für jede andere Art des Sozialismus nur Tod und Vernichtung kennen und seit bald zehn Jahren durchführen.

Zur näheren Kenntnis der Auffassung der Anarchie im Jura benutze man einige Zukunftsbilder *James Guillaumes — Une Commune sociale* (Eine soziale Gemeinde) im *Almanach du Peuple* für 1871 (Saint Imier), eine Gemeinde unmittelbar nach der Revolution im Anfangszustand und *Idées sur l'Organisation sociale* (Chaux de Fonds, 1876, 56 S. 12⁹). Cafiero hatte eine populäre Gesamtdarstellung der Ideen gewünscht, die Guillaume wahrscheinlich im Oktober 1874 schrieb und deren Uebersetzung von Cafiero handschriftlich zirkulierte; dieser Text enthielt ein „praktische Expropriationsmaßnahmen und die revolutionäre Propaganda in der Armee" behandelndes Kapitel, das Guillaume als für die Oeffentlichkeit und für die Schweiz ihm ungeeignet scheinend 1876 wegließ und das verloren ist (s. *L'Int.* III, S. 240—241); auch der sonstige Text erfuhr 1876 Abänderungen, s. IV, S. 57.²²⁵) Für aufmerksame Leser der Jurazeitschriften seit 1868 enthalten die *Idées* nichts Neues, aber als Zusammenfassung der im Milieu des Jura, das nach allen Richtungen hin empfänglich war, — Brüssel, Paris, Spanien,

---

²²⁵) Neudruck in Paris in den von Marcel Martinet herausgegebenen *Cahiers du Travail*, etwa 1921, 48 S.; italienisch, Anfang 1877 (nach IV, S. 57), wahrscheinlich von Costa veröffentlicht.

Italien, Proudhon sowie Bakunin — kursierenden sozialistischen Ideen der Jahre 1869—1879 ungefähr, sind sie eine in ihrer Art einzige Schrift, der noch Schwitzguébels *Programme socialiste* von 1880, der Ausklang jener Zeit, zur Seite gestellt werden kann, mit dem *Mémoire* von 1873 und *L'Internationale* von 1905—1910 als erklärenden Schriften.

„Die Verwirklichung der auf den folgenden Seiten enthaltenen Ideen kann nur durch eine revolutionäre Bewegung erfolgen" — so beginnen die *Ideen über die soziale Organisation* und begründen dies aus dem Wesen von Evolution und Revolution. — Die Bewegung muß vor allem negativ, zerstörend sein; „also radikale Beseitigung der Regierung, Armee, der Gerichte, der Kirche, der Schule [Staatsschule], der Bank und von allem, was drum und dran hängt"; sie hat zugleich eine positive Seite: „die Besitzergreifung der Arbeitswerkzeuge und des ganzen Kapitals durch die Arbeiter." — Die Bauern bleiben im eigenen Besitz; das Land der Herren fällt den es bearbeitenden Landarbeitern zu. All dies geschieht durch direkte Besitznahme; diese *revolutionäre Tatsache (le fait révolutionnaire)* ist der Ausgangspunkt der neuen Organisation.

Mit welcher Beschleunigung die Bauern gemeinsame Einrichtungen einführen, ist ganz ihre Sache. Für den expropriierten Großgrundbesitz ergeben sich von selbst Ackerbaugemeinschaften mit Großbetrieb, denen der Ertrag gehört. Der einzelne erhält in Natur oder einem Tauschgeld nach Stunden oder Stunden und Art der Beschäftigung oder einem andern Modus das auf ihn Entfallende. Dies ist eine sekundäre Angelegenheit, aber man sollte sich soviel als möglich dem Prinzip nähern: *Von jedem nach seinen Kräften, einem jeden nach seinen Bedürfnissen.* „Sobald durch mechanische Mittel und die fortschreitende Wissenschaft in Industrie und Ackerbau, die Produktion so gewachsen ist, daß sie die Bedürfnisse der Gesellschaft um vieles überschreitet — und dies wird einige Jahre nach der Revolution der Fall sein —, wenn man so weit sein wird, sagen wir, wird man nicht mehr sorgfältig den Anteil jedes Arbeiters messen: jeder kann dann in den überreichen sozialen Vorräten im ganzen Umfang seiner Bedürfnisse schöpfen, ohne zu fürchten, dieselben je zu erschöpfen, und das bei den freien und gleichen Arbeitern entwickelte moralische Gefühl wird Mißbrauch und Verschleuderung verhüten. Einstweilen, in der Uebergangsperiode, ist es Sache jeder Gemeinschaft, selbst die ihr am passendsten scheinende Methode der Verteilung des Arbeitsertrags unter ihre Teilnehmer zu bestimmen" (S. 16—17).

Der zerstörende Teil entspricht Bakunins Standpunkt. Ueber Evolution und Revolution schrieb Elisée Reclus ähnliches. Den Verteilungsmodus überließ Bakunin den späteren Gruppen selbst; Guillaume tut mit vollem Recht dasselbe, wünscht dem *kommunistischen* Prinzip nahezukommen und sieht die *prise au tas* (aus dem vollen schöpfen) bei reichlichem Vorrat voraus; er fühlt, daß der Verteilungsmodus elastisch sein muß, und daß er vor allem durch die Menge oder Seltenheit der

Gegenstände bedingt ist, und daß er sich ebenso mit steigender Erfahrung und wachsendem Solidaritätsgefühl ändern kann.

In der Industrie unterscheiden die *Ideen* Beschäftigungen mit einem Minimum von Werkzeugen, die eventuell individuell betrieben werden, solche mit viel Werkzeugen, die Kollektivbesitz bleiben, von einer sich selbst verwaltenden Assoziation betrieben, endlich Großbetriebe mit Arbeitsteilung. Die Fabriken und Maschinen usw. gehören aber der Gesamtheit der lokalen Arbeiter und durch gegenseitigen Solidaritätspakt den ganzen Arbeitern dieses Fachs in einem Land. Sie sind dadurch nicht Korporationsbesitz, sondern stehen allen Arbeitern des Fachs als Arbeitsmittel zur Verfügung.

Die *Gemeinde* ist die lokale Föderation der Arbeitergruppen. Ihr Zweck ist die Besorgung lokaler öffentlicher Dienste (öffentliche Arbeiten — Gebäude, Wege, Beleuchtung; Ansammlung der Arbeitsprodukte, ihre Versendung und Empfangnahme auswärtiger Produkte; Nahrungsversorgung die notwendigsten Lebensmittel betreffend, Brod, Fleisch usw.; Statistik; Hygiene; Sicherheit; Erziehung; Unterstützung Hülfloser).

Alle Häuser gehören der Gemeinde; großer Wohnungsbau usw.

Tauschbureaus (comptoirs d'échange); Preise zwischen den Gemeinden und den Landesföderationen jedes Fachs festgesetzt, mit Hilfe statistischer Ergebnisse; Tauschgeld (bons d'échange) in der Höhe des Werts eines Produkts; kommunale Kaufstätten (bazars communaux).

Nach einiger Zeit kann einfache Verteilung den Erwerb gegen Tauschgeld ersetzen, was für die einfachsten Lebensmittel schon in kurzem eintreten kann. Die Hauptbedingung hierfür ist natürlich dreifache Energie der Produktion; bis dahin muß Kauf und Verkauf durch Tauschanweisungen in den kommunalen Kaufstätten bestehen bleiben.

Die kommunale Herstellung der einfachen Lebensmittel begründet Guillaume dadurch, daß z. B. nur der Getreidebau Produktion sei, die Verarbeitung des Getreides bis zum Brot bereits Phasen des Verteilungsprozesses. — Die Statistik liefert die Grundlagen für die Regelung der Produktion. — Den Sicherheitsdienst besorgen die Einwohner selbst der Reihe nach. — Große gegenseitige Versicherungsmaßnahmen. — Ehen werden nicht mehr registriert. — Das über den Unterhalt der Kinder in der Gemeinde Gesagte geht ganz auf Bakunins seit 1866 nachweisbare Ansichten zurück, ebenso der etwas erweiterte, auch auf Paul Robin verweisende Teil über Erziehung. — Auch Bakunin schloß mit der Unterstützung der Hilflosen.

Nun bestehen *Landeskorporationsföderationen* und die *Föderation der Gemeinden*. Erstere entstehen sofort nach der Revolution durch Delegiertenreisen und einen Kongreß, der die Grundlagen eines Pakts entwirft und ein dauerndes Bureau wählt, das Beziehungen vermittelt und mit Hilfe der Statistik die Arbeitszeit, Preise und Menge der herzustellenden Produkte sachlich berechnet.

Auf gleiche Weise föderieren sich die Gemeinden, und ihr Pakt setzt die öffentlichen Dienste der Föderation fest; so werden für den Verkehr der Produkte zentrale Bureaus für internationale Angelegenheiten errichtet, ebenso vermitteln sie die Zirkulation des Tauschgeldes der Gemeinden. Eine föderale statistische Kommission, Spezialschulen, Eisenbahnen, Post und Telegraph, Marine, Versicherungen der Gemeinden werden alle von Arbeitern besorgt, die sich wie die Arbeiter der Werkstätten organisieren und keineswegs eine Bureaukratie bilden. Die Föderation der Gemeinden wählt Ueberwachungskommissionen.

Die isolierte Revolution ist verloren; sie muß gleichzeitig in mehreren Ländern stattfinden, ohne daß die Organisationsformen die gleichen werden müßten; Guillaume nennt, wie Bakunin, die deutsch-englische und die romanisch-slawische Ländergruppe. „Aber diese Unterschiede haben keine Bedeutung für die internationalen Beziehungen; da beiderseits die Grundprinzipien gleich sind, werden unfehlbar Beziehungen der Freundschaft und Solidarität zwischen den befreiten Völkern der verschiedenen Länder entstehen."

„Unnötig zu sagen, daß die von den jetzigen Regierungen errichteten künstlichen Grenzen vor der Revolution fallen werden. Die Gemeinden werden sich frei untereinander gruppieren nach ökonomischen Interessen, sprachlicher Verwandtschaft und geographischer Lage. In gewissen Ländern, wie Italien oder Spanien, die für eine einzige Zusammenschließung der Gemeinden zu groß und von der Natur selbst in mehrere gesonderte Regionen geteilt sind, werden sich gewiß nicht eine einzige, sondern mehrere Föderationen der Gemeinden bilden. Dies wird kein Bruch der Einheit sein, keine Rückkehr zur alten Zerstückelung in kleine isolierte und feindliche politische Staaten;" . . . sie werden durch einen freiwilligen Pakt enger verbunden sein als durch künstliche politische Zentralisation. — Alle Föderationen der Gemeinden werden allmählich in diese brüderliche Allianz eintreten, und der große Traum der Brüderschaft der Völker wird verwirklicht sein, „der nur durch die soziale Revolution erreicht werden kann" (S. 56).

Das von Bakunin stets betonte „Sezessionsrecht" ist, wahrscheinlich zufällig, nicht erwähnt; im übrigen zeigen die *Ideen,* wie vollständig Guillaume Bakunins Standpunkt teilte, oder wie sehr Bakunins Ideen mit den von ihm selbst entwickelten zusammenfielen. *Guillaume,* den seinerzeit, als er in Zürich studierte, sein damals für Proudhon schwärmender Jugendfreund David Perret zuerst auf den Sozialismus und zwar auf Proudhon aufmerksam gemacht hatte, war einer der wenigen, die damals, in den Sechzigern, die schon verschollenen älteren Sozialisten wirklich lasen, so fourieristische Autoren und Pierre Leroux, der auch Marx' *Kapital* las und Babeuf und den *Moniteur* der Revolutionszeit, auch englische Verfasser; ebenso folgte er aufmerksam der belgischen und Pariser Sozialliteratur und persönlich besonders Dr. Paepe und Varlin. Er fügte all diesen wenig Originales hinzu, verstand es aber meisterhaft, das Beste in ihnen zu erkennen und klar vorzuführen, geleitet durch seinen früh geübten Blick für praktische Schweizer Möglichkeiten. So verkörperte sich in ihm der jurassische Syndikalismus, der die lokale Wirklichkeit nie aus dem Auge verlor und andere

Länder, Frankreich, Spanien, Italien, Rußland im sozialen Revolutionszustand sah, nicht aber die auch sozial relativ neutrale Schweiz, mit
dem revolutionären Anarchismus der *Ideen,* der die Weltrevolution zur
Voraussetzung hatte; daneben stand die anglosächsisch - germanische
Welt, die von ihm, wie von Bakunin, als dem autoritären Sozialismus
verfallen angesehen wurde; sie begann schon in Basel und Zürich.

Vom revolutionären Gesichtspunkt aus verlief die Trennungslinie
der Länder eigentlich ganz anders; revolutionär waren nur die Sozialisten Spaniens und Italiens in jenen Jahren und ein Teil der Franzosen
und Russen. In Belgien und in der Schweiz, den Jura und Genf einbegriffen, war man ebensowenig zur Revolution geneigt, wie etwa in
Dänemark, Schweden-Norwegen und Holland, wie in ganz Deutschland
und England. Aber die lokalen Verhältnisse der Jurabevölkerung und
ihre schon durch die Sprache begründete Zugehörigkeit zur französischen Sphäre bewirkten, daß sie sich als Teil der revolutionären
Völkergruppe betrachteten. Dies veranlaßte die Mitglieder der Internationale in jenen Jahren, bei eigener persönlicher Zurückhaltung den
verfolgten Revolutionären nach Möglichkeit eine freundliche zweite Heimat zu bieten, und es vollzogen sich im Stillen viele Solidaritätsakte.
Der äußere Ausdruck hiervon ist jene ausgedehnte und oft intime
Uebersicht der revolutionären Bestrebungen und Ereignisse, wie sie das
Bulletin de la Fédération jurassienne bietet, das, stets von Guillaume
sorgfältig redigiert, vom 15. Februar 1872 bis zum 25. März 1878 in
Sonvillier, Locle, Chaux-de-Fonds und zuletzt wieder in Sonvillier erschien. Wenige Zeitschriften enthalten in unscheinbarer Form eine
solche Fülle von Mitteilungen der in die lokalen Verhältnisse einge-
weihtesten Mitarbeiter verschiedener Länder — aus *L'Int.* sind die Verfasser jetzt meist bekannt —, ganz verschieden von den flüchtigen
Notizen über derartiges in den meisten späteren Blättern, durch welche
das gegenseitige Verständnis nur selten wirklich gefördert wird. Keiner
verstand es, wie James Guillaume, alle lokalen Verhältnisse und die
meisten andern Bewegungen zugleich im Auge zu behalten, stets bereit
zum praktischen lokalen Kampf, ökonomischer oder politischer Polemik,
sowie zum anarchistischen Kampf gegen den autoritären Sozialismus
und zu theoretischer Diskussion der Anarchisten unter sich. So über-
brückt das *Bulletin* manche trübe Zeit, in der Verfolgungen, wie in den
südlichen Ländern, oder wachsende Schwäche der Ueberzeugung, wie in
Belgien, die Stimme der Anarchie fast zum Schweigen brachten

In Italien war bis zu den großen Prozessen von 1875—1876 alles
unterdrückt. Nur Cafiero lebte in Locarno, dessen Standpunkt die Zuschrift des „Comité italien pour la Révolution sociale" (Italienisches
Komitee für die soziale Revolution) an den Brüssler Kongreß, 1874 —
als Flugblatt, 2 S., 4⁰, in Neuchâtel gedruckt — ausspricht, ebenso seine
G. (Gregorio) unterzeichneten Korrespondenzen im *Bulletin,* die Guillaume später im Genfer *Risveglio* sammelte und kommentierte.[226])

[226]) *La Federazione Italiana dell'Internazionale, 1872—1878,* in *Il Risveglio,*
vom 8. September 1906 ab.

Francesco Pezzis *Un errore giudiziario* . . . (Florenz, 1882, 172 S., 8°) und A. P's. (Agostino Pistolesi) Artikelserie *Il Socialismo in Italia* in *L'Avvenire* (Modena), vom 1. Juni 1878 ab, beleuchten ferner diese wenig bekannte Zeit, in der sich Entartungsformen, von Terzaghi bis Malon reichend, breit machten. Ein recht wertvoller anarchistischer Schriftsteller trat damals auf, *Emilio Covelli*, ein Jugendfreund Cafieros, dessen *L'Economia politica e il Socialismo* (Neapel, 1874, 37 S., 8°)[227]) mir jetzt nicht vorliegt, aber, wie ich mich zu erinnern glaube, die anarchistische Theorie nicht unmittelbar behandelt, die für die damals kämpfenden oder den Sozialismus im allgemeinen verteidigenden Italiener einer besonderen Diskussion nicht bedurfte; so sehr war sie in ihren Augen mit dem ganzen Sozialismus identisch.

Für Spanien ist man noch auf die Zirkulare und Zeitschriftauszüge im *Bulletin* angewiesen; die geheim gedruckten Blätter *Las Represalias* (1874), *El Orden, Hoja socialista de propaganda y de acción revolucionaria* (1875 — ungefähr 1877) und die öffentliche *Revista social* sind mir stets unzugänglich gewesen. Anselmo Lorenzos zweiter Band des *Proletariado militante* (Barcelona, 1923) enthält einiges weitere, leider auch nur fragmentarische und durch die vollendete Diskretion des Verfassers nicht erschöpfend aufgeklärte, immerhin sonst nicht auffindbare.

In Belgien zeigte *L'Ami du Peuple* (Der Volksfreund; Lüttich, 1873—1876) blanquistische Einflüsse. *Gazette de Hollande* (Brüssel; 12. Juni—25. Dezember 1875; 29 Nummern), an der De Paepe, V. Dave und andere Sozialisten mitarbeiteten, war ein sehr prekäres Privatunternehmern. *L'Economie sociale* (Brüssel, 25. Dezember 1875—1. Oktober 1876; 33 Nummern) gibt im wesentlichen De Paepes interessante sozialökonomische und -historische Vorträge wieder und ist für die Geschichte seiner Rückentwicklung von Bedeutung. Der *Mirabeau* (Verviers) war äußerst gemäßigt und entsprach den Ideen der anarchistisch gebliebenen Gruppen dort und in Brüssel keineswegs. Die Stimme Belgiens im Anarchismus war also fast erloschen.

Elisée Reclus, seit den ersten Monaten von 1872 in Lugano, seit Mitte 1874 am Genfer See lebend, begann mit den *Quelques mots sur la Propriété* (Einige Worte über das Eigentum) im *Almanach du Peuple* für 1873 (Saint Imier), die später als *A mon frère le paysan* (Meinem Bruder, dem Bauer) so oft gedruckt und übersetzt wurden, der Anarchie, die in seinen Ideen seit der 1848er Zeit lebte, endlich direkt seine Feder zu leihen, leider zunächst nur sehr selten; er trat erst durch seine Rede am 18. März 1876 in Lausanne (s. Kap. XIV) in intensiveren Kontakt mit der Bewegung, wobei übrigens seine vielen persönlichen Beziehungen und stille Hilfe seit 1872 nicht zu unterschätzen sind (s. auch *L'Int.* III, S. 196.

Damals, 1874—1876, lebte *Arthur Arnould* in Lugano und verkehrte häufig mit Bakunin, dessen dortiges Leben er auf eine zwar grotesk übertriebene und in vielem unrichtige und den uneingeweihten Leser irreführende, aber doch eine den Eindruck von Bakunins Wesen und

---

[227]) Wiedergedruckt in *Il Pensiero* (Rom), VI, Nr. 13—16; 1908.

Art in manchem treffend und mit Sympathie wiedergebende Weise geschildert hat; s. *Michel Bakounine* in *La Nouvelle Revue* (Paris), 1. August 1884, S. 589—603. Nach Bakunins Tode schrieb Arnould in den Pariser *Droits de l'Homme* sehr anregende, den französischen Zentralismus lebhaft und sachlich gründlich zerzausende Korrespondenzen, deren Sammlung das Buch *L'Etat et la Révolution* (Genf; Brüssel, 1877, II, 128 S., 8°) bildet[228]), das man als die *erste* durch und durch anarchistische Schrift eines Franzosen seit Proudhon bezeichnen kann. Man suchte sich seinerzeit — ich hörte dies als mündliche Tradition — seinen besonderen Charakter durch die Behauptung zu erklären, daß Arnould nachgelassene Manuskripte aus Bakunins letzter Zeit benutzt habe. Hierfür gibt es keinen Anhaltspunkt, und die Durchsicht des Buches selbst, seinerzeit, und der jetzt neugedruckten Abschnitte gab mir keinen Grund, etwas anderes anzunehmen, als daß zweifellos Bakunin die französischen Verhältnisse mit Arnould sehr genau und oft durchsprach, und daß letzterer dadurch *damals* zu anarchistischer Einsicht gelangte, die er vorher nur in mindestens sehr viel geringerem Grade besaß und die er nachher nicht vertiefte und allmählich oder plötzlich verlor.[229])

Louis Pindy und andere Flüchtlinge im Jura gingen damals wohl fast ganz in den lokalen Bewegungen auf. Dagegen setzte *Paul Brousse* seine in Spanien 1873 begonnene rührige Tätigkeit fort und verstärkte sie 1876—1877 ganz besonders. Zunächst erschienen von ihm 1874 *Le Suffrage Universel et le Problème de la Souveraineté du Peuple* (Das allgemeine Stimmrecht und das Problem der Volkssouveränität; Genf, 64 S.)[230]) und *L'Etat à Versailles et dans l'Association internationale des Travailleurs* (Der Staat in der Versailler Versammlung und in der Internationale). — In Woolwich lebte Paul Robin, der im *Bulletin* über England schrieb und auch manches im Lütticher *Ami du Peuple* erscheinen ließ, so die daraus 1875 separat erschienenen *Les Bases de la morale* (Die Grundlagen der Moral; Lüttich; von „Bripon").

Damals war die seit August 1873 von Bakunin getrennte russische Gruppe Ralli, Oelsnitz, Holstein recht tätig, besonders Ralli, der in seiner bald „Druckerei des *Rabotnik*" genannten Genfer Druckerei anarchistische und der sozialrevolutionären Volkspropaganda dienende

---

228) Zum größten Teil, wenn nicht ganz, im Genfer *Réveil*, 1925—1926, wiedergedruckt.

229) Wie vordem der kommunistische Abbé A. Constant, Verfasser der *Bible de la Liberté* (1841), sich in den Okkultisten Eliphas Lévy verwandelte, so wurde der lebhafte republikanische Journalist der letzten Empirezeit, Herausgeber der *Foire aux sottises* (1868) und Mitglied der Commune, Arthur Arnould, zum spiritistischen Romanschriftsteller A. Matthey.

230) Auch *Les dangers du radicalisme* im *Almanach du Peuple* für 1875. Im *Almanach* für 1873 steht Jules Guesdes mit Rücksicht auf seinen baldigen Uebergang zur Wahlpolitik so charakteristischer Aufsatz *Das allgemeine Stimmrecht*, der von diesem Volksbetrug die Maske wegzieht. Manches aus der zeit von Guesdes Tätigkeit beleuchtet *Le Marxisme dans l'Internationale* (Der Marxismus in der Internationale) von Paul Brousse (Paris, *Le Prolétaire*, 1882, 32 S.).

Schriften intensiv herstellte.[231]) Ralli selbst schrieb *Die Pariser Commune* (1874; IV, 248 S.); auch an *Sytye i Golodnye* (Die Satten und die Hungrigen, 1875; IV, 530 S., 8⁰) hatte er Anteil. Vom Januar 1875 bis März 1876 erschienen 15 Nummern des *Rabotnik, gazeta dlja russkich rabotschich* (Der Arbeiter. Zeitung für russische Arbeiter; das erste im Zeitungsformat, folio, erschienene russische revolutionäre Blatt). In welchem Grade einige der damals unter fiktiven Titeln unter den Bauern verbreiteten Volksschriften direkt anarchistisch waren, muß ihre Einzelbetrachtung ergeben. So enthält die *Skaska o tschetyrech Bratjach* (Das Märchen von den vier Brüdern), die von Tichomiroff ist, einen die soziale Revolution schildernden Schluß von Kropotkin[232]). Von Kravtschinski (Stepniak) ist die *Skaska o Kopeike* (Erzählung von der Kopeke; 1873)[233]), ebenso *Skaska govorucha* (Erzählung des Märchenerzählers; 1875; 153 S., 16⁰) und *O pravdé i Krivdé* (Von Wahrheit und Irrtum; fiktiver Titel; 1875; 56 S., 16⁰). Nach Burzeff auch *Prostaja mechanika*, 1874 (Die einfache Mechanik).[234])

Es würde viel zu weit führen, den großen Einfluß der Ideen Bakunins auf russische Gruppen seit seinem Aufenthalt in Zürich, 1872, und dem Eindringen der russischen Bücher, 1873—1874, zu schildern. Denn hier handelt es sich um die verschiedenen Gruppen einer Reihe von Städten, um die Reisen verschiedener nach Zürich und Locarno und von einer russischen Gruppe zur andern, um vielerlei Personen, Gruppen, Pläne, Handlungen usw. und das schließliche Schicksal, Kerker oder Exil, das die allermeisten traf, dann um die großen Prozesse und das weitere Schicksal vieler oder die graduelle Veränderung ihrer Ansichten. Einen Einblick gewinnt man aus dem von P. Lavroff im zehnten Teil (Oktober

---

[231]) S. seine im einzelnen von Irrtümern nicht freien Erinnerungsbände *Temnita si Exil* (Kerker und Exil; Rimnica-Sarat, 1894, 230 S., 12⁰) und *In Exil. Din Amintirele mele* (Im Exil; Craiova, 1896, 428 S., 8⁰) und späteres, manchmal genauer Gefaßtes in russischen historischen Zeitschriften. Als rumänischer Schriftsteller ist sein Name Zamfir C. Arbure.

[232]) Von dieser Broschüre sind im September 1898 und im Juli 1905 vom „Bund" herausgegebene jiddische Ausgaben erschienen; die letztere Genf, 32 S., 8⁰.

[233]) 1873 nach Burzeff, *Sa sto lét;* eine Ausgabe, 64 S., 16⁰, ist 1870 datiert (fiktiv). — Allerdings kann ich nicht beurteilen, ob Kravtschinsky je wirklich als Anarchist fühlte. Nach Kropotkin gelangte er unter dem Eindruck von Marx' Kritik des Kapitalismus zum Sozialismus, war unter den Tschaikovzy in Petersburg einer der ganz wenigen wirklichen Revolutionäre. Ross *(Vospomin.,* 1925, S. 99) bezeichnet seine Volksschrift *Mudriza Naumovna* (1875) als „nach Marx" geschrieben und bemerkt, daß er 1875 in Paris in Verkehr mit ihm für die antiautoritäre Richtung gewonnen wurde. — Die Darstellung L. Schischkos, *S. M. Kravtschinski und der Cercle der Tschaikovzy* (aus *Véstnik Russkoi Revoljuzii;* 1903, 50 S., 8⁰) kann ich jetzt nicht benutzen, auch nicht Schischkos Artikel *Zur Charakteristik der Bewegung des Anfangs der siebziger Jahre* in *Russkoe Bogatstvo,* Oktober 1906, S. 51—85, und andere Literatur, durch die so vieles aus dem inneren Leben der russischen Gruppen jetzt klargestellt ist, wodurch die älteren allgemeinen Schilderungen gänzlich überholt sind.

[234]) Ueber diese wenig übersetzte Literatur orientiert der ohne jede Sympathie geschriebene Artikel *Russian Revolutionary Literature* von W. R. S. Ralston *(Nineteenth Century,* London, Mai 1877, S. 397—416) durch allerlei Auszüge und Résumés.

1896) seiner russischen *Materialien zur Geschichte der russischen sozial-revolutionären Bewegung* (Genf; Ausgabe der Gruppe der alten Narodovolzy) Zusammengestellten. Ferner s. *Vospominanija VI. Debagorio-Mokrievitscha* (Paris, 1894, 97, 99; 521 S., 8⁰); die deutsche Ausgabe, *Erinnerungen eines Nihilisten* von W. Debagory-Mokriewitsch (Stuttgart, 1905, XVI, 327 S.) ist ersichtlich weniger vollständig; — P. B. Axelrods *Pereschitoe i peredumannoe* (Durchlebtes und Gedachtes; Erstes Buch, Berlin, 1923, 444 S., 8⁰), — und natürlich vielerlei anderes in den historischen Zeitschriften, ebenso die Kropotkinliteratur (s. u.) — M. P. Saschins Schicksal, 1874—1876, s. dessen *Erinnerungen* (russisch; Moskau, 1925). — Ein Roman aus jenen Jahren sind *Les Victimes du Tzar* (Die Opfer des Zars) von Michael Achkinasi (Paris, 1881, 333 S., 18⁰). — Die Anklageschrift im Prozeß der 50 ist in der Leipziger *Internationalen Bibliothek*, Nr. 29, gedruckt (eine Auflage von 1888; 128 S.; der Text ist dem *Vpered*, London, 1877, entnommen). — Da gab es freilebende Gemeinschaften, zum Kampf entschlossene Gruppen, im Volk agitierende oder sich ansiedelnde Genossen usw., sehr wenige in Petersburg und im Norden, viele im Süden, besonders in Kiew und in Odessa. Es gab viel theoretischen Zwist, aber auch noch viel freundliches Zusammenarbeiten mit gemäßigten Elementen. Die berühmte Verteidigungsrede von Sophie Bardina im Prozeß der 50 (1877) war wohl die reinste Blüte dieser idealen Zeit, die im beträchtlichsten Umfang unter dem Einfluß der Bakuninschen Ideen, der antiautoritären Internationale, der Commune usw. stand; der Lavrovismus schuf wenig Enthusiasmus, der Blanquismus war noch vereinzelt, ebenso der Marxismus und der politische Sozialismus. Kühle und gemäßigte Elemente hielten sich überhaupt zurück — denen, die ins Volk gingen oder sich sonst eifrig betätigten, schwebte meist ein der Anarchie nahestehendes Ideal vor.

Die Jahre 1874 und 1875 — in denen einige der intimsten Genossen am 25. September 1874 in Neuchâtel in grenzenlos unbedachter und nicht zu rechtfertigender Weise die Bewegung der Kraft Michael Bakunins beraubt hatten — brachten also die großen Verfolgungen im Süden, Spanien und Italien, und den fast völligen Abfall im Norden, Belgien. Dagegen hielt man im Jura aus, und französische und russische Kreise treten etwas mehr hervor. Aus dem übrigen Europa ist kaum Nennenswertes zu berichten; einzelne deutsche Arbeiter lernen im Jura und in Bern die anarchistischen Ideen kennen.

XIV.

Die Anfänge des kommunistischen Anarchismus, 1876 (François Dumartheray; Elisée Reclus; die italienische Föderation der Internationale).

SeitAnfang 1876 treten die ersten Aeußerungen des *kommunistischen Anarchismus* an den Tag. Derselbe war durch die bisherige Forderung des vollen Arbeitsvertrags durchaus nicht ausgeschlossen, da man darunter nicht die peinlich korrekte Berechnung des Werts der Arbeit eines jeden verstand, sondern nur die Abwesenheit jeder Schmälerung des Arbeitsprodukts durch gewalttätige Parasiten, die Kapitalisten und den Staat. Wie also eine Assoziation den Arbeitsertrag verteilte, ob nach den einzelnen Leistungen oder nach dem Bedürfnis eines jeden, war ihre eigene Sache, über die man sich in der kollektivistischen Internationale nicht im voraus den Kopf zerbrach.

Nun bildete sich aber hie und da das Gefühl aus, jede Berechnung des Werts der Einzelarbeit sei unmöglich, und daher sei jeder Versuch einer solchen ein willkürlicher, autoritärer Akt; kurz, nur das Bedürfnis eines jeden dürfe maßgebend sein.

Dies scheint zuerst in einem Milieu geschehen zu sein, das nicht syndikalistisch oder revolutionär militant war, wie die Jurassier und die Spanier, das theoretisch an der äußersten Spitze zu stehen suchte, das einen besonders entwickelten Arbeiterstolz besaß, indem es nur *travailleurs manuels* (Handarbeiter) anerkannte, wie schon 1873 auf dem Kongreß, und das, teilweise aus Lyonern bestehend, mit dem ernsten, grübelnden alten Lyoner Kommunismus der 30er und 40er Jahre in einer gewissen Gefühlsverbindung stand. Ich meine die Genfer Gruppe *L'Avenir* (s. Kap. XIII). Nach Perrares mündlicher Mitteilung (1910) vollzog sich diese Entwicklung etwa schon 1872 im Verlauf der Diskussionen einiger weniger in der Gruppe, eigentlich von ihm und François Dumartheray; T. Colonna (aus Marseille) schloß sich allem an, was sie taten; die andern betrachtete er als sekundär. Später schloß sich Jules Montels ihnen an, den er als früheren Blanquisten bezeichnet, und der jahrelang Sekretär der Propagandasektion war.[235]

---

[235] In diesem Milieu wirkte auch eine Frau, *Victorine Malenfant*, Communekämpferin (s. ihre *Souvenirs d'une morte vivante*, Paris 1909), damals Frau *V. Rouchy*, später Madame Gustave *Brocher*. Einem Heft damaliger Vortragsentwürfe derselben, undatiert, das ich von G. Brocher erhielt, entnehme ich folgende Stelle, die also *eine der ersten Aeußerungen des neueren kommunistischen Anarchismus* ist: „. . . Jedes Mitglied, das die kollektive Pflicht erfüllt,

Diese kleine Sektion gab Anfangs 1876 zu den französischen Wahlen vier oder fünf[286]) abstentionistische Broschüren kleinsten Formats heraus: Adrien Perrare, *Aux Travailleurs manuels Lyonnais* (An die Handarbeiter von Lyon; 14 S. 32⁰); derselbe, *Encore un soufflet aux Lyonnais* (Noch eine Ohrfeige für die Lyoner; 8 S. 8⁰); T. Colonna, *Aux Travailleurs manuels de la France* (An die Handarbeiter Frankreichs, datiert 29. Januar 1876; 14 S. 32⁰) und François Dumartheray, *Aux Travailleurs manuels partisans de l'action politique* (An die Handarbeiter, die Anhänger der politischen Aktion sind; 16 S. 32⁰).[287])

In der letztgenannten Schrift heißt es nun S. 13: „. . . die Gruppe wird nächstens eine Broschüre über den anarchistischen Kommunismus *(communisme anarchiste)* veröffentlichen, und wir hoffen, dort über mehr Zeit zu verfügen, um eine genaue Definition dessen, was wir unter anarchistischem Kommunismus verstehen, geben zu können." — Vorher war gesagt worden: „. . . Wir wollen das Nicht-eigentum von allem vorhandenen und die Freiheit der Frau durch die freie Vereinigung; das Kind sei von beiden Teilen frei. Kurz, wir wollen für diese Freiheit eine Grenze nur da, wo sie die Freiheit anderer stört; wir werden eine Gesellschaft bilden; wohlgemerkt, wenn es uns gefällt, allein bleiben zu wollen, ist dies unser unbestreitbares Recht." — Der Ausdruck *le communisme anarchiste* wird öfter gebraucht, aber die besondere erklärende Broschüre ist aus Mangel an Mitteln nie erschienen, und es ist nicht bekannt, ob sie geschrieben wurde.

---

hat das Recht, nach seinen Bedürfnissen und Anlagen (aptitudes) zu genießen. Da keiner die Bedürfnisse aller absorbieren kann, wird jeder als seinen Teil von Glück oder Genuß nur nehmen, was er davon verbrauchen kann. Da so der Wohlstand, selbst das Glück allen zugänglich sind, kann Neid nie Verbrechen und Diebstahl erzeugen. Denn der Mensch wird nicht mehr als Dieb geboren, als König oder als Schuster, er wird, was die Gesellschaft aus ihm macht. Fällt z. B. jemand ein, Wasser zu stehlen? Nein, weil Wasser im Bereich aller ist und niemand mehr als nötig davon verbraucht, um den Nächsten zu berauben. Daher muß also in der Kollektivität die Autonomie des Menschenwesens unbegrenzt sein.

Jedes Mitglied muß produzieren, um zu konsumieren, konsumieren, um zu produzieren.

Die Kollektivitäten bilden sich nach Fachkörperschaften oder Verbänden verwandter Industrien, vereinigt zu Sektionen, diese zu Distrikten, und über die ganze Erdfläche hin föderiert.

Ein sozialer Kontrakt wird unser einziges allgemeines Band sein. Jede Kollektivität besitzt ihre Arbeitsmittel (son outillage).

Da der Boden niemand gehört, wird ihn der Bauer in Besitz (possession) haben, solange er ihn bebaut. Die Produkte des Bodens werden allen zugänglich sein. Und der Bauer wird das Recht haben, von den Produkten aller nach seinen Bedürfnissen zu genießen." — S. auch *L'Int.*, IV, S. 206.

[286]) Je nachdem man die Broschüre von Jules Montels, *Lettre aux socialistes révolutionnaires du Midi de la France* dazuzählt, die aber als im Verlag der *Revue socialiste* [von 1874] erschienen bezeichnet ist (1876, 14 S., 32⁰).

[287]) Erwähnt in der Brüsseler *Economie sociale*, 4. März 1876, wo es von Dumartheray heißt, daß er sich zum kommunistischen Anarchismus *(le communisme anarchiste)* bekennt. „Von jedem nach seinen Kräften, einem jeden nach seinen Bedürfnissen."

So verschollen diese Broschüre von Dumartheray ist, auf die ich in *Bibliographie de l'Anarchie,* 1897, S. 56, aufmerksam machte, war sie doch gewiß damals im Schweizer und in Flüchtlingsmilieu hinlänglich bekannt und kreuzte außerdem noch gewisse damalige antikommunistische Strömungen; s. im folgenden. All dies führte wohl herbei, daß in der von der Sektion Bern (Brousse) am 8. Februar angeregten großen Versammlung und Zusammenkunft in Lausanne am 18. und 19. März 1876 diese Fragen besprochen wurden; leider ist der in Aussicht gestellte Bericht nicht erschienen (s. *L'Int.,* IV, S. 7—8, 10). Dort waren Guillaume, Brousse, Elisée Reclus, Lefrançais, Joukovski, Perrare, Schwitzguébel und viele andere, zufällig auch A. Roß, der nicht lange darauf an der russischen Grenze in Gefangenschaft geriet *(L'Int.,* IV, S. 8, Anm.).

Elisée Reclus hielt dort eine glänzende Rede, die eigentlich sein erstes öffentliches Auftreten vor einem großen internationalistischen Kreis bedeutet und in welcher er, wie Joukovski mir sagte, den *kommunistischen Anarchismus* bekannte und erklärte. Leider ist ihr Text nicht erhalten. Die Situation soll ungefähr die gewesen sein, daß die weiteren Kreise der Internationalisten und Communeflüchtlinge Reclus eigentliche Stellung noch nicht kannten und gespannt waren, ob er sich für den communalistischen oder den anarchistischen Standpunkt aussprechen würde. Wie seine näheren Freunde vorauswußten, tat er das letztere. Dies war wohl die erste öffentliche Darlegung dieser Idee durch eine weitbekannte Persönlichkeit seit Bakunins Tagen.

Der Anarchismus von Reclus ist, wie der von Bakunin, die Entwicklung früh in ihm erweckter und zu besonderer Ausbildung gelangter Anlagen. Einen vollständigen Beweis hiervon gibt uns jetzt das Manuskript, datiert *Montauban, 1851, Développement de la Liberté dans le Monde* (Entwicklung der Freiheit auf der Erde)[238]), in dem es schon heißt: „. . . Unser politischer Zweck . . . ist also bei jedem Volk .die Abschaffung der aristokratischen Privilegien und auf der ganzen Erde die Verschmelzung (Fusion) aller Völker. Unsere Bestimmung ist die Erreichung des Zustandes idealer Vollkommenheit, in der die Nationen nicht mehr nötig haben werden, unter der Vormundschaft einer Regierung oder einer anderen Nation zu sein; sie ist die Abwesenheit der Regierung, die Anarchie (anarchie), der höchste Ausdruck der Ordnung. Diejenigen, die nicht glauben, daß die Erde je sich ohne Vormundschaft behelfen kann, die glauben nicht an den Fortschritt und sind Rückschrittliche . . ."

---

[238]) Das seinerzeit Frau Clara Mesnil von Frau L. Dumesnil übergebene Manuskript wurde von Jacques Mesnil in einigen Exemplaren maschinell kopiert; eines derselben konnte ich in meinem 1925 geschriebenen, noch ungedruckten Buch über Reclus benutzen und analysieren. Seitdem gedruckt in *Le Libertaire* (Paris), 28. August—2. Oktober 1925; italienisch in *Pensiero e Volontà* (Rom), 1. Oktober 1925; spanisch im *Suplemento* der *Protesta* (Buenos Aires), 19. Oktober bis 16. November 1925. — 1849, nach der ungarischen Revolution, wäre der früheste mögliche Zeitpunkt dieses Textes, sonst der Herbst 1851 in Montauban.

Nach diesen Worten und der Berner Rede von 1868 wird niemand an dem alten Anarchismus von Elisée Reclus zweifeln, der für ihn persönlich ebenso sicher immer ein der denkbar größten Freiheit zustrebender, also ein kommunistischer war, der aber auch, gestützt auf sein ganzes Wesen und auf seine durch seine intensiven Studien ungewöhnlich große Welteinsicht, immer ein weitausgreifender, alles verstehender, toleranter und nicht sektarischer war. In allen Bewegungen gibt es leider zwei Arten Leute — solche, die eine um eine Nuance, geschweige denn etwas mehr, von der ihrigen verschiedene Auffassung bereits in den Tod hinein hassen und zu vernichten suchen und solche, die sich freuen, daß auf dem ihnen lieben Gebiet Verschiedenheit der Auffassung besteht, wodurch die Aussicht, daß eine derselben sich der Wahrheit nähert, doch nur vermehrt wird. Reclus, so fest er seiner eigenen Ueberzeugung anhing, gehörte doch, soweit es irgend möglich war (d. h., soweit nicht niedrige Motive in Frage kamen) zu dem letzteren Typus. Sehr viele, sehr gute Anarchisten gehören dem ersteren Typus an, sehr zum Schaden unserer Sache. Die verlorene Rede von Lausanne, 19. März 1876, wird also gewiß den kommunistischen Anarchismus nicht auf *die* Weise vertreten haben, daß sie den kollektivistischen Anarchismus nunmehr zum alten Eisen warf, — eine einseitige Auffassung, die erst viel später entstand. So sagte z. B. P. Kropotkin noch im Oktober 1879 in seinen dem Jurakongreß vorgelegten Thesen, die Anarchisten wollten den „anarchistischen Kommunismus als Ziel mit dem Kollektivismus als Uebergangsform des Eigentums . . .", und erst 1880 wurde auf den Kollektivismus ganz verzichtet.

Der Versammlung in Lausanne hatten Joseph Favre und Benoît Malon aus Lugano eine längere Zuschrift[239]) eingesendet. Die Rückentwicklung Malons interessiert hier nicht, ebensowenig die Erwiderungen Guillaumes, denen persönliche Gereiztheit zugrunde lag *(L'Int.* IV, S. 14—17). Aber im *Bulletin* vom 14. Mai schrieb P. R.[240]) gegenüber Malons Ansicht, die Arbeitsprodukte sollten dem Produzenten gehören, was bei ihrem nichtproduktiven Charakter unschädlich sei, daß solche Produkte auch als Arbeitswerkzeuge zu betrachten seien, da durch die wieder andere Produkte, Genüsse oder Kenntnisse erworben werden können — eine recht spitzfindige Auffassung, die dem einzelnen den Bissen vom Munde wegnimmt. Dieser P. R. meint dann aber, man werde so vernünftig sein, „die Arbeitsprodukte gemeinsam zu genießen" (de jouir en commun du fruit de leurs travaux). Dies ist die einzige Annäherung eines Mitarbeiters des *Bulletins* an den Kommunismus. Von der Broschüre von Dumartheray nahm Guillaume, der sich 1873 auf dem Kongreß genug über den allerdings nicht geringen Eigensinn oder

---

239) *Lettre adressée au Meeting de l'Internationale réuni à Lausanne* le 18 mars 1876 . . . (Genf, 1876, 12 S., 12°); auch im *Bulletin*, 30. April—7. Mai 1876; *L'Int.*, IV, S. 10—14. — All dies gehört zu Malons vergeblichen Versuchen, in einem Milieu zur Geltung zu kommen, in dem man aus schwerwiegenden persönlichen Gründen die Achtung vor seinem Charakter verloren hatte.

240) Man denkt an Paul Robin, aber es ist doch sonderbar, daß Guillaume, IV, S. 14, dies nicht sagt. Diese Stelle müßte wieder untersucht werden.

eigenen Sinn der *Avenir*leute hatte ärgern müssen, keine Notiz. In den *Idées*, August 1876, brachte er aber die in Kap. XIII angeführte sehr kluge Stelle, die irgend eine Bemessung des Arbeitsertrags des einzelnen als nächstes und den freien Genuß als anzustrebendes und bei Reichlichkeit der Produktion erreichbares Ziel hinstellt. Man kann wohl sagen, daß diese Frage im Jura bis weit in das Jahr 1879 hinein ganz ruhte, mindestens, daß weder Guillaume noch Brousse und Kropotkin sie aufgriffen; ebensowenig wurde sie in den Genfer Publikationen und von Reclus damals behandelt.

Seit im August 1875 Malatesta nach dem Prozeß von Trani seine Freiheit wiedererlangt hatte, war er, nach seiner Reise zu Cafiero und Bakunin, wieder in Neapel tätig, eine Konferenz in Rom, März 1876, hatte schon‑größeren Umfang, die alte Korrespondenzkommission in Florenz trat wieder hervor, Costa wurde im Juni freigesprochen, und nun wurde von der Romagna aus gewirkt, bis der italienische Kongreß in Florenz im Oktober beschlossene Sache war. Vom Juli bis Oktober ungefähr lebten *Malatesta, Cafiero* und dessen Jugendfreund Emilio *Covelli*[241]) in Neapel und gelangten dort — wie Malatesta mir erzählte — bei ihren Spaziergängen am Meer im Lauf ihrer Diskussionen zur Formulierung des *kommunistischen Anarchismus*.

Ob ihnen Dumartherays Broschüre bekannt war, ist sehr zu bezweifeln. Ob Covelli, dessen ökonomisches Denken gerühmt wird, einen Anstoß gab, ist mir nicht bekannt; ebensogut könnte ein gewisser mystischer Rigorismus Cafieros in jener Zeit fördernd gewirkt haben. Denn Malatesta stelle ich mir mehr von Aktionslust als von theoretischen Gedanken beseelt vor. Genug, man glaubte zu sehen — vielleicht auch durch das Treiben von De Paepe und besonders von Malon, der sich immer mehr in Italien zu schaffen machte, gewarnt, — daß Berechnungen des Arbeitsertrags Regulationen erforderten, und daß Schwächere mit größeren Bedürfnissen benachteiligt würden, was wieder Ungleichheit und Ausbeutung bedeute. Daher sollte das Arbeitsprodukt Gemeineigentum sein, das jeder nach seinem Bedürfnis benutzte.

Nun schrieb Andrea Costa nach seinem Abfall in einer langen polemischen Apologie *Ai miei Amici ed ai miei Avversari* (An meine Freunde und an meine Gegner; Imola, 15. September 1881, 4 S. fol.). „. . . der erste unter den Italienern, der offen vom anarchistischen Kommunismus *(Comunismo anarchico) sprach*, war ich, 1876, indem ich behauptete, daß nicht nur die Rohstoffe und Arbeitsmittel der Gemeinschaft gehören sollten, sondern auch die Arbeitsprodukte, und ich wiederholte dies 1877 auf den Kongressen von Verviers und Gent, zum nicht geringen Aergernis der Spanier und der Jurassier . . ." Costa wurde vor Beginn des Kongresses von Florenz verhaftet; daß er in den kaum vier

---

[241]) Covelli redigierte später *L'Anarchia* (Neapel), 25. August—6. Oktober 1877; Nr. 8, 21. Oktober, die letzte, erschien in Florenz; dann *I Malfattori* (Genf), 21. Mai –23. Juni 1881, vier Nummern. Biographisches in *Humanitas* (Neapel), 9. August 1887 und, von Giaciato Francia, in *Il Pensiero* (Rom), 10. November 1903.

Monaten vorher mit den in Neapel erwähnten brieflich oder auch durch Reisen sich intim verständigte und die Absicht, dem Kongreß diesen Gegenstand vorzulegen, kannte und billigte und förderte, ist höchst wahrscheinlich. Ob aber sonst sein Prioritätsanspruch begründet ist — er könnte ja wirklich, da er viel sprach und schrieb, zuerst öffentlich vom kommunistischen Anarchismus vor Oktober 1876 gesprochen haben, was die anderen von sich gar nicht behaupten, — läßt sich nicht entscheiden.[242])

Der Kongreß von Florenz, polizeilich verhindert, fand am 21. und 22. Oktober in einem Dorf und an zwei Stellen in den Wäldern statt; ein Protokoll ist nicht erschienen, und ich weiß nicht einmal, ob der *Martello* den Wortlaut der Resolutionen veröffentlichen konnte. Die deutsche *Arbeiter-Zeitung* (Bern; 28. Oktober) schrieb aber: „. . . eine wichtige Tatsache ist der Beitritt des italienischen Sozialismus zur Gemeinschaftlichkeit des Arbeitsertrags, während derselbe bis jetzt nur den gemeinschaftlichen Besitz der Arbeitsinstrumente angenommen hat." — Ein Brief von Cafiero und Malatesta im *Bulletin* (3. Dezember 1876) erklärt: „. . . Die italienische Föderation betrachtet das Kollektiveigentum der Arbeitsprodukte als notwendige Ergänzung des kollektivistischen Programms, da das Zusammenwirken aller (le concours de tous) zur Befriedigung der Bedürfnisse eines jeden die einzige dem Solidaritätsprinzip entsprechende Art Produktion und des Verbrauchs ist . . ."

Nach dem *Martello* von Jesi, Organ der Föderation von Umbrien und den Marken, hrsg. von N. Papini, 17. November 1876 und Mitteilungen von F. Serantoni, 1908, veröffentlichte L. Fabbri *(Pensiero e Volontà,* 16. Mai 1925) einiges nähere über den Kongreß, aber nicht den Text der Resolutionen. Die Unterschriften eines Protests gegen die Verhaftungen (Costa, Natta, Grassi u. a.) zeigen als Kongreßteilnehmer Covelli, Francesco Pezzi, N. Papini, A. Pistolesi, F. Serantoni und eine Reihe weniger bekannter.

Wie wenig dieser Beschluß der spätern Entwicklung vorgreifen wollte, zeigt etwa eine Rede Malatestas auf dem Berner Kongreß (28. Oktober; *C.-r.* S. 98—99): „. . . Aber wie wird sich nachher die Gesellschaft organisieren? Wir wissen es nicht und können es nicht wissen. Auch wir haben uns gewiß mit Projekten sozialer Reorganisation beschäftigt, aber wir legen ihnen nur eine sehr relative Wichtigkeit bei. Sie müssen notwendigerweise falsch sein, vielleicht sogar ganz phantastisch. Wir können die Organisation der künftigen Gesellschaft nicht voraussehen, weil wir von den dann entstehenden, uns heute

---

242) Als ich vor langer Zeit Nummern des *Martello* (Fabriano, dann Jesi, seit Ende Juli 1876), zweite Serie (Bologna, 4. Januar—18. März 1877, 11 Nummern; Costas Blatt) sah, achtete ich noch nicht auf diese Frage, bemerkte aber wohl nichts mir Auffallendes, auch nicht in Covellis *Anarchia*, 1877. — Ob in der Polemik mit Costa dieser Punkt berührt wurde, weiß ich nicht. — Wenn Costa in seinen häufigen Versammlungen in der Schweiz, etwa April bis August 1877, über den Gegenstand sprach, so haben weder Guillaumes noch Brousses Zeitschriften darüber berichtet.

ganz unbekannten Bedürfnissen, Fähigkeiten, Leidenschaften, neuen Erscheinungen jetzt gar keine Idee besitzen; wir können den Menschen der Zukunft nach dem Menschen von heute nur so beurteilen, wie man etwa die Tiere der Wälder nach den halbtoten Schatten beurteilt, die in den Menagerien ausgestellt sind . . ." Trotzdem interessiere man sich für die verschiedenen Reorganisationsprogramme usw. (In all dem liegt eine gewisse Kritik der *Idées* von Guillaume, die gewiß manchen zu programmartig erschienen).

Der von L. Fabbri a. a. O. nach dem *Martello,* 26. November 1876 resumierte Berner Bericht und speziell Malatestas Rede scheinen mit dem Text des Kongreßprotokolls ganz zusammenzufallen.

Die freiheitlich kommunistischen Ideen entsprangen also 1876 vor allem einem, ich möchte sagen, sentimentalen und ästhetischen Gerechtigkeitswunsch, dem Wunsch, den Kollektivismus, das Gemeineigentum harmonisch auszubauen, es nicht vor der Produktenverteilung Halt machen zu sehen. Dieser Wunsch bedeutete noch nicht die Ausschließlichkeit und Unmittelbarkeit dieses Prinzips. Guillaume hielt den Kommunismus für von der Reichlichkeit abhängig, und Malatesta, eine Woche nach Florenz, pries nicht etwa den Kommunismus, sondern sprach auf die erwähnte nüchterne Weise, die eigentlich für Guillaume, sonst einen der Nüchternsten, eine Warnung sein sollte.

Als ich 1904 mit James Guillaume diese Verhältnisse durchsprach, wies er auf den Artikel *Kropotkins* im *Bulletin,* 29. Juli 1877 (S. 1, Sp. 2), wo dieser vom „vollen Arbeitsprodukt" (produit intégral du travail) für jeden spricht und meint, die Wissenschaft könne nicht voraussagen, was für Wetter in zehn Tagen sein werde — wie solle sie da die Organisation der künftigen Gesellschaft voraussagen? — Guillaume sagte auf das Bestimmteste, daß sie sich damals alle als Kommunisten fühlten (Kollektiveigentum); wie die Produkte verteilt werden, das war eine Frage für sich, mit der sie sich nicht abgaben. Man proklamierte nicht das freie Genußrecht als *einzige* Verteilungsart, sondern ließ die Frage ganz offen.[243]) Der „volle Arbeitsertrag" bedeutete nicht die Abmessung des Wertes der Einzelleistung, sondern nur, daß im allgemeinen keinerlei Benachteiligung zu Gunsten von Ausbeutern erfolgt.

Guillaume sagte einmal (16. Februar 1904) zusammenfassend: 1872 in St. Imier wollte man eine anarchistische Internationale bilden — Guillaume wollte dies nicht. Bakunin wollte es auch, sah aber schon in

---

[243]) Als ich dies am 1. Februar 1904 notierte, schrieb ich dazu: dann war also die frühere Auffassung eine weitere, tolerantere und die Entwicklung zum freien Kommunismus (im heutigen Sinne) bedeutet eine Einengung. — Für Guillaume war Cafiero als Theoretiker ein Kind, Kropotkin und gar Dumartheray waren ihm später Dazugekommene (des tardvenus). — Malon suchte einen Keil zwischen die Jurassier und Belgier einzutreiben; ihn als Theoretiker zu betrachten, sei einfach lächerlich. Nur Jules Guesde kam damals bei den Antiautoritären in Wegfall und propagierte dann den Marxismus unter dem Namen Kollektivismus. — Wenn Dumartheray und die Lyoner sich über den Verteilungsmodus den Kopf zerbrachen, war das ganz in ihrer Art; sie rannten offene Türen ein, man

St. Imier, daß es nicht so geht. Daher waren die Italiener in den Resolutionen von Bologna, 1873, vernünftiger, sich vor der Wirklichkeit beugend, von Bakunin in diesem Sinn zur Vernunft gebracht, und gaben in Genf, 1873, zu, daß die Internationale aus Föderationen mit verschiedenen Programmen bestehe: diese *theoretische Freiheit*, die Guillaume wollte, drang in Genf durch. Bakunin, meinte er, wollte aus der Internationale ein Instrument für das Programm der Alliance machen: im Jura wollte man dies nicht; die anderen hatten dasselbe Recht in der Internationale wie wir; das Allianceprogramm war nur unser persönliches Programm.

All dies zeigt wohl, daß 1876 wenigstens der *kommunistische Anarchismus* nicht etwa einen veralteten Kollektivismus ersetzte, sondern daß er als eine praktisch ziemlich überflüssige Spezialisierung erschien, die in den weiten Rahmen des Kollektivismus mühelos eingeordnet wurde. Es dauerte noch vier Jahre, bis tatsächlich 1880 der weite Rahmen verworfen und die einseitige und direkte kommunistische Lösung proklamiert wurde. Dies wird in den nächsten Kapiteln zu besprechen sein; ich möchte schon hier sagen, daß dies den Tod der Internationale bedeutete, die 1864—1872 *allen* Richtungen offenstand und wieder von 1873, Genf, ab, bis dann im Oktober 1880 die Partei des kommunistischen Anarchismus an ihre Stelle trat, wie anderswo längst die Partei des Marxismus und ähnliches. Wer eine einseitige Lösung unbekannter Zukunftsfragen zu besitzen glaubt, ist immer Partei. Marx wollte die Internationale zur Partei machen — Bakunin und Guillaume verhinderten es. Bakunin dachte auch daran — Guillaume verhinderte es. Guillaume hielt stand bis 1878, als er sich zurückzog, nach ihm noch einige Jurassier. Kropotkin, Cafiero, auch Reclus aber fanden 1880 keinen festen Widerstand mehr, und von nun ab galt der kommunistische Anarchismus als die Lösung und — so sehr ich mich viele Jahre lang hierüber freute, so sehr empfinde ich es längst als eine verhängnisvolle Verengerung des seit dem Kollektivismus von 1868 breit dahinfließenden Stromes der anarchistischen Entwicklung.

Es war 1880 eine Trennung von der Realität. Nicht damals gleich, aber recht bald entstand die Vorstellung, daß nur der sofortige Uebergang zum freien Kommunismus Anarchie sei, daß jede, absolut jede andere Auffassung des Anarchismus ins alte Eisen gehöre, reaktionäre Keime enthalte usw. und im allgemeinen besteht diese Auffassung noch und erfuhr vielerlei weitere Spezialisierung, indem grade die für den

faßte die Sache ohnehin so auf, nur sprach man nicht im einzelnen davon (30. Januar 1904). — Guillaume schrieb hierüber, außer in *L'Int.* auch 1910 in *Il Pensiero* und wohl noch verschiedentlich in damaligen französischen Zeitschriften. Die Geschichte gibt ihm vollständig recht. Er meinte (1910), daß Kropotkin 1877 vollständig mit den Jurassieren übereinstimmte und erst in Genf, 1879—1880, unter dem Einfluß von Dumartheray zum Kommunismus gelangte, daß er aber später diese Vorstufe seiner Entwicklung vergessen habe. Ich werde auch dies nach den Dokumenten von 1877—1879 als richtig nachzuweisen versuchen. — Als ich 1893 mit Spichiger sprach, meinte er, vom Kommunismus erst durch Cafieros Rede im Herbst 1880 gehört zu haben, nicht also in der Brousse-Kropotkinperiode von 1877—1878, geschweige denn früher.

freien Genuß keinerlei Bemessung anerkennenden Anarchisten für das
mehr oder weniger an Organisation, an Individualismus und ähnliches
eine Menge abgezirkelter Varianten aufstellen und bis aufs äußerste
verteidigen. So zerfällt dieser schon kommunistisch spezialisierte Anarchismus wieder in Varianten, die einander nach Möglichkeit geringschätzen. Ich weiß z. B. nicht, ob ein richtiger italienischer Individualist
es als das geringere Uebel ansehen würde, mit Malatesta in einer
künftigen Gesellschaft zu leben, als in der heutigen mit Mussolini oder
den Nachfolgern von Lenin, und so ist es fast überall. Es gab auch
manche, die anders dachten, wie Voltairine de Cleyre, Ricardo Mella
u. a., und vielleicht ist die Einsicht hierüber im Wachsen begriffen.[244]

In der Internationale von 1864 hatten auf die natürlichste Weise,
ihres inneren Werts wegen, die den einseitigen Proudhonismus über-
windenden kollektivistischen Ideen die erste Stelle gewonnen und die
Beherrschungsversuche der Marxisten, der Blanquisten und der Politiker
abgeschlagen. Mußte dieser weite und freie Rahmen aufgegeben werden
zu Gunsten einer sehr wertvollen, glänzend verteidigten besonderen
Theorie, die, da es sich um die Zukunft handelt, doch nur eine Hypothese unter andern Hypothesen ist? Mußte dies sein? Für mich liegt
hierin die Tragödie des modernen Anarchismus.

---

[244]) So schrieb Gigi Damiani in *Fede* (Rom), Nr. 116, 2. Ausgabe, 9. Mai 1926:
„. . . Warum also ausschließen, daß . . . in jener Zeit, die nicht kurz sein wird,
eine individualistisch-anarchistische Lösung nicht vielleicht die freiheitliche Ent-
wicklung der gesellschaftlichen Umwandlung begünstigen könnte? Und warum
sollten die beiden Lösungen in einer noch ferneren Zeit nicht nebeneinander
leben, einander ergänzend und stützend beim Schutz der Grundidee des
Anarchismus: der vollständigen Freiheit? . . ." — Praktisch gelangte z. B.
Dr. Giovanni Rossi (Cárdias) nach den Erfahrungen bei einem brasilianischen
Kolonisationsversuch auf freiester kommunistischer Basis zu dem in „Der
Paraná im XX. Jahrhundert" ausgesprochenen Resultat der Verwerfung des
unvermittelten Kommunismus und einer mutualistischen Vorentwicklung der
Anarchie; s. *Utopie und Experiment* . . . gesammelt und übersetzt von Alfred
Sanftleben (Zürich, 1897), S. 267—309. — Ein dieses Problem aufwerfender Artikel
von mir in *Fede*, Sommer 1926, wurde von Malatesta in *Pensiero e Volontà*
abgedruckt, und Malatesta besprach im Anschluß daran ausführlich und auf-
schlußreich die ältere Ideenentwicklung in dieser Frage. Ich werde hierauf in
einer die Ideen seit 1881 schildernden Fortsetzung dieser Arbeit näher eingehen.

XV.

Der Berner Kongreß der Internationale (Oktober 1876).

Der Sommer 1876 brachte den Tod Bakunins (1. Juli, in Bern). Auf die ihm am 25. September 1874 in Neuchâtel angetane schwere Kränkung will ich nicht mehr zurückkommen; sie hatte die Bewegung ein dreiviertel Jahr seines Rats und seiner Hilfe beraubt und, wie ich sagen möchte, sie aus einer aktiven, für die Bakunins unerschöpfliche Initiative vielerlei Tätigkeit gefunden hätte, zu einer formell korrekten, aber mehr oder weniger passiven gemacht. Daher konnte die Zusammenkunft älterer und neuerer Kräfte bei seinem Begräbnis, 3. Juli, hieran nichts ändern, und auch der damals gemachte Vorschlag, dem manche in Bern wohnende Schweizer Sozialdemokraten gewiß aufrichtig zustimmten, von jetzt ab die alten Vorwürfe und dauernde Feindseligkeit ruhen zu lassen, fiel auf unfruchtbaren Boden. Als die bösartigsten Hetzer erwiesen sich Hermann Greulich und seine Züricher *Tagwacht* und Johann Philipp Becker in seinem Schriftstück *Das Zentralkomitee der Sektionsgruppe deutscher Sprache an die Sektion Zürich* (Genf, den 11. Oktober 1876; Zürich, 7 S. 8°).[245]

Auf dem belgischen Kongreß in Antwerpen, 1. Oktober 1876, wurde für 1877 ein sozialistischer Weltkongreß in Belgien, Internationale und alle sonstigen Organisationen umfassend, beschlossen — eine, wie Guillaume erklärt (*L'Int.*, IV, S. 70) von den längst sozialdemokratischen Vlämen gegen die Internationale gerichtete Machination. De Paepe in seinem Berner Bericht *(C.-r.*, S. 33—39) schildert resigniert und ohne besonderes Bedauern den Verfall der Internationale und das Aufkommen der neuen Tendenzen in den vlämischen Teilen und in Brüssel (Louis Bertrand).

---

[245] H. Greulich († 1925) setzte sich auf seine Weise theoretisch mit dem Anarchismus auseinander in *Tagwacht*-Artikeln, 1877, Nr. 9—14, in *Der Staat vom sozialdemokratischen Standpunkte aus* (Zürich, 1877, 39 S., Gr.-8°) und in *Die Theorie der Anarchie kritisch beleuchtet* . . ., in Höchbergs *Jahrbuch*, I, 1, S. 1—53, Zürich, 1879. — Marx, *L'indifferenza in materia pubblica*, S. 141—148, und Engels *Dell'autorità*, S. 33—37, in Bignamis *Almanacco Repubblicano* für 1874, Ausgabe der *Plebe* (Lodi) hatten dasselbe getan; N. Rjäsanoff übersetzte diese Beiträge in *Neue Zeit*, 1914, I, S. 37—44; bis dahin waren sie total verschollen. — Einige andere Verärgerungsprodukte von Engels sind als *Internationales aus dem Volksstaat* (1871—1875) gesammelt Berlin, *Vorwärts*, 1894, 72 S. 8°; Vorwort London, 3. Januar 1894). Engels „berichtigt" da, S. 61, „daß Herr P. Tkatschoff, genau gesprochen, nicht ein Bakunist, d. h. Anarchist, war, sondern sich für einen „Blanquisten" ausgab . . ." (sic); 1875 hielt Engels ihn für einen Bakunisten!

Der *Berner Kongreß* der Internationale (26.—30. Oktober 1876)[246]) vereinigte von bekannteren Männern James Guillaume, Spichiger, Pindy, Brousse, Rodolphe Kahn, Charles Perron, N. Joukovski, Dumartheray, De Pacpe, August Reinsdorf, Cafiero, Malatesta, J. G. Viñas, Soriano, den Italiener Getti; auch Eugène Weiß und den damals sehr jungen, in engeren Kreisen längst sehr tätigen Jacques Gross. Einige Autoritäre nahmen an den Diskussionen teil, Gutsmann (Genf) und der deutsche Abgeordnete Vahlteich, später auf ihr Verlangen, auch H. Greulich und J. Franz (Zürich).

Joukovski besprach den orientalischen Krieg. „. . . Anfangs glaubten russische Genossen an die Möglichkeit einer sozialistischen Bewegung, aber sie mußten ihrer Hoffnung bald entsagen angesichts des geschickt ausgebeuteten religiösen Fanatismus . . ."[247]) Er schloß mit den nüchternen Worten: „. . . „Mein Schluß geht dahin, alle Sozialisten aufzufordern, sich der Teilnahme an diesem Krieg zu enthalten, und wenn der Krieg zu einem allgemeinen wird, den Regierungen den Krieg zu machen zum Sieg der sozialen Revolution" (S. 24). — Der nicht anarchistische Gutsmann (Genf) bemerkt, daß die Bourgeoisie, die sich über die Türkengreuel aufregt, zu den Schlächtereien nach dem Fall der Pariser Commune schwieg und schließt: „. . . es ist schließlich notwendig, daß bei Ausbruch eines Krieges man nicht nur protestiere, wie Bebel und Liebknecht [1870], sondern daß das Proletariat sich erhebe, um den Krieg unmöglich zu machen. — Perron, dessen Sektion Vevey die Frage zur Diskussion gestellt hatte, stand zunächst stark unter dem Eindruck der englischen Greuel-Kampagne[248]), sagte sich aber doch, daß eine Streitfrage der englischen Parteien dahinterliege. Er wünscht ein Manifest des Kongresses, das die Arbeiter auffordert, sich nicht dazu hinreißen zu lassen. in dem Krieg Partei zu nehmen (à pendre parti dans

---

[246]) *Compte-rendu officiel du VIIIe Congrès général . . . tenu à Berne, du 26 au 30 octobre 1876* (Bern, 1876, 112 S., 8⁰); *L'Int.*, IV, S. 91—112.

[247]) Bekanntlich reisten S. Kravtschinski (Stepniak), D. Klemens und A. Ross 1875 in die Herzegowina (s. M. Saschin, Erinnerungen, 1925, S. 99—105), ebenso waren Celso Cerretti, Alceste Faggioli und andere Italiener dort, und Malatesta versuchte 1876 nach Serbien zu gelangen (s. meine Biographie desselben, Berlin, 1922, S. 62—63) und Kropotkin war 1877 für den Orientkrieg geradezu begeistert. Er hielt die Kriegsstimmung für eine ungeheure, unwiderstehliche Bewegung, die in Rußland alle Kreise ergreife, auch die Revolutionäre, und der man sich nicht entgegenstellen dürfe. Man müsse mit dieser Bewegung gehen, sie benutzen, — die Balkanslaven befreien, die Reste demokratischer und sozialer Einrichtungen bei ihnen zum Weiterausbau benutzen, und die Russen würden dann bei sich dasselbe tun, die Bourgeoisie würde einsehen, daß sie sich in Rußland selbst dieselbe Freiheit nehmen müsse. Dies nach Guillaume (1. Februar 1904), der auf Kropotkins Artikel im *Bulletin*, 1877, 17. und 24. Juni, verwies (s. *L'Int.* IV, S. 215—216). Ich selbst hörte gerade in jenem Jahr 1904, nach dem Doggers Bank-Zwischenfall Kropotkin zum erstenmal mit voller Intensität von dem russisch-türkischen Krieg sprechen.

[248]) *The Turkish Atrocities in Bulgaria* . . . (London, 1876, VII, 94 S., 8⁰; Vorwort, 6. September; Briefe des *Daily - News - Korrespondenten* J. A. Macgahan); *Bulgarian Horrors and the Question of the East*, von W. E. Gladstone (London, 1876, 32 S.) usw.

la guerre . . .). — Der Paepe, der vom Standpunkt der westlichen Zivilisation stark antitürkisch ist, meint: „. . . Die Sozialisten sind bei sich zu Hause nützlicher als in Serbien. Sie haben nicht dorthin zu gehen für eine Idee, die nicht ganz die unsre ist. Wenn aber der Kongreß ein Manifest redigiert, darf er meiner Ansicht nach nicht ermangeln, auszusprechen, daß wir lieber den Sieg der Serben als den der Türken sehen würden." — Perron betont dagegen: „. . . Keine Sentimentalität. Bleibt ihr selbst, sonst seid ihr die Geprellten bei der politischen Farce eurer Herrscher. Wir haben den Arbeitern nur *eines* zu sagen: mischt euch nicht in Dinge, die euch nichts angehen." — Joukovski bezeichnet wieder die Kriegsteilnahme russischer Sozialisten als Verlust für die Propaganda. Alle Kriege sind heute die Kriege von Kapitalisten; nehmen wir an, Serbien sei morgen frei: wird es ohne kapitalistische Produktion bestehen können . . .?

Perron legt für die Kommission (Perron, Guillaume, Cafiero, Joukovski) ein Manifest vor, das angenommen wird: 27. Oktober; *C.-r.,* S. 50—52. Dieses sehr würdige Dokument schließt: „. . . Genossen, in dieser gemeinen (ignoble) und blutigen Komödie weigern wir uns, irgend eine Rolle zu spielen; diesen unheilvollen Possenreißern erwidern wir, daß wir weder ihre Düpierten, noch ihre Komplicen sind. Weil wir die Slawen lieben, deshalb werden sie nicht bewirken, daß wir die Türken hassen; weil wir mit den unterdrückten Bauern sympathisieren, deshalb sind wir den türkischen Arbeitern und Handwerkern, die auch Werkzeuge der Tyrannei sind, nicht bösgesinnt. Alle, die leiden und arbeiten, sind unsere Brüder, und alle Ausbeuter von Menschen sind unsere Feinde. All diese Regierungen, die, welche in Kleinasien pfählt und aushungert und die, welche Sozialisten peitscht und als Revolutionäre verdächtige Studenten in den Kerker schickt, für alle diese haben wir die gleiche Verachtung, und wir schauen nicht hin auf (nous ignorons) ihre erbärmliche Politik. Türken oder Antitürken, diese Diplomatien von Schurken und Schwachköpfen, das bewegt sich außerhalb von uns, und wir leben außerhalb von ihnen. Wir ziehen noch vor, ihre Opfer zu sein als ihre Statisten (comparses). Unsere Aufgabe ist nicht die, mit Grenzen zu manipulieren, in Landgebieten zu schachern, Provinzen herauszuschwindeln, sondern die, die auf Unbill und Ungerechtigkeit begründete jetzige Gesellschaft umzuwandeln, um die Organisation der von Herren und Vorrechten befreiten Arbeit ins Werk zu setzen. Noch einmal gesagt, uns liegt wenig daran zu wissen, ob einer Armenier oder Slawe ist, uns liegt daran zu wissen, ob er Müßiggänger oder Arbeitender, Biene oder Drohne ist."

„Solange wir unsere Freiheit nicht errungen haben, werden wir den Völkern und Nationen zurufen: seht doch ein, daß eure Zaren und Sultane, eure Kaiser und Könige nur eure Feinde sind und sein können. Wenn sie zu streiten anfangen, geschieht es, damit ihr euch gegenseitig erwürgen könnt; wenn sie den Krieg erklären, geschieht es, um eure Zahl zu verringern; wenn sie eure Länder mit Feuer und Schwert überziehen, geschieht es, um euch von der sozialen Frage abzulenken."

„Genossen, laßt sie doch bei ihren Kriegen, und setzen wir den unsern fort. Bleiben wir auf unserm Schlachtfeld, dent des Rechts gegen die Ungerechtigkeit, dem der Moral gegen das Verbrechen, dem der Arbeit gegen den Diebstahl."
(Unterzeichnet von den Berichterstattern Perron, Joukovski und Guillaume).

Dem Wunsch einer Parteinahme, den De Paepe ausdrückte, wurde also mit keiner Silbe entgegengekommen, vor dem Gaukelspiel der englischen Liberalen wurde gewarnt und jeder der einen Seite zugeschriebenen Grausamkeit wurden gleiche Grausamkeiten der anderen Seite und die Gleichgültigkeit aller Teile gegen die an den Arbeitern begangenen Verbrechen gegenübergestellt. Dieses Manifest ist das gerechteste Dokument der Internationale; weder Bakunin noch Marx noch Kropotkin hätten es schreiben können. Ob durch Perron etwas vom Geiste von Reclus diese Erklärung beseelt, kann ich nicht nachweisen; jedenfalls zeigte sich damals auch Joukovski auf der Höhe internationalen Denkens, und Guillaume bewahrte kaltes Blut.

Als De Paepe über die parlamentarischen Tendenzen in Belgien berichtet hatte, bemerkte *Guillaume,* man hätte im Jura „gegen die Arbeiterkandidaturen, wenn sie als Propaganda- und Agitationsmittel betrachtet würden, nicht die ihnen zugeschriebene unüberwindliche Abneigung"; man würde sogar zur Widerlegung von Illusionen den Versuch machen, aber es sei ohne eine Allianz mit den Radikalen einfach praktisch unmöglich . . . (S. 41—42).[249])

Guillaume glaubt, daß die „Abschaffung des Staates" und die von den deutschen Sozialisten gewünschte Abschaffung des „Klassenstaats" in negativer Hinsicht dasselbe bedeute; der neue „Volksstaat würde aber ein Klassenstaat wie jeder andere sein; „. . . eure sozialistischen Staatsmänner werden noch größere Macht besitzen als die Bourgeoisregierungen; denn sie werden über das ganze soziale Kapital verfügen und das arbeitende Volk, dem Namen nach souverain, wird in Wirklichkeit von ihrer Gnade abhängen" [der heutige Bolschewismus]. Dem stellt er entgegen „die freie Föderation der freien Industrie und Ackerbau betreibenden Assoziationen, ohne künstliche Grenzen und ohne Regierungen" (S. 55). — Der deutsche Sozialdemokrat *J. Franz* (Zürich) weiß dem nur das übliche blinde Vertrauen auf die Volksherrschaft im „Volksstaat" entgegenzustellen. *Gutsmann* (Genf) spricht

---

249) Guillaume macht die für die ganze Beurteilung des Juramilieus interessante Bemerkung: „. . . Uebrigens ist die französische Schweiz, obgleich politisch mit der deutschen Schweiz vereint, mit dieser nicht durch eine Gemeinschaft nationaler Gefühle und ökonomischer Interesen verbunden. Bei uns kommt der geistige Antrieb aus Frankreich; unsere sozialistischen Arbeiter blicken nach Paris, nicht nach Bern oder Zürich. Wir sind die Söhne der Französischen Revolution und der französischen Philosophie des 18. Jahrhunderts, und erst wenn das Proletariat Frankreichs erwacht sein wird und gegen seine Bourgeoisie eine siegreiche Endschlacht geliefert hat, wird bei uns die Befreiung der Arbeit ihrerseits zur Wirklichkeit werden können." (S. 42.)

vermittelnd; er erwähnt auch Dühring. — *Brousse* hebt hervor, wie sehr man an der Vergangenheit hänge; wenn man im Parlament den Rock durch die Bluse, den Hut durch die Mütze, den Bourgeois durch den Arbeiter ersetze, glaube man, die neue soziale Organisation entdeckt zu haben! und das sei ganz dasselbe beim „Volksstaat" wie bei der „Föderation der Gemeinden", in der Nation, wie in der Gemeinde. Wir müssen dagegen die Massen sich selbst organisieren lassen und die Hindernisse aus dem Weg räumen. Dies führe zu Gruppierungen und Föderationen der Produzenten und der Konsumenten. So organisieren die Massen sich selbst . . .

De Paepe hält eine seiner großen, nunmehr wie mit magnetischer Kraft nach rückwärts hinstrebenden Reden mit dem Ziel, dem heutigen Staat einen sich nützlich machenden Staat mit vielerlei sozialen Funktionen folgen zu lassen; als Gesetzgeber werde und möge der Staat vollständig erlöschen, aber als Verwalter werde sich seine Rolle stets vergrößern.[250])

August Reinsdorf, der erste deutsche Anarchist auf einem der Kongresse, findet, daß eigentlich der verwirklichte „Volksstaat" sich von der freien Gruppenbildung nicht weit entfernen würde; sonst wäre er eben ein „Polizeistaat . . ." (S. 90—92).

Nun folgt *Malatestas* erste uns bekannte Kongreßrede; er warnt vor zu weiter anscheinender Annäherung der beiden Richtungen des Sozialismus; er spricht mit großer Sympathie von Bakunin, aber die Unabhängigkeit und einige, nicht näher bezeichnete Verschiedenheiten der Auffassung von ihm betonend. „. . . Für uns ist der Staat die Organisation der Autorität, eine, welches immer ihr Ursprung sei, außerhalb des Volks bestehende und dadurch notwendigerweise gegen das Volk gerichtete Macht; Staat ist jede Organisation, die nicht spontan, natürlich, sich fortschreitend entwickelnd im Schoß der Gesellschaft entsteht, sondern ihr von oben nach unten aufgelegt wird. Für uns hängt der Staat nicht von der geographischen Ausdehnung eines gegebenen sozialen Organismus ab, sondern von seinem Wesen; wir glauben, daß ein Staat auch in einer Gemeinde oder in einer Assoziation bestehen kann. Wir wollen den Staat zerstören . . ." Die Gesellschaft ist ein organisches Gebilde; was kann ein Staat in ihr sein, wenn nicht ein sich von ihrem Körper nährendes, diesen aufsaugendes Gewächs, ein Unterdrücker und Ausbeuter . . .? Es handle sich auch noch darum, im Menschen selbst das Trägheitsmoment zu beseitigen. „. . . Der beständige Krieg gegen die bestehenden Einrichtungen, das nennen wir die *Revolution in Permanenz*. Wenn andere das Bedürfnis empfinden, die soziale Bewegung zu bremsen und zu verlangsamen, scheint uns der Vorwärtsmarsch der Menschheit nicht mehr mit Gefahren besät, als der Lauf der Gestirne es ist." — Wir sind eine Aktionspartei

---

[250]) Es würde zu weit führen, diese Argumentation näher anzuführen, die man ja aus ähnlichen mit Staat und Gesellschaft jonglierenden Aeußerungen von Marx und Engels kennt, z. B. in den *Prétendues scissions*, 1872, dem *Ursprung der Familie, des Privateigentums und des Staates*, 1884 u. ö.

und unsere Praxis faßt sich so zusammen: „Wir wollen die radikale Zerstörung aller heutigen bourgeoisen und autoritären Einrichtungen und die Besitzergreifung von allem vorhandenen durch Alle. Wir glauben, daß dies nur durch Gewalt geschehen kann und bereiten uns zum Kampf vor. Weit entfernt davon, grausame und blutgierige Menschen zu sein, als welche man uns hinstellt, halten wir Menschenleben für geheiligt und der Sache der Heiligkeit dieses Lebens, der Menschenwürde und des Menschenglücks haben wir unsere Existenz geweiht. Solange aber Staat und Privateigentum bestehen, wird das historische Gesetz, nach welchem die Menschheit nur durch Ströme Blutes fortschreitet, wahr und unvermeidlich sein. Und bevor wir die heutigen sozialen Verhältnisse weiterbestehen lassen und warten, bis man uns mit Gewalt zum Kampf zwingt, ziehen wir vor, vorwärtszugehen und uns vorzubereiten, diesen blutigen Fluß zu überschreiten, der uns von der Zukunft trennt . . ."[251])

Joukovski sprach noch auf eine De Paepe zurückweisende, gegen Brousse etwas gemäßigtere, durchaus antistaatliche Weise.

Die Frage des Verteilungsmodus der Produkte, die ja die Hauptfrage nicht unmittelbar berührte, wird in dem Bericht nie erwähnt, — ein Zeichen, wie wenig Wichtigkeit man ihr beilegte trotz der kommunistischen Anregungen von 1876 (s. Kapitel XIV).

Der Kongreß erklärte noch auf den Vorschlag von Perron, Brousse, Joukovski, der Spanier und Italiener, daß „gegenseitige Achtung" der in jedem Land angewendeten Mittel die Pflicht aller sei und daß die Arbeiter jedes Landes am besten die Zweckmäßigkeit der von ihnen gebrauchten Mittel beurteilen können. Das über „die internationale Solidarität in der revolutionäern Aktion" gesagte ist im Protokoll nicht erschienen (*L'Int.*, IV, S. 102). Die Worte der Resolution „gegenseitige Achtung . . ." (respect réciproque) stammen von J. Franz (IV, S. 105), wie auch Vahlteich die Worte „friedliches Nebeneinandergehen" (*C.-r.*, S. 48) gebraucht hatte — was die allerdings am Berner Kongreß nicht beteiligten Jules Guesde, den Leipziger *Vorwärts* und gewisse Italiener des *Povero* von Palermo nicht hinderte, den Revolutionsversuch vom April 1877 in den Bergen bei Benevent auf die roheste Art zu verhöhnen und zu beschimpfen — s. *L'Int.* IV, S. 185—186, 188—189, 214—215; — „es ist einfaches Raubgesindel, welches in Italien immerwährend sein Unwesen treibt" schrieb der *Vorwärts* von Cafiero, Malatesta, Stepniak und ihren Genossen (18. April 1877). Von der denkwürdigen russischen Demonstration in der Petersburger sogenannten Kasankirche (18. Dezember 1876), bei welcher der kühne revolutionäre Redner — der erste, der in Rußland öffentlich zum Volk sprach — kein anderer war als Georg Plechanoff, hatte derselbe *Vorwärts* geschrieben: „. . . hoffentlich läßt sich die revolutionäre Jugend in Rußland diese Affaire zum ab-

---

251) Diese Worte wurden mit dem Bewußtsein der für 1877 geplanten revolutionären Aktion gesprochen, die auch durchgeführt wurde (in den Bergen der Monte Matesekette im April).

schreckenden Beispiel dienen . . ." (s. *L'Int.* IV, S. 117—118, 137—138; *Bulletin,* 25. Februar 1877).

Die Erklärung von Malatesta und Cafiero im *Bulletin,* 3. Dezember 1876, die in ihrem das kommunistische Verteilungsprinzip betreffenden Teil schon angeführt ist (Kap. XIV), übrigens das „programme anarchique, collectiviste et révolutionnaire" der Föderation betont, sagt noch: „. . . Die italienische Föderation glaubt, daß die *insurrektionelle Tat (le fait insurrectionnel),* zur Erhärtung der sozialistischen Grundsätze durch Handlungen bestimmt, das wirksamste Propagandamittel ist und das einzige, das, ohne die Massen zu betrügen und zu korrumpieren [wie das Wählen usw.] bis in die tiefsten sozialen Schichten eindringen und die lebenden Kräfte der Menschheit in den Kampf der Internationale hineinreißen kann." Auch hierüber hatte man sich in Florenz verständigt[252a]) und Malatesta und Cafiero waren in Bern ungefähr in der Rolle von Garibaldi auf dem Genfer Friedenskongreß, September 1867, als der Gedanke an den bei Mentana endenden Zug gegen Rom unmittelbar nach dem Kongreß auch in manchem, wenn nicht in vielem, seinen Geist beherrschte.

Diese Erklärung ist — wie die über den kommunistischen Anarchismus — ein Ausdruck einer Spezialisierung, einer Verengung der Taktik; sie hat aber — so wie sich 1876 der Kommunismus dem Kollektivismus gegenüber tolerant verhielt — in der Kongreßresolution über „gegenseitige Achtung" vor der Taktik eines jeden, ihre Ergänzung. Aus ihr entwickelten sich 1877 ungezwungen die Worte *la propagande par le fait* (die *Propaganda durch die Tat),* die zufällig im *Bulletin* zuerst von Jules Montels gebraucht wurden, der einen französischen Vortrag von Costa „sur ce sujet: *la Propagande par le Fait"* am 9. Juni kurz vorher ankündigt[252b]). Am 5. August erschien im *Bulletin* ein von Kropotkin, der damals Guillaume vertrat, aufgenommener Artikel mit diesem Titel, dessen Verfasser Paul Brousse war. Uebrigens hatte Kropotkin in seiner ungedruckt gebliebenen russischen Schrift von 1873 mehrfach den Ausdruck *„faktitscheskaja propaganda"* gebraucht und näher erklärt

---

[252a]) Costa billigte den Insurrektionsplan bekanntlich nicht; an dem Kongreß nahm er seiner Verhaftung wegen nicht teil.

[252b]) Wie wenig dieser Ausdruck damals noch eine feste Form erlangt hatte, zeigt der damalige handschriftliche Bericht der Genfer Propagandasektion an den Jurakongreß vom 5. August 1877, in welchem zur Besprechung u. a. vorgeschlagen wird: „von den verschiedenen Propagandamitteln und speziell von der Propaganda durch Taten *(par les faits)".*
„. . . Da die letzten Ereignisse von Bern [18. März] und in Italien schlecht beurteilt wurden, wäre es unserer Meinung nach gut, die Gelegenheit zu benützen, sie von neuem zu erklären und vor allem zu zeigen, daß die Propaganda durch Handlungen *(par les actes)* das wirksamste Mittel ist, über das wir verfügen. Daß wir jedoch unserem Prinzip der Autonomie treu, nicht den Anspruch erheben, diese Art der Propaganda für eine Gruppe obligatorisch zu machen, sondern daß wir jeder das Recht lassen, sich ihrer eigenen Mittel zu bedienen, unter der Bedingung der Gegenseitigkeit . . ."
Auch dies dürfte von Jules Montels geschrieben sein, den das Schicksal dann bald nach Rußland als Erzieher in die Familie Leo Tolstois warf.

(s. Kap. XVI), etwas, das man „tätliche Propaganda" übersetzen könnte und ich habe (Anm. 172) Bakunins Worte von 1870 „propager nos principes par des faits" nachgewiesen, die auch ungedruckt blieben. Der Ausdruck, auf den sich noch heute die Kenntnisse sehr vieler „Gebildeter" vom Anarchismus beschränken, bildete sich durch die anarchistische Mentalität und durch die Lage, in welche die Propaganda versetzt wurde, unwillkürlich und mehrfach von selbst: es kam immer ein Moment, in dem man sich sagen mußte: Worte helfen nicht mehr, Taten sind notwendig, — oder: genug der Worte, laßt uns handeln. Die Sprache selbst stellt so oft Worte und Taten gegenüber; *via facti, direkte Aktion* entstanden ähnlich. *„Beispielgebend", „an object lesson"* sind allgemein gebrauchte Ausdrücke.

So wenig je alle andern Propagandaarten einer bestimmten Art wegen wirklich aufgegeben wurden — die Vielartigkeit war immer eine große —, so wirkte doch manchmal auf einzelne der Ausdruck *Propaganda durch die Tat* faszinierend, und sie glaubten, anderes daneben vernachlässigen oder geringschätzen zu können, ja sogar zu müssen, indem alles andere als weniger revolutionär galt. Es verhält sich damit gerade wie mit der ökonomischen Hypothese, die an sich sehr wertvoll sein kann, die aber, wenn sie als definitiv erwiesen und einzig wertvoll betrachtet wird, einen Abschluß bringt dort, wo beständige Bewegung, Weiterforschung, sein sollen. Jede einseitige Entwicklung verschiebt die Verhältnisse willkürlich, und der Anarchismus würde heute besser verstanden und stärker sein, wenn man ihn immer in seiner ganzen Vielartigkeit gekannt hätte und nicht in meist zu einseitigen Formen der Theorie und der Aktionsmittel.

Der von Guillaume so ausdauernd vertretene Wunsch, Sozialisten aller Richtungen in der Internationale zu vereinigen — was die Italiener und Spanier wenig interessierte — wurde nun auch von De Paepe durchkreuzt, den die Belgier beauftragt hatten, die Teilnahme des Berner Kongresses an der Einberufung eines „universellen sozialistischen Kongresses" in Belgien 1877 zu erlangen[253]). Soriano und Joukovski erkennen nur die Internationale an, Brousse und Perron sind nicht abgeneigt, nur vorsichtig; Reinsdorf betrachtet die Anregung mit Sympathie. Guillaume bespricht Garantien und Prüfsteine: einen Solidaritätspakt aller sozialistischen Organisationen und die Fragen der Organisation der Fachkörperschaften, der Stellung des Proletariats zu den politischen Parteien und der Tendenzen der modernen Produktion vom Standpunkt des Eigentums. De Paepe redet zu; er hält selbst die Konstituierung zweier Internationalen, einer des Nordens und einer des Südens für möglich, in der Taktik getrennt, aber freundschaftlich und solidarisch verbunden. Malatesta bemerkt — nachdem De Paepe und

---

[253]) Auch die dänische Partei (Sozialdemokraten) hatte durch einen Brief von Louis Pio die Abhaltung einer Delegiertenkonferenz im Januar 1877 in der Schweiz vorgeschlagen, um ein internationales Bureau zu organisieren (*L'Int.* IV, S. 103, Anm. 1; *C.-r.*, S. 83, 106, 108).

Greulich betont haben, die Internationale müsse jede Arbeitergesellschaft aufnehmen —, daß nach Ansicht der Italiener „die Internationale keine ausschließlich aus Arbeitern bestehende Gesellschaft sein solle; das Ziel der sozialen Revolution ist tatsächlich nicht nur die Befreiung der Arbeiterklasse, sondern die der ganzen Menschheit, und die Internationale, die Armee der Revolution, soll alle Revolutionäre, ohne Klassenunterschied, unter ihrer Fahne gruppieren." Er erwartet auch nichts für Italien vom Tradesunionismus und bezeichnet die englischen und die von De Paepe empfohlenen Trades Unions als reaktionär, was Guillaume bestreitet. — Guillaumes Vorschläge werden angenommen, bei Stimmenenthaltung der Spanier und der Italiener; näheres *C.-r.*, S. 109—110.

Das Föderal-Bureau blieb in der Juraföderation (in Chaux-de-Fonds); es bestand aus dem Spanier Alberracin (Albagès genannt), Spichiger und, als korrespondierendem Sekretär, Louis Pindy.

So ungefähr war die Lage, als im November 1876 Peter Kropotkin zuerst wieder in der Schweiz erschien, die er schon im Frühjahr 1872 besucht hatte.

XVI.

Peter Kropotkin in den Jahren 1872—1876.

Mit Peter Kropotkin tritt vom November 1876, viel mehr noch von Anfang 1877 ab, ein frisches und unermüdliches Element in den innersten Kreis der Internationale sowohl im Jura als in ihren damals schon beschränkten internationalen Beziehungen, Italien ausgenommen. Ich werde hier nicht ein Gesamtbild dieses Mannes geben, obgleich ich den Eindruck habe, daß sein Wesen sich im Lauf der Jahre äußerst wenig verändert hat; aber seine Ansichten machten eine Entwicklung durch, und seine Aktionssphäre wechselte mehrfach, ebenso der Kreis seiner engeren Genossen. Er kam damals in ein Milieu teilweise ermüdeter Männer und längerer Tradition. All das ist in den allgemeinsten Umrissen seinen *Memoirs of a Revolutionist* (London, 1899, XIV, 2, 258; 340 S. 8°; gleichzeitig New-York; *Memoiren eines Revolutionärs*, Stuttgart, 1900, 290; 348 S.; *Autour d'une Vie*, Paris, 1902, XXI, 536 S.)[254]) zu entnehmen, — aber ein wirkliches Studium ist nur (für 1877 und die ersten Monate 1878) im weiten Rahmen von Guillaumes *L'Internationale* und in andern ähnlichen Rahmen möglich, die man sich rekonstruieren muß. Andererseits stellt sich auf Kropotkins Seite das dokumentarische Material allmählich ein, das seine lebhafte lebendige Erinnerung leider nicht mehr ganz erhellen kann. Sein rastlos arbeitender Geist, die ununterbrochene Fülle neuer persönlicher und geistiger Eindrücke brachten, wie ich weiß, sein Erinnerungsmaterial, das enorm reich war, manchmal etwas durcheinander; es entstanden Lücken, die dann oft eine aus allerlei Anhaltspunkten gebildete, aber doch nicht immer stichhaltige Hypothese anscheinend ausfüllte. Wurde aber ein solcher Irrtum nachgewiesen, so verstand Kropotkin manchmal tiefer zu schürfen und lange nicht Erinnertes kam zu Tage; die Fülle von Details, die er bewahrt hatte, war erstaunlich.

Einen Ueberblick seiner Tätigkeit ermöglichen einige bibliographische Arbeiten[255]); die biographischen Skizzen verlassen noch nicht das

---

[254]) Durchgesehene russische Ausgabe, Moskau, 1918, XVII (April 1918), 399 S.; 1920, XVI, 399 S. (Piro, Nr. 511, 541). — Kropotkins in Rußland geschriebene handschriftliche Ergänzungen dürften noch unveröffentlicht sein?

[255]) Von mir selbst: S. 72—86, 238—239 von *Bibliographie de l'Anarchie* (Brüssel, 1897); dann in *Rabotschii Mir* (Paris), Nr. 4, 9. Dezember 1912 (hier sind die ältesten russischen Schriften nach einer mir von P. K. mitgeteilten Liste angeführt); eine kürzere Liste in *Les Temps Nouveaux* (Paris), März 1921. — Von T. Piro: S. 186—249 von *Sbornik stateï poso. pamjati P. A. Kropotkina* (Petersburg, *Golos Truda*, 1922, 250 S., 8°); seither sind erst das alte Tagebuch, die

übliche Gebiet der Allgemeinheiten, dagegen brachten einige russische Spezialarbeiten und persönliche Erinnerungen einzelner wertvolles Material[256]).

Wer kann, trotz der Schilderung der Memoiren, all die Eindrücke ermessen, die Kropotkins empfängliche Natur in den zehn Jahren 1861—1872, von seinem zufällig zustande gekommenen ersten gedruckten Artikel im *Knischnii Vêstnik* (Bücherbote; Petersburg, 31. Dezember 1861) — einer Besprechung von N. V. Schelgunoffs *Arbeiterproletariat in England und Frankreich* — bis zu seiner Reise ins Ausland, Februar bis Mai 1872, aus den verschiedensten Gebieten aufnahm? Seit dem 25. August 1857 (die russischen Daten, 12 Tage zurück, sind hier beibehalten) im Pagencorps, am 13. Juni 1862 Offizier im Kosakenheer am Amur, am 22. Juli 1866 Esaul (Jesaul, Unterhetman), am 4. Januar 1868 in den Zivilstaatsdienst übergetreten als Titularrat, am 8. November vom Ministerium des Innern dem Statistischen Zentralkomitee zugeteilt, von der Geographischen Gesellschaft im Juli 1871 zu geologischen Forschungen nach Finnland und Schweden geschickt, erhielt er — nachdem damals sein Vater starb (7. September) — am 4. Februar 1872 Urlaub zu einer vierwöchentlichen Auslandsreise, die er mit Paß vom 11. Februar über Wirballen antrat und von der er, am 3/15. Mai die Grenze passierend nach Petersburg zurückkehrte; er gab dann seine Entlassung (11. Mai) und erhielt sie vom Ministerium am 14. Mai; er wurde dann noch am 17. August 1872 Kollegienassessor, d. h. man schloß seine staatliche Laufbahn mit Verleihung dieses Titels ab. Der Tod seines Vaters schien seinen Entschluß zu begründen.[257]

Diesen Rahmen füllt für uns zunächst das am 24. Juni 1862 mit der Abreise aus Petersburg beginnende *Tagebuch* aus, dessen letzte Eintragung vom November 1867 (Petersburg) ist[258]). Dieses große Unter-

---

Ethik, der Vortrag *Gerechtigkeit und Sittlichkeit* und anderes Kleinere nebst mancherlei Briefmaterial erschienen. Auch *Dnevnik*, S. 287--291, enthält bibliographische Daten.

Ich habe noch versucht, seine Lebensumrisse und hauptsächlichen Arbeitsgebiete und Ideengruppen schnell zu skizzieren in *Freedom* (London) und *Les Temps Nouveaux* (Paris) gleich nach seinem Tode, 9. Februar 1921; durchgesehener englischer Text in *Peter Kropotkin. The Rebel, Thinker and Humanitarian* ... compiled and edited by Joseph Ishill, einem Privatdruck in 75 Exemplaren (Berkeley Heights, New Jersey, V, 192 S., 8°), einem Sammelwerk von Auszügen und Erinnerungen von Freunden (August 1923).

[256]) Besonders der Band *Pamjati Petra Aleksêevitscha Kropotkina* (Dem Andenken P. A. K.s; Moskau, 1921, 172 S., Gr.-8°; Vorrede 28. November), der zum Teil die gleichen Studien enthält wie Nr. 17 der historischen Revue *Byloe*, wahrscheinlich eines Kropotkinheftes dieser Zeitschrift, das ich nicht kenne. — Der *Sbornik stateï* . . ., den A. Borovoi und N. Lebedeff im Verlag *Golos Truda* 1922 in Petersburg herausgeben (Vorrede Juli) enthält meist allgemeine Würdigungen, dazu aber T. Piros in ihren russischen Teilen wirklich unschätzbare Bibliographie.

[257]) Nach den Dokumenten *Pam.*, S. 62—65. (*Pam.* bezeichnet das in Anm. 256 genannte Sammelbuch).

[258]) *Dnevnik P. A. Kropotkina*, Band 12 der Ausgaben des sowjetrussischen *Zentarchivs* (Moskau, Staatsausgabe, 1923, VIII, 292 S., 8°). Das Manuskript wurde bei der Haussuchung, 25.—26. März a. St. 1874, weggenommen. Näheres in A. Borovois Vorrede.

brechungen zeigende Dokument wird zwar bei genauer Durchsicht manche Keime der Ideen Kropotkins erkennen lassen, sein ganzes inneres Leben und den beginnenden revolutionären Teil seiner Beziehungen und Gedanken enthüllt es aber nicht. Es ist auch für das Verständnis Bakunins von Wert, weil es in den Anfängen in dem Milieu spielt, das Bakunin ein Jahr früher, im Sommer 1861, verlassen hatte. Kropotkin kannte sehr gut den mit Bakunin liierten höheren Offizier Kukel und, wie er mir erzählte, sah er einmal Bakunins Frau, die sich lange um die Erlaubnis zur Abreise aus Irkutsk bemühen mußte. Von Bakunin hörte er damals genug, seine ersten sozialistischen Eindrücke gewann er aber aus Proudhons *Ökonomischen Widersprüchen*, 1846, einem von dem im September 1861 verhafteten, im September 1865 in Sibirien gestorbenen radikalen Schriftsteller M. L. Michailoff hinterlassenen und mit Randbemerkungen versehenen Exemplar des französischen Textes. Auch N. V. Sokoloffs *Otschtschepenzy* (Die Widerspenstigen), die erste, 1866 sofort konfiszierte Ausgabe dieser lebhaften Uebersicht älterer Kämpfer und geistiger Rebellen, wirkte auf ihn, während einige Jahre später das *Kapital* von Marx, das Stepniak bewunderte, ihn ganz kalt ließ.

Das durch die sibirischen Reisen geweckte geographische Interesse spezialisierte sich dann in der Geologie, die ihm die Erklärung der geographischen Formen des asiatischen Gebirgs- und Flußsystems geben sollte. Das soziale Interesse und die sozialistischen Ideen führten zur soziologischen Literatur; auf diesem Gebiet machten er und sein Bruder Alexander Uebersetzungen, so die eines Werks von Herbert Spencer.[259a] Im Sommer 1871 in Schweden — vielleicht doch unter dem Einfluß der Pariser Commune? — entschloß er sich, ganz für das Volk tätig zu sein, und seine Schweizer Reise war die nächste Folge. Natürlich liegen dazwischen im einzelnen nicht bekannte private Verbindungsstücke; so war sein Bruder Alexander, der als gemäßigter Sozialist auf diesem Gebiet immer sein intimer Antagonist war[259b], längst in Zürich und dort war auch dessen Schwägerin Frau Sophie Nikolaevna Lavroff, die, mit der gleichfalls studierenden Nadeschda N. Smezkaja zusammen wohnend, wie diese, mit A. Ross nahe bekannt war und mit Bakunins Ideen sympathisierte. Dies führte Kropotkin natürlich nach Zürich, wo er durch diese Damen gleich Ross kennenlernte und sich auf das eingehendste das Wesen der Internationale erklären ließ[260]. Da die Internationale in Zürich nur durch Greulichs Sektion vertreten war, reiste er zu näherem Studium zuerst nach Genf, wo er — hierin wahrscheinlich von seinem Bruder geleitet (während der ungefähr sechs

---

[259a] Seine Korrespondenzen über kriegsgerichtliche Verhandlungen gegen polnische Verbannte wegen des Aufstands in der Baikalseegegend, 1866, sind *Pam.*, S. 123—172, wieder gedruckt.

[259b] Die mit Alexander viele die Brüder trennende Fragen besprechende Korrespondenz P. Ks. ist noch unveröffentlicht.

[260] S. *Erste Begegnung mit P. A. Kropotkin* in M. P. Saschins *Vospominanija* (Moskau, 1925), S. 81—85.

Wochen seines Aufenthaltes), zunächst die Richtung der Fédération Romande, auch Utin, kennenlernte; übrigens war die antiautoritäre Richtung dort nur durch die meist aus Franzosen bestehende Propagandasektion vertreten. Er ließ sich in der letzten Woche von Utin an Joukovski empfehlen, und Utin bemerkte sehr richtig, von dort werde er wohl nicht mehr zu ihm zurückkehren. Er wurde nun in die wirklichen Verhältnisse eingeweiht, noch mehr in Neuchâtel, durch James Guillaume, und an anderen Orten im Jura. Dort wollte er gleich bleiben und in der Uhrenindustrie arbeiten, aber Guillaume redete ihm diesen Plan aus, und er beschloß, lieber in Rußland sich ganz der revolutionären Tätigkeit zu widmen.[261]) Er reiste dann nach Verviers (L'Int. IV, S. 134) und hielt sich noch in Zürich auf, wo Ross nicht mehr war[262]) und sagte, wie Frau Lavroff an Ross schrieb, beim Abschied als Botschaft für Ross: „ich bin mit euch und immer der eure."

In Rußland begann nun nach seinem Eintritt in den seit dem Frühjahr 1869 bestehenden Cercle der Tschaikovzy für Kropotkin — der übrigens seine wissenschaftlichen Arbeiten bis zuletzt und auch noch im Gefängnis fortsetzte — intensive Tätigkeit innerhalb des Kreises, im Bereich der innerrussischen Verzweigungen und Verbindungen dieses Kreises, auch seiner Züricher Beziehungen usw. und durch direkte Arbeiterpropaganda, Vorträge in geheimen Versammlungen usw. L. Schischko[263]) berichtet von scharfen Diskussionen zwischen K. und Kuprejanoff über Staat und Anarchie, und Kropotkin selbst sprach in

---

[261]) Wie kam es, daß er damals Bakunin in Locarno nicht aufsuchte? P. K. erzählte, daß Guillaume ihm davon abredete, indem er Bakunin als alt und überwunden bezeichnete. J. G. erinnerte sich hieran nicht, sagte aber, Bakunin habe selbst gewünscht, P. K. nicht zu sehen, weil er glaubte, derselbe stehe auf dem gemäßigten Standpunkt seines Bruders Alexander, und er habe deshalb P. K. auf eine ihn nicht verletzende Weise von dem von Bakunin nicht gewünschten Besuch abgebracht. Wenn P. K. sechs Wochen in Genf war und erst in der letzten Woche von Utin zu Joukovski ging, so konnte dies wohl Bakunin, wenn er davon hörte, zu seiner brieflichen Bemerkung zu Guillaume veranlassen. — Ueber Bakunin schrieb Kropotkin 1905 einen Artikel für den jiddischen Arbeiterfreund (London), dessen englischer Text in Freedom, Juni—Juli 1905 erschien und ein russischer in Chlêb i Volja (London), Juli 1905, damals in vielen Blättern übersetzt; französisch (nach dem russischen) in Plus loin (Paris), Juni 1926. Auch im Mai 1914, hundert Jahre nach Bakunins Geburt, erschien ein Erinnerungsartikel Ks. in Freedom.

[262]) In Zürich soll er — nach Greulichs Erzählung, wenn ich nicht irre — mit Greulich wegen Errichtung einer russischen Druckerei durch schweizerische Sozialisten zum Druck von Schriften für Rußland sich besprochen haben, und Greulich lehnte das ab, weil man nicht wissen könne, was für Schriften die Russen drucken würden. Für ganz sicher halte ich diesen Bericht nicht, da P. K. doch gewiß längst genau wußte, in welchem Grad Greulich Gegner der antiautoritären Richtung war; sollte eine Verwechslung mit Alexander K. vorliegen?

[263]) S. M. Kravtschinski . . ., (1903), S. 12. — P. K. erzählte im Cercle von Bakunins und Lavroffs Zeitschriftenplänen, und der Cercle sollte entscheiden, wem er sich anschließe. Er selbst wünschte, daß Klemens nach Zürich geschickt werde, um sich zu informieren; es wurde aber der gegnerische Kuprejanoff delegiert, der sich — wie K. von Frau Lavroff erfuhr — um die Bakunisten gar nicht kümmerte und sich direkt an Lavroff wendete, wozu ihn auch die gemäßigte Richtung im Cercle beauftragt hatte (Mitteilung, 1901).

der denkbar pessimistischsten Weise über die große Mehrzahl dieses Kreises, die er 1901 kurzweg Sozialdemokraten nannte. Es waren nur *fünf* Revolutionäre unter ihnen: Dmitri Klemens, Stepniak, Tscharuschin, Sophie Perovskaja und Kropotkin. In der letzten Zeit hatte letzterer die Idee, nach Südrußland zu reisen und den dortigen revolutionären Gruppen vorzuschlagen, auf dem Land revolutionär vorzugehen, z. B. gegen Gutsbesitzer, die Unzufriedenheit erregt hatten und dabei durch ein kleines Plakat oder einen Zettel festzustellen, daß es im Interesse der Revolution geschah, oder selbst mit einer Bande an Orte zu gehen, wo Unzufriedenheit herrschte und dort loszuschlagen. Während er in diesem Sinn wirkte, wurde von sozialdemokratischer Seite des Cercle dagegen geschrieben, dies sei alles unsinnig usw. und so wurde allem Revolutionären entgegengearbeitet.[264])

Unter diesen Umständen hatten zwei Manuskripte Kropotkins, die von der Anklage als Unterlage für den Prozeß der 193 benutzt wurden. wahrscheinlich objektiv nicht die ihnen guten oder schlechten Glaubens zugeschriebene Bedeutung, d. h. sie entsprachen der persönlichen Ansicht Kropotkins und weniger anderer, nicht der so vieler anderer. Dies sind eine Abhandlung beginnend: *Sollen wir uns beschäftigen mit der Prüfung des Ideals der künftigen Einrichtung der Gesellschaft?* und ein als Programm der revolutionären Propaganda bezeichnetes Schriftstück, beide am 25.—26. März 1874 bei der Haussuchung Kropotkin weggenommene Dokumente, von denen die III. Abteilung einen — in der Abhandlung gewisse sehr revolutionäre Stellen weglassenden — Abdruck herstellen ließ, mit dem sich das Ministerkomitee am 18. und 26. März und 1. April ä. St. 1875 beschäftigte.[265])

Es ist unmöglich, diesen Kropotkins sozialistische Ideen von 1874 begründenden langen Aufsatz, der noch nicht übersetzt zu sein scheint, hier zusammenzufassen. Er geht von der Verwirklichung der *Gleichheit* aus, die erfordert: alles persönliche Eigentum wird Eigentum aller Mitglieder der territorialen Einheiten (Gruppen, Bezirke, Länder), wo die soziale Umwälzung vollzogen ist. Alles soziale Kapital (Land, Fabriken usw.) wird den es Bearbeitenden zur Benutzung übergeben. Hierbei werden Ungleichheiten (schlechte Verhältnisse einzelner Arbeitsgruppen) lokal ausgeglichen. Nur von der Mehrheit als lebensnotwendig anerkannte Gegenstände haben gesellschaftlichen Tauschwert. Nicht-

---

[264]) Als diejenige Broschüre L. Tichomiroffs, der Kropotkin einen Schlußteil, die Schilderung der kommenden sozialen Revolution hinzufügte, wird die *Istorija Pugatschevskago Bunta* genannt (so Schischko, *S. M. Krавtschinski* . . ., S. 26), aber auch die *Erzählung von vier Brüdern* Tichomiroffs. Ich habe keinen dieser Texte vor mir; die Frage sollte sich leicht lösen lassen und Kropotkins Text uns wieder vorgelegt werden.

[265]) Abdruck *Pam.*, S. 24—56 und 21—23. Diese Texte wurden P. K. 1920 mitgeteilt, der eine ganze Anzahl Bemerkungen dazu schrieb, die noch nicht veröffentlicht zu sein scheinen; *Pam.*, X, S. 23—24. — Auszüge in der Anklageschrift im Prozeß der 193, s. Lavroffs *Mat.*, X, S. 176—178. — Ich habe die Hauptgedanken dieser Manuskripte in *Röda Fanor* (Stockholm), 1922, aber durchaus nicht erschöpfend, angeführt.

anerkennung privilegierter Arbeitskategorien, d. h. Pflicht der Handarbeit für Alle. Obligatorischer Unterricht. Statt der jetzigen höheren Schulen solche, welche Schule und Lehrwerkstatt verbinden. Es folgt eine Kritik des Staatstums. „. . . Diese ganze Kritik führte Proudhon dazu, jede Regierung zu verwerfen, — zur Herrschaftslosigkeit (besnatschalie), der Anarchie . . ." Im weiteren werden „Geldschecks für Arbeitszeit" erwähnt, aber der Text zeigt dann eine größere Lücke (S. 34), d. h. die Gesellschaftsbeschreibung wird nicht abgeschlossen, sondern die Besprechung der *Mittel* beginnt.

Die soziale Revolution. Zur Verwirklichung der Gleichheit gehören viele Jahre, viele partielle Ausbrüche, die man beschleunigen muß. Verwerfung des (nicht direkt genannten) Netschaeff-systems (S. 36). Der Aufstand kann nicht von den Revolutionären gemacht werden, sondern sie müssen den sich vorbereitenden Aufstand fördern, die unzufriedenen Elemente untereinander verbinden, kurz auf jede Weise helfen. Gibt es solche Elemente? Die Frage wird bejaht. Was muß man tun? Die Ideen verbreiten, die Zahl der Anhänger vermehren und diese in eine gemeinsame Organisation zusammenfassen. Der studierenden Jugend wird gegenüber der Tätigkeit unter den Bauern und den städtischen Arbeitern geringere Bedeutung zugeschrieben. Kropotkin plaidiert für die Bauern- und Arbeiterpropaganda und im einzelnen für die individuelle Propaganda gegenüber Versuchen, durch offene Propaganda einen lokalen Eindruck zu erzielen. Ueber die Ausbildung von Volk agitatoren durch ausdauernde Belehrung derselben. Persönliche, mündliche, nicht literarische Propaganda ist das wichtigste, ohne daß letztere verworfen würde. Ueber Volksbücher, über eine kleine, den Bauern und Arbeitern verständliche Zeitschrift.

Dann wird eine Art Propaganda betrachtet, „die wir die tätliche *(faktitscheskaja)* nennen", — Produktiv- und Verbrauchsgenossenschaften, lokale Bewegungen in Fabriken und Dörfern gegen lokale Unterdrücker und solche lokale Bewegungen mit weitgehendem sozialen Ziel. All diese Mittel werden besprochen; bei größeren Bewegungen wird angeregt, daß dann alle Kräfte auf einen solchen Bewegungsherd konzentriert werden.

Beziehungen zur Internationale herzustellen, bevor man eine starke Organisation unter den Bauern und Arbeitern besitzt, ist nicht der Mühe wert. Man steht auf Seite der Föderalisten der Internationale. Was die russischen Parteien im Ausland betrifft, will man sich nicht einmischen, weil ihre Differenzen persönlichen Charakter angenommen haben und man das von Rußland aus nicht beurteilen könne. Von ihren Zeitschriften können wir keine als Organ unserer Partei anerkennen.[266])

„Während wir einige Vertreter unserer russischen Emigration und ihre Tätigkeit in der Internationale tief schätzen, beabsichtigen wir trotzdem mit keinem von ihnen in enge organisierte Verbindung zu treten,

---

[266]) 1873—1874 war Lavroffs *Vpered* die einzige Zeitschrift; Bakunins Richtung hatte keine Zeitschrift, und der *Rabotnik* und *Nabat* erschienen erst 1875.

weil wir keine Möglichkeit sehen, diese Verbindung zu einer wirklichen zu machen. Wir wollen uns hier selbständig entwickeln außerhalb aller Führerschaft ausländischer Parteien, da wir annehmen, daß die Emigration nie der genaue Ausdruck der Bedürfnisse ihres Volkes sein kann außer in den allgemeinsten Umrissen; denn dazu ist notwendige Bedingung, daß man unter den russischen Bauern und städtischen Arbeitern wohnt. Endlich ist hier vollständige Vereinigung mit Personen notwendig, daß man mit ihnen in ununterbrochener enger Beziehung bleibt, was in diesem Fall unmöglich ist" (S. 56).

Hiermit schließt dieses Dokument, das in seinen zahlreichen Einzelheiten erkennen läßt, was Kropotkin zu bekämpfen hatte, und an was er anzuknüpfen versuchte. Man sieht auch, daß eine Zusammenarbeit mit Bakunin ausgeschlossen gewesen wäre, auch wenn sie sich 1872 gesehen hätten. Er hat auch seinen Standpunkt die Emigranten betreffend für sich selbst später befolgt, indem er, wo er lebte, für die lokalen Bewegungen arbeitete, französische Schweiz, Frankreich, England und allen andern, auch der russischen, nur mit allgemeiner Teilnahme folgte.

Ueber die an diese tatsächlich, meinen Eindruck nach, rein persönlichen Dokumente, die am ehesten beweisen, daß all das darin gewünschte noch nicht existierte — sonst hätte Kropotkin es nicht so ausführlich begründen müssen —, im russischen Ministerkomitee 1875 sich anknüpfenden Besprechungen usw. s. N. Ascheschoffs Artikel, Pam, S. 66—76. — Kropotkins Flucht ist S. 77—92 neu beschrieben, wobei auch die tatkräftige Hilfe von Frau Lavroff klargestellt wird. — Die am 12. Juli 1876 geglückte Flucht führte ihn nach Edinburgh und von dort in einigen Wochen nach London.

Dort waren Peter Lavroff, der den Vpered noch bis Ende des Jahres redigierte, und andere Russen, von denen der einige Monate vorher aus Tomsk geflüchtete Tscherkesoff wohl der einzige war, der seine Ideen ganz teilte, und sie wurden befreundet. Tscherkesoff (geboren am 15. September 1846)[267]) hatte die Moskauer, später die Petersburger Bewegungen seit Beginn der sechziger in den innersten Kreisen miterlebt. Tschernyschewskis Ideen und ihre weitere revolutionäre Ausbildung durch die Jugend erfüllten ihn; sein georgischer Patriotismus, der damals an ein selbständiges Georgien noch nicht denken konnte, machte ihn zum Föderalisten, Bakunins Narodnoe Dielo (September 1868) wahrscheinlich zum Anarchisten. Ende 1869 als einer der letzten verhaftet — er hatte Netschaeff seine Flucht ermöglicht — wurde er nach mehreren Kerkerjahren nach Westsibirien gebracht, bis er Ende Januar 1876 aus Tomsk abreiste, die russischen Gruppen in Moskau und Petersburg besuchte und nach London entkam.[268])

---

[267]) Im Prozeß von 1871 wird er Knjas Varlaam Dschon-Aslan Tscherkesoff genannt.

[268]) Vielleicht war noch L. Goldenberg in London, der in Genf Mitglied der Avenirsektion gewesen war; 1876 war er in der von Aron Liebermann gegrün-

Kropotkin mußte sich Geld verdienen, um zu leben; er erhielt durch den Sekretär der geographischen Gesellschaft, Keltie, russische Arbeit an einem geographischen Wörterbuch (Gazetteer) usw. und begann bald auch für die Wochenschrift *Nature* zu arbeiten. Mit der westeuropäischen Bewegung aber trat er durch *Paul Robin* in Kontakt, der sich zurückgezogen und stets kritisch verhielt und vielleicht durch Kropotkin in seinem allgemeinen sozialistischen Interesse, nicht in dem ihm stets eigenen für seine besonderen Gedankenkreise, wieder belebt wurde. Eine ganze Reihe von Kropotkins Briefen an ihn hat sich erhalten und wird im folgenden zum erstenmal benutzt werden.[269])

Anfang Dezember wurde Kropotkin eingeladen, in einer Angelegenheit nach Neuchâtel zu kommen, welche ich in der Biographie Malatestas, (1922, S. 69—70) erzählt habe — s. auch *L'Int.* IV, S. 116 — und die ihn zum erstenmal mit Malatesta und Cafiero zusammenführte, ohne daß sie sich gerade damals einander näherten. Dagegen verständigte er sich ganz mit James Guillaume — er wird auch Paul Brousse schon kennengelernt haben — und nahm sich von da ab aufs äußerste der Angelegenheiten der Internationale an. In London fühlte er sich einsam und unglücklich. Er reiste noch einmal dorthin, um dann am 23. Januar über Ostende nach Belgien zu reisen. Wie er am 11. Januar schrieb, wollte er erst nach Verviers, „um etwas das Terrain für Brousse zu sondieren, der zuerst nach Lüttich geht, wo er suchen wird, an der Universität als chemischer Präparator unterzukommen"[270]); Guillaume wünsche dies und ebenso möchte er schnell mit zwei aus Rußland kommenden Freunden in der Schweiz zusammen kommen.

Durch die Reise nach Verviers begann so Kropotkins internationale Tätigkeit Ende Januar 1877.[271])

deten ersten jüdischen Gruppe in London. Es gab noch eine deutsche und eine tschechische Gruppe, französische Communards, aber, man kann wohl sagen, weniger als zu irgendeiner anderen Zeit eine englische sozialistische Bewegung.

[269]) Diese Briefe gelangten an Victor Dave und aus seinem Nachlaß in das Kropotkinmuseum; sie sind weder von Kropotkin noch von Guillaume gesehen worden, so daß Kropotkins sonstige Erinnerungen und Guillaumes Buch ganz unabhängig von dieser direkten Quelle sind. — Ich benutze sie in der Biographie von Elisée Reclus (1925) und hier und werde sie zu einer ausführlichen Darstellung jener Zeit benutzen, sobald ich meine Abschriften und Auszüge aus dem damaligen Briefwechsel Joukovskis wiedergefunden haben werde. — Dazu kommt eine dritte Briefgruppe, internationale Briefe, 1877, an Kropotkin (*s. L'Int.*, IV, S. 146, Anm. 4), die Guillaume in diesem Band benutzt, und von' denen ich vollständige Abschriften nehmen konnte; endlich einiges aus an Elisée Reclus in jenen Jahren gerichteten Briefen, soweit sie sich erhalten haben. Dem in den folgenden Kapiteln Gesagten liegen diese Briefe manchmal zugrunde, auch wenn dies nicht beständig gesagt wird.

[270]) Der anarchistische *cercle d'économie sociale*, *l'Étincelle* in Verviers, seit 1. November 1876, war gegen den damals antianarchistisch redigierten *Mirabeau* gegründet worden (s. *L'Int*, IV, S. 120), und es mag der Plan bestanden haben, Brousse, der die Schweiz verlassen wollte, für die dortige Propaganda zu gewinnen.

[271]) Eine P. unterzeichnete russische Korrespondenz im *Bulletin*. 19. November 1876, dürfte Kropotkins erster Beitrag sein?

XVII.

Die Internationale
und Peter Kropotkin vom Januar bis August 1877.

Die durch das Kropotkinsche Briefmaterial intimer ausgestalteten Kapitel Guillaumes über das letzte Jahr der Internationale, Januar 1877 bis zu den Kongressen im September *(L'Int.,* IV, S. 127—157) zeigen, neben dem belgischen Verfall, vielerlei neue Initiative und Aktionsversuche, denen gegenüber sowohl die theoretische Weiterbildung, wie der formale Rahmen der Internationale zurücktraten; man sieht auch das persönliche Schicksal einer ganzen Reihe von Männern, die sich ganz besonders exponierten, die aber auch als arme Leute leben und arbeiten mußten, da es Parteistellungen nicht gab, die auch andere Leidenschaften bewegten, wodurch Verhältnisse entstanden, die nicht dauern konnten und nach hoher Spannung zu einer Ermattung vom Herbst 1877 ab führten. Ein Mann wie Bakunin, der 1870—1872 in den Jahren schwierigster persönlicher Verhältnisse desto ausdauernder tätig war, kam nicht wieder. Diese Darstellung soll hier nur durch manches aus den Briefen Kropotkins usw. ergänzt werden.

Ueber die traurigen *belgischen* Verhältnisse — s. *L'Int.,* IV, S. 119—122, 134²⁷²) — orientieren zwei lange Briefe Kropotkins an Robin. Der erste, dessen Anfang fehlt, ist für Emile Piette nichts weniger als günstig, dem sich Bastin und Gérombou anschlossen, die die Internationale in Verviers hatten verlassen *müssen,* und deren Gruppe, *l'Etincelle,* die Aufnahme verweigert wurde, und die auch riskieren würden, persönlich zurückgewiesen zu werden. Diese sind nun grade die Anarchisten, und der *Mirabeau* wird nun von Strohmännern im Interesse der Brüssler Politiker (Sellier) zusammengestoppelt. Brousse sollte kommen und mit Pierre Fluse verhandeln, dem einflußreichsten und energischesten Mann hier; Brousse, mit Fluse, sollte den *Mirabeau* redigieren, oder Brousse sollte ein anderes Blatt gründen, aber auf jeden Fall ein populäres Arbeiterblatt. Kropotkin selbst, wenn er nicht gleich ein Jahr bleiben könnte, hält seine längere Anwesenheit für unnütz.

Am 4. Februar weiß er, daß Brousse — der damals in Frankreich gereist war — nicht nach Verviers kommen wird. Er hält die parla-

---

²⁷²) Nach Louis Bertrands Darstellung verwarfen die Brüssler Brismée, Steens, Verrycken, Standaert u. a. die Genter sozialdemokratischen Parteigründungsversuche, während De Paepe, „der während er noch Mitglied der Internationale war, uns bei unsern Versuchen ermutigte, stark getadelt und beinahe aus der Brüssler Sektion ausgeschlossen wurde . . ." (S. 122).

mentarische Strömung in Verviers für nicht tiefgehend und meint, daß ein Revolutionär für das Vesdretal die Situation retten könnte, während dagegen die Vlämen sicher der deutschen Sozialdemokratie folgen würden. Er las damals De Paepes sozialökonomische Vorträge in der *Economie sociale* und findet, daß man sie aus Versöhnungspolitik viel zu günstig beurteilt hatte. Dem Brief vom 27. Februar zufolge hatten in Verviers „nach Zwistigkeiten Dave, er [Fluse] und alle Alten die Internationale verlassen", und Anfang Februar war eine Versammlung der Freunde von Fluse und der Alten bereit, wieder für die Internationale tätig zu sein. — Es gab also damals die alte Richtung Fluse, die Kropotkin für die wertvollste hält[273]), die anarchistisch auftretende, aber persönlich weniger geachtete Richtung Piette *(Etincelle)* und dem Parlamentarismus verfallene, die den *Mirabeau* in Händen hatten. Kropotkin schließt: „. . . Belgien wird also bleiben, wie es ist, und die Juraföderation wird sich wenig oder gar nicht mit diesem Land beschäftigen. Eine Beeinflussung von hier aus [dem Jura] wäre eine Chimäre und einen Mann hinschicken — es ist keiner da" (da Brousse nicht hingeht). — Das zehn Jahre früher an Talenten so reiche Belgien ist von nun ab, bis Elisée Reclus in den neunzigern manche neue Kräfte erweckte, die auch schon durch den französischen Anarchismus seit etwa 1890 vorbereitet waren, ein auf diesem Gebiet sehr armes Land; die alten Intellektuellen machten den Umschwung zur Sozialdemokratie nicht mit, etwa Hector Denis ausgenommen, und De Paepe verschwindet nun im Vulgärsozialismus. Die Anarchisten hatten immer einige propagandistische Kräfte, aber keine das Durchschnittsniveau überragenden.

James Guillaume beurteilte die Vlämen nach den Deutschschweizern, mit denen er die französisch sprechende Schweiz nie als wirklich verbunden betrachtete. Er schrieb am 30. April 1877 an Kropotkin *(L'Int.,* IV, S. 179—180): „. . . Bildet man sich übrigens ein, daß, wenn die Befreiung der Arbeit verwirklicht wird, dies im Rahmen des gegenwärtigen politischen Belgien geschehen wird, und daß deshalb Vlämen und Wallonen übereinstimmend zusammengehen müssen, um eine Kammermajorität zu erlangen? Nein: die Befreiung wird das Resultat einer von Paris ausgegangenen Revolution sein; auf das Signal dieser Revolution werden die Völker und *Völkerbruchstücke,* die das revolutionäre Feuer haben, sich erheben: die französische Schweiz, das französische Belgien; die Vlämen werden es wie die deutschen Schweizer machen: sie werden ruhig zuschauen, wie wir uns schlagen . . ." Er bemerkt noch: „. . . Uebrigens scheint mir, daß die sprachliche Verschiedenheit in Belgien immer das ernstliche Bestehen einer einzigen Organisation verhindern wird; wollte man eine solche durchaus grün-

---

[273]) Briefe von Pierre Fluse an Victor Dave aus jenen Jahren und später, zeigen, daß Dave, dem eine lokale Angelegenheit die Internationale seit 1873 verleidet hatte, in Fluse und dessen Genossen immer wirkliche Freunde hatte. — Guillaume (an Kropotkin, 27. März) nennt die *Etincelle* „eine separatistische Gruppe, die durchaus unsere Allianz haben will."

den, so würde eines der beiden Elemente unfehlbar die Oberhand gewinnen und das andere geopfert werden, und dies würde sehr wahrscheinlich das wallonische Element sein . . ."

Kropotkin schrieb am 11. Februar aus Neuchâtel (an Robin): „. . . Die von Brousse gebrachten Nachrichten sind erfreulich. Das Erwachen [in Frankreich] akzentuiert sich (die Pariser Studenten nehmen auch regen Anteil) und die Richtung der Bewegung *ist rein anarchistisch*. . . . Frankreich, Frankreich ist überall der Refrain, — in Belgien, sowie hier." — Am 16. Februar: „. . . Brousse dagegen, den ich gestern sah, bringt mehr Hoffnungen und Kraftgefühl, vor allem wegen seinem lebhafteren Temperament. Er gab uns Einzelheiten über seine Reise..."

In Frankreich wurde eben seit den Wahlen von Anfang 1876 das System Thiers-Mac Mahon schrittweise überwunden, um dem System Gambetta Platz zu machen; zugleich wurde auch der revolutionäre Communalismus durch den politischen Sozialismus (Guesde) und bald auch den Munizipalsozialismus, dann Possibilismus (Brousse) verdrängt. Selbstverständlich freute der antireaktionäre Umschwung alle, auch Bakunin in seinen letzten Monaten, und sobald es irgend ging, richtete sich die Jura- und Genfer Propaganda nach Frankreich hin (1877—1878), und persönlich drängte es James Guillaume nach Frankreich, ebenso Brousse, ebenso Kropotkin. Ein stärkerer als sie, Bakunin, der auch Paris bewunderte, wäre ruhiger geblieben; es ist charakteristisch, daß Bakunin 1868—1870, je sicherer eine große Pariser Bewegung bevorzustehen schien, desto mehr nach allen Richtungen hin wirkte, Lyon und Südfrankreich, Spanien, Italien, Rußland. Diese jüngeren Männer und kleineren Geister waren von Paris, das sie noch nicht kannten, — Brousse dürfte wohl im Süden, Montpellier, aufgewachsen sein?, — das aber umso mehr in der revolutionären Legende vor ihnen stand, hypnotisiert. Guillaume, der jeden Gedanken eines Deutschschweizers an Deutschland als Pangermanismus verurteilt hätte, fühlt sich in seiner Berner Rede (s. Kap. XV) und in dem Brief vom 30. April 1877 als französischer Schweizer von den deutschsprechenden Schweizern absolut getrennt und nur nach Frankreich zugehörig und nimmt das Gleiche von den Wallonen an. Er kann das Nebeneinanderleben Verschiedensprachiger in einer Organisation nicht begreifen, wenn nicht ein Element das andere beherrscht. Solche Anschauungen mußten den Internationalismus untergraben; wir finden sie *nicht* bei den Italienern, nicht bei den Spaniern der Internationale, nicht bei den deutschsprechenden Arbeitern in Bern, unter denen Paul Brousse, der Herausgeber der *Arbeiterzeitung*, wirkte, auch nicht bei den Belgiern, von denen De Paepe doch wahrhaftig nicht aus Deutschfreundlichkeit Sozialdemokrat wurde, auch nicht bei den Franzosen der Internationale, die sich um die anderen Völker gar nicht kümmerten oder, wie Reclus, allgemein menschliche Sympathien und Kenntnisse hatten. Wir finden sie aber in dem Juramilieu, das durch James Guillaumes vieljährige intensive Tätigkeit, durch Bakunins Persönlichkeit, durch seine Anziehungskraft für revolutionäre Flüchtlinge, Pindy, Brousse, Kropotkin usw., auf eine ungewöhnliche, in den Jahren 1869—1878 sozusagen bei lebendigem Leibe schon historische Höhe gehoben war; sie entsprang aber dort dem Lokalgefühl und bei den Intellektuellen der französischen Revolutionslegende, deren Kern ich nicht bestreite, die aber doch für manche zur ausschließlichen Faszination werden kann. So ging im Anarchismus aus diesem Milieu schweizerischer und russischer französischer Patrioten in der Schweiz ein nicht internationaler Geist hervor, der nicht nur die deutschsprechenden Territorien, sondern auch das englische, italienische, spanische Sprachgebiet ohne volle Sympathie betrachtete, ihre Eigenart geringschätzte und sich nur mit vollständigen Anhängern ganz gleicher Art solidarisch fühlte, die in verschiedenen Ländern gleichfühlende Gruppen bildeten. Socialist League und die ältere Freedom Group in England, Johann Most und die Gruppe Autonomie, die spanische Föderation und die seit 1886 in Spanien wirkenden Gruppen und ähnliches — nur Italien kannte diese Erscheinung nicht — zeigen alle die Disharmonien eines mehr einheimischen und eines in dem Jura-Genfer Milieu zuerst geprägten zu gleichartigen, zu wenig lokalisierten Anarchismus.

Von all dem waren 1877 erst Anfänge vorhanden, aber ich hebe auch diese hervor, um die Faktoren zu sammeln, welche die seinem innern Wert so wenig entsprechende zu geringe bisherige Ausbreitung des Anarchismus mir wenigstens zu erklären scheinen.[274])

Kropotkin reiste wohl am 4. Februar von Verviers, ohne Paris zu berühren, nach Genf und bald mit seinem Freund D. Klemens über Vevey — erste Begegnung mit Elisée Reclus — nach Neuchâtel, wo er Guillaume recht ermüdet fand (Brief vom 11. Februar); am 15. sah er Brousse, der wohl aus Bern kam, am 16. richtete er sich in Chaux-de-Fonds ein, zunächst mit Klemens (den man aus Stepniaks *Unterirdischem Rußland* näher kennt); dort waren Spichiger und Pindy.

Am 27. Februar schrieb er an Robin: „. . . Die Lage der (Jura-) Föderation hier ist alles, nur nicht gut. Alle Sektionen sind auf sehr wenige Mitglieder reduziert. Hier z. B. gibt es nur 10 oder vielmehr 8, die zu den Sitzungen kommen. Das sind Spichiger, Pindy, Ferré (der Bruder), Baudrand [ein Tapezierer aus Lyon], usw.: 2 Schweizer, die

---

[274]) Die Briefe von Marx und Engels zeigen, welche Illusionen diese bis in die achtziger Jahre hinein sich machten, durch die von Guesde und Lafargue inszenierte französische Parteibildung (Parti ouvrier) ihre Ideen in Frankreich eindringen zu sehen, und nachher sahen wir bis 1914 überall den internationalen Marxismus, der Engels, Kautski usw., heute sehen wir den internationalen Kommunismus nach Lenin. All dies verhinderte zum großen Teil die Ausbildung eines lokal differenzierten Sozialismus und hatte doch, wie die Ereignisse zeigen, nirgends eine rechte Wurzel. — Dies macht mich denken, daß auch dem Anarchismus lokale Differenzierung zum Teil fehlte, nicht in Bakunins Zeit, aber in der etwa 1877 beginnenden Zeit, in der, außer in Italien und Spanien, lokale Talente zu sehr fehlten und die vom Jura, dann von Genf, von Guillaume, von Brousse, dann von Kropotkin ausgehenden Anregungen und Ideen zu sehr als definitiv gegebene Tatsachen betrachtet wurden. (All dies möge als Andeutung zur Beurteilung dieser Verhältnisse, nicht als grobe Behauptung verstanden werden.)

übrigen aus Paris, Lyon, Italien und Spanien ausgewandert. Das wäre noch nichts. Die Zahl macht nichts aus, *wenn* die Massen mit ihnen sind. Aber das ist nicht der Fall. Sie haben *keine* Beziehungen zu den Massen. Mehr noch, sie sind wie durch einen Wall von ihnen getrennt, und meine Bemühungen oder vielmehr meine Wünsche, in andere Kreise zu dringen als den der 10, waren noch erfolglos. In den Massen sind die Radikalen die Götter des Tages. Man mißtraut den Sozialisten. Einige Jahre Prosperität mit der kleinen Neigung zum Bourgeoisluxus, die eingerissen ist, (an Sonntagen würde man Leute wie Sie und mich für schmutzige Arbeiter halten), die Gewohnheit, in den Cafés zu lungern, vom Theater und von Bourgeoishochzeiten zu schwätzen, all das entfernt die Leute von Sektierern wie wir." Es gibt auch sehr arme Leute, die sympathisieren, aber fürchten, sich zu kompromittieren. — Die nächste Woche wollte er Schwitzguébel im St. Imiertal aufsuchen. — Am 3. März hielt Elisée Reclus, der mit Joukovski reiste, in St. Imier den öffentlichen Vortrag *Die Anarchie und der Staat;* beide sprachen den nächsten Tag in Chaux-de-Fonds über die Orientfrage *(L'Int.,* IV, S. 151); damals wird Kropotkin Reclus noch näher kennengelernt haben, ohne daß sie sich damals und noch für längere Zeit intim befreundeten.

Brousse hatte am 15. Februar die Idee einer Demonstration am 18. März inmitten der feindlichen Berner Bevölkerung, die am 18. März 1876 die Sozialisten auf fascistische Weise mißhandelt hatte (s. *L'Int.,* IV, S. 9—10), in Neuchâtel vor Guillaume und Kropotkin lebhaft vertreten. „Man wird hingehen, entschlossen, sich mit den Bernern zu schlagen, wenn es sein muß" (Kropotkin, 16. Februar). Am 27. Februar weiß er viele Einzelheiten. „. . . Brousse reist herum, Anhänger zu sammeln, und die Jurasektionen werden je 10 bis 20, 30 entschlossene Männer schicken. Wenn man sich schlägt, um so besser. Diesesmal wird man Totschläger (casse têtes) mitnehmen. Nicht die beleidigte [rote] Fahne will man verteidigen, sondern sich behaupten, den Leuten zeigen, daß man sich zu verteidigen weiß, der Berner Bevölkerung zeigen, daß man Kraft besitzt, und auch vor zahlreichen Zuhörern sozialistische Propaganda machen . . . Was mich betrifft, billige ich diese Art vorzugehen vollständig. Gewiß ist es ein Propagandamittel (und, nebenbei gesagt, die rote Fahne ist für mich kein Fetzen; indem man sie angriff, hat man uns angegriffen, und wir müssen uns verteidigen). Kurz, wir gehen unser Zehn nach Bern. . . . Wenn die Gendarmerie angreift, umso besser. Dann wird es Propaganda mit Totschlägern und Revolvern sein, wenn es sein muß. Man nimmt allgemein an, daß es zum Schlagen kommen wird . . ."

Tatsächlich ließ sich die Bürgerschaft von Bern von der Gendarmerie verteidigen, die den Zug, dem ein Züricher und Schwitzguébel mit roten Fahnen voranschritten, überfiel, und es kam zum heftigsten Kampf um die roten Fahnen. Guillaume, damals überarbeitet und leidend, war Gegner des ganzen von Brousse intensiv betriebenen Berner Zuges, schloß sich aber nicht aus. Die in *L'Int.* so ausführlich geschilderte Angelegenheit wird in Kropotkins Brief vom 24. April minutiös beschrieben; auch „der Redner bei der Demonstration in der Kasankirche, der in Genf ist" (Georg Plechanoff), war im Kampf um die Berner Fahne. Nach Kropotkin war die Bevölkerung selbst gar nicht feindlich, und die Versammlung nachher verlief glänzend. „. . . Kurz, die Sache ist wunderbar gelungen. Statt 70 hatten wir 2000 in der Versammlung, statt Indifferenten, ein aufmerksames und zum Teil sympathisches Publikum. *Nichts gewinnt so das Volk wie Mut."* Den nächsten Tag wurde Bakunins Grab besucht. Er reiste mit den 40 aus St. Imier und Sonvillier Gekommenen nach Sonvillier, wo eine freudige, enthusiastische Versammlung gehalten wurde. Noch am 29. April schreibt er von den guten Resultaten des 18. März; in Bern traten der Sektion 20 französisch sprechende Schweizer bei usw. Einen schärferen Kampf hatte man nicht gewollt. „. . . Man lernt diese Sachen nur durch die Praxis, und wir hatten keine Praxis, die Pariser ausgenommen. Revolverschüsse hatte man von vornherein ausgeschlossen. Dazu wird es noch ernstere Gelegenheiten geben. Man muß noch in Betracht ziehen, daß für die Schweizer ein Zurückschlagen gegen die Polizei etwas Uebernatürliches ist. Wenn auf dem Markt ein Polizist einem Händler einen Schlag gibt, wagt niemand etwas dagegen zu tun, und in Bern ist der blaue Mantel eine Kaiserkrone . . ."

In diesem Brief, 27. April, wird der Gegensatz zwischen den Jurassiern, Neuchâtel, St. Imiertal, Chaux-de-Fonds, Bern und den südlichen Sektionen, Genf, Lausanne, Vevey scharf hervorgehoben.[275] Letztere hätten keine Arbeiterbeziehungen, und sie nehmen es den Jurassiern übel, daß diese alles Ernste unter sich, im intimen Kreis (en petit comité) besprechen. Der Führer sei Joukovski, der nur Lärm mache und nichts als Lärm und sich hinter Reclus verberge, der selbst absolut nichts tue und nur seinen Namen hergebe. Perron und Ralli folgen Joukovski, und all diese führen Rodolphe Kahn. In der Zeitschrift *Le Travailleur* (20. Mai 1877—April 1878) und andern literarisch-propagandistischen Plänen sieht er gegen das *Bulletin* oder vielmehr gegen Guillaume gerichtete Machinationen. „. . . Was mich betrifft, schließe ich mich offen den nördlichen Jurassiern an, der Partei der reinen Anarchie, der Agitation unter den Arbeitern und der Aktion. Selbst wenn es den südlichen Jurassiern gelänge, eine Genfersee-Föderation (Fédération du Léman) zu bilden, würden sie an innerem Zwist sterben. Die Jurassier des Nordens sind unter sich intim verbunden und stellen eine kompakte Partei mit einem fest bestimmten Programm vor."

Brousse ist mit französischer und deutscher Arbeit überladen, und Kropotkin wird seine Arbeit teilen. Er redigiert die *Arbeiterzeitung* (Bern; 15. Juli 1876—13. Oktober 1877; 33 Nummern); dieser deutschen

---

[275] Wörtlich angeführt, wie alles auf Reclus Bezügliche in diesen Briefen, in meinem Buch über Elisée Reclus.

Bewegung in Bern helfen Emil Werner und Otto Rinke. Jetzt will Brousse eine französische Zeitung beginnen *(L'Avant-Garde,* Chaux-de-Fonds, 2. Juni 1877—2. Dezember 1878; 40 Nummern) und wollte das deutsche Blatt einstellen, das aber Kropotkin übernehmen will; Werner übersetzt die französischen Manuskripte. „Das Blatt wird auch das Zentrum einer deutschen anarchistischen Partei werden . . ."; man hat noch Reinsdorf, Goerges und andere in Deutschland; er rechnet besonders auf Berlin, „das von den Liebknecht und den von ihnen herangebildeten Bureaukraten genug zu haben beginnt" (ein Echo von Johann Mosts dortigem Wirken und der Berliner Dühring-Fronde?).

Näheres hierüber nach den Briefen an Kropotkin s. *L'Int.,* IV, S. 206—207.[276]) Die *Statuten der deutschredenden anarchisch-kommunistischen Partei* (2 S., 8°; ohne Ort, Druck in lateinischen Lettern) setzen ein Programm voraus, das die Mitglieder akzeptieren. Ein solches (in Art. 2 erwähnt) hat sich nicht erhalten, falls es formuliert wurde. Die Bezeichnung „anarchisch-kommunistische" Ideen kommt zweimal vor. In Emil Werners Brief (Bern, 4. Mai) wird erwähnt, daß das von Kropotkin geschickte „Projekt" ihm noch nicht bekannt sei; für Kropotkins „deutsche anarchische kommunistische Partei" schlägt er, als Gegner von Landesgrenzen, „anarchische kommunistische Partei deutscher Sprache" vor. — Brousse schrieb am 1. Mai an Kropotkin: „. . . Was das Programm der neuen deutschen Partei betrifft, werde ich es sorgfältig studieren, aber nicht vor 2 oder 3 Tagen. Uebrigens ist es, wie Sie sagen, besser, einige Tage zu warten und alle zusammen etwas Gutes zustande zu bringen. Wir erhalten gerade einen Brief hierüber von Reinsdorf [aus Deutschland], den Landsberg [Russin, Mitarbeiterin und spätere Frau von Brousse] gut findet und Ihnen schicken wird, wenn sie mir den Inhalt übersetzt hat . . ."

Hiernach möchte man annehmen, daß Kropotkins deutscher Programmentwurf geschrieben wurde und in die Hände von Brousse oder durch diesen an Emil Werner und Rinke gelangte und sich dann verloren hat, er müßte denn auch als jetzt total verschollener Einzeldruck existieren?[277])

Weder Brousse noch Kropotkin betonten 1877—1878 den *Kommunismus,* daher ist das Fehlen des Programms sehr zu bedauern. Es würde gezeigt haben, ob Kropotkin sich etwa der grade in der *Arbeiter-Zeitung*

---

[276]) Alle deutschen anarchistischen Anfänge seit 1874 sind zusammengefaßt in Rudolf Rockers *Johann Most . . .,* (Berlin, 1924), Kapitel VII. — Der von Kropotkin erwähnte Goerges war der in der Mitgliederliste des Sozialdemokratischen Vereins Bern als am 14. Februar 1876 eintretend angeführte E. Görges, dann als abgereist bezeichnet und in der Sitzung vom 18. September anwesend, aus Zürich gekommen *(Protokollbuch).*

[277]) Leider kann ich die *Arbeiter-Zeitung,* die ich vollständig besitze, jetzt nicht nachsehen; aber ein „anarchisch-kommunistisch" genanntes Programm würde mir in derselben wohl gewiß früher aufgefallen sein. Im British Museum ist sie auch vollständig vorhanden, sonst ist sie außergewöhnlich selten.

erwähnten Annahme des kommunistischen Verteilungsprinzips durch die italienische Föderation anschloß oder ob er selbständig vorging?[278])

Die vorzeitig ausgebrochene und im letzten Moment noch einmal zu überstürztem Beginn gezwungene Bandenbewegung in den Bergen zwischen Neapel und Benevento (5.—11. April 1877; s. meine Biographie Malatestas, 1922, S. 70—74; L'Int. usw.) brachte Malatesta, Cafiero und viele andere bis August 1878 in den Kerker, und Andrea Costa, der keinen Anteil genommen hatte, mußte doch Anfang Mai in die Schweiz flüchten, wo er dann bis zur Reise nach Belgien im September eifrig Propaganda trieb. Guillaume erfuhr zunächst nur einiges durch einen Brief Costas (14. April; Bulletin, 22. April; L'Int., IV, S. 184—185). Kropotkin schrieb am 29. April an Robin, man habe keine andern Nachrichten, aber Roubleff (Stepniak), der auch gefangen war, schrieb nach Genf, und mit ihm werde er geheim korrespondieren.

Er fügt hinzu: „. . . Sie können sich vorstellen, wie wir auf die Italiener wütend sind. Ich schlage vor, wenn sie sich überraschen ließen und sich nicht verteidigt haben, ihren Ausschluß aus der Internationale zu votieren. Die Republik von 93 wußte wohl ihre Generale zu guillottinieren, wenn sie Beweise von Unfähigkeit gaben. Meiner Ansicht nach, wenn sie sich *überraschen* ließen, *sich von Panik ergreifen ließen* und, 42 Mann stark, Waffen und Munition übergeben haben, haben sie wie Feiglinge gehandelt . . ." 42 ist für 26 verschrieben? Das *Bulletin* hatte Cafiero, Malatesta und Ceccarelli genannt. Wenn Kropotkin auf die erste, ungenaue Nachricht hin, mit derartiger Strenge urteilte, zeigt dies, daß seine Beziehungen zu den italienischen Anarchisten keine wirklich kordialen waren, und sie wurden es auch in den nächsten Jahren nicht, und vielleicht nie. — Am 3. Juni schrieb Guillaume an Kropotkin: „. . . Malatesta schickte mir auf sicherem Wege eine Darstellung ihrer Expedition und Verhaftung. Dies wird in 8 Tagen im *Bulletin* erscheinen [10. Juni; L'Int., IV, S. 211—213] . . . das Geheimnis dieser Verhaftung ohne Kampf ist endlich aufgeklärt . . ." [totale Erschöpfung usw.]. Auch Guillaumes Worte im *Bulletin* (S. 213) zeigen seinen anfänglichen Zweifel.[279])

Zur Mitarbeit am *Travailleur* aufgefordert (Brief von R. Kahn), verweigerte Kropotkin dieselbe; er sieht (an Robin; 29. April) in der Abteilung Freier Sprechsaal der Zeitschrift nur eine den jakobinischen Freunden Joukovskis und Kahns geöffnete Tür. Am 6. Juni: den *Travailleur* unterstützen wir nicht. — Aber er sagt auch, im Norden sei man etwas vorgeschrittener als im Süden; dort schwanke man immer. So geht man nicht gut zusammen, aber man zankt sich auch nicht; jeder Teil gibt seine Zeitschriften heraus.

---

[278]) Vielleicht kommt aber nur dies in Betracht, daß für Deutschland der Ausdruck anarchisch-kollektivistisch unverständlich gewesen wäre, und daß das Wort kommunistisch, das den Franzosen durch Cabet verleidet war, in Deutschland gegenüber den Sozialdemokraten einen mehr revolutionären, wenn auch durch Marx und Engels autoritären, Klang hatte?

[279]) Auch Kropotkin (an Robin; 6. Juni) ist nun zufriedengestellt.

Einen Blick in das Leben des Föderalburau der Internationale gibt ein Brief Guillaumes an Spichiger (8. Mai): „. . . ich sprach mit Jouk über eure Installierung als *Föderalbureau* und über den Inhalt, den euer erstes Zirkular haben sollte. Meine Meinung, die auch die Joukovskis ist, ist folgende: erstens, es ist unnötig, euren Zusammentritt anzuzeigen; dadurch würde nur das Publikum auf die lange Verzögerung [seit Oktober 1876] eurer Nominierung aufmerksam gemacht. Am besten sagt ihr hierüber gar nichts und tretet in den Gegenstand ein, wie wenn ihr schon seit Oktober funktionieren würdet...‟ (In diesen sechs Monaten war also kein Bureau vorhanden gewesen, und die Jurasektionen hatten es erst Ende April in die Sektion Chaux-de-Fonds verlegt; *L'Int.*, IV, S. 191—192). — Der Spanier G. Albarracin, Spichiger und Pindy bildeten das Bureau, dem Guillaume als seine persönliche Meinung mitteilt, der nächste Kongreß solle in Verviers stattfinden, worüber er an Fluse dort schrieb. In Belgien selbst (Kongreß von Jemappes; 20. Mai; S. 205) wählte man Gent.

Kropotkin wollte einen Moment mit Albarracin nach Spanien reisen im Glauben, daß dort eine Bewegung bevorstände; Guillaume redet ihm ab (3. Juni; S. 210—211). Nach dem Brief an Robin, 6. Juni, glaubt Kropotkin, immer skorbutleidend, der geheimen Propagandaarbeit und dem Gefängnis in Rußland gegenwärtig nicht gewachsen zu sein. Er erwartet, in nicht langer Zeit in Paris zu sein. „...Endlich gab man mir aus Rußland eine Arbeit, eine Buch-Broschüre (brochure-livre) über die Propaganda durch die Tat (sur la propaganda par le fait). Ich habe mich also daran gemacht und muß dies zu Ende führen.‟ Eine solche Schrift ist *nicht* bekannt geworden; über den fast gleichzeitigen ersten Gebrauch des Ausdrucks im *Bulletin* s. *L'Int.*, IV, S. 206, 209, und o. Kapitel XVI.

Er schrieb am 3. Juli an Robin, der im Laufe des Sommers in die Schweiz kommen wollte: „. . . Sie kommen hierher, und ich reise ab. . . . Ich habe die fixe Idee, nach Paris zu gehen, dort Beziehungen zu pflegen mit den Freunden Pauls [Brousse] und neue anzuknüpfen...‟ Wer diese waren, Hubertine Auclert, Ballivet... zeigt ein späterer Brief von Brousse, 12. Juli (S. 220). Am 3. Juli freute Kropotkin sich außerordentlich auf den ersten Besuch von Paris. „...Diese Reise macht mir fast kindische Freude. Vorige Woche war ich zwei Tage in Frankreich [von Delle aus den *Avant-Garde* einschmuggelnd], und ich kam mehr als je zum Schluß, daß einer von uns in Paris unentbehrlich ist, um den Einfluß Guesdes zu paralysieren. So gehe ich also hin . . .‟ Er gibt als Pariser Adresse an: Madame Koulichoff für A. L(evachoff).[280] Am 5. August, zum Jahreskongreß, wollte er wieder in der Schweiz sein.

---

[280] Anna Kulischoff, als Anna Rosenstein schon im Bakuninsommer 1872 in Zürich und im Kreis der Bakunisten, als Anna Makarievitsch in den südrussischen anarchistischen Gruppen, dann wieder in der italienischen Schweiz, wahrscheinlich Ende April 1877 nach Chaux-de-Fonds gekommen, war, wenn sie im Januar 1857 geboren ist, eine sehr junge Frau, damals ohne theoretische Ambitionen. Aber es waren Hauptpersonen der Juraföderation, später Teile

Aber er wurde von Ralli aus Genf gewarnt, ebenso schickte Jacques Gross an Pindy eine Warnung; er wäre in Delle an der Grenze verhaftet worden, und die Reise unterblieb (s. *L'Int.*, IV, S. 220). Wie weit das Mißtrauen von Brousse ging, zeigt, daß er Rallis und Gross' Warnungen für Manövres hielt, um die Tätigkeit eines Genossen der *Avant-Garde*-Richtung in Paris zu stören (Briefe vom 12. und 15. Juli). „... Es ist besser, Deine Reise nach Paris bis nach dem Kongreß [September] zu verschieben. Dann werden die Wahlen sein, der Staatsstreich vielleicht, und ein sicherer Mann in Paris wird uns unentbehrlich sein ...“ (15. Juli).

Paul Brousse stand Kropotkin wesentlich näher als Guillaume; die Abneigung gegen die Genfer war beiden gemeinsam, in Guillaume tief eingewurzelt, während Brousse leicht zu beeinflussen war. Die jüngeren Jurassier waren für Brousse, die älteren für Guillaume. Letzterer nahm Brousse nicht ernst und, während er Kropotkin außerordentlich schätzte, blieben sie sich doch innerlich fremd. Viel von dem, was Kropotkin an Robin schrieb, ist von Brousse beeinflußt, so die Animosität gegen Genf und den *Travailleur*. „... Das ist eine Maschine in der Schweiz gegen das *Bulletin*, in Frankreich gegen meine Freunde gerichtet...“ (Brousse an P. K.; Bern, 6. April), — „eine theoretische Propaganda, bei der Gambon (Jakobiner) neben Reclus (Anarchist) und Lefrançais (De Paepist) schreibt ...“ In dem Programm der Revue ist der *Staat* (als Besorger der) *öffentlicher Dienste*, der Staat (als) *zentralisierte Verwaltung*, wie De Paepe ihn will, nicht bekämpft; diesen Staat vertraten Lefrançais und Joukovski in Lausanne am 19. März 1876, und Reclus und Brousse bekämpften ihn (Brousse an P. K.). — Am 26. Mai sprach Brousse in Genf vor „unseren Freunden, den Feinden“ und begegnete ersichtlich nicht der Bekämpfung, die er sich einbildete, zu verdienen.

Während Guillaumes Abwesenheit im Juli besorgten Brousse und Kropotkin das *Bulletin* (*L'Int.*, IV, S. 221—227). Damals erschienen drei Artikel (22. und 29. Juli. 5. August), welche Guillaume bis auf Teile des dritten, *La Propagande par le fait* Kropotkin zuschrieb, während dieser mir 1905 versicherte, der dritte Artikel sei von Brousse, und ein Vortrag in der Maison communale von Chaux-de-Fonds liege ihm zugrunde. Die beiden ersten Artikel müßten nach den Briefen von Brousse (S. 221—222) von Kropotkin sein; dann wären es seine ersten längeren Artikel, vielleicht von Brousse beim Umschreiben (S. 222) definitiv redigiert? Jedenfalls behaupten sie das „volle Arbeitsprodukt“ und gehen auf einen kommunistischen Verteilungsmodus nicht ein. Im dritten Artikel fragt Brousse nach der Bedeutung der Akte in der

---

der italienischen Föderation in sie verliebt, und solche Verhältnisse brachten hie und da diese oder jene Wirkung hervor, die sonst keine andere historische Erklärung finden kann. Als ein solcher Erklärungsgrund ist sie mit der Geschichte dieser Kreise in jenen Jahren verbunden. Sie war später bitter antianarchistisch, aber in jenen Jahren fühlte sie sich in diesen Kreisen wohl. Sie starb in Mailand am 29. Dezember 1925, und die Fascisten störten ihren Leichenzug.

Kasankirche, bei Benevent und in Bern. Hofften diese Männer, eine Revolution zu machen? Hatten sie die Illusion, daß sie Erfolg haben würden? Augenscheinlich nicht. Die theoretische Propaganda wird immer mehr erschwert. Man mußte anderes finden, das auf die ermüdeten Arbeiter wirkt, das sie den Sozialismus sehen, fühlen, greifen läßt. So gelangte man neben der theoretischen Propaganda zur *Propaganda durch die Tat*. Wer kannte die Kommunalautonomie, trotz der Werke Proudhons, vor ihrem Verwirklichungsversuch durch die Commune? Jetzt kennt sie alle Welt. Der 18. März in Bern demonstrierte das Fehlen wirklicher öffentlicher Freiheit bei ökonomischer Ungleichheit. In den beiden kleinen Berggemeinden bei Benevent verbrannte man die Akten, gab dem Volk Steuergelder und konfiszierte Waffen zurück: das Volk muß sich sagen, wie es besser daran wäre, wenn solche Ideen durchdringen würden . . .

„Man kann noch mehr tun.

„Man bemächtige sich einmal einer Gemeinde und verwirkliche dort das Kollektiveigentum durch Organisation der Fachverbände und der Produktion, der lokalen Gruppen und des Verbrauchs; die Arbeitsmittel seien in den Händen der Arbeiter, diese und ihre Familien in den gesunden Wohnungen, die Müßiggänger auf der Straße. Wird man angegriffen, so kämpfe man und verteidige sich, an einer Niederlage liegt nichts! Die Idee wird hingeworfen sein nicht auf Papier, eine Zeitung, ein Bild, nicht in Marmor ausgehauen, in Stein gemeißelt, in Erz gegossen, sondern sie wird in Fleisch und Blut, Fleisch und Knochen, lebend vor dem Volk einhergehen.

„Das Volk wird sie auf ihrem Wege grüßen."[281])

Wenn auch Brousse, der dies schrieb, nicht die moralische Kraft hatte, bei einer Richtung auszuharren, die durch Handlungen im Sinne seiner Worte alle bestehenden Gewalten gegen sich entfesselte und auch den Unverstand der allermeisten, der auch durch die lebende Tat nicht belehrt wird, so gab er doch damals einem in den sozialen Bewegungen relativ neuen Gedanken richtigen Ausdruck. Es war etwas neues, das zugleich Hoffnung und Resignation zu enthalten scheint. Hoffnung auf die siegreiche Macht des Beispiels, der *object lesson,* des Vorbilds, wie Fourier die allgemeine Verbreitung der Phalansterien gehofft hatte, wenn erst das erste errichtet sei, — eine nach den Erfahrungen in der Technik, der Mode usw. nicht unbegründete Hoffnung, die dem Chemiker und Arzt Brousse und dem Naturforscher Kropotkin das Natürliche scheinen mußte. Resignation, weil es einen Verzicht auf die von Bakunin gehoffte *direkte* Revolution zu bedeuten schien; statt daß das Volk

---

[281]) Die französische Delegierten-Konferenz in Chaux-de-Fonds, Ende August 1877, empfahl in diesem Sinn „für die Städte eine tätige Propaganda durch Bücher, Zeitungen und Broschüren; für das Land die Teilnahme von Sozialisten an herumziehenden Gewerben; überall, sobald die Kraft der Organisation es möglich macht, die Propaganda *durch die Tat"* (L'Int. IV, S. 248; *Bulletin*, 2. Sept. 1877). Auch solle Streiks ein sozialrevolutionärer Charakter gegeben werden, „indem die Streikenden aufgefordert werden, ihre Lage als Lohnarbeiter zu beseitigen durch gewaltsame Besitzergreifung der Arbeitsmittel."

erwachte und die Revolution machte, mußte man ihm revolutionäre Handlungen erst *vormachen*. In beiden Fällen ahnte man eben nicht die ungeheure Macht der Trägheit (vis inertiae), die das Volk auch in der elendesten Lage bis jetzt stärker festhält, als aktive Bewegungskräfte in ihm es zum Erwachen bringen können.

Am 4., 5. und 6. August fand in St. Imier der Jurakongreß statt, bei dem Kropotkin und Paul Robin anwesend waren; s. *L'Int.*, IV, S. 228—239, ein reichlich beschickter Kongreß, der u. a. Guillaume, Schwitzguébel, Spichiger, Alcide Dubois (später durch viele Jahre einer der letzten tätigen Jurassier), Pindy, Brousse, Montels, Costa, Kachelhofer, E. Werner, Otto Rinke vereinigte.

Guillaume schrieb damals im *Bulletin*, 12. August: „Auf dem Kongreß von Saint-Imier wurde zum erstenmal das anarchistische und kollektivistische Programm vor dem Publikum in allen Punkten und in seiner ganzen Ausdehnung entwickelt; die Art seiner Aufnahme war ein wahrer Triumph für die jurassische Internationale . . ." Guillaume, Kachelhofer und Costa hielten Versammlungen in ihren drei Sprachen.

Brousse, Costa und *Guillaume* legten betreffs des *„Solidaritätspakts* der verschiedenen sozialistischen Arbeiterorganisationen", mit dem sich der Genter allgemeine Kongreß beschäftigen sollte, eine Resolution vor, nach welcher die Juraföderation „. . . es für ihre Pflicht hält, ihre Solidarität mit allen Arbeitern zu bekennen, sobald sie durch irgendeine Handlung gegen die jetzige Gesellschaftsordnung protestieren und ihre Befreiung ins Auge fassen". „Aber gegenüber einer sich anscheinend die Befreiung der Arbeit zum Ziel setzenden, aber tatsächlich durch das Mittel des Parlamentarismus die gegenwärtige Lage verlängernden Bewegung, behält sich die Juraföderation ihre ganze Aktionsfreiheit vor. Sie betrachtet diese Bewegung als die letzte Phase der nationalen Bewegung, als einen vielleicht, besonders bei gewissen Völkern, nötigen historischen Augenblick, aber sie wird sie nie als ein wirkliches Mittel zur Befreiung der Arbeit betrachten . . ."

„. . . Wenn dem [Genter] Kongreß ein Solidaritätspakt vorgelegt wird, sollen [die Juradelegierten] ihn nur annehmen, wenn er jeder Organisation, in jedem Land, ihre vollständige Autonomie läßt und die Propaganda unserer Prinzipien selbst in jenen Ländern nicht hindert, wo andersartige Prinzipien und Mittel vorherrschen[282]); es sollte nur ein Pakt ökonomischer Solidarität sein für alle Fälle, in denen die Arbeiter direkt, durch einen Streik oder durch offenen Kampf die bestehenden Einrichtungen angreifen. Bei legalem Kampf, auf nationalem Terrain, mit dem Ziel der Eroberung der politischen Macht behält man sich volle Freiheit vor . . ."

Als etwaige Organisation und Korrespondenzzentrum usw. wird die Internationale selbst bezeichnet, wie sie 1873 reorganisiert wurde.

---

[282]) Dies galt damals besonders für die anarchistische Propaganda in Deutschland, die von ihren ersten Anfängen an der gehässigsten sozialdemokratischen Bekämpfung begegnete; s. R. Rocker, *Johann Most . . .*, 1924, Kap. VII.

Das Jurakomitee wurde nach Neuchâtel verlegt. Am 16. August fand in Bern der Prozeß des 18. März statt, in dem sich die 29 Angeklagten und vielen Zeugen, ihre Genossen, entschlossen benahmen (s. *L'Int.*, IV, S. 239—248). Zwei erhielten 60 Tage Gefängnis, die meisten 40 Tage — darunter die bekanntesten Guillaume, Alcide Dubois, Kachelhofer, Rinke —, 5 30 Tage, Brousse, Werner u. a., 7—10 Tage; Brousse, Rinke, Werner und drei andere wurden für 3 Jahre aus dem Kanton Bern ausgewiesen, wodurch die rege Berner Tätigkeit von Brousse und jener zwei Deutschen beendet war, obgleich Brousse in Bern bleiben konnte (S. 289). Die Gesamtkosten betrugen 1373 fr. 40 c., darunter 410 fr. an vier beschädigte Gendarmen, eine schwere Last für die damals mit drei Zeitschriften, die bei aller freiwilligen Arbeit doch immer Opfer verlangten, belasteten Organisationen.

Ende August kamen in Chaux-de-Fonds französische Internationalisten zusammen, der Beginn einer von Brousse, Pindy, P. Jeallot, H. Ferré und einigen andern in der Schweiz wohnenden Flüchtlingen geförderten Organisation, deren Organ der *Avant-Garde* war, — einer kleinen Bewegung, der es noch nicht gelang, den Anarchismus in Frankreich fest zu begründen, die aber dessen nächste Vorstufe war, wie auch in Deutschland damals Reinsdorf und die wenigen anderen der dann von *Most* und der *Freiheit* ins Leben gerufenen Bewegung vorarbeiteten. So wuchs dann bald auch die französische Bewegung empor in engem Kontakt mit Kropotkin und dem *Révolté*.

Das Jahr 1877 zeigte also neben dem nunmehr vollzogenen Abfall der Belgier, Gruppen in Verviers und Brüssel ausgenommen, eine Ausdehnung der Propaganda nach Deutschland und Frankreich hin, regere Tätigkeit im Jura, Ausdauer in Spanien und den opferreichen Vorstoß im Neapolitanischen in Italien. . Nur war zu wenig Zeit vorhanden, diese neuen Anfänge auszubauen, und leider lag zu viel Arbeit auf den Schultern von drei Männern, James Guillaume, Brousse und Kropotkin, die viel mehr nach verschiedenen Richtungen auseinanderstrebten, als daß sie dauernd so intensiv hätten zusammenarbeiten können wie vom Februar bis August 1877. Die anarchistische Idee war auf dem Wege, sich ganz zu klären; sie hatte den De Paepismus, der sie von innen aus zu zerfressen suchte, abgeschüttelt; Reclus, Guillaume, Brousse, Schwitzguébel, Malatesta, Costa, die Spanier und die Deutschen, so verschieden sie unter sich waren, hatten hierin seit 1874 einmütig zusammengearbeitet. Die kommunistische Arbeitsertragfrage war 1877 nicht wieder aufgenommen worden; es war eine Zeit der Ausbreitung der Propaganda und der Aktionsfreudigkeit, nicht theoretischer Erörterungen. So trat man geistig frei und frisch dem traurigen Schauspiel entgegen, das der unfreie Sozialismus bot, dem man in Gent und überhaupt in fast ganz Belgien im September begegnen sollte.

XVIII.

Der letzte Kongreß
der Internationale in Verviers, September 1877;
die Juraföderation bis Ende 1878.

Es war soweit gekommen, daß Ph. Coenen in Antwerpen, Sekretär des belgischen Föderalrats, einst ein Mitglied der Haager Minorität (1872), den belgischen Sektionen den Vorschlag des internationalen Bureau (6. Juli), den Kongreß der Internationale in *Verviers* abzuhalten, gar nicht mitgeteilt hatte *(L'Int.*, IV, S. 218—219, 252—253). Guillaume, Kropotkin und Fluse verständigten sich aber; der Kongreß des Vesdretals (Verviers; 12. August) hieß die Internationale willkommen, und am 25. August berief das Föderalbureau (Pindy) diesen letzten Kongreß ein.

Brousse lud Kropotkin ein, zusammen nach Verviers zu reisen, über Mühlhausen, wo sie Eugène Weiss besuchen wollten (S. 256). Die bekanntesten Teilnehmer des Kongresses von Verviers (6.—8. September 1877)[283]) waren Guillaume, Brousse, Montels, Costa, Kropotkin (Levachoff), Soriano (Rodriguez) und Morago (Mendoza), Emil Werner und Rinke, Gérombou, Emile Piette u. a.; Anna Kulischoff war auch anwesend. Aus Belgien waren nur die Föderation des Vesdretals und die außerhalb der Internationale stehenden Gruppen *L'Etincelle* (Verviers) und *Les Solidaires* (Ensival) vertreten. Aus Griechenland, wo in Patras sozialistische Propaganda begonnen hatte, aus Alexandrien (Aegypten) und von den Gefangenen in Santa Maria Capua Vetere, die sich die Sektion *la Banda del Matese* nannten (Malatesta, Cafiero, Ceccarelli, Stepniak usw.) bekam Costa Mandate[284]); Kropotkin hatte solche russischer Gruppen. Während des Kongresses geben noch einige belgische Sektionen Lebenszeichen.

Der Kongreßbericht ist sehr mangelhaft und das in Verviers gebliebene Material zu einem Protokoll scheint verloren zu sein. Guillaume trat den weitergehenden Anregungen von Brousse und Costa systematisch entgegen (S. 260, Anm. 3; S. 305); Brousse war für ihn ein persönlich störendes Element.

Das Föderalbureau wurde — trotz der Erfahrung mit Ph. Coenen — der belgischen Föderation übertragen, und da diese erst als Kongreß

---

[283]) Berichte erschienen im *Mirabeau* (mir nicht bekannt); nach diesem im *Bulletin*, 24. Sept., etwas ergänzt; *L'Int.* IV, S. 257—265.

[284]) In jenen Jahren bestanden auch internationale Beziehungen mit Montevideo, Buenos Aires, Mexiko usw.; doch ist wenig Näheres bekannt; die Initiatoren dieser Gruppen standen auf dem Boden der spanischen und der italienischen Internationale.

über die Annahme beraten mußte, provisorisch der Vesdretalföderation. Sollte die belgische Föderation ablehnen, sollte die spanische Föderation das Bureau übernehmen, was die spanischen Delegierten als wahrscheinlich in Aussicht stellten. Der nächste Kongreß sollte in der Schweiz stattfinden.[285])

In einer Resolution heißt es: „. . . der Kongreß erklärt, daß er zwischen den verschiedenen politischen Parteien, ob sie sich sozialistische nennen oder nicht, keinen Unterschied mache: all diese Parteien, ohne Unterschied, bilden in seinen Augen eine reaktionäre Masse, und er hält es für seine Pflicht, sie alle zu bekämpfen . . .“

Gewerkschaften, die nur die Verbesserung der Lage des Arbeiters zum Ziel haben, werden nie die Befreiung des Proletariats herbeiführen; „. . . die Fachkörperschaft muß sich als Hauptziel die Abschaffung des Lohnsystems setzen, d. h. die Abschaffung des Patronats und die Besitzergreifung der Arbeitswerkzeuge durch die Expropriation ihrer Inhaber.“

Der Genter Kongreß[286]) (9.—15. September 1877) vereinigte elf der aus Verviers kommenden Delegierten, darunter Kropotkin, der aber

---

[285]) Ein Kongreß der belgischen Föderation, 25.—26. Dezember 1877 in Brüssel (Van Beveren, Eugène Steens, Brismée, De Paepe u. a.), brachte eine Rede De Paepes, der, sehr unwillig über den Bestand des Föderalbureaus in Verviers, es nach Brüssel verlegt haben will. Mit allen gegen die Stimme von Verviers wird Brüssel beschlossen; Verviers protestiert, weil der allgemeine Kongreß sich für Verviers entschieden habe [aber doch nur proviorisch] (L'Int., IV, S. 300—301).

Dies scheint die letzte Spur des Föderalbureaus der Internationale zu sein; ob es doch in Verviers blieb, wo aber der Kreis um Fluse auch bald erlahmte und die Etincellegruppe, deren Organ, wenn ich nicht irre, Le Cri du Peuple (7. Juli 1878—1879) wurde, es gewiß nicht in Händen hatte, — oder ob es, formell nach Brüssel verlegt, in dem trübseligen, nach dem Parti Ouvrier, den Mandaten und den heutigen Ministersesseln lechzenden Milieu verstaubte und vergessen wurde, ist mir nicht bekannt, und ich kann in diese irrevante Sache jetzt nicht weiter eindringen. De Paepe aber, einst eine Blüte und die Hoffnung der Internationale, wurde so im Dezember 1877 ihr Totengräber . . . Der von der belgischen Cercles Réunis einberufene belgische sozialrevolutionäre Kongreß vom 19. September 1880 beschloß die Einberufung eines internationalen Kongresses dieser Art, der dann im Juli 1881 in London stattfand. Im Zusammenhang hiermit wurde dann die Frage der I. A. A. vielfach besprochen, von der es ja eine Reihe von Föderationen und Sektionen weiterhin gab, und von der nur das ohnedies nur nominelle Foederalbureau von den Belgiern, denen es anvertraut war, vernachlässigt wurde. Hierüber Näheres im folgenden Band.

[286]) Bulletin, 23. Sept. 1877; L'Int., IV, S. 265—280. — Karl Marx schrieb an Sorge, 27. Sept. 1877 (Briefe, S. 156): „. . . Barry, den ich veranlaßt, teils als Mitglied des Kongresses (ich weiß nicht als Delegat für wen [den Kommunistischen Arbeiter-Bildungsverein]), teils als Korrespondent für den Standard (London) [Konservatives Tagblatt] hinzugehen. . . . Barry ist mein Faktotum hier, er dirigierte auch den Berichterstatter der Times (die den Herrn Eccarius entlassen) . . .“ Mir liegen drei enge Spalten, ein Teil der Standard-Berichte vor. — Nach Georg Steklow, Neue Zeit, Ergänzungsheft 18, 17. April 1914, S. 47, Anm. existieren ein Compte-rendu des séances du Congrès Socialiste tenu à Gand, 9—16 Septembre 1877, 37 S., ohne Ort und Jahr, eine mir nicht bekannte, vielleicht nicht zur Verbreitung gelangte Ausgabe, die auch Guillaume nicht kannte.

von Denichère von der Anwesenheit russischer Spione unterrichtet, von Guillaume am Abend des 10. förmlich gezwungen wurde, sich in Sicherheit zu bringen und nach London abreiste (*L'Int.*, IV, S. 271)[287]) — dann 27 Belgier, darunter Eugène Steens, Brismée, De Paepe, L. Bertrand, Anseele, Van Beveren, Ph. Coenen, — H. Greulich, Leo Frankel, Liebknecht, — John Hales, Maltman Barry, — einen Franzosen Bazin, Schwager De Paepes, drei pseudonyme Franzosen und den sozialistischen, aber mit der Internationale verfeindeten Italiener Tito Zanardelli[288]). Es waren also keineswegs etwa unbefangene Vertreter der Arbeiter vieler Länder, die einen neuen Zusammenschluß wünschten, sondern militante Teile oder Ueberreste der Internationale und dessen, das in den autoritären Bewegungen an ihre Stelle getreten war. Daher sprach ein Jeder, wie er seit Jahren sprach und schrieb, und alles blieb beim Alten: kein Kongreß verhallte so wirkungslos wie dieser. De Paepe rangiert nun an der Seite von Greulich und wird von Brousse und Guillaume bekämpft.

Letztere fürchten nicht, daß Gruppen im Besitz der Arbeitsmittel eine Monopolstellung einnehmen könnten, denn sie würden sofort gezwungen sein, sich untereinander zu verständigen und einen gegenseitige Abhängigkeit voneinander feststellenden Kontrakt zu schließen. Die Resolutionen stellen Staatseigentum (De Paepe läßt einfügen: oder die Gemeinde) dem „Kollektiveigentum der föderierten produzierenden Gruppen" gegenüber.

Die Diskussion über politische Aktion, mit einem Zusammenstoß Guillaumes und Liebknechts, zeigt die Unvereinbarkeit der Auffassungen. Der Solidaritätspakt wird als unmöglich erklärt und auf den Wunsch loyaler Polemik und gegenseitiger Achtung eingeschränkt (S. 274—275). — Die sozialdemokratischen und ähnlichen Delegierten erklärten dann in einer Privatversammlung ihre Solidarität unter sich und daß sie ein Föderalbureau in Gent einrichten wollen. Diese Resolution ist von Greulich, Hales, Coenen, Bertrand, Brismée, Steens, Frankel, De Paepe, Maltman Barry, Zanardelli, Liebknecht, Coueste und zwei andern unterzeichnet; dieses Bureau solle einen nächsten Kongreß einberufen.[289])

---

[287]) Am 15. November war er noch in London (nach einem Brief an Robin); zu „Beginn des Winters" reiste er nach Paris (*L'Int.*, IV, S. 321).

[288]) Dieser vertrat in jenen Jahren eine Zwitterrichtung, die z. B. sein Organ *La Guerre sociale* (französisch und italienisch; London, 1878) zeigt.

[289]) S. Steklow, S. 50. — Das weitere liegt außerhalb der uns hier interessierenden Kreise. Das Genter Bureau (Van Beveren) wirkte für einen Kongreß·in Paris (2.—4. September 1878), der aber polizeilich verfolgt wurde; s. *Le Collectivisme devant la dixième Chambre* (Affaire du Congrès ouvrier international socialiste)... (Paris, 1878, 34 S., 12⁰); *Le Congrès ouvrier international socialiste devant la dixième Chambre* (Paris, 1879, 128 S., 8⁰). — Wenig bekannt war, daß die in London im November 1877 gebildete *International Labour Union* gern die alte Londoner Internationale fortgesetzt hätte; ihr gehörten Jung, Eccarius, John Hales, Weston, Mottershead, Roach und andere marxfeindlich gewordene Mitglieder des alten Generalrats an; Weston, unterstützt von Jung und Weiler, wünschte sogar die Annahme des alten Namens *I. W. M. A.* (29. Januar 1878). Ich

Eine letzte Möglichkeit, beiden Richtungen etwas wenigstens äußerlich Gemeinsames zu geben, war der von De Paepe empfohlene, von Guillaume akzeptierte Vorschlag eines „Zentralbureaus für Korrespondenz und Arbeitsstatistik . . .“ Dies akzeptierten alle bis auf Costa, Brousse und Montels. De Paepe schlug Budapest (Leo Frankel) oder Verviers vor. Es blieb bei Verviers, aber man hörte nie, daß in dieser Sache irgendetwas geschah (S. 277—278).

Ein internationaler Gewerkschaftskongreß wurde angeregt. Der erwähnte englische Bericht (s. Anm. 286) zeigt, daß eine vom Haager Kongreß wenig verschiedene feindliche Atmosphäre bestand und daß, wenn die Anarchisten der Zahl nach schwach waren, ihre Gegner ihnen wenig geistige Waffen gegenüberzustellen hatten. Es war vor allem ein unnützer Kongreß, der niemand etwas lehrte, außer allenfalls, daß ein Gegenwartserfolgen zugewendeter Sozialismus und ein dem wirklichen Ziel ins Auge Blickender eine verschiedene Sprache reden, verschiedenen Welten angehören. De Paepe mußte dies fühlen, und sein Herumtasten zwischen beiden Richtungen wirkt peinlich.

Es folgte ein stiller Herbst und Winter, zunächst die Gefängniswochen und Monate für die Jurassier; die Berner *Arbeiterzeitung* verschwand. *Cafiero,* im Gefängnis, schrieb damals sein Résumé des *Kapital* von Marx (dessen ökonomische Kritik die antiautoritären Sozialisten durchaus akzeptierten).[290] Seinen Schlußworten sei folgendes entnommen:

„. . . Das Wort Revolution im weitesten und wirklichen Sinn bedeutet Rückkehr zum Ausgangspunkt, Umwandlung, Wechsel. In diesem Sinn ist Revolution die Seele der ganzen unendlichen Materie. Alles läuft tatsächlich in der Natur in ewigem Kreislauf, alles wandelt sich um, aber nichts wird geschaffen oder zerstört. . . . Wenn also die Revolution das Gesetz der Natur ist, die das Ganze ist, muß sie ebenso unvermeidlich das Gesetz der Menschheit sein, die ein Teil (dieses Ganzen) ist . . . Wenn einmal die ihr entgegengestellten materiellen Hindernisse niedergeschlagen sind und sie freien Lauf hat, wird die Revolution unter den Menschen Gleichgewicht, Ordnung, Frieden und Glück zu verwirklichen wissen . . .“ Wahrscheinlich sind die langen Ausführungen Cafieros *Révolution* in vielen Nummern von *La Révolution sociale* (Paris), II, Nr. 10, 20. Februar 1881 und ff. Erweiterungen dieser Gedanken.

habe das durch eine Verkettung von Umständen 1910 in Kropotkins Besitz gelangte Protokollbuch (11. Dez. 1877 bis 17. Dez. 1878) in *Archiv f. d. Gesch. d, Soz.,* IX, S. 134—145, 1919 exzerpiert und analysiert *(Ein verschollener Nachklang der Internationale: The International Labour Union,* London, 1877—1878). — Die sozialdemokratischen Weltkongreßversuche verlaufen schließlich in einen kleinen Kongreß in Chur (Graubünden) 1881 und verschwinden dann bis zu den beiden Pariser internationalen Kongressen vom Juli 1889.

[290] *Il Capitale* di Carlo Marx, brevemente compendiato da Carlo Cafiero (Mailand, 1879, 128 S., Kl.-8⁰); französisch von J. Guillaume, *Abrégé* du „Capital“ de Karl Marx (Paris, 1910, XII, 152 S., 18⁰). — S. *L'Int.,* IV, S. 294—296.

Andrea Costa war von Verviers nach Paris gereist, einige Monate später kam Kropotkin, der damals voll Interesse für die Geschichte der französischen Revolution war. Im Januar 1878 erschien *L'Esprit révolutionnaire avant la Révolution 1715—1789* (Der revolutionäre Geist vor der Revolution 1715—1789; Paris, 1878, XI, 542 S. gr. 8⁰). Dieses in Kropotkins *L'Esprit de Révolte,* Mai — Juli 1881, genannte Buch F. Rocquains interessierte ihn sehr und bestätigte seine schon in Rußland entstandenen, durch die internationalen Vorgänge von 1877 bestätigten Ideen über revolutionäre Akte, welche der eigentlichen Revolution vorangehen. Er machte damals eifrig revolutionshistorische Studien, war aber auch für die Internationale tätig, ohne daß Einzelheiten bekannt sind. *Costa* war im Arbeitermilieu tätig, suchte Sektionen zu gründen. Seine Unvorsichtigkeit wird hervorgehoben. Am 22. März 1878 wurde er verhaftet; Anna Kulischoff wurde damals ausgewiesen[290]), Costa und der Franzose Pédoussant wurden am 4. Mai zu 2 Jahren, respektive 13 Monaten Gefängnis verurteilt; näheres s. *L'Avant-Garde,* 20. Mai 1878.[291]) Guillaume, der nach Paris übersiedeln wollte, fürchtete, daß ein Brief von ihm bei Costa gefunden sein könnte und erkundigte sich bei *Kropotkin,* der, nach seinen Memoiren, damals als Levaschoff von der Pariser Polizei vergeblich gesucht wurde, da er als Kropotkin lebte. Ende April reiste er nach Genf. Hierüber unterrichten zwei seiner Briefe an Robin: „. . . Aus Paris auf einige Tage nach Genf abgereist, um einen nach Rußland reisenden Freund zu sehen [war dies Stepniak?] habe ich drei Monate vagabundiert: einige Wochen in der Schweiz, um Paul [Brousse] zu sehen, dann ein und einen halben Monat in Spanien, in Barcelona und Madrid, dann wieder in der Schweiz" (4. August, Fribourg) — und: „. . . Ich reise diese ganze Zeit. Ich war ein und einen halben Monat in Spanien, dann machte ich in der Schweiz eine Exkursion ins Gebirge (mit Fräulein Sasulitsch)[292]). Ich komme jetzt mit Brousse aus Zürich, um zum Kongreß [der Juraföderation] von Fribourg zu reisen . . ." (2. August, Chaux-de-Fonds).

In Spanien war Kropotkin in Barcelona mit J. Garcia Viñas, in Madrid mit T. G. Morago besonders liiert, die im Zentrum der kata-

---

²⁹⁰) Dieselbe war aus Gent mit Guillaume zurückgereist, lebte dann in St. Imiertal, fuhr nach Paris, dann nach London und wieder nach Paris. — Costas italienische Propagandamethoden wurden von Franzosen getadelt (Hubertine Auclert, der junge Jeallot), die sich bei Pindy und Brousse beschwerten, aber es half nichts. Dann wurde an Guillaume appelliert, der Costa schrieb, daß er sich ändern müsse, oder er werde als aus der Intimität ausgeschlossen betrachtet werden (Mitteilung von Guillaume, 27. Januar 1904).

²⁹¹) Die französische Kommission in der Schweiz, mit welcher Costa in Verbindung stand, bestand im November 1877 aus P. Jeallot, H. Ferré, Dumartheray, Charles Alerini und L. Pindy *(L'Int.,* IV, S. 296). Hier erscheint Alerini wieder, der jahrlang in Spanien gefangen war; aber ich glaube, daß sein Name bald wieder und dann dauernd verschwindet.

²⁹²) Die damals weltbekannte Vera Sasulitsch, die auf Trepoff geschossen hatte, von den Geschworenen freigesprochen und schnell in die Schweiz gerettet wurde. In ihrer ersten Jugend dem Kreis von Netschaeff nahestehend, seit den ersten Achtzigern mit Plechanoff und Axelrod enragierte Marxistin. Anarchistin war sie wohl nie.

Ionischen und Madrider Bewegungen waren, zwischen denen manche
Verschiedenheiten bestanden. Hier sah er zum erstenmal große Arbeitermassen mit der Internationale und ihrem Alianzakern eng verbunden:
er bemerkte eine gewisse Starre der Theorie, aber Ernst, Entschlossenheit
und große Ausdauer. In der Schweiz, im August, begegnete er dagegen
deprimierenden Verhältnissen in der Bewegung.

Eine Haupturursache war *James Guillaumes* Rücktritt aus der Bewegung, deren Seele oder besser Kopf er durch mehr als zehn Jahre
war. Er schreibt schon am 31. Oktober 1877 aus dem Gefängnis seiner
Frau über seine Pariser Pläne *(L'Int., IV, S. 304)*. Sehr verschiedenes,
hier nicht näher zu analysierende, wirkte zusammen; sehr starke
Familieneinflüsse, die Unzufriedenheit mit der von Brousse betriebenen
Agitation, vielleicht die traurigen Einblicke in die sozialdemokratische
Reaktion, die er in Gent gewinnen mußte, lokale Lebensschwierigkeiten
und der dringende Wunsch Ferdinand Buissons, ihn bei der Herstellung
des großen Pariser *Dictionnaire pédagogique* unmittelbar zur Seite zu
haben, das Interesse für die revolutionsgeschichtlichen Studien, das er
in den Pariser Archiven befriedigen wollte, das Bewußtsein. daß er,
34 Jahre alt, nicht zu lange eine Entscheidung verzögern sollte usw.
Seiner eigenen Darstellung (S. 304—305, 321—325) möchte ich hinzu-
fügen, daß sie den haarscharfen Abbruch seiner früheren Tätigkeit
weniger erkennen läßt, als dies nach anderen Quellen der Fall war.
Am Schluß seines Buchs und überhaupt in den Jahren seit 1903 war er
so von den alten Erinnerungen durchdrungen, daß er den scharfen
Bruch mit der Vergangenheit, als er im April aus der Internationale
austrat und sich dies von Perron durch einen Brief bestätigen ließ und
am 1. Mai 1878 nach Paris abreiste, nicht mehr ganz fühlte. Seine
Freunde aber fühlten dies damals und empfanden es bitter. Er begegnete ihnen kalt und gab zu verstehen, daß die Vergangenheit für
ihn tot und begraben sei. So blieb es bis nach dem Tode seiner Frau
und einer persönlichen Krise, in der er sogar 1898 unersetzliche Dokumente verbrannte (s. z. B. *L'Int.*, III, S. 97, Anm. 1). Erst 1903, nach
gerade 25 Jahren, erwachte er wieder zu nunmehr intensiver Tätigkeit
bis zu seinem Tode, 1917.[293])

Am 25. März 1878 erschien die letzte Nummer des *Bulletin*, welche die
durch die Krise der Uhrenindustrie verursachte Verminderung der
Abonnentenzahl als Einstellungsgrund anführt; die Ideen werden als

---

[293]) Ich war ihm seit 1890 durch seine Schwägerin, Frau Gertrud Schack und
später durch Elisée Reclus für meine Bakuninstudien empfohlen, traf aber
stets auf eisige Kälte und absolute Entmutigung meiner Bemühungen. Dies
änderte sich wie mit einem Zauberschlag seit Anfang 1904, als sein historisches
Interesse mit unglaublicher Intensität erwachte und seine *L'Internationale* zu
entstehen begann; ebenso intensiv war sein syndikalistisches Interesse seit
1903. Es zeigte sich dann, daß er für die Zeit seit Mai 1878 meist auch nicht
die allbekanntesten anarchistischen Ereignisse kannte, während sein Gedächtnis
bis April 1878 sehr scharf war. Von da ab lebte er in der Pädagogie und in
der französischen Revolution neben anderen Teilen des besten französischen
Geisteslebens, aber ohne Kontakt mit der Bewegung. P. Kropotkins Memoiren
erregten zuerst sein neues Interesse, Ende 1901.

„*Anarchie und Kollektivismus*", das heißt „Freiheit in der Gemeinschaft" (liberté dans la communauté) präzisiert. Der *Avant-Garde*, seit Nr. 23, 8. April wurde nun das Organ der Föderation; Brousse lebte in Zürich, später in Vevey. Das lebhafte Wesen von Brousse irritierte Guillaume in steigendem Maße, aber Kropotkin, der ihn damals intimer kannte, versicherte, daß auch Brousse müde war, nach Frankreich blickte und besonders, als die Attentate begannen (in Deutschland, 11. Mai und 15. Juni, Spanien, 25. Oktober, Italien 17. November), den Beginn eines Kampfes zu sehen glaubte, in dem er nicht ein Opfer sein wollte; sein lebhaftes Wort ertönte weiter, aber seine Zuversicht war gebrochen. Uebrigens behielten Brousse und Kropotkin die beginnende französische Arbeiterbewegung sehr im Auge und schrieben Reden und Ratschläge für einige ihnen nahestehende Delegierte. So ist die Aufsehen erregende Rede *Ballivets* gegen die Bemühungen, Arbeitervertreter in die Parlamente zu wählen auf dem Kongreß von Lyon (1878), von ihnen in der Schweiz redigiert worden. Kropotkin hatte für jede wirkliche Arbeiterbewegung stets das wärmste Interesse, und Brousse, dessen Revolutionswille sich in Worten erschöpfte, war ehrlich froh, sich in Arbeiterbewegungen auf minder exponierte Weise betätigen zu können. (Vgl. hierzu die allgemeinen Ausführungen Kropotkins, die als *Syndikalismus und Anarchismus* übersetzt sind, Berlin, Verlag „Der Syndikalist", 1921, 11 S. 8⁰).

Damals lenkten die Streitigkeiten in Ikarien (1876—1878) die Aufmerksamkeit auf den Kommunismus, den dort eine ältere, konservative und eine jüngere, weniger autoritäre Richtung verschieden auffaßten, was zur völligen Trennung und am 8. Oktober 1879 zur Annahme einer freiheitlicheren Verfassung im *Jungen Ikarien* führte.[294]) Der *Avant-Garde*, 20. Mai 1878 besprach nun, was „der wissenschaftliche, föderalistische, antiautoritäre Sozialismus" tun würde, die Anarchisten, wenn sie wie die Ikarier eine Gemeinschaft im kleinen und unter schlechten Verhältnissen zu bilden hätten.

„. . . Zunächst würden sie die Menschen nicht als das nehmen, was sie sein sollten, sondern sie betrachten als das, was sie sind. Dabei würden sie bald bemerken, daß, wenn einige im Stande sind, den vollständigen Kommunismus nicht bloß theoretisch zu verstehen, sondern ihn in der Praxis zu ertragen, die große Mehrzahl mit Recht oder Unrecht sich ihm nicht anpassen kann. Als praktische Leute würden sie dann das Kollektiveigentum an den Rohstoffen und den Arbeitswerkzeugen als soziale Notwendigkeit festsetzen, und sie würden es denen, die sich zu diesem Zweck gruppieren wollen, überlassen, die Gemeinschaft der Produkte zu verwirklichen . . ." Brousse, der dies wahrscheinlich schrieb, stand also auf dem Boden des obligatorischen Kollektivismus und fakultativen Kommunismus. Er fügt hinzu, daß diese spontan gebildeten Gruppen, die zeitweiligen Nutznießer des sozialen

---

[294]) S. z. B. Emile Peron (Ikarier) in *La Revue socialiste* (Paris), 20. März 1880, S. 172—177, 1. Januar 1880.

Kapitals, sich dann nach den Gesetzen der sozialen Schwerkraft (Anziehungskraft) föderieren würden.

Im Genfer *Travailleur* (20. Mai 1877 — April 1878) waren jedenfalls anarchistisch-kommunistische Gefühle, nicht Prinzipien, damals reiner als irgendwo vertreten, in dem, was *Elisée Reclus* dort schrieb, speziell in *L'évolution légale et l'anarchie* (Die gesetzliche Entwicklung und die Anarchie) und *Ueber Anarchie,* Januar und Februar 1878, weil Reclus in gar keinem anderen Sinn schreiben konnte. Aber es lag ihm ebenso fern, seine persönlichen Wünsche verallgemeinern zu wollen, und in einem für den Jurakongreß im August 1878 geschriebenen Exposé sagt er *(L'Avant-Garde,* 12. August): „. . . Aber wenn wir Anarchisten sind, die Feinde jedes Herren, sind wir auch internationale Kollektivisten, denn wir sehen ein, daß das Leben ohne soziale Gruppierung unmöglich ist. Isoliert vermögen wir nichts, durch intime Verbindung können wir die Welt umgestalten. Wir assoziieren uns als Freie und Gleiche, an einem gemeinsamen Werk arbeitend und unsere gegenseitigen Beziehungen nach der Gerechtigkeit und dem gegenseitigen Wohlwollen einrichtend. Religiöser und nationaler Haß kann uns nicht trennen, da das Studium der Natur unsere einzige Religion und die Welt unser Vaterland ist. Jene große Ursache der Grausamkeit und Niedrigkeit wird unter uns verschwinden. Die Erde wird Kollektivbesitz werden, die Grenzen werden beseitigt werden, und der Boden, der allen gehört, kann dann zur Freude und zum Wohlergehen aller bewirtschaftet werden. Man wird grade die Produkte erzielen wollen, die der Boden am besten hervorbringen kann, und die Produktion wird genau dem Bedarf entsprechen, und es wird nie etwas verloren gehen wie bei der ungeordneten Arbeit von heute. Ebenso wird die Verteilung all dieser reichen Produkte der Privatausbeutung entzogen sein und durch das normale Funktionieren der ganzen Gesellschaft erfolgen."

„Wir haben nicht im voraus das Bild der künftigen Gesellschaft zu entwerfen: es ist Sache der spontanen Tätigkeit aller freien Menschen, sie zu schaffen und ihr eine Form zu geben, die übrigens beständig wechseln wird, wie alle Lebenserscheinungen. Was wir aber wissen, ist, daß jede Ungerechtigkeit, jedes Verbrechen beleidigter Menschheit uns stets zu ihrer Bekämpfung aufrecht finden werden. So lange die Unbill andauert, werden wir internationale kollektivistische Anarchisten im Zustand permanenter Revolution bleiben."

Der *Travailleur,* als dessen Redaktionskomitee Joukovski, Oelsnitz, Perron und Reclus bezeichnet werden, brachte zuletzt auch ein von Reclus textlich recht frei redigiertes Bakuninfragment, das erste Stück aus seinem Nachlaß, wie der *Avant-Garde* längere Stellen aus der russischen *Staatlichkeit und Anarchie* (1873) brachte. Guillaume, dem zuerst die Möglichkeit geboten worden war, Bakunins nachgelassene Schriften zu bearbeiten, hatte bis zu seinem Rücktritt nichts getan und hielt damals keine praktische Lösung dieser Frage für durchführbar.[295]

---

[295]) Seine Angaben, *L'Int.,* IV, S. 320—321, wären wesentlich zu ergänzen und in einigem zu berichtigen.

Im *Travailleur* schrieben G. Lefrançais, Arthur Arnould, A. Rogeard, Elie Reclus, Léon Metchnikoff, D. Klemens, Gérombou (Verviers) und nicht wenige andere.[296]) Es war eine interessante Revue, aber man begreift, daß Kropotkin sie nicht als anarchistisches Organ anerkannte. Man versteht ebenso, daß Reclus all diese teils gemäßigt anarchistischen, teils communalistischen und föderalistischen Elemente, Männer von persönlichem Wert und Talent, nicht wegjagen wollte, um sich ausschließlich mit Guillaume, den er für pedantisch eng hielt, mit Brousse, unter dessen lauten Worten zu wenig Kern steckte, und mit Kropotkin, dem engsten Genossen von Brousse, zu liieren. Nachdem Brousse und Kropotkin im Laufe von 1878 Reclus besser erkannten, waren sie es, die ihm näherzutreten begannen. Das störende Element in Genf bildete bei allem persönlichen Wert G. Lefrançais, der als Communalist so weit nach links ging, als er nur konnte, der dabei aber absolute Abneigung gegen den Anarchismus und Mangel an Verständnis für denselben hatte. (Erst im Dezember 1926 bekam ich Einblick in eine Reihe kleiner Briefe von Reclus, die ich als an R. Kahn gerichtet betrachte, und die seine intime Tätigkeit für den *Travailleur* im einzelsten zeigen; sie werden in der Biographie von Reclus Bearbeitung finden.)

In diesem Milieu war schon *La Commune. Almanach socialiste* für 1877 (Genf, Druckerei des *Robotnik*, 86 S.) entstanden, der *Die Zukunft unserer Kinder* von Reclus und Arbeiten von Schwitzguébel, Brousse, Ralli, Oelsnitz u. a. enthält.

Die russische *Obschtschina* (Die Commune), *sozial-revolutionäre Revue* (Genf, Januar—November, Dezember 1878; das letzte Doppelheft erschien aber erst im Sommer 1879; 9 Nr.) zeigt gemäßigt anarchistische Ideen im Uebergang zu denen der russischen *Zemlja i Volya*-Richtung, das heißt, die Ideenbildung wurde damals in Rußland, wo der terroristische Kampf begonnen hatte, durch taktische Erwägungen beeinflußt. Die eine Richtung strebte zur Zentralisation, dem politischen Kampf, und näherte sich dem Blanquismus. Die andere, föderalistisch, volkstümlich, enthielt anarchistische Elemente, machte aber dann, wenigstens in ihren Führern, eine Rückentwicklung zur Sozialdemokratie durch (die *Tscherny-Peredel-Richtung*, dann die Gruppe Plechanoff, Axelrod, Vera Sasulitsch usw.). In dieser Umwandlungszeit, inmitten der heftigsten Kämpfe und Verfolgungen, waren ernste russische Anarchisten, wie Kropotkin, in der Lage, mit all ihrer Sympathie auf Seite der Terroristen zu sein, ohne deren Ideen und unmittelbare Ziele zu teilen, während sie den sich vom Kampf Fernhaltenden, die im Födera-

---

[296]) Man findet hier wie in der russischen *Obschtschina* (Genf, 1878—1879) Korrespondenzen über deutsche sozialdemokratische Verhältnisse voll anarchistischer Kritik, deren Verfasser S. (Steinberg) Paul Axelrod ist. — Auch der Ukrainer Michael Dragomnanoff (1841—1895) schrieb im *Travailleur*. Dessen Revue *Gromada* (1878—1882), wie die damaligen galizischen Publikationen *Gromadski, Drug* usw. betonten den Föderalismus und bekämpften Polen und Großrussen. Zwischen Kropotkin und Dragomnanoff bestand vollste Feindschaft, und V. Tscherkesoff schrieb eine vehemente polemische Broschüre *Dragomnanoff aus Gadjatsch im Kampf mit den russischen Revolutionären* (russisch, Genf 1882).

lismus, in *Nnrodnikí*tum (Volkssozialismus) Betätigung suchten, keine Sympathien entgegenbrachten und ihrer sozialdemokratischen Entwicklung erst recht nicht. Sie selbst standen dadurch allein, und der Anarchismus war dann lange in Rußland gar nicht vertreten, vor allem wohl, um dem heroischen Kampf der Terroristen nicht in den Weg zu treten.[297])

Der *Jurakongreß* in *Fribourg* (3.—5. August 1878)[298]) zeigte einen wahren Tiefstand der Bewegung, der mit Guillaume auch manche andere fernblieben und der auch die Rührigkeit von Brousse und der Fleiß von Kropotkin gefehlt hatten. Letzterer schrieb auf dem Kongreß selbst an Robin (4. August):

„... Hier ging es ziemlich schlecht. Die meisten Sektionen desorganisiert, alle ermüdet und mehr oder weniger unter dem Einfluß derselben Krise, die mich diese 7 bis 8 Monate aus dem Geleis geworfen hat. Jetzt sind einige Lebenszeichen da. Der Kongreß ist nicht zahlreich (8 Delegierte), aber neue Fragen werden aufgeworfen und auf meinen Vorschlag wird man vielleicht an der Gemeindeagitation (agitation communale) teilnehmen. Man wird versuchen, die Sektionen zu reorganisieren, und wenn Brousse darauf verzichtet, sofort nach Frankreich zurückzukehren, wird man versuchen, die waadtländischen Kantone anzuregen. Der *Avant-Garde* geht weiter, er gewann einige Abonnenten, und sein lebhafter Ton gefällt. ... Guillaume gibt kein Lebenszeichen.[299]) Was mich betrifft, fühle ich mich nach der Rückkehr aus Spanien moralisch völlig wiederhergestellt und auch physisch stärker; ich arbeite und scherze über die „Verdrießlichkeiten" (tracasseries)." ... Kropotkin wollte dann gleich sich für 2 bis 3 Monate in Genf niederlassen[300]), wo er von da ab tatsächlich dauernd blieb.

Dem Kongreß hatte Elisée Reclus vorgeschlagen, eine Kommission solle dem nächsten Kongreß berichten: warum wir Revolutionäre, Anarchisten, Kollektivisten sind. *Reclus'* eigener Antwortentwurf ist bereits exzerpiert.

Brousse bemerkt hierzu u. a.: „.... Das Produkt selbst, den Rohstoff und menschliche Arbeit, ein soziales Produkt, enthaltend, muß sozialen Charakter besitzen. Die Gerechtigkeit allein bezeichnet also den

---

[297]) Die Ankündigung (*Objavlenie*, 8 S., 8⁰) des Erscheinens der *Obschtchina* war von P. Axelrod, N. Joukovski, D. Klemens und Z. Ralli unterzeichnet (1877). — Vielleicht ist die *Objavlênie* ..., Ankündigung des Erscheinens einer *Narodnaja Volja*, Organs der russischen revolutionären Jugend. Offener Brief an P. L. Lavroff (Genf, 11. August 1891; 18 S., 8⁰), die erste anarchistische Regung nach der langen Pause; die Zeitschrift ist nicht erschienen.

[298]) Ausführlicher Bericht im *Avant-Garde* vom 12. August 1878 ab; nur diese Nummer liegt mir jetzt vor.

[299]) J. G. Viñas (Barcelona) wollte im Herbst Guillaume in Paris aufsuchen, der ihm sagen ließ, er habe sich ganz zurückgezogen. Viñas war dann in Genf, sah Kropotkin, und dürfte auch im Jura gewesen sein.

[300]) Er gibt für Briefe an ihn Tscherkesoffs Adresse in Genf an (2. August); dieser war schon im Juli 1877 und vielleicht früher in Genf; s. *L'Int.*, IV, S. 222. — Zu Tscherkesoffs Biographie s. B. Nikolaevskis Darstellung in *Katorga i Ssylka* (Moskau), Nr. 25, S. 222—232, September 1926.

Kommunismus als ökonomische Basis der künftigen sozialen Organisation. Wir erfassen also bereits sehr klar eine Gesellschaft ohne Müßiggänger, von größerer industrieller Entwicklung und in der — dank dieser beiden Bedingungen — wenn jeder *nach seinen Kräften* Arbeit leistet, das heißt, solange diese Arbeit für ihn „anziehend" bleibt, eine solche Zunahme der Güter bestehen wird, daß jeder, ohne seinem Nächsten zu schaden, aus denselben *nach seinen Bedürfnissen* wird schöpfen können . . ."

Brousse akzeptiert also den weitesten von Guillaume 1876 in den *Idées* vorgesehenen freikommunistischen Zustand, aber er macht bemerkenswerte Angaben über die Zwischenzeit, in denen man sowohl die unter Anarchisten sich damals entwickelnden Gedankengänge findet, als auch, wahrscheinlich, die Keime von Brousses persönlicher, sich vorbereitender Rückentwicklung.

Er will bereits neben dem Endziel über die *„unmittelbaren Forderungen der anarchistischen Partei"* geschrieben wissen. Der Mensch der Zukunft, *„ökonomisch* frei geworden, seinem eigenen Gesetz zu gehorchen", ist von „der Tyrannei der Zahl, der Herrschaft der Majorität" befreit. Würde diese neue ökonomische Form "an den alten politischen Fetzen angenäht", würde die Herrschaft der Zahl weiterbestehen. Die Majoritätsherrschaft wird aber allmählich eliminiert, wenn die autonomistische Idee Ausdehnung gewinnt und sie durch das Vertragssystem ersetzt. Man proklamiere also für gemeinsame Interessen die Autonomie der Stadtgegend, der Region, der Gemeinde, — dann die Autonomie für Fachkörperschaften, Konsumentengruppen usw.; durch all das wird „die Tyrannei der Sache und der Zahl" auf das unendlich kleine, d. h. auf nichts beschränkt.

Wie ist das zu erreichen? „Nicht alle" Anarchisten glauben, man könne mit einem Schlag das jetzige System durch das künftige ersetzen. Man muß sich fragen, was sofort verwirklicht werden kann. Man darf gewiß nicht warten, bis alle von unseren Ideen überzeugt sind. An einzelnen Orten werden dieselben aber schneller erfaßt, und die Gemeindeautonomie würde ermöglichen, hie und da gewisse Seiten der neuen Gesellschaft zu verwirklichen als *„Beweis durch die Tat" (preuve par le fait)* der Richtigkeit und Durchführbarkeit unserer Grundsätze.

Man soll sich aber nicht dem aussetzen, alles zu verlieren, indem man alles zu haben wünscht — [hier spricht der Geist des späteren *Possibilismus* aus Brousse] —; „man könnte bloß die kollektive Aneignung des Bodens und der Arbeitsmittel verlangen und die Gemeinschaft der Produkte denen überlassen, die sie anwenden wollen. So würde „der beständig seinen Aktionskreis erweiternde *Kollektivismus* uns zum *Kommunismus* führen."

Als unmittelbare Forderungen betrachtet Brousse also: „die Autonomie der Gemeinde — die kollektive Aneignung (appropriation) des Bodens und der Arbeitswerkzeuge — die Autonomie der Gruppe."

Das Mittel, den Staat niederzuschlagen, muß die Anhäufung von Kräften dazu sein, was nur durch Propaganda geschehen kann. . . . .

„Seit einiger Zeit gaben die Männer der anarchistischen Partei sich von dieser Notwendigkeit Rechenschaft, und die insurrektionelle Agitation, die *Propaganda durch die Tat,* nahm unter ihren Aktionsmitteln eine große Stelle ein. Muß man sich aber, wo theoretische Propaganda nicht genügt und Insurrektion unmöglich ist, absolut jeder Teilnahme an Abstimmungen (au vote) enthalten? Brousse erklärt, hierauf nicht durch ein päpstliches *non possumus* [vollständig ausgeschlossen] zu antworten; es sei doch manchmal möglich, durch den Stimmzettel ein Rad dem andern entgegenzustellen, so z. B. eine Gemeinde der Regierung; in solchen Fällen, meint er, könne die Anwendung des Stimmrechts ihren Nutzen haben.

Kropotkin wünscht im Programm hervorgehoben zu sehen: „. . . die Verteilung der Arbeitsprodukte auf die den Gemeinden und Assoziationen passend scheinende Weise;“ . . . „daß eine soziale Revolution nur durch spontane Erhebung des Volkes in großem Umfange geschehen kann und durch die gewaltsame Expropriation der gegenwärtigen Inhaber alles Kapitals durch die Gemeinden und Produzentengruppen selbst, — eine Expropriation, die erst erfolgen kann, nachdem das Land eine mehrjährige Periode vollständiger Desorganisation aller Staatsfunktionen durchgemacht hat; in dieser Periode würde jede gesetzgebende Versammlung mit wirklicher Macht nur den Marsch der Revolution hindern;“ . . . die Anarchisten suchen im Volk, durch theoretische Propaganda und vor allem durch insurrektionelle Taten Geist, Gefühl und Initiative zu erwecken mit Hinsicht auf die gewaltsame Expropriation des Besitzes und die Desorganisation des Staates.

Man glaubt hier neben den schon 1874 und 1877 ausgeprägten Ideen Kropotkins ihre Befestigung und Erweiterung durch seine Pariser Studien der Revolution und ihrer Vorgeschichte zu bemerken. Aber er ist auch vollständig mit Brousse eines Sinnes für die unmittelbare Gemeindetätigkeit, und wahrscheinlich wurde dies mit *Schwitzguébel* vorher besprochen, der für die Sektionen des St. Imiertals das Verlangen nach der *Gemeindeautonomie* als unmittelbarem Ausgangspunkt einer Volksagitation und Eröffnung eines praktischen Weges, die Ideen zu verwirklichen, in Vorschlag bringt. *Brousse* unterstützt dies; man werde ein Experimentierfeld für unsere Theorien finden; man müsse zu lange warten, wenn man sie erst an einem Lande oder der ganzen Menschheit erproben wollte. Jede ernste Umwandlung ging von den Gemeinden aus; die bürgerliche Republik begann, sich in den mittelalterlichen Gemeinden zu erproben, bevor sie sich 1792, 1848, 1870 des ganzen Landes bemächtigte. Endlich würde man von der Popularität der Commune von Paris gewinnen.

Kropotkin meint, man lebe in der Zeit der Zersetzung der Staaten; die nächsten Revolutionen werden unter dem Banner der Unabhängigkeit der städtischen und ländlichen Gemeinden stattfinden. In unabhängigen Gemeinden werden die ersten Schritte zum Kollektivismus hin geschehen. Praktisch fände man bei den zahllosen Fragen des Gemeindeinteresses das beste Feld für theoretische Propaganda und insurrektionelle Verwirklichung der Ideen. Die lokalen Angelegenheiten interessieren viele Einwohner, und wir können die Vorteile aus der Anwendung unserer Ideen zeigen. In der Gemeinde ist viel Gelegenheit zu kollektivistischer Propaganda, und sie ist eine mächtige Waffe gegen den Staat. Streiks, Steuersachen usw. machen sie zum Herd der Insurrektionen, „welche jeder großen Revolution vorhergehen und die Idee und das Volksgefühl vorbereiten" (hier sprechen deutlich die Revolutionsjahre, 1788, 1789, der Brand der Schlösser, der dem Bastillensturm voranging, Kropotkins stets vertretene Ansicht). — Er hebt noch den Unterschied zwischen kleinen lokalen Verbesserungen und der sozialistischen Propaganda, die an derartiges geknüpft werden sollte, hervor und sagt einiges, das auf den letzten *spanischen* lokalen Emeuten beruht.

Hierüber liegt kein Bericht vor, aber es ist zweifellos, daß Kropotkin sich durch Viñas und durch Brousse über die spanischen Revolten von 1873 und alles ähnliche seitdem genau unterrichten ließ.

Nun folgte eine lange Diskussion über die unmittelbare Frage der kommunalen *Wahlbeteiligung,* deren Bericht, der im *Avant-Garde* ganze Seiten füllt, mir leider jetzt nicht vorliegt. Ich habe ihn aber einst genau gelesen und weiß, daß von allen Delegierten nur Rodolphe Kahn den abstentionistischen Standpunkt vertrat, während Kropotkin, Brousse und die andern sich darauf einigten, bei den Gemeindewahlen im Jura Stimmzettel mit *La Commune* (Die Commune) zu empfehlen. Ich besitze auch das kleine Blatt auf rotem Papier, einen Aufruf, der dieses Vorgehen empfiehlt; das Resultat war (wie der *Avant-Garde* jedenfalls näher berichtet), eine recht kleine Zahl solcher Stimmzettel, woraus eher auf die Schwäche der Organisation geschlossen wurde. Soviel ich weiß, wurde der Versuch nicht wiederholt.

Wäre Guillaume noch anwesend gewesen, hätte er wohl diesen Versuch in den stets stattfindenden Vorbesprechungen der Kongresse bekämpft und zum Fall gebracht; seine Ansicht über Munizipalsozialismus, der, wenn ernst, vom Staat würde unterdrückt werden, enthält das *Bulletin* vom 30. Mai 1875 (s. *L'Int.,* III, S. 280—281); er sagt dort auch: „ . . . Das Käppchen des Gemeinderats, Staatsrats oder Bundesrats, auf das Haupt des intelligentesten und aufrichtigsten Sozialisten gesetzt, ist ein Kerzenauslöscher, der sofort die revolutionäre Flamme erstickt . . ."

Dies war das unvermeidliche Schicksal von Paul Brousse, der im Pariser Munizipalrat unterging. Die Idee, nach der in Frankreich zu erwartenden Amnestie der Communeverurteilten den Kampf auf dem Gebiet der Gemeinde wieder aufzunehmen, war eine theoretische Konstruktion eines der praktischen Politik Fernstehenden. Gemeinderäte brauchen Wähler, Wähler wollen Erfolge sehen, und Brousse war, seinem Wesen nach, glücklich, sich betätigen zu können, und verschwand schließlich im munizipalen Kleinleben, das ihm als Arzt auf hygienischen Gebieten Interesse bot, und das er ernst nahm. Kropotkin und auch Pindy äußerten sich, daß er 1878 von der Revolution schon genug hatte, und Guillaume meinte, daß für ihn, wie für Costa, vor allem seine frühere Unbekanntschaft mit dem Parlamentarismus die Ursache war, daß sie so lange Anarchisten blieben; besonders Costa hatte gar nichts anderes gekannt. Guillaume und andere Jurassier hatten die lokale Politik bis zum Herbst 1868 mitgemacht *(L'Int.,* I, 95—97) und nicht als Abstentionisten, sondern als neben den Radikalen aussichtslose Partei aufgegeben. Guillaume würde wohl Brousse und Kropotkin gesagt haben, sie könnten in anderen Ländern im Sinne ihrer Gemeindetaktik wirken, aber die Schwäche der Jurabewegung durch die *Commune*stimmzettel offen zu proklamieren, sei kein Anlaß.

Nach dem Kongreß von Fribourg verbesserte sich die Lage nicht, wie aus Kropotkins Brief an Robin (Genf, 1. November 1878) hervorgeht. Er hatte damals sieben Vorträge *über den revolutionären Nihilismus* in Rußland in Zürich, dem St. Imiertal, Chaux-de-Fonds, Neuchâtel, Bern, Fribourg, Lausanne, Vevey gehalten, so daß er die Gesamtlage genau kannte. Es geht nicht gut im Jura. In St. Imier ist alles desorganisiert. Schwitzguébel, der Arbeit bekommen hat, kann nicht in die Sektion kommen. Nur 20 Personen besuchten den Vortrag.

Im Süden ist es besser. Eine neugebildete Sektion in Fribourg hat 30 Mitglieder, aber niemand kann sich mit ihr tätig beschäftigen. Die Genfer Sektion hat über 40 Mitglieder und eine andere 12.

„. . . Aber womit soll man diese Leute beschäftigen, das ist die allergrößte Frage! Diskutieren und immerzu diskutieren wird zuletzt langweilig, und was soll man Praktisches tun??? Die Wahlen, das geht nicht; das politische Leben ist hier so ruhig, das nichts die Bevölkerung bewegt; Insurrektionen sind unmöglich! Was tun?"

In Lausanne ist eine Arbeitslosenbewegung; er fährt morgen mit Brousse hin.

„. . . Du sagst, die Arbeiter müßten sich daran gewöhnen, selbst zu handeln. Selbst werden sie nichts tun. Bei (moralischer) Abwesenheit von James[301]) gab es vorigen Winter keinen einzigen Vortrag. Im Vallon [St. Imiertal] tut man jetzt nichts, nichts! und in Chaux-de-Fonds — noch weniger . . .!"

„Wäre es uns gelungen, Junge heranzubilden! Aber es kommen keine, und die langen Besucher der Sektionen gewannen dort weder die Bildung, die ihnen Selbstvertrauen gäbe, noch den Wunsch, sich in die tätige sozialistische Propaganda zu wagen. Man hätte 3—4 Junge heranbilden müssen, und ich hätte es getan, wenn ich welche gefunden hätte, bei denen es sich lohnte. Aber es gibt keine. Der *Avant-Garde* hält sich kaum am Leben, und wenn, wie wir denken, Brousse und ich im Februar abreisen, wird die ganze Organisation hier zusammenfallen . . ." In Genf hat nur Kropotkins Ankunft die Sektion wiederbelebt . . . „Eine Sektion lebt nur, wenn ein mehr oder weniger ernster und interessanter Mann da ist. Denn — leider ist es so — die Internationale ist bis jetzt, und vor allem jetzt, nur eine Studiengesellschaft. Sie hat kein praktisches Terrain."

---

[301]) D. h. Guillaume regte im letzten Winter nichts mehr an.

„Wo ein solches finden?"

„Ich hatte an die Agitation auf kommunalem Terrain gedacht. Aber wie kann sie ohne die Schweizer gemacht werden? Ich weiß, daß in Frankreich dieses Terrain viele Kräfte vereinigen würde. Aber in der Schweiz haben wir niemand, um *anzufangen*. Adhémar [Schwitzguébel] tut nichts, aber rein gar nichts ... Auguste [Spichiger] besorgt sehr sorgfältig die Expedition des *Avant-Garde*, aber das ist auch alles: er will *nichts* weiter tun."

„Dies ist unsere traurige Lage. Paul [Brousse] und ich bewegen uns, soviel zu tun, als wir können. Aber was wird nachher sein? Nein, die Bewegung hier wird erst wieder beginnen, wenn sie in Paris entstehen wird."

„Denken Sie übrigens nicht, daß diese traurigen Betrachtungen mich entmutigen. Manchmal denke ich so, gewöhnlich sage ich, daß alte Weiber so klagen ..."[302])

Dieser Brief wurde erst am 7. Dezember abgeschickt; damals besprach Kropotkin mit Robin den Druck kleiner populärer Lieder mit Musik, Robins Anregung, und von Broschüren zu 5 Centimes, deren erste Schwitzguébel schreiben sollte, und die in den Versammlungen ganz fehlten. Drei Tage später, am 10. Dezember, gab der Bundesrat den Befehl, den *Avant-Garde* zu unterdrücken. Nr. 40, 2. Dezember, war die letzte Nummer.[303]) Dies erfolgte wegen Besprechung der damaligen Attentate auf gekrönte Häupter in angeblich königsmörderischer Absicht; der Prozeßbericht enthält das weitere. Tatsächlich hatte Brousse gar keine solchen Absichten; die Verschärfung der Lage für Anarchisten durch die Attentate in Italien und Spanien war ihm vielmehr sehr unangenehm, da er, wie mir Kropotkin erzählte, längst an seinen Rücktritt aus der akuten Bewegung dachte und seinen Uebergang in die munizipale Sphäre ja ganz offen vorbereitete, wie der Kongreß von Fribourg zeigt. Aber er legte deshalb seiner lebhaften Sprache oder der seiner Mitarbeiter in der Zeitschrift noch keine Schranken auf, und so erfolgte die plumpe Verfolgung des kleinen Blattes, die, statt die materiell so unendlich schwache anarchistische Bewegung in der Schweiz zu beseitigen, das grade entgegengesetzte Resultat hatte: zwei Monate später wurde

---

302) Kropotkins Worte zeigen nur die Dinge, wie sie meist sind, aber selten gesagt werden. Es ist unvermeidlich, daß nicht jeder Anhänger einer Sache zugleich auch ihr intensiver und talentierter Propagandist sein *kann* und *will*. Hierzu gehören mehrere in *einem* Menschen zusammentreffende Eigenschaften, was sich nicht immer findet und nicht künstlich herstellen läßt. Es war natürlich, daß mehr als zehn Jahre ununterbrochener Tätigkeit und geistiger Hilfsbereitschaft von James Guillaume eine Lücke ließen, und ebenso waren gerade 1878 Brousse und Kropotkin teils abwesend, teils im Geist schon in Frankreich, während die älteren Genossen im Jura materiell in immer gedrückterer Lage waren, von ihren Familiensorgen ganz abgesehen.

303) Näheres in *Procès de l'Avant-Garde* (Chaux-de-Fonds, 1880, 74 S., 8°); *Le Révolté*, 7. und 21. Mai 1879. — Pindy zeigte mir 1893 Bürstenabzüge einer noch vorbereiteten, nicht mehr erschienenen Nummer; dabei war ein Artikel *Les régicides* von Schwitzguébel.

der *Révolté* gegründet, und *P. Kropotkin*, der gerade damals die Schweiz verlassen wollte, blieb nun in Genf und entfaltete nun erst seine ganzen Fähigkeiten und unermüdliche Arbeitskraft für die Bewegung. Ebenso trat nun bald *Reclus*, seinen Wert ganz erkennend, mit vollem Interesse in den Kreis dieser neubelebten Bewegung. Selten hat eine bösartige Verfolgung so gradezu entgegengesetzte prächtige Folgen gehabt, wie diese, die den halbverschollenen *Avant-Garde* hinwegfegte, aber nicht hindern konnte, daß der *Révolté* ihn bald glänzend ersetzte.

XIX

Der Révolté, Genf, im Jahre 1879 und Kropotkins „Anarchistische Idee vom Standpunkt ihrer praktischen Verwirklichung" (Oktober 1879).

Der Révolté [Rebell], *organe socialiste* (4 S., fol.) erschien in Genf seit dem 22. Februar 1879, zuerst vierzehntägig, später als Wochenblatt, bis zum 14. März 1885, dann vom 12. April ab in Paris; noch jetzt erscheinen eine Serie von Heften, seit August 1920, und eine Monatsschrift seit März 1925, die beide als Fortsetzungen der 1879 begonnenden Zeitschrift zu betrachten sind, — einer Serie, deren eigentlichen Anfang der *Progrès* (Locle), seit Dezember 1868 bildet.

Die Entstehung des Blattes wurde von Kropotkin mehrfach erzählt[304]), nie aber mit solchen Details, wie sie die Briefe an Paul Robin enthalten, die ich hierüber auch für die Elisée Reclus-Biographie benutzte und hier meist nur resümieren möchte.

Der Bundesrat beschloß am 10. Dezember die Unterdrückung des *Avant-Garde*. Der Staatsrat von Neuchâtel delegiert hierzu am 11. sein Mitglied Cornaz, der nebenbei bemerkt 1849 derjenige Schweizer Student in Lausanne war, den Coeurderoy in den *Jours d'Exil*, I, 1854 die Schweizer Freiheit so pathetisch verherrlichen läßt, was er selbst, beinahe 50 Jahre später mit Rührung bestätigte. Damals aber terrorisierte Cornaz in Chaux-de-Fonds „mit unbeschränkter Vollmacht" zuerst den Drucker Courvoisier und versiegelte die ganz bürgerliche Druckerei. Die Ursache der Verfolgung waren „der Artikel über die Bomben (Nr. 40) und die Korrespondenz aus Spanien"; Nr. 40 ist vom 2. Dezember datiert.

Brousse und Kropotkin reisten sofort nach Chaux-de-Fonds, wo man sich über folgendes verständigte: Pindy (der ausgewiesen werden konnte) hat mit dem Blatt nichts zu tun, das ein Schweizer Komitee, Loetscher (vom letzten Jurakomitee) u. a. herausgibt mit Schwitzguébel und Brousse als Redakteuren und Apichiger als Administrator. Brousse wird sich als Verfasser der beanstandeten Artikel erklären. Aus verschiedenen, besonders russischen Gründen wird Kropotkin bei Seite gelassen. — Brousse (Vevey) und Kropotkin (Genf) korrespondieren dann über die Gründung eines neuen Blattes, bis plötzlich Brousse verhaftet wird, den zuerst niemand sehen darf, später vor dem Wärter Frau Landsberg und Reclus. Schließlich wird er gegen Kaution in Freiheit gesetzt.

---

[304]) Memoiren, 1899; *Wie der Révolté gegründet wurde (Les Temps Nouveaux,* Paris, 20. und 27. Februar 1904).

Kropotkin erzählt ungünstiges von der Haltung im Jura, besonders der von Spichiger. Er schreibt aber auch (3. Januar), daß man am liebsten das *Bulletin* wieder erscheinen lassen möchte, das dann gewiß Brousse redigieren würde. Am 17. Januar berichtet er von zwei Projekten — einem geheim gedruckten *Avant-Garde* oder einer öffentlichen *Voix de l'Ouvrier* (Arbeiterstimme) oder etwas ähnlichem, „kurz einer Zeitung, die sich mehr mit der ökonomischen Revolution beschäftigte und die Könige in Ruhe ließe." — „Schwitzguébel stellt als Bedingung, sich keinen Prozeß zuzuziehen. Wir würden einen solchen vorziehen. Alle (außer mir) haben beschlossen, nichts zu tun, bevor sie Brousse gesehen haben. Wenn nun unsere neue Zeitung verboten wird, schlage ich ein geheimes autographiertes Blatt vor. Ich würde der Redakteur des neuen Blattes sein. Kannst Du einen guten Rat geben, wie dies zu organisieren ist. Wäre es bequem, in London zu drucken oder zu autographieren? Was sagst Du vom Papyrograph . . .?" — Damals schrieb Kropotkin an den *Mirabeau* (Verviers) über die Verfolgungen.[305]

Reclus sagte damals zu Kropotkin über den im Frühjahr eingegangenen *Travailleur*, die Gruppe würde ihn nicht wieder erscheinen lassen, wenn nicht 1000—2000 Francs im voraus gesichert wären. Kropotkin und Brousse waren damals mit der *Travailleur-Gruppe* recht gut, aber diese Gruppe wollte keine neue Zeitschrift herausgeben. Reclus meinte, nur Lefrançais könne eine solche redigieren und dieser habe einen schwer zu behandelnden (intraitable) Charakter. [Lefrançais wurde so ziemlich von jedem *grincheux* genannt, — mürrisch-pedantisch].

Brousse, der um den 20. Januar herum freigelassen werden sollte, war für die Wiederaufnahme des *Bulletin*.

Damals war Malatesta nach Genf gekommen, der seit dem April 1877 16 Monate im Kerker war, dann kurze Zeit in Neapel, in Aegypten und nach weiteren Verfolgungen und Abenteuern in Genf etwas zur Ruhe kam, bis er nach weniger als drei Monaten auch von dort abreisen mußte (s. meine Biogr., 1922, S. 74—81). Auch Tscherkesoff war in Genf.

Kropotkin und Brousse sahen sich dann, und am 29. Januar schrieb Kropotkin als Resultat, ein gemäßigtes, sich mehr mit ökonomischen Fragen als mit Königen beschäftigendes Blatt werde erscheinen und Verfolgungen zu vermeiden suchen. Es sollte *La Solidarité* heißen, aber ein Blatt dieses Namens erschien bereits, also fehlte ein Titel. Kropotkin würde der Redakteur sein, Brousse und Schwitzguébel Mitarbeiter, ersterer in bedeutendem Umfang. Am 20. reiste Kropotkin ab, jedenfalls in den Jura; er schrieb erst wieder am Tag des Erscheinens des *Révolté* und erwähnt seine sehr große Mühe, bis dies erreicht wurde, beim „bösen Willen Aller . . ."[306]

---

[305] Er äußert sich damals sehr ungünstig über Bastin und Piette in Verviers und de ... *Cri de Peuple*.

[306] A.. ..7. Januar teilt Kropotkin zuerst Robin mit, daß er in Genf — es muß in den letzten Monaten 1878 gewesen sein — eine junge Russin kennengelernt habe usw. Dies war seine Frau Sophie (geb. 1856 in Kiew), damals St... ...de in Bern und in den Ferien Ende 1878 wieder in Genf.

Am 10. April 1879 berichtet er, daß er beinahe allein den *Révolté* schreibe und auch expediere. Schon damals dachte er an eine literarische Beilage *(supplément littéraire)*. Man hatte kaum 375 bis 400 Abonnenten.

Schwitzguébel, von Familiensorgen in Anspruch genommen, kann fast als verloren betrachtet werden; er vermeidet hervorzutreten . . . Auch Pindy wird durch Besorgnis vor der Ausweisung zurückgehalten. Spichiger rührt sich nicht. Alle Sektionen sind wie erstorben. Das Elend hält alles nieder und ebenso die beginnenden Verfolgungen. Malatesta brachte Leben in die Genfer Sektion, „aber nach diesen unglückseligen italienischen Plakaten (Drohungen an Umberto, wenn er Passanante hinrichten ließe) hat er Genf verlassen . . .“; er ging damals nach Braila in Rumänien.

Kropotkin dachte damals an eine Reise nach Paris für einige Zeit, im Sommer. „Ich denke nicht mehr an [die Rückkehr nach] Rußland. Die Strömung [in der Bewegung] ist dort so *gemäßigt* — sonderbar neben den Hinrichtungen —, daß ich fühle und alle mir bestätigen, daß ich dort absolut allein stehen würde. Die Strömung strebt einer Konstitution zu. Das geheime Organ *(Land und Freiheit) nennt* sich sozialistisch, schreibt aber nur gegen die autokratische Regierung. Ich zweifle, daß ich mich je an diese Strömung gewöhnen könnte und ich arbeite hier . . .“

Es folgte dann der Prozeß von Brousse, über den Kropotkin im *Révolté* ausführlich berichtete, worauf der Drucker sich weigerte, das Blatt herzustellen, ebenso alle andern Drucker. Deshalb wurde eine eigene Typographie beschafft — näheres im Brief vom 27. April —, während eine fremde Presse den Abzug des Satzes besorgte. Dies war der Ursprung der, man kann wohl sagen, in revolutionären Kreisen berühmten *Imprimerie jurassienne*, Juradruckerei, wie sie zur Erinnerung an die Juraföderation genannt wurde. Wieder entsprang einer gehässigen Verfolgung eine erfreuliche Neuentwicklung.

Damals hatte man 500 Abonnenten in der Schweiz, 50 außerhalb und einen Genfer Verkauf von 110 Exemplaren, auswärts von 50. Der Brief erwähnt den jungen Genfer, *Georges Herzig*, Administrator des Blattes, mit großem Lob, ebenso den praktischen Sinn *François Dumartherays*.

So war der *Révolté* in langsamem Aufstieg begriffen, was dem ausdauernden Eifer Kropotkins, guten Ratschlägen und ruhiger Zuversicht Dumartherays und der Hilfe weniger anderer in ihren Kreis tretender zu verdanken war, während man im Jura wohl das Blatt zu lesen begann, aber nicht viel für dasselbe tat; das Zusammengehörigkeitsverhältnis wie mit dem *Bulletin* bestand nicht mehr, und Kropotkin legte jedenfalls viel mehr Wert auf eine allgemeine, französische und internationale Verbreitung des Blattes, als auf den zusammenschmelzenden Kreis im Jura.

Sein Verhältnis zu Robin trübte sich etwas in den folgenden Monaten. Er, und auch Brousse, schätzten die Gruppen Piette in Verviers und deren *Cri du Peuple* nicht, und Robin nahm diese in Schutz und appellierte dabei durch einen Brief an Reclus, was Kropotkin außerordentlich verletzte, der, seinem Brief vom 31. August zufolge, damals Reclus nicht als zum *Révolté* gehörend betrachtete, — eine für Reclus nicht unfreundliche Feststellung, die nur das sagt, was wirklich der Fall war, daß auch damals das intime Verhältnis Reclus' zum *Révolté* und zu Kropotkin noch nicht bestand, das erst das Jahr 1880 ungefähr, der Aufenthalt Kropotkins in Clarens, seine Hilfsarbeit für die große Geographie usw. zur Blüte und von da ab ungestörten Weiterdauer gelangen ließ.

Ferner konnte Robin nicht unterlassen, das was Kropotkin „diesen verfluchten Neo-malthusianismus" nennt (31. August), im *Révolté* vorführen zu wollen, worüber Brousse und Schwitzguébel sich total ablehnend äußerten. Kropotkin verwirft nicht die physiologische Seite der Sache und meint, die Menschheit müsse die Entscheidung über die Befruchtung in ihrer Hand haben, wie alles andere. Aber Robin hatte die damals vielgenannten *Grundzüge der Gesellschaftswissenschaft* von Dr. Drysdale empfohlen, ein durchaus antisozialistisches Buch, und all dies empört Kropotkin, der es für das nützlichste und ihm am meisten zusagende hält, „die Revolution in Gang zu bringen (activer) und vor allem einige klare Ideen über den Kollektivismus auszusäen für den *sehr nahen* Tag eines Zusammenstoßes (conflagration) der europäischen Staaten". — Er bestreitet auch absolut die malthusianischen Behauptungen, daß der Boden Englands nur 25 Millionen Menschen ernähren könne und meint, daß bei den damaligen Entwicklungsmöglichkeiten des Ackerbaus England etwa 300 Millionen ernähren könnte. Er sprach darüber mit Reclus, der derselben Meinung sei und meine, daß die 2 Millionen Pariser sich innerhalb der 1871 von den Versaillern und den Deutschen eingeschlossenen Region von ihrer Gemüsegärtnerei (culture maraichère) reichlich hätten ernähren können.

Hier sehen wir zuerst die Gedankenreihen Kropotkins über intensive Kultur, die er später so ausgebildet hat. Ob der in seiner Natur liegende instinktive Widerspruch gegen den kleinlichen, antisozialen Malthusianismus der damaligen Richtung Drysdale, Bradlaugh, Knowlton, Mrs. Besant u .a. ihn diesem Gebiet näher gebracht hat, oder ob er längst durch die Naturwissenschaft, wie Reclus durch die Geographie, einen weiteren Ausblick auf Entwicklungsmöglichkeiten gewonnen hatte, wäre zu untersuchen. Wir sehen auch, daß ihn der Gedanke des kommenden europäischen Krieges schon damals nicht verließ; so heißt es in der jedenfalls von ihm verfaßten Uebersicht *Das Jahr 1879 (Rév.,* 10. Januar 1880): „. . . Deutschland rüstet beständig . . . Deutschland bewaffnet sich, nährt Annexionsprojekte, schleudert durch seine Zölle Verwirrung in die benachbarten Industrien . . ."

Am 18. Januar 1879 hatte er von einer gut kombinierten Serie kleiner Broschüren (8 S.) geschrieben: Ursprung des Privateigentums. Ursprung des Staates. Steuern. Kapital und Arbeit. Produktion und Austausch. Ausbeutung usw., „kurz ein sozialökonomisches Werk". Dann: Regierung. Anarchie etc. „auch ein Kursus auf dem Gebiet der politischen Ideen." Ebenso für die Geschichte.

Dies wurde nicht ausgeführt, aber es zeigt schon seine Arbeitsmethode, die zu seinen Büchern führte. Er behandelte anscheinend selbständige Gegenstände, die aber doch ein innerer Plan verband, und die sich später leicht zu Büchern zusammenordnen ließen. So entstanden dann die *Paroles d'un Révolté*, 1885, die *Conquête du Pain* (Wohlstand für Alle), 1892 usw. Aus dem Jahre 1879 sind in die *Paroles* nur *Die Lage*, S. 1—8, und *Die Zersetzung der Staaten*, S. 9—16, aufgenommen, die am 8. März und 5. April erschienen.[307])

Diese beiden Artikel sind das erste Hervortreten des späteren Kropotkin, wie wir ihn kennen. Sie analysieren das ökonomische und das politische Elend. In den Massen gährt es; es bildet sich schon heute eine neue Welt, und aus dem Stimmengewirr klingen die beiden Ideen heraus: Abschaffung des individuellen Eigentums, Kommunismus und Beseitigung des Staates, die freie Gemeinde, die internationale Vereinigung der arbeitenden Bevölkerungen. Er vergleicht die chronische Arbeitslosigkeit mit dem aussichtslosen Herumstreifen zahlreicher französischer Bauern im Jahre 1787. Die Staaten, die im achtzehnten Jahrhundert ihren Höhepunkt erreichten, verfallen; besonders die romanischen Völker streben nach ihrer Niederreißung. Staat bedeutet notwendigerweise Krieg; der immer drohende Krieg ist der normale Zustand geworden. Wozu dient die ungeheure Staatsmaschine? Nur den Besitzenden, stets gegen die Proletarier. Dies kann nicht immer so weiterdauern. Der Sturz der Staaten ist eine Frage relativ kurzer Zeit . . .

Diesem festen Vertrauen Kropotkins stand die Schwäche anderer gegenüber, die sich an die parlamentarischen Illusionen anklammerten, durch die der Sozialismus seit den Siebzigern so teuflisch klug — wenn vom Bourgeoisstandpunkt aus betrachtet — entmannt wurde. Da kam Andrea Costa, im Februar 1879 in Paris durch eine Amnestie befreit, nach St. Imier, wo Kropotkin ihn bei Schwitzguébel sah. Er hatte einen Vortrag gehalten vor wenigen Zuhörern und weinte dann vor den beiden und sprach von ihrer verlorenen Kraft —, immer nur das Leben lang zu 10, 15 Leuten zu sprechen! Er hatte es sich schon im Gefängnis überlegt, er wollte an die große Oeffentlichkeit, ins Parlament, — und Frau Kulischoff, die ihn an hervorragender Stelle zu sehen wünschte, wollte dasselbe. So Kropotkin (1905). Eine geistige Entwicklung bestand nicht. — Ebenso meinte Guillaume, wie erwähnt, daß Costa ganz

---

[307]) Der *Révolté* liegt mir leider jetzt nicht vor. — Von Kropotkin erschien im Juli 1879 (anonym) die erste Broschüre, *Le Procès de Solovieff* . . . (Der Prozeß Solovieffs. Das Leben eines russischen Sozialisten; Genf, 1879, 24 S.); Solovieff hatte im April auf Alexander II. geschossen und war hingerichtet worden. — Von Reclus erschien 1879 die erste Broschüre *La Peine de Mort* (Die Todesstrafe, Genf, 10 S., 8⁰), ein in Lausanne gehaltener Vortrag. Von Schwitzguébel erschien anonym *Libre - Echange et Protectionnisme* (Freihandel und Schutzzoll, Genf, 12 S., 16⁰).

jung direkt zur Anarchie kam, und vom Parlamentarismus, für den er paßte, einfach früher nichts rechtes gewußt habe.[308])

Paul Brousse, der die Schweiz verlassen mußte — ein Brief an *Robin*, 15. Juni 1879, zeigt ihn noch im Ungewissen über seine Schritte; am 16. Juni wurde er freigelassen — wurde aus Belgien sofort ausgewiesen[309]) und lebte dann in London, wo er Karl Marx besuchte. Kropotkin erzählte (1901), Marx habe Brousse ein Paar höfliche Worte gesagt, er sei ein guter Oekonomist, und Brousse habe dann die schreckliche Serie *La Crise, sa cause, son remède* (*Rév.*, 9. August—20. September 1879; als Broschüre, 1879, 35 S., 16°; anonym) geschrieben, die erträglich anfing und im Marxismus endete; die langen Artikel hätten den *Révolté* beinahe umgebracht.[310])

Adhémar Schwitzguébel wieder, den wir immer mehr zurücktreten sehen, gelangte in eine immer unerträglichere persönliche Lage als nicht besonders geschickter Arbeiter, dem dann systematisch keine Arbeit gegeben wurde; er war früher so unabhängig gewesen, da er bei seinem Vater gearbeitet hatte. So kam es, daß er nach Jahren entmutigter Zurückgezogenheit zehn bis zwölf Jahre nach dieser Zeit romanischer Arbeitersekretär wurde, Angestellter neben dem ihm nach wie vor tief verhaßten Hermann Greulich, dem deutsch-schweizerischen Sekretär.

Auguste Spichiger, den J. Guillaume bis zuletzt ebenso sehr schätzte, wie andere ihm diese Wertschätzung versagten, wanderte in Folge der Krise nach New York aus, wo es ihm auch schlecht ging, und kehrte 1893 nach Biel zurück, wo ich damals ihn und Schwitzguébel kennenlernte, sowie *Louis Pindy* in Chaux-de-Fonds. Pindy blieb stets Anarchist, war aber zur äußersten Zurückhaltung gezwungen. Leider kannte ich *Alcide Dubois* nicht, der später zeitweilig fast allein im Jura die anarchistischen Ideen ungescheut vertrat, nicht die Guillaumesche Tradition, sondern wie sie durch Brousse zuerst, dann durch die *Révolté*-gruppe in Genf sich entfalteten und dann weiter entwickelten.

---

[308]) Man tut Frau Kulischoff wirklich Unrecht, wenn man ihr etwa die Bekehrung Costas zum Parlamentarismus zur Schuld gibt, was manchmal geschah. Sie hatte, meinten ihre alten Freunde, immer die Meinung desjenigen, mit dem sie gerade war, empfand eine Art Ehrgeiz für ihn. Mit Costa konnte es nicht anders kommen; genauer betrachtet, hebt er sich schon 1872 von den anderen, wirklich ernsten Genossen Bakunins ab.

[309]) Irre ich nicht, so geschah dies so gut wie gleichzeitig mit der Ausweisung Mosts, über welche die *Freiheit* berichtet.

[310]) Brousse gewann in London noch eine tüchtige Kraft für die anarchistischen Ideen, Gustave Brocher. Ich glaube, er hatte mit dem Blatt *Le Travail* zu tun, das seit April 1880 in London erschien, mindestens sieben Nummern, und einen äußerst matten Eindruck macht. — Mit den Marxisten war Brousse nicht ernstlich verbunden; Guesde und Lafargue wurden bald seine Todfeinde, und eine Zeitlang hielt er an der Vertretung der *Gemeinde* gegenüber dem *Staat* fest. Sein *Le Marxisme dans l'Internationale* (Paris, Le Prolétaire, 1882, 32 S., 8°) ist noch eine scharfe Streitschrift. — Aber die Gemeindewahlen erfordern genau so wie die Parlamentswahlen das Opfer des Intellekts an die zurückgebliebensten der Wähler, und Brousse versank in diesem geistigen Sumpf wie alle andern und wurde eine, manchem individuell nützliche und gefällige Pariser munizipale Größe.

Guillaume wollte von den durch Brousse Gewonnenen nicht gern etwas hören. Für seine engeren Genossen, von denen ich 1893 noch einige sah, war mit seinem Rücktritt auch die Bewegung, soweit sie nicht fachliche und lokale Interessen betraf, beendet.

In den Jahren 1879 bis 1883 wurden übrigens noch Jurakongresse gehalten, der von 1879 am '12. Oktober in La Chaux-de-Fonds, dessen Hauptpunkt *Kropotkins* Bericht bildet: *Idée anarchiste au point de vue de sa réalisation pratique,* deren Schlußfolgerungen im *Révolté,* 1. November, und als vierseitiger Einzeldruck in 4⁰ vorliegen: *Die anarchistische Idee vom Gesichtspunkt ihrer praktischen Verwirklichung betrachtet.* Schlußfolgerungen der Arbeit hierüber, vorgelesen vom Genossen Levachoff in der Versammlung der Juraföderation vom 12. Oktober 1879 (Genf, Juradruckerei, 4 S., 4⁰).

Diese erste bekannte sorgfältige Formulierung von Kropotkins Ideen ist meines Wissens nicht wieder gedruckt und in beiden Drucken von 1879 außerordentlich selten. Sie sei hier aus dem *Révolté* übersetzt:

„1. Das aufmerksame Studium der gegenwärtigen ökonomischen und politischen Lage führt uns zur Ueberzeugung, daß Europa schnell einer Revolution entgegenschreitet, daß diese Revolution sich nicht auf ein einziges Land beschränken, sondern, sobald sie irgendwo ausbricht, sich wie 1848 in die Nachbarländer verbreiten und mehr oder weniger ganz Europa umfassen wird, ferner daß sie zwar bei verschiedenen Völkern nach deren historischer Phase und lokalen Verhältnissen verschiedenen Charakter annehmen wird, daß sie aber doch diesen bestimmten Charakter haben wird: sie wird nicht nur eine politische, sondern auch, und vor allem, eine ökonomische Revolution sein."

„2. Die ökonomische Revolution kann bei verschiedenen Völkern verschiedenen Charakter und verschiedene Grade der Intensität besitzen. Es ist aber wichtig, daß, welcher immer dieser Charakter sei, die Sozialisten aller Länder, die Desorganisation der Macht während der revolutionären Periode benutzend, all ihre Kräfte der Verwirklichung im großen der Umwandlung des Eigentumregimes zuwenden durch die unbedingte Expropriation der jetzigen Inhaber des großen Grundbesitzes, der Arbeitsmittel und alles Kapitals und durch die Besitzergreifung dieses Kapitals durch die Landbebauer, die Arbeiterorganisationen und die ländlichen und städtischen Gemeinden. Die Expropriation muß durch die Stadt- und Landarbeiter selbst erfolgen. Es wäre ein tiefer Irrtum, zu hoffen, daß irgendeine Regierung dies tue, denn die Geschichte lehrt uns, daß Regierungen, selbst aus der Revolution hervorgegangene, stets nur den vollzogenen revolutionären *Tatsachen* eine gesetzliche Bestätigung gaben, und auch um diese mußte das Volk mit den Regierungen einen langen Kampf bestehen, um ihnen die Zustimmung zu revolutionären Maßnahmen zu entreißen, die in der Gärungsperiode laut verlangt wurden.[311]) Uebrigens würde eine so

---

[311]) Kropotkins Auffassung der französischen Revolution ist hier zusammengefaßt. Für ihn sanktionierten die damaligen öffentlichen Versammlungen nur Tatsachen, welche die Bauern und Arbeiter schon geschaffen hatten, und zwar nur äußerst unwillig und unvollständig.

wichtige Maßregel toter Buchstabe bleiben, wenn sie nicht frei in jeder Gemeinde, jedem Teil des Landes durch die Interessenten selbst verwirklicht würde."

„3. Die Expropriation und die Vergemeinschaftlichung (mise en commun) des sozialen Kapitals müssen überall, wo und sobald es möglich ist, vorgenommen werden, ohne daß man sich darum kümmert, ob ganz Europa oder dessen Mehrheit oder die Mehrheit eines Landes die kollektivistische Idee anzunehmen bereit sind. Die Uebelstände einer teilweisen Verwirklichung des Kollektivismus werden bei weitem von den Vorteilen aufgewogen. Die an einem Ort vollzogene Tatsache wird selbst das mächtigste Propagandamittel der Idee werden und der stärkste Antrieb Orte in Bewegung setzen, wo zur Aufnahme der kollektivistischen Idee wenig vorbereitete Arbeiter mit der Expropriation zögern. Es wäre übrigens müßig, zu diskutieren, ob es notwendig sei oder nicht, zu warten, bis die Mehrheit einer Nation die Idee angenommen hat, bevor man sie praktisch anwendet; denn es ist gewiß, daß, außer wenn sie sich als Regierung konstituieren, die das Volk niederschießt, die doktrinären Sozialisten nicht verhindern werden, daß die Expropriation stattfindet an Orten, die in ihrer sozialistischen Erziehung vorgeschrittener sind, selbst wenn die große Menge des Landes noch untätig bleibt."[312])

„4. Nach vollzogener Expropriation und Bruch der kapitalistischen Widerstandskraft wird eine neue Organisationsform und Austauschweise, erst begrenzt, dann erweitert, nach einer gewissen Zeit des Herumtastens sich unvermeidlich bilden. Diese Form wird den Volksaspirationen, den Erfordernissen des Lebens und der gegenseitigen Beziehungen mehr entsprechen als jede Theorie, sei sie noch so schön, die von Reformern durch Denkkraft und Phantasie ausgearbeitet ist oder aus den Arbeiten einer gesetzgebenden Körperschaft hervorgeht. Doch glauben wir, uns nicht zu täuschen, wenn wir schon heute voraussehen, daß die Grundlagen der neuen Organisation, wenigstens in den romanischen Ländern, sein werden die Föderation der Communen und von Gruppen unabhängiger Communen."

„5. Wenn die Revolution sofort die Expropriation durchführt, wird sie dadurch eine innere Kraft erhalten, die den Versuchen, eine sie zu erwürgen suchende Regierung zu bilden, und den Angriffen von außen her zu widerstehen erlaubt. Selbst wenn die Revolution besiegt wird oder die Expropriation nicht die von uns vorhergesehene Ausdehnung annimmt, würde eine auf solcher Grundlage begonnene Volksbewegung der Menschheit den ungeheuren Dienst der Beschleunigung des Kommens der sozialen Revolution erweisen. Indem sie, wie alle Revolutionen, auch wenn sie besiegt wurde, eine gewisse sofortige Verbesserung des Schicksals des Proletariats brachte, wird sie für die Zukunft Erhebungen unmöglich machen, die nicht die Expropriation der Wenigen zum Nutzen Aller zum Ausgangspunkt nehmen würden. Ein Ausbruch

---

312) Dies wurde vor dem Zeitalter der Noske und Konsorten geschrieben, die ganz seelenruhig das Volk niederschießen ließen.

würde aber notwendig zur Beseitigung der kapitalistischen Ausbeutung und dadurch zur ökonomischen und politischen Gleichheit, der Arbeit für Alle, der Solidarität, der Freiheit führen."

„6. Damit die Revolution alle Früchte bringe, die das Proletariat nach Jahrhunderten beständiger Kämpfe und Bergen von Opfern zu erwarten berechtigt ist, muß die revolutionäre Periode mehrere Jahre dauern, damit die Propaganda der neuen Ideen sich nicht auf die großen industriellen Zentren beschränke, sondern bis ins letzte Dorf eindringe, um die Trägheit (inertie) zu besiegen, die sich unvermeidlich in den Massen zeigt, bevor sie sich in eine gründliche Umgestaltung der Gesellschaft stürzen, kurz: damit die neuen Ideen Zeit zu ihrer dem wirklichen Fortschritt der Menschheit dienenden Weiterentwicklung besitzen. Anstatt also sofort nach dem Sturz der Regierungen eine neue Macht zu bilden, die am Beginn der Revolution, zur Zeit des ersten Erwachens der neuen Ideen entstanden, unvermeidlich in ihrem Wesen konservativ sein wird, die als Vertreterin der ersten Phase der Revolution nur die freie Entwicklung ihrer weiteren Phasen stören wird, und die unbedingt danach streben würde, die Revolution zum Stillstand zu bringen und zu begrenzen, — anstatt dessen ist es Pflicht der Sozialisten, die Begründung jeder neuen Regierung zu hindern und vielmehr die Volkskräfte zu entwickeln, die das alte System zerstören und zugleich die neue Gesellschaftsordnung schaffen."

„7. Angesichts dieser unsrer Auffassung der nächsten Revolution und unseres Zieles müssen wir augenscheinlich in der jetzigen Vorbereitungsperiode all unsere Bemühungen auf eine breite Propaganda der Idee der Expropriation und des Kollektivismus konzentrieren. Statt diese Grundsätze in einem Winkel unseres Gehirns ruhen zu lassen, um zum Volk nur von Fragen politischer [in der mir vorliegenden Abschrift unlesbar] zu sprechen, wodurch die Geister auf eine vor allem politische Revolution vorbereitet werden und deren ökonomischer Charakter, der einzige, der ihr hinreichende Kraft geben kann, verwischt wird, müssen wir im Gegenteil immer und in jeder Lage diese Ideen auseinandersetzen, ihre praktische Bedeutung zeigen, ihre Notwendigkeit nachweisen, mit allen Kräften den Volksgeist zur Annahme dieser Ideen vorbereiten, die so sonderbar sie auf den ersten Blick den von politisch-ökonomischen Vorurteilen erfüllten erscheinen, bald für jene, die sie guten Glaubens besprechen, zur unbestreitbaren Wahrheit werden, einer Wahrheit, deren sich heute die Wissenschaft bemächtigt, und die oft von den sie öffentlich Bekämpfenden zugegeben wird. Wenn wir auf diesem Wege arbeiten, ohne uns von dem oft künstlichen Augenblickserfolg der politischen Parteien blenden zu lassen, arbeiten wir an dem Einsickern unserer Ideen in den Massen, bringen unmerklich einen den Ideen günstigen Meinungsumschwung hervor, und gruppieren die nötigen Männer für die breite Propaganda der Ideen in der bevorstehenden Gärungszeit, und die geschichtliche Erfahrung zeigt uns, daß grade in solchen Gärungszeiten, in denen Ideen mit in Ruheperioden unbekannter Schnelligkeit verbreitet und weiterentwickelt werden, die Ideen der

Expropriation und des Kollektivismus sich in großen Fluten verbreiten und die großen Volksmassen zu ihrer Verwirklichung inspirieren können."

„8. Damit die Revolutionsperiode mehrere Jahre dauern und ihre Früchte tragen kann, ist unbedingt nötig, daß die nächste Revolution sich nicht auf die großen Städte beschränke; die Erhebung für die Expropriation muß sich vor allem *auf dem Land* vollziehen. Daher müssen wir, ohne erst auf den in einer Gärungszeit von den Städten auf die Dörfer ausstrahlenden revolutionären Antrieb zu rechnen, schon jetzt auf dem Land den Boden vorbereiten. Als vorläufiges Mittel und um Erfahrung zu erwerben, müssen die Jurasektionen sich als Pflicht auferlegen, in den benachbarten Dörfern ständige Propaganda zu betreiben im Sinne der Expropriation des Bodens durch die Landgemeinden. Solche Versuche wurden schon gemacht, und wir können versichern, daß sie mehr Erfolg eintrugen, als anfänglich vermutet wurde. Die Erfahrung zeigt den besten Weg und die Mittel, diese Propaganda zu erweitern. Wie schwer der Anfang sein mag, muß doch ohne weiteren Verzug begonnen werden. Wir können auch nicht genug das Studium der Bauernerhebungen in Italien und der revolutionären Propaganda, die jetzt in Spanien in den Dörfern betrieben wird[313]), empfehlen."

„9. Während wir empfehlen, all unsere Bemühungen auf eine breite Propaganda der Expropriationsidee *in all ihren Formen* zu konzentrieren, wollen wir damit nicht sagen, daß wir versäumen sollten, betreffs aller Fragen des Lebens des Landes um uns herum Agitation zu betreiben. Die Sozialisten sollen vielmehr jede Gelegenheit zu ökonomischer Agitation benutzen, und wir sind überzeugt, daß jede auf dem Terrain des Kampfes der Ausgebeuteten gegen die Ausbeuter begonnene Agitation, wie beschränkt auch zu Beginn ihr Aktionskreis, ihre Ziele und ihre Ideen waren, eine fruchtbare Quelle sozialistischer Agitation werden kann, sobald sie nicht ehrgeizigen Intriganten in die Hände fällt. Die Sektionen dürfen also nicht hochmütig an den lokalen Arbeiterfragen vorübergehen, nur weil diese Fragen mit dem Sozialismus sehr wenig zu tun haben. Im Gegenteil, durch unsere Teilnahme an diesen Fragen und dank des Interesses, das sie erregen, können wir daran arbeiten, die Agitation weiter auszudehnen und ohne das praktische Terrain zu verlassen, alle theoretischen Auffassungen zu erweitern und den Unabhängigkeits- und Empörungsgeist in den an der Agitation Interessierten zu erwecken. Diese Teilnahme ist umso notwendiger, als sie das einzige Mittel ist, die in jedem solchen Fall von der Bourgeoisie verbreiteten irrigen Meinungen zu bekämpfen und zu verhindern, daß

---

[313]) Kropotkin erzählte (1901), daß, als er 1878 in Barcelona war, die Internationale unter der Landbevölkerung der Gegend von Valencia sehr tätig war, und daß man an eine Bandenbewegung dort und einen Zug der aufständischen Landbevölkerung nach Barcelona dachte. — In *La Question agraire (Révolté*, Herbst 1880) schildert Kropotkin eingehend das Elend und den agrarischen Terror der Bauern in Andalusien und der Provinz Valencia.

durch die Rührigkeit der Ehrgeizigen die Arbeiteragitation in den Arbeiterinteressen durchaus zuwiderlaufende Bahnen geleitet wird."

„10. Da die Bemühungen der Anarchisten dahin gehen müssen, den Staat in all seinen Teilen zu erschüttern, sehen wir nicht den Nutzen davon ein, uns als politische Partei zu konstituieren, die suchen würde, sich in das Regierungsräderwerk einzukeilen in der Hoffnung, eines Tages einen Teil der gegenwärtigen Staatlichkeit zu erben. Als bestes Mittel, das Staatsgebäude zu erschüttern, betrachten wir die rührige Betreibung des ökonomischen Kampfes, aber wir halten es auch für nützlich, immer ein Auge offen zu haben für die Taten und Streiche unserer Regierenden, die das Volk interessierenden politischen Fragen sorgfältig zu studieren und bei jeder günstigen Gelegenheit den Finger auf die Unfähigkeit, Heuchelei und den Egoismus der jetzigen Regierungsklasse zu legen, ebenso auf den verderbten und schädlichen Charakter des Herrschersystems. Bekriegen wir den Staat und seine Vertreter, nicht um einen Ratsitz unter ihnen einzunehmen, wie die politischen Parteien dies anstreben, sondern um die Gewalt zu erschüttern, die sie den Aspirationen der Arbeiter entgegenstellen, und um ihren unvermeidlichen Fall zu beschleunigen."

„11. In der Ueberzeugung, daß die in naher Zukunft (wenigstens in den Ländern romanischen Ursprungs) zur Verwirklichung gelangende Form der Gruppierung *die Commune* sein wird, die vom Staat unabhängige, in ihrem Innern das Vertretungssystem abschaffende und die Expropriation der Rohstoffe, Arbeitswerkzeuge und des Kapitals zum Nutzen der Gemeinschaft durchführende Gemeinde, halten wir für nötig,

die kollektivistische Gemeinde

zum Studium zu stellen und zu diskutieren, welchen Teil die Anarchisten an dem gegenwärtig auf politischem und ökonomischem Gebiet zwischen den Gemeinden und dem Staat stattfindenden Kampf nehmen können."

„Indem wir für den Augenblick uns darauf beschränken, diese Gruppierungsform der Aufmerksamkeit unserer Freunde zu empfehlen, beabsichtigen wir, bald in einer besonderen Studie darauf zurückzukommen."

Im *Révolté*, 18. Oktober, wird aus Kropotkins Kongreßrede angeführt, daß die theoretische Ideenentwicklung ergab: „. . . 1. *der kommunistische Anarchismus als Ziel mit dem Kollektivismus als Uebergangsform des Eigentums*" und „2. Die Abschaffung aller Regierungsformen und die *freie Föderation* der Gruppen von Produzenten und Konsumenten"; — und dies entsprach dem Standpunkt des Kongresses, auf dem wir Schwitzguébel, Spichiger, Pindy, Dumartheray und andere finden.

Kropotkins Bericht macht keinen Schritt dem unmittelbaren Kommunismus zu, sondern zeigt ihn von der Idee zweier vorhergehender Perioden durchdrungen, der Gärungszeit mit ihrer Agitation und der Revolutionszeit mit ihrer Expropriation; inzwischen könne, im Anschluß an den steten Gegensatz zwischen Gemeinde und Staat, indem sich die Anarchisten auf die Gemeindeagitation werfen, hier ein Terrain für kollektivistische und autonomistische Anfänge geschaffen werden. Diese Anschauungen scheinen mir in seinen Revolutionsstudien — etwa die Enzyklopedistenperiode bis 1787, die Bauern- und städlischen Erhebungen und revolutionären Verwirklichungen seit 1788 — und in den Eindrücken der Commune von 1871, spanischen Eindrücken und ähnlichen Ideen von Brousse zu wurzeln. Er fußt auch auf dem zum Dogma gewordenen besonderen antistaatlichen, der Commune und der Föderation zugeneigten Standpunkt der romanischen Völker und trug so, wie schon Bakunin und Guillaume, dazu bei, den Anarchismus gewissermaßen zu einem nationalen Besitz der romanischen (und, nach Bakunin, der slawischen) Völker zu machen, während die germanischen Völker eine ihnen anscheinend vorläufig angeborene Zuneigung zum Staat hätten.

Letzteres ist nach meiner Ueberzeugung ein jedem andern Rassenvorurteil analoges, sehr verhängnisvolles Vorurteil, das die geschichtliche Erfahrung in nichts bestätigt hat. Wenn dies nicht, wie jede andere Verallgemeinerung eine Uebertreibung wäre, könnte das grade Gegenteil als historisch richtiger behauptet werden. Das alte Rom, der Staat der Louis XIV., der Jakobiner und der beiden Napoleon, der starre spanische Staat und das geeinigte Italien sind wesentlich stärkere und dauerndere autoritäre Wirklichkeiten, als die vereinzelten, meist verzweifelten und stets vom Staat schließlich niedergehaltenen italienischen Städtebünde, französischen Erhebungen von Paris und spanischen Autonomiekämpfe einzelner Teile. Das englische und amerikanische *selfgovernment*, die in Skandinavien und Holland verwirklichte lokale und persönliche politische Freiheit, selbst die bis heute bestehende faktische Zerspaltung des deutschen Sprachgebiets in eine große Zahl von Ländern mit sehr verschiedener Entwicklung — ein Zustand, der in romanischen und slawischen Ländern vom Staat längst beseitigt wurde, — all das läßt diesen *Rassenanarchismus,* um endlich einmal dieses bedauerliche Wort auszusprechen, für mich als einen Irrtum erscheinen. Mit der *Rassensozialdemokratie* oder dem *Rassenmarxismus,* der etwa den germanischen Völkern gewissermaßen im Blut liegen sollte, verhält es sich ebenso. Schon die Jahre seit 1880 zeigten, daß in dem durch die amnestierten Communalisten und durch Paul Brousse inaugurierten Wahlkampf um die Gemeinden nichts steckte, was irgend eine der Hoffnungen von Kropotkin in den Jahren 1878 und 1879 rechtfertigen konnte. Es war der alte Kampf um die Macht, der in der Gemeinde nicht erhebender ist als im Staat, und die Teilnehmer blieben als bedeutungslose Gemeinderäte stecken oder bekamen Lust auf die angeseheneren Kammermandate.

Natürlich sah Kropotkin letzteres ein und ging keinen Schritt weiter auf dieser abschüssigen Bahn, die Brousse hinunterglitt. Nach meinem Gefühl hätte man damals den Anarchismus in seinem praktischen Vorgehen derart erweitern sollen, daß alle Völker die richtige Lust, den richtigen Antrieb erhalten hätten, gegen den Staat vorzugehen, der grade damals im allerletzten, hie und da schon abgeschlossenen Stadium seiner relativen Nichteinmischung in das ökonomische und soziale Leben war und noch nicht versuchte (oder kaum erst begann), sich auf diesen Gebieten *sozial* „nützlich zu machen". Der Commune-Illusion nachjagend, ließ die anarchistische Kritik dem Staat damals viel zu sehr freie Hand, und der Staat durchdrang seitdem das soziale Leben in früher nicht geahnter Ausdehnung und machte sich auch das Gemeindeleben gefügig.

Ein Vorwurf ist freilich den in Genf und im Jura und für Frankreich wirkenden Anarchisten von 1879 aus dieser Enge ihres Programms — wie ich es auffasse — nicht zu machen. Es wäre Sache von Anarchisten in England, Deutschland, Skandinavien usw. gewesen, ihren eigenen Standpunkt geltend zu machen; solche aber gab es damals teils gar nicht, teils — einige wenige Deutsche — waren sie geistig vollständig von dem im Jura Gehörten abhängig. So mußte sich der Anarchismus gewissermaßen nicht-proportioniert, spezifisch romanisch-slawisch, entwickeln, was eine unvermeidliche Tatsache war, wenigstens eine nicht vermiedene, und weder als Vorteil oder Vorzug, noch als notwendigerweise dauernde Erscheinung anzusehen ist.

XX.

Das Jahr 1890 und der kommunistische Anarchismus des Jurakongresses in Chaux-de-Fonds im Oktober 1880. Schluß.

Dieser Versuch einer Geschichte der anarchistischen Ideen mußte für die Jahre 1864 bis zu dem nun erreichten Jahre 1880 immer mehr auf die persönliche Geschichte einiger Personen eingehen, ein wegen des dauernden Interesses an diesen Personen und der Seltenheit oder Neuheit mancher hier benutzter Quellen manchen Lesern vielleicht nicht ganz unwillkommener Vorgang, der aber auch wirklich den tatsächlichen Verhältnissen entsprang. Zur Zeit von Massenbewegungen mögen die Impulse unbekannter, in der Menge verschwindender eine allgemeine Stimmung erzeugen, die dann ein Redner oder Führer in Worte formuliert, ohne daß er im geringsten ihr geistiger Urheber wäre. Aber bei kleineren und kleinen Bewegungen ist es manchmal grade umgekehrt, und solche Strömungen würden einsickern oder austrocknen, wenn nicht einige tüchtige Köpfe mit festem Willen beständig weitere Initiativen ergriffen. Dies war augenscheinlich bei der Ausarbeitung des Mutualismus (Proudhon), der Herausarbeitung des Kollektivismus (Bakunin, De Paepe), dem Uebergang zum freien Kommunismus, der Wahl der Taktik (Insurrektion, Gemeindetätigkeit usw.) der Fall, und es wäre ganz sinnlos, die Tätigkeit von Guillaume, Brousse, Kropotkin, Malatesta usw. als Produkt eines in den kleinen Sektionen und sehr lockeren Föderationen, mit denen sie zu tun hatten, sich manifestierenden proletarischen revolutionären Geistes und Willens darzustellen. Es gab außer ihnen zweifellos viele andere sehr intelligente und wertvolle Männer, von denen manche nie eine Zeile geschrieben haben, mit denen die erwähnten und andere sich berieten, durch die sie die allgemeine Stimmung erfuhren, von denen sie Anregungen erhielten, aber die Initiative ging jedenfalls immer aus solchen kleinen intimen Kreisen oder von Einzelpersonen aus, wie es immer ist, und nur Bakunin war so gewissenhaft, diese „unsichtbare Diktatur" offen als unter solchen Verhältnissen wichtig, unentbehrlich und notwendig zu bezeichnen. Daher spielt sich die Ideenentwicklung wirklich in einem kleinen Kreis ab, während ohne diese beständigen Bemühungen Stagnation, Verfall und Abweichungen eintraten, die hier nicht im einzelnen zu schildern waren.

Später kam eine Zeit, in der diese Ideen eine gewisse allgemeine Verbreitung hatten, als definitiv festgestellt galten (dies mit Unrecht, nach meiner Meinung) und nun allerlei Einzelentwicklungen erfuhren. Damals, 1864—1880, nahm wirklich eine zuletzt sehr kleine Zahl, 1879 bis 1880 vor allem die Gruppe des *Révolté*, die aktive Betätigung auf diesem Gebiet in die Hände, und dies mußte entsprechend geschildert werden, ohne daß, bei der Fülle des Stoffes und meinen mangelnden Kenntnissen und derzeit beschränkten Zugang zu den alten Quellen, der Gegenstand erschöpft wäre. Eine unpersönliche Darstellung konnte also nicht stattfinden.[314])

Das Jahr 1880 in der Schweiz führte diese Entwicklung einem zeitweiligen Abschluß zu, der definitiven Proklamierung des Anarchismus als kommunistisch (Oktober 1880), mit welcher dieser Teil meiner Darstellung abschließt. Die Jahre 1879—1880 brachten mancherlei Abschlüsse alter Entwicklungen, Uebergänge und Neuanfänge, die ich hier nur flüchtig berühren kann; manches wird im folgenden Band wieder aufgenommen werden. Es war die erste Zeit einer weiten Neuverbreitung anarchistischer Ideen. Darüber unterrichtet vor allem der *Révolté*, dessen internationale Nachrichten Kropotkin sorgfältig pflegte; wie im *Bulletin*, entstammten sie sehr informierten Genossen oder wurden sprachkundig vielen Originalpublikationen entnommen.

Bestand damals die Internationale oder nicht? Dies ist eine formell unlösbare Frage, sachlich bestand sie weiter als Juraföderation, spanische und italienische Föderationen, selbst als eine kleine belgische Gruppe. Auch vor 1877 hatte das Föderalbureau keine Aktionssphäre, außer der Kongreßvorbereitung, und die Föderationen konnten ihren Charakter als Internationale nicht verlieren, auch wenn das im Septem-

---

[314]) Kropotkin (*Syndikalismus und Anarchismus,* Berlin, 1924, S. 9) schrieb später über eine Geschichte des Syndikalismus: „. . . außerordentlich interessant würde es sein, die stetige Entwicklung dieser Strömung [des direkten Kampfes der Arbeiterklasse gegen das Kapital] zu zeichnen und ihre intellektuellen wie persönlichen Beziehungen mit den politischen sozialdemokratischen Parteien einerseits, den Anarchisten andererseits zu analysieren. Aber noch ist die Zeit nicht da für die Veröffentlichung eines solchen Werkes; alles in allem genommen ist es vielleicht auch besser, daß es noch nicht geschrieben wird. Es würde die Aufmerksamkeit persönlichen Einflüssen zuwenden, während es der Einfluß der großen Strömungen modernen Denkens und das Wachsen des Selbstbewußtseins unter den Arbeitern Amerikas und Europas ist, eines Selbstbewußtseins, das sie unabhängig von ihren intellektuellen Führern macht, dem besondere Beachtung geschenkt werden müßte, um eine wirkliche Geschichte des Syndikalismus schreiben zu können . . .''

All dies *kann* natürlich auch in Bezug auf eine anarchistische Ideengeschichte gesagt werden, nur ist mir das Material dazu nicht bekannt. Die Syndikate hinterlassen vielfach Spuren, statistische usw., das geistige Leben der verschollenen anarchistischen Gruppen in der Regel, außer Zeitungsnotizen, beinahe keine. Von fast keiner Sektion der Internationale sind, soviel ich weiß, Protokolle veröffentlicht worden — von gleichzeitigen Zeitungsberichten und einigen Prozeßdokumenten abgesehen —, als von der Genfer Alliancesektion, 1869—1870, und diese im Auszug, durch mich selbst (1899). Nur eine alles persönliche Material benutzende Geschichtsschreibung, wie oft in Guillaumes *L'Internationale* und wie sie hier versucht wurde, kann etwas relative Wirklichkeit an Stelle der Legende und der glatten konventionellen Allgemeinheiten setzen. — Erst im Herbst 1926 wurden mir Berner Vereinsprotokolle von 1875 und 1876 zugänglich. Ich verweise noch auf *Les Séances officielles de l'Internationale à Paris pendant le Siège et la Commune* (Paris, 1872, 248 S.), worin die den Sektionen vervielfältigt mitgeteilten Protokolle des Pariser Föderalrats abgedruckt sind. (Am 29. März 1871 beschloß man da, den Generalrat einzuladen, den allgemeinen Kongreß für den 15. Mai nach Paris einzuberufen, S. 161.)

ber 1877 nach Belgien verlegte Föderalbureau keine weitere Tätigkeit unternahm. Im September 1880 wurde doch in Belgien ein Beschluß gefaßt, der zum Londoner Kongreß von 1881 hinüberführt.

Das eigentliche Ende der formellen Organisation brachte einmal der Rücktritt Guillaumes, der sie gewiß aus Belgien wieder in den Jura gerettet hätte, als sie dort vernachlässigt wurde, dann vor allem die 1879 beginnende offene anarchistische Bewegung in Frankreich. Dort war ein großer Aufschwung der nach der Niederlage der Commune in den Syndikatskammern still fortschreitenden allgemeinen Arbeiterorganisierung eingetreten, den der nunmehr sozialistische große Kongreß von Marseille, 20.—31. Oktober 1879[315]) im Vergleich etwa zu dem farblosen ersten Kongreß von Paris, 1876, zeigt. Nun sollten Regionalkongresse 1880 ein Aktionsprogramm ausarbeiten, und im November 1880 trat der allgemeine Kongreß in Havre zusammen. Damals kehrten die Communards zurück, traten Félix Pyat mit revolutionärer Phraseologie und Jules Vallès mit sozialrevolutionärer literarischer Energie, auch Henri Rochefort mit seiner prinzipiell oppositionellen Schreibweise wieder täglich oder oft vor das Publikum, und Blanqui, den man durch Protestwahlen zu befreien versucht hatte, wurde noch einmal frei und *Ni Dieu ni Maitre* (Weder Gott, noch Herr), sein letztes tägliches Blatt erschien seit dem 20. November 1880; er selbst starb am 1. Januar 1881, 76 Jahre alt. Dann aber stellten sich die sozialistischen Anwärter auf die neue Bewegung sehr schnell ein, denen sie Wasser auf ihre Parteimühle sein sollte, — die Marxisten, Jules Guesde, Paul Lafargue und ihre *Egalité*-Gruppe, — Benoit Malon, der sich irgendwie für den Erben der Internationale und Erdenker eines das beste aus allen Richtungen vereinigenden „integralen Sozialismus" hielt und erklärte — und eine Arbeiterrichtung mit einem gewissen Bedürfnis nach Föderalismus, ökonomischer Aktion und Mißtrauen vor der Politik, die Richtung des *Prolétaire*, die naturgemäß in *Brousse* ihren Vertreter fand.[316]) Die Blanquisten hielten an der Alleingültigkeit ihrer Organisation fest, such-

---

[315]) *Congrès ouvrier de Marseille—Bulletin officiel* (Marseille, je 4 S. Folio, zehn oder mehr Nummern, Oktober 1879); *Séances du Congrès ouvrier socialiste de France . . . du 20 au 31 octobre 1879* (Marseille, 1879, XVIII, 831 S., 8⁰).

[316]) Dieser schwärmte in *Le Travail* (London), April 1880 für eine Vereinigung aller Richtungen und Kräfte. „.. . . Mit voller Bewahrung seines Programms, seiner Hoffnungen und Erinnerungen, bis zur besonderen Nuance des Rot seiner Fahne, kann Jeder ohne Verlust in eine allgemeinere, zu unmittelbarer Aktion befähigtere Partei eintreten (weil sie durch ihre Zahl mächtiger wäre), die sich um eine große von allen geteilte Forderung bildet, wie die Eroberung der Gemeinden und die kollektive Aneignung (appropriation) der großen Produktionsmittel. Nachher, nach dem Sieg, nach der Bändigung der herrschenden Klasse, würde jede Fraktion, um ihren Anteil am Sieg reicher geworden, in einem fortschrittlicheren Milieu sich entwickelnd, ihren Weg und ihre Freiheit wieder aufnehmen . . ." (zitiert von B. Malon, *La Revue socialiste*, 5. Mai 1880, S. 268, Anm. 1). — Diese Gedanken führen zum Kongreß von Fribourg, 1878, zurück und entwerfen gemeinsame Aktionsmöglichkeiten aller Sozialisten auf durchaus gerechter Basis, — eine Zusammenarbeit, die damals an den Monopolbestrebungen der Marxisten scheiterte, wie diese 1872 die Internationale zersprengten, 1917 den russischen Sozialismus zertraten und stets den Frieden im Sozialismus unmöglich machten.

ten ihre Kreise rührig auszudehnen (E. Vaillant in Paris, E. Chauvière in Belgien usw.) und diskutierten viel mit den anderen Richtungen.

Unter diesen Verhältnissen, da alles an die Oeffentlichkeit drängte, war kein Anlaß da, die anarchistische Propaganda in geheime Sektionen der Internationale einzuzwängen — Costas mißlungener Versuch 1877 bis 1878 —, vielmehr wurde von da ab, seit 1879 ungefähr, die offene Gruppe die Regel, und für Paris sind zwei solche Gruppen bekannt und oft besprochen worden, wenn auch meist nur allgemein, — eine mehr literarische und studentische Elemente vereinigende (Panthéon) und eine aus Arbeitern bestehende (V. und XIII. Arrondissement); Emile Gautier ist charakteristisch für die erstere, Jean Grave, Jeallot u. a. für die zweite. In der Pantheon-Gruppe wurde mit Guesdisten und Blanquisten scharf diskutiert. In diesen Gruppen waren Malatesta, Cafiero, Tcherkesoff und andere ältere Internationalisten zeitweilig tätig. Ob eine der Gruppen noch mit der von Chaux-de-Fonds aus 1877—1878 betriebenen Organisationspropaganda zusammenhängt, kann ich nicht sagen; Jeallot war vielleicht ein Bindeglied. Näheres im folgenden Band; hier sei nur festgestellt, daß dieser Pariser, Lyoner und sonstigen intensiven Propaganda, die an die Oeffentlichkeit appellierte, gegenüber die Sektionsbildung einer geheimen Internationale keinen Zweck mehr hatte und ganz von selbst in Wegfall kam; in der Gruppe fühlte man sich freier und begann nun erst diese Freiheit so recht zu verwirklichen, im persönlichen Leben, in der freien Rede, in der daraus geformten Theorie.

Man versuchte auch, den Ideen auf den Kongressen von 1880 Geltung zu verschaffen, blieb aber in der Minorität, die Kongresse beschlossen die Wahltaktik: Brousse blieb trotzdem innerhalb dieser Organisationssphäre, die Anarchisten traten aus derselben heraus, und dabei ist es seitdem geblieben. Louise Michel, Elisée Reclus, die Lyoner Anarchisten usw. treten nun immer mehr hervor, und die offene Bewegung ist begründet.

In *Spanien* bestand die alte Internationale dauernd weiter.[317]) Ihre intime Geschichte seit 1874 ist noch nicht erzählt; Lorenzos Buch, 1923, gibt nur Rätsel auf. Wir wissen nichts von den in Albarracins Briefen an Kropotkin, 1877, erwähnten Plänen und Vorgängen von 1877, über die eine geheime Zeitschrift, *La Revolucion popular*, Herbst 1877, aufklären mag. Kropotkin (Juni-Juli 1878) fand offenen Bruch zwischen Viñas (Barcelona) und Morago (Madrid), den er in Madrid zu heilen sich bemühte. Wahrscheinlich werden auch die geheimen Zeitschriften, speziell *El Orden* (etwa 1875—1877 . . .; Nr. 48 ist vom 14. Oktober 1877) all dies nicht aufklären, aber sie sollten wenigstens gesammelt werden, um die Ideenpropaganda erkennen zu lassen[318]), ebenso die

[317]) S. z. B. die Erklärung der spanischen Föderalkommission vom 4. März 1880 (*Révolté*, 3. April 1880).
[318]) *El Municipio libre. Hoja socialista-revolucionaria* erschien November 1879 —Mai 1880, acht Nummern, je eine Seite Fol. und ein 18. März-Manifest (in Malaga?); diese Nummern befinden sich in Kropotkins Sammlung; leider sah ich sie nie. — Die *Revista blanca* (Barcelona) enthält am 1. und 15. Juni 1926 Angaben über viele von F. Urales gesammelte Zeitschriften. — Albarracins Biographie s. *La Anarquia* (Madrid), 4 Oktober 1890 usw.

öffentliche *Revista social*, die Viñas lange redigierte. Die militanten und literarisch-propagandistischen Spanier jener und der nächstfolgenden Jahre, T. G. Morago, J. G. Viñas, Juan Serrano y Oteiza[319]), José López Montenegro[320]), Fermín Salvochea y Alvarez u. a. sind uns noch nicht wirklich nähergebracht worden, auch nicht R. Farga Pellicer, Soriano, G. Sentiñon, Francesco Tomás, J. Llunas u. a. Die unterirdische Internationale ging dann 1881 in die öffentliche *Federacion de los Trabajadores de la Region Española* über, welche die gleichen anarchistisch-kollektivistischen Ideen vertrat. (Kongreß von Barcelona, Herbst 1881: 140 Organisationen, 136 Delegierte.)

Die *italienische* Internationale erfuhr vom Herbst 1878 wieder die härtesten Verfolgungen; 1879 ist durch eine Reihe von Prozessen charakterisiert, während 1880 wieder lokale Kongresse Reorganisationsversuche zeigen. Malatesta war ganz aus Italien und der Schweiz vertrieben und nach London gedrängt, während Cafiero sich in Genf und im Tessin behauptete und wohl auch noch Italien betreten konnte.[321]) In jenen Jahren treten Francesco Natta, Gaetano Grassi, Florido Matteucci, Francesco Saverio Merlino u. a. besonders hervor. Die Ideen waren allgemein die des kommunistischen Anarchismus, ohne daß die beständigen Verfolgungen und Zeitschriftkonfiskationen usw. zu besonderer theoretischer Ausbildung der Ideen Zeit ließen.[322]) Genaue Erinnerungen aus jenen Jahren wären sehr erwünscht.

Die *Plebe*-Richtung, E. Bignami in Mailand, Legalitarier, die Genossen von Engels in der Internationale, bis dahin alleinstehend oder von einigen wenig geachteten Personen unterstützt, bekam im Sommer 1879 einen Versöhnungsbrief von Andrea Costa, dem Malon mit Komplimenten für den kommunistischen Anarchismus in einer fernen Zukunft antwortete (s. *Révolté*, 20. September 1879). Hiermit begann Costa seine auf den Parlamentarismus hinauslaufende Propaganda, die er so gestaltete, daß sein Abfall nicht als jähes Renegatentum erschien, sondern daß viele in der Romagna, mitgerissen, sein lokales Prestige bewahrt wurde und ihm so schließlich nach einigen Jahren das Deputiertenmandat in den Schoß fiel. Dieses hinterhältige Vorgehen täuschte

---

[319]) Biographisches in *La Idea libre* (Madrid), 10. August 1895.

[320]) S. Lorenzo, *El Prol. mil.*, II, S. 9—14.

[321]) Am 5.—6. Dezember 1880 präsidierte er dem Kongreß der oberitalienischen Föderation in Chiasso (Tessin); s. *Révolté*, 11. Dezember 1880, 8. Januar 1881. Eine Erklärung, Rom, 28. Januar 1881, ist von Cafiero und Amilcare Cipriani unterzeichnet *(Rév.*, 5. Februar 1881).

[322]) Ausnahmen bilden Cafieros Resumé des *Kapital* und *Un Comune socialista* von Dr. Giovanni Rossi (Cardias), 1876 geschrieben, zuerst 1878 in Mailand erschienen, eine anarchistische Utopie, die später zu mehreren Experimentalkolonien den Anstoß gab; hierüber in Band III. Deutsch, nach der fünften Ausgabe, 1891, in A. Sanftlebens *Utopie und Experiment* (Zürich, 1897), S. 3—63; s. auch *Bibl. de l'Anarchie*, 1897, S. 216—217. — Saverio Merlino in *Politica e Magistratura* (Rom, 1925), Kapitel VIII, *Wie politische Prozesse gemacht werden*, zeigt die damaligen Verfolgungsmethoden.

manche und hielt andere von entscheidenden Schritten gegen ihn ab, und so gewann er Terrain und, was schlimmer war, die sachliche Frage (Wahlbeteiligung) und die persönliche Frage (Costas guter oder schlechter Glaube usw.) absorbierten jahrelang Genossen und Gruppen; die Cipriani-Affaire seit 1882 (Befreiung des schwer verurteilten durch eine Protestwahl) verwirrte weiter die Lage.

Mit dem *Révolté* und mit Kropotkin persönlich harmonierte Cafiero in Genf nicht; sein einziger Artikel, *L'Action* (Die Tat; 25. Dezember 1880; s. Biogr. von Malatesta, 1922, S. 79—81) faßt, nach Kropotkin, all das zusammen, woran es nach seiner Meinung dem *Révolté* fehlte, unmittelbares Aktionsbedürfnis durch Mittel jeder Art. Auch eine andere Angelegenheit regte Cafiero aufs äußerste auf und kann wohl zu seiner nicht mehr lange zögernden geistigen Zerrüttung beigetragen haben.

In den Jahren 1879—1880 entstand zum erstenmal eine sozialrevolutionäre Strömung in der *deutschen* Sozialdemokratie, indem eine Minorität, deren entschlossener und ausdauernder Wortführer Johann Most war, die von den Parteigrößen vorgeschlagene und befolgte Anpassung an die durch das Sozialistengesetz (21. Oktober 1878) gegebene Lage nicht mitmachen wollte. Die seit dem 3. Januar 1879 in London erscheinende *Freiheit* entwickelte sich schnell in sozialrevolutionärer Richtung hin, erhielt aber erst 1880 von August Reinsdorf die ersten anarchistischen Einsendungen *(Zur Organisation*, 10. Juli; s. auch 18. und 25. September und 9. Oktober). Reinsdorf wurde dann verhaftet und im März 1881 auch Most, ebenso im Herbst 1880 Victor Dave, der im Frühjahr 1880 nach seiner Ausweisung aus Paris nach London gekommen war. Most hatte immer seinen eigenen Kopf und nahm den Sozialismus ernster als die Durchschnittsführer, in deren Reihen er bald durch sein frisches Talent geriet, und die in der Sozialdemokratie meist eine Beamtenhierarchie sahen, in der sie sich der jeweils herrschenden Strömung nur anzuschließen hätten, um für ihr Leben dem Proletariat entrückt zu sein. Er hatte die Dühringketzerei mitgemacht und sogar gewagt, Engels endlose Artikelserie dagegen als zu lang zu erklären. Vom Anarchismus wußte er damals nichts und soll durch Reinsdorf in Fribourg, Mai oder Juni 1880, der wahrscheinlich seinen sich um wirkliche Freiheit wenig kümmernden sozialrevolutionären Standpunkt tüchtig kritisierte, auf den Anarchismus hingewiesen worden sein. V. Dave, der mit Most in London beständig verkehrte, sah das Unzureichende von Mosts damaligen Ansichten ebenso, aber ihm lag mehr daran, daß eine große, sich durch die unzufriedene Sozialdemokratie beständig vermehrende sozialrevolutionäre Partei vielleicht wirklich revolutionär vorgehe, als daß Most damals der Vertreter anarchistischer Theorien würde, die in Deutschland noch derart unbekannt waren, daß ihre Hervorhebung die sozialrevolutionären Kräfte damals jedenfalls geteilt und vermindert hätte. So kam es wohl, daß die *Freiheit* bis zu Mosts Verhaftung, März 1881, mehr Interesse für eine sozialrevolutionäre Massenbewegung als für anarchistische Theorien hatte, wodurch sie bei den deutschen Anarchisten aus der Schule der Juraföderation, E. Werner,

A. Reinsdorf, O. Rinke nie „für voll" angesehen wurde und die späteren Konflikte sich vorbereiteten.[323])

Die sozialrevolutionäre Richtung der *Freiheit* fand große Sympathien bei den deutsch-österreichischen, tschechischen und vielen ungarischen Arbeitern, bis dahin Sozialdemokraten, bei den deutschen Vereinen in der Schweiz (außerhalb der Kreise des Züricher *Sozialdemokrat* und der sich kritisch verhaltenden Kenner des *Révolté*), in Paris, in Brüssel, bei den deutschen Sozialisten in New York, Chicago usw.; die Chicagoer deutschen Zeitungen begannen sich zu revolutionieren und sogar skandinavische Sozialisten, so die Zeitschrift *Nye Tid* in Chicago u. a. fühlten sich angezogen.[324])

Endlich wäre der weitere Rückgang des belgischen Anarchismus zu erwähnen. Im Mai 1880 ging der *Mirabeau* ein. Der *Cri du Peuple* (Verviers), 7. Juli 1878—1879, die dortige *Persévérance*, August 1880 bis 1881, und *Le Drapeau rouge*, Organ der Ligue collectiviste - anarchiste (Brüssel), 1880, sind wohl die letzten damaligen Publikationen. Emile Piette und einige Genossen wanderten nach Argentinien aus, Pierre Fluse und seine Freunde und zuletzt auch Laurent Verrycken u. a. in Brüssel folgten der Wahlpolitik.

In Paris erschien seit dem 12. September 1880 *La Révolution sociale*, ein Blatt, dessen eigentümliche Geschichte später erzählt werden soll; erst in *Le Réveil* (Genf), 25. Dez. 31926, hat Jean Grave wieder diese meist entstellt besprochenen Vorgänge intim beleuchtet.

Im *Révolté* setzten sich Kropotkins Artikel fort durch *La prochaine Révolution* (Die kommende Revolution; 7. Februar 1880; *Paroles*, S. 25 —32), die Schilderung der Zeit vor der sozialen Revolution, in der wir uns befinden, einer Revolution, die überall das Volk selbst machen wird durch direkte Expropriation. Dann durch *Le gouvernement représentatif*, vom 6. März ab *(Paroles*, S. 169—212)[325]), eine vielgelesene Kritik des Parlamentarismus, die dann zu den mittelalterlichen Stadtgemeinden seit dem zwölften Jahrhundert übergeht. Kropotkin sieht deren Entstehung durch Handels- und Gewerbeerfordernisse und deren Verfall durch soziale Differenzierung und den Uebergang zum Staat im Kleinen. Zwischen beide Phasen setzt er eine glühende Schilderung des freien Bürgerlebens und seiner Produkte in Gewerbe- und Kunstfleiß, Forschung und Wissenschaft. Hier fehlt seinen Worten die wirkliche Beweiskraft, nach meiner Auffassung, wie später in sehr Vielem, das er sagte. Er hatte Lieblingsideen, die ihn nie verließen, und deren Wiederkehr das Gewicht vieler seiner Schriften vermindert. Sehr schön weist er dann nach, daß das Repräsentativsystem mit der Bourgeoisie

---

[323]) Ich weiß nicht, ob Theodor Eisenhauer (s. *Révolté*, 18. Februar 1882 über seinen Tod) einen andern Standpunkt einnahm, den der unbedingten Freunde der *Freiheit*, wie Johann Neve, Sebastian Trunk und andere es waren.

[324]) Ueber all dies s. Rudolf Rocker, *Johann Most, das Leben eines Rebellen* (Berlin, 1924, Syndikalist, 436 S., 8°; Nachtrag, Februar 1925, S. 439—482) und Mosts eigene biographische Schriften, 1886, 1903—1907, und seine Schrift über Reinsdorf, 1885; *Zur Geschichte der Freiheit (Freiheit*, 20. Juni—3. Oktober 1896).

[325]) *Repräsentative Regierungen* (London, 1888, 43 S., 8°).

kam und wieder verschwinden wird, und wie sich das Gebiet der freien Initiative, freien Verbindung und Föderation immer ausdehnt.

Für 1880 wird die Kritik weiterer politischer Vorurteile unterbrochen; der 20. März bringt *La Commune de Paris (Paroles,* S. 119—141)[326]. Der Communalismus, der erst eine Commune will, um dann innerhalb derselben sozial vorzugehen, wird verworfen gegenüber der unmittelbaren Expropriation, Elimination der Parasiten und direkten Fortsetzung der produktiven Arbeit. Michelet schrieb, daß man nie den Boden so bearbeitete, wie damals während der französischen Revolution, als er den Grundbesitzern entrissen war. So, sagt Kropotkin, wird man nie so gearbeitet haben, als an dem Tage, wenn die Arbeit frei geworden sein wird.

Hier nun begründet Kropotkin den *kommunistischen Anarchismus,* der mit dem Kollektivismus der Internationale identisch sei, während die jetzigen „Kollektivisten" nur die Arbeitsmittel, Rohstoffe, Verkehrsmittel und den Boden als Kollektivbesitz, — die Wohngebäude, Industrieprodukte, Kleidung, Lebensmittel usw. dagegen als Privateigentum wünschten. Das Volk verstehe diesen Unterschied nicht; jedes Produkt sei zugleich Produktionsmittel (weil es uns arbeitsfähig macht), ebenso wie die Maschine. Die Arbeiter wünschten den anti-autoritären, anarchistischen Kommunismus. Jeder nehme, was er braucht; in den Magazinen der großen Städte seien genug Lebensmittel, genug Kleidung bis zum Beginn der freien Produktion, sogar genug Luxusgegenstände für die Wahl eines Jeden nach seinem Geschmack. So werde in den französischen Volksversammlungen gesprochen. Kropotkin vermißt nur, daß nicht von den Dörfern gesprochen werde. Die aufständischen Gemeinden könnten sich nicht einmal ein Jahr lang halten, wenn sich der Aufstand nicht sofort in die Dörfer verbreitete. Daher wünscht er Aufklärung der Bauern über die Ziele der Städte . . .

Diese im März 1880 erschienenen, den direktesten sofortigen Kommunismus leidenschaftlich fordernden Ausführungen[327]) zeigen eine Verwerfung jedes an die Quantität von Produkten und Bedürfnissen gelegten Maßstabs, eine Nichtberücksichtigung des Faktors der Reichlichkeit und des Ueberflusses, den z. B. Guillaume in den *Idées* (1876) für Vorbedingung des freien Genußrechts hielt. Nach Kropotkins Worten, soweit sie nicht rhetorisches Mittel sind, hörte er, daß die Redner in

---

[326]) *Die Pariser Commune* (Berlin, Verlag *Anarchist,* 1906, 20 S., 8°).

[327]) Ich kann jetzt nicht feststellen, ob die zu so großem Teil von Kropotkin geschriebenen *Révolte*nummern der vorhergehenden Monate bereits ähnliches enthalten. Ich denke nicht und will noch aus dem Bericht über die erste öffentliche Versammlung der Brüssler *Ligue collectiviste-anarchiste (Rév.,* 15. Nov. 1879) die Worte von H. Delsaute anführen: „. . Wir wollen die im anarchistischen Kommunismus (le communisme-anarchiste) liegende soziale Gleichheit, und zwar durch die freie Föderation der Gruppen von Produzenten und Konsumenten, die nach Verträgen vorgehen, durch die moralische Garantie voller Entwicklung, durch die obligatorische Arbeit und durch die Gleichwertigkeit der Funktionen . . ." Hier liegt älteres neben neuerem, und Kropotkins bestimmtere Fassung gewann solchen Formulierungen gegenüber bald ein geistiges Uebergewicht, so daß sie von den meisten als definitiv betrachtet wurde.

französischen Versammlungen sagen, es sei genug da für Alle, und er glaubt, daß der glühende Wunsch nach der Commune bestehe, etwas, das gewiß damals, als die Communards zurückkehrten, relativ ziemliche Redefreiheit und großer Enthusiasmus bestanden, tausendfach gesagt wurde.[328])

La Commune erschien am 1.—15. Mai 1880 *(Paroles*, S. 105—118). Dieser Aufsatz, einer der schönsten des Verfassers, stellt die mittelalterliche Stadtgemeinde mit all ihren Mängeln der wirklich prachtvoll geschilderten neuen Commune gegenüber, beschreibt das Leben der Communen untereinander und die freien Verbindungen der Menschen auf allen Gebieten. Dies ist ein Bild des schönsten verwirklichten freien Kommunismus. Für den Anfang wird freilich angenommen, daß in einer Stadt, die morgen die Commune proklamiert, wenn sie nicht belagert wird, in wenigen Tagen Reihen von Wagen auf den Märkten, Rohstoffe aus fernen Ländern, bewundernde Besucher usw. eintreffen werden, — eine Vorstellung, die an den Glauben, aber nicht an den Verstand appelliert.

Vom 26. Juni—21. August 1880 erschien *Aux jeunes gens (Paroles*, S. 43—75), *An die jungen Leute.*[329]) Dies ist bekanntlich die verbreitetste und am häufigsten wiedergedruckte und übersetzte anarchistische Schrift, die man griechisch und litauisch, japanesisch und in norwegischer Volkssprache usw. findet. Sie schließt: „. . . Sobald wir den Willen haben, wird ein Augenblick genügen, die Gerechtigkeit zu begründen."

La question agraire (Die Agrarfrage; 18. September 1890—19. Februar 1881; *Paroles*, S. 143—167)[330]) weist auf die damals so akute irische Landfrage, spanische, italienische, russische Bauernrevolten, die Herrschaft des Großgrundbesitzes in England und die Lage der französischen Bauern hin. Die Revolutionäre müssen helfen, daß die Bauern sich untereinander verständigen; nur daran fehle es . . .

---

[328]) Für Guillaume stand bestimmt fest (1910) daß Kropotkin zu diesen Ideen erst in Genf durch Dumartheray und dessen Freunde gelangte. — Perrare erzählte mir im März 1910, daß als Kropotkin zu Dumartheray, dann zu ihm kam, er durchaus nicht Anarchist (in ihrem Sinne) gewesen sei, und daß er sich erst, durch diesen Kreis angeregt, weiter entwickelte. (Ich verkenne nicht die eigensinnige Art Perrares, dem es nicht leicht jemand rechtmachen konnte, und dem anscheinend gemäßigte Anarchisten, wie etwa Guillaume gerade so intim zuwider waren, wie er ihnen. Er wird auch Kropotkin, der aus dem Jura kam, sehr kritisch betrachtet haben, und Kropotkin wieder war zu empfindlich, um das nicht zu merken und wird sich nicht von Perrare haben belehren lassen. Aber Dumartheray hatte eine weniger polternde Art, und mit ihm verständigte Kropotkin sich ausgezeichnet, und dieser und Reclus dürften ihn am meisten dem direkten Kommunismus näher gebracht haben — und die von ihm selbst erwähnten französischen Eindrücke.

[329]) Deutsch zuerst New York, o. J. (1884), 28 S., 8°; Berlin, W. Werner, 1893, 15 S.; Mannheim, o. J. (1907), 16 S. — Zuerst *Aux jeunes gens* (Genf, Februar 1881, 32 S., 8°).

[330]) Zu vergleichen mit *L'Agriculture* (Der Ackerbau) in *La Révolte*, 12. Dezember 1890—14. Februar 1891; *L'Agriculture* (Paris, 1893, 32 S., 8°); — *Intensive Agriculture* im *Forum* (New York), Juni 1891.

Das Jahr 1880 war wohl das hoffnungsfreudigste in Kropotkins damaligem Leben. Die in Frankreich endlich allseitig und manchmal stürmisch beginnende sozialistische Bewegung, die noch nicht Enttäuschungen gebracht hatte, die noch fortschreitenden russischen terroristischen Kämpfe, die noch nicht den für ihn unendlich schmerzvollen Tod Sophie Perovskajas gebracht und gezeigt hatten, daß auch die Tötung des Zaren keine revolutionäre Entscheidung brachte, die agrarischen und sozialrevolutionären Bewegungen, die eine Reihe von Volkserhebungen anzubahnen schienen, — all das schien damals wirklich eine Revolution in greifbare Nähe zu bringen, und die direkt kommunistisch-anarchistischen Voraussichten vom März 1880 sind in solcher Gesamtstimmung entstanden. In diesem Jahr nahm auch das bis dahin noch nicht enge Verhältnis zu Reclus seine nunmehr dauernd innige Form an; Kropotkin lebte und arbeitete längere Zeit in Clarens. Der *Révolté* gedieh erfreulich, und unter diesen günstigen Verhältnissen wurde dann, wie wir sehen werden, im Herbst der kommunistische Anarchismus als nunmehrige Doktrin gegenüber dem Widerspruch der alten Jurassier proklamiert.

Elisée Reclus schrieb im *Révolté* vom 24. Januar: *Ouvrier, prends la machine! Prends la terre, paysan!* (Arbeiter, nimm die Maschine, Bauer, nimm das Land!), auch als Broschüre (Genf, 1880, 8 S., 16°).[331]

Sein Vortrag in Genf, 5. Februar, erschien als *Evolution et Révolution* im *Révolté*, 21. Februar, und als Broschüre (Genf, 1880, 25 S., 16°); diese Schrift[332]) ist eine der klassischen Schriften des Anarchismus und wurde sehr verbreitet und viel übersetzt. Die Gedankengänge von Reclus und Kropotkin damals in denselben Wochen *(La prochaine Révolution; La Commune de Paris)* genau zu vergleichen, wäre sehr lehrreich.

Dem Kongreß der Juraföderation in Chaux-de-Fonds am 9. und 10. Oktober 1880 wurden die bisherigen kollektivistisch anarchistischen Ideen noch einmal vorgelegt in dem *Programm socialiste . . .* (Sozialistisches Programm. Memoire dem Jurakongreß von 1880 vorgelegt von der Arbeiterföderation des Distrikts von Courtelary; anonym; Genf, 1880, 32 S. 8°), verfaßt von Schwitzguébel[333]), dem der kommunistische Anarchismus, von Kropotkin, Reclus, Cafiero und anderen vertreten, entgegentrat.

Leider liegt mir das *Programme socialiste* jetzt nicht vor; ich weiß aber, daß es eine sachliche und ernste Arbeit ist, die zu ähnlichen Resultaten gelangt wie Guillaumes *Ideen* (1876) und Schwitzguébel

---

[331]) Diese Worte sind der berühmte Refrain des *Droit du Travailleur* von Charles Keller (Nancy) im *Alm. du Peuple* für 1874 (Locle). James Guillaume schrieb später hierzu die Musik und nannte das Gedicht *La Jurassienne* (das Juralied); s. *La Jurassieune . . .* (Paris, 2 S. fol.; 1904 oder 1905).

[332]) *Evolution und Revolution* (London, o. J., 16 S., 8°; 1892?); Berlin, *Der Anarchist*, 1905, 16 S. Sehr erweitert ist die französische sechste Ausgabe (Paris, *La Révolte*, 1891, 62 S., 16°) und später lag die Schrift dem Buch zugrunde *L'Evolution, la Révolution et l'Idéal anarchique* (Paris, 1897, 296 S., 18°).

[333]) Kropotkin erzählte 1895, daß Schwitzguébel ein Manuskript Bakunins besaß, das er vorlesen hörte, die Begründung des Programms der *Fraternité*, also etwas den in *Werke* III und in *Anarch. Vestnik* (Berlin), 1923—1924 übersetzten Doku-

selbst (1875). Der „volle Arbeitsertrag" würde zunächst durch eine nach den Leistungen erfolgende Verteilung des Arbeitsertrags verwirklicht werden; weiter in die Zukunft blicken oder den sofortigen Kommunismus zu verlangen, erschien unmöglich oder nicht praktisch.

Kropotkin führte aus, daß man früher das Wort Kommunismus wegen des Kasernen- oder Klosterkommunismus der Autoritären vermied, daß Kollektivismus bedeutete Vergemeinschaftlichung des sozialen Kapitals und volle Freiheit der Gruppen betreffs des Verteilungsmodus des Arbeitsertrages.

Jetzt aber bezeichnen die Evolutionisten mit Kollektivismus ein System mit individueller Verteilung der Produkte der Arbeit . . . Man solle dieses Wort aufgeben und sich offen *communiste anarchiste* nennen. *Reclus* stimmt zu. Die Produkte gehören der solidarischen Gesamtheit der Arbeiter. Wie ließe sich der Anteil des Einzelnen der Arbeit aller andern und der Arbeit der Vergangenheit gegenüber feststellen? Durch ein Verteilungssystem würden nur Keime von Zwist und von Kämpfen gelegt. Die Produkte gehören Allen, und jeder nehme frei seinen Teil und verbrauche ihn, wie es ihm paßt, ohne andere Regel, als die sich aus der Solidarität der Interessen und der gegenseitigen Achtung der Assoziierten ergebenden. Es wäre übrigens absurd, Mangel zu befürchten, weil der ungeheure Produktenverlust, den die heutige Verschwendung des Handels und die private Aneignung verursachen, endlich aufgehört haben wird. Furcht gibt immer schlechten Rat. Fürchten wir nicht, uns Kommunisten zu nennen, was wir tatsächlich sind. Die Volksmeinung ist logisch; die [jetzigen] Kollektivisten mögen sagen, was sie wollen, der allgemeine gesunde Verstand hat begriffen, daß Aneignung der Arbeitsmittel und des Bodens unvermeidlich zur Gemeinschaftlichkeit der Produkte führt.

Er bekämpft auch die communalistische Idee; keine besondere Commune, kein Vaterland, kein Staat. Auch G. Herzig sagt gegen diese Richtung, man scheine die Autorität des Staates durch die der Gemeinde ersetzen zu wollen; dies bedeutet nur Dezentralisation der Autorität.

Schwitzguébel „erklärt, daß er kommunistischer Anarchist sei" *(Rév.,* 17.Okt.), weist aber auf die Feindseligkeit der Bevölkerung schon

---

menten verwandtes, wenn nicht das im *A. V.* von mir herausgegebene Dokument selbst, das Kropotkin besaß und von Schwitzguébel erhalten haben könnte. — Teile dieses Manuskripts habe S. in das *Programme socialiste* hineingearbeitet, meinte Kropotkin 1895. Ich habe diese Schrift sehr lange nicht gelesen und jetzt, wo so viel von Bakunin bekannt ist, würde sich das wohl erkennen lassen. Daß S., wenn er für die Sektionen des St. Imiertals ein nicht unterzeichnetes Programm von solcher Ausdehnung schrieb, das den alten Jurastandpunkt zusammenfassen sollte, Bakunin und anderes ältere, das unter seinen Augen seit 1869 entstanden war, nachlas, ist naheliegend, und es wäre nur interessant zu sehen, wie er Ideen Bakunins 1880 verarbeitete. Bakunin wohnte 1871 einige Wochen bei ihm und korrespondierte 1871—1872 ziemlich rege; seine Ideen mußten S. ganz unvermeidlich geläufig sein. — Guillaume hat 1908 ältere Schriften von S. wieder herausgegeben: *Quelques écrits (1869—1876)* (Paris, VIII, 172 S., 18⁰). — Von ihm ist auch *La Police politique fédérale* (Genf, 1879, 12 S., 8⁰; anonym) und wohl auch *Chacun pour soi et Dieu pour tous* (Jeder für sich und Gott für alle; 1880, 11 S., 16⁰; aus dem *Révolté).*

gegen die kollektivistischen Ideen hin; die offen kommunistischen Ideen werden diese Feindseligkeit vermehren. Er spricht für den Jura, aber auch Pindy, selbst Kommunist, glaubt, daß das Wort die französischen Arbeiter abstößt.

Cafiero hielt seine im *Révolté*, 13.—27. November 1880 gedruckte Rede *Anarchie et Communisme*, die seit 1890 als Broschüre verbreitet und mehrfach übersetzt wurde.[334]) Auch er knüpft an die damaligen Diskussionen in Paris an, wo man den Anarchisten sagte: Wie kann die Freiheit verletzt werden, wenn die Gleichheit besteht? Er sagt dagegen: „Man kann sehr wohl die ökonomische Gleichheit ohne die geringste Freiheit besitzen." Religiöse Gemeinschaften und der Volksstaat beweisen dies. Dagegen hat die Gleichheit nichts zu befürchten dort, wo die wahre Freiheit, d. h. die Anarchie, besteht. *Anarchie* und *Kommunismus*, synonym mit *Freiheit* und *Gleichheit* sind „die beiden notwendigen und untrennbaren Ausdrucksformen der Revolution".

„. . . *Anarchie* ist heute der Angriff, der Krieg gegen jede Autorität, jede Macht, jeden Staat. In der künftigen Gesellschaft wird Anarchie die Verteidigung, das Hindernis gegen jede Wiederherstellung der Autorität, der Macht, des Staates sein; volle und ganze Freiheit des Individuums, das frei und nur von seinen Bedürfnissen, seinem Geschmack, seinen Sympathien getrieben, sich mit andern in der Gruppe oder der Assoziation vereinigt; freie Entwicklung der mit andern in der Gemeinde oder der Stadtgegend föderierten Assoziation; freie Entwicklung der Gemeinden, die sich in der Region föderieren, und so fort, die Regionen in der Nation, die Nationen in der Menschheit . . ."

Der *Kommunismus* bedeutet für heute den Angriff, die Besitznahme aller Güter der Erde durch die Menschheit; in der künftigen Gesellschaft „der Genuß aller vorhandenen Güter durch alle Menschen und nach dem Grundsatz: *von jedem nach seinen Fähigkeiten, einem jeden nach seinen Bedürfnissen*, das heißt: *von jedem und einem jeden nach seinem Willen* . . ."

Die allen gemeinsamen Güter werden überall von den Leuten an Ort und Stelle bearbeitet und benutzt. „ . . . Wenn aber ein Bewohner von Peking in dieses Land käme, würde er im Besitz der gleichen Rechte wie die andern sein; er würde mit allen andern die ganzen Landesgüter genießen, wie er es in Peking getan hätte . . ." Es ist also keine Rede davon, daß, wie Gegner sagen, die Anarchisten den Besitz der Körperschaften herstellen wollen; „das wäre ein schönes Geschäft, den Staat zu zerstören, um ihn durch eine Masse kleiner Staaten zu ersetzen!, das einköpfige Ungeheuer zu töten, um das tausendköpfige Ungeheuer zu erhalten . . .!" Also *direkte* Besitzergreifung durch das Volk, das „selbst entscheidet über die beste Art der Benutzung für Produktion und Verbrauch . . ."

---

[334]) *Anarchie et Communisme* (Foix, E. Darnaud, 1890, 20 S.); Paris 1899, 16 S., Ausgabe der ESRI.; italienisch Livorno, 1892; S. Paulo, Brasilien, 1903; Florenz, 1908; Bologna 1912; deutsch in *Freiheit* (New York), 5. April 1890; spanisch, portugiesisch usw.

Werden genug Produkte da sein? — Ja; die Produktion wird so überreich (abondante) sein, daß es nicht notwendig sein wird, den Verbrauch zu beschränken und mehr Arbeitsleistungen zu verlangen, als die Menschen geben „können und wollen".

Die Ursachen der kaum vorstellbaren „ungeheuren Vermehrung der Produktion" werden sein:

„1. Harmonie im Zusammenwirken der verschiedenen Zweige menschlicher Tätigkeit an Stelle des gegenwärtigen Kampfes, des Wettbetriebes; 2. Einführung von Maschinen in ungeheurem Maßstab; 3. Arbeit-, Werkzeuge- und Rohstoffe-Ersparung durch Beseitigung der schädlichen oder unnützen Produktion . . ." (militärische Arbeiten, Luxusgegenstände).

Es wird also genug für Alle da sein und immer genug für den nächsten Tag. Die Arbeit wird „den Reiz eines moralischen und physischen Bedürfnisses" besitzen „wie desjenigen zu studieren oder die Natur zu genießen".

Würde nach der Revolution die Verteilung des Arbeitsertrags beibehalten, so müßte man das Geld beibehalten, Anhäufungen fänden statt, und die Gleichheit verschwände; dann würde man bald das Erbrecht wieder einführen! — Ferner entstände die Ungleichheit der Arten der Arbeit, „reine" und „schmutzige", „edle" und „ordinäre", und dadurch das Interesse, vorwärtszukommen, das Strebertum.

Dabei ist die Abschätzung des Werts der verschiedenen Arten von Arbeit gar nicht möglich.

Man hatte sich Kollektivisten genannt zum Unterschied von den Individualisten und autoritären Kommunisten, man wünschte aber alles in Gemeinbesitz zu sehen, Werkzeuge, Rohstoffe und Produkte. Eine neue Nuance von Sozialisten will aber zwischen Gebrauchsgegenständen (Häuser, Lebensmittel, Kleider, Bücher usw.) und Werkzeugen, Rohstoffen und dem Boden einen Unterschied machen. Was ist aber z. B. die Kohle, das Brod, das Fleisch usw., anderes, als das Mittel, die vollendetste Maschine, den Menschen, arbeitsfähig zu machen? Wiese und Stall gelten als Produktionsmittel — und „Wohnungen und Gärten, die dem edelsten Tier: dem Menschen" dienen, sollten Gegenstände individueller Aneignung sein? Wo bleibt die Logik? Dieser Abschwächungsversuch der revolutionären Idee diente nur dazu, „uns die Augen zu öffnen und die Notwendigkeit zu zeigen, uns unumwunden Kommunisten zu nennen."[335])

Der einzig ernste Einwand sei schließlich der, „daß im Anfang, da kein Ueberfluß an Gütern vorhanden sei, man zur Rationierung, zur Teilung greifen müsse, und daß die beste Teilungsart auf der Menge der von jedem geleisteten Arbeit beruhe." — Cafiero antwortet: selbst wenn man rationieren muß, müsse man Kommunist bleiben und nicht nach der Leistung (mérite), sondern nach den Bedürfnissen verteilen. So wie in einer Familie, die sich einschränken muß, der beste Teil noch

---

[335]) Von dieser Zeit schrieb Kropotkin im Révolté vom 25. Juni 1887 (Artikel Kommunismus und Anarchie, einer allgemeinen Schilderung jener Entwicklung): „. . . man durfte nicht zögern: man mußte sich als Kommunisten erklären . . ."

immer den kleinsten und hilflosesten gegeben werde, so werde es auch in der großen Menschenfamilie der Zukunft sein.

Cafiero schließt: „. . . Man kann nicht Anarchist sein, ohne Kommunist zu sein. Die geringste Idee einer Begrenzung enthält schon die Keime des Autoritarismus. Ihre Durchführung würde sofort das Gesetz, den Richter und den Gendarm erzeugen."

„Wir müssen Kommunisten sein, denn im Kommunismus werden wir die wahre Gleichheit verwirklichen. Wir müssen Kommunisten sein, weil das Volk, das die [neuen] kollektivistischen Sophismen nicht versteht, den Kommunismus vollkommen begreift, wie die Freunde Reclus und Kropotkin schon bemerkt haben. Wir müssen Kommunisten sein, weil wir Anarchisten sind, weil Anarchie und Kommunismus die beiden notwendigen Ausdrucksformen der Revolution sind."

Die Meinung, die auf dem *Kongreß* überwog, drückte sich so aus: „Die über die Commune geäußerten Ideen können vermuten lassen, daß an die Stelle der gegenwärtigen Staatsform eine beschränktere, die Commune, gesetzt werden soll. Wir wollen das Verschwinden jeder staatlichen Form, der allgemeinen, sowie der beschränkten, und die Commune ist für uns nur ein zusammenfassender Ausdruck der organischen Form freier menschlicher Gruppierungen."

„Die Idee des Kollektivismus gab zu zweideutigen Auslegungen Anlaß, die verschwinden müssen. Wir wollen den Kollektivismus mit all seinen logischen Folgen, nicht nur in Bezug auf die kollektive Aneignung der Produktionsmittel, sondern auch in Bezug auf den Genuß und kollektiven Verbrauch der Produkte. Der anarchistische Kommunismus wird so die notwendige und unvermeidliche Folge der sozialen Revolution sein und der Ausdruck der neuen Zivilisation, welche diese Revolution inaugurieren wird."

Hierdurch, unter diesen Verhältnissen und aus den hier angegebenen Gründen, wurde der kommunistische Anarchismus, den diese damals im Vordergrund der tätigen Propaganda stehenden Anarchisten des *Révolté*-Kreises und Cafiero, gegen den Wunsch der älteren Jurassier, offen zu proklamieren für richtig und notwendig hielten, zu einer von nun ab immer bekannteren Formulierung des Anarchismus, die viele allmählich als seine einzige und definitive Form anzusehen sich gewöhnt haben.

Dadurch ist manchmal die irrige Meinung entstanden, der vorhergehende kollektivistische Anarchismus sei eine weniger vorgeschrittene Form gewesen, da er durch das Prinzip des „vollen Arbeitsertrags" eine Art Lohnsystem involviert habe. Ich habe auch dieses Vorurteil lange geteilt, aber es ist durch Guillaume und in den Kapiteln dieses Bandes dokumentarisch nachgewiesen, daß dies nicht der Fall war.[336]) Die zur

---

[336]) In dem nach dem englischen der *Freedom*ausgabe (London 1889) übersetzten deutschen Text von Kropotkins *Lohnsystem* (o. O., o. J., 16 S., 8°; jedenfalls Abdruck der Ausgabe in der *Anarchistisch-kommunistischen Bibliothek*, Nr. 4, London, 1890), dem einzigen, der mir gerade vorliegt, wird S. 5, Anmerkung gesagt: „Die spanischen Anarchisten, welche fortfahren, sich Kollektivisten zu nennen, verstehen unter diesem Ausdruck den gemeinsamen Besitz der Arbeitsinstrumente und „die Freiheit einer jeden Gruppe, ihre Arbeitsprodukte nach

Proklamierung des Kommunismus treibenden Kräfte waren 1880 der Glaube an direkte revolutionäre Aktionslust im europäischen Proletariat und in der Landbevölkerung, das Abrücken von den mit einem angeblich praktischen, gemäßigten Kollektivismus spielenden Sozialisten und all die von Cafiero vorgeführten Gründe, das Gefühl, daß jede Beschränkung den Keim des Rückschritts enthält und das unbedingte Vertrauen in steigende Produktivität der Arbeit, in einen Ueberfluß, der, wenn er nicht schon da ist, unvermeidlich durch den Kommunismus hervorgerufen werden wird.

All diese Gründe konnten jene Männer besser beurteilen, als wir heute; sie wollten und taten das für damals beste; sie fühlten wohl, daß *damals,* um 1880, als die seit 1871, zum erstenmal wieder (relativ) aktionsfreien und aktionsfähigen französischen Arbeiter am Scheideweg zwischen sozialdemokratischer Politik (worauf Guesdismus, Malonismus, Broussismus, Blanquismus bald *alle* hinausliefen; s. z. B. den Brief von Marx an Sorge, 5. November 1880) und sozialrevolutionärer (anarchistischer, syndikalistischer) Organisation und Aktion standen, die offenste Sprache und schärfste Herausarbeitung der Ideen das richtige waren. Tatsächlich gingen erst *damals* die Communen von 1871 und die ganzen Revolutionshoffnungen von 1870 unter, als die große Mehrheit des französischen Proletariats die revolutionäre Idee tot und begraben sein ließ und sich von den Gauklern der diversen *Parti ouvrier*-Richtungen einfangen ließ; der Kampf ging dann nicht mehr um die Revolution, gegen den Staat, gegen die Bourgeoisie, sondern um Guesde oder Brousse, Lafargue oder Joffrin, die Redaktionssessel des *Citoyen* oder der *Bataille* oder des *Cri du Peuple,* bis dem Ringen um die Gemeinderatsmandate das Streben nach den Kammermandaten folgte, das gar manchen auf den Ministersessel führte. Nur die Anarchisten haben dagegen gerungen und die Proklamierung des kommunistischen Anarchismus war 1880 ein Schritt zur Klärung der Lage, der für notwendig erachtet wurde, und den ich nicht kritisiere.

Nur empfinde ich, daß, je notwendiger dieser Schritt 1880 war, desto weniger der Anarchismus dadurch für unabsehbare Zeit gebunden sein kann. Man kann sich vielleicht vorstellen, wie ich es tue, daß die ältere Auffassung, die den Verteilungsmodus den daran beteiligten selbst überließ, die also den Kommunismus weder ausschloß noch als einzigen, unbedingt gebotenen Modus betrachtete, weiter, breiter und freier war, als die auf den Kommunismus ausschließlich und felsenfest festgelegte von 1880, die zuerst 1876 ausgesprochen wurde. Man hat dadurch z. B. jede Verständigung mit antistaatlich fühlenden Personen abgeschnitten, die aus irgend einem Grunde innerhalb eines Kreises ihrer Wahl und ohne die kommunistische Lebensweise anderer beeinträchtigen zu wollen, mutualistisch, nach irgend einem Austauschprinzip also, zu leben vorziehen.

Deshalb wäre es, — sobald man empfindet, daß die Situation von 1880 nicht mehr besteht oder die jetzige ihr nicht unbedingt ähnlich ist,

---

eigenem Gutdünken zu verteilen"; nach kommunistischem Prinzip oder auf irgend andere Weise." — Zuerst erschienen in *La Révolte,* 26. August—30. September 1888.

— logisch, den Anarchismus auf die breite Basis, die er in den Jahren 1868—1880 hatte, zu stellen, was, da das Wort Kollektivismus veraltet oder anderweits verwendet ist, durch die Annahme der Bezeichnung *anarchistisch* allein, ohne ökonomisches Beiwort geschehen könnte und auch im Laufe der Jahre, besonders von spanischer Seite aus, mehrfach vorgeschlagen wurde. Denn seine werbende Kraft und seine zu erreichende Aktionskraft liegt in dem ungeheuren Reichtum an glücklichen und schönen menschlichen Entwicklungsmöglichkeiten, die der Begriff *Anarchie*, Freiheit und Menschenwürde, ausdrückt und nicht in den schönsten und überzeugendsten ökonomischen Hypothesen, die man ihm beifügt und die das Leben selbst mächtiger als alle Voraussicht, Erwägung und Erfahrung, durch Wirklichkeiten ersetzen wird, die wir nicht vorausschauen können.

Dieser sich an das Buch *Vorfrühling der Anarchie* (1925) anschließende Band durchwanderte also seit 1859 Föderalismus und Mutualismus, die kollektivistischen Jahre der Internationale und endet mit dem Bekenntnis der damals, Spanien allein ausgenommen, markantesten Anarchisten zum kommunistischen Anarchismus, 1880. Es wird auffallen, daß sich diese Entwicklungen in einem recht kleinen und große Völkergruppen nicht umfassenden Kreise vollzogen, aber es war nun einmal so, und freiheitliche Entwicklungen anderswo würden wohl diesem Kreise, der in Proudhon, Bakunin, James Guillaume, Kropotkin, Reclus stets universell informierte Männer besaß, nicht entgangen sein. Damals lebten Männer die, ohne je Anarchisten gewesen zu sein, über die Entwicklung zur Freiheit hin wertvolles zu sagen gehabt hätten — Walt Whitmann, Ibsen, Multatuli, Tolstoi, Marc Guyau, auch Nietzsche in gewisser Hinsicht, freiheitlich soziale, wie der damalige Dühring, auch der Schwede Quiding u. a. — aber Internationale, Commune und Anarchie regten sie augenscheinlich nicht an, sich ihnen zu nähern, und dies trug dazu bei, daß die Anarchie sich zuerst in der Richtung der vollsten sozialen Gerechtigkeit und des revolutionären Willens entfaltete, bevor die Einzelgarantien der möglichsten Freiheit herausgearbeitet werden konnten. Die Anarchisten blieben also unter sich, und desto mehr ist die Ausdauer und Zielbewußtheit der in diesem Buch geschilderten kleinen Reihe von Männern zu bewundern, und die Früchte ihres Werks zeigen sich in einer aufsteigenden und von 1881 ab sich besonders ausbreitenden Entwicklung der anarchistischen Ideen.

Ueber diese Zeit, wenigstens einen Teil derselben, werde ich[337]) vielleicht in einem weiteren Band einiges zusammenzustellen versuchen.

8. Juli 1926.   *MAX NETTLAU.*

---

[337]) Ein solcher Band würde auch Nachträge zum *Vorfrühling* und zu diesem Band enthalten, deren Sammlung im Interesse größerer Genauigkeit und Vollständigkeit ich mir durch Mitteilung internationalen historischen Materials zu erleichtern bitte. Die 1922 über Malatesta erschienene Monographie (Berlin, Syndikalist, 178 S. 8°) und die noch ungedruckte Biographie von Reclus, ein ähnlicher Band, ergänzen den vorliegenden und den folgenden Band in vielem, bedürfen aber auch noch weiteren Ausbaus durch neues Material.

Inhaltsübersicht

Druckfehler-Berichtigung.

Man bittet folgende Druckfehler zu verbessern:

S. 24, Z. 2 v. u.: Nationalisten Lelewel

S. 32, Z. 13: ganz und gar

S. 51, statt Z. 13: Jahren so intensiven politisch und ökonomisch radikalen Lebens

S. 55, Anm. 25, Z. 5: *Banquet*

S. 89, Z. 16: schwieg

S. 97, Anm. 77, Z. 3 v. u.: Die

S. 105, Z. 24: von

S. 113, Anm. 94, Z. 3: *coléctivistas, Espana*

S. 116, Z. 7: Autoritären

S. 117, Anm. 102, Z. 1: oder (statt und)

S. 123, Z. 27: Lessner

S. 141, Z. 2: das

S. 141, Z. 19: *Miliére*

S. 151, Anm. 149, Z. 14: beauftragte

S. 153, Z. 9: sensitiver

S. 155, Anm. 153b, Z. 2: Bachruch

S. 158, Anm. 155, Z. 5: Niewenhuis

S. 159, Anm. 157, Z. 7v. u.: *short*

S. 194, Anm. 203, Z. 5: Bastelica

S. 195, Z. 15: Willebrord

S. 232, Anm. 241, Z. 4: Giacinto

S. 238, Z. 1 v. u.: prendre

S. 249, Anm. 261, Z. 11: für *Arbeiterfreund* ist *Germinal* zu
lesen

S. 286, Anm. 285, Z. 6: provisorisch; Z. 13: irrelevante:
Z. 15: von den

S. 275, Z. 13 v. u.: *Volja—*

S. 275, Anm. 296, Z. 4, 6, 8: Dragomanoff

S. 300, Z. 6: Francisco

S. 311, Z. 26: Whitmann   M. N.